中华学术·有道

# 唐代中层文官

[马来]

**赖瑞和**————

著

中华书局

**图书在版编目（CIP）数据**

唐代中层文官/（马来）赖瑞和著. —北京：中华书局，2024. 3
（中华学术·有道）
ISBN 978-7-101-16495-4

Ⅰ. 唐… Ⅱ. 赖… Ⅲ. 文官制度-研究-中国-唐代
Ⅳ. D691. 42

中国国家版本馆 CIP 数据核字（2024）第 008832 号

| | | |
|---|---|---|
| 书　　名 | 唐代中层文官 | |
| 著　　者 | [马来]赖瑞和 | |
| 丛 书 名 | 中华学术·有道 | |
| 责任编辑 | 孟庆媛 | |
| 责任印制 | 管　斌 | |
| 出版发行 | 中华书局 | |
| | （北京市丰台区太平桥西里 38 号　100073） | |
| | http://www.zhbc.com.cn | |
| | E-mail:zhbc@zhbc.com.cn | |
| 印　　刷 | 北京盛通印刷股份有限公司 | |
| 版　　次 | 2024 年 3 月第 1 版 | |
| | 2024 年 3 月第 1 次印刷 | |
| 规　　格 | 开本/920×1250 毫米　1/32 | |
| | 印张 21　插页 2　字数 470 千字 | |
| 印　　数 | 1-5000 册 | |
| 国际书号 | ISBN 978-7-101-16495-4 | |
| 定　　价 | 98.00 元 | |

# 目　录

# 表 目

# 序　言

　　本书繁体版在 2008 年 12 月由台北联经出版公司出版以来，有好几位师友，特别是我的师伯英国牛津大学退休汉学讲座教授杜德桥（Glen Dudbridge）、兰州大学敦煌学研究所冯培红兄、广州华南师范大学戴伟华教授及其高足徐乐军教授，不是写信就是写书评来指正书中的一些失误，让我受益匪浅，谨此铭谢。现在，趁着中华书局印行简体本之便，我参酌他们的意见，把全书做了各种大大小小的修改，不下数百处之多。因此，大陆简体本可说是拙书的修订版。

　　其中应当一提的一个修订，就是我把书中常提到的唐代士人"常任官模式"，改为"常任核心官职模式"。这样更能精确描述唐士人常任的那些官职。本书的书名，如果要求绝对的精准，或许应当改为《唐代中层核心文官》。但由于我先前的一本书已定名为《唐代基层文官》（有北京中华的简体本和台北联经的繁体本），为求统一，也为了简单，现在这本书依然取名为《唐代中层文官》，请读者谅察。

　　此外，台湾繁体版把唐代流内文职事官的类型，仅仅分为士人所任的"士职"和伎艺人所任的"技术官"两种。近一年多来，我对唐代文职事官的类型做了比较深入一点的研究，发现过去的这个两类型分法不很恰当。在本修订版中，我修改为三种类型：一是士人所任的清流士职；二是流外官转入流内后所任的"流外之职"；三是伎术官和宦官。详见本书的《导言》和《总结》两章。

2010 年 8 月 2 日

于台湾清华大学历史研究所

# 联经版自序

十多年前，我读恩师杜希德（Denis Twitchett，1925—2006）教授的大作《唐代正史的修撰》（*The Writing of Official History under the T'ang*），深受书中一段话的启示：

> 我们读传统的传记时应当留意，那些看起来好像是无血无肉的苍白履历，只有连串的官名，但是，对一个"内行"读者来说……这仕历中的每一段，都有它的意义和内涵。唐代一个官员的履历，即使被简化到仅剩连串的官衔，没有任何背景资料，也能让跟他接近的同时代人读得"很有意义"（meaningfully），就像我们今人读报章上同个专业的某名人讣文，或阅读某个求职者的履历表，读到那连串职称，也能从字里行间轻易解读（那人从前的专业经历和就业状况）一样。①

记得当时第一次读到这段发人深省的文字时，我不禁心中一动。如果我们今天读两《唐书》或墓志中唐人的官历，能够读到像我们

① Denis C. Twitchett，*The Writing of Official History under the T'ang*（Cambridge：Cambridge University Press，1992），p. 83.

今天读同个专业(比如大学的历史学界)其他同行者的履历表那样"内行"的地步,完全能够单单从他的学历、经历、连串职称和任职机构名称,去正确解读这位同行过去的专业表现和未来的发展潜能,那该有多好!

这意味着,唐人的每一个官衔都是有意义的,长串的官衔更是有意思。但问题是,我们该如何去解读? 这里且让我透露个人的经验:过去我总是逃避唐代官衔,如今我却经常刻意去细读,而且都能读得津津有味。

在研究所念隋唐五代史期间,我对唐人官衔是不耐烦的,在史传和碑刻中碰到时,往往略过不读,不求甚解,草草了事。即使有时为了理解某一官衔(比如右拾遗)的含义,查了《唐六典》等职官书,知道这是一种"谏官",官品为从八品上,但我那时对这个官还是"没有感觉",不知道一个唐代士人当上右拾遗,究竟有什么意义。

但一个唐代士人肯定知道此官的深层意义,对此官完全有一种本能般的理解(instinctive understanding),马上可以联想到和这种官有关联的几个重要细节。如果他的朋友从一个校书郎升上拾遗官,他一定"很有感觉",一定会向这个朋友热烈祝贺。因为,校书郎和拾遗虽然同样是清贵的官,但拾遗又比校书郎更上一层楼。他的工作地点也改变了。他不再在长安的皇城(政府衙门集中地)上班,而是转到皇城以北的宫城去,侍候在那里居住的皇帝,在必要时向皇帝提供施政的建议。从今以后,他经常有机会见到皇帝。这是许多唐代官员一生都无法享受到的天大福分!大诗人杜甫任拾遗时,便因自己能够如此近距离接近皇帝而沾沾自喜,他在一首诗《紫宸殿退朝口号》中毫无保留地写道:"昼漏稀闻高阁报,天颜有喜近臣知。"①

　　像这一些如此具体、如此微妙的任官细节,唐代官场上的士人应当都耳熟能详,熟悉得不得了。然而,现代学者却无法从《唐六典》《通典》和两《唐书》职官志得到这样丰富有趣的知识。这些职官书只告诉我们,某某官的官品和简略的职掌。以拾遗来说,《唐六典》只说它的官品是"从八品上",职务则和左补阙一样,"掌供奉讽谏,扈从乘舆"云云。如此而已。其他职官书也简略若此,对现代读者的帮助并不大。

　　这就是为什么现代学者在考释唐代诗文、史传或碑刻时,碰到那些唐代官名,往往显得不知所措:不是照抄职官书的简短描写了事,没有深入一点的解读,就是言不及义,胡乱揣测。比如,有人说,初唐诗人王绩早年有远大的"政治抱负","自小就对仕途期望甚高",但皇帝却只给了他秘书省正字这种小官,因此申论:"这样位低职微的官职当然会使王绩大失所望,所以他索性闭门轰饮,不乐在朝。"实际上,我们现在知道,正字是唐代士人起家的美职之一。王绩应当很高兴才对,当不至因此而"闭门轰饮"。又如,有人把韩愈一开始做官出任董晋幕府和张建封幕府的推官,说成是"两入军幕,沉为下僚,微不足道"。这是不当的解读。事实上,唐代推官是相当不错的基层幕府官,俸料钱甚至高过校书郎等士人起家的美职。韩愈任董晋的推官,他对董晋更有一种知遇的感恩。怎能说成是"沉为下僚,微不足道"呢②?

　　近年来,颇有不少学者为唐代的诗人们作年谱、写评传。这

①(清)仇兆鳌注,《杜诗详注》(北京:中华书局,1979年校点本)卷六,页437。

②关于正字和推官的地位,见拙书《唐代基层文官》(台北:联经出版事业股份有限公司,2004;北京:中华书局,2008),第二章和第五章。

类著作属于传记类,本来应当对这些唐诗人所任的各种官职及其意义,有深一层的发挥才对。然而,这类著作在唐官衔上往往着墨不多,几乎都是照抄旧典旧志了事。当然,我们不能责怪这些学者。或许应当说,这是唐史学者过去在唐代职官研究上没有注意这些课题,留下一大片空白所致。

因此,我这些年来的研究工作,主要便在于厘清唐士人任官的一些规律,特别是他们的常任核心官职模式(详见《导言》),以及他们常任的那三十多种官职在唐代整个官僚架构中的意义和地位,旁及其他相关的问题,以弥补传统典志的不足,填补目前唐史研究领域的一些空白。

掌握了唐代士人任官的规律,我们在阅读两《唐书》列传和近世出土墓志时,应当可以对他们的官历有更深刻的领悟。实际上,史传和碑铭最核心的部分,往往便是那一连串的官衔。现代学者如果对这一连串官衔"没有感觉",或像我从前那样略过不读,那岂不是平白糟蹋了这些史料吗?

我当初深受杜公那一番话的启发,展开研究,完成了本书和它的姊妹篇《唐代基层文官》。这两本书可说是我个人追寻唐代士人常任核心官职模式的一个记录。这种追寻不免会遇到挫折,但更多时候会获得发现的惊喜,让我在一堆看似乱无章法的文字史料和石头资料中见到一种新秩序。我希望本书能把我的惊喜和我所见到的新秩序传达给读者。

我发现,掌握了这常任官的模式,可以解决史传和碑刻中许多唐代官名的问题。主要的原因是,唐代的职事官虽然高达四百多个,但唐代士人常任的官,来来去去却不过是那么几十种,很容易掌控。两《唐书》列传部分经常出现的,也就是这些官。至于不属于这些常任官的,可以归类分为武官武职、伎术官、非士职等等。这些官是一般士人不会去出任、无能力去接任或不屑于去担任的。这就构成了一种新秩序，不至于让人眼花缭乱，无所适从。

这样一来，我在阅读某一唐人的官历时，便可以读得津津有味，"很有意义"。比如说，我可以知道这个唐人的官历是否符合一般士人的常任官模式，是否像张说、白居易那样，做官高达二十多任，是否为"成功"的官员等等。如果不是，那么他的仕途又是如何偏离了理想的模式：他出任的或许都不是士人任官的美职，或他只是在几个不重要的州县，当过几任平平凡凡的州县官罢了，从来不曾到京城长安任京官。

受材料所限，本书每一章所论的课题都有些不同，往往须视材料而定。比如，敦煌吐鲁番文书的应用便如此。此类文书中保存了许多唐前期录事参军和他下属录事的勾检署名，生动展现唐代地方勾检制度的实际运作。因此本书第五章论司录、录事参军，便充分引用了不少这类文书，且特别立了一节详细专论吐鲁番文书中所见的唐前期录事参军。然而，敦煌吐鲁番文书中却很少见到县令的出现（即使有，也难于证明或说明什么），所以本书论县令一章，就没有使用这一类文书了。敦煌吐鲁番文书虽然说可以让我们见到地方行政的一些运作细节，但本书和《唐代基层文官》的论述方式是偏重某一特定职官。如果这些出土文书没有和某一特定职官（如县令、县尉等）挂上钩，我就无法使用了。这点要请大家明察。

在本书完成的时刻，我首先要感谢的，当然便是恩师杜公。可惜他在 2006 年 2 月过世了，再也见不到这本书了。2005 年初，拙书《唐代基层文官》刚出版，我曾经寄了一本给远在英国剑桥的他。当时他健康不佳，但很快就回了一封电邮，对我那本小书美言了几句，并且希望我将来写完中文本的"三部曲"之后，能够写个英文版:"如果你能写个英文版……你会帮西方汉学一个忙。"
("You would do western sinology a favour if…you write an English version.")①可是,他辞世后,我写英文本的意愿好像越来越低了,因为"知音人"已经不在了。

在本书写作和修订期间,我常常想起另一位恩师王秋桂老师的教诲。记得几年前王老师对我说:不要理会别人怎样看你的研究。只要你自己觉得有价值、有意义,就要勇往直前,把研究做完,把书写完。这番话对我是很大的鼓舞,特别是在我写书写得信心有点动摇的时候,或在我沮丧的时候。

《唐代基层文官》出版后,我也在2005年秋天,从马来西亚柔佛新山市——我出生的故乡,转到台湾清华大学历史研究所任教。当时,《唐代中层文官》已有一个初稿,但还有待修订,有些章节也有待补充。清大图书馆的藏书极为丰富,使本书的修订和补充进行得非常顺利。在此我想感谢清大图书馆各馆员亲切的服务,尤其是负责馆际合作的馆员,经常为我向台湾其他图书馆(特别是中研院史语所傅斯年图书馆)借书,或影印论文。

本书的姊妹篇《唐代基层文官》由联经出版后,曾经获得台湾"国科会"的出版经费补助,谨此致谢。联经总编辑林载爵先生一向关注我这个庞大的唐代职官研究计划,并一再给予支持,是我研究和写作上的一大精神支柱。联经学术丛书的主编沙淑芬小姐,这些年给我各种及时的协助,也是我深为感激的。

---

① 杜公的这封电邮全文,在他去世后,我把它贴在我的部落格,希望保存他的一点遗墨,或许可供有心人编印杜公书信集之用:http://www.wretch.cc/blog/sflai53&article_id=11485584。关于我所认识的杜公,见拙文《追忆杜希德教授》,《汉学研究通讯》,第26卷第4期(2007年11月),页24—34。

这些年来，更得到不少师长、同事和朋友的鼓励、提示，或各种大大小小的帮助。这里要感谢中国大陆傅璇琮、邓小南、杜文玉、张国刚、荣新江、朱玉麒诸教授，日本佐竹靖彦教授，清大历史所前所长黄敏枝和新所长李贞德及张元、张永堂、徐光台、傅大为、黄一农、雷祥麟、琅元、钟月岑、卢慧纹和马雅贞诸同仁，以及王汎森、黄清连、陈弱水、宋德熹、陈珏、陆扬、朱振宏诸兄。

清大中文系的施逢雨老师和我算是同个师门。我们不但同样出身于台大外文系，而且他的博士论文指导教授蒲立本（Edwin G. Pulleyblank）和我的恩师杜公当年在剑桥大学的关系，就介于亦师亦友之间。我们分别受教于欧美汉学界两位最资深的唐史专家。蒲立本教授在转向历史语言学之前，曾经在1955年出版过一本唐史专著《安禄山叛乱的背景》（*The Background of the Rebellion of An Lu-shan*），至今依然无人可以取代。施老师对我这个唐代职官研究课题很感兴趣，常给我美言和鼓励，并希望我早日完成整个大计划。施老师甚至要他中文系的硕、博士生，来修我开在历史所的课，更让我深为感动。

最后要感谢我的家人。我的妻子为我持家、烧饭，很是辛劳。两年前，刚到清大，我帮她申请到一张清大图书馆的眷属借书证，好让她可以常去借书，然后待在家中"高高的窗口"前，陪伴着"长空的寂寥"读书。长女韵棠和幼女韵琳，这些年来经常都只见到爸爸关在书房，坐在窗前，面向窗外写书。她们看到的常只是爸爸的"背影"。这本书终于写完了。我应当会有一段闲散的日子，可以陪陪妻子和女儿，看看电影，喝喝下午茶。

2007年10月17日

于台湾新竹

# 导　言

　　仕人作官职，人中第一好。

　　行即食天厨，坐时请月料。

　　得禄四季领，家口寻常饱。

　　职田佃人送，牛马足踏草。

　　每日勤判案，曹司无阒闹。

　　差科能均平，欲似车上道。

　　依数向前行，运转处处到。

　　既能强了官，百姓省烦恼。

　　一得清白状，二得三上考。

　　选日通好名，得官入京兆。

　　　　　　　——王梵志《仕人作官职》①

　　王梵志这首诗的确实创作年代不详，但他应当是隋末唐初人②。此诗最大的特色是透过一个旁观者的角度，来静观唐代士

①项楚校注《王梵志诗校注》(上海：上海古籍出版社，1991)卷五，页662。
②唐长孺《读王梵志诗偶见》，深圳大学国学研究所主编，《中国文化与中国哲学》(北京：东方出版社，1986)，页515—521。

人做官的几个面貌(诗中的"仕",在敦煌文献中常和"士"字通用)。这个旁观者,可能是王梵志诗中经常出现的村正、乡长一类的佐史。这种佐史并非官,而是吏。他们在县衙或州衙中辅助州县官做事,身份低下,甚至很可能连俸禄都没有①。所以,他们见到朝廷派到州县的官(比如县尉或州列曹参军),不免羡慕起这些外来者得到那么多优厚的待遇:出外当州县官,除了有"天厨"(即官厨)的伙食②,还有"月料"(即每月的俸料钱)、"禄"米以及"职田"收入③,以致"家口"可以"寻常饱","牛马"也有足够的粮食。这几个细节(特别是禄米和职田)也证实,这首诗写的是一个有品秩的官员(只有品官才可能有这样的待遇),而非像某些学者所说,此诗在描述地方小吏。

这些州县官,在外任期间,若能"勤判案",居官干练("强了官"),老百姓"省烦恼",则他们可以得到"清白状"、"三上考"的优良考绩,将来更可以上京赴选,选上好官,甚至出任众人称羡的京官。

王梵志这首诗,可说把唐代士人做官的种种好处和仕宦的前景都一一勾画出来了:士人做官,真是"人中第一好"。如果能像

---

① 例如,《王梵志诗校注》卷二,页129有一首诗《当乡何物贵》,便写一个乡长,"职任无禄料,专仰笔头钻"。意思是,乡长没有禄米和料钱,于是他便专在"笔头"上营钻。笔头指一种贿赂或向乡民的"索取"。这便是他任乡长的"报酬"。
② 关于唐代官吏的厨食,最详细的论述见李锦绣,《唐代财政史稿》(北京:中国社会科学文献出版社,2007年修订版),第三册,页42—61。
③ 唐代官员的收入主要有三项:俸料、禄米和职田。见拙书《唐代基层文官》,第六章第一节"俸料钱"以及那里引用的其他研究论著。又见李锦绣《唐代财政史稿》,第三册,页3—104;清木场东《帝赐の構造:唐代财政史研究支出编》(福冈:中国书店,1997),页147—322论禄和俸料各章节。

王梵志在另一首诗《本是达官儿》中所说,"官高渐入朝,供奉亲天子"①,那就更美妙了。

但何谓"士人"?他们通常出任怎样的官?他们任官的常见模式和迁官规律又是怎样的?他们什么时候外放任州县官(或唐后期的幕府官),在什么情况下又可以"入朝"?这些正是本书想尝试解答的一些问题。

# 一、本书的研究范围

笔者在前一本书《唐代基层文官》中探讨了八种基层文官:计京官两种(校书郎和正字),县官一种(县尉),州官两种(参军和判司),以及幕府官三种(巡官、推官和掌书记)。该书最主要的目的,是要厘清唐代士人刚踏入仕途时,最常担任或最有代表性的是哪些官职,以及这些官职在唐代整个官僚体系中占怎样的位置,旁及一些相关的课题,诸如:士人一般在什么年龄出任这些官职?这些官职最主要的职务是什么?它们的仕途前景如何?同时,笔者也考察了这些基层文官的俸料钱、任期、守选、宦游和办公时间、休假等工作福利和细节。

本书《唐代中层文官》是我前一本书《唐代基层文官》的姊妹篇,拟探讨唐代士人在任过以上所列的几种基层文官后,又会升任哪些中层官职。据笔者的研究,唐代士人在仕进中途最常担任的美官职大约有下面十一种:若为京官,则多是监察御史、殿中侍御史、侍御史等御史台官,或拾遗和补阙等谏官,或员外郎和郎中

---

① 《王梵志诗校注》卷二,页190。

等郎官。若为地方官,则多是县令和司录、录事参军。若为幕府官,则多是判官。故本书拟分章讨论这几种中层文官和他们共同的一些相关课题。

既有基层和中层文官,当然便有高层文官。如果将来研究计划能够继续顺利展开,笔者还准备撰写《唐代高层文官》一书,以便使这三本书成为首尾相连的系统著作,成了细论唐代士人任官的"三部曲"。

那么,唐代士人最常任的高层官职又是什么? 据笔者在众多唐代士人官历中爬梳,最常见者或最有代表性者有以下几种:若为京官,则是御史中丞、御史大夫、中书舍人、给事中、侍郎、尚书等台省官,或秘书监、太常卿等寺监官。若为地方官,则是刺史、别驾。若为幕府官,则是节度使、观察使、盐铁使等使职。

如果整个研究计划可以完成,则我们便可以对唐代士人从基层到高层(从年轻到老年)最常担任或最有代表性的那些官职,有个通盘的处理。在此笔者要强调的是,笔者这三本书并无意研究所有基层、中层和高层文官,那恐怕范围太大了,因为这些文职事官的总数约达 365 种(武职事官则约 40 种;两者合计约 405 种。以两《唐书》职官志所载计算)①。因此,笔者只准备研究士人最常担任的数十种"核心官职",以便从中清理出唐代士人任官的一些大规律和他们的常任核心官职模式。

---

① 这些数字是根据《旧唐书》卷四二《职官志》(北京:中华书局,1975 年点校本),页 1791—1803 所列的一系列文武职事官计算得出。又参见笔者的论文《唐"望秩"类官员与唐文官类型》,《唐研究》,第 16 卷(2010),页 425—455。

## 二、"非士职"：唐代士人不做何官

笔者之所以选择研究数十种唐代士人常任的核心官职，最主要的目的是要厘清和彰显唐代士人的常任核心官职模式。没错，唐代的大大小小文武官职，从中央到地方到幕府，当然不只笔者研究范围中的数十种，而正如前面所说，约高达405种。然而，如果我们细心爬梳，会很惊讶地发现，这四百多种文武职事官当中，竟有许多是唐代士人从来不会去担任，没有能力去就任，或"不屑"于去出任的。

最明显的是武职事官和幕府武职。《旧唐书》卷四二《职官志》说："职事者……近代已来，又分为文武二职，分曹置员，各理所掌。"①接着，它详列了各种职事官衔，并把它们分为文武两大类别，让我们可以清楚知道何者为文，何者为武，避免了定义和解释的问题。例如，其"正第五品下阶"的部分载：

> 太子中舍人、尚食尚药奉御、太子亲勋翊卫郎将、内常侍、中都督上都护府司马、中州别驾、下府折冲都尉、已上职事官。郎将、折冲为武，余并为文也。②

按照《旧唐书》这种定义计算，唐代的武职事官，数量约为40种，远远少于文职事官的365种，主要有各军各卫率府的大将军、将

---

①《旧唐书》卷四二，页1804。
②《旧唐书》卷四二，页1795。小字注为原文所有。

军、郎将、典军,各折冲府的都尉和果毅,各级镇将、戍主、司戈、长上、执戟等等。唐的幕府武职,在新旧《唐书》的职官志中并未详载,也没有官品,但最重要的有各种兵马使、各类押衙、各级虞候等等①。这些都是一般唐代士人不会去出任的。

唐初有几位重要的将领,如李靖、李勣、唐俭和刘仁轨等人,本质上应属武将,虽然他们都曾经出任过一些文职。例如,李靖曾任刑部尚书、兵部尚书等文职②;李勣曾任太子詹事③;唐俭曾任天策府长史④。但我们应当把他们这样的经历,视为是武人出任文职,而非文士充任武职。

然而,唐前期有几位精彩的人物,的确又是文武兼备,既能考中明经进士,又能带兵作战,似乎显示唐代士人也能出任武职⑤。例如裴行俭和娄师德,两人都是明经出身,后来却能带兵作战,分别讨伐突厥、吐蕃⑥。然而,这两人的经历应当属于少数的特例,不是唐代一般士人的典型仕历。

更重要的一点是,唐代士人即使出任武将,他所担任的也是高层的指挥将领一类的,如行军总管,而不是中低层的武官。这

---

①严耕望曾经研究过这些幕府武职,见他的《唐代方镇使府僚佐考》,收在《严耕望史学论文集》(上海:上海古籍出版社,2009),上册,页406—452。
②《旧唐书》卷六七,页2479。
③《旧唐书》卷六七,页2486。
④《旧唐书》卷五八,页2306。
⑤关于唐代文和武的分别,见高明士《唐朝的文和武》,《台大文史哲学报》,第48期(1998年6月),页3—22;关于唐代士人对军人的态度,见 David L. McMullen, "The Cult of Ch'i T'ai-kung and T'ang Attitudes to the Military," *T'ang Studies* 7 (1989):59—103.
⑥见《旧唐书》卷八四《裴行俭传》,页2801—2806 和《旧唐书》卷九三《娄师德传》,页2975—2976。

就好比近代美国、西欧的国防部长，照例由文官出任一样。例如，调露元年(679)裴行俭任定襄道行政大总管，讨伐突厥阿史德温傅之叛①。圣历二年(699)，娄师德任天兵军大总管，率军和突厥作战②，魏元忠任大总管对抗突厥和吐蕃的入侵③，也都属此类高层将领。就我们在史料和墓志中所见，唐代士人一般不会去出任诸如镇将、戍主、中郎将等低层和中层的武职事官，也不会到幕府去任兵马使、虞候和押衙等武幕佐④。

唐代有少数几个士人，选择从文转武，但这些也应属特例，非常例。例如，开元年间的樊庭观，"明经擢第，既而叹曰：大丈夫当立功绝域，安能坐事散儒"。于是他选择从戎："释褐授昭武校尉、左玉钤卫长上，次授□州交水府别将，次授越州浦阳府右果毅都尉，次应举及第授河南府怀音府右果毅都尉，次授辕辕府折冲都尉，以忧去职。"⑤任的都是中低层武官。但像他这一类的例子，应当属于个别案例⑥，不能视为唐代士人任官的常态。

除了武职事官和幕府武职外，唐代士人一般不会去出任的文职事官，主要有下列四大类别：

（一）极高层的一、二品高官如太师、太傅、司空、太子少保、太子少傅等。这些仅授给极少数对唐皇室有重大贡献的高官，或用

---

① 《旧唐书》卷八四，页2803。
② 《旧唐书》卷九三，页2976。
③ 《旧唐书》卷九二，页2952。
④ 关于唐代武官的选任，见刘琴丽《唐代武官选任制度初探》(北京：社会科学文献出版社，2006)。
⑤ 周绍良、赵超编《唐代墓志汇编》(上海：上海古籍出版社，1992)，开元196，页1293—1294。
⑥ 刘琴丽《唐代武官选任制度初探》，页196—197，最先举出樊庭观这个案例，以及另两个案例，可以参看。

以酬失势的功臣武将,非一般士人所能得到。

(二)殿中省和内侍省的各种官员,他们服侍皇帝和皇室成员衣食住行等日常生活,通常由皇亲贵族以及宦官负责①。士人通常不会出任这种官。

(三)各种专门保留给流外官转入流内后所专任的文职事官,如中书主书,门下录事,尚书都事,九寺和亲王府录事,某些等级县的主簿、县尉,州县录事等等。此类官常被称为"流外之任"或"流外之职"。任士英对此有详细研究②。这些职位通常不会授给士人,例见下面提到的薛据案例。

(四)各种流内伎术类官职,包括医官、天文官、乐官、各种监牧官、各种署令、内谒者监、侍御医、占卜算命官。这些官需要专门伎艺。唐代士人如果不是没有专业本事,无法胜任这种伎术官,就是"不屑"为之③。

剔除了这几大类官职之后,唐代士人所能出任、乐于出任的官就不多了。总的来说,他们最想做的官,或可以统称为"清流官"。这种官和"浊官"相对,是个复杂观念,下面还将说明。

唐代士人任官,有"士职"和"非士职"的观念。也就是说,他们会认为,有些官是士人不应当去做的,有些官才是士人应当去出任的。最能表现唐人这种做官观念的,是初唐诗人王绩的好友

---

① 黄正建《唐六尚长官考》,《魏晋南北朝隋唐史资料》,第 21 辑(2004),页 223—245。又见严耀中《唐代中后期内侍省官员身份质疑》,《史林》,2004 年第 5 期,页 77—81。严认为唐中后期的宦官未必"全是阉人"。
② 任士英《唐代"流外出身人"叙职考》,《烟台师范学院学报》,1993 年第 1 期,页 59—67。
③ 楼劲、李华《唐仕途结构述要》,《兰州大学学报》,1997 年第 2 期,页 117—127,对伎术官的"方伎之途"略有探讨。

吕才(600?—665)为王绩文集所写的《王无功文集序》中的一大段话：

> 贞观中，(王绩)以家贫赴选。时太乐有府史焦革，家善酝酒，冠绝当时。君苦求为太乐丞，选司以非士职，不授。君再三请曰："此中有深意，且士庶清浊，天下所知。不闻庄周羞居漆园，老聃耻于柱下也。"卒授之。数月而焦革死。革妻袁氏，犹时时送酒。岁余，袁氏又死。君叹曰："天乃不令吾饱美酒。"遂挂冠归。由是，太乐丞为清流。①

应当留意的是，"太乐丞"并非"不入流"的所谓"流外"官。它实际上是个标准的"流内"文官，即正规九品三十阶内的官。它的官品还不算最低，为从八品下②。然而，当时的人却认为它不是士人应当去做的官，"非士职"。选司起初也不肯授此官给王绩。

王绩是个标准的士人、读书人。他祖上几代都是做官的。他的哥哥王通，号"文中子"，更是隋唐之际的大儒。王绩"八岁读《春秋左氏》，日诵十纸"。十五岁从家乡山西河津来到长安，谒见越公杨素，被众人目为"神仙童子"③。但像他这样一个家世如此良好的士人，却因为太爱喝酒，看上太乐署正好有个"冠绝当时"的酿酒高手，于是竟不耻下求太乐丞这个"浊官"。

为什么太乐丞"非士职"？因为这是一种乐官，一种伎术官，

---

① 《王无功文集序》，金荣华校注《王绩诗文集校注》(台北:新文丰出版公司，1998)，页12。《新唐书》(北京:中华书局，1975年点校本)卷一九六《王绩传》，页5595，也说："自是太乐丞为清职。"
② 陈仲夫校点《唐六典》(北京:中华书局，1992)卷一四，页402。
③ 《王无功文集序》，《王绩诗文集校注》，页2—3。

一种"浊官"。唐代太乐署是太常寺底下的几个官署之一。它的长官叫太乐令,专"掌教乐人调合钟律,以供邦国之祭祀、飨燕"。太乐令的副官即太乐丞。王绩所求的这个官位,用现代话来说,大约便是"宫廷乐团副教练"。唐代士人对乐工、医者和占卜者等伎术官是轻视的,认为有损士人身份①。

不过,正因为王绩担任过此官,"由是,太乐丞为清流",是王绩的经历把这个"非士职"变为一个"士职"清流官。有趣的是,大约八十四年后,在开元九年(721),另一个诗人王维刚释褐时,出任的竟然也是太乐丞②。

到王维时代,太乐丞虽然已成"清流",可以授予士人了,但它到底还是伎术官。这官职在一般士人眼中,恐怕依然不算清高,非士人所喜。王维愿意出任,或许因为他精通音乐,不介意任此官,正如王绩爱喝酒,不但不介意,反而非求此官不可③。

顺带一提,王绩和王维在他们后来的仕途中,并非经常担任这种"浊官"。他们一生也就只做过这么一次。他们两人仕历中的其他官职,倒都是"清流"的。

---

①详见笔者《唐代待诏考释》,《中国文化研究所学报》(香港中文大学),新第 12 期(2003),页 96—99 中的讨论。又见王颖楼《隋唐官制》(成都:四川大学出版社,1995),页 322。

②笔者有一文《论王维的〈相思〉及相关问题》,发表在《学术论文集》,第 7 辑《马来亚大学中文系创系四十周年记念号》(吉隆坡马来亚大学中文系出版,2005 年),页 121—149,对王维的家庭和初入仕当太乐丞的这段经历,有比较深入的讨论。

③就笔者所见,现代为王绩和王维两诗人写年谱和评传的学者,都没有论及二王年轻时曾任太乐丞这个"浊官"的意义。

封演(天宝末年进士,活跃于 755—800 之间①)在《封氏闻见记》中,对士人任太乐丞等"浊官",也有一段记载,可以佐证上引吕才的说法。两者可以相互补充,值得细考:

> 旧良酝署丞、门下典仪、太乐署丞,皆流外之任。国初,东皋子王绩始为良酝丞。太宗朝,李义府始为典仪②。中宗时,余从叔(封)希颜始为太乐丞③。三官从此并为清流所处。④

封演此书为唐人传世最好的史料之一⑤。他本人出身官宦世家,

①赵贞信在《封氏闻见记校注序》(《封氏闻见记校注》,原 1933 年哈佛燕京社引得特刊之七;北京:中华书局,2005 年新排印本,页 4—6),总结前人岑仲勉和余嘉锡的研究,对封演的生平和官历有详细的探讨,可参看。赵贞信这个 2005 年新排印本,增添了先前版本所无的一些资料,是《封氏闻见记》目前最好的本子。

②这句话在《封氏闻见记》中原作"李义甫始为典仪府",把李义府名字中的"府"字错为"甫"。"典仪"后又多一"府"字,文意不通,显然是衍文。故笔者把这句校改为"李义府始为典仪",依陶敏的校勘,见其《封氏闻见记校注标点校勘拾遗》,附于赵贞信的《封氏闻见记校注》之后,页 111—112。封演这段引文中两次出现的"大乐"署丞,也依陶敏的建议,校改为"太乐",因为唐代并无"大乐丞"这个官名,虽然唐代文献中,"大"和"太"字常通用。

③在《新唐书》卷一二九《崔沔传》,页 4476,曾经提到睿宗朝有一位"太乐丞封希颜",应当就是封演自己所说的这位"从叔"。封希颜后来在先天元年(712)任右补阙。见《唐会要》(上海:上海古籍出版社,1991 年点校本)卷七五,页 1609;《旧唐书》卷四八,页 3064。据《新唐书》卷七一下《宰相世系表》,页 2342,封希颜官至中书舍人和吏部侍郎高官。

④《封氏闻见记校注》卷三,页 23。

⑤岑仲勉《跋〈封氏闻见记〉(校证本)》,《岑仲勉史学论文集》(北京:中华书局,1990),页 652—680,对封演的家世和生平,以及他此书的著成年代及其史料价值等细节,有详细的讨论。

在大历七年(772)权知过邢州刺史,德宗朝又在河北魏博的田承嗣幕府做过中高层的幕府官,应当熟悉唐代官场的实际运作和掌故。他这段话极有价值,在于它清楚地告诉我们,唐代除了太乐丞由原本的"非士职"转为"清流"外,还有至少另外一种官也经历过这么一个"由浊转清"的过程,那就是门下典仪。它们之所以能够从"浊官"变为"清流",是因为曾经有士人担任过。

封演之特别提起这几种官,也正因为它们是特殊的案例。并非所有"非士职"都如此"幸运",因为曾经有士人担任过而得以转为"清流"。应当说,唐代有许许多多的"非士职",由于始终没有士人担任过,以致并没有像太乐丞等少数几个官那样,可以从浊转清。这应当包括几乎所有唐代的伎术官。

封演这段话还有几点需要解释:第一,良酝署丞是光禄寺一个管酿酒的官,正九品下。但王绩其实从未任过良酝署丞,所以此官应当也未曾由浊转清。封演这里应当是误记,或许是因为王绩太爱喝酒引起的误会。他在门下省待诏时,官署"例日给良酝三升"。他的弟弟问他:"待诏何乐邪?"答曰:"待诏禄俸殊为萧瑟,但良酝三升,差可恋尔!"[1]可知他是好酒的。王绩后来请求选司授他非士职的"太乐丞",也正是因为他看上太乐署有位酿酒的高手,但他本人倒是从未做过"良酝署丞"。封演可能因为王绩太过迷恋"良酝",而误记他当过"良酝署丞"。

第二,李义府任"门下典仪",有个特别的原因。他是在贞观八年,"对策擢第,补门下省典仪"[2]。这是门下省一个从九品下

①《王无功文集序》,《王绩诗文集校注》,页 11。《新唐书》卷一九六《王绩传》,页 5595,把吕才的这段描写删减,颇失原味。
②《旧唐书》卷八二,页 2765。

的小官,掌管"唱警、唱奏之事",主持某些仪式。据《唐六典》:"初,用人皆轻。至贞观初,李义府为之,是后常用士人。"①或许是朝廷后来重视门下典仪这个官,才改用士人出任。

从封演的这段记载,我们可以推论:唐代门下典仪和太乐丞,原本都是士人不愿出任的浊官,但后来因为有王绩、李义府和封希颜等士人出任,才变成了"清流"。不过,虽说是由"浊官转清流"了,唐代士人恐怕还是不喜任这种伎术官。例如,上引《唐六典》说,李义府任过门下典仪,"是后常用士人",但我们在两《唐书》和墓志材料中,就找不到佐证,并未发现有很多其他士人当过门下典仪,仅有寥寥数例,如酷吏姚绍之曾任门下典仪②;李镇注《史记一百三十卷》,在"开元十七年上,授门下典仪"③。太乐丞的情况也是如此。唐史上做过太乐丞的士人寥寥可数。

应当注意的是,门下典仪、太乐署丞和良酝署丞,倒都是九品三十阶内的流内官。这三种官的流内属性,在《唐六典》等职官书中都有清楚记载,不构成问题。封演说这三官是"流外之任",也并没有错。然而,有些学者不明就理,把封演所说的"流外之任"误解为"流外官"。"流外之任"和"流外官"有微妙的差别,容易引起误会,下面且略作解说。

我们知道,唐代有所谓"流内"和"流外"官的分别。流内即九品三十阶内的正规官员;流外则不是。流外官一般为令史、书令史一类的下层官吏,通常非士人,但他们任满流外官若干年以后(一般

---

① 《唐六典》卷八,页 248—249。
② 《旧唐书》卷一八六下,页 4851。
③ 《新唐书》卷五九,页 1526。

约为八到十年),可以参加铨选,转变成流内官①。然而,即便如此,流外转流内还是有许多限制。由于流外不是士人,又出身低下,他们转入流内时,就只能担任某些"浊官",某些士人原本"不屑"就任的文书类职位,或流内伎术官,比如良酝署丞、门下典仪和太乐署丞等等。

流外转流内,不能任校书郎、正字、赤县主簿、县尉等等清流官,以免"污染"了这些清流。唐代屡次有禁令,比如初唐神功元年(697)的一道诏令,便规定"从流外及视品官出身者",不得任某些清流士职:

> 八寺丞,九寺主簿,诸监丞、簿,城门符宝郎,通事舍人,大理寺司直、评事,左右卫、千牛卫、金吾卫、左右率府、羽林卫长史,太子通事舍人,亲王掾属、判司、参军,京兆、河南、太原判司,赤县簿、尉,御史台主簿,校书、正字,詹事府主簿,协律郎,奉礼、太祝等,出身入仕,既有殊途,望秩常班,须从甄异。其有从流外及视品官出身者,不得任前官。②

---

① 关于流外官和流外官转流内官的研究,见郭锋《唐代流外官试探》,《敦煌学辑刊》,1986 年第 2 期;张广达《论唐代的史》,《北京大学学报》,1989 年第 2 期;王永兴《通典载唐开元二十五年官品令流外官制校释——唐流外官制研究之一》以及《关于唐代流外官的两点意见——唐流外官制研究之二》,载《陈门问学丛稿》(南昌:江西人民出版社,1993);任士英《唐代流外官制研究》上、下篇,分别刊于史念海主编《唐史论丛》第 5 辑(西安:三秦出版社,1990)和第 6 辑(西安:陕西人民出版社,1995);任士英《唐代流外官的管理制度》,《中国史研究》,1995 年第 1 期;叶炜《试论隋与唐前期中央文官机构文书胥吏的组织系统》,《唐研究》,第 5 卷(1999)。林煌达《唐代录事》,《中正历史学刊》,第 2 期(1999),亦论及流外官。
② 《唐会要》卷七五,页 1610。关于这篇敕的详细疏证,见笔者的《唐"望秩"类官员与唐文官类型》。

可知流外官出身低,即使转流内,也不能出任那些比较"清高"的士职,而只能充当某些特别保留给流外官入流专任的文吏类官职,以及伎术类官职,比如封演所说的"良酝署丞、门下典仪、太乐署丞"之类。封演说这三种官是"流外之任",是一种省略的说法。他的意思是:这些是"流外官转入流内时所任之官",并不是说这三种官是"流外官"。"流外之任"和"流外官",有此微妙差别。

《封氏闻见记》中还有一条很有意义的记载,紧接在上引那条之后。两者可以合起来细读,更可以看出"流外之任"、"流外之职"的真义:

> 开元中,河东薛据自恃才名,于吏部参选,请授万年县录事。吏曹不敢注,以谂执政,将许之矣。诸流外共见宰相诉云:"酝署丞等三官,皆流外之职,已被士人夺郤。惟有赤县录事是某等清要,今又被进士欲夺,则某等一色之人无措手足矣。"于是遂罢。①

薛据是开元九年(721)的进士,又在天宝六载(747)考中制举的风雅古调科,的确是个"才名"俱佳的才子②。"于吏部参选",应当

---

① 《封氏闻见记校注》卷三,页23。
② 见孟二冬《登科记考补正》(北京:燕山出版社,2003)卷七,页258;卷九,页360。孟二冬此书为徐松的《登科记考》补充了许多材料,特别是近世出土的墓志,总结了过去一个世纪以来的研究,现已成为《登科记考》的最佳现代版本,故本书不再引用较早的《登科记考》版本。孟二冬此书出版后,王洪军又编撰《登科记考再补正》(桂林:广西师范大学出版社,2010),补充近年出土的不少新材料。薛据在两《唐书》中无传,但在《唐才子传》卷二中有小传。他的哥哥薛播曾官至中书舍人和礼部侍郎等高官。《旧唐书》卷一四六《薛播传》,页3956说,薛家在"开元、天宝二十年间",有"七人并举进士,连中科名,衣冠荣之",是个显赫的士人家族。

是在他考中进士不久后的事。但奇怪的是，他竟请授"万年县录事"，而"吏曹不敢注"，因为万年县录事，正如下文所透露的，不是士人应当去做的官，而是流外转入流内时的"流外之职"，是那些流外们的"清要"。薛据这个举动是不寻常的，可能因为他"自恃才名"高，行事放荡不拘小节，异于一般的士人。但他这样做也等于是"侵入"了流外的"地盘"，以致引起流外们的不满，群起向宰相投诉。他们重提过去"酝署丞等三官"被士人"夺郤"的旧恨，又诉说他们"无措手足"云云。此事"于是遂罢"。

从王绩和薛据等人这些"反常"的举动，我们得以推论，唐代士人不能随意去担任那些所谓的"非士职"，甚至连去"请授"也不能获准。选司会禁止授这些官给士人，如薛据的个案。这些官也只有在特殊的情况下，才会授给士人，如王绩等人的例子。

综上所论，唐代士人做官非常讲究官的"清浊"。中古"清官"的含义，和明清所谓的"清官"（"清廉之官"、不贪污之官）截然不同。在隋唐和之前的中古时代，"清官"另有所指，是个很重要的概念①。下面讨论封演的唐代士人"升官图"时还将论及。

---

① 关于南北朝的清官，中日学者的研究极多。最精深的论述见阎步克《察举制度变迁史稿》（沈阳：辽宁大学出版社，1991）一书，特别是页152—158与页208—209，以及同氏《品位与职位：秦汉魏晋南北朝官阶制度研究》（北京：中华书局，2002），页547—559论"南北'清浊'观念之异同"一节。其他论著有周一良《〈南齐书·丘灵鞠传〉试释兼论南朝文武官位及清浊》，原载《清华学报》，第4卷第2期（1948），后收入《周一良集》（沈阳：辽宁教育出版社，1998），第一卷，页119—148；宫崎市定，《九品官人法の研究》（京都：同朋社，1977），页208—217以及页320—322论清官的定义；上田早苗，《贵族官僚制度的形成——清官的由来及其特征》，《中国中世史研究》，1970，宋金文、马雷中译本，收在刘俊文主编《日本中青年学者论中国史：六朝隋唐史》（上海：上海古籍出版社，1995），页1—26；越智重明，《南朝の清官と濁官》，《史渊》，98（1967），页15—46；中村圭尔，（转下页注）

这里先简单交代几点。

很广义地说，清官是那些比较高尚的官职，那些须用脑、用心，而不是用手的职务。所以，唐代的武官、内侍官、伎术官等等都不是清官，而是"浊官"、"非士职"，不是士人应当去做的。唐代的"清浊"官，在某种意义下，犹如现代的白领和蓝领工作。正如唐代士人不愿做"浊官"，现代读书人大都也不愿从事蓝领的工作。

陈寅恪先生对唐代士人在婚姻和做官上的决择，有很精深的观察：

> 唐代社会承南北朝之旧俗，通以二事评量人品之高下。此二事，一曰婚，二曰宦。凡婚而不娶名家女，与仕而不由清望官，俱为社会所不齿。①

这种南北朝"旧俗"所形成的社会风气和"士风"，导致唐代（甚至后世宋元明清各代）的士人，做官都只想做"清官"类的"士职"，不愿屈就于伎术官等属于"浊官"类的"非士职"。

因此，如果我们把唐代士人不会去出任的那些武官、内侍官和"浊官"等等"非士职"剔除之后，他们在整个仕途上经常担任的官职种类，其实便相当有限，有一定的数量，有一定的规律，也

---

（接上页注）《清官と浊官》，《六朝贵族制研究》（东京：风间书房，1987），页331—358。至于唐代的清官，见毛汉光，《科举前后（公元600年±300）清要官形态之比较研究》，《"中研院"国际汉学会议论文集：历史考古组》（台北："中研院"，1981），上册，页379—403；金滢坤《中晚唐五代的科举与清望官的关系》，《中国史研究》，2003年第1期，页81—87。

① 《元白诗笺证稿》（上海：上海古籍出版社，1980），页112。

有一定的模式可寻。

## 三、唐代官场上的四个"模范"

那么,这个常任核心官职模式是怎样的? 唐代士人可以出任、经常出任的官职又是哪些呢? 我们不妨以唐代官场上四个"模范"官员的一生仕历来回答这些问题:他们是唐前期的张说、张九龄,以及唐后期的李巽和李德裕。

之所以选择这四位官员为"模范",主要是因为他们不但在两《唐书》中有传,而且还有墓志传世,或今人为他们所作的评传或年谱,仕历相当清楚。相比之下,两《唐书》对许多官员的官历记载,经常是不完整的,往往有所省略。如果单单以两《唐书》列传中所载的官历来做研究或统计,那是严重不足的。要解决唐人官历经常被两《唐书》省略的问题,我们必须再仔细比对各传主的墓志或神道碑(若有),或翻检今人所作的年谱或评传,才能得到比较完整的资料,才不致失误。但唐代官员当中,死后有墓志、神道碑传世的并不多;有近人为他们作年谱或评传的则更少了,仍有待唐史学界的努力①。

――――――

① 笔者在《唐代基层文官》,繁体版页 407(简体版页 367)说过:"目前,只有一些唐代大诗人和名人(如陆贽、刘晏和杨炎)的官历和年代,因为有年谱和评传之作,才比较清晰完整。但唐史上还有许许多多人物,即使重要如宰相裴度和贾耽,他们的传记资料至今都还未经现代学者的整理,既无年谱也无评传。笔者建议,唐史学界未来或可'投资'于一项大工程:编一本翔实可靠的《唐史人物行年表》,结合两《唐书》和墓志材料,细考唐史上大大小小人物的生平官历和行年,以年表方式呈现,当可收简便和一览无遗之效。"

其次,张说等四人都可说是官场经历十分丰富的官员,从年轻时就开始做官,一直到年老,任官十多到二十多任,官历首尾相连,可说相当完整,让我们可以有更丰富的材料建立起唐代士人的常任核心官职模式。换句话说,这四人的官历,正因为是如此丰富而完整,所以正好可以作为唐代士人任官所能达致的一种理想境界,一种模式,一种衡量的标准。换一个比喻,这四人好比是唐代官场上的四个"模范生",可以让我们见到,"模范"官员当年是如何踏上仕途;他们通常担任的低层、中层和高层官又会是哪一些。如此一来,我们在史传和碑刻中见到其他官员的仕历时,便可以拿来跟我们的"模范生"做比较,从而得到一些比较深入、比较具体的观察和结论。

至于怎样的官历才算丰富呢?白居易晚年在他自撰的《醉吟先生墓志铭》中,回忆起他生平的官历时,不无得意地说:"始自校书郎,终于少傅致仕。前后历官二十任,食禄四十年。"[1]白居易为他的朋友张仲方(766—837)所写的墓志《唐故银青光禄大夫秘书监曲江县开国伯赠礼部尚书范阳张公墓志铭并序》,亦不无欣慰地形容张仲方"入仕四十载,历官二十五,享年七十二"[2]。

据此可知,历官二十任左右是唐代士人任官的理想,可视为他们仕途是否腾达的一个标准。相比之下,唐代有不少官员做官往往不到十任。在地方州县,更有不少地方官一生只做过三五任官,在宦海中浮沉,官历并不完整(见本书第四章《县令》)。因此,我们观察那些"模范"官员,细心比对他们那些十多二十任左

---

[1] 朱金城笺校《白居易集笺校》(上海:上海古籍出版社,1988)卷七一,页3815。

[2]《白居易集笺校》卷七〇,页3777。

右的完整仕历,应当可以对唐代士人的常任核心官职模式,得出更为中肯的结论。

在这个视角下,让我们来观察张说、张九龄、李巽和李德裕一生的做官经历。

(一)张说

张说(667—731)①是初唐的一位"大手笔",也是玄宗朝的宰相。两《唐书》本传对他的官历有所省略。幸好他有文集传世,又有人为他写过两篇石刻文字:张九龄为他撰作《故开府仪同三司行尚书左丞相燕国公赠太师张公墓志铭并序》②;孙逖也为他写过《唐故幽州都督河北节度使燕国文贞张公遗爱颂》③。近人陈祖言则对他的生平仕历做过详细研究,著有《张说年谱》。这些都可补正两《唐书》的不足。

综合这些材料,我们知道张说是在二十四岁那年,在洛阳雒阳城南门,由武则天亲自试策,高中第一名,从此登上仕途。张九龄为他写的《墓志铭》这样总结他一生的仕历:"起家太子校书,迄于左丞相,官政四十有一,而人臣之位极矣!"这里的"官政四十有

①张说的生卒年传统上说是 667—730,但美国一位精研唐代文学的学者 Paul W. Kroll 有一文 "On the Date of Chang Yüeh's Death," *Chinese Literature: Essays, Articles, Reviews* 2(1979): 264—265,特别指出张说死于开元十八年十二月戊申(二十八日),实际上等于公元 731 年 2 月 9 日,而非730 年。

②收在熊飞校注《张九龄集校注》(北京:中华书局,2008)卷一八,页 951—959。张说的墓志已在 1999 年在洛阳出土,详见李献奇《唐张说墓志考释》,《文物》,2000 年第 10 期,页 91—96;梁骥《唐〈张说墓志〉考略》,《中国书画》,2005 年第 12 期,页 43—45。

③《文苑英华》卷七七五,页 4083—4084。

一"是指四十一年①,非四十一任。张说一生任官其实是二十五任。这个任官次数,跟上引张仲方的二十五任相同,比白居易的二十任则稍多一些。

那么,张说的二十五任官是哪些呢?且按笔者的"三部曲",依基层、中层和高层三个层次来叙说:

张说基层官历依秩是:(1)太子校书;(2)武攸宜讨契丹总管府记室(约相当于唐后期的幕府掌书记)。

他的中层官历依秩是:(3)右补阙;(4)右史内供奉,兼知考功贡举事(即出任"考功员外郎"的职务);(5)魏元忠并州行军大总管府判官;(6)兵部员外郎;(7)兵部郎中。

他的高层官历依秩是:(8)凤阁舍人(即中书舍人);(9)工部侍郎;(10)黄门侍郎;(11)中书侍郎(兼雍州长史);(12)中书侍郎同中书门下平章事(宰相并监修国史);(13)兵部侍郎,依旧平章事(加弘文馆学士);(14)尚书左丞,分司东都;(15)中书令;(16)相州刺史(充河北道按察使);(17)岳州刺史;(18)荆州大都督府长史②;(19)幽州都督(河北节度使,带"右羽林将军"和"摄御史大夫"两虚衔);(20)天兵军节度大使;(21)兵部尚书同中书

---

① 按张说在载初元年(690)初仕,到开元十八年十二月(731)去世,正好任官四十一年。见陈祖言《张说年谱》(香港:香港中文大学出版社,1984),页9。

② 唐代有几个重要的大都督府,如荆州、扬州等大都督府,其大都督例由皇室的亲王"遥领",但他们只是挂名,并无实任。在这些大都督府真正主其事者,是大都督属下的副手"长史"。所以,张说这时出任"荆州大都督府长史",其实等于是荆州大都督府的总管。唐代史料中常见的"扬州大都督府长史"等类似官职,也应如此看待。换句话说,这些大都督的长史,地位等同于刺史、都督那一级别,远远高于一般都督府的长史。两者不可相提并论。

门下三品;(22)朔方军节度使;(23)中书令(兼集贤院学士,知院事);(24)尚书右丞相兼中书令(兼集贤院学士,知院事);(25)尚书左丞相①。

## (二)张九龄

至于张九龄(678—740),这位曾经当过宰相的岭南才子,一生又做过多少任官呢?据两《唐书》和近人所撰的年谱②,他在二十五岁进士及第,在景龙元年(707)三十岁中材堪经邦科,接着便以秘书省校书郎起家,在五十六岁那年当上宰相,但晚年不幸被贬官为荆州大都督长史,在任上去世。综观张九龄一生,他前后入仕三十四载,历官一十五,享年六十四。

同样的,我们可以把张九龄的一生官历分为三个层次来描述:

---

① 张说在开元十三年(725)到开元十八年十二月(731)去世前的这段官历颇复杂,涉及连串的停职与复职,但来来去去不出右丞相、中书令、集贤院学士和左丞相这四个官职。为免累赘,这里便略加简化为这四种,不因复职而重复计算任官次数。详细的考证见陈祖言《张说年谱》,页63—87。要言之,开元十三年十月玄宗在泰山封禅之后,张说便因功升为"尚书右丞相兼中书令",并续任他先前的集贤院学士。开元十四年四月,因为遭到宇文融、崔隐甫等人恶意"奏弹"他夜引术士等事,张说被"停兼中书令",但仍然为尚书右丞相兼集贤院学士。到开元十五年二月,因奏弹案恶化,张说被令致仕,罢去右丞相和集贤院学士。开元十五年六月,"诏令在家修史"。开元十六年二月,复兼集贤院学士。开元十七年三月,他终于"复为右丞相,依旧为集贤院学士,知院事"。开元十七年八月,他迁为"左丞相"。同年十二月,他去世。他任左丞相只有大约四个月。

② 主要有两种:杨承祖的经典之作《张九龄年谱》(台北:台湾大学文学院,1964)以及顾建国的近作《张九龄年谱》(北京:中国社会科学出版社,2005)。又见顾建国《张九龄研究》(北京:中华书局,2007)。

他的基层官历是:(1)校书郎。

他的中层官历依秩是:(2)左拾遗;(3)左补阙;(4)礼部员外郎;(5)司勋员外郎。

他的高层官历依秩是:(6)中书舍人内供奉;(7)太常少卿;(8)洪州都督(兼洪州刺史);(9)桂州刺史(兼岭南道按察使);(10)秘书少监;(11)工部侍郎(兼集贤院学士、兼知制诰);(12)中书侍郎、同中书门下平章事(宰相);(13)中书令(兼集贤学士知院事,修国史);(14)尚书右丞相;(15)(贬)荆州大都督府长史(长史仍算高层官,且荆州还是个具有战略地位的大都督府)。

以上是唐前期的两个案例。到了唐后期,士人的常任核心官职模式依然是可以"预测"的,是有迹有寻的。其中最大的不同点在于唐后期的士人在仕途上多了一个选择:他可以到各种方镇使府去任使职或幕佐。让我们以李巽和李德裕来作代表。

## (三)李巽

李巽(747—809)是德、顺、宪三朝最重要的官员之一,曾官至掌管全国财经大权的盐铁使,但今人对他一无研究,既没有为他写过年谱也没有为他写过评传。他在新旧《唐书》的本传也太过简略,省略了他几乎所有早年官历。幸好,权德舆为他写过一篇墓志,曰《唐故银青光禄大夫守吏部尚书兼御史大夫充诸道盐铁转运等使上柱国赵郡开国公赠尚书右仆射李公墓志铭并序》,清楚透露李巽一生最完整的仕历:

> 始以经明(即明经)筮仕为华州参军。试言超绝,补鄠县尉。登朝为监察御史、殿中侍御史。由美原县令课最,为刑

部员外郎,由万年县令课最,为户部左司二郎中。由常州刺史理刑第一,征为给事中。以御史中丞,领潭州刺史、湖南观察使,就加右散骑常侍。以右散骑常侍,领洪州刺史、江西观察使,就加御史大夫。由二府报政入为兵部侍郎。在途加度支、盐铁转运副使;至止逾月,代今司徒岐公(杜佑)为使。明年迁兵部尚书,间一岁转吏部尚书。[①]

据此,李巽的学历是明经出身,后来又考中高难度的书判拔萃(即墓志中所谓"试言超绝"),可说是唐代士人精英当中的精英。

他的基层官历依秩是:(1)华州参军;(2)鄠县尉。

他的中层官历依秩是:(3)监察御史;(4)殿中侍御史;(5)美原县令;(6)刑部员外郎;(7)万年县令;(8)户部郎中;(9)左司郎中。

他的高层官历依秩是:(10)常州刺史;(11)给事中;(12)潭州刺史(带兼衔御史中丞);(13)湖南观察使(带检校官右散骑常侍);(14)洪州刺史(带检校官右散骑常侍);(15)江西观察使(带兼衔御史大夫);(16)兵部侍郎;(17)度支、盐铁转运副使[②];(18)盐铁使;(19)兵部尚书;(20)吏部尚书。他死后获得赠官"尚书右仆射"(见墓志标题)[③]。

---

[①] 郭广伟校点《权德舆诗文集》(上海:上海古籍出版社,2008)卷二二,页340。

[②] 唐代的度支、盐铁、转运使,关系复杂。见何汝泉《唐代度支、盐铁二使关系试析》,《中国唐史学会论文集》(1993年)(西安:三秦出版社,1993),页156—169。这里李巽是一人兼管三使职,所以只以一任官计算。

[③] 本书第四章《县令》,对李巽的官历还有更详细的讨论,特别是他中年任县令的一段经历。

（四）李德裕

李德裕（787—850）是晚唐一大才子，但却也是个悲剧人物。和上引张说、张九龄、李巽三个科举出身者最不相同的是，李德裕颇"轻视"进士功名，所以他从未参加科举，而选择以荫任的方式入仕①。他和张说、张九龄一样，起家就是释褐美职的校书郎。在他事业的高峰，他曾经当过好几个重要方镇的节度使以及武宗的宰相，亲自指挥过几场重大的战役，平定了泽潞节度刘稹之叛和会昌年间的回纥之乱。但这样一个大功臣，最后却在宣宗上台后，被贬官到"鸟飞犹是半年程"②的崖州（今海南岛）去充当一个司户参军的小官，最后死在那儿。

李德裕在二十七岁入仕，到六十三岁去世，前后食禄三十七年，历官二十七任（包括三次贬官）。和上引张说等人一样，他的仕历可以分为三个层次：

他的基层官历依秩是：（1）校书郎；（2）掌书记。

他的中层官历依秩是：（3）监察御史（充翰林学士）；（4）司勋员外郎（仍充翰林学士）；（5）屯田员外郎（仍充翰林学士）；（6）考功郎中（仍充翰林学士，并知制诰）。

他的高层官历依秩是：（7）中书舍人（仍充翰林学士）；（8）御

---

①陈寅恪曾论及李德裕"痛恶进士科"的意义，见《论李栖筠自赵徙卫事》，《金明馆丛稿二编》（北京：三联书店，2001），页6。又见高桥彻《李德裕試論——その進士觀を中心に》，《柳田節子先生古稀記念：中国の伝統社会と家族》（东京：汲古书院，1993），页3—19。

②典出李德裕诗《登崖州城作》："独上高楼望帝京，鸟飞犹是半年程。青山似欲留人住，百匝千遭绕郡城。"见傅璇琮、周建国校笺《李德裕文集校笺》（石家庄：河北教育出版社，2001）卷四，页500。

史中丞;(9)润州刺史(兼浙西观察使);(10)义成节度使;(11)西川节度使;(12)兵部尚书(后改中书侍郎)同中书门下平章事(初任宰相);(13)山南西道节度使;(14)兵部尚书;(15)镇海军节度兼浙西观察使(第二次出任);(16)太子宾客分司东都(未赴任);(17)(贬)袁州长史(长史仍可算高层);(18)滁州刺史;(19)太子宾客分司东都①;(20)浙西观察使(第三次出任);(21)淮南节度使;(22)门下侍郎同平章事(第二次任宰相);(23)江陵尹(兼荆南节度使);(24)东都留守;(25)太子少保分司东都;(26)(贬)潮州司马;(27)(贬)崖州司户参军。

## 四、唐代士人的任官规律

以上不厌其烦地把我们这四位"模范"官员的一生仕历逐一列出,最主要的目的在于厘清当中的一些规律,诸如他们在基层、中层和高层最常出任的官职是什么? 哪些官职又是他们一般不会去担任的? 哪些是他们在失意或失势时被委派的闲散官职? 他们在官职升迁、转换方面又有哪些规律可以注意?

---

① 唐后期以太子少保、太子宾客等官分司东都洛阳者,大抵是"政争中暂时屈居下风",或"年老力衰,不愿从事剧务……实同退休"者。见王吉林《晚唐洛阳的分司生涯》,《晚唐的社会与文化》,淡江大学中文系(台北:台湾学生书局,1989),页239—249,特别是页244。又见勾利军《唐代东都司官任职原因分析》,《河南师范大学学报》,2003 年第 5 期,页 110—113;同氏《唐前期东都职官的称谓变化与东都机构的发展脉络》,《河南师范大学学报》,2004 年第 6 期,页 85—87。勾利军这一系列东都司官的研究,现已收在她的专书《唐代东都分司官研究》(上海:上海古籍出版社,2007)中。

先说几个大的规律：

第一，他们任官都是按部就班的，都从最基层做起，一步一步往上攀，没有捷径可抄。才高如张说，在洛阳武则天亲自主持的殿试上高中第一。武则天还下令把他的考试答卷抄存在尚书省，"颁示朝集和蕃客等，以光大国得贤之美"①。但张说还是很守规则地从最低层的九品校书郎干起，再慢慢升为宰相等高官。

实际上，就笔者所见，唐代士人一般不可能"超资越秩"升官。当然，也有人破坏了按部就班的官场规则，如李林甫、杨国忠、王叔文等人，但这些人都属例外，后来也都成了逆臣，没有好的下场。

第二，像张说等四个唐代士人，他们都曾经在朝中京官和地方官之间迁转，不能一生都在任京官，必须经常在京城和地方之间往来奔波，甚至常年在外宦游。这是士人任官的常态。唐史学界常有"内外官轻重"的争论，其实应当放在唐代士人做官照例必有一段时间任外官这个脉络下看，才有意义，否则容易陷入表层皮相之争②。就笔者所知，唐史上一生都在京城任京官的士人非常稀少，比如于休烈，可说都是特殊案例（但"非士人"在京中出任伎术官，例如掌管天文台的官员，反倒可能长年任京官，无须外放

---

① 许德楠、李鼎霞点校《大唐新语》（北京：中华书局，1984）卷八，页127。
② 关于唐内外官轻重的论著颇多。主要有刘诗平《唐代前后期内外官地位的变化》，《唐研究》，第2卷（1996）；刘海峰《唐代俸料钱与内外官轻重的变化》，《厦门大学学报》，1985年第2期；李燕捷《唐代禄制与内外官之轻重》，《河北学刊》，1994年第5期。最近的一篇是夏炎《从刺史的地位看唐代内外官的轻重》，杜文玉编，《唐史论丛》，第9辑（西安：三秦出版社，2007），页87—104。

任地方官)①。

至于张说等四人在仕途各阶段常任之官,也全都有规律可寻。这规律是可以"预测"的,绝非随机的。

当他们还在基层阶段,年约三十岁上下,他们不是任校书郎(张说、张九龄、李德裕),就是在州县任参军和县尉(李巽),或者在幕府任掌书记(李德裕)。其中以出任校书郎最为常见。

当他们进身中层阶段,年约三四十岁时,他们便在朝中任监察御史(李巽、李德裕),拾遗或补阙(张说、张九龄),员外郎或郎中(张说、张九龄、李巽、李德裕),或在地方上任县令(李巽)。其中以出任员外郎或郎中(合称"郎官")最为常见。

当他们攀升到高层阶段,年约四五十岁时,他们通常会出任中书舍人(张说、张九龄、李德裕),侍郎(张说、张九龄、李巽、李德裕),都督、刺史或节度使等使职(张说、张九龄、李巽、李德裕)。其中以出任侍郎和地方长官(都督、刺史或节度使)最为常见。

以此看来,张说等四人一生的仕历,透露了唐代士人任官一条很重要的规律,那就是:唐代的文职事官虽然多达 365 种,但士人经常所任之官,其实来来去去也就只不过是以上所说的那数十

---

① 例如唐后期有一个波斯人李素,年轻时便进入司天台任天文官,一直到年老当上司天台的长官司天监,前后任官约五十年,未曾离京。他的儿子李景亮继承他的专业,也在司天台任官数十年,最后也当上司天监,未曾离京。关于李素父子很不平凡的一生,见荣新江《一个入仕唐朝的波斯景教家族》,《中古中国与外来文明》(北京:三联书店,2001),页238—257;以及拙作《唐代的翰林待诏和司天台——关于〈李素墓志〉和〈卑失氏墓志〉的再考察》,《唐研究》,第 9 卷(2003),页 315—342。值得注意的是,司天监虽然是从三品的高官,但却属于技术官,是士人眼中的"浊官","非士职"。然而担任此官须有专门的天文律算知识,恐怕也非一般士人所能胜任。

种。两《唐书》列传以及近世出土的大批唐代墓志,里面包含了唐代前后期许许多多其他士人的官历,也都可以证实这条规律。

另一种很好的辅助证据是《全唐诗》。唐代能写诗者,大都属士人阶层。他们经常互相寄赠酬谢,不免都会以各人的官衔来相互称呼,比如杜审言的《送高郎中北使》①、杜甫的《奉答岑参补阙见赠》②以及杜牧的《东都送郑处海校书归上都》③("校书"即"校书郎"省称)等等。唐诗中的诗题经常暗含这一类的官名,很有制度史上的意义,隐藏着不少可供研究发掘的唐代官制素材,可惜至今似无人研究④。但我们若细数《全唐诗》中所出现的唐代官名,其实也不多,经常所见就是校书郎、正字、参军、县尉(少府)、县令(明府)、御史、拾遗、补阙、员外郎、郎中等数十种而已,非常有规律,反映唐代这些写诗的士人,生平所任之官也正是这寥寥数种。

因此,我们可以这样结论,正如前文所说,唐代 365 种文职事官中,有许多是士人从来不会去出任,没有能力去充任,或"不屑"于去担任的,特别是那些"流外之职"和伎术官,如医官、天文官、内侍官、监牧官等等。

但这条任官规律过去一直为人忽略。就笔者所知,似乎没有其他唐史学者曾经如此明白论证指出。故笔者特标出如上。

封演在《封氏闻见记》中有一段很有名的话,曾经描述过唐代士人"升官"的理想模式,同样可以印证笔者上面所说的规律。若以张说等四人的官历考之,几乎全都吻合(只有地方长官和幕府

---

① 《全唐诗》(北京:中华书局,1979 年繁体排印本)卷六二,页 735。
② 《杜诗详注》卷六,页 452。
③ 陈允吉校点《樊川文集》(上海:上海古籍出版社,1978)卷三,页 42。
④ 笔者将来准备撰写一论文《唐诗中所见的唐代官名》来专门处理这个课题。

官部分不合,因为封演没有列举这两类官):

> 宦途之士,自进士而历清贵,有八俊者:一曰进士出身制
> 策不入,二曰校书、正字不入,三曰畿尉、(京尉)①不入,四曰
> 监察御史、殿中(侍御史)②不入,五曰拾遗、补阙不入,六曰
> 员外郎、郎中不入,七曰中书舍人、给事中不入,八曰中书侍
> 郎、中书令不入。言此八者尤加俊捷,直登宰相,不要历余
> 官也。③

封演这段话最令人困惑的用词是"不入"两字,颇为费解。以笔者
所见,绝大部分学者引用此条材料,从未解释此两字的含义。笔
者也曾经请教过好几位专治文字、声韵和训诂的专家,皆不得其
解。此词亦未收入《汉语大词典》等大型词典。有人望文生义,把
"不入"解释为"不算",即校书郎算"八俊"之一,但正字"不算";
员外郎算"八俊"之一,但郎中"不算";依此类推。然而,这样的
理解却不符合我们从其他史料所见到的唐代官制。

---

① 此处有缺文。此处据池田温《律令官制の形成》(东京:岩波书店,1970),
   页 299,补作"京尉"。砺波护《唐代的县尉》,黄正建中译本,收在刘俊文
   主编,《日本学者研究中国史论著选译》,第 4 册(北京:中华书局,1992),
   页 576,则补作"县丞"。笔者认为池田温所补的"京尉"较佳,正好和前面
   的"畿尉"相配。县丞没有如此高的职望。
② 此处《唐语林》引作"殿中丞",见周勋初校证《唐语林校证》(上海:上海古
   籍出版社,1987)卷八,页 717。但"殿中丞"和前面的"监察御史"毫无关
   系,且殿中丞并非什么清官,恐误。池田温《律令官制の形成》和砺波护
   《唐代的县尉》,都将之校改为"殿中侍御史",甚是。封演所说的"八俊",
   都是相对或相近的,如校书郎和正字、拾遗和补阙、员外郎和郎中等等。
③ 《封氏闻见记校注》卷三,页 18—19。

例如,秘书省的校书郎为正九品上,正字为正九品下,有一阶之差,但笔者在《唐代基层文官》第二章《正字》中曾举李商隐、张仲方等人的例证,论及唐代士人并不在意这一阶之差:两者同是美官。最强有力的证据是《通典》所说,正字"其官资轻重与校书郎同"①。这样,我们又怎能把封演所说的这句话,理解为校书郎"算"八俊,正字"不算"呢?

再如,封演接着所列举的几组官职,除第三组有阙文不明外,其他如第四组的殿中侍御史,其官品和职望甚至高过监察御史(见本书第一章);第五组的补阙,官品为从七品上,也高过从八品上的拾遗(见本书第二章);第六组的郎中,其官品和职望也同样高于员外郎(见本书第三章);第八组的中书令,其地位之高,更远非中书侍郎可比。这样,我们又怎能说拾遗、监察御史、员外郎和中书侍郎算八俊,但官阶地位更高的补阙、殿中侍御史、郎中和中书令却反而又"不算"呢? 这是有违常识的理解。至于中书舍人和给事中,倒是平等的官员,官阶相同(同为正五品上),只是一在中书省,一在门下省任官,恐怕也很难理解为前者算,后者不算。

显然,封演所说的"不入",不能理解为"不算"。否则将引起许多问题。

砺波护等日本学者引用封演此段文字时,也都像中国学者一样,没有解释何谓"不入",但把封演所说的"不入"部分,理解为"其次",比如砺波护的下列做法,就把封演这段话拆解分成 A 和 B 两个部分。A 部分的官算八俊,B 部分的官则只算是"其次"的:

(A 为八俊　B 为其次)

———————————

①王文锦等点校《通典》(北京:中华书局,1989)卷二六,页736。

A　1. 进士　2. 校书(秘书省正九品上)　3. 畿尉(正九品下)　4. 监察御史(正八品上)　5. 拾遗(从八品上)6. 员外郎(从六品上)　7. 中书舍人(正五品上)　8. 中书侍郎(正四品上)

　　B　1. 制策　2. 正字(秘书省正九品下)　3. 畿丞(正八品下)　4. 殿中侍御史(从七品上)　5. 补阙(从七品上)6. 郎中(从五品上)　7. 给事中(正五品上)　8. 中书令(正三品)①

不过,这种理解也同样违背唐代的官制。补阙、殿中侍御史、郎中和中书令,都比拾遗、监察御史、员外郎和中书侍郎来得尊贵。怎么反而说他们不是"八俊",而只是"其次"的呢? 至于中书舍人和给事中,为相同等级的官,也难以说何者为"八俊",何者为"其次"。

　　台湾唐史专家宋德熹教授,倒是对"不入"有一妙解。他认为"引文所谓'不入',应系反语"②。笔者后来有机会当面向德熹兄请教,他更进一步告知,他所说的"反语",就是"非入不可"的意思。笔者认为这个解释相当有意义,可以解决封演文中的"不入"问题。实际上,这个解释可以在古籍中找到根据。"不"字在古书中经常并无否定义,而只是个加强语气的"语助词",如《诗经·车攻》有句"徒御不惊,大庖不盈"。毛传云:"不惊,惊也;不盈,盈也。"清代训诂大家王引之,在《经传释词》卷一〇里,旁征博引了

---

①砺波护《唐代的县尉》,页576。
②见其《唐代前期吏部考功员外郎的身份背景》,《唐史识小》(台北:稻乡出版社,2009),页137。

许多古籍中的这种用例,可参看①。

在跟封演差不多同时代的敦煌变文里,也有不少这种"不"字用例。蒋礼鸿的名著《敦煌变文字义通释》,举了好些例子。且引一小段:《大目乾连冥间救母变文》:"世尊唤言:'目连!汝阿娘如今未得饭吃,无过周匝一年,七月十五日,广造盂兰盆,始得饭吃。'目连见阿娘饥,自言:'世尊!每月十三、十四日可不得否?要须待一年之中七月十五日始得饭吃?'"(《敦煌变文集》,页743)"可不得否?"就是"可得否"。《欢喜国王缘》:"浮生逄速,不可不留。"(《敦煌变文集》,页776)就是不可留驻。这些"不"字,和元人小说"打什么不紧?"的"不"字相同,都没有意义②。

现代汉语依然还有这种用法。例如,"这事情闹得满城风雨,好不热闹","他早出晚归,好不忙碌","他得了个大奖,好不快活",都非否定句,反而是"好热闹"、"好忙碌"和"好快活"之加重肯定语气。封演的"不入",应当也不是否定义,而是一种强调语助词,即宋德熹所说的"反语"。我们或可模仿毛传的口吻说,封演的"不入,入也"。

如此一来,封演的意思便相当清楚:校书郎和正字、员外郎和郎中、拾遗和补阙等官,都属"八俊"。他们都是性质相同或相近的官,而且大都属于唐代所谓的"清望官"或"清官",都是唐代士人梦寐以求的好官。这样的理解比较符合唐代官制。

唐代的"清官"是个非常复杂的概念,涉及清望、清要、清资、清选、清流、清紧等等观念,这里无法深论,只能以"清"的概念来略为解说封演的"八俊"升官图。《旧唐书·职官志》有一段话,

---

① 《经传释词》(北京:中华书局,1982年排印本)卷一〇,页218—223。
② 《蒋礼鸿集》(杭州:浙江教育出版社,2001),第一卷(册),页516。

给"清望官"和"清官"做了很清楚的说明：

> 职事官资,则清浊区分,以次补授。又以三品已上官,及门下中书侍郎、尚书左右丞、诸司侍郎、太常少卿、太子少詹事、左右庶子、秘书少监、国子司业为清望官。太子左右谕德、左右卫左右千牛卫中郎将、太子左右率府左右内率府率及副、太子左右卫率府中郎将、已上四品。谏议大夫、御史中丞、给事中、中书舍人、太子中允、中舍人、左右赞善大夫、洗马、国子博士、尚书诸司郎中、秘书丞、著作郎、太常丞、左右卫郎将、左右卫率府郎将、已上五品。起居郎、起居舍人、太子司议郎、尚书诸司员外郎、太子舍人、侍御史、秘书郎、著作佐郎、太学博士、詹事丞、太子文学、国子助教、已上六品。左右补阙、殿中侍御史、太常博士、四门博士、詹事司直、太学助教、已上七品。左右拾遗、监察御史、四门助教、已上八品。为清官。①

据此,封演所说的一系列"八俊"官职当中,中书侍郎、中书令属于等级比较高的"清望官";监察御史、殿中侍御史、拾遗、补阙、员外郎、郎中、中书舍人、给事中则属"清官"。这些都是唐代士人心目中的清高官职。只有校书郎、正字和畿尉不在这"清官"或"清望官"的名单上。

然而,《通典》却清楚告诉我们校书郎和正字的职望：

> (校书郎)掌雠校典籍,为文士起家之良选。其弘文、崇

---

① 《旧唐书》卷四二,页1804—1805。

文馆,著作、司经局,并有校书之官,皆为美职,而秘书省为最。……(正字)掌刊正文字,其官资轻重与校书郎同。①

笔者在《唐代基层文官》第一章专论校书郎,第二章专论正字,引用更多其他史料,力证唐代的校书郎和正字为士人入仕的释褐美职,应当也可以说是"清官"。这两种官之所以不列在《旧唐书·职官志》的"清官"名单上,很可能是因为他们的官品比较低,皆为九品官。

至于畿尉(京城附近畿县如蓝田县和鳌屋县的县尉),那更是唐代士人任过校书郎以后才能担任的下一个美差事。畿尉之为美职,笔者在《唐代基层文官》第三章《县尉》中有许多论证,此不赘论。且引唐人小说《定命录》中的一则记载为例:

> 员外郎樊系……自校书郎调选。吏部侍郎达奚珣深器之,一注金城县尉。系不受。达奚公云:"校书得金城县尉不作,更作何官?"系曰:"不敢嫌畿尉,但此官不是系官。"②

按金城县即兴平县,因金城公主当年远嫁吐蕃在此县停留,故"改曰金城"③,属京兆府,是个名符其实的畿县。樊系做过校书郎后选上金城县尉这个畿尉美官,竟不愿就,难怪主持铨选的吏部侍郎达奚珣要责怪他:"校书得金城县尉不作,更作何官?"此事反映畿尉的职望,甚至高过校书郎。但樊系太迷信了,他有一次做梦,

①《通典》卷二六,页736。
②《太平广记》(北京:中华书局,1960年校点本)卷二七七,页2200。
③《新唐书》卷三七,页962。

"梦官合带'阳'字",所以他不愿出任地名中没有"阳"字的金城县尉。在小说中,他后来果然获授泾阳尉,正好有个"阳"字,总算圆了他的美梦。泾阳是个畿县①。

封演的"八俊说"之所以如此值得重视,因为这是唐代极少数叙写唐代士人升官规律的文字之一,弥足珍贵。它为我们提供了一个唐人本身的观点。更重要的是,它清楚透露唐代士人心目中的"清官"、"清望官"和"美职"有哪一些。我们研究唐代士人的常任核心官职模式,这些正是我们最应当优先注意的官职。这也是笔者在《唐代基层文官》等三书中,选择以封演所说的一系列"八俊"官职,作为唐代士人常任核心官职模式之主干的原因。

以封演的"八俊说"来比对上引张说、张九龄、李巽和李德裕四人的官历,我们还可以发现两个有趣的现象:

第一,除了畿尉外,封演完全没有提到其他州县官,比如州的录事参军、州的上佐和州刺史。难道这些官职在唐代士人的仕途上不重要吗?以张说、张九龄和李德裕三人来说,他们都当过宰相,任官模式大抵也符合封演的"八俊说",但有一个重要的例外:他们三人都曾经在仕宦中途,离开京城朝廷,在外头担任过多年的刺史(或都督、节度使、观察使)。这种出为地方牧守的经历,其实才是唐代一个宰相典型的官历。

第二,封演的"八俊说"也完全不包含唐后期的使职和幕府官。例如,李德裕年轻时担任过张弘靖河东幕府的掌书记;中年以后,首度出任浙西观察使长达八年。这些都是他任宰相之前的重要准备。难道这些幕府官和使职不重要吗?为何封演不提?

实际上,不只封演不提州刺史、上佐、幕府官和使职,白居易

---

① 泾阳属京兆府,为畿县。见《新唐书》卷三七,页962。

在一篇叙述唐代士人任官规律的策文中,也同样不提这些官职。白居易的这篇策文叫《大官乏人》,是一个唐后期诗人眼中所见到的唐代士人升官图,是他自称于"元和初,予罢校书郎,与元微之将应制举。退居于上都华阳观,闭户累月,揣摩当代之事"①写成的,很有见证式文字的意味,更可以跟上引封演的"八俊"升官图相对照:

> 臣伏见国家公卿将相之具选于丞郎给舍,丞郎给舍之材选于御史遗补郎官。御史遗补郎官之器选于秘著校正畿赤簿尉。虽未尽是,十常六七焉。②

这里用了连串简称。"丞"指尚书左右丞。"郎"指侍郎,即尚书六部侍郎。"给舍"指给事中和中书舍人。"御史"指御史台的御史。"遗补"指左右拾遗和左右补阙。"郎官"指尚书省二十六司的郎中和员外郎,如度支郎中、祠部员外郎等。"秘著校正畿赤簿尉"简略得最厉害,即"秘书省、著作局校书郎、正字、畿赤县主簿和县尉"。

换句话说,白居易所列举的,都是唐代士人所任最重要的一些官职,也是他们最理想的一幅升官图。基层时任校书郎、正字、畿赤县主簿和县尉,在中层时便有机会被选为御史、拾遗、补阙、员外郎和郎中。这些人在高层时便很可能被选为给事中、中书舍人、侍郎和左右丞。这种升官模式当然不是放之每个士人皆准,但正如白居易所说,"虽未尽是,十常六七焉"。

---

①《白居易集笺校》卷六三,页3436。
②《白居易集笺校》卷六三,页3490。

我们细心比较白居易的这幅升官图和封演的"八俊"说，可以发现两者有不少相同点：

第一，两人所列举的官职，绝大部分是相同的：校书郎、正字、畿尉（白居易多添了赤尉和赤畿县的主簿）、御史、拾遗、补阙、员外郎、郎中、给事中、中书舍人等等。唐代的文职事官虽然多达365种，但这数十种官显然才是唐代最重要的官职，才是士人心目中的好官、清官或美职。我们要了解唐代官制的运作，首先应当留意这数十种官职，而不是漫无目标去追逐那三百多种文职事官，结果迷失在整座中古大森林里。这也正是为什么笔者的《唐代基层文官》等三书，要特别把重点放在封演和白居易所提到的这些官职，外加数种他们没有提到的州县官、幕府官和使职。

第二，在地方官的部分，两人都不约而同地只提到几个县一级的官员（县尉和主簿），不提某些县官（如县令），更完全不提州官、使职和幕府官。为什么？

据笔者推测，很可能在唐代士人心目中，地方官只有赤畿县的主簿和县尉才值得重视，其余的皆不足观。不过，封演和白居易两人都未提都督和刺史，则有些令人不解。因为唐代高层士人当中，任都督、刺史者比比皆是。两人的观点，或许反映了唐代士人普遍重京官轻外官的现象。两人或认为，像州官当中的录事参军、都督、刺史等，不若京官当中的员外郎、郎中、中书舍人、侍郎等那么重要或清要，所以在"精省"的原则下，他们便把这些外官略而不提了。

封、白两人为什么也完全不提使职和幕府官？笔者认为，这很可能反映了他们那个时代的一种"偏见"，认为这些不是"正统"的、"正规"的官职，所以都不提了。使职和幕府官不属于正统的"职事官",皆不"载于甲令"①。唐人普遍以另一种眼光来看待这两种官职,特别是中下层的幕府官②。

实际上,在封演晚年,甚至可能就在他撰写《封氏闻见记》期间,他本人便在河北魏博藩镇担任一个中高层的幕职。《封氏闻见记》卷一的开头,有封演自己的一段官衔题署:"朝散大夫检校尚书吏部郎中兼御史中丞。"可惜他这里没有提自己的幕职是什么。但这是中高层幕府官很常见的一种题衔(见本书第六章《判官》)。"朝散大夫"是个从五品下的文散官,表示封演这时有资格衣绯了。"检校尚书吏部郎中"是一种检校郎官。一般持有此衔者会是个幕府判官或判官以上的中高层幕职。"兼御史中丞"是个检校宪衔,也是相当高层的官衔,因为御史中丞是御史台的第二号人物③。

有意思的是,封演自己出任如此重要的幕职,但他在描写唐代士人的升官图时,却居然完全不提幕府官。这点或许正好透露

①"载于甲令"是陆贽的名言。他在《又论进瓜果人拟官状》文中,对德宗说了一句很有名的话:"谨按命秩之载于甲令者,有职事官焉,有散官焉,有勋官焉,有爵号焉。"见王素点校《陆贽集》(北京:中华书局,2006)卷一四,页450。换句话说,幕府官(以及相关的使职)从来不曾"载于甲令",所以它们的地位是不"正统"的。这恐怕也是两《唐书》职官志没有详载使职和幕府官的一大原因。

②石云涛《唐代幕府制度研究》,页496—505,讨论过唐人的这种心态。又见渡边孝一系列论幕职官的论文(详本书参考书目),以及松浦典弘《唐代後半期の人事における幕職官の位置》,《古代文化》,第50卷第11期(1998),页32—43。

③关于检校郎官和兼衔,见笔者的《论唐代的检校官制》,《汉学研究》,第24卷第1期(2006年6月),页175—208,以及拙文《论唐代的检校郎官》,杜文玉主编《唐史论丛》,第10辑(西安:三秦出版社,2008),页106—119。本书第三章《员外郎和郎中》第十节亦详细讨论检校郎官。

唐代士人对幕府官的一种"暧昧"心态。虽然幕职待遇很不错,也受到幕主的重金礼聘等厚遇①,但唐代士人却总觉得幕职不如正式的职事官。最大的原因恐怕在于,幕府官是幕主私人聘雇的(即所谓的"辟署")②,而职事官(京官和州县地方官)却是朝廷正式委任的。从士人的立场看,入幕只是为幕主个人服务,好比是幕主的"私人助理"而已,格局似乎小了些,虽然幕府官有许多将来可以升迁为京官或其他职事官,仕途前景也很不错。然而,如果出任正式的职事官却是为天子服务,那则是为整个国家、朝廷做事,是传统士人"学而优则仕"的"正途",似乎更"清高"一些。

白居易自称"始自校书郎,终于少傅致仕。前后历官二十任,食禄四十年"。在此值得一提的是,白居易这"二十任"官,全是非常"正经"的文职事官。他和许多唐后期士人最不相同的一点是,他从来没有做过任何使职,也从来没有当过任何幕府官。在方镇使府盛行的唐后期,像他这样"清高"的仕历倒是非常少见的③。


# 五、唐代士人的常任核心官职模式

看过了张说、张九龄、李巽和李德裕四人的一生仕历,也见过了封演和白居易所提供的两幅升官图,我们不妨以封、白两人的

---

① 石云涛《唐代幕府制度研究》,页 378—390;拙书《唐代基层文官》第五章第二节"幕佐的辟署和礼聘"。
② 关于方镇使府(包括盐铁转运等使府)由府主自行聘用自己幕佐班底的辟署制,见拙书《唐代基层文官》第五章第二节"幕佐的辟署和礼聘"。
③ 据笔者所知,所有替白居易修年谱、写评传的现代学者,都未注意到他官历上的这个特色:他从来未曾入幕。

升官图作为主干,以张说等四人的仕历作为参照,建构起唐代士人理想的常任核心官职模式。

所谓"理想",意即唐代士人在最理想的状况下会如何走完他一生的仕途。比如说,按照"理想",他会以京城中的校书郎或正字起家,然后出为畿县的县尉,再回京城朝中任监察御史、郎官,再步上中书舍人、侍郎等高官的行列。在这个意义下,封演的"八俊"说实际上是一幅"理想图",白居易的也是。然而理想永远是一种比较高的标准。唐代士人当中,能够真正达到这种任官"理想"的,恐怕占少数;大部分士人永远达不到这个高标准。

但这种高标准的理想升官图,自有其功用,那就是它可以作为一个标尺,用来衡量唐代士人仕宦的成绩,看看他在仕途上达到哪一个程度、水平。例如,诗人杜牧到五十岁左右,还只做到中书舍人便去世了。这是不错的高官,然而杜牧没有攀升到更高一层的侍郎,所以他晚年有一些闷闷不乐,也就很可以理解了。再如上引那位"入仕四十载,历官二十五"的张仲方,虽然做了二十五任官,但他的最高官历只不过是个秘书监。这是个闲散职位。他从来没有当过侍郎、尚书等高官,所以张仲方可说并非最"成功"的官员。

封、白两人的升官图,是他们在官场上长期所见所闻,再归纳出来的一种"理想图"。然而,正如前文所论,他们都略去了所有州官、使职和幕府官,以致使他们所定的"理想图",成了一套相当狭窄的标准,是片面的,是割取式的。也就是说,他们在唐代的京官、地方官、使职和幕府官当中,只"割取"了他们想要的某些"版块":京官和少数县官。其他的一律不取。

就这个标准来说,即使像张说、张九龄、李巽和李德裕这四位唐代最有成就的官员,也无法符合,因为他们在中层所任的县官如县令,以及他们在高层所任的都督、刺史、观察使和盐铁使等官职,都是封、白两人略而不提的。

所以,在建构唐代士人的理想常任核心官职模式时,我们不宜完全照搬封、白二人的升官图,而应稍为放宽标准,采取一种全面(holistic)的视角。既然唐代士人不可能一生只任京官,必须常在仕宦中途普遍出任外官,那我们就应当把一些重要的州县官如录事参军、县令、刺史和都督都纳入进来。同时,我们也应当把唐后期的使职和幕府官一并考虑在内,不要因为使职和幕府官不"载于甲令"而将之排除。这样建构起来的理想常任核心官职模式应当会更具有代表性。

因此,综上所论,笔者拟建构的唐代士人常任核心官职模式如下:分基层、中层和高层三种,而且采取全面视角,跨越唐官僚体系的三大版块,即京官、州县官、方镇使府官。唐代士人在这三个阶层中常任的核心官职都有一定的规律可寻,且数目并不太多,只有大约三十多种。这些官职也正好是笔者在《唐代基层文官》《唐代中层文官》及《唐代高层文官》三书中要深入研究的对象。

在基层的阶段,唐代士人当中仕宦条件最好的一批精英,通常一开始出来做官,往往便是到京师各藏书机构(秘书省、集贤院等)去担任校书郎或正字(如唐前期的张说、张九龄,后期的李德裕、白居易等人)。唐代士人也屡称这些官为释褐官中的"美职"。接着,这些精英便可能到最重要的京畿县(如长安、万年、河南、咸阳、盩厔)去当县尉,或者到名声比较好的大幕府(如汴州、淮南等)去出任巡官、推官或掌书记。

出身条件普通的士人,没有办法选上校书郎或正字等美职,则往往会到京城某些官署(如十六卫)或地方州府去出任参军或列曹参军,或者到京畿县之外的其他比较不重要的中下县去当县尉(或主簿、县丞等),或者远赴一些比较次要的幕府去任低层幕佐(巡官、推官、掌书记、支使等)。这些普通的士人,如果要继续在仕途上攀升到中层的职位,则他们必须设法回到朝中担任监察御史等朝官,才有前途可言。否则,他们若继续留在地方上任低层的州县官,很可能未来一生便在几任州县官当中浮沉,成为平庸的官僚,如我们在墓志中常见。

在中层的阶段,士人中的精英会继续留在朝中(或从地方、幕府回朝)任监察御史、殿中侍御史、侍御史,或出任拾遗或补阙。过后,他们可能出为重要州县的县令或录事参军,或留在朝中任郎官。这时,如果他们任幕职,一般会是在重要的方镇使府任判官。

至于"平庸"的士人,在中年时很可能继续在那些不重要的州县任州县官(县令、县丞、主簿、各曹参军等),无法回朝任御史或郎官。唐后期方镇使府盛行后,他们也可能在一些小幕府任幕佐。

到了高层的阶段,可说尽属精英士人的天下。那些"平庸"士人之辈,大约只能继续在中、低层的州县官之间浮沉,无法回朝攀升到高职文官。过去数十年来,唐史学界对唐代高层文官的研究,远远多于中层和低层。我们对这批高层文官的认识,也相对比较清楚。我们知道,他们这时一般年龄都在大约五十岁以上,担任的都属高官或长官职位:比如在京师御史台任首长御史大夫或次官御史中丞;在中书省任中书舍人;在门下省任给事中;在尚书省任六部侍郎、尚书;在太常寺、秘书省等官署任卿、监或少卿、少监。极少数杰出者则可升为同平章事(即宰相)。在地方上,他们不是任一州的长官刺史(或管辖数州的都督),就是任一州的

"上佐"（别驾、长史、司马）。到了方镇使府，他们则出任府主使职（节度使、观察使、经略使、盐铁使等等）。

## 六、本研究课题的"代表性"

笔者拟议的唐代士人常任核心官职模式，有多少"代表性"？

可以肯定的是，比封演的"八俊"说和白居易的说法更能涵盖更多唐代士人阶层的做官经历，因为我们已经把他们常任的州官、使职和幕府官纳入模式中了，并未刻意排除。

几年前，笔者的《唐代基层文官》刚出版时，学界有人"质疑"笔者所选定讨论的那八种基层文官，即京官两种（校书郎、正字）、县官一种（县尉）、州官两大类（参军和判司）以及幕府官三种（巡官、推官和掌书记），究竟有何"代表性"可言？ 这种"质疑"大概是这样产生的：唐代文职事官多达三百多种，即使基层的也大约有一百多种。那拙书仅论及其中"寥寥"的八种，怎么可能有"代表性"？

不过，这样的"质疑"恐怕只是一种误解，是只知其一、不知其二的结果。没错，唐代文职事官大约有三百多种（基层则约有一百多种），但正如前面所论，唐代士人任官有一大重要的规律：他们有"清官"、"浊官"的观念。他们经常担任的核心官职，数量极少，来来去去不外乎那数十种（在基层阶段则为拙书《唐代基层文官》中所讨论的那八种）。正如前文所说，唐代那三百多种文职事官中，有许多是士人永远不会去出任，或无法胜任的"流外之职"和"浊官"，例如内侍官、医官、天文官等技术官。

唐代有一类文官叫"学官"，如国子助教、四门助教、国子博士、四门博士、州助教、博士、国子祭酒等等。他们专在国子监等中央学府或州县府学中任教职。这些倒是广义清官的一类，是士人愿意就任的"士职"。笔者曾经考虑是否要把这些学官列在常任核心官职模式并加以深入研究，但斟酌再三，最后还是决定不这样做。原因有二：

第一，虽然唐代有不少士人做过这些学官，但他们毕竟是一种特殊的类型，大抵是属于少数的"儒学"型官员（例见两《唐书》的儒学传部分），如陆德明任国子助教，欧阳詹任四门助教。但绝大部分士人还是不会去出任学官。总的来说，学官远远不如校书郎、县尉、录事参军、县令、监察御史、郎官等普遍。

第二，高明士和任育才两位前辈已经对"学官"做过一系列极详细且深入的研究①。笔者也就无须赘论了。

唐代另有几种文官，诸如某些礼官（太常博士、太祝等等）、东宫太子官（太子左右庶子、太子中允等等）以及亲王府官（王府傅、友等等），其性质和学官有些相似。虽然这些也是士人可能出任之官，但仅限于少数士人，并非大部分士人常任之官。东宫官更

①详见高明士教授一系列相关的论文：《隋唐的学官——以国子监为例》，《台湾大学历史学系学报》，第 15 期（1990 年 12 月）；《唐代的官学行政》，《大陆杂志》，第 37 卷第 11、12 期合刊（1968 年 12 月）；《唐代学制之渊源及其演变》，《台湾大学历史学系学报》，第 4 期（1977 年 5 月）；《新旧唐书百官（职官）志所载官制异同的检讨：以学制为中心》，《台湾大学历史学系学报》，第 7 期（1980 年）；《唐代教育法制与礼律的关系》，《唐研究》，第 4 卷（北京：北京大学出版社，1998）。另见高明士最近的专书《中国中古的教育与学礼》（台北：台湾大学出版中心，2005）。此外，任育才也有一文论学官，《唐代国子监学官与地方官间之迁转与影响》，《中华民国史专题第五届讨论会·国史上中央与地方之关系》（台北：台湾"国史馆"，2000），页319—340。承蒙任教授赠予此论文的抽印本，谨此致谢。另参阅任育才的专书《唐型官学体系之研究》（台北：五南，2007）；严耀中《论唐前期的军府学官》，《中国史研究》，1994 年第 1 期。

有许多是用以处闲散的职位。所以笔者也不把这几种官包含在唐代士人的常任核心官职模式中。

在上一节，我们见过了张说、张九龄、李巽和李德裕四人一生所任的全部官职。他们这些官职绝大部分都是笔者的研究对象，应当说很有"代表性"，只是少数几种不在笔者的论述范围内。原因且说明如下：

以张说来说，除了他的第(4)任官"右史内供奉"外，其他二十四任官都属笔者《唐代基层文官》等三书的研究对象。至于为何不论及"右史"（"起居郎"的别称）①呢？因为此官不算是唐代士人常任的中层官，远不及其他中层官如县令、郎官、录事参军那样典型，只有少数士人才会出任，所以舍弃不论，但笔者将来可能会以单篇论文的方式来处理这些比较次要的官职。

张九龄所任过的这十五种官，也都正是笔者的《唐代基层文官》等三书拟深入研究的对象，没有例外，因为这些全都是唐代士人最常担任的、最典型的官职。

总括李巽一生，从基层到高层，他前后当官恰好二十任。这二十任官，分属十二种类：参军、县尉、监察御史、殿中侍御史、县令、员外郎、郎中、刺史、观察使、侍郎、度支盐铁正副使、尚书。这十二种官，不正是笔者在《唐代基层文官》等三书中已论及或将来拟研究的吗？

李德裕的官历，除了太子宾客和太子少保之外，其他所有他

---

① 《旧唐书》卷一四八《李吉甫传》，页 3995："（元和）八年十月，上御延英殿，问时政记何事。时吉甫监修国史，先对曰：'是宰相记天子事以授史官之实录也。古者左史记言，今起居舍人是；右史记事，今起居郎是。'""内供奉"则表示某一种官员的"亚类"，类似"监察御史里行"中的"里行"等级。关于"内供奉"，更详细的讨论见本书第一章第八节"内供奉和里行"。

任过的官职都是笔者在《唐代基层文官》等三书中讨论过或将来拟讨论的,包含他的三个贬官,也包括他的翰林学士和知制诰等馆职和差遣职(见本书第三章论郎官部分)。笔者之所以不探讨太子宾客和太子少保,是因为这两者都非士人常任之官,而且正如它们在李德裕的仕历上一样,都属闲散官,经常只是用以处置失去大权的高官罢了。

实际上,笔者所拟的唐代士人常任核心官职模式,不但可以包含张说等四人一生所任过的绝大部分官职,而且也可以涵盖两《唐书》和墓志中所见其他士人的绝大部分官历。这样是否有足够的"代表性"呢?希望以上的解说可以消除学界的疑虑。

综上所论,笔者所拟的唐代士人常任核心官职模式,目的并非要照顾到他们所任的每一种官,而是希望通过这个模式,来达到三个主要目的:(一)观察唐代士人任官的一些规律和特色;(二)以之作为一个标尺,来衡量唐代士人在仕途上的高低成就;(三)深入研究其中最有代表性的那三十多种基层、中层和高层官职,并发掘这些官职的运作细节。

最后,仿照白居易的口气,或许我们可以这样总结说:这个唐代士人常任核心官职模式,虽未尽是,十常八九焉。


# 七、唐代"士人"的定义和特色

本书常用的"士人"一词,采最宽广的含义,即"士农工商"的"士",泛指一般的读书人,不管他有没有入仕。唐代文献中常见"士人"一词,一般也都泛指读书人或儒生。

"士人"不同于"士族"和"士大夫"。"士族"一般指士人中的

"世家大族"或"名门望族",是一个比"士人"狭窄许多的群体。唐史学界对士族的研究很多,此不赘述①。"士大夫"则通常指名望地位都比较高的官员群,让人联想到唐代"大夫"级的官员,如职事官中的"谏议大夫",散官中的"朝散大夫"等等。在唐代,一个低层小官如县尉和参军,可能由一个刚考中进士或明经的士人来出任,但我们恐怕不宜称他为"士大夫"。这也是一个比"士人"狭窄许多的概念②。本书所说的"士人",适用范围很广,可以指已入仕和未入仕的读书人:他可以是一个品阶很高的官员,如张说、张九龄等人,也可以是一个参加科举未考中的失意书生,如岑参在《送严维下第还江东》中所写的那个严维③。

---

① 此类论著太多,不俱引。主要有毛汉光在《中国中古社会史论》(台北:联经出版事业股份有限公司,1978)和《中国中古政治史论》(台北:联经出版事业股份有限公司,1980)两书中所收的一系列论文;又见宋德熹,《唐代后半期门阀与官宦之关系》,《晚唐的社会与文化》,淡江大学中文系编(台北:台湾学生书局,1991),页113—161;唐长孺《魏晋南北朝隋唐史三论》(武汉:武汉大学出版社,1992);田廷柱《隋唐士族》(西安:三秦出版社,1990);郭锋《唐代士族个案研究:以吴郡、清河、范阳、敦煌张氏为中心》(厦门:厦门大学出版社,1999);David Johnson, "The Last Years of a Great Clan: The Li Family of Chao Chün in Late T'ang and Early Sung," *Harvard Journal of Asiatic Studies* 37. 1 (1977): 5—102. 最近一本研究中古士族个案的佳作是王力平《中古杜氏家族的变迁》(北京:商务印书馆,2006)。

② 黄正建有一文,颇能厘清"士大夫"在唐代的含义。见他的《唐代"士大夫"的特色及其变化——以两〈唐书〉用词为中心》,《中国史研究》,2005年第3期,页119—124。

③ 廖立笺注《岑嘉州诗笺注》(北京:中华书局,2004)卷四,页699。严维后来到四十余岁才及第授官,最后也仅官至右补阙,仕运不佳。关于唐宋未入仕的士人生活和他们的命运,见黄云鹤《唐宋下层士人研究》(石家庄:河北人民出版社,2006)。

唐代的士人有特定的服饰规定。据《新唐书·车服志》：

> 太宗时……士人以棠苎襕衫为上服,贵女功之始
> 也。……中书令马周上议:"《礼》无服衫之文,三代之制有深
> 衣。请加襕、袖、褾、襈,为士人上服。开骻者名曰缺骻衫,庶
> 人服之。……"太尉长孙无忌又议:"服袍者下加襕,绯、紫、
> 绿皆视其品,庶人以白。"①

如果唐代士人都按照这种规定穿衣,则他们走在路上,马上就与
众不同,和"庶人"等都有了差别,很容易让人从衣着上辨认出谁
是士人,谁不是士人。

唐代男子的基本服饰,是头戴黑色幞头,夏天穿圆领长衫,冬
天穿圆领长袍,系腰带,衫袍内穿长裤。士人的服饰和其他人最
不相同的是,他们的长袍长衫在膝下方加一横"襕"(即上引马周
和长孙无忌所说的"加襕"),所以士人的衫袍又叫"襕衫"和"襕
袍"②,在唐代画作中常可见到③。

唐代士人在婚姻上有一套礼法。柳宗元在贞元十五年(799)

---

① 《新唐书》卷二四,页527。孙机《两唐书舆(车)服志校释稿》,《中国古舆
服论丛》(增订本;北京:文物出版社,2001),页452—454,对这段引文有详
细的校释,可参看。

② 黄正建《唐代衣食住行研究》(北京:首都师范大学出版社,1998),页62—
63;吴玉贵《中国风俗通史:隋唐五代卷》(上海:上海文艺出版社,2001),
页135。

③ 例如,在阎立本《凌烟阁功臣图》的石刻线刻画拓片上,初唐功臣李勣便穿
着这样的襕袍。见金维诺《〈步辇图〉与〈凌烟阁功臣图〉》,《文物》,1962
年第10期,页13—16;孙机《中国古舆服论丛》,页453,图23—7。

丧妻①,在元和初因王叔文事件被贬到永州,但贬官五年后,他在那偏远的南方依然无法再娶。他写信给他的朋友许孟容诉苦说:

> 荒隔中少士人女子,无与为婚。②

士人有一定的婚姻礼法,一般得娶士人女子才行。柳宗元丧妻后虽未再娶,但曾有几个妇人和他一同生活过,并生育子女,只是她们都非"士人女子",因此都不能正娶为妻③。

士人亦不能"以妾为妻",否则会遭到其他士人的嗤笑,如宗正卿李齐运晚年的例子:

> 晚以妾为妻,具冕服行礼,士人蚩之。④

鲁国公孔戣出任岭南节度使时,有记载说他:

> 有异政。南中士人死于流窜者,子女悉为嫁娶之。⑤

从这件事大概可以推测:士人有一定的交游圈子。孔戣在广州做

①孙昌武《柳宗元评传》(南京:南京大学出版社,1998),页50。
②《寄许京兆孟容书》,《柳宗元集》卷三〇,页781。
③孙昌武《柳宗元评传》,页50、122。
④《新唐书》卷一六七,页5111。
⑤《唐语林校证》卷三,页291。关于孔戣在岭南的治绩,见曾一民《唐鲁国孔公戣治广州之政绩》,黄约瑟、刘健明编《隋唐史论集》(香港:香港大学亚洲研究中心,1993),页93—105。又见马强《唐宋士大夫与西南、岭南地区的移风易俗》,《西南师范大学学报》,2006年第2期,页39—44。

官,地处偏荒,可以交往的士人可能不多,应当没有长安、洛阳两京等地那么众多。他所接近的,便包括那些被贬官或因罪"流窜"到南方去的士人。据《新唐书·孔戣传》,"士之斥南不能北归与有罪之后百余族"①,他们在南方死后遗下的子女,婚姻问题也就由孔戣来帮忙解决。以柳宗元的案例来推论,这些士人子女的婚嫁对象,应当也是士人。

士人皆耻于营商做买卖,然而在必要时,在生死存亡的关头,他可能别无选择,比如在黄巢之乱时,士人有为生活所迫,不得不跑去"卖饼"的:

> 于时畿民栅山谷自保,不得耕,米斗钱三十千,屑树皮以食,有执栅民鬻贼以为粮,人获数十万钱。士人或卖饼自业,举奔河中。②

士人"卖饼自业"很不寻常,所以史书才会在此提上一笔。

以上从服饰、婚姻和生活几个细节来观察唐代士人,或可让我们对这批人有更具体的概念。要言之,正如礼部员外郎沈既济在他那篇著名的《选举杂议》中所说:"凡士人之家,皆不耕而食,

---

① 《新唐书》卷一六三,页5009。
② 《新唐书》卷二二五下,页6460。"饼"在现代一般指"糕饼"一类的点心副食。但在唐代,"饼"的含义和现代不同,常是主食。士人战乱时跑去卖"饼",更可证"饼"是唐代北方的主食之一。这种作为主食的"饼",通常指蒸饼(即馒头)或"胡饼"(类似今天新疆地区的大饼"馕")。关于唐代的"饼",见黄永年《说饼——唐代长安饮食探索》,《唐代史事考释》(台北:联经出版事业股份有限公司,1998),页491—495;王赛时《唐代饮食》(济南:齐鲁书社,2003),页1—8。

不织而衣。"①士人最主要的理想和专业，便是做官。但陆贽在《论朝官阙员及刺史等改转伦序状》中，对士人追求仕途，却有这么一段话：

> 天下士人，皆求宦名，获登朝班，千百无一。其于修身励行，聚学树官，非数十年间，势不能致。②

这是唐人很深刻的一个观察。唐代的士人都想做官，但真正能"获登朝班"者，却"千百无一"。陆贽在此指的是那些在京城朝廷中任京官者，也就是那些比较成功，能够攀升到仕途高层者。但绝大多数唐代士人，正如我们在唐代墓志中随处可见（本书以后也会经常提到），其实相当"平凡"，一生通常也就只不过是在几个州县充当寥寥几任州县小官罢了。陆贽这里所用的"天下士人"一词，其含义正和本书用"士人"此词的意思相同。

## 八、基层、中层和高层文官的定义

笔者所用的"文官"、"基层"、"中层"和"高层"等词，都是现代的一种"概念工具"（conceptual device），主要是为了分析和叙事上的便利，也为了方便读者理解唐代官僚体系的高低层次。唐代文献中没有这些用词。这里且略为解说这几个现代用词的含义。

---

① 收在《通典》卷一八，页449。
② 《陆贽集》卷二一，页703。

本书所说的"文官",不但包括唐正统官制"职散勋爵"中士人最常任的一些文职事官（计有京官三种：御史、遗补和郎官；地方官两种：县令和录事参军），也包含士人最常任的幕职一种：判官。幕职不属于唐正统的"职事官"，所以它也没有官品。它是唐中叶以后因时势需要而产生的一种特殊编制。过去的职官研究，常局限在某种单一类型，如京官、地方官或幕府官，让人无从窥探唐代士人一生仕历的全貌。但由于唐代士人常任核心官职通常都包括这三大类，所以本书打破这种界线，把这三大类放在一块来探讨。

唐人表示官员的高低等级，主要的办法是九品官制，从最低的九品到最高的一品。九品中再细分为正、从、上、下，共三十阶。"从九品下"即表示最低的第三十阶，"从九品上"表示第二十九阶，依此类推。现代读者只要一查《唐六典》、《通典》和两《唐书》职官志等典志，都可以轻易找出每个职事官和散官的官品。

但唐人以官品来分官员的等级，是一种"形式主义"的办法，因为它有时没有考虑到某些官职的轻重。比如，唐代的监察御史只不过是个正八品上的官员。如果严格按照官品，这似乎只是一个"低层小官"。但我们知道，在唐代，能够当上监察御史的，都是一些考中进士、明经，或者出身非常良好，仕宦条件非常优秀的士人。他们通常得在京城任过校书郎这种"美职"，或在外地当过一两任地方官，才能回到朝中任监察御史。这是一种很清要的官，也是皇帝的"耳目"，绝对不能以低层或基层小官视之。所以笔者认为应当把监察御史放在中层文官这个层次来讨论，才比较恰当。

同样的，拾遗的官品为从八品上，补阙为从七品上，依官品看也算是低层小官。但这两种官和监察御史有些相似，都是仕宦条件优越的士人，在充当过一两任基层官后才能出任的。拾遗和补阙更是皇帝身边的"近侍"，是唐代极少数能够亲身和皇帝接触，能够亲眼见到"天颜"的士人。大诗人杜甫做过拾遗官。他就因为"天颜有喜近臣知"而感到无上的光荣①。笔者认为，不宜纯以官品来决定一个官的高低，而应当以该官职本身的轻重、闲剧为准，所以本书也把拾遗和补阙视为中层文官②。

再以郎官为例。唐代的郎官指员外郎和郎中。员外郎的官品是从六品上，归类为中层应当无问题。然而，郎中的官品却是从五品上。唐史学界一般认为五品官为高层官员。如果采"形式主义"的办法，把员外郎放在中层，再"硬生生"把郎中放到高层去讨论，那会是一种很奇怪的做法。

第一，员外郎和郎中是两种性质十分相近的官。唐人也屡屡统称之为"郎官"，甚至有"郎官出宰京畿"这样的说法，显然把他们当成一个群体来看待，不宜分开讨论。第二，更重要的是，唐人并不认为郎中是什么高官，因为有不少郎中，往往任满后即迁官为县令（见本书第四章）。县令并非高官。甚至最好的京兆、河南等重要大府属下各县的县令，也只不过是正六品上；畿县令则为从六品上。如果一个官员做过郎中之后，再迁为京兆县令（官阶：从五品上转为正六品上），或美原等畿县县令（官阶：从五品上变为从六品上），如上引李巽的案例，那肯定不是贬官，而是很正常的迁转。由此看来，唐代的郎中和县令应当都定位为中层文官比较恰当。

---

① 见杜诗《紫宸殿退朝口号》："昼漏稀闻高阁报，天颜有喜近臣知。"《杜诗详注》卷六，页437。
② 本书第一章和第二章，对监察御史、拾遗和补阙这几种官的官品问题，还有更进一步的讨论。

因此,本书拟强调的是,唐代官职的高低轻重,绝对不能单单只看官品,还必须考虑其他因素。

至于没有官品的判官,又是以什么标准定位为中层呢?标准有二:第一,唐代士人都在任过基层幕职如巡官、推官和掌书记以后,才能攀升到判官。在石刻题名的排位上,判官通常也排在掌书记之上。第二,判官没有官品,但他经常会带有一种检校官以秩品阶①。他的检校官常常是"检校某某员外郎"或"检校某某郎中"之类。换言之,判官在方镇使府系统中的地位,差不多等同于郎官在京城文职事官体系中的位置。故本书把判官定位为中层,不亦宜乎?

简言之,笔者把唐代官员分为基层、中层和高层,主要是根据官职的轻重、闲剧,而不完全根据官品(但高层官员倒都是五品或以上)。这种定位也考虑这些官员的升迁途径。他们通常从基层的校书郎、县尉等小官做起,转入中层的御史、拾遗、补阙、郎官、县令、录事参军和判官,再转进高层的中书舍人、侍郎和尚书等等。

但这样的定位恐怕只能是大致的。基层、中层和高层的分界线有时的确可能是模糊的。如此分类主要为了实际上的需要。

①关于检校官和相关的"试"官和"兼"衔,见笔者的《论唐代的检校官制》;张东光《唐代的检校官》,《晋阳学刊》,2006 年第 2 期,页 74—78;朱溢《论晚唐五代的试官》,《国学研究》,第 19 卷(2007),页 57—85。近年最深入的一篇论文是冯培红《论唐五代藩镇幕职的带职现象——以检校、兼、试官为中心》,收在高田时雄编《唐代宗教文化与制度》(京都:京都大学人文科学研究所,2007),页 133—210。但要留意的是,检校官、兼衔和试官,不单只授给"藩镇幕职",也授给唐代各种使职,包括京城使职如神策军使;财经使职如盐铁转运等使;甚至临时派遣的使职,如回纥吊慰使、吐蕃会盟使;以及所有这些使职的幕佐。

笔者选择研究这三十多种官职,必须以三本书的篇幅才能处理,所以分为基层、中层和高层三本。否则,如果写成厚厚的一本书,可以不分基层、中层和高层三书,单单题为《唐代文官研究》上中下册,亦无不可。不过,分三个层次,在叙事上和理解上会层次分明一些。但如果仍无法做到十足的精确,请读者不要求全责备才好。

## 九、研究文献回顾

本书接下来的各章前,会对某一种特定的职官(比如御史、郎官等)的研究文献,做学术史的回顾。这里只对一般性质的唐代官制论著,做一点简短的评介。

唐代官制与职官的研究,大约始于宋代洪迈的《容斋随笔》。此书对唐代的职官制度,有不少精简的评语。洪迈离唐不远,宋制又承唐制,他有些评语颇有启发性。随后,清儒王鸣盛的《十七史商榷》、钱大昕的《廿二史考异》、《潜研堂文集》、《十驾斋养新录》以及赵翼的《廿二史札记》等书,对唐制做了更多的探索。但这些论著大抵是"笔记式"的,是清儒读史阅碑所留下的读书笔记,或考释名物,或辨析异同,或校正史籍,偶尔有吉光片羽,但大都不成体系。

比较有系统的研究,见于赵钺、劳格的《唐尚书省郎官石柱题名考》①。这是研究唐代郎官的第一本著作,且留待本书第三章论

---

① 此书今有徐敏霞和王桂珍的点校本(北京:中华书局,1992),可取代所有旧木刻版。

郎官时,再做更多的评述。这一类著作还有徐松的《登科记考》①,赵钺、劳格的《唐御史台精舍题名考》②,沈炳震的《唐书宰相世系表订讹》③,以及吴廷燮的《唐方镇年表》④。

《唐尚书省郎官石柱题名考》试图以《尚书省郎官石柱》上所刻的一系列郎官名字,重建唐代曾经担任过郎官的所有官员的名字,附他们的生平传记资料。此书好比是一本《唐代郎官人名录》,至今仍然有它的用处。比如说,我们若想知道朱巨川做过哪些郎官,有哪些传记资料(有没有墓志或神道碑传世),这都可以在此书找到若干答案。虽然有些资料不完整,目前也还未有人为它补入近世出土的墓志。

《唐方镇年表》则试图以两《唐书》本纪和列传中的资料,把唐史上各节度使、观察使、经略使等使的任期和任职地点,按地方列表,而且附有资料来源,很方便现代学者追查。此书至今依然很有用处。比如说,我们若想知道大历十四年魏博的节度使是谁,或张弘靖曾经担任过哪些地方的节度使,任期多长,在什么时候,都可以轻易在本书找到答案。

赵钺、劳格和吴廷燮这种编制人名录或年表的研究方法,对现代学者有过深远的影响,至近年才开始消退。严耕望先生在

①《登科记考》严格说来不是职官书,但它收的却是唐代考中科举的士人名字、年代和科举资料,也就成了研究唐代职官的要籍。
②此书最好的版本是张忱石的校订本(北京:中华书局,1997)。
③此书有《续修四库全书》本(上海:上海古籍出版社,1995)。但沈炳震此书已过时,由两种重要的近人论著取代:周一良,《新唐书宰相世系表引得》(哈佛燕京学社引得18;北平:哈佛燕京学社,1934);赵超《新唐书宰相世系表集校》(北京:中华书局,1998)。
④此书有北京中华书局1980年的标点本。

1940 年代末和 1950 年代初研究唐代官制,他的《唐仆尚丞郎表》四大册①,便是延续劳格等清人传统的成名作,把唐史上担任过仆射、尚书、左右丞和侍郎的官员,都一一按时代先后,编制成年表,非常方便后人的查检。比如说,我们若想知道开元八年的工部侍郎是谁,或崔日用担任过何种"仆尚丞郎"官职,在什么时候,只要一查严耕望这本大作,答案便揭晓了,也可以查到这些官员的传记资料或其传记的出处。

中国大陆的学者,也编制过好几种这一类年表式的职官书。最主要的有郁贤皓的《唐刺史考全编》②,戴伟华的《唐方镇文职僚佐考》③(可补吴廷燮《唐方镇年表》的不足),以及近年郁贤皓和胡可先合著的《唐九卿考》④。

在从前没有电脑的时代,编制这类年表式职官书是个非常浩大的工程,可能耗费一个学者一生的大半精力。我们今天应当对这些前辈学者的努力,特别是他们在考订史料上所下的深厚功夫,致以崇高的敬意和感谢。

然而,在今天的数字时代,这种年表式职官书的编修,又变成了一件相对"容易"的事,而且也似乎变得没有那么必要了。笔者在撰写《唐代基层文官》第一章《校书郎》时,应用电脑全文检索

① 此书由台北"中研院"历史语言研究所在 1955 年初版,为中研院历史语言研究所专刊之三十六,近年多次重印。北京中华书局亦曾在 1986 年影印出版。
②《唐刺史考全编》全六册(合肥:安徽大学出版社,2000),取代先前的《唐刺史考》(香港:中华书局;南京:江苏古籍出版社,1987)。
③《唐方镇文职僚佐考》(天津:天津古籍出版社,1994;修订版,桂林:广西师范大学出版社,2007)。此书在海外不易购得,幸蒙作者戴伟华教授多年前寄赠初版一册,谨此致谢。
④《唐九卿考》(北京:中国社会科学出版社,2003),为"唐研究基金会丛书"之一种。

方法,在几个小时内,便找到四百多个唐史上担任过校书郎的士人名字和他们的一些生平资料。若在从前,单是这样的工作便可能花费好几年的时间,而且恐怕还会有人为的疏略、遗漏。

北京大学历史系荣新江教授,为他的第一个博士生蒙曼的大作《唐代前期北衙禁军制度研究》写序。序中有几句话,颇发人深省:

> 如今,随着古籍文献的数字化,传统的制度史研究面临着挑战,我以为用旧的方法做复原式的研究,虽仍然是史学研究的必不可少的内容,但已经不太"好玩"了,我们过去耗费不知多少精力辑录的职官、衙署名称,现在可以在几分钟内解决。因此,利用相关的理论和研究方法,对于史料进行透彻的分析,把制度史和其他相关的历史问题结合起来进行研究,必然成为今后制度史研究的方向。①

笔者对荣教授的观点,深有同感。古籍的数字化,可以让我们执行从前难以研究的项目。今后我们应当利用这种新科技,从事更艰难、更有创意的研究课题。

和本书研究范围最有关联的一本现代著作,当数孙国栋先生的《唐代中央重要文官迁转途径研究》。此书是孙先生在 1973 年完成,但在 1979 年才由香港龙门书店出版,2009 年又由上海古籍出版社以影印方式出版。这是古籍数字化之前的一部力作。孙先生完全以"手工作业"的方式,在两《唐书》列传中钩沉,编制了

---

①收入蒙曼《唐代前期北衙禁军制度研究》(北京:中央民族大学出版社,2005),页 4。

大量的图表，梳理了唐代中央重要文官迁转的途径。但孙先生受当时手工作业的限制，仅使用了两《唐书》列传部分的材料，作为统计的依据。这在当时已经是一项非常杰出的尖端研究，其结论到今天仍有不少可以屹立不倒，仍有很大的参考价值。

但如果今天有学者想要重做孙先生的研究（笔者也认为孙先生的研究题目很大，很有意义，值得重做），他应当会充分利用目前数字化的古籍和碑刻资料，把采证范围不单单限于孙先生所用的两《唐书》列传，而是扩大到所有可以利用的材料，包括《文苑英华》和近世出土的所有墓志和神道碑，所有唐人的文集、笔记，甚至《通典》、《唐会要》、《册府元龟》和《全唐诗》等书。这样得出来的统计数字，应当更为精确，或许在某些细节处，也可以修正孙先生的一些说法。

正如书名所示，孙先生研究的是唐代中央重要文官的迁转。但前文说过，唐代士人做官，不可能单单只出任中央的京官。在他一生的仕历上，他也必须出任外官，甚至幕府官或使职，几乎没有例外。因此孙先生单单研究中央重要文官，想是一种不得已的切割，或许为了研究上的方便。但这样一来，也就跟上引封演的"八俊"说和白居易的"大官乏人"说一样，无法全面展现唐代士人的"升官图"，或他的常任核心官职模式，只反映了局部的面貌。

笔者的研究取向，和孙先生最大的不同点有二：一是笔者不但涉及京官，也论及州县官、幕府官和使职。二是笔者不做任何统计，纯以唐代士人的官历个案来举例论述。笔者这样做，纯粹是个人兴趣和喜好使然，因为笔者对数目字非常"迟钝"，生性不喜统计也。但笔者觉得，将来如果有人愿意以统计方式来研究唐代士人的常任核心官职模式，追查他们在京官、州县官、幕府官和使职上的迁转过程，那应当也是很有意义的一项研究，或许可以证实或修正笔者的研究结论,并且填补孙先生未研究的空白部分。

王寿南先生有一长文《唐代文官任用制度之研究》①,探讨了唐代官制中的基本概念,如流内、流外、散官、职事官、勋官、爵号等;"文官任用形态"如拜、迁、转、擢、进、除、改、左迁、授、左授、贬等;"文官任用程序"如君主之宠任、流外入流、输财授官、藩镇奏授、征召、荐举、制举、敕授、旨授、铨选、流外铨、科目选等;以及唐代"任官之限制",如出身的限制、经历的限制、籍贯的限制、年龄的限制、亲族的回避、工商的限制、伎术官的限制等等。全文长达一百多页,相当于一本小书,内容异常丰富,厘清了唐代官场运作的好些细节。王寿南另有专篇论文论唐代的御史台和县令,详见本书第一章和第四章前的学术史回顾。

张国刚的《唐代官制》②,分章论及唐代整个政府架构,包括宰相制度、中书省、门下省、尚书省、御史台、九寺、五监、东宫、地方组织以及官员管理制度等等。这是一本文笔清晰、有组识的论著,提供许多简明有用的背景知识,有时也包含了作者的一些研究心得,如论唐代职事官之阶官化的部分。近年来,学界出版了不少通论中国历代官制和中国文官制度之类的书,其隋唐部分往往仅有一章寥寥数十页的讨论,受篇幅所限,过于简略,且多抄袭《唐六典》、《通典》或《文献通考》之旧文,乏善可陈,皆不如张国刚此书之生动。此书也是同类著作中最好的一本③。

---

①此文收在王寿南《唐代政治史论集》(台北:商务印书馆,1977),页 1—132。《唐代政治史论集》有 2004 年的增订版,添加 1977 年初版所无的多篇论文,且开本增大,并重新排版。
②张国刚《唐代官制》(西安:三秦出版社,1987)。
③同类著作有王颖楼《隋唐官制》。

坊间也有不少通论中国政治制度史一类的著作,但大都为抄袭旧典旧志之作,且过于简化。以笔者所见,此类著作当中,最好的一种当数曾謇(曾资生)的《中国政治制度史》,其第四册专论隋唐五代①。此书和同类著作最不相同的是,它不光引用制度条文,还经常引述史书列传部分的实际案例,来说明制度条文的运作,比较生动活泼。但此书出版超过六十年,现在看来不免有些过时:书中许多内容已被过去十多年来的最新研究成果取代②。

---

①此书最早在 1943 年由重庆南方印书馆出版,后来在台湾有多个翻印本。近年有 1992 年上海书店出版社的影印本,收在《民国丛书》第四编。
②关于隋唐政治制度史的研究,更详细的综述见甘怀真《政治制度史研究的省思——以六朝隋唐为例》,《中华民国史专题论文集·第四届讨论会》(台北:台湾"国史馆",1998),第 1 册。

# 第一章　监察御史、殿中侍御史和侍御史

> 元稹为御史，以直立其身。
>
> 其心如肺石，动必达穷民。
>
> 东川八十家，冤愤一言伸。
>
> ——白居易《赠樊著作》①

白居易这首诗是他在元和五年（810）三十九岁写的，是一首讽喻诗，写几个正直的人所行的正义事。当中包括著名的谏议大夫阳城（"其手如屈轶，举必指佞臣"），以及白居易的好友元稹。元和四年（809），元稹任监察御史不久，就被派往剑南东川去调查当地已故节度使严砺等人违法加税和吞没八十余家人产业事。调查结束后，元稹写了一篇很有名的状文《弹奏剑南东川节度使状》，揭发整个事件的始末，流传至今②。白居易此诗这一部分写的正是这件事。他赞扬元稹任监察御史时"其心如肺石，动必达

---

① 《白居易集》卷一，页 11。

② 此状收在《元稹集》卷三七，页 419—425。此事在国内唐史学界似无人研究，倒是西人 Charles A. Peterson 根据元稹此状和其他史料，写成一篇详细的研究论文 "Corruption Unmasked：Yuan Chen's Investigations in Szechwan," *Asia Major* 18（1973）：34—78。

穷民"。诗中所说的"东川八十家",便是被严砺等贪官侵占家产的那八十多户人家。他们最后总算在元稹的努力下,"冤愤一言伸"。这"一言"指的便是元稹一人。

但这首诗却不是送给元稹的,而正如标题所说,"赠樊著作"。这位姓樊的著作郎,当时在著作局从事撰述,所以白居易写这首诗,告诉他阳城、元稹等人所行的正义事,希望他也能以著作郎的身份做点事:

> 君为著作郎,职废志空存。
> 虽有良史才,直笔无所申。
> 何不自著书,实录彼善人,
> 编为一家言,以备史阙文?

我们感兴趣的是,元稹所任的监察御史是一种怎样的官?为什么他竟有权力去弹劾严砺等高官所做的非法事?原来,唐代的监察御史品位虽不高,只是个八品官,权力却不小,可以像元稹那样,去检举其他官员(包括品阶比他更高的高官)所犯的违法事。这些御史好比是皇帝的"耳目",帮助皇朝监管其他官员。照现代的说法,他们等于是"管官的官",就像现代的宪兵为"管兵的兵"一样。他们所属的机构就叫御史台,是唐代政府组织中很重要的部分。

要言之,唐代的御史台是个监察组织,负责监督百官和各种大小政务,同时又拥有部分的司法权。它有五个最重要的职位。其中御史大夫为长官,御史中丞为副官。这两者都属高层文官,暂且留待笔者下一本书《唐代高层文官》才来讨论。这里要论述的是御史台三个相关的职位:监察御史、殿中侍御史和侍御史(从低到高的排位)。

这三种中层御史有等级之分,职务有时重叠:侍御史负责"纠举百僚、推鞫狱讼";殿中侍御史负责"掌殿庭供奉之仪式";监察御史则负责"分察百僚,巡按郡县,纠视刑狱,肃整朝仪"①。御史的升迁一般按照这个秩序,从监察御史开始,但也有人从殿中侍御史起家,甚至有人一入御史台即当上侍御史。

学界过去对御史台有过不少研究。最全面的是胡沧泽的专书《唐代御史制度研究》②。此书论唐代御史制度的变化、职能及作用,以及御史台和皇帝、宰相与宦官之间的关系,都有不少开创性的贡献,可惜书中对唐后期史料中的大批"摄"御史和"兼"御史等课题,着墨不多。

王寿南的《唐代御史制度》③有一节特别论及唐代御史台有所谓的"外台",即那些在节度、观察等使府中挂名任御史者(可包含上述五种御史)。此类外台御史又称"使府御史"。除此之外,历来论御史台的主要论著,还有孙国栋、池田温、任育才、何汝泉、曾贤熙、胡留元、冯卓慧、王素和胡宝华等家④。

---

① 《唐六典》卷一三,页 380—382。
② 胡沧泽《唐代御史制度研究》(台北:文津出版社,1993)。胡沧泽近年又发表《唐代监察体制的变革》,《福建师范大学学报》,2001 年第 3 期,以及《汉唐监察制度的变革》,杜文玉编《唐史论丛》,第 9 辑(西安:三秦出版社,2007),页 57—65。
③ 此文收在《劳贞一先生八秩荣庆论文集》(台北:商务印书馆,1986),页 163—206。
④ 孙国栋《唐代中央重要文官迁转途径研究》(香港:龙门书店,1979),页 127—142,对御史台重要文官的迁转途径有深入的分析;池田温《论韩琬〈御史台记〉》,《唐研究论文集》(北京:中国社会科学出版社,1999),页 336—364;任育才《唐代监察制度之研究》,《唐史研究论集》(台北:鼎文出版社,1975);何汝泉《唐代前期的地方监察制度》,《中国史研究》,(转下页注)

由于前人在御史的职务、职权等方面已有极详细的论述,故本章不拟讨论这些项目,而拟详人所略,把论述重点放在下列几个课题上:御史的官品和清要地位;御史的选任;"摄"御史和"兼"御史的问题;真御史、使府御史和外台御史;外台御史和监院御史;侍御史内供奉和监察御史里行;等等。这些都是前人比较容易忽略的。

## 一、御史的起源、变革和组织

关于御史台的起源、变革和组织,《唐六典》卷一三和《通典》卷二四等政书已有详细记载。近人胡沧泽、王寿南等人的研究亦已涉及,且多有厘清。这里无须重复讨论,以免累赘,仅扼要交代,并添补一两个前人所未言的细节。

先秦的御史是一种传命、记事的职位,到秦汉才有监督纠察之任。《通典》说:

> 至秦汉,为纠察之任。所居之署,汉谓之御史府,亦谓之

(接上页注)1989年第2期;曾贤熙《唐代御史职权行使的限制与地方监察业务关系初探》,《研究与动态》(大叶大学通识教育中心出版),第13期(2006),页39—60;曾贤熙《唐代御史与相关使职探讨》,《宋旭轩教授八十荣寿论文集》(台北:宋旭轩论文集编委会,2000);胡留元、冯卓慧,《唐〈御史台精舍碑〉初探》,《人文杂志》,1983年第2期;王素《唐代的御史台狱》,《魏晋南北朝隋唐史资料》,第11辑(1991);胡宝华《唐代监察制度研究》(北京:商务印书馆,2005),收集了作者较早前发表在期刊上的论文,同时此书也论及唐代的谏官制度。其他论文见胡戟等编《二十世纪唐研究》(北京:中国社会科学出版社,2002),页93—95的学术史回顾。

御史大夫寺,亦谓之宪台。……后汉以来,谓之御史台,亦谓
之兰台寺……梁及后魏、北齐或谓之南台。……后周日司
宪,属秋官府。隋及大唐皆曰御史台。①

值得留意的是,后汉的兰台也是藏书之所,御史中丞掌兰台秘籍
图书,所以后世有"兰台校书"的说法。白居易的名诗《常乐里闲
居偶题》中有两句"兰台七八人,出处与之俱"②,用的便是这个典
故。他的"兰台"指的是藏书的秘书省,非御史。同时,也正因
为这个历史渊源,唐代的御史台就建在秘书省之南③。杜甫诗《夏
日杨长宁宅送崔侍御常正字入京》中有一句"乌台俯麟阁"④,指
的便是这样的建筑布局:"乌台"为御史台的别称,"俯"览着隔邻
的"麟阁"(秘书省),同时暗喻在这两个官署任职的崔侍御和常
正字。

唐代御史台的变革,主要是名称上的改变,而且都集中在唐
初。唐代文献中常常可以见到这些御史台的别称,且列如表一,
方便省览:

表一　唐代御史台的名称演变

| 年　代 | 名称演变 |
|---|---|
| 武德元年(618) | 御史台 |
| 高宗龙朔二年四月(662) | 宪台 |
| 高宗咸亨元年十月(670) | 御史台 |

①《通典》卷二四,页658。
②《白居易集》卷五,页91。
③徐松《唐两京城坊考》卷一,页15—16。
④《杜诗详注》卷二一,页1892。

| 年　代 | 名称演变 |
|---|---|
| 武后光宅元年九月（684） | 左肃政台、右肃政台 |
| 中宗神龙元年二月（705） | 左御史台、右御史台 |
| 睿宗延和元年二月（712） | 御史台（废右台） |
| 玄宗先天二年九月（713） | 左御史台、右御史台 |
| 玄宗先天二年十月（713） | 御史台（废右台） |

资料来源:《唐六典》卷一三,页378;《唐会要》卷六〇,页1225。

至于御史台的组织结构,分为三院:台院、殿院和察院①。《新唐书·百官志》等政书对此都有一段描写,但最详细的叙述见于赵璘的《因话录》:

> 御史台三院,一曰台院,其僚曰侍御史,众呼为"端公"。见宰相及台长,则曰"某姓侍御"。知杂事,谓之"杂端"。见台长,则曰"知杂侍御"②。虽他官高秩兼之,其侍御号不改。见宰相,则曰"知杂某姓某官"。台院非知杂者,乃俗号"散端"。二曰殿院,其僚曰殿中侍御史,众呼为"侍御"。见宰相及台长杂端,则曰"某姓殿中"。最新入,知右巡;已次,知左巡,号"两巡使"。所主繁剧。及迁向上,则又入推,益为烦劳。惟其中间,则入清闲。故台中谚曰:"免巡未推,只得自如。"言其闲适也。厅有壁画小山水甚工,云是吴道玄真迹。三曰察院,其僚曰监察御史,众呼亦曰"侍御"。见宰相及台

---

① 王寿南《唐代御史制度》,页168有一张很清楚的御史台组织图。
② 笔者有一论文详考唐代的"知杂御史",此不赘论。详见《论唐代的侍御史知杂》,《中华文史论丛》,总第82辑(2006年第2辑),页83—95。

长杂端,则曰"某姓监察"。①

赵璘这段记载不但清楚告诉我们御史台的组织结构,还透露唐人给各类御史的称呼和别号,很有助于我们理解唐代文献,特别是唐诗中常见的所谓"侍御"的真正含义。

## 二、御史的官品和清要地位

若单单以官品来看,本章所论三种御史的职位似乎都不高。监察御史只有正八品上(和协律郎一样),殿中侍御史从七品上(和中下县的县令一样),侍御史从六品下(还不如畿县县令的从六品上)。但唐人任官绝不能单看官品。这三种御史官品虽不高,却都是很清贵的职位,而且在整个唐代官署组织中,算是中层的官职。换言之,本章所论的三种御史,都不是士人释褐之官,而是他们在担任过其他职位之后,在仕进的中途,才能迁转的官职。

据笔者检索所得,史料中"释褐为监察御史"之例仅有两个:(一)"薛季昶,绛州龙门人也。则天初,上封事,解褐拜监察御史"②。(二)王凝,"太原府君讳凝,字叔恬,文中子亚弟也。贞观初,君子道亨,我先君门人,布在廊庙,将播厥师训,施于王道,遂求其书于仲父。仲父以编未就,不之出。故六经之义,代莫得闻。

---

① 《因话录》卷五,页101—102。底下还有一大段详细描写,不具引。
② 《旧唐书》卷一八五上,页4804;又见《新唐书》卷一二〇,页4313。

仲父释褐为监察御史"①。但这两个都是初唐政局不定时的例子，且仅有两个，可视为例外。

御史之所以清贵，最主要的原因在于他们都是"皇帝的耳目"，专替皇室监督中外百官的行为和整个国家几乎所有大大小小的事务。换句话说，这些都是很接近权力核心的职位。御史的清贵地位，可以用唐初一个生动的例子来说明：

> 龙朔三年（663）五月，雍州司户参军韦绚，除殿中侍御史，或以为非迁。中书侍郎上官仪闻而笑曰："此田舍翁议论。殿中侍御史赤墀下供奉，接武夔龙，簉羽鹓鹭，奈何以雍州判佐相比？"以为清议。②

雍州即后来的长安京兆府，"判佐"即"判司"③（即"诸曹参军"，州官系统中的一种行政官）。司户参军为正七品下。单就官品而言，殿中侍御史为从七品上，反而不如此判司，难怪韦绚从司户参军升为殿中侍御史，"或疑非迁"。上官仪认为此为"野人语"，又明白点出：御史侍奉皇帝，不可拿判司来相比。此例极生动，可证唐代官职之高低和清贵，不可单看官品。

更深一层探究，唐人任官不只有"清"的观念，还有"要"的说法。《旧唐书·李素立传》有一段记载，涉及本章所论的御史，颇能点出其中的奥妙：

---

① 王福畤《王氏家书杂录》，《全唐文》卷一六一，页 1646。
② 《唐会要》卷六〇，页 1240。此事又见于《新唐书》卷一〇五《上官仪传》，页 4035。
③ 关于判司和参军，详见笔者的《唐代基层文官》第四章。

素立寻丁忧，高祖令所司夺情授以七品清要官，所司拟雍州司户参军，高祖曰："此官要而不清。"又拟秘书郎，高祖曰："此官清而不要。"遂擢授侍御史，高祖曰："此官清而复要。"①

从这段记载和其他史料，我们知道，唐代的所谓"清官"，其实有很严格的定义，而且不是今人所理解的"清廉官"之意。只有某些中央台省官才能称为"清官"。《旧唐书·职官志》说："职事官资，则清浊区分，以次补授。"接着，它把清官分为两种：第一种是"清望官"，指"三品已上官（御史大夫从三品，应包含在此），及门下中书侍郎、尚书左右丞、诸司侍郎、太常少卿、太子少詹事、左右庶子、秘书少监、国子司业"。另一种就叫"清官"，比"清望官"略低一级，当中包括谏议大夫、给事中、各郎中、员外郎等一系列官，以及御史中丞、侍御史、殿中侍御史和监察御史②。

至于某官是否"要"，则要看该官职务的剧闲而定。秘书郎属于秘书省官，负责管理皇室的图书典籍，不算剧要，所以高祖说它"清而不要"。侍御史既属御史台，又是皇帝耳目，当然"清而复要"。雍州即后来的长安京兆府。它的司户参军管理户籍、赋税等，固然重要，但非台省官，所以高祖认为它"要而不清"。

# 三、御史的选任

既然唐代的御史为"清而复要"的职位，我们便不难理解，何

---

① 《旧唐书》卷一八五上，页4786。
② 《旧唐书》卷四二，页1804。"清望官"和"清官"的分别，也见于《唐六典》卷二，页33。本书《导言》也论及"清官"。

以他们都不是由吏部铨选，而是由皇帝亲自任命。唐代的吏部铨选，负责选拔六品或六品以下的官员，六品以上则由皇帝除授。本章所论的三种御史，官品都在六品以下，原本应当由吏部注拟，但由于他们都属"清官"，又是"常参官"或"供奉官"①，更是皇帝的耳目，职位崇高，所以在唐代大部分时候都由皇帝委任②。属于这一类由皇帝亲自授官的六品以下官职，都是重要的职位，当中包括尚书省各司的员外郎（从六品上）、补阙（从七品上）、拾遗（从八品上）和太常博士（从七品上）等官③。

御史由皇帝除授，但挑选御史的工作，却不一定由皇帝来做，而可以由御史台长官或其他官员推荐给皇帝，再以皇帝的名义任命。

御史台长官（御史大夫或御史中丞）选任御史的例子很多，甚至有所谓"自辟"的说法。《旧唐书·独孤朗传》说：

> 宝历元年（825）十一月，拜御史中丞。……宪府故事，三院御史由大夫、中丞自辟，请命于朝。时崔冕、郑居中不由宪长而除，皆丞相之僚旧也，敕命虽行，朗拒而不纳，冕竟改太常博士，居中分司东台。

---

① 关于常参官和供奉官的定义，见《唐六典》卷二，页 33。监察御史为常参官，殿中侍御史和侍御史则都属供奉官。

② 唐代御史从什么时候开始由皇帝除授，历来有三种说法：永徽后、武则天朝和开元四年（716）。详见胡沧泽《唐代御史制度研究》，页 128。即使如此，胡沧泽也指出，唐初不乏皇帝亲自任命御史的例子，如柳楚贤和马周等人（页 128—129）。

③ 关于唐代的吏部铨选和皇帝除授的种种规定，最详细的论述见王勋成《唐代铨选与文学》（北京：中华书局，2001），第六章。

这是安史之乱七十年后唐后半期的一段记载。文中说"宪府故事，三院御史由大夫、中丞自辟，请命于朝"，显示这种由御史台长官"自辟"御史，然后才"请命于朝"的做法，已经施行有年，成了"宪府故事"，且制度化了。

唐代长官的"自辟"制度，一般用于节度使、观察使自辟僚佐的场合，即所谓的"幕府辟署"制度。这些节度、观察使府都是"自辟"幕僚，然后才"请命于朝"的①。御史台长官"自辟"御史的做法，过去学界似未有人讨论，值得关注，并且可以深化唐代"辟署"制度的研究。

御史台长官可以"自辟"御史，唐中晚期史料中案例很多（唐前期倒未见），且举两个：一是张仲方，在贞元年间高郢"拜御史大夫，表为御史"②。据《旧唐书》，张仲方所任的御史为侍御史③。二是元和九年，"裴度为中丞，奏（崔）从为侍御史知杂"事④。崔从后来代替裴度任御史中丞。史书上说他"选辟御史，必先质重贞退者"⑤，可证御史中丞可以自行"选辟御史"。

至于自辟御史的运作过程，可以从宰相韦贯之的儿子韦澳有名的"呈身御史"故事中看出。此事见于《旧唐书》卷一五八：

　　澳字子斐，大和六年擢进士第，又以弘词登科。性贞退寡欲，登第后十年不仕。伯兄温，与御史中丞高元裕友善。

①关于唐代幕府的辟署制度，见石云涛《唐代幕府制度研究》，第六章；拙书《唐代基层文官》，第五章。
②《新唐书》卷一二六，页4430。
③《旧唐书》卷一七一，页4443。
④《旧唐书》卷一七七，页4578。
⑤同上。

温请用澳为御史,谓澳曰:"高二十九持宪纲,欲与汝相面,汝必得御史。"澳不答。温曰:"高君端士,汝不可轻。"澳曰:"然恐无呈身御史。"竟不诣元裕之门。①

《新唐书》卷一六九,为我们提供不同的叙述观点,可参看:

> (韦贯之)子澳,字子斐,第进士,复擢宏辞。方静寡欲,十年不肯调。御史中丞高元裕与其兄温善,欲荐用之,讽澳谒己。温归以告,澳不答,温曰:"元裕端士,若轻之邪?"澳曰:"然恐无呈身御史。"②

换言之,御史台长官自辟御史,是一种"荐用",和上引张仲方例中的"表"及崔从例中的"奏"字用词类似。这都是由长官上"表"上"奏"推荐某某人为御史,"请命于朝",然后才由皇帝除授。有趣的是,韦澳非常"贞退寡欲",竟连见他的推荐人一面都不肯,不肯做"呈身御史"③,所以他最终没有被任命。按高元裕任御史中丞在文宗开成四年(839),可知唐后期的御史台,仍有自辟御史的做法。

---

① 《旧唐书》卷一五八,页4175—4176。
② 《新唐书》卷一六九,页5155。
③ "呈身御史"在宋代甚至成了一个典故。如《宋史》卷三二二《吴中复传》,页10441:"中复进士及第,知峨眉县。边夷民事淫祠太盛,中复悉废之。廉于居官,代还,不载一物。通判潭州,御史中丞孙抃荐为监察御史,初不相识也。或问之,抃曰:'昔人耻为呈身御史。今岂有识面台官耶?'"又如《宋史》卷三四四《李周传》,页10935:"司马光将荐为御史,欲使来见,周曰:'司马公之贤,吾固愿见,但闻荐而往,所谓"呈身御史"也。'卒不往。"亦可知北宋仍有唐代御史台长官荐御史的遗风。

除了由御史台长官自辟或推荐,御史也可以由其他长官如州长史等荐引,如《唐会要》所载:

> 长安二年(702),则天令雍州长史薛季昶择寮吏堪为御史者。季昶以问录事参军卢齐卿,举长安县尉卢怀慎、季休光、万年县尉李乂、崔湜、咸阳县丞倪若水、鳌厔县尉田崇璧、新丰县尉崔日用。后皆至大官。①

雍州即京兆府,它的长史薛季昶所择选的几个御史人选,全是该州属下几个县(长安、万年、咸阳、鳌厔和新丰)的县尉或县丞。由此看来,唐代长官推荐下属出任御史,是很寻常的事(长史在一州的地位,仅次于刺史和别驾。录事参军的地位,又在长史之下,但他常是一州的主要行政官员)②。

在唐后期的史料中,我们经常可见到某某人在幕府任基层僚佐之后,即"入朝为监察御史"、"入为殿中侍御史"甚至"入为侍御史"的事。这样的案例多达一百个以上,不胜举,这里且就三种御史各举五例,以见其概。

(一)入朝为监察御史

1. 段平仲:"段平仲字秉庸,武威人。隋人部尚书段达六代孙也。登进士第,杜佑、李复相继镇淮南,皆表平仲为掌书记。复移镇华州、滑州,仍为从事。入朝为监察御史。"③

---

① 《唐会要》卷七五,页1608。
② 严耕望《唐代府州僚佐考》,《严耕望史学论文集》(上海:上海古籍出版社,2009),页339—395。又见本书第五章《司录、录事参军》。
③ 《旧唐书》卷一五三,页4088。

2. 薛存诚:"薛存诚字资明,河东人。父胜能文,尝作《拔河赋》,词致浏亮,为时所称。存诚进士擢第,累辟使府,入朝为监察御史,知馆驿。"①

3. 卢弘正:"(卢)简辞弟弘正、简求。弘正字子强,元和末登进士第,累辟使府掌书记。入朝为监察御史、侍御史。"②

4. 李程:"李程字表臣,陇西人。……贞元十二年进士擢第,又登宏辞科,累辟使府。二十年,入朝为监察御史。"③

5. 王璠:"王璠字鲁玉。父础,进士,文辞知名。元和五年,擢进士第,登宏辞科。风仪修饰,操履甚坚,累辟诸侯府。元和中,入朝为监察御史。"④

(二)入为殿中侍御史

1. 皇甫镛:"镈弟镛,端士也。亦进士擢第,累历宣歙、凤翔使府从事,入为殿中侍御史。"⑤

2. 崔戎:"戎举两经登科,授太子校书,调判入等,授蓝田主簿,为藩镇名公交辟。裴度领太原,署为参谋。……入为殿中侍御史。"⑥

3. 柳玭:"玭应两经举,释褐秘书正字。又书判拔萃,高湜辟为度支推官。逾年,拜右补阙。湜出镇泽潞,奏为节度副使。入

---

① 《旧唐书》卷一五三,页4089。
② 《旧唐书》卷一六三,页4270。
③ 《旧唐书》卷一六七,页4372。
④ 《旧唐书》卷一六九,页4405。
⑤ 《旧唐书》卷一三五,页3743。
⑥ 《旧唐书》卷一六二,页4251。

为殿中侍御史。"①

4. 杨损："损字子默，以荫受官，为蓝田尉。三迁京兆府司录
参军，入为殿中侍御史。"②

5. 韩佽："字相之，性清简。元和初第进士。自山南东道使府
入为殿中侍御史。"③

(三)入为侍御史

1. 孔戣："字君严。登进士第，郑滑节度使卢群辟为从事。群
卒，命戣权掌留务，监军使以气凌之，戣无所屈降。入为侍
御史。"④

2. 窦常："大历十四年登进士第，居广陵之柳杨。结庐种树，
不求苟进，以讲学著书为事，凡二十年不出。贞元十四年，镇州节
度使王武俊闻其贤，遣人致聘，辟为掌书记，不就。其年，杜佑镇
淮南，奏授校书郎，为节度参谋。元和六年，自湖南判官入为侍
御史。"⑤

3. 杨收："裴休作相，以收深于礼学，用为太常博士。时收弟
严亦自扬州从事入为监察。寻丁母丧，归苏州。既除，崔珙罢相，
镇淮南，以收为观察支使。入为侍御史。"⑥

4. 唐持："字德守，元和十五年擢进士第，累辟诸侯府。入朝

①《旧唐书》卷一六五，页4308。
②《旧唐书》卷一七六，页4560。
③《新唐书》卷一一八，页4274。
④《旧唐书》卷一五四，页4097。
⑤《旧唐书》卷一五五，页4122。
⑥《旧唐书》卷一七七，页4599。

为侍御史。"①

5. 曹确："开成二年登进士第,历聘藩府。入朝为侍御史。"②

以上这十五人的资历和经历都非常相似,几乎都是进士出身,都曾经在幕府待过一段时间,然后再"入朝为监察御史"、"入为殿中侍御史"或"入为侍御史"。史书仿佛在用同一个公式来撰写他们的官历。

史书上入朝为监察御史的案例最多,约六十多例。入朝为殿中侍御史或侍御史的人数则不相上下,都有二十多例。这显示,幕府僚佐入朝,未必一定得从最低层的监察御史干起,而可以从较高一阶的殿中侍御史或更高一阶的侍御史开始。

至于他们是如何"入朝"的,史书上多数都没有交代,但从其他人的经历看来,他们应当都是由皇帝征召,或由长官推荐为御史的。

比如,韩愈《殿中侍御史李君墓志铭》所记的李虚中官历:

> 宰相武公元衡之出剑南,奏夺为观察推官,授监察御史。未几,御史台疏言行能高,不宜用外府,即诏为真御史。③

李虚中任观察推官时,已有一个监察御史衔,但那是幕府僚佐例常所带无实职的所谓"宪衔"(因为幕职本身无品秩,所以照例带有宪衔或京衔,或两者,以秩品位)④。后来,御史台因为他"言行

---

① 《旧唐书》卷一九〇下,页 5063。
② 《旧唐书》卷一七七,页 4607。
③ 《韩昌黎文集校注》卷六,页 440。
④ 关于这点,见笔者《唐代基层文官》第五章"幕佐的官衔"一节。

能高,不宜用外府,即诏为真御史",他这才真正担任御史。"诏"
即以皇帝名义征召回朝服务。

再如李石的弟弟李福的经历:

> 石弟福,字能之,大和七年登进士第,累辟使府。石为宰
> 相,自荐弟于延英,言福才堪理人,授监察御史。①

据此,唐后期许多幕府僚佐入朝为御史,若不是由长官推荐,便是
由皇帝征召。

唐代除授御史的正式官文书,有一些还保存在唐人文集和
《文苑英华》等书中。其中以白居易代皇帝撰写的《张彻宋申锡可
并监察御史制》最有意义,因为它进一步透露御史选任的一些细
节,让我们可以见到"封奏"的程序:

> 敕:旧制,副丞相缺,中执宪得出入。御史缺,则于内外
> 史中考核其实,封奏其名以补之。今御史中丞僧孺奏:某官
> 张彻、某官宋申锡,皆方直强毅,可中御史。章下丞相府,丞
> 相亦曰可。朕其从之。并可监察御史。②

由此看来,唐代若有"御史缺",可以由御史中丞"封奏其名以补
之"。这样的"封奏"可以说是一种"推荐",也可以说是一种"自
辟",完全符合上文所考,然后"章下丞相府,丞相亦曰可",最后才
由皇帝宣布"朕其从之"。

---

①《旧唐书》卷一七二,页4487。
②《白居易集》卷四八,页1008。

综上所论,监察御史、殿中侍御史和侍御史都是一种清官。他们不是由吏部铨选,而通常是由长官推荐,或御史台长官自辟,再由皇帝除授。同时,这三级御史在唐代的文官体系中都属中层职位,常是士人迁转之第二、第三任以上官,而非初任释褐之官。

## 四、"摄"御史和"兼"御史

上文所论的各级御史,都属唐代京城御史台中有实职的真正御史。除此之外,唐代史料中经常还可以见到另一大类御史:他们没有实职,只是挂名为御史,主要分布在京城以外各节度、观察等幕府中。他们的实职是在各幕府中担任判官、掌书记、推官或巡官等幕职。因此,唐史料有时统称他们为"使府御史"或"外台御史"。他们的御史官衔之前,通常冠以"摄"或"兼"字。这些摄官和兼官有什么意义?"摄"和"兼"又有什么区别?历来关于御史的研究似未深入探讨此课题。本节拟详考。

这一类摄、兼御史最常见于石刻题名结衔中。比如,在著名的《诸葛武侯祠堂碑》中即可找到下面数例:

(一)观察判官朝散大夫检校尚书户部郎中兼侍御史骁骑尉张正台

(二)支度判官检校尚书礼部员外郎兼侍御史上护军赐绯鱼袋崔备

(三)节度掌书记试大理评事兼监察御史史山□①

---

①《八琼室金石补正》卷六八,页470。

亦常见于祭文开头的署衔中，如权德舆《祭外舅相国安平公文》：

> 维贞元三年岁次丁卯，十二月朔，子婿试大理评事摄监
> 察御史权某，谨以清酌庶羞之奠，敬祭于外舅故相右庶子安
> 平公之灵。①

以及李翱的《祭刘巡官文》：

> 维元和七年岁次壬辰九月景辰朔十五日庚午，观察判官
> 摄监察御史李翱等，谨以清酌庶羞之奠，致祭于刘君之灵。②

以上五人都在幕府任判官或掌书记，不可能行使御史职务，所以
他们所带的"兼侍御史"、"兼监察御史"或"摄监察御史"衔，都是
一种所谓的"宪官"或加官，无实职。除宪官外，他们有些甚至还
带有另一个台省官，如第一例的"尚书户部郎中"、第二例的"尚书
礼部员外郎"和第三例中的"大理评事"。这些也是没有实职的
加官。

至于这一类加官前面的"检校"、"兼"、"摄"和"试"等字眼，
其使用颇有规律可寻。郎中和员外郎等郎官，一般冠以"检校"
（不用"兼"或"试"），大理评事和协律郎等则冠以"试"（不用"检
校"或"兼"），御史则冠以"兼"或"摄"（史书上有几个"试某某御
史"或"检校某某御史"的用例，但为数极少，可视为例外）。由此
看来，"检校"、"试"、"兼"和"摄"，都是一种标签。它们的意义约

---

① 《权德舆诗文集》卷五〇，页783。
② 《李文公集》卷一六，四部丛刊本，页73。

略相等,即标示某一种加官,只是不同类型或等级的加官用不同的标签。"兼"并非现代人所理解的"兼任"之意,"摄"也不是"代理"之意。

更令人混乱的是,史料有时为了书写简便,可能会省略"摄"或"兼"字,以致这一类无实职的御史,极易和京城中的真御史相混淆。阅读唐后期史料,更需留意这两者的分别。这类例子太多了,不胜举。这里且举两个,以见其概:

第一例出自《旧唐书·韦皋传》:

> 韦皋字城武,京兆人。大历初,以建陵挽郎调补华州参军,累授使府监察御史。宰相张镒出为凤翔陇右节度使,奏皋为营田判官,得殿中侍御史,权知陇州行营留后事。①

韦皋"累授使府监察御史",即表示他是在使府任职时,得到监察御史这个宪官,非实职。他后来在凤翔陇右节度使府任"营田判官",又"得殿中侍御史"。这个"殿中侍御史"也非实职,因为他当时以"营田判官"的身份"权知陇州行营留后事",不可能行使殿中侍御史的职务。他的"监察御史"和"殿中侍御史"原本应当都带有"兼"或"摄"的标签,只是《旧唐书》在叙述时把它省略了。后世读者不察,很可能会误以为韦皋曾经回到京城御史台任监察御史和殿中侍御史。

第二例见于《旧唐书·张建封传》:

> 建封素与马燧友善,大历十年,燧为河阳三城镇遏使,辟

①《旧唐书》卷一四〇,页3821。

为判官,奏授监察御史,赐绯鱼袋。李灵曜反于梁、宋间,与
田悦掎角,同为叛逆,燧与李忠臣同讨平之,军务多咨于建
封。及燧为河东节度使,复奏建封为判官,特拜侍御史。建
中初,燧荐之于朝,杨炎将用为度支郎中,卢杞恶之,出为岳
州刺史。①

张建封在河阳三城镇遏使府任判官时,他的府主为他"奏授监察
御史",是幕府辟署幕僚并授以宪官的典型做法,唐后期史料中俯
拾皆是。张建封并没有回朝任监察御史。接着,马燧为"河东节
度使,复奏建封为判官,特拜侍御史",也是幕职获授宪官的常见
例子②。他这个"侍御史"亦非实职,原都应当和前文的"监察御
史"一样,带有"兼"或"摄"的标签,但《旧唐书》把它略去了。一
直到建中初,马燧才荐他"于朝"。

　　但也有一些史料(特别是墓志)提到这些宪官时,仍保留
"兼"、"摄"等标签。例如,豆卢诜所撰《岭南节度判官宗公神道
碑》,便说这位宗公"讳羲仲",曾经获"授大理少卿兼监察御史,
仍充节度判官,懋赏也"③。再如颜真卿所撰《京兆尹御史中丞梓
遂杭三州刺史剑南东川节度使杜公神道碑铭》,叙及杜济早年的
仕历时说:"皇甫侁采访江西,奏公为推官,授大理司直摄殿中侍
御史,赐绯鱼袋,寻正除殿中。"④杜济先挂名"摄殿中侍御史",后
来才"正除殿中"。

<hr>

①《旧唐书》卷一四〇,页3829。
②关于幕府僚佐获授这类宪官及台省官的详细讨论,见笔者的《唐代基层文
　官》第五章《巡官、推官和掌书记》中"幕佐的官衔"一节。
③《文苑英华》卷九二七,页4481。
④《颜鲁公文集》卷八,四部丛刊本,页50。

杜确的《岑嘉州集序》,提及盛唐诗人岑参的官历时,也很精确地保存了"兼"字:"天宝三载,进士高第,解褐右内率府兵曹参军,转右威卫录事参军。又迁大理评事兼监察御史,充安西节度判官。入为右补阙,频上封章,指述权佞,改为起居郎,寻出虢州长史,又改太子中允兼殿中侍御史,充关西节度判官。"①据刘开扬的《岑参年谱》,岑参从未在京城御史台担任过监察御史或殿中侍御史②。他这个"兼监察御史"和"兼殿中侍御史"都是他在幕府任判官时所挂的宪官,非实职。

　　在唐史料中,"摄"在某些场合有"代理"之意,特别是用于地方牧守如刺史、节度使、观察使等自行委派州县官的场合。唐代的州县官原本应当由朝廷委任,但唐中叶以后,不少地方的州县官常直接由地方长官自行辟任,就像方镇使府自辟幕佐一样,形成唐后期地方行政的一大"乱象"。凡是此类由地方长官自辟的州县官,都可称为"摄"官③。例如关播,"出为河南府兵曹,摄职数县,皆有政能。陈少游领浙东、淮南,又辟为判官,历检校金部员外,摄滁州刺史"。又如李翱《故检校工部员外郎任君(佶)墓志铭》:"京兆尹崔光远表试左清道率府兵曹参军,敕摄富平县尉知县事。"④再如韩愈《河南府王屋县尉毕君墓志铭》:"徐州节度张建封……闻君笃行能官,请相见,署诸从事,摄符离令四年。"⑤

————————————

① 廖立笺注《岑嘉州诗笺注》(北京:中华书局,2004),页 1—2。
② 此年谱收在刘开扬,《岑参诗集编年笺注》(成都:巴蜀书社,1995),页 1—32。
③ 拙文《论唐代的州县"摄"官》,杜文玉编《唐史论丛》,第 9 辑,页 66—86,专论唐中叶以后的这种州县摄官。
④《李文公集》卷一四,页 65。
⑤《韩昌黎文集校注》卷六,页 379—380。王寿南《唐代文官任用制度之研究》,《唐代政治史论集》,页 27—30,也举了许多此类例子。

这些"摄"字都有"代理"之意。

然而,唐史料中的"摄监察御史"、"摄殿中侍御史"和"摄侍御史"等,却都没有"代理"的意思,仅是一种加官的标签。

同样的,在某些情况下,唐史料中的"兼"有"兼任"之意。例如,《旧唐书·代宗纪》:"以四镇行营节度使马璘兼邠州刺史。癸丑,以山南西道节度使、梁州刺史张献诚兼充剑南东川节度观察使。"①再如《旧唐书·路随传》:"拜检校尚书右仆射、同中书门下平章事,兼润州刺史、镇海军节度、浙江西道观察等使。"②但唐后期史料中很常见的"兼监察御史"、"兼殿中侍御史"和"兼侍御史"等衔,却都没有"兼任"的意思,仅是加官的标签。

《旧唐书·德宗纪》特别提到安史乱后这类"兼官"的起源:"自兵兴已来,方镇重任必兼台省长官,以至外府僚佐,亦带台省衔。"③据此,我们或可把这些"兼监察御史"等官的"兼"字,视为"兼带某某台官"之意,但无实职。

我们以全文检索的方式在两《唐书》和《全唐文》中搜寻,可以发现唐代挂名为摄、兼御史的官员,人数不少,详见表二:

表二　摄、兼御史在唐史料中的出现次数

|  | 两《唐书》 | 《全唐文》 |
|---|---|---|
| 摄监察御史 | 13 | 30 |
| 摄殿中侍御史 | 2 | 7 |
| 摄侍御史 | 0 | 7 |

①《旧唐书》卷一一,页282。
②《旧唐书》卷一五九,页4193。
③《旧唐书》卷一二,页324。

|  | 两《唐书》 | 《全唐文》 |
|---|---|---|
| 摄御史中丞 | 19 | 32 |
| 摄御史大夫 | 23 | 17 |
| 兼监察御史 | 32 | 53 |
| 兼殿中侍御史 | 27 | 42 |
| 兼侍御史 | 62 | 147 |
| 兼御史中丞 | 241 | 252 |
| 兼御史大夫 | 347 | 303 |

材料来源:根据"中研院"《汉籍电子文献》进行全文检索的结果。

从表二看来,唐代的这一类御史,可以是"摄",也可以是"兼",但"兼御史"的人数远远多于"摄御史",尤其是在御史中丞和御史大夫这个高层次。

"摄御史"和"兼御史"有什么区别呢?

在州县"摄"官的场合,"摄"通常表示那些由地方长官自行委任,但还未上奏朝廷的州县官。这就是《通典》所说:

其未奏报者称摄。①

一旦某某州县"摄"官经上奏后,获得朝廷所授予的京官衔,他就不再被称为"摄"官。例如,现藏台北故宫博物院的《朱巨川告身》,其开头部分记录了朱巨川所获授的官衔:

睦州录事参军朱巨川

---

① 《通典》卷三二,页 890。

右可试大理评事兼豪州钟离县令①

我们从其他史料知道,朱巨川出任"豪州钟离县令",并非朝廷委任,而是当时豪州刺史独孤及自行辟任的。此事在上奏朝廷批准之前,朱巨川应当如《通典》所说,带有"摄"的官称,但现在,独孤及上奏朝廷,并且为他奏得"试大理评事"这个京衔后,他的告身上已不再用"摄"的称号了。

笔者认为,"摄御史"和"兼御史"的分别很可能和州县摄官的情况相似。方镇使府所辟的幕佐,如果带有御史台官,则他们在幕府上报朝廷之前,称为"摄某某御史"。上报之后,则称为"兼某某御史"。

上文引用过杜确为岑参诗集所写的序文《岑嘉州集序》,里头称岑参为"兼监察御史",但岑参的诗人朋友杜甫在至德二载(757)所写的《为补遗荐岑参状》中却又有另一说法。此状一开头即说:"宣议郎、试大理评事、摄监察御史、赐绯鱼袋岑参……"②这又如何解释呢?

杜确③和杜甫(712—770)都是唐人,但提到他们同时代人岑参(719—770)的官衔时,一个说是"兼监察御史",一个说是"摄

①详见台北故宫博物院网站上的《朱巨川告身》彩色照片,网址:http://www.npm.gov.tw/exh92/treasure/chinese/selection-main-1.htm.此告身影印件,也收在《故宫法书全集》(台北:台北故宫博物院,1974),第二卷,页23—33,以及《故宫书画菁华特辑》(台北:台北故宫博物院,1996),页24—25。
②《杜诗详注》卷二五,页2196。
③杜确为代宗时人,大历二年(767)进士,贞元十五年(799)任河中尹、河中观察使。关于他的生平,刘开扬在《岑参诗集编年笺注》,页895有一段考证。

监察御史",似乎矛盾。岑参在《优钵罗花歌并序》的序中自叙：
"天宝景申岁（756），参忝大理评事，摄监察御史，领伊西北庭支度
副使。"①这里他自称是"摄监察御史"，似乎当以"摄"为正。但笔
者认为，这或许牵涉到岑参不同时期的官衔，所以"摄"和"兼"都
有可能。在杜甫推荐他时，他还是个未上报的"摄监察御史"，但
杜确为他的集子写序时，岑参恐怕早已是个上报朝廷的"兼监察
御史"了②。

因此，唐代这些在方镇使府挂御史衔的，有时称"摄某某御
史"，有时也可能称"兼某某御史"，其差别可能在于是否曾经奏报
朝廷。《通典》有一段话，颇具启发性：

> 自至德以来，诸道使府参佐，多以省郎及御史为之，谓之
> 外台，则皆检校、里行及内供奉，或兼或摄。诸使官亦然。③

这一类御史是可以"或兼或摄"的。

最后一点，"摄"和"兼"御史的地位，看来都不如真正的御
史。因此，一个在使府挂名为"兼殿中侍御史"的僚佐，他入朝任
真御史时，可能还得从最低层的监察御史做起，似乎降了一级。
这种例子在史料中颇不少，这里且举三个：

第一见于《旧唐书·崔玄暐传》："曾孙郸，开成三年，自商州
防御判官兼殿中侍御史，入为监察御史。"④看来"兼殿中侍御史"

<hr />

① 《岑嘉州诗笺注》卷二，页409。
② 杜确这篇序文没有日期，但序中提到岑参中年以后的一些官衔，写作年代
　 明显晚于杜甫。
③ 《通典》卷二四，页673。
④ 《旧唐书》卷九一，页2935。

的地位,不如朝中真正的监察御史。

第二例是卢简求的官历:

> 简求字子臧,长庆元年登进士第,释褐江西王仲舒从事。
> 又从元稹为浙东、江夏二府掌书记。裴度镇襄阳,保厘洛都,
> 皆辟为宾佐,奏殿中侍御史。入朝,拜监察。①

卢简求登进士第后,一直在方镇幕府做事。裴度镇襄阳时,辟他为宾佐,"奏殿中侍御史"。这个"殿中侍御史"应当是个宪衔,正式官衔前应当有个"兼"字标签,但史书上惯常地把"兼"字省略了。接着,卢简求才"入朝",但却从"监察"御史做起,可知在幕府挂职为"兼殿中侍御史"者,其地位不如京城御史台的监察御史。

第三例是晚唐宰相李德裕的仕历:

> (元和)十一年,张弘靖罢相,镇太原,辟为掌书记。由大理评事得殿中侍御史。十四年府罢,从弘靖入朝,真拜监察御史。②

李德裕在张弘靖幕府所得的"殿中侍御史",也是一种宪官(史书依惯例略去"兼"字),非实职。他后来随张弘靖入朝,才拜为真御史,但得从最基层的监察御史开始。单就官阶来说,监察御史比他原先的"殿中侍御史"低一级。然而李德裕入朝明显是升官,不是降级。

---

①《旧唐书》卷一六三,页 4271—4272。
②《旧唐书》卷一七四,页 4509。参见傅璇琮《李德裕年谱》,页 124—125。

## 五、真御史和使府御史

正因为唐代有不少方镇使府僚佐纷纷挂名为御史,所以唐人还发展出一个新概念——真御史,以便和这些无实职的所谓"使府御史"区分开来。

"真御史"此词散见于唐人文集,特别是在韩愈的文集中。例如,他在《殿中侍御史李君墓志铭》中写李虚中的官历:

> 未几,御史台疏言行能高,不宜用外府,即诏为真御史。半岁,分部东都台,迁殿中侍御史。①

同样的,他在《虞部员外郎张府君墓志铭》也用了此词:

> 明年,故相赵宗儒镇荆南,以(张)孝权为判官,拜监察御史。经二年,拜真御史。②

这位张孝权起初在赵宗儒荆南幕府任判官,"拜监察御史",是一种挂名的宪官,无实职,所以两年后他才"拜真御史"。若不了解唐代御史有"真"和"虚"(即无实职)之分,恐怕难以明白韩愈这些墓志所言的含义。

---

①《韩昌黎文集校注》卷六,页440。关于东都的御史台,见勾利军《唐代东都御史台研究》,《华南师范大学学报》,2006年第2期,页87—92。
②《韩昌黎文集校注》卷六,页452。

杜牧的《唐故处州刺史李君墓志铭并序》,叙写李景业的官历时,也提到唐后期这种很常见的现象:

> 后尚书冯公宿自兵部侍郎节镇东川,以监察里行为观察判官。不一岁,御史府取为真御史,分察盐池左藏吏盗隐官钱千万。①

换句话说,李景业在冯宿的东川幕府任观察判官时,先挂名监察御史里行,属于"虚"职。不到一年,御史台才召他回朝任"真御史"。萧邺的《大唐故吏部尚书赠尚书右仆射渤海高公神道碑》,写这位高元裕的仕历时说:

> 弱冠博学工文,擢进士上第,调补秘书省正字,佐山南西道荆南二镇为掌书记,转试协律郎、大理评事、摄监察御史,入拜真御史。②

高元裕从"摄监察御史,入拜真御史",不但让我们看到这种虚职使府御史,如何得以升为"真御史",同时也可以证明"摄监察御史"中的"摄",并无"代理"之意,仅是加官的标签。

在唐后期各方镇使府挂名为各级御史的,可统称为"使府御史"。此词见于《旧唐书·刘蕡传》。他是晚唐一大才子,可惜在考制策时,得罪宦官,以致一生无法在朝中任官,只能在幕府浮沉,"位终使府御史":

---

①《樊川文集》卷八,页 131。
②《全唐文》卷七六四,页 7941—7942。

> 令狐楚在兴元,牛僧孺镇襄阳,辟为从事,待如师友。位
> 终使府御史。①

晚唐大诗人李商隐很同情这位才子,曾为他写过很感人的《哭刘蕡》、《哭刘司户》等名诗。

此外,史料中还可见到诸如"江西府监察御史"和"范阳府监察御史"的说法。例如,韩愈《唐故相权公墓碑》:"贞元八年以前江西府监察御史征拜(太常)博士,朝士以得人相庆。"②这位"权公"即唐后半期知名宰相权德舆。我们知道,权德舆年轻时从未在京城御史台担任过"真御史"③。他这个"江西府监察御史",是指他在江西观察使李兼的幕府任判官时所获得的一个宪衔。否则,江西府是个方镇,何来御史? 若非如此理解,韩愈这句话便不容易明白。他似乎喜欢这样的写法。他在另一篇著名的墓志《故幽州节度判官赠给事中清河张君墓志铭》中,也有同样的妙笔:

> 张君名彻,字某,以进士累官至范阳府监察御史。长庆
> 元年,今牛宰相为御史中丞,奏君名迹中御史选,诏即以为御
> 史。其府惜不敢留,遣之,而密奏:"幽州将父子继续,不廷选
> 且久,今新收,臣又始至孤怯,须强佐乃济。"发半道,有诏以
> 君还之,仍迁殿中侍御史,加赐朱衣银鱼。至数日,军乱,怨
> 其府从事,尽杀之,而囚其帅;且相约:张御史长者,毋侮辱轹

---

①《旧唐书》卷一九〇下,页 5077。
②《韩昌黎文集校注》卷七,页 471。
③《韩昌黎文集校注》卷七,页 469—474。

麾我事,毋庸杀,置之帅所。①

　　笔者认为,韩愈这段记载很可以用来说明唐代所谓"使府御史"的运作制度,而且还提供了几个生动的细节。若不明白个中奥妙,这一整段话便不容易理解。这里且试为解读。

　　范阳府即范阳节度使府,又称幽州。张彻原先只是在那里挂虚职的监察御史,情况就和上引权德舆的"江西府监察御史"一样。长庆元年(821),京城御史台的长官御史中丞牛僧孺上奏皇帝,认为张彻的名迹适合征选为真御史,所以皇帝便下诏命他为御史(韩文的这个细节,也透露唐代御史是如何选任的)。当时,范阳府刚换了一个效忠朝廷的节度使张弘靖。他对张彻的离去,感到可惜,但不敢挽留他,只好发遣他上京,但张弘靖又向皇帝密奏,说幽州从前一向子承父职,是个叛逆的方镇,很久不听朝命了,现在才刚刚收归朝廷(因为前节度使刘总刚去世),而他自己又刚上任,势单力薄,正需要像张彻那样能干的僚佐辅助才行。所以张彻走到半路,皇帝又下诏命令他回去幽州任职,而且"仍迁殿中侍御史,加赐朱衣银鱼"。

　　我们不禁要问:张彻为什么还没有走到京城,还没有在京师御史台当上真御史,而是半途折返幽州,就"仍迁殿中侍御史"呢?马其昶的《韩昌黎文集校注》和童第德的《韩愈文选》等书,对这点没有做任何解读。其实,说穿了,张彻这个"殿中侍御史"只不过是使府御史罢了,非真御史。说"迁",那是因为他原先已经"累官至范阳府监察御史",所以现在便顺理成章"迁殿中侍御史",而且皇帝为了宠他,还特地给他"加赐朱衣银鱼"章服。

――――――――――

①《韩昌黎文集校注》卷七,页545—546。

我们知道，使府御史也可以有升迁，且自有一套升迁体系，在两《唐书》列传和墓志中屡见不鲜①。例如，《旧唐书·马炫传》："至德中，李光弼镇太原，辟为掌书记、试大理评事、监察御史，历侍御史，常参谋议，光弼甚重之，奏授比部、刑部郎中。"②这是说马炫在太原李光弼幕府任掌书记时，带有"试大理评事"京衔，又从监察御史，升为侍御史，都属使府御史，非真御史。他后来才回到朝中任"比部、刑部郎中"。

再如柳宗元《故连州员外司马凌君权厝志》所记的凌准官历："泚泾之乱，以谋画佐元戎，常有大功，累加大理评事、御史，赐绯鱼袋。换节度判官，转殿中侍御史。府丧罢职。后迁侍御史，为浙东廉使判官。"③这里是说凌准在各幕府任官，其宪衔从最初的"御史"（当为监察御史），"转殿中侍御史"，"后迁侍御史"，但这些全都是使府御史。凌准从来没有当过真御史。

这篇韩文还有一个很值得注意的细节，即张彻从来没有在京城中担任过真御史，仅挂名为使府御史，但范阳幽州的那些叛军们，仍很尊敬地称呼他为"张御史"，可知使府御史虽然没有行使御史的实职，但他的御史官衔仍然还有一些作用，比如可以当作称谓来使用。张彻此例并非孤证。比如，李翱的《故东川节度使卢公传》便说：

> 会郑滑节度使李复表请为判官，得监察御史。薛盈珍为监军使，累侵军政。坦每据理以拒之。盈珍尝言曰："卢侍御

①更多的细节，见笔者《唐代基层文官》第五章"幕佐的官衔"一节。
②《旧唐书》卷一三四，页 3702。
③《柳宗元集》卷一〇，页 264。

所言皆公,我故不违也。"①

卢坦当时在郑滑节度使李复的使府任判官,得监察御史宪衔,非
真御史,但监军薛盈珍却尊称他为"卢侍御"("侍御"是监察御史
和殿中侍御史的另一尊称,唐诗中常见),可知使府御史的官衔亦
非纯粹"虚衔"而有其作用。《资治通鉴》胡三省注"使府御史"时
说:"使府,节度使幕府也。御史,幕僚所带寄禄官,亦谓之宪
官。"②他这里把唐代的"使府御史",比成宋初所谓的"寄禄官",
很有启发性,很有助于我们了解使府御史的真正性质:这种官衔
是唐代幕府僚佐用以计算俸禄和官阶的依据③。

唐后期史料还经常可以见到像"判官监察御史"、"推官殿中
侍御史"、"判官殿中侍御史"等等称谓。这些也都可以说是"使
府御史"的变调。例如,《旧唐书·周智光传》说:"判官监察御史
邵赍、都虞候蒋罗汉并伏诛,余党各以亲疏准法定罪。"④又如吕温
《代李侍郎贺德政表》所云:"臣尝使推官殿中侍御史崔太素奉使
淮南。"⑤再如《旧唐书·李涵传》:"德宗即位,以涵和易,无刲割
之才,除太子少傅,充山陵副使。涵判官殿中侍御史吕渭上言:
'涵父名少康,今官名犯讳,恐乖礼典。'"⑥这些都指在使府中挂

———————

① 《李文公集》卷一二,页 55。
② 《资治通鉴》卷二四三,页 7858。
③ 关于宋初的寄禄官制,见梅原郁《宋初的寄禄官及其周围》,原载《东方学
　报》(京都),第 48 册(1975),中译本见《日本学者研究中国史论著选译》,
　第五册(北京:中华书局,1993),页 392—450。
④ 《旧唐书》卷一一四,页 3370。
⑤ 《吕和叔文集》卷四,四部丛刊本,页 24。
⑥ 《旧唐书》卷一二六,页 3562。

虚职的御史,非"真御史"。

## 六、外台御史和监院御史

除了上节讨论的"使府御史"外,唐代还有一个相关的称号叫"外台御史"。这最早见于《通典》:

> 自至德以来,诸道使府参佐,多以省郎及御史为之,谓之外台,则皆检校、里行及内供奉,或兼或摄。诸使官亦然。①

①《通典》卷二四,页 673。《通典》这段话初看似乎有点混乱,容易引人误会。但笔者认为,它基本上是正确的。唐至德以来,各方镇使府的幕佐,的确"多以省郎及御史为之",也就是多带有检校郎官衔和兼或摄御史衔。下一句"谓之外台",《通典》的意思似乎是指外台省郎和外台御史。但唐代的史料只有"外台御史"的用例,未见有"外台省郎"的说法。所以,有些现代学者可能认为,"多以省郎及御史为之"一句中的"省郎及"三字为衍文。笔者下引《新唐书》一段文字,显然便是这样理解,所以它删去了"省郎",只说"诸道使府参佐,皆以御史为之,谓之外台"。但这样又产生了两个新问题:第一,我们知道,"诸道使府参佐"不但有"御史",而且还有"省郎"。怎能单单说成"诸道使府参佐,皆以御史为之"呢? 第二,外台御史照例不会有"检校"衔,如此则《新唐书》下一句的"检校"两字似乎又成了"衍文"。笔者认为,既然使府中的御史可称为"外台",则使府中的省郎,为何又不可称"外台"呢? 他们的性质相同,两者都非实职,都是"外台"。且唐人所谓"外台",不但仅用于"外台御史"一词,还可常指"州郡"或"京外",和整个"京城"或"朝中"相对(例证详见后文)。此外,我们也可以把《通典》的"谓之外台",看成是仅指"御史",不指"省郎"。要之,《通典》这段话基本无误,虽然看似有点混乱,因为它要同时叙写省郎和御史两种官,行文略显顾此失彼而已。感谢兰州大学冯培红兄提醒我这两段文字中的"衍文"问题,故解说如上。

此应即《新唐书·百官志》所本,但文字略有不同,可参看:

> 至德后,诸道使府参佐,皆以御史为之,谓之外台;复有检校、里行、内供奉,或兼或摄,诸使下官亦如之。①

据此,《通典》和《新唐书》所说的"外台御史",和上节所论的"使府御史",如果不是完全相同,也是非常相似:他们都没有行使御史的实权和职务,只是挂名里行、内供奉及或兼或摄等官衔而已。

但唐代还有一种有权行使御史职务的外台御史叫"监院御史",常为人忽略。《册府元龟》载:

> (开成)四年(839)四月,御史中丞高元裕奏:"伏以天下三司监院官带御史者,从前谓之外台,得以察访所在风俗,按举不法。元和四年(809),御史中丞李夷简亦曾奏,知监院官多是台中寮属,伏请委以各访察本道使司及州县有违格敕不公等事,罕能遵行。岁月既久,事须振起。伏请自今以后,三司知监院官带御史者,并属台司,凡有纪纲公事,得以指使。"从之。②

唐代的三司有三个含义:一是指审理罪案的三司,即《新唐书·刑法志》所说:"当时大狱,以尚书刑部、御史台、大理寺杂按,谓之'三司'。"③三司的第二个含义出现在唐后半叶,指主管税收和盐

---

① 《新唐书》卷四八,页1237。
② 王钦若等编、周勋初等校订《册府元龟(校订本)》(南京:凤凰出版社,2006)卷五一六,页5861。
③ 《新唐书》卷五六,页1414。

务等事的"三司",即史书上很常见的度支、盐铁和户部"三司"。此外,正如宋代赵彦卫《云麓漫钞》所说,"皇太子监国,则詹事、左右庶子,亦号三司使"①。高元裕所说的"三司监院官",指的便是度支、盐铁和户部"三司"在江淮等地盐场所设的"监院"官员。

此事在《新唐书·高元裕传》中有进一步的叙述:

> 故事,三司监院官带御史者,号"外台",得察风俗,举不法。元和中,李夷简因请按察本道州县。后益不职。元裕请监院御史隶本台,得专督察。诏可。②

据以上两条材料,这"三司监院官"外台御史,"多是台中寮属",明显和上文所论"使府御史"不同。依故事,他们可以执行御史职务,"察风俗,举不法"。但在元和中,他们的督察职务"罕能遵行"。所以到了开成四年,高元裕担任御史中丞时便上奏,目的正是要把这些"三司知监院官带御史者,并属台司,凡有纪纲公事,得以指使",也就是《新唐书》所说"请监院御史隶本台,得专督察",而皇帝也"诏可"。

实际上,在高元裕上奏之前两年,朝廷就特别下敕,盐铁、户部、度支三(司)使下的监院官,"皆郎官、御史为之"。据《旧唐书·文宗纪》:

> (开成二年冬十月)甲寅,敕盐铁、户部、度支三使下监院

---

①《云麓漫钞》卷七,页120。
②《新唐书》卷一七七,页5286。

官,皆郎官、御史为之。①

依此看来,这些"监院官"是由当时已任郎官(指郎中和员外郎,都属清贵官)和真御史者来出任,并非一般挂御史虚职的使府御史,所以高元裕才能奏请"监院御史隶本台,得专督察"。

大和四年(830),御史中丞魏谟上奏,更提到这些有实权的"监院御史"和挂虚职的"外台御史"的分别:

> 八月,刑部侍郎、御史中丞魏谟奏:"诸道州府百姓诣台诉事,多差御史推劾,臣恐烦劳州县,先请差度支、户部、盐铁院官带宪衔者推劾。又各得三司使申称,院官人数不多,例专掌院务,课绩不办。今诸道观察使幕中判官,少不下五六人,请于其中带宪衔者委令推劾。如累推有劳,能雪冤滞,御史台阙官,便令奏用。"从之。②

可知度支、户部、盐铁院官带宪衔者有权"推劾",但他们的"人数不多,例专掌院务",无法执行额外的"推劾"任务,但"诸道观察使幕中判官,少不下五六人",所以魏谟奏请"于其中带宪衔者委令推劾"。如果这些使府御史判官"累推有劳,能雪冤滞",将来

---

① 《旧唐书》卷一七下,页571。
② 《旧唐书》卷一八下《宣宗纪》,页627。此奏也收在《唐会要》卷六二,页1275。按观察使府的判官,一般只有一二人,不会如魏谟此奏中所说的"少不下五六人"。因此,他所谓的"观察使幕中判官",其"判官"当为广义的判官,即泛指所有"僚佐"。关于广义和狭义判官的区别,见严耕望《唐代方镇使府僚佐考》,《严耕望史学论文集》,页414—415。更详细的讨论见本书第六章《判官》。

"御史台阙官,便令奏用",当作一种奖励。

从魏谟此奏看来,诸道观察使幕中判官"带宪衔者",其实原本并没有"推劾"的权力,但为了应付"诸道州府百姓诣台诉事",所以他才要奏请他们来帮忙"推劾"。换言之,幕府判官中"带宪衔者"审案并非常例,因此要由魏谟这个御史中丞长官来奏请皇帝批准。

综上所考,所谓"外台御史"分两种:一种是度支、户部、盐铁三司监院官带宪衔者,有"推劾"实权,也称"监院御史"。另一种是观察使幕中判官带宪衔者,没有"推劾"实权,和"使府御史"相同或相似。

最后,我们不妨考察"外台"的意义。所谓"外台",并非单单和京城的御史台相对。唐人的"外台"用法,常有"州郡"或"京外"的含义,和整个"京城"或"朝中"相对。例如,玄宗时的一道诏书说:"顷秋夏之闲,水潦方降,闾阎损坏,稼穑漂沦,尝恐一物之违,况乃数州之弊。故发中使,巡于外台。"①杨炯《杜袁州墓志铭》:"起家左翊卫,选授贝州府仓参军事。出自中禁,在于外台。"②崔融《为朝集使于思言等请封中岳表》:"臣等忝职外台,受委方玉,宣太平之风化,听古老之讴谣。"③窦参任山南道节度副使时,写了一篇《重游惠山寺记》:"元和二年五月三日,重游此寺。独览旧题,二十年矣。当时三人,皆登谏列。朱遏景方诣行车。王晦伯寻卒郎署。余自西掖累迁外台,复此踌躇,吁嗟存殁。"④这些例证中的"外台",都指州郡或京外官,和整个京城与朝中相对。

---

① 《册府元龟(校订本)》卷一六二,页 1800。此诏志期开元十四年九月。
② 徐明霞点校《杨炯集》(北京:中华书局,1980) 卷九,页 141。
③ 《文苑英华》卷六〇〇,页 3117。
④ 《全唐文》卷六一二,页 6185。

"外台御史"的"外台"应当也作如是观,泛指那些在京城以外的州郡执行任务的御史。


# 七、内供奉和里行

唐代官职当中,有所谓"员外官"者,即法定正官名额以外的增置。例如,中宗神龙年间大置员外官两千多人,是唐史上有名的一件事。《旧唐书·中宗纪》神龙二年三月条下:"是月,大置员外官,自京诸司及诸州佐凡二千余人,超授阍官七品已上及员外者千余人。"①唐后期宰相元载,权倾当时,他的父亲便曾经担任过员外官:"元载,凤翔岐山人也,家本寒微。父景升,任员外官,不理产业,常居岐州。"②

员外官又称为"员外置"。京官的员外置常作为酬官奖励之用,如《旧唐书·隐逸传》中有一位王友贞,罢归田里,高洁不仕。中宗特地下诏任他为"太子中舍人员外置",无实职,可"在家修道",但有"全禄":

> 朕方崇奖廉退,惩抑浇浮,虽思廊庙之贤,岂违山林之愿,宜加优秩,仍遂雅怀。可太子中舍人员外置,给全禄以毕其身,任其在家修道。仍令所在州县存问,四时送禄至其住所。③

---

① 《旧唐书》卷七,页142。
② 《旧唐书》卷一一八,页3409。
③ 《旧唐书》卷一九二,页5119。

再如《旧唐书·回纥传》所载，"以回纥王子新除左羽林军大将军员外置骨啜特勤为银青光禄大夫、鸿胪卿员外置"①，也属这种酬官案例。唐代著名道士叶法善，亦曾任"鸿胪卿员外置"："故道士鸿胪卿员外置越国公叶法善，天真精密，妙理玄畅。"②《新唐书》说他"先天中，拜鸿胪卿员外置，封越国公，舍景龙观，追赠其父歙州刺史，宠映当世"③，可知鸿胪卿等京官员外置常用作酬官。

与此相反，州县外官的员外置则多作贬官之用。如来瑱，"帝积怒，遂下诏削除官爵，贬播川尉，员外置。及鄂，赐死，籍其家"④。又如杨护任殿中侍御史，职居左巡时，因处事不当，"上以为蔽匿，贬连州桂阳县丞员外置"⑤。

除此之外，唐代还有"员外置同正员"（简称"同正"）的官职，如唐后期财臣杨炎被贬为"崖州司马同正"⑥，京兆尹杨虞卿在大和九年被贬为"虔州司马同正"⑦，宰相李德裕被贬为"潮州司马员外置同正员"⑧，都是显例。"员外"和"同正"的主要分别在于职田和俸禄。《通典》对员外和正员的起源以及两者的分别，有一段清楚的解说：

员外官，其初但云员外。至永徽六年，以蒋孝璋为尚药奉御，员外特置，仍同正员。自是员外官复有同正员者，其加

①《旧唐书》卷一九五，页5201。
②《旧唐书》卷一九一，页5108。
③《新唐书》卷二〇四，页5805。
④《新唐书》卷一四四，页4701。
⑤《旧唐书》卷一一八，页3415。
⑥《旧唐书》卷一一八，页3425；《新唐书》卷一四五，页4726。
⑦《旧唐书》卷一七下，页559。
⑧《旧唐书》卷一八，页618。

同正员者,唯不给职田耳,其禄俸赐与正官同。单言员外者,
则俸禄减正官之半。①

据此,员外的俸禄为正员的一半,同正的俸禄和正员一样,但没有
职田。同正明显又比员外优胜一等。

　　顺此应当一提,唐代尚书省二十六司中有一系列的员外郎职
位,如职方员外郎、司勋员外郎等等(史料中有时会把这些员外郎
省略为"员外",如职方员外、司勋员外等)。这些员外郎在隋代原
本也是一种员外官,是隋代侍郎的员外官,但到了唐代,它早已成
为固定的官职,变成郎中的副官,和郎中并称为"郎官",为唐人任
官的美职,失去了原本具有的"员外"含义②。"员外郎"和"员外
官"仅一字之差,极容易混淆,应当小心分辨。

　　以上不厌其详地细考了唐代的"员外"制度,并非"离题",而
是为了更清楚、更周全地解说唐代御史台的三种员外官:侍御史
内供奉、殿中侍御史内供奉以及监察御史里行③。他们都是正规
官员定额以外的员外置,但比较特别的是,他们不称"员外",而是
都带有特定的"后缀词":"内供奉"或"里行"。

　　关于"内供奉"此词的含义,元代大学者胡三省在注《资治通
鉴》时似乎已不甚明了,只含糊说是"宦官谓之内供奉;又有朝士

------

①《通典》卷一九,页472。
②关于这些"郎官",见本书第三章《郎中和员外郎》第一节"郎官的起源和员
　额"。
③唐史学界过去对这种"内供奉"和"里行"官几乎一无研究。笔者在本章写
　完之后,始见到张东光《唐代的内供奉官》,《社会科学辑刊》,2005年第1
　期,页105—111;以及张东光《唐代御史台的里行官》,《辽宁大学学报》,
　2005年第2期,页86—90,亦可参看。

供奉禁中者"①。近人赵冬梅的《唐五代供奉官考》已力证其非，谓胡注"望文生义，有失深察"②。按唐代宦官可以称为"供奉"或"宣徽院供奉"，但的确找不到有称宦官为"内供奉"的案例③。

尤有甚者，近人校点两《唐书》等古籍，似乎也不明"内供奉"的意义，往往把"内供奉"这种"后缀词"和它所属的官职以顿号分开标断，似乎以为"内供奉"是一个完整的官名。例如，陈允吉点校《樊川文集》中杜牧《自撰墓志铭》，便是这样断句的：

> 以弟病去官，授宣州团练判官、殿中侍御史、内供奉，迁左补阙、史馆修撰，转膳部、比部员外郎，皆兼史职。④

这种标点法让读者以为，"内供奉"是一个独立的官职，和前面的"殿中侍御史"无关。实际上，"内供奉"应当和"殿中侍御史"连读才有意义，因为"殿中侍御史内供奉"正是殿中侍御史的一种员外官。

这种标点法在中华书局点校本《旧唐书》中屡见不鲜，如《李泌传》："至贞元五年，以前东都防御判官、殿中侍御史、内供奉韦绶为左补阙。"⑤又《张弘靖传》："东都留守杜亚辟为从事，奏改监

---

①《资治通鉴》卷二一五，页 6868。
②赵冬梅《唐五代供奉官考》，《中国史研究》，2001 年第 1 期，页 62。
③按"内供奉"和"供奉官"又是两回事。"供奉官"主要是指中书、门下两省官，有时也指御史台官，唐后期更可以指宦官（如"宣徽院供奉官"）。本章不拟涉及供奉官的复杂问题，详见赵冬梅，《唐五代供奉官考》。
④《樊川文集》卷一〇，页 160—161。
⑤《旧唐书》卷一三〇，页 3622。

察御史里行,转殿中侍御史、内供奉。"①

不过,中华书局点校本《新唐书》倒无这方面的问题,标点一般都正确,如《杜牧传》:"复为宣州团练判官,拜殿中侍御史内供奉。"②又如《姚南仲传》:"浙西观察使韩滉表为推官,擢殿中侍御史内供奉。"③但《新唐书》偶尔也有断句失误的时候,如《宰相世系表二下》:"申,侍御史、内供奉。"④又如《王琚传》:"翌日,授詹事府司直、内供奉,兼崇文学士。"⑤这些标点失误应当都是因为不了解"内供奉"的含义才造成的。

作为一个"后缀词","内供奉"的使用范围颇广,不仅仅限于侍御史和殿中侍御史而已。据笔者检索所得,此词可以跟好几种京官连用,包括拾遗、补阙、中书舍人、詹事府司直、通事舍人、给事中和谏议大夫等等。例如,唐初著名史官吴兢,即曾经"拜右拾遗内供奉"⑥。唐后期的韦渠牟,曾"擢右补阙内供奉"⑦。玄宗时的齐澣,"开元中为驾部员外郎、集贤院直学士,迁中书舍人内供奉、河南尹"⑧。高宗时崔行功,"累转吏部郎中,以善占奏,常兼通事舍人内供奉"⑨。玄宗朝王琚,"授詹事府司直内供奉兼崇文

①《旧唐书》卷一二九,页3610。

②《新唐书》卷一六六,页5093。看来中华书局点校本新旧《唐书》是由两批不同学者标点的。

③《新唐书》卷一六二,页4990。

④《新唐书》卷七二下,页2760。

⑤《新唐书》卷一二一,页4333。"詹事府司直内供奉"和"侍御史内供奉"一样,也是一种员外置官。

⑥《旧唐书》卷一〇二,页3182。

⑦《旧唐书》卷一三五,页3782;《新唐书》卷一六七,页5110。

⑧《新唐书》卷一九九,页5663。

⑨《新唐书》卷二〇一,页5734。

学士。……逾月，又拜太子舍人，寻又兼谏议大夫内供奉”①。玄宗朝齐澣，曾任“朝议郎守给事中内供奉”②。这些都是“内供奉”等级的官员，也就是员外官。

我们或许可以借用动植物的分类法，把“内供奉”视为是某某官的一种“亚类”，正如“监察御史里行”是“监察御史”的一个“亚类”。从这个观点看，“亚类”表示略低一等，地位不如它的“主类”。例如，初唐诗人和宰相张九龄年轻时便曾担任过左拾遗内供奉③。他后来“迁中书舍人内供奉，封曲江男，进中书舍人”④，便说明了“中书舍人内供奉”的地位，不如正员的“中书舍人”。但据《唐六典》，拾遗和补阙内供奉，其“资望”和“俸禄”等，又和“正官同”⑤。由此看来，内供奉亦有多种形态，不可一概而论。有些与“正官同”，有些又在正官之下。

《通典》中有好几条记载，不但可证侍御史内供奉和殿中侍御史内供奉，其地位和待遇都在侍御史和殿中侍御史之下，更可让我们明白这几类官员之间的区别。《通典》卷二四“御史台”条下载：

---

①《旧唐书》卷一〇六，页 3250。

②《文苑英华》卷三八二，页 1947。

③《旧唐书》卷四五，页 1176。张九龄《上封事书》，《曲江集》，页 586，有“五月二十日宣义郎左拾遗内供奉臣张九龄谨再拜”等语，清楚显示他这时的官衔是“左拾遗内供奉”。杨承祖《张九龄年谱》，页 20，虽然也引此文，但却说张九龄在这一年任“左拾遗”，似乎以为“左拾遗内供奉”和“左拾遗”是相同的一种官。

④《新唐书》卷一二六，页 4427。

⑤《唐六典》卷九，页 247。又见本书第二章《拾遗和补阙》中“拾遗补阙内供奉”一节的讨论。

内供奉、里行者各如正员之半。太宗朝,始有里行之名。高宗时,方置内供奉及里行官,皆非正官也。开元初,又置御史里使及侍御史里使、殿中里使、监察里使等官,并无定员,义与里行同。穆思泰、元光谦、吕太一、翟章并为里使,寻省。①

唐代御史台的员额,侍御史有四人,殿中侍御史有六人,监察御史有十人②。《通典》说"内供奉、里行者各如正员之半",意即侍御史内供奉有两人,殿中侍御史内供奉有三人,监察御史里行(监察御史没有带"内供奉"的称号)有五人。这跟《通典》其他地方的记载相符③。《通典》这里把"内供奉、里行"和"正员"对举,可知"内供奉、里行"非"正员",亦即下文所说"非正官也"。所以我们可以把内供奉和里行视为一种员外置官,一种"亚类"。至于"御史里使及侍御史里使、殿中里使、监察里使"等名目,则仅见于《通典》此处,可能因为这些都是开元初置,"寻省",所以在史料中没有留下更多记载。

《通典》卷二四"侍御史"条下又载:

(侍御史)内供奉二员。侍御史内供奉与殿中御史内供

①《通典》卷二四,页661。
②《唐六典》卷一三,页379—381;《旧唐书》卷四四,页1862—1863。
③《通典》卷二四,页672—674。《唐六典》《通典》和《旧唐书》三书记御史人数都相同,只有《新唐书》有些不同。其卷四八《百官志》,页1237—1239说"侍御史六人"、"殿中侍御史九人"、"监察御史十五人",显然是把内供奉和里行的人数算在内。页1239有"内供奉三人"等语,可证《新唐书》的确是如此计算御史人数的。

奉、监察御史里行,其制并同,皆无职田、庶仆。台例:占阙者得职田、庶仆;无阙可占,则岁两时请地子于太仓,每月受俸及庶仆于太府。①

这里清楚说明了内供奉和里行"其制并同,皆无职田、庶仆"。换言之,内供奉和里行所享有的工作酬劳和待遇,都不如正员。

《通典》卷二四"监察侍御史"条下又载:

凡诸内供奉及里行,其员数各居正官之半,唯俸禄有差,职事与正同。②

这里说"内供奉及里行,其员数各居正官之半",呼应了上引"内供奉、里行者各如正员之半",亦可证"正官"和"正员"之意义相同,可交换使用。然而,这里说"唯俸禄有差,职事与正同",则进一步补充说明了内供奉和里行的"俸禄"和正员有差别,但他们的"职事"却和"正(员)同"。

综上所考,内供奉和里行其实都在执行和正员一样的"职事",但他们的"俸禄"有差,且无职田和庶仆。唐代文学研究者当中,有人把监察御史里行(如柳宗元的"监察御史里行"),说成是"见习的意思"③,或谓之"御史见习官"④。这种说法不但毫无文

---

①《通典》卷二四,页 672。
②《通典》卷二四,页 676。
③孙昌武《柳宗元传论》(北京:人民文学出版社,1979),页 119。刘光裕、杨慧文《柳宗元新传》(上海:上海人民出版社,1989),页 36,沿袭孙说。
④吴赓舜、董乃斌主编《唐代文学史》(北京:人民文学出版社,1995),下册,页 168。此章论柳宗元,由许可执笔。

献上的根据,且和上引《通典》的种种记载相背,恐怕只是望文生义而已。

深一层考掘,我们可以在墓志材料和两《唐书》列传中,找到不少案例,足以证明内供奉和里行的官职,其排位在正员之下。例如,权德舆《唐故剑南东川节度副大使……卢公神道碑铭并序》所记卢坦的官历:

> 公始为同州韩城、宣州宣城、巩县、河南四县尉,监察御史里行、殿中侍御史内供奉,真为殿中侍御史、户部员外郎。①

卢坦从"殿中侍御史内供奉,真为殿中侍御史",可知内供奉的官位在正员之下。再如李畲早年的官历:

> 初历汜水主簿……黜陟使路敬潜荐其清白,擢右台监察御史里行。台废,授监察御史,累转国子司业。②

李畲从监察御史里行"授监察御史",亦可证里行排位在正员之下。再如杜牧《自撰墓志铭》:

> 转监察御史里行、御史(此两字疑衍)、淮南节度掌书记。

---

① 《权德舆诗文集》卷一三,页219。郭广伟校点此段引文时,把"内供奉"和之前的"殿中侍御史"以顿号分开,不确,似不理解"内供奉"的含义。这里把此顿号删去。《全唐文》卷六四〇,页6462所印的李翱《故东川节度使卢公传》,把卢坦的某些御史官衔简化,省略了"里行"和"内供奉"等后缀词。
② 《新唐书》卷一九七,页5620。

拜真监察,分司东都,以弟病去官。①

杜牧以较低层的监察御史里行,在淮南节度使府任掌书记。他后来入朝,即升为地位较高的监察御史,分司东都。

解琬《御史台记》中有一段小考证,引侍御史贾言忠的著作,以生动的比喻为唐代的几种御史做了解读:

> 唐贾言忠撰《监察本草》云:服之心忧,多惊悸,生白发。时义云:里行及试员外者,为合口椒,最有毒。监察为开口椒,毒微歇。殿中为萝卜,亦曰生姜,虽辛辣而不为患。侍御史为脆梨,渐入佳味。迁员外郎为甘子,可久服。或谓合口椒少毒而脆梨毒者,此由触之则发,亦无常性。唯拜员外郎,号为摘去毒,欢怅相半,喜迁之,惜其权也。②

这是一段难得的记载。贾言忠撰《监察本草》,把唐代出任这几种御史比拟成服用的"本草",又以本草的不同"毒"性或"甜"度去暗喻这几种官的轻重难易。在这种比喻下,"里行及试员外者,为合口椒","最有毒",可知最不易为。监察御史是"开口椒","毒微歇",看来比监察御史里行又好当得多。殿中侍御史为"萝卜,

--------

① 《樊川文集》卷一〇,页160。
② 《太平广记》卷二五五,页1983—1984。解琬的《御史台记》和他所引用的贾言忠《监察本草》,今都已失传,仅见于《太平广记》所引。关于解琬和他的《御史台记》,见池田温《论韩琬〈御史台记〉》,《唐研究论文集》,页336—364。贾言忠于乾封三年(668)高宗征辽时,曾任侍御史,"充支度辽东军粮使",见《唐会要》卷九五,页2024,可证他熟悉御史台的掌故。他后来迁"吏部员外郎",见《旧唐书》卷一九〇上《杜易简传》,页4999。

亦曰生姜,虽辛辣而不为患",表示更上一层楼。侍御史为"脆梨,渐入佳味",应当即三院御史中最堪称美职者。这是从毒到甜的做官历程。这几个比喻都非常生动有趣,可看出唐人对这几种御史的看法。

《唐语林》卷八有一条相关材料,亦提到监察御史里行为"合口椒",监察为"开口椒"等比喻:

> 高宗朝,王本立、余衍始为御史里行,则天更置内供奉及员外试御史,有台使、里使,皆未正名也。其里行员外试者,俗名为"合口椒",言最有毒;监察为"开口椒",言稍毒散;殿中为"萝卜",亦谓"生姜",言虽辛辣而不能为患;侍御史谓之"掐毒",言如蜂虿去其芒刺也。御史多以清苦介直获进,居常敝服羸马,至于殿庭。①

这段文字极可能源自上引贾言忠的《监察本草》,不过曾遭割裂和改写,以致晦涩难懂,原颇不易解,但如果参照贾言忠原文,文意当很清楚。

在唐史料中,方镇文职僚佐不少除了挂各种正员御史衔之外,也经常挂侍御史内供奉、殿中侍御史内供奉以及监察御史里行等员外衔②。但在使府任殿中侍御史内供奉者,其地位可能还不如在京城御史台任正员监察御史者,因为他入朝反而须从最基层的监察御史做起,如崔元翰《右补阙翰林学士梁君墓志》,叙古文家梁肃的官历时说:

---

① 《唐语林校证》卷八,页692—693。
② 这类例子太多,在戴伟华《唐方镇文职僚佐考》中随处可见。

其后淮南节度使吏部尚书京兆杜公表为殿中侍御史内供奉,管书记之任,非其所好。贞元五年以监察御史征还台,非其所好。①

这是使府殿中侍御史内供奉迁为京城监察御史的一个好例子,可知两者之地位,有轻重之别。

内供奉及里行御史和正规御史地位的不同,也反映在朝会的班位安排上,正如《唐会要》所载:

> (贞元)二十年十月,御史中丞武元衡奏:"准贞元二年班序敕,使下三院御史,有本官是常参官兼者,即入本官班。如内供奉、里行,即入御史班。缘使下御史,近例并不在内供奉班内。请自今以后,诸使下御史内供奉者,入合日,并依宣政殿前班位,次员外郎之后,在正台监察御史之上,使为常式。"从之。②

最后,顺此一提,那些侍奉皇上的法师和道士,亦可能获赐"内供奉"的官衔。例如,裴休撰《唐故左街僧录内供奉三教谈论引驾大德安国寺上座赐紫方袍大达法师元秘塔碑铭并序》,内文提到"德宗皇帝闻其名征之,一见大悦。常出入禁中,与儒道议论。赐紫方袍,岁时锡施,异于他等"③。据此可以想见大达法师所受的礼遇。他的内供奉官衔可能便在这种"岁时锡施"下授予。

---

① 《文苑英华》卷九四四,页 4967。
② 《唐会要》卷二五,页 565—566。
③ 《全唐文》卷七四三,页 7694。此塔碑铭由书法家柳公权所书,今有多种拓本的影印本传世。

道士的例子见于韦绦《青城山投龙璧记》所载："令检校内供奉精勤道士东明观主王仙卿,就此青城丈人灵山,修斋口醮,并奉龙璧。"①

## 八、幕府军将武职挂御史衔

两《唐书》中关于唐代军将的材料不多。即使有,也只涉及高层将领,如李勣、郭子仪和李光弼等人,很少提到中、低层军将。但石刻墓志中却有大量军将(特别是低层军官)的史料。从职官研究的角度看,这些唐代墓志最珍贵的一点是保存了这些武官们的整套官衔,包括他们的散官、职事官、勋官和其他种种加衔,让我们看到唐代官制的实际运作细节,也让我们更能具体了解到实际的情况,往往要比《唐六典》和《通典》等政书上的平板描写复杂得多。

比如,元和四年(809)在成都府(今四川成都)所立的《诸葛武侯祠堂碑》,便是个很好的案例。这个祠堂碑是由当时驻在当地的剑南西川节度使府一大批文武幕僚联合设立,很有纪念意义和历史价值,至今仍然存在②。碑的正面所刻的碑文,由当时节度使府的掌书记裴度撰写,叙说了武侯祠堂的历史和立碑的缘起。碑阴上则刻了节度使府中许多幕僚的名字和结衔,或许这意味着

①《全唐文》所附《唐文续拾》卷三,页11204。
②这方石碑今天仍然保存在四川成都的武侯祠。笔者在1990年夏曾去参观过,基本完好,并建有碑亭保护。碑由裴度撰文(他当时任掌书记,后来官至宰相),书法家柳公绰书碑,名匠鲁建刻字,因此在今天被旅游业者美称为"三绝碑"。网上有许多最新资料和照片。

他们当年曾经联合出资建立此碑。领衔者是节度使武元衡,其次是监军使、行军司马、营田副使,以及一批文职僚佐如判官、掌书记、支使、推官和巡官等。最后才是一批武官。这当中,和本章最有关联的是,这批武官许多竟带有御史衔,且列举如下(少数几个无御史衔者从略):

(一)左厢都押衙兼右随身兵马使奉天定难功臣检校国子祭酒兼御史大夫李文悦

(二)右厢都押衙兼左随身兵马使检校大理少卿兼侍御史赐紫金鱼袋浑巨

(三)押衙兼左衙营兵马使银青光禄大夫检校太子宾客兼侍御史罗士朋

(四)押衙银青光禄大夫检校太子宾客兼监察御史上柱国史绹

(五)左厢兵马使开府仪同三司使持节邛州诸军事行刺史兼御史大夫充镇南军使郇国公韦良金

(六)蕃落营兵马使朝请大夫使持节都督隽州诸军事守刺史兼御史大夫充本州经略使清溪关南都知兵马使临淮郡王陈孝阳

(七)中军兵马使兼西山中北路兵马使特进使持节都督茂州诸军事行刺史兼侍御史上柱国陇西郡开国公李广诚

(八)左厢马步都虞候儒林郎试太仆寺丞摄监察御史云骑尉韦端

(九)右厢马步都虞候银青光禄大夫检校少府少监兼殿中侍御史上柱国李锽

（十）征马使银青光禄大夫试太子詹事兼侍御史上柱国
赐紫金鱼袋赵东义①

以上押衙、兵马使、马步都虞候和征马使等都属军将,其地位和职
掌,严耕望等人已有专文研究②,此不赘述。值得注意的是,这些
军将的整套官衔,显示唐代官制的实际运作,远比《唐六典》和《通
典》等政书上的明文规定复杂许多。其中有两点最值得关注:

　　第一,这些武官不但没有一人带武散官,他们许多反而都带
有文散官阶,如最高一阶从一品的"开府仪同三司"(第五例)、从
三品的"银青光禄大夫"(第三、四、九、十例)、从五品上的"朝请
大夫"(第六例)和正九品上的"儒林郎"(第八例)。为什么武官
竟都带文散官阶,反而不带武散官? 这是《唐六典》、《通典》和两
《唐书》职官志等书从来没有解说的,也是历来研究唐代散官制度
者从未曾论及的课题③。

　　第二,这些武官所带的加衔,常常不止一个,往往可以有两
个,如第二例中"检校大理少卿兼侍御史"、第四例的"检校太子宾
客兼监察御史"和第十例的"试太子詹事兼侍御史"。大理少卿、

①《八琼室金石补正》卷六八,页470。
②严耕望《唐代方镇使府僚佐考》,《严耕望史学论文集》,页432—452。又见
　张国刚《唐代藩镇军将职级考略》,《唐代政治制度研究论集》,页157—
　174。王永兴《关于唐代后期方镇官制新史料考释》,《陈门问学丛稿》,页
　394—411,主要以《房山石经题记汇编》中所收的幽州卢龙地区武官官名,
　考唐代方镇的武职制度。
③这个课题涉及面太广,本书不拟讨论。笔者希望将来能另撰一本《唐朝官
　制》详论此点。关于唐代文散官的研究,最详细的论著是黄清连《唐代散
　官试论》,《"中研院"历史语言研究所集刊》,第58本第1分(1987)。另见
　黄正建《唐代散官初论》,《中华文史论丛》,1989年第2期。

太子宾客和太子詹事,原本都是京城朝中正式的职事官,但在唐后期往往也成了方镇文武僚佐所兼带的所谓"朝衔",只是没有实权和实职。这类朝衔,较高层的如大理少卿、郎中和员外郎,一般都冠以"检校"①,以示和真正的京官有所区别。至于太子詹事、协律郎、校书郎等较低层的官职,一般冠以"试"字(此"试"字并非"试用"之意)。监察御史、殿中侍御史和侍御史,一般则冠以"兼"或"摄"。这些武官所带的御史衔,也可以再次证实上文所论:兼、摄御史并无"兼任"或"代理"之意,仅是一种加官的"标签",同时武官实际上也不可能行使真正的御史职务。

深一层考掘,我们可以发现,近年出土的一些唐代武官墓志,常透露这些武人是怎样得到这些御史加衔的。此类例证不少,不胜举,这里且举三个:

第一个见于《故幽州卢龙节度都押衙银青光禄大夫检校太子宾客使持节檀州诸军事檀州刺史兼殿中侍御史充威武军团练等使汝南周府君墓志铭》。墓主周元长(774—837)在长庆年间(821—824)就在幽州卢龙节度使府出任押衙,得过"兼监察御史"加衔。宝历年间(825—827),他参加一场战役,"获凶帅四人以献"。于是,"上嘉之,赐锦彩、金器、衣服,诏所司转殿中侍御史"。到了大和九年(835),他的上司"录其勋劳,章表上请,恩除银青光禄大夫、检校太子宾客、使持节檀州诸军事檀州刺史、兼殿中侍御史、充威武军团练等使"②。由此看来,他是以军功由其上司"章表上请",而得到殿中侍御史等官衔。

---

①关于唐代的检校官制,见拙文《论唐代的检校官制》,《汉学研究》,第 24 卷第 1 期(2006 年 6 月),页 175—208。
②《唐代墓志汇编续集》,开成 014,页 933。

第二个例证见于《唐故襄州节度押衙充左厢马步都虞候银青光禄大夫检校太子宾客兼殿中侍御史上柱国扶风鲁公墓志铭并序》。墓主鲁美(794—857),字里仁。和第一例的周元长一样,鲁美这整套官衔相当典型,可说很有代表性:身为武官而带文散官阶"银青光禄大夫",更带两个加衔"检校太子宾客兼殿中侍御史"。和第一例不同的是,鲁美还持有最高一转的勋官"上柱国"。他为什么得到"兼殿中侍御史"的加衔呢? 墓志内文透露详情:

> 大中戊辰(848)岁,统兵防边,党项充斥,机谋筹画,保全城垒,为郡帅甄奖,录功上闻,授殿中侍御史兼本城教练使。[1]

可知他这个"兼殿中侍御史"加衔是他在五十五岁那年,因为军功,由他上司为他向皇帝"录功上闻"而得到的。

第三个案例见于《唐故卢龙节度衙前兵马使兼知船坊事银青光禄大夫检校太子宾客兼监察御史上柱国陇西董府君墓志铭并序》。墓主董唐之(804—858),字庆长,檀州人,负责管理幽州地区(今北京一带)的漕运和船只。他的整套官衔和上引鲁美的一样,也很有代表性:同样带文散官"银青光禄大夫",而且同样有两个加衔,其中"检校太子宾客"是武官最常带的朝衔之一。至于他的"兼监察御史"是如何获得的呢? 墓志中有答案:

> ……有徇公灭私之旨绩,下议史效,敦奖乃功。洎大中七年(853),表受(授)兼监察御史,畴其茂功也。[2]

---

① 《唐代墓志汇编续集》,大中 060,页 1012。
② 《唐代墓志汇编续集》,大中 071,页 1022。

换言之,董唐之是以工作表现出色获授监察御史。从以上这三例看来,唐代的御史衔可以用以奖军功,也可以用以酬事功,但都经由上司上奏皇帝取得。这跟幕府替文职僚佐奏授朝宪衔的过程一样。我们知道,唐代有勋官制度,但奖军功看来却未必用勋官,而可以用御史这种职事官衔。这也表示,唐代的某些职事官不仅已经"阶官化",可以用以秩阶作为阶官用①,而且还"勋官化"了,可以当勋官来使用,授予武人。

# 九、结论

唐代御史台有五个职位,即御史大夫(长官)、御史中丞(副官),以及本章所论的三个中层职位,即侍御史、殿中侍御史、监察御史。这些中层御史有等级之分,职务有时重叠:侍御史负责"纠举百僚,推鞫狱讼";殿中侍御史负责"掌殿庭供奉之仪式";监察御史则负责"分察百僚,巡按郡县,纠视刑狱,肃整朝仪"。但他们有一个基本的共同点:都是皇帝的"耳目",协助皇朝监管其他的官员,所以他们可以说是"管官的官"。例如元稹任监察御史时,便到东川去纠举节度使严砺等高官所做的违法事。

监察御史、殿中侍御史和侍御史都是一种极清贵的官职,官品虽然不高,职望却很高。他们不是由吏部铨选,而通常是由长官推荐,或御史台长官自辟,再由皇帝除授。同时,这三级御史在

---

①关于唐代职事官的阶官化,见张国刚《唐代阶官与职事官的阶官化》,《唐代政治制度研究论集》,页207—232。笔者在《唐代的翰林待诏和司天台》,《唐研究》,第9卷(2003),引用翰林待诏的许多例子,有进一步的补充和讨论。

唐代的文官体系中都属中层职位,常是士人迁转之第二、第三任以上官,而非初任释褐之官。

唐代又有所谓"内供奉"和"里行"等级的御史,包含"侍御史内供奉"、"殿中侍御史内供奉"和"监察御史里行"三种。他们并非"见习"的御史,如某些学者所说,而是正规编制外的一种员外官,一种"亚类",俸禄和地位略逊于正规御史。

唐代中叶以后,方镇使府中的文职幕佐,常可能带有各种御史官衔。高层幕职如节度使,可能带"兼御史大夫"、"兼御史中丞"等高层御史衔。中低层使府官则可能带中层的御史衔,如"兼侍御史"、"兼殿中侍御史"、"兼监察御史",甚至还有带"兼侍御史内供奉"、"兼殿中侍御史内供奉"或"兼监察御史里行"者。但这些全都是没有实职的"虚衔"。幕府中的军将武职也常带有这一类的御史台虚衔。

挂这种御史台虚衔的文职幕佐,称为"使府御史",有时也叫"外台御史"。但唐代的外台御史又分两种:一种是度支、户部、盐铁三司监院官带宪衔者,有"推劾"实权,也称为"监院御史";另一种是没有"推劾"实权的"使府御史"。

这些"使府御史"可能在他们仕宦的中途,回到京城的御史台出任"真御史",真正执行御史的职权。唐后期的史料和墓志,随处可见各种各样的御史名目,有"使府御史",也有"真御史",须小心解读。

# 第二章　拾遗和补阙

麻鞋见天子,衣袖露两肘。

朝廷愍生还,亲故伤老丑。

涕泪授拾遗,流离主恩厚。

柴门虽得去,未忍即开口。

——杜甫《述怀》①

宫衣亦有名,端午被恩荣。

细葛含风软,香罗迭雪轻。

自天题处湿,当暑着来清。

意内称长短,终身荷圣情。

——杜甫《端午日赐衣》②

杜甫这两首诗作于他四十六七岁任左拾遗的时候。至德二载(757)他在凤翔"麻鞋见天子,衣袖露两肘",这是大家都很熟悉的事。但许多人可能没有注意到,他"麻鞋见天子"后大有收获,得到一个很不错的官位:"涕泪授拾遗。"杜甫一生官运不佳,只做

①《杜诗详注》卷五,页358。
②《杜诗详注》卷六,页479。

过三任官:右卫率府兵曹参军、左拾遗和华州司功参军(他在剑南严武幕所得的"检校工部员外郎"只是虚衔)。他任拾遗时,可说是他一生最得意的一段日子,得以和皇帝有非常近距离的接触,就像他在《两当县吴十侍御江上宅》中所回忆的那样,"余时忝净臣,丹陛实咫尺"①。他这时期写过好几首诗记宫中事,比如这首《端午日赐衣》。一个官场失意的中年诗人,在端午节得到皇帝赐衣,难怪他竟会有"终身荷圣情"的感触。皇帝之所以赐衣给他,则完全因为他是拾遗,是皇帝的"近臣"。细读杜甫这些诗作,可以发现他常以"近臣"为傲。底下还要细论。为何拾遗会有此殊荣? 这是一种怎样的官? 值得杜甫如此引以为傲?

拾遗和补阙(以下省称"遗、补")是唐代两种职务相同的官职,都属谏诤之官和皇帝侍臣。主要分别在官品:拾遗从八品上,补阙从七品上。这两种官都属京官,分隶于中书省和门下省。在中书省的称为右拾遗和右补阙,在门下省的则称为左拾遗和左补阙。两官的品秩都不高,但却都属于尊贵的"供奉官",须参加早朝,和一般七、八品的官很不一样。

现代学者对此两官鲜少研究。据笔者翻查《二十世纪唐研究》等书目,仅有少数零星的论述,散见于一些论唐代中央决策和谏议制度的论著中,例如谢元鲁、傅绍良和胡宝华的近作②。本章

①《杜诗详注》卷八,页671。
②谢元鲁《唐代中央政权决策研究》(台北:文津出版社,1992);傅绍良《唐代谏议制度与文人》(北京:中国社会科学出版社,2003)。胡宝华《唐代监察制度研究》(北京:商务印书馆,2005),第六章为《唐代谏官制度的历史考察》,但主要为通论性质,并未特别专论拾遗和补阙这两种谏官。本书书稿完成后,笔者始见到赵建建的《唐代拾遗的使职工作》,《首都师范大学学报》,2006年增刊,页12—17,以及他的《唐代拾遗之选任》,原刊甘肃《社科纵横》,2006年10月贴在国学网。

拟全面探讨此两官的各种面貌。

# 一、拾遗、补阙的基本轮廓

《唐六典》、《通典》和两《唐书》职官志，对遗、补的叙述都相当简略，只有一两段描写。其中以《旧唐书·职官志》的写法最精要，涉及此两官的起源、官品、员额和职掌：

> 左补阙二员，从七品上。左拾遗二员，从八品上。古无此官名。天后垂拱元年(685)二月二十九日敕："记言书事，每切于旁求；补阙拾遗，未弘于注选。瞻言共理，必借众才，寄以登贤，期之进善。宜置左右补阙各二员，从七品上，左右拾遗各二员，从八品上，掌供奉讽谏，行立次左右史之下。仍附于令。"天授二年二月，加置三员，通前五员。大历四年，补阙拾遗，各置内供奉两员。七年五月十一日敕，补阙拾遗，宜各置两员也。补阙、拾遗之职，掌供奉讽谏，扈从乘舆。凡发令举事，有不便于时，不合于道，大则廷议，小则上封。若贤良之遗滞于下，忠孝之不闻于上，则条其事状而荐言之。[①]

可知这两官都是唐代所创，"古无此官名"，初设于武则天刚登基的那年，主要职务是"供奉讽谏，扈从乘舆"。员额则有几次变更。又有拾遗、补阙"内供奉"的设置。这是一种员外官，下面将有一节专论。

这些政书和职官书处理唐代职官的方式，大抵皆如此，仅止于静态的、平板的描写。如果我们要获得更生动的事例和实证，

---

① 《旧唐书》卷四三，页1845。

则必须在唐代诗文、诏令奏疏、正史列传和出土墓志中考掘。


## 二、皇帝的"侍臣"和"近臣"

《旧唐书·温造传》中有一段生动的故事,颇能说明唐代遗、补的身份地位:

> 造性刚褊,人或激触,不顾贵势,以气凌藉。尝遇左补阙李虞于街,怒其不避,捕袛承人决脊十下,左拾遗舒元褒等上疏论之曰:"国朝故事,供奉官街中,除宰相外,无所回避。温造蔑朝廷典礼,凌陛下侍臣,恣行胸臆,曾无畏忌。凡事有小而关分理者,不可失也。分理一失,乱由之生。遗、补官秩虽卑,陛下侍臣也;中丞虽高,法吏也。侍臣见凌,是不广敬;法吏坏法,何以持绳?"①

据此,遗、补都是皇帝的"侍臣",官秩虽卑,在街上遇到御史中丞,不须回避。御史中丞的官品虽然高于遗、补,却仅是"法吏"。

我们在本书第一章论御史时见过,御史有"皇帝耳目"之称。但遗、补看来又比御史更接近皇帝。在各种御史当中,仅有"殿中侍御史赤墀下供奉"②,其他几种御史未必能如此亲近皇帝。然而,据上引《旧唐书·职官志》的说法,遗、补不但"掌供奉讽谏",

---

① 《旧唐书》卷一六五,页4316。
② 《唐会要》卷六〇,页1240。又见于《新唐书》卷一〇五《上官仪传》,页4035。

并且还"扈从乘舆",确实是皇帝的"近臣"。遗、补所属的门下省和中书省,其办事衙府也都在宫殿区宫城的范围内,跟其他司署位于宫城之外的皇城有别。

唐诗中颇有一些描写遗、补生活的诗句,也都写到他们和皇帝的亲近。例如,李中的《献拾遗》:

> 官资清贵近丹墀,性格孤高世所稀。
> 金殿日开亲凤扆,古屏时展看渔矶。[①]

盛唐大诗人杜甫,在安史之乱后得了个左拾遗的官,在大明宫中服侍皇上,留下好几首写他这时宫中生活的诗作,如《腊日》、《奉和贾至舍人早朝大明宫》、《宣政殿退朝晚出左掖》、《紫宸殿退朝口号》、《春宿左省》等等,不但很能反映一个拾遗官在唐宫中的生活,也刻画了拾遗和皇帝的"近臣"关系。

比如,在《腊日》这首诗中,他便写到皇帝在腊日随往例召见近臣,赐食并赠送"口脂面药",一种唐代的防冻药。杜甫这时虽然只是小小的八品拾遗官,也在召见和赐食之列。于是他写下:

> 腊日常年暖尚遥,今年腊日冻全消。
> (中略)
> 口脂面药随恩泽,翠管银罂下九霄。[②]

他以一种感皇恩的心情,捧着"翠管银罂"装着的"口脂面药",走

---

① 《全唐诗》卷七四八,页 8526。
② 《杜诗详注》卷五,页 426。

下九霄龙庭,好不得意。

杜甫在另两首诗中,更自称为"侍臣"和"近臣"。在《宣政殿退朝晚出左掖》中,他写早朝过后步行回门下省的情景:

> 侍臣缓步归青琐,退食从容出每迟。①

在《紫宸殿退朝口号》中,他更把他这个拾遗官和皇帝的关系,写得十分具体生动,为我们留下十分珍贵的记录:

> 昼漏稀闻高阁报,天颜有喜近臣知。②

杜甫这几首诗中所写的细节,可证他这时候的左拾遗身份,和一般的官员不同:八品官而须上早朝,又有皇帝腊日赐食和赐"口脂面药"等恩泽,他自己亦以"近臣"自居。这些在在可以印证上引"遗、补官秩虽卑,陛下侍臣也"的说法。

杜甫离开左拾遗官位后,甚至还很怀念当年宫中的生活。他一直以曾经担任过左拾遗为傲。比如,他在前往华州任司功参军时所写的诗《至德二载,甫自京金光门出,间道归凤翔,乾元初,从左拾遗移华州掾,与亲故别,因出此门,有悲往事》,便提到他当初以"近侍归京邑",如今却"驻马望千门"③,停下马来回望千门万户的宫殿,无限依依的样子。杜甫稍后在《至日遣兴奉寄北省旧阁老两院故人》诗中,也回忆起当年任拾遗的风光日子:"忆昨逍

---

①《杜诗详注》卷六,页435。
②《杜诗详注》卷六,页437。
③《杜诗详注》卷六,页481。有些诗评家以为"京邑"指华州,不确,应指长安。此从陈贻焮《杜甫评传》,上册,页446的解读。

遥供奉班,去年今日侍龙颜。"①

　　和杜甫同时代的盛唐诗人岑参,则曾经出任过补阙。他在离职后,在一首怀念旧同僚的诗《佐郡思旧游》中,便追忆当年"趋紫殿"、"侍丹墀"的生活片断:

　　　　幸得趋紫殿,却忆侍丹墀。
　　　　史笔众推直,谏书人莫窥。②

此外,他在写给杜甫的一首诗《寄左省杜拾遗》中,也提到在宫中"趋丹陛"的事:

　　　　联步趋丹陛,分曹限紫微。
　　　　晓随天仗入,暮惹御香归。
　　　　白发悲花落,青云羡鸟飞。
　　　　圣朝无阙事,自觉谏书稀。③

　　唐后期的诗人元稹亦曾任拾遗,所以他在《元和五年予官不了罚俸西归》诗中,就追忆当年在皇帝面前服侍的情景:

　　　　拾遗天子前,密奏升平议。
　　　　召见不须臾,憸庸已猜忌。④

---

①《杜诗详注》卷六,页498。
②《岑参诗集编年笺注》,页439。
③《岑参诗集编年笺注》,页413—414。
④《元稹集编年笺注(诗歌卷)》,页211。

皇帝的"召见不须臾",还引起"恰庸"无能之辈的"猜忌"。

这几首诗作,写的都是这几个大诗人当年在宫廷任遗、补的经验,对于遗、补之为皇帝"侍臣"、"近臣",可说为我们提供了最佳的实例说明。唐诗中此类诗作还有不少,但限于篇幅,这里就不一一引用了。

# 三、官品问题

今人可能会问:既然拾遗为皇帝"侍臣",为何他们的官品却只有从八品上那么"卑"(补阙为从七品上,比较高些,似乎没有争论)? 近人冯至在《杜甫传》中曾经探讨过这个问题。他说:

> (拾遗)是一个相当重要的职务,却由一个"从八品上"的官员充当,好像是一种讽刺,这说明皇帝并不需要什么真正的谏臣,这只不过是他身边的点缀。①

冯至为五四知名诗人,他这本《杜甫传》文笔清丽,考证精当,影响深远,至今仍然是最好的杜甫传记之一,近年也一再重版。可惜他上引这段话,却有失公允,亦无根据,反映了唐代文学研究者对唐代官制常有的误解②,应当加以澄清。

---

① 《杜甫传》,页 53。
② 笔者有一文《唐代文学研究与唐代官制——以基层文官为例》,《第一届马来西亚传统汉学研究会论文集》(马来西亚新山市:南方学院出版社,2005),页 123—139,即探讨唐代文学界对唐代官制常有的误解和误读。一般而言,唐代文学研究者常以官品来衡量唐官,也常有贬低八、九品文官的倾向。但唐代官职的轻重,绝不能单看官品,这已是唐史常识。

实际上，白居易当年初除拾遗，即写了一篇很有名的文章《初授拾遗献书》，早已为拾遗官秩之卑提供了一个解说：

> 臣谨按《六典》：左右拾遗掌供奉、讽谏，凡发令举事，有不便于时、不合于道者，小则上封，大则庭诤。其选甚重，其秩甚卑。所以然者，抑有由也。大凡人之情，位高则惜其位，身贵则爱其身。惜位则偷合而不言，爱身则苟容而不谏，此必然之理也。故拾遗之置，所以卑其秩者，使位未足惜，身未足爱也。所以重其选者，使上不忍负恩，下不忍负心也。夫位不足惜，恩不忍负，然后能有阙必规，有违必谏；朝廷得失无不察，天下利病无不言。此国朝置拾遗之本意也。[1]

居易此文，虽然不免有恭维皇帝之意，但不失为"允当"解释，可用以回应冯至以及其他现代学者的揣测。

实际上，唐代皇帝的近臣、谏官是个多元化的群体，当中又可区分高低层官员，不能一概而论。遗、补固然是较为低层的谏官，但在唐代整个文官体系中，又不算基层官员，应当可说是中层。遗、补之上还有谏议大夫和给事中。这两官的品秩就比较高，故笔者拟在《唐代高层文官》一书中才来讨论。

陆贽在一篇奏疏《论朝官阙员及刺史等改转伦序状》中，提到唐代官员的等级问题：

> 近代建官渐多，列级逾密。今县邑有七等之异；州府有

---

[1]《白居易集》卷五八，页 1228。此文也为《旧唐书·白居易传》引用，见卷一六六，页 4341。

九等之差；同谓省郎，即有前中后行、郎中、员外五等之殊；并称谏官，则有谏议大夫、补阙、拾遗三等之别；泊诸台寺，率类于斯，悉有常资，各须循守。①

陆贽这里指出谏官有"谏议大夫、补阙、拾遗三等之别"，很有启发性，让我们更了解谏官这一群体的高低等级问题。唐代谏官虽有"三等之别"，但他们其实又可以打破等级限制，一起共同商议一些要事，例如《旧唐书·严砺传》所载：

> 严砺，震之宗人也。性轻躁，多奸谋，以便佞在军，历职至山南东道节度都虞候、兴州刺史、兼监察御史。贞元十五年，严震卒，以砺权留府事，兼遗表荐砺才堪委任。七月，超授兴元尹，兼御史大夫，山南西道节度、支度营田、观察使。诏下，谏官御史以为除拜不当。是日，谏议、给事、补阙、拾遗并归门下省共议：砺资历甚浅，人望素轻，遽领节旄，恐非允当。②

又如《旧唐书·宋申锡传》：

> 翌日，开延英，召宰臣及议事官，帝自询问。左常侍崔玄亮、给事中李固言、谏议大夫王质、补阙卢钧、舒元褒、罗泰、蒋系、裴休、窦宗直、韦温、拾遗李群、韦端符、丁居晦、袁都等一十四人，皆伏玉阶下奏以申锡狱付外，请不于禁中讯鞫。

①《陆贽集》卷二一，页707—708。
②《旧唐书》卷一一七，页3407。

文宗曰:"吾已谋于公卿大僚,卿等且出。"玄亮固言,援引今古,辞理恳切。玄亮泣涕久之,文宗意稍解,贬申锡为右庶子,漳王为巢县公。再贬申锡为开州司马。①

此两例不但让我们见到遗、补如何在宫廷中执行白居易所说的"庭诤"职务,也反映了遗、补在整个谏官体系中的地位:其秩虽卑,却可与给事中、谏议大夫等"共议",于"玉阶下"合谏。遗、补的地位,应当放在这宽广的架构下来理解,不能单单只看官品。

# 四、作为初任官

补阙为从七品上,史料中没有作为初任官的案例。至于拾遗,一般上也并非释褐官,而是第二任甚至第三任官。例如初唐诗人陈子昂,初任正字,再任右卫胄曹参军,第三任才是右拾遗。又如杜甫,初任右卫率府兵曹参军,第二任才是左拾遗。但唐代史料中,的确又可以找到拾遗作为初任官的案例,约有七个,举例如下:

> (一)萧佑:"兰陵人。少孤贫,耿介苦学,事亲以孝闻。自处士征拜左拾遗。"②
> (二)张镐:"天宝末,杨国忠以声名自高,搜天下奇杰。

①《旧唐书》卷一六七,页4371。
②《旧唐书》卷一六八,页4380。

闻镐名,召见荐之,自褐衣拜左拾遗。"①

（三）柏耆:"将军良器之子。素负志略,学纵横家流。会王承宗以常山叛,朝廷厌兵,欲以恩泽抚之。耆于蔡州行营以画干裴度,请以朝旨奉使镇州,乃自处士授左拾遗。既见承宗,以大义陈说,承宗泣下,请质二男,献两郡,由是知名。"②

（四）李渤:"元和初,户部侍郎盐铁转运使李巽、谏议大夫韦况更荐之,以山人征为左拾遗。渤托疾不赴,遂家东都。"③

（五）张宿:"本寒人,自名诸生。宪宗为广陵王时,因张茂宗荐尉,得出入邸中,诞谲敢言。及监抚,自布衣授左拾遗,交通权幸,四方赂遗满门。"④

（六）崔龟从:"字玄告,清河人。祖璜,父诚,官微。龟从,元和十二年擢进士第,又登贤良方正制科及书判拔萃二科,释褐拜右拾遗。"⑤

（七）窦群:"白衣召见。上谓公曰:'(韦)夏卿知卿。卿有何蕴蓄,得以尽言。'公从容对曰:'臣无蕴蓄,第读书俟时。夫蕴蓄者,迹在近班,进有所不纳,谏有所不听,臣即蕴蓄。如臣处于草茅,但仰元化而已,实无蕴蓄。'上甚奇其对,便宣令付中书,即除谏官,

①《旧唐书》卷一一一,页3326。又见《新唐书》卷一六九,页5160。
②《旧唐书》卷一五四,页4109。
③《旧唐书》卷一七一,页4437。
④《新唐书》卷一七五,页5250。又见《旧唐书》卷一五四,页4107。
⑤《旧唐书》卷一七六,页4572。

释褐授右拾遗。"①

但细考这七人释褐为拾遗,都有特殊原因,因此这七例可算是例外,并非常例。其中得到大官推荐的有四人:萧佑、张镐、李渤和窦群。这是非科第出身者入仕的主要门径。

以上第三例的柏耆,是以其"纵横"术,自"干"谒裴度②而获授左拾遗。不过柏耆获授左拾遗,显然并没有在京城门下省任此职,而是出使到河北镇州去劝说王承宗。这是拾遗用作阶官出使的例子,详见下面一节"'官'和'职'以及拾遗、补阙作为阶官"。据《新唐书》,柏耆从镇州功成回京后,朝廷才"真擢耆左拾遗,由是声震一时。迁起居舍人"③。

至于张宿,则因结交广陵王(即后来的宪宗)而得官。崔龟从"擢进士第,又登贤良方正制科及书判拔萃二科",这样连斩三关的功名极少见,所以才"释褐拜右拾遗"。

关于萧佑释褐拾遗,《唐国史补》还有一段文字说明其因缘:

> 李实为司农卿,督责官租。萧佑居丧,输不及期,实怒,召至,租车亦至,故得不罪。会有赐与,当为谢状,尝秉笔者

---

① 褚藏言《窦群传》,《全唐文》卷七六一,页7910。柳宗元曾代韦夏卿写过《为韦侍郎贺布衣窦群除右拾遗表》,《柳宗元集》卷三八,页982,不但证实窦群的确以布衣释褐拾遗,还上表皇帝祝贺。柳文中更说窦群"擢于布衣,久无其比",极尽恭维。

② 一说以策干韩愈(韩愈当时在裴度淮西蔡州行营任行军司马),见李翱《韩吏部行状》,《李文公集》卷一一,页49;皇甫湜《韩文公墓铭》,《皇甫持正文集》卷六,页24。

③ 《新唐书》卷一七五,页5252。

有故，实乃急曰："召衣齐衰者。"佑至，立为草状，实大喜，延英面荐德宗。闻居丧礼，屈指以待。及释服，明日以处士拜拾遗。佑虽工文章，善书画，好鼓琴，其拔擢乃偶然耳。①

萧佑后来官至考功郎中、桂州刺史、御史中丞、桂管防御观察使等大官。其《旧唐书》本传说他"博雅好古，尤喜图画。前代钟、王遗法，萧、张笔势，编序真伪，为二十卷，元和末进御，优诏嘉之。……名人高士，多与之游"②。可知他的文章、书画和各种条件都很不错，但《唐国史补》的记载仍以为"其拔擢乃偶然耳"，即非常例。

以上七例虽非常规，但也反映了唐代授官的某些弹性。授官可以由高官举荐，不一定经由吏部铨选。有特殊才华者甚至可以一释褐就当上拾遗这种中层文官，这种清贵的"近臣"。


# 五、初除官年龄

由于遗、补一般不作释褐官，任此两官者皆先以他官起家。任遗、补者的年龄，应大约在三四十岁之间。以唐代诗人考之，初除拾遗时陈子昂为三十六岁③，张九龄为三十五岁④，王维三

---

①《唐国史补》（上海：上海古籍出版社，1979 年排印本）卷中，页 35—36。又见《太平广记》卷二〇二和《唐语林校证》卷六，页 550—551，文字略有不同。
②《旧唐书》卷一六八，页 4380。
③徐文茂《陈子昂年谱》，《陈子昂论考》（上海：上海古籍出版社，2002），页 95。
④杨承祖《张九龄年谱》，页 16。

十五岁①,元稹最年轻,才二十八岁②,白居易则三十七岁③。补阙
的官阶比拾遗高,因此唐人初任补阙的年龄一般又比较大些,如
张说为三十四岁④,张九龄四十一岁⑤,王维四十二岁⑥,岑参亦四
十二岁⑦,杜牧三十六岁⑧。至于韦庄到六十五岁始任补阙,可算
例外,因为他在五十九岁才考中进士⑨。

　　杜甫年轻时官运不佳,直到四十四岁才得到他生平的第一个
小官右卫率府兵曹参军,到四十六岁才得左拾遗⑩,可说仕途很不
得意。所以他在凤翔行在"麻鞋见天子","涕泪授拾遗"后,写了
一首诗《徒步归行》,就这样形容他自己:

---

①陈铁民《王维年谱》,《王维集校注》,页1339。但王勋成《王维进士及第之
　年及生年新考》,《华中师范大学学报》,2001年第1期,重新考定王维生于
　武后延载元年(694)。若依此说,则王维初任拾遗的年纪更大,约四十二
　岁。

②卞孝萱《元稹年谱》,页91。

③朱金城《白居易年谱》,页41。但白居易是以拾遗出任翰林学士。详见本
　章"'官'和'职'以及拾遗、补阙作为阶官"一节。

④陈祖言《张说年谱》,页14。

⑤杨承祖《张九龄年谱》,页29。

⑥陈铁民《王维年谱》,《王维集校注》,页1349。但若依王勋成新考,则王维
　初任补阙的年纪更大,约四十九岁。

⑦刘开扬《岑参年谱》,《岑参诗集编年校注》,页17。岑参的生年传统上定
　为开元四年(716)。但最近王勋成重新考定为开元七年(719),见其《岑参
　入仕年月和生平考》,《文学遗产》,2003年第4期。若依此说,则岑参初除
　补阙的年龄为三十九岁。

⑧缪钺《杜牧年谱》,页42。不过,杜牧当时又任"史馆修撰",他看来是以补
　阙为阶官,出任"史馆修撰"。详见本章"'官'和'职'以及拾遗、补阙作为
　阶官"一节。

⑨夏承焘《韦庄年谱》,收在刘金城校注,《韦庄词校注》,页58—61。

⑩陈贻焮《杜甫评传》,上册,页193、357。

青袍朝士最困者，白头拾遗徒步归。①

不无自伤的意味，因为到四十六岁临老才来当"白头拾遗"，毕竟有些迟了。

# 六、文词之美和任官条件

《唐六典》、《通典》和两《唐书》职官志都没有提到遗、补任官的条件。不过，我们在列传等材料中爬梳，可以发现哪一些人最有可能出任遗、补，以及哪一些人不适合出任遗、补。

最有可能出任遗、补者，是那些"文词优美"者。且看贾至《授韦启左拾遗制》：

> 敕：剑门县令韦启，雅有文词，仍兼政术。谏官近密，必择正人。忠谠之言，期于无隐。可左拾遗。②

这里虽然列了好几个任官条件——文词、政术等等，但剑门县令韦启之所以被任命为左拾遗，最重要的恐怕还是他"雅有文词"。两《唐书》列传中，也常提到"文词之美"为任遗、补者所具备的条件。此类案例甚多，不胜枚举，且举下面数例，以见其概：

（一）许景先："常州义兴人，后徙家洛阳。少举进士，授

---

① 《杜诗详注》卷五，页385。
② 《文苑英华》卷三八三，页1954。

夏阳尉。神龙初,东都起圣善寺报慈阁。景先诣阙献《大像阁赋》,词甚美丽,擢拜左拾遗。"①

(二)李邕:"少知名。长安初,内史李峤及监察御史张廷珪,并荐邕词高行直,堪为谏诤之官,由是召拜左拾遗。"②

(三)陆希声:"博学善属文,通易、春秋、老子,论著甚多。商州刺史郑愚表为属。后去,隐义兴。久之,召为右拾遗。"③

(四)杨绾:"绾少孤,家素贫,事母谨甚。性沈靖,独处一室,左右图史,凝尘满席,淡如也。不好立名,有所论著,未始示人。第进士,补太子正字。举词藻宏丽科,玄宗已试,又加诗、赋各一篇,绾为冠,由是擢右拾遗。制举加诗、赋,繇绾始。"④

(五)卢迈:"两经及第,历太子正字、蓝田尉。以书判拔萃,授河南主簿,充集贤校理。朝臣荐其文行,迁右补阙。"⑤

(六)崔湜:"少以文词称。第进士,擢累左补阙。"⑥

(七)韦渠牟:"有口辩,虽于三家未究解,然答问锋生,帝听之意动。迁秘书郎,进诗七百言,未浃旬,擢右补

①《旧唐书》卷一九〇中,页5031。
②《旧唐书》卷一九〇中,页5039。
③《新唐书》卷一一六,页4238。
④《新唐书》卷一四二,页4664。
⑤《旧唐书》卷一三六,页3753。
⑥《新唐书》卷九九,页3921。

阙内供奉。"①

从以上这些案例看来,清直品行固然是任遗、补者所应具备,但文词似更重要。这跟遗、补的职务有关。他们经常须为文上疏谏诤。文词不佳者恐怕亦无法胜任②。陈子昂任拾遗时,写过不少文章,其《旧唐书》本传便特别提到他任此官时,"数上疏陈事,词皆典美"③。

这就是为什么唐代三十五位主要诗人当中,有好几位曾经出任过拾遗:陈子昂、张九龄、王维、杜甫、元稹、白居易;也有好几位充当过补阙:张说、张九龄、王维、岑参、杜牧和韦庄。

至于其他诗文名家,出任过此两官的就更多了。以《全唐诗》考之,曾任拾遗的人计有:卢藏用、赵冬曦、张纮、辛替否、许景先、卢从愿、包融、孙处玄、李邕、孙逖、綦毋潜、徐浩、敬括、崔峒、独孤及、郎士元、耿沣、窦叔向、窦群、归登、朱放、赵宗儒、萧佑、李正辞、张荐、令狐楚、王涯、吕温、李绅、费冠卿、蒋防、李虞、杨嗣复、沈传师、柳公权、韦处厚、陆龟蒙、魏乂、南卓、柳珪、翁承赞和路德延等人。

在《全唐诗》作者群中,曾出任过补阙的主要人物计有:崔湜、乔知之、魏知古、尹愐、吴兢、张景源、崔沔、袁晖、薛业、卢象、崔兴

①《新唐书》卷一六七,页5110。又见权德舆《左谏议大夫韦君诗集序》,《权德舆诗文集》卷三四,页524。

②傅绍良《唐代谏官任职资格中的文学因素》,《人文杂志》,2003年第6期,引用制诰的例子,以证唐代谏官的任职资格中,"文学占有相当大的比重"。又见傅绍良《唐代诗人的拾遗、补阙经历与诗歌创作》,《陕西师范大学学报》,2005年第4期,页56—61。

③《旧唐书》卷一九〇中,页5024。

宗、李华、萧昕、皇甫冉、李纾、陈京、韦渠牟、权德舆、崔邠、郑澣、令狐绹、卢嗣业、朝衡和吴融等人。

## 七、何人不可任遗、补?

至于哪一些人不可任遗、补? 史料中所见有三种:(一)品行不佳者;(二)宰相之子;(三)宰相旧僚。

品行不佳以致不可任遗、补,最有名的例子当数唐后期令狐滈。此事散见于《唐会要》、两《唐书》和《资治通鉴》等史书,但以《新唐书》所记最切要:

> (令狐)滈乃以长安尉为集贤校理。稍迁右拾遗、史馆修撰。诏下,左拾遗刘蜕、起居郎张云交疏指其恶,且言:"(令狐)绹用李琢为安南都护,首乱南方,赃虐流著,使天下兵戈调敛不给。琢本进赂于滈,滈为人子,陷绹于恶,顾可为谏臣乎?"①

此事还有下文。令狐滈最后改授詹事司直,刘蜕因此事被贬为华阴令,张云也被贬为兴元少尹。《旧唐书·懿宗本纪》咸通四年十一月条下载:

_____

① 《新唐书》卷一六六,页5103。刘蜕的上疏《论令狐滈不宜为左拾遗疏》今仍传世,收在《册府元龟(校订本)》卷五四七,页6260—6261。张云甚至上疏两次,见其《论令狐滈不宜为左拾遗疏》和《复论令狐滈疏》,《全唐文》卷八〇六,页8476—8477。

时绚在淮南,上表论诉,乃贬云兴元少尹,蜕华阴令,漓改詹事司直。①

从这个事例,也可见拾遗此官的清贵。它的官品只是从八品上,而令狐漓改授的詹事司直却是正七品上。若单看官品,拾遗似乎不如詹事司直,但从这个事件看来,詹事司直的官品虽高于拾遗,它却是一个掌纠劾宫寮及率府之兵的官职,在唐人心目中显然不如拾遗。

刘蜕从左拾遗被贬为华阴令,也颇出人意表。华阴属华州,在西岳华山附近,是个望县②。它的县令官品应为从六品上,和上县县令一样(唐史书中没有望县县令官品的材料)③。单从官品上,这远比拾遗的从八品上高得多,但刘蜕却是被贬官,亦可知唐代一个望县的县令,还不如京城小小的八品官左拾遗。

除此之外,品行不佳不可任谏官的,还有唐后期的杜蒙:

杜蒙授左拾遗,(裴)庭裕先父任左补阙,以蒙家行不修,薄妻孥,为众所闻,不可处谏臣之列。丞相魏谟盛怒。顷,蒙上事,先君见魏于政事堂,曰:"必要任蒙,乞先移他官。"丞相重违,即改授蒙太常博士。④

此条不见于正史列传,但裴庭裕叙其"先君"事,当为耳目所闻第

①《旧唐书》卷一九上,页655。
②《新唐书》卷三七《地理志》,页964。
③详见拙书《唐代基层文官》第三章《县尉》论"唐县的等级和县尉的官品与人数"一节。
④裴庭裕《东观奏记》上卷,页94。

一手材料。唐后期诗人杜牧所写的《杜蒙除太常博士制》，更提到杜蒙任拾遗时，"不能韬晦，或处众矜己，或遇事褊衷"等行为，可作佐证：

> 敕。守左拾遗杜蒙。尔五庙祖尝佐太宗，同安生人，共为天下者也。尔能自以文学策名清时，升为谏臣，岂曰虚授。如闻同列墙进，而不尔容；尔亦拜章自陈，极辞贡愤。乃令征辨，尽知其由。今曰尔以齿少有才。不能韬晦，或处众矜己，或遇事褊衷。言于慎微，则亦乖矣；仕于清贯，斯岂废乎。考众恶必察之言，惩怨不在大之说，官移礼寺，迹去掖垣，屈既伸眉，事亦存体，酌此二者，颇得中道。况乎职业至重，蕴蓄可施，无使众多，复有窥测。可太常博士。①

至于宰相之子不可任遗、补者，可举杜佑和他儿子杜从郁为例。《唐会要》载：

> 元和元年九月，以拾遗杜从郁为秘书丞。郁，司徒佑之子。初，自太子司议郎为左补阙，右拾遗崔群、韦贯之、左拾遗独孤郁等上疏，以为宰相之子，不合为谏诤之官。于是降左拾遗。群等又奏云："拾遗与补阙，虽资品不同，而皆是谏官。父为宰相，而子为谏官，若政有得失，不可使子论父。"于是改授。②

看来唐代任官亦有今人常说的"利益冲突"、"角色冲突"等意识，

---

①《樊川文集》卷一七，页252。
②《唐会要》卷五六，页1140。

有非常理性的一面。秘书丞的官品为从五品上,比补阙的从七品上和拾遗的从八品上都高许多。杜从郁因为是宰相之子,不合任此两官而改授秘书丞,但这却是一个闲差事,不如遗、补的清要。

宰相旧僚不可任遗、补,则有郑言和杜蔚等人的例子。《东观奏记》有一条记载:

> 以左拾遗郑言为太常博士,郑朗自御史大夫命相。朗先为浙西观察使,言实居幕中。朗建议:"以谏官论时政得失,动关宰辅,郑言必括囊形迹,请移为博士。"至大中十一年,崔慎由自户部侍郎秉政,复以左拾遗杜蔚为太常博士。蔚亦慎由旧僚也,踵为故事。①

太常博士为从七品上,比拾遗的从八品上略高,但郑言和杜蔚从拾遗改官太常博士,实际上不表示升官,而是在宰相旧僚不可任拾遗的"故事"下不得已的做法。


# 八、"官"和"职"以及拾遗、补阙作为阶官

唐代官员经常以"某某官"去充任"某某职"。例如,诗人白居易曾经以左拾遗这个"官"去"充"翰林学士这个"职"②。唐代

---

① 《东观奏记》中卷,页115。
② 此"职"为差遣"职"之意,和唐代官制所谓"职、散、勋、爵"中的"职"(即"职事官")不同。"职"指差遣"职",是白居易等唐人已有的用法,非笔者所创。至于"职、散、勋、爵"中的"职",白居易称之为"官"(即职事"官"之意)。见他的《有唐善人墓碑》,《白居易集》卷四一,页904。

文学研究者经常误解,以为白居易是"兼任"这两种官职(即同时执行两种职务)。但傅璇琮有一文已力证其非①。白居易应当只负责翰林学士的职务。他的"左拾遗"只是他的"阶官",因为翰林学士并非一种"官",而是一种"职"。出任此职者照例需要带一个"本官"作为他的"阶官",以秩品位,寄俸禄。白居易在《初授拾遗献书》中说:"臣伏奉前月二十八日恩制,除授臣左拾遗,依前充翰林院学士者。"②"依前"两字也就点明他一直都在翰林院服务(他之前是以盩厔尉充任翰林学士)。

白居易后来在任翰林学士期间,又从左拾遗升为"京兆府户曹参军"。他这个"京兆府户曹参军"也仅是他的本官,当作阶官使用。他从来没有真正去执行京兆户曹的职务③。这就是为什么韦执谊在《翰林院故事》文末详列历任翰林学士的名单和他们的"本官"时,说白居易任翰林学士是以"盩厔尉、授集贤校理充,拾遗又充,京兆府户曹又充"④。韦执谊这个"充"字有很精确的意思,即以某某"官"去"充"翰林学士此"职"⑤。李肇《翰林志》也说:"凡学士无定员,皆以他官充,下自校书郎,上及诸曹尚书,皆

①傅璇琮《从白居易研究中的一个误点谈起》,《文学评论》,2002年第2期,页130—137。此文又收在傅璇琮的论文集《唐宋文史论丛及其他》(郑州:大象出版社,2004)。

②《白居易集》卷五八,页1228。

③笔者在拙书《唐代基层文官》第四章《参军和判司》中,曾经详细讨论白居易以京兆户曹参军充任翰林学士的种种含义,包括此种阶官用以计算俸禄的功能。

④韦执谊《翰林院故事》,收在傅璇琮、施纯德编《翰学三书》(沈阳:辽宁教育出版社,2003)卷四,页19。《全唐文》所收的韦执谊《翰林院故事》,文末没有这份翰林学士名单。

⑤现代有些学者喜以"迁入官"、"迁出官"(或"始入官"和"出院官")来形容翰林学士所带的这些阶官,笔者认为不妥,不够精确,容易误导读者。

为之。"①

唐代对"官"和"职"有严格的划分。最能说明此点的,便是白居易在《有唐善人墓碑铭并序》中列举墓主人李建一连串官衔时的一段话:

> 公"官"历校书郎,左拾遗,詹府司直,殿中侍御史,比部、兵部、吏部员外郎,兵部、吏部郎中,京兆少尹,沣州刺史,太常少卿,礼部、刑部侍郎,工部尚书。"职"历容州招讨判官,翰林学士,鄜州防御副使,转运判官,知制诰,吏部选事。"阶"中大夫。"勋"上柱国。"爵"陇西县开国男。②

这些是李建一生中所有的官衔。这段话有具体实例,清楚告诉我们,"官"是有品秩的正式编制官位,如校书郎、员外郎和郎中等。"职"是唐后期方镇使府幕职、翰林院、集贤院学士、史馆修撰等没有品秩的馆职,或"知制诰"、"知吏部选事"等职。"阶"是散官阶。"勋"是勋官。"爵"即爵号封邑。唐人任官,可能同时拥有这五种官称,外加赐章服(如赐绯鱼袋等)。大官死后更可能还有"赠官"一项(如赠礼部尚书等)。这些在墓志中都很常见到③。

但"官"有时仅是阶官,并非实职。白居易撰《有唐善人墓碑铭并序》,便没有明确把李建有实职的官和无实职的"本官"或

①《翰学三书》卷一,页 4。
②《白居易集》卷四一,页 903。
③岑仲勉在其著名的唐史教科书《隋唐史》第 53 节《职官概论》和第 54 节《散官、爵、勋及赐》中,完全没有提到唐代"官"(即"职事官")和"职"(即"差遣职")的重要分别。但笔者认为,读唐史者若不明其中奥妙,恐怕无法弄清许许多多唐人的官历。

"阶官"区分开来,而全部都列在"官"项下。然而,诗人元稹为李建(元、白和李建三人为好朋友)所写的另一墓志《李公墓志铭》,便很清楚告诉我们李建的"官"和"职"是如何对应的,例如:

> 始以进士第二人试校秘("秘"字疑衍)书郎、判容州招讨事,复调为本官。①

这里的意思是,李建中"进士第二人"后,即以"试校书郎"这个"官",去出任"容州招讨(判官)"此"职"。幕职所带的此种京"官",常冠以一个"试"字,但此"试"字常被唐人省略②。李建后来又"复调本官",即回到京城去出任真正的校书郎(唐史料常称之为"真除")。所以,白居易说李建"公官历校书郎",实际上背后有两层意思:李建先挂名在幕府任无实职的"试"校书郎,后来又回去京城任有实职的校书郎。

同理,唐史上有不少人,曾经挂着拾遗和补阙的"官",去出任其他"职"。他们所挂的拾遗和补阙官位,都是当作阶官来使用。这可以说是唐代职事官阶官化的开始③,也是宋代官制异常复杂和紊乱的一个根源④。

以拾遗和补阙此两个"官"去充任的"职",最常见的计有:一、史馆修撰;二、翰林学士;三、集贤院或弘文馆等文馆直学士或

---

① 《元稹集》卷五四,页 585。
② 详见拙书《唐代基层文官》第一章《校书郎》、第二章《正字》和第五章《巡官、推官和判官》中的关于"试"衔的讨论。
③ 张国刚《唐代阶官与职事官的阶官化》,《唐代政治制度研究论集》,页207—232;拙文《唐代的翰林待诏和司天台》,《唐研究》,第 9 卷(2003)。
④ 孙国栋《宋代官制紊乱在唐制的根源》,《唐宋史论丛》。

学士;四、瓯使、判官或其他临时差遣职。

（一）以遗、补充史馆修撰

唐代的史官有几个等级,但都属于"职",没有官品,所以照例要带一个本官秩阶。最低一级为"直史馆",为比较年轻的史官,通常带县尉官,如宇文籍,"以咸阳尉直史馆,与韩愈同修《顺宗实录》"[1]。又如蒋系,"大和初授昭应尉,直史馆"[2]。再如崔元受,"登进士第,高陵尉,直史馆"[3]。

比"直史馆"高一级的是"史馆修撰"（最高层则为"监修国史",例由宰相或其他高官出任,但此最高职反倒常是不做事的虚职）。《旧唐书·职官志》清楚解说:"贞观已后,多以宰相监修国史,遂成故事也。……天宝已后,他官兼领史职者,谓之史馆修撰,初入为直馆也。"[4]《新唐书·百官志》也说:"贞观三年,置史馆于门下省,以他官兼领,或卑位有才者亦以直馆称。"[5]元和六年,有宰相奏称:"登朝官领史职者为修撰,以官高一人判馆事;未登朝官皆为直馆。"[6]"登朝官"指那些须参加朝会的高官和监察御史等"常参官",拾遗和补阙皆属常参官。县尉不参朝会,属"非登朝官"。

史馆修撰最常带的阶官便是拾遗和补阙。几乎所有知名的

---

①《旧唐书》卷一六〇,页4209。

②《旧唐书》卷一四九,页4028。

③《旧唐书》卷一六三,页4263。

④《旧唐书》卷四三,页1853。

⑤《新唐书》卷四七,页1214。

⑥《新唐书》卷四七,页1214。关于唐代的史馆和史官,见张荣芳《唐代的史馆和史官》;Denis Twitchett, *The Writing of Official History under the T'ang*, pp. 13—20.

唐代史官,都曾经以拾遗或补阙为阶官,充任过史馆修撰。此类例证太多,不胜举,且举数例如下:

(一)柳芳:"自永宁尉、直史馆,转拾遗、补阙、员外郎,皆居史任。"①

(二)沈既济:"建中初,(杨)炎为宰相,荐既济才堪史任,召拜左拾遗、史馆修撰。"②

(三)沈传师:"擢进士,登制科乙第,授太子校书郎、鄠县尉,直史馆,转左拾遗、左补阙,并兼史职。"③

(四)蒋乂:"贞元九年,转右拾遗,充史馆修撰。"④

(五)蒋系:"大和初授昭应尉,直史馆。二年,拜右拾遗、史馆修撰,典实有父风,与同职沈传师、郑澣、陈夷行、李汉等受诏撰《宪宗实录》。"⑤

(六)蒋偕:"有史才,以父任历官左拾遗、史馆修撰,转补阙。咸通中,与同职卢耽、牛丛等受诏修《文宗实录》。"⑥

以上这些都是正史列传中的材料,或许还不足以看出这些人的真正职务;到底是任谏官,还是史官?

让我们再引正史以外的两个实例,以考其真。一是唐后期的

---

① 《旧唐书》卷一四九,页4030。
② 《旧唐书》卷一四九,页4034。沈传师是沈既济的儿子。
③ 《旧唐书》卷一四九,页4037。
④ 《旧唐书》卷一四九,页4026。
⑤ 《旧唐书》卷一四九,页4028。蒋系是蒋乂的儿子。
⑥ 《旧唐书》卷一四九,页4029。蒋偕也是蒋乂的儿子。

裴庭裕,为我们留下一部十分有史料价值的《东观奏记》。此书便是他以右补阙任史馆修撰时期所写的。他的序文写得很沉痛感人:

> 圣文睿德光武宏孝皇帝自寿邸即位,二年,监修国史、丞相、晋国公杜让能以宣宗、懿宗、僖宗三朝实录未修,岁月渐远,虑圣绩湮坠,乃奏上,选中朝鸿儒硕学之士十五人,分修三圣实录。以吏部侍郎柳玭、右补阙裴庭裕、左拾遗孙泰、驾部员外郎李允、太常博士郑光庭专修《宣宗实录》。庭裕奉诏之日,惕不敢息,思摭实无隐,以成一朝之书。逾岁,条例竟未立。……伏自宣宗皇帝宫车宴驾,垂四十载,中原大乱,日历与起居注,不存一字,致儒学之士阁笔未就。非旷职官,无凭起凡例也。庭裕自为儿时,已多记忆,谨采宣宗朝耳目闻睹,撰成三卷,非编年之史,未敢闻于县官,且奏记于监国史晋国公,藏之于阁,以备讨论。①

据此可知裴庭裕当时虽挂着右补阙的官位,他真正的职务却是修史。右补阙仅是他的阶官。

第二例出自白居易的《授沈传师左拾遗、史馆修撰制》:

> 京兆府鄠县尉沈传师:庶职之重者,其史氏欤? 历代以来,甚难其选。非雄文博学,辅之以通识者,则无以称命。今兹命尔,其有旨哉! 昔谈之书,迁能修之;彪之史,固能终之。惟尔先父尝撰《建中实录》,文质详略,颇得其中。尔宜继前

---

① 《东观奏记·序》,页83。

志,率前修,无忝尔父之官之职。可左拾遗、史馆修撰。①

这是当年沈传师获授左拾遗、史馆修撰的任命书,今存于白居易的文集。文中全是修史的典故:司马谈、司马迁父子和班彪、班固父子相继修史的故事,又提到沈传师的父亲沈既济撰《建中实录》的事(这可证沈既济当年所任亦是史官,非谏官)。同时,敕文又敦促沈传师,"尔宜继前志,率前修,无忝尔父之官之职"。沈传师这回从京兆府鄠县尉(他之前即以此官任"直史馆")升任为左拾遗。不但他的阶官升级了,而且他的"职"也升了:从直史馆升为史馆修撰。但他的工作依然是修史,不是去当谏官。敕文最后说"无忝尔父之官之职",也再次提醒我们,唐代有"官"和"职"之分。

(二)以遗、补充翰林学士

以遗、补充翰林学士,我们上头已见过白居易的案例。傅璇琮先生亦已细考白居易任翰林学士期间,并未执行拾遗的职务。此官只是他的"本官"或"阶官"。除白居易外,唐人以遗、补充翰林学士者极常见②。

现代学者对翰林学士的研究亦已详备③,这里无需重复赘述,

①《白居易集》卷五四,页 1139。关于此文的真伪,见岑仲勉《〈白氏长庆集〉伪文》,《岑仲勉史学论文集》,页 232—233。笔者认为,此文或为白居易所作"拟制",或为他人所写,后混入白集,不宜称之"伪文"。
②详见毛蕾《唐代翰林学士》,页 184—197 的翰林学士表。
③关于唐代的翰林学士,近人的单篇论文颇多,专书则仅有毛蕾,《唐代翰林学士》。过去中、日、韩、英、法学者对翰林院的论述,详见胡戟等编《二十世纪唐研究》,页 95 的学术史回顾。特出论文有刘健明,(转下页注)

只想指出翰林学士在官制上的两点最重要的特色:第一,翰林学士是一种"职",照例都带有"本官"作阶官。这种本官可以是低至九品的正字和校书郎,也可以是工部尚书等高官,但大多数是郎官(即员外郎或郎中)。

第二,这种"本官"也有升迁。例如,白居易在出任翰林学士期间,即从盩厔尉升左拾遗,再升为京兆府户曹参军。这跟方镇使府幕职所带京衔或宪衔亦有升迁一样①。我们须细心分辨此种"本官"的升迁,否则不易明了许多任过翰林学士者的官历。

(三)以遗、补充集贤或其他文馆职

以遗、补充集贤院、弘文馆等文馆学士的案例不多,远远少于翰林学士者。主要计有下面数例:

(一)王仲丘:"开元中历左补阙内供奉、集贤修撰,起居

①（接上页注）《论唐代的翰林院》,《食货》(台北),第15卷第7—8期合刊(1986);辛德勇《大明宫夹城与翰林院学士院诸问题》,《陕西师范大学学报》,1987年第4期(后收入氏著《隋唐两京丛考》);袁刚《唐代的翰林学士》,《文史》,总第33辑(1990);赵雨乐《唐代翰林学士院与南北司之争》,《唐都学刊》,2001年第1期。近年傅璇琮开始发表一系列论翰林学士的论文,先后有:《李白任翰林学士辨》,《文学评论》,2000年第2期;《唐玄肃两朝翰林学士考论》,《文学遗产》,2000年第4期;《唐代宗朝翰林学者考论》,《中华文史论丛》,第67辑(2001);《唐德宗朝翰林学士考论》(和施纯德合写),《燕京学报》,新第10期(2001);《唐永贞年间翰林学士考论》,《中国文化研究》(北京)2001年秋之卷;《翰林供奉》,《文史知识》,2001年第10期。傅璇琮的这些论文,现已收在他的文集《唐宋文史论丛及其他》中。
①详见拙书《唐代基层文官》第五章《巡官、推官和掌书记》中"幕佐的官衔"一节。

舍人。"①

(二)韦述:"转右补阙,中书令张说专集贤院事,引述为
直学士,迁起居舍人。"②

(三)田佐时:"时黜陟使裴伯言荐潞州处士田佐时,诏除
右拾遗、集贤院直学士。(张)镒以为礼轻,恐士不
劝,复诏州县吏以绢百匹、粟百石就家致聘,佐时卒
不至。"③

(四)孙季良:"河南偃师人也,一名翌。开元中,为左拾
遗、集贤院直学士。撰《正声诗集》三卷,行
于代。"④

(五)王铎:"字昭范,宰相播昆弟子也。会昌初,擢进士
第,累迁右补阙、集贤殿直学士。"⑤

(六)韦弘景:"元和三年,拜左拾遗,充集贤殿学士,转左
补阙,寻召入翰林为学士。"⑥

(七)庾敬休:"迁右拾遗、集贤学士。历右补阙,称职,转
起居舍人,俄迁礼部员外郎。入为翰林学士,迁礼
部郎中,罢职归官。"⑦

(八)刘㻌:"右补阙、集贤殿学士、修国史。著《史例》三

①《新唐书》卷二〇〇,页5700。
②《旧唐书》卷一〇二,页3182。
③《新唐书》卷一五二,页4830。
④《旧唐书》卷一八九下,页4975。
⑤《新唐书》卷一八五,页5406。
⑥《旧唐书》卷一五七,页4152—4153。
⑦《旧唐书》卷一八七下,页4913。

卷、《传记》三卷、《乐府古题解》一卷。"①

（九）陆戻："迁左拾遗,兼集贤学士。"②

（十）张琪："(裴)光庭又引寿安丞李融、拾遗张琪、著作佐郎司马利宾等,令直弘文馆,撰续《春秋传》。"③

（十一）韦少游："左补阙直弘文馆韦少游,修词懿文,终温且惠。"④

细读以上十一例,可考以下几个细节:

第一,集贤院馆职的等级及其与拾遗、补阙等阶官的对应关系。集贤院和史馆一样,有几种等级的职位。最低为集贤校理（约相等于秘书省的校书郎和正字）,任此职者多带县尉官⑤,没有带遗、补的案例。其次是集贤修撰,任此职有带补阙内供奉官者,如上引第一例王仲丘;也有带郎官者,如孙逖,"入为考功员外郎、集贤修撰"⑥,可知修撰实际上高校理一个等级。第三等是直学士,例带拾遗或补阙官,如上引第二到第五例。第四等是学士。据《唐六典》等书的规定,"五品以上为学士,六品以下为直学士"⑦。但上引第六到第九例却有拾遗或补阙任"学士"的记载。按拾遗为从八品上,补阙从七品上。如照《唐六典》等书规定,韦景弘和庾敬休等人似不应任"学士"而应任"直学士"。这有两个

---

① 《旧唐书》卷一○二,页 3174。
② 《旧唐书》卷一七九,页 4668。
③ 《旧唐书》卷八四,页 2807。
④ 贾至《授韦少游祠部员外郎等制》,《文苑英华》卷三九一,页 1992。
⑤ 详见拙书《唐代基层文官》第三章《县尉》中"以县尉作阶官充馆职"一节。
⑥ 《旧唐书》卷一九○中,页 5044。
⑦ 《唐六典》卷九,页 279。

可能：一是唐代任官，可能并非处处遵照《唐六典》等政书上的规定办事；二是韦景弘和庾敬休等人实际上还是任"直学士"，但史家书写时省略了一个"直"字，就像唐后期的"试校书郎"、"试大理评事"等官称中的"试"字经常被省略一样。

第二，遗、补都有可能"直弘文馆"从事修撰等职务，如上引第十和十一例。但唐代直弘文馆者，大部分都以县尉充任①。以遗、补充当的仅能找到此两例。

第三，有人出任过集贤学士后始出任翰林学士，如上引第六例韦弘景和第七例庾敬休。集贤院主要是藏书和修书之所，其学士地位看来不如"以备顾问"的翰林学士。

（四）以遗、补充匦使或其他差遣职

遗、补除了可以作为阶官，充任史馆、翰林、集贤和弘文等馆职外，还可能出任其他使职，例如知匦使。《旧唐书·职官志》载：

> 天后垂拱元年（685），置匦以达冤滞。其制，一房四面，各以方色，东曰延恩，西曰申冤，南曰招谏，北曰通玄，所以申天下之冤滞，达万人之情状。盖古善旌、诽谤木之意也。天宝九年，改匦为献纳。乾元元年，复名曰匦。垂拱已来，常以谏议大夫及补阙、拾遗一人充使，受纳诉状。每日暮进内，而晨出之也。②

---

①详见《唐代基层文官》第三章《县尉》中"以县尉作阶官充馆职"一节。
②《旧唐书》卷四三，页1853。又见《通典》卷二一，页555。《唐会要》卷五五，页1122—1126有更多关于匦使的材料。

这是武则天一上台所新设的"申冤"和投书制度,"常以谏议大夫及补阙、拾遗一人充使"。这几种官都属谏官,只是等级不同。但笔者一时还未能在正史列传或墓志中找到遗、补充知匦使的记载。不过,唐后期却有几位谏议大夫充知匦使的实例,如裴佶和李中敏等人①。

初唐诗人陈子昂代他朋友乔知之所写的《为乔补阙论突厥表》,出人意表地提到补阙出外任"监军"的事:

> 臣某言。臣以专蒙,叼幸近侍。陛下不以臣不肖,特敕臣摄侍御史,监护燕然西军。臣自违阙庭,历涉秋夏,徒居边侥,无尺寸之功。臣诚暗劣,孤负圣明。然臣久在边隅,夙夜勤灼,莫不以蕃事为念。②

陈子昂在《燕然军人画像铭并序》也提到此事:

> 金微州(在今蒙古人民共和国)都督仆固始桀骜,惑乱其人,天子命左豹韬卫将军刘敬周发河西骑士,自居延海入以讨之。特敕左补阙乔知之摄侍御史护其军事。夏五月,师舍于同城。方绝大漠,以临瀚海。③

可证乔知之的确以左补阙摄侍御史的身份,在西北大漠居延海充当监军。不过,这是唐史上唯一以补阙充监军的案例,可视为特

---

① 《唐会要》卷五五,页1124—1125。
② 徐鹏校《陈子昂集》(北京:中华书局,1960)卷四,页84。
③ 《陈子昂集》卷六,页137。

殊情况（唐后期都以宦官监军）。其时为垂拱二年（686），武则天刚登基不久，拾遗和补阙都是她刚创设的新官位，或许有此不寻常的监军职能，好比是她信任的"使者"，正如唐后期的宦官都以皇帝亲信"使者"的身份出外监军一样。

但唐史上不乏遗、补奉使在外的案例。盛唐诗人王维的《送李补阙充河西支度营田判官序》写道：

> 将军幕府，请命介于本朝；天子琐闱，辍谏官以从事。补阙李公，家世龙门。词场虎步，五经在笥。一言蔽《诗》。广屯田之蓄，度长府之羡，以赡边人，以弱敌国。①

可知这位李补阙如何充河西支度营田判官。孙逖有诗《送李补阙摄御史充河西节度判官》②，所指"李补阙"当为同一人。

以上是比较固定的使职。唐史上还有一种临时性质的差遣职，亦常以遗、补充任。例如，孙逖有诗《春初送吕补阙往西岳勒碑得云字》，写补阙吕向往西岳华山刻碑事：

> 刻石记天文，朝推谷子云。
> 筐中缄圣札，岩下揖神君。
> 语别梅初艳，为期草欲熏。
> 往来春不尽，离思莫氛氲。③

---

① 《王维集校注》卷九，页 845。
② 《全唐诗》卷一一八，页 1191。
③ 《全唐诗》卷一一八，页 1190。

徐安贞亦有诗《送吕向补阙西岳勒碑》佐证此事：

> 圣作《西山颂》，君其出使年。
> 勒碑悬日月，驱传接云烟。
> 寒尽函关路，春归洛水边。
> 别离能几许，朝暮玉墀前。①

《新唐书·吕向传》更清楚告诉我们吕向如何以左补阙充"镌勒使"：

> 天子数校猎渭川，向又献诗规讽，进左补阙。帝自为文，勒石西岳，诏向为镌勒使。②

独孤及的《唐故左补阙安定皇甫公集序》，则说他笔下的这位皇甫冉：

> 大历二年迁左拾遗，转右补阙，奉使江表。③

除此之外，拾遗有外出往江南一带搜访图书者。例如，戴叔伦有诗《送崔拾遗峒江淮访图书》：

> 九门思谏议，万里采风谣。

---

①《全唐诗》卷一二四，页 1227。
②《新唐书》卷二〇二，页 5758。
③刘鹏、李桃校注《毗陵集校注》(沈阳：辽海出版社，2006)卷一三，页 290。

关外逢秋月，天涯过晚潮。

雁来云杳杳，木落浦萧萧。

空怨他乡别，回舟暮寂寥。①

李端有诗《送耿拾遗沣使江南括图书》：

驱传草连天，回风满树蝉。

将过夫子宅，前问孝廉船。

汉使收三箧，周诗采百篇。

别来将有泪，不是怨流年。②

写的都是拾遗在外访书事。唐代外出访书的，还有校书郎、正字、司议等京官③。

唐末更有以拾遗往南方"使册闽王"事，见于翁承赞的诗《天佑元年（904）以右拾遗使册闽王而作》：

蓬莱宫阙晓光匀，红案异麻降紫宸。

鸾奏八音谐律吕，凤衔五色显丝纶。

萧何相印钧衡重，韩信斋坛雨露新。

得侍丹墀官异宠，此身何幸沐恩频。④

最后两句"得侍丹墀官异宠，此身何幸沐恩频"，很能表现一个拾

①《全唐诗》卷二七三，页3090。
②《全唐诗》卷二八五，页3256。
③见拙书《唐代基层文官》第一章《校书郎》和第二章《正字》。
④《全唐诗》卷七〇三，页8090。

遗官奉使出发前的得意之情。翁承赞是乾宁三年(896)进士，闽人，约于光化三年(900)任拾遗①。朝廷以他为册礼使往册王审知为闽王，显然因为他是闽人(他在后梁开平四年，又再次为闽王册礼副使)。《全唐诗》收他的诗一卷，其中有好几首正写他回乡册闽王事，字里行间不无意气风发之处，诸如《甲子岁(此即天祐元年，904)衔命到家至榕城册封，次日闽王降旌旗于新丰市堤饯别》、《蒙闽王改赐乡里》、《文明殿受册封闽王》、《御命归乡蒙赐锦衣》等等②。

　　以上是几个以遗、补暂充差遣职的案例。上引柏耆以拾遗出使镇州劝服王承宗事，也属此类。他们当中，有些人可能出使后又回京。例如柏耆，回朝后即"真擢……左拾遗，由是声震一时。迁起居舍人"③。再如吕向，回京任起居舍人，再迁中书舍人，最后官至工部侍郎④。但总的来说，以遗、补补外充使的案例，不论是固定使职或临时性质，都不多见，仅有上引寥寥几例。最重要也最常见的，还是以遗、补充史馆修撰，其次是充集贤和翰林等馆职。


# 九、拾遗补阙"内供奉"


　　本书第一章论御史，提到"监察御史里行"、"殿中侍御史内供奉"等官称。"里行"和"内供奉"这些"后缀词"所标示的，都是一

---

①孟二冬《登科记考补正》卷二四，页896。
②俱见《全唐诗》卷七〇三。
③《新唐书》卷一七五，页5252。
④《新唐书》卷二〇二，页5758—5759。

种员外官,一种"亚类",其地位略低于正员的监察御史和殿中侍御史。

同理,唐代的拾遗和补阙也有"内供奉"这个亚类。他们都是正式员额之外的员外官,但据《唐六典》卷九"左补阙"条下,他们的"资望"和"俸禄"却与"正官同":

> 又置内供奉,无员数,才职相当,不待阙而授,其资望亦与正官同,俸禄等亦全给。右补阙亦同。①

《唐六典》卷九在"左拾遗"条下也有几乎相同的叙述:

> 亦置内供奉,无员数,资望、俸禄并如正官。右拾遗亦同也。②

我们在第一章见过,殿中侍御史内供奉和侍御史内供奉的地位和俸禄,都不如殿中侍御史和侍御史正官(监察御史里行也不如监察御史),但拾遗补阙内供奉的资望和俸禄却与"正官同"。这是我们读史时应当留意的。可惜,现存史料只有《唐六典》这一条,无从深考。

此外,应当指出的是,《旧唐书·职官志》在谈到遗、补时有一句话颇易令人误解(整段引文见本章第一节开头):

> 大历四年(769),补阙、拾遗,各置内供奉两员。

---

① 《唐六典》卷九,页247。
② 《唐六典》卷九,页247。

初看之下,这好像是说拾遗补阙内供奉是在大历四年才设立的。事实上不然。我们在唐前期史料中可以找到不少人任拾遗补阙内供奉的案例。例如,唐初著名史官吴兢,即曾经"拜右拾遗内供奉":

> 吴兢,汴州浚仪人也。励志勤学,博通经史。宋州人魏元忠、亳州人朱敬则深器重之,及居相辅,荐兢有史才,堪居近侍,因令直史馆,修国史。累月,拜右拾遗内供奉。神龙中,迁右补阙,与韦承庆、崔融、刘子玄撰则天实录成,转起居郎。①

再如张九龄,在《上封事书》一开头便告诉我们他当年出任的是"左拾遗内供奉":"五月二十日,宣义郎左拾遗内供奉臣张九龄谨再拜,死罪死罪!上书开元神武皇帝陛下。"②他后来在《开凿大庾岭路记序》中,又清楚提到他这个官衔:

> 开元四载,冬十有一月,俾使臣左拾遗内供奉张九龄,饮冰载怀,执艺是度,缘磴道,披灌丛,相其山谷之宜,革其板险之故。③

张九龄自称其官衔,应当是最可信的了。不少近人论著把张九龄这个早年官衔省略为"左拾遗",颇失其真,或许也因为不理解"内

①《旧唐书》卷一〇二,页 3182。
②《张九龄集校注》卷一六,页 846。杨承祖《张九龄年谱》,页 20,引《通典》、《册府元龟》和《唐会要》等书,说此封事书于开元三年所上。
③《张九龄集校注》卷一七,页 891。

供奉"的含义而将之删去。

至于补阙内供奉,在大历四年之前的案例,可举以下三个:

(一) 郑钦说:"后魏濮阳太守敬叔八世孙。开元初,繇新
津丞请试五经,擢第,授巩县尉、集贤院校理。历右
补阙内供奉。通历术,博物。"①

(二) 苏颋《授韩休起居郎制》:"敕。朝议郎左补阙内供
奉判尚书主爵员外郎韩休,理识清畅,襟灵夷雅,探
学精微,属词婉丽,甲科对策,尝副求贤,左史记言,
用观书法。可行起居郎。散官如故。"②

(二) 苏颋《陈情表》:"谨附起居使朝议郎右补阙内供奉
臣李邻奉表以闻。"③

《旧唐书·职官志》那句易生误会的话,在《唐会要》也出现
过④,可能源自《旧唐书·代宗纪》大历四年条下所载:

十二月乙未,敕左右补阙、拾遗、内供奉员左右("员左
右"三字疑衍)各置两员,余罢之。⑤

据此,可知大历四年的这项规定,是一个"减省官员"的行动,也就

---

①《新唐书》卷一二五,页 5704。
②《文苑英华》卷三八三,页 1952。
③《文苑英华》卷六○一,页 3122。
④《唐会要》卷五六,页 1132。《唐六典》和《通典》的叙述没有这方面的问
　题。
⑤《旧唐书》卷一一,页 294。

是把"左右补阙、拾遗、内供奉",从原本的不只两员,重新规定为"各置两员,余罢之"。但《职官志》删去"余罢之"三字,整个意思便不同了。

# 十、结论

拾遗和补阙是两种唐代所创的官,"古无此官名",初设于武则天刚登基的那年,主要职务是"供奉讽谏,扈从乘舆"。换句话说,这是两种皇帝的"近臣",是唐代极少数能够经常亲睹皇帝天颜的官员。大诗人杜甫曾经在唐宫中做过拾遗官。他就因为"天颜有喜近臣知",而感到无上的光荣。

拾遗官品为从八品上,补阙为从七品上,看起来仿佛是低品基层官,但这两种官却因为是皇帝的谏臣而清贵无比。这两官一般也不是士人释褐之官,而常常是他们第二、三任官,任官年龄约在三四十岁之间,所以我们认为应当把他们视为中层文官才比较恰当,不能单看官品。

因为是谏臣,又须时时为文上疏,拾遗和补阙常由品行清高、"文词优美"的文士出任,任官条件似又比其他官员(比如监察御史、县令等)来得严苛。文词不佳者恐怕亦无法胜任此两官。因此唐代大诗人当中,担任过拾遗的就有陈子昂、张九龄、王维、杜甫、元稹、白居易,出任过补阙的则有张说、张九龄、王维、岑参、杜牧和韦庄。

唐代中叶以后,不少职事官经常被拿来当成阶官使用,即所谓"职事官的阶官化"。拾遗和补阙也不例外。所以,在唐后期的史料和碑刻中,我们可以见到不少官员,挂着拾遗、补阙的官衔,却不任拾遗、补阙的实职，而是去充当史馆修撰、翰林学士、集贤院和弘文馆学士，甚至充瓯使或出使在外等等。我们须留意史料中的这种现象，否则很容易误读许多唐后期士人的官历。

　　跟侍御史和殿中侍御史一样，拾遗和补阙也有"内供奉"这种"亚类"。这是一种员外编制官，但据《唐六典》，拾遗补阙内供奉的"资望"和"俸禄"，却和"正官同"。然而，殿中侍御史内供俸和侍御史内供俸的地位和俸禄，却不如殿中侍御史和侍御史正官（监察御史里行也不如监察御史）。

# 第三章　员外郎和郎中

> 有意嫌兵部，专心取考功。
>
> 谁知脚蹀躞，几落省墙东。
>
> ——张敬忠戏咏①

　　张敬忠这首戏咏诗，生动地证实唐代尚书六部的官员，确实有高低等级之别。自唐初以来，吏部、兵部排在前头，美称"前行"，最为剧要，地位最高。户部、刑部为"中行"，地位居中。礼部、工部在"后行"，地位最下。先天中，侍御史王上客（《全唐诗》作"王主敬"）②自以为"才望清雅"，可以入尚书省任员外郎，属意

---

①张敬忠这首诗及其背景本事，最早见于唐代著名史官韦述所撰《两京新记》中的一段记载。《两京新记》今已无全本传世，但这段记载曾经为《太平广记》卷二五〇页1937引用。《两京新记》现有辛德勇的辑校本《两京新记辑校》（西安：三秦出版社，2006）。王上客此事见此辑校本卷一，页9—10。此事又见于《大唐新语》卷一三，页191；《唐语林校证》卷五，页446；《南部新书》丁卷，页44，以及《唐诗纪事》卷一三。张敬忠这首戏咏诗也收在《全唐诗》卷八六九，页9852，题作《咏王主敬》，当系后人所题，且有异文。
②《全唐诗》卷八六九，页9852。但据徐敏霞和王桂珍点校《唐尚书省郎官石柱题名考》（北京：中华书局，1992），页922的考证，应作"王上客"为是。他除了任膳部员外郎，亦曾任主客员外郎，都属比较低下的员外郎。

"前行"的吏部考功员外。不料,他得到的却是"膳部员外郎",属"后行"的礼部,他因此"微有怅惋"。吏部郎中张敬忠于是写了这首打油诗。膳部位于尚书省最东北隅,所以诗中有"几落省墙东"之句,极尽嘲讽。

唐代的员外郎和郎中合称为"郎官",是中央政府中一批很重要的中层文官。张敬忠这首诗揭示,我们今天研究这批郎官,最切要的一点应当是先厘清他们所属的二十六司的高低地位。否则,我们不但不能欣赏张敬忠此诗的微妙处,更无法弄清唐代诗文和史料中许许多多郎官的地位,如坠五里雾中,无法看得真切。

关于唐代的郎官,传统上最重要的一本书是清代劳格和赵钺所编撰的《唐尚书省郎官石柱题名考》①。此书以唐代郎官石柱上的题名,试图重建吏部、户部和礼部郎官的名单(兵部、刑部和工部的石柱已残缺)。这样的官员名录,虽属后来重构,却也很有参考价值。劳格和赵钺更详考了这数千名郎官的生平和他们的墓志等传记材料。这本清代著作今天仍然可以当成是唐代大半郎官的"传记索引"或"传记辞典"来使用。不过,它最大的缺点是,没有理会二十六司郎官的等级地位,仿佛郎官全属一类,地位全都相同。

---

① 此书有今人徐敏霞和王桂珍的点校本,校订详尽,最便使用。岑仲勉另有增补订正,见其《郎官石柱题名新考订(外三种)》(北京:中华书局,2004)和《郎官石柱题名新著录》,收在他的《金石论丛》(上海:上海古籍出版社,1981)。近人亦有补正,例如胡可先《〈郎官石柱题名考〉补正(左司郎中、员外郎部分)》,《文教资料》,1997 年第 3 期,页 80—100;吴浩《〈唐尚书省郎官石柱题名考〉增补》,《国学研究》,第 12 卷(2003),页155—184。最近比较重要的一篇论著是路远《〈唐尚书省郎官石柱〉之初刻与改刻》,《唐研究》,第 12 卷(2006),页 397—415,厘清了此碑长期被人误解的几个问题。

今人孙国栋的《唐代中央重要文官迁转途径研究》有专章详考唐代郎官的迁转途径，大致为我们厘清了这些郎官的等级地位①。除此之外，近人对郎官的研究不多②。本章要做的是，更深入细考郎官的轻重地位、职掌等细节，并申论前人没有涉及的其他相关课题，诸如郎官和刺史、翰林学士、史馆修撰的关系，以及郎官知制诰、检校郎官等事。由于员外郎和郎中都属郎官，性质相近，史料中常两者并提，难以分割，所以这里一并讨论。

## 一、郎官的起源和员额

唐代的郎官源自汉代的尚书郎，有一段长达数百年的演进史。《通典》卷二二有一节"历代郎官"对此有详细的论述，这里不必赘论③。简言之，从汉代开始，这就是一种很受尊重的美官，可从以下《通典》的一段生动描写见其概：

> 八座(指六部尚书、左右仆射和尚书令八人)受成事，决于郎，下笔为诏策，出言为诏命。……其入直，官供青缣白绫

①《唐代中央重要文官迁转途径研究》，页52—68及所附迁转图表。
②例如，能野岳《唐代の分司官について：分司郎官の分析を中心に》，《史朋》，第35号(2003)，页29—51；渡边孝《唐後半期の財務三司下における"判案郎官"について》，《史境》，第51号(2005)，页43—64；史云贵、于海平《外朝化与平民化：中国古代郎官考述》，《史学月刊》，2004年第1期，页24—31；宋德熹《唐代前期吏部考功员外郎的身份背景》，《兴大历史学报》，第17辑(2006年6月)，页41—66；王东洋《六朝隋唐时期考功隶属及其职掌之变化》，《史学集刊》，2007年第3期，页77—81。
③《通典》卷二二，页603—608。

被……给帐帷、茵褥、通中枕。太官供食物,汤官供饼饵及五
熟果实之属,五日一美食,下天子一等。给尚书郎伯史一人,
女侍史二人,皆选端正妖丽,执香炉,护衣服。奏事明光殿,
因得侍省中,省中皆以胡粉涂壁,画古贤烈士。以丹朱漆地,
故谓之丹墀。尚书郎口含鸡舌香,以其奏事答对,欲使气息
芬芳也。①

足见汉代尚书郎所得礼遇之隆重,当中又以"尚书郎口含鸡舌香,
以其奏事答对,欲使气息芬芳也",最为可圈可点。

唐代郎官一方面续承这种悠久的传统,一方面又有所改变。
其中一个比较重大的演化,是多了"员外郎"这种官。顾名思义,
"员外"本为正式员额以外的官员,比如唐代即有司马员外、鸿胪
卿员外等官②。"员外郎"始创于隋开皇六年。据《通典》,当时是
在"二十四司又各置员外郎一人,以司其曹之籍帐,侍郎阙,则厘
其曹事",原本是隋代侍郎的一种员外官③。然而,此官后来固定
下来,成为一个"专称"。唐朝沿用此制,直到后代。"员外郎"成
了郎官的一种,几乎失去了它原本的"员外"含义,变成"郎中"的
副官,常和郎中并提。

从汉代以降,郎官一直是中央政府中员额最多的一种官,多
达二十到三十多员,负责各曹事务,可说是朝廷骨干。唐朝也不
例外。这就是《通典》所说:"今尚书省有左右司郎中各一人,员外

①《通典》卷二二,页604。
②关于员外官,详见本书第一章第八节"内供奉和里行"的讨论。
③《通典》卷二二,页607。旧版《通典》说这是"开皇三年"的事,但王文锦等
　人的新校点中华版《通典》,已据《隋书·百官志》下和《唐六典》卷一,校
　改为"开皇六年"。

郎各一人,分管尚书六曹事。其诸曹诸司郎中总三十人,员外郎总三十一人,通谓之郎官,尤重其选。"①以此计算,唐代郎官名额多达六十五个(包含左右司)。相比之下,唐代的监察御史只有大约十个名额,补阙四个,拾遗四个,都不如郎中或员外郎的员额来得多。

郎官名额之多,也意味着唐代有不少人曾经担任过各种名目的郎官。两《唐书》列传、唐代墓志等史料以及唐代诗文中,郎中或员外郎的官名随处可见,很可能是唐代史料中出现频率最高的两种官名。

由于郎官属五、六品的中层文官,这也意味着,唐代的高层官员,除了极少数例外,几乎都曾经在他们壮年时(约四十到五十岁之间)出任过郎官,由此才爬升到高层。唐代士人如果没有充当过郎官,那通常也意味着他们的仕途不够坦顺,或一生都只浮沉在下层文官阶层当中。

以唐代主要诗人或文士的官历考之,官运不错或仕至高官者都曾经做过郎官,共有至少十四人:张说、张九龄、王维、岑参、韦应物、李益、韩愈、张籍、刘禹锡、柳宗元(他三十三岁就当上礼部员外郎可说非常杰出,可惜后来因王叔文案长年被贬失意)、白居易、元稹、李德裕、杜牧。有几个大诗人的官命却都不好:李白只做过翰林待诏②,杜甫的"工部员外郎"和李商隐的"水部员外郎"都属于"检校郎官",无实职(详见后面"检校郎官"一节)。元结的"水部员外郎"也只是个检校衔。至于王绩、初唐四杰、陈子昂、

---

① 《通典》卷二二,页607—608。
② 关于李白翰林待诏的真正意义,详见笔者《唐代待诏考释》,《中国文化研究所学报》(香港中文大学),新第12期(2003)。

孟浩然、王昌龄、孟郊、王建、贾岛、李贺、温庭筠等人，做官只达县尉、县丞、拾遗等，或在外幕府任幕职，都没能在朝中任郎官。高适的官运不错，五十岁才从县尉起家，后来长年在外任节度使和刺史，六十五岁临死前才回到朝中，没有任过郎官而直升为刑部侍郎转左散骑常侍，倒是个比较特殊的案例①。

## 二、二十六司的不同地位

唐代中央政府行使"三省制"，这是大家熟知的。三省即中书省、门下省和尚书省。中书和门下省可说是秘书性质的机构，负责草拟、审核各种制诰和官文书，组织简单，官员不多。相比之下，尚书省则是个非常庞大的机构，分为六部：吏部、户部、礼部、兵部、刑部、工部，管理全国种种政务，上至国防外交等大事，下至桥梁河津等小事，几乎无所不包。《唐六典》在说明中书省和门下省的组织时，都只用了一卷的篇幅即完事，但却用了整整六卷来详述尚书省的六部，每部各占一卷，可知尚书省组织之庞杂，远非中书和门下省可比②。

---

① 以上各人的官历，据各家年谱或传记。周勋初《高适年谱》，页121 论及高适晚年因剑南兵败被召回朝的意义。

② 其实，三省制还不是唐代中央政府的全部。三省之外，尚有秘书省、殿中省、御史台、九寺（太常寺、光禄寺等）、诸监（国子监、将作监等）以及十六卫率府等军事组织，详见《唐六典》和《通典》等职官书。尚书六部和九寺诸监的职务，表面上看起来似有重叠之处，但据严耕望的研究，"尚书六部为上级机构，主政务；寺监为下级机构，掌事务"。详见其长文《论唐代尚书省之职权与地位》，原刊《"中研院"历史语言研究所集刊》第24 本，后收入氏著《唐史研究丛稿》，最后修订本收在《严耕望史学论文集》，页261—338。

尚书省的六部,每部之下又各有四司,共二十四司,加上统领这二十四司的左司和右司,计有二十六司。有些史料和今人论著说唐尚书六部之下有二十四司,那是没有把左司和右司计算在内。尚书省六部二十六司的组织,见表三:

**表三  尚书省六部二十六司组织表**

| 吏部 | 户部 | 礼部 | 兵部 | 刑部 | 工部 |
|------|------|------|------|------|------|
| 左司 | | | 右司 | | |
| 吏部司 | 户部司 | 礼部司 | 兵部司 | 刑部司 | 工部司 |
| 司封司 | 度支司 | 祠部司 | 职方司 | 都官司 | 屯田司 |
| 司勋司 | 金部司 | 膳部司 | 驾部司 | 比部司 | 虞部司 |
| 考功司 | 仓部司 | 主客司 | 库部司 | 司门司 | 水部司 |

在《唐六典》和《通典》等政书中,六部的秩序是:吏、户、礼、兵、刑、工。这原本为《周礼》六官的秩序。《唐六典》等书为了仿《周礼》的"古制",仍然沿用这种排行秩序,但却不符合唐代的实况,因为到了唐代,这六部的轻重地位已经有了演变,跟古代不同了。据严耕望、孙国栋等人的研究,按唐人的"前后行"观念和轻重地位排列,六部的秩序应当是:吏、兵、户、刑、礼、工。

在尚书省"部"的层次,六部长官称为尚书(如吏部尚书等),副长官为侍郎(如吏部侍郎等)。他们的升官大略依前后行秩序,即由工而礼,而刑,而户,而兵,而吏[1]。

在"司"的层次,二十六司的长官为郎中(如职方郎中),副长官即员外郎(如职方员外郎)。他们的轻重地位和迁升秩序,却往

---

[1]严耕望《唐仆尚丞郎表》,第一册,页19;孙国栋《唐代中央重要文官迁转途径研究》,页117。

往不依上述六部前后行秩序,而另有一套规律。例如,开元以后,由于礼部掌贡举,地位提升,所以礼部司的地位,有超越户部司和刑部司的现象。兵部驾部司的地位,也往往落在礼部祠部司之后。孙国栋研究了二十六司郎中和员外郎的升迁途径后,得出的结论是,这二十六司可以分为下列四个等级,打散了六部的界线①:

第一级:吏部司。
第二级:兵部司、考功司、左司、右司。
第三级:司封司、司勋司、礼部司、祠部司、职方司、库部司、户部司、度支司、刑部司、都官司、工部司。
第四级:驾部司、金部司、仓部司、比部司、司门司、膳部司、主客司、屯田司、虞部司、水部司。

孙国栋说:"这四级郎中、员外郎迁转情形,大多是四级迁三级或二级;三级迁二级或一级;二级迁一级。"由此我们对二十六司员外郎的轻重地位,应当有个大致的概念②。

唐人对尚书省二十六司的地位,也早有约定俗成的评价。例如,韦述的《两京新记》,便对这些省司有一段精要的评论:

---

①孙国栋《唐代中央重要文官迁转途径研究》,页65。
②不过,孙国栋的研究,仅限于两《唐书》的列传,没来得及使用近世出土的约七千件墓志和神道碑,也没有运用《文苑英华》和《册府元龟》等书中的许多材料,所以他得出的这个"四级"分法,恐怕还有商榷余地。这里仅列作参考。此外,孙氏的研究,没有仔细区别那些真正在台省供职的郎官和那些仅在方镇幕府挂名的检校郎官(见下),这也影响到他的研究结果。

尚书郎自两汉已后妙选其人,唐武德、贞观已来尤重其职。吏、兵部为前行,最为要剧,自后行改入,皆为美选。考功员外专掌试贡举人,员外郎之最望者。司门、都门(当为"都官"之误)、屯田、虞、水(指"虞部"和"水部")、膳部、主客皆在后行,闲简无事。时人语曰:"司门水部,入省不数。"①

韦述是唐初有名的史官,景龙二年(708)进士。他书中所记皆中宗复位至开元年间的事,为珍贵的第一手材料。原书虽已不传(仅存第三卷)②,但散见于《太平广记》等书的片断,仍然有很高的史料价值,至今仍为史家所重视③。以上这段对二十六司的评估,应当是实录,反映当时人们的普遍看法。

　　其中提到"考功员外专掌试贡举人,员外郎之最望者",反映了开元二十四年之前,考功员外郎仍掌贡举,地位崇高的实况(贡举事后来由礼部侍郎接替)。在本章开头所引那首戏吟诗中,王上客最想当的就是这个考功员外郎。至于"司门、都官、屯田、虞、水、膳部、主客皆在后行,闲简无事",亦可为孙国栋所考提供佐证。至于当时人说"司门水部,入省不数",更是时人对这些"闲简无事"省司的一个生动说法。

　　司门等司在唐人眼中评价不高,在韩琬的《御史台记》中也有

①《两京新记辑校》卷一,页9。
②岑仲勉《〈两京新记〉卷三残卷复原》,《岑仲勉史学论文集》,页709—752。
③详见妹尾达彦《韦述的〈两京新记〉与八世纪前叶的长安》,《唐研究》,第9卷(2003),页9—52。北京大学中国古代史研究中心有个"《两京新记》读书班",由荣新江教授主持,其成员的读书心得报告见《隋唐长安史地丛考》,《唐研究》,第9卷(2003),页235—260。今人多把韦述的《两京新记》当作地理书来运用。不过,从上引这段文字,可知韦述不只记录长安的建筑和地理,他也留意长安官府和官场事。

所反映：

> 唐司门员外郎张文成好为俳谐诗赋，行于代。时大将军
> 黑齿常之，将出征。或人勉之曰："公官卑，何不从行。"文成
> 曰："宁可且将朱唇饮酒，谁能逐你黑齿常之。"①

张文成当了司门员外郎，当时还有人以为他"官卑"，劝他从黑齿
常之出征"从行"，博取更好的官位。

　　除此之外，户部的仓部司和兵部的驾部司可能亦为士人所不
喜，甚至成了一种传统，一种"故事"。《旧唐书·毕诚传》说：

> 诚入为户部员外郎，分司东都，历驾部员外郎、仓部郎中。
> 故事，势门子弟，鄙仓、驾二曹，居之者不悦。唯诚受命，恬然
> 恭逊，口无异言，执政多之。②

此为大和年间事。若依六部秩序，兵部属于"前行"，户部也属"中
行"，排位都不差，它们的驾部司和仓部司却据说为"势门子第"所
不喜。不过，上引此条是唯一的例子，证据似嫌单薄，或许这只是
"势门子弟"在拥有多重选择时一种"势利眼"的看法罢了。唐代
任仓、驾两曹郎官的人不少。他们当中有不少人后来也都仕至高

---

① 《御史台记》今已不传，此依《太平广记》卷二五〇，页 1940 所引。
② 《旧唐书》卷一七七，页 4609。《新唐书》卷一八三，页 5379："故事，要家势
　人，以仓、驾二曹为辱，诚沛然如处美官，无异言。"关于分司东都的郎官，
　见勾利军《略论唐代的东都尚书省》，《河南大学学报》，2007 年第 4 期，页
　124—129；勾利军《唐代东都分司官任职原因分析》，《河南师范大学学
　报》，2003 年第 5 期，页 110—113。

官。总的来说,能够当上郎官(即使在仓、驾两曹),应当都很不错,至少远胜拾遗、补阙或监察御史等官。

例如,水部员外郎一般居末。上引韦述的《两京杂记》,甚至说水部和司门为"入省不数"。然而,这恐怕也不能说得太死,要放在适当的情境下来看。比如,唐后期诗人张籍当年出任水部员外郎时,他的朋友朱庆余便给他写了一首贺诗《贺张水部员外拜命》:

> 省中官最美,无似水曹郎。
> 前代佳名逊,当时重姓张。
> 白须吟丽句,红叶吐朝阳。
> 徒有归山意,君恩未可忘。①

竟说"省中官最美,无似水曹郎",把水部抬得很高,和韦述的记载相背。当然,我们应当明白,朱庆余这时是在写诗祝贺友人得官,不免有所吹嘘,不能把他的话完全当真。但张籍得水部为一喜事,却也是事实。同理,白居易也曾写诗贺张籍,诗曰《喜张十八博士除水部员外郎》:

> 老何殁后吟声绝,虽有郎官不爱诗。
> 无复篇章传道路,空留风月在曹司。
> 长嗟博士官犹屈,亦恐骚人道渐衰。
> 今日闻君除水部,喜于身得省郎时。②

---

① 《全唐诗》卷五一五,页 5893。
② 《白居易集》卷一九,页 420。

最后两句充满喜气,可知张籍除水部员外郎,白居易很为他高兴,是件可喜可贺的事,不宜因水部居二十六司之末而贬低它。

总的来说,二十六司以吏部司、吏部考功司(开元二十四年之前仍掌贡举时)、左司和右司等司为最望,而以司门、膳部、主客、屯田、虞部和水部等司殿后。但在唐代,能够当上水部等司的郎官,都算是个不小的成就,值得庆贺一番。

# 三、郎官的地位和官品

二十六司虽有轻重之分,郎官的地位也会因所属的省司不同而有高低之别,但总的来说,郎官还是一个备受尊敬的群体。大略而言,他们的地位普遍高于本书所论的其他中层京官如监察御史、殿中侍御史、侍御史、拾遗和补阙,也高于外官如县令、录事参军和判官等,可说处于中级文官当中的最上层,再往上迁便进入高层如侍郎和尚书了。

作为一个群体,各司员外郎都是从六品上,郎中则是从五品上。员外郎月俸都是四万文,郎中则是五万文(以会昌年间为例)①。这样的官品不算高。按唐制,六品及以下的官员须经吏部铨选,五品及以上由皇帝亲自任命。员外郎属六品,但却和五品的郎中一样,其选任不经由吏部,而由皇帝除授②。这就表示员外郎和郎中都是比较清贵的官员。我们在前面两章见过,监察御史、拾遗及补阙等六品以下官员,亦都由皇帝除授,也显示他们地

---

① 《新唐书》卷五五,页 1403。
② 王勋成《唐代铨选与文学》,页 194—195。

位之清要。

我们在《导言》一章见过，唐代的所谓"清官"和"清望官"，都有很严格的定义和分别。按照这个定义，各司员外郎和郎中跟御史中丞、谏议大夫、给事中、中书舍人等高官一样，不属"清望官"，但却都属"清官"（"清望官"指三品以上少数高官）①。

除了这个严格定义的"清官"之外，唐人常以"清资"和"清选"等语来形容郎官。这在授官敕书中最为常见。李虞仲《授张胜之比部员外郎制》："擢用为郎，是称清选，勉尔从政，以休舆议。"②白居易《张元夫可礼部员外郎制》："官有秩清而选妙者，其仪曹员外郎之谓乎？"③元稹《授元宗简权知京兆少尹，刘约行尚书司门员外郎制》："中台诸郎，清而无杂。"④这些都是郎官备受重视的例证。

唐代最能彰显郎官清要地位的，当数下面两个具体事例：

> 林甫善音律，初为千牛直长，其舅楚国公姜皎深爱之。开元初，迁太子中允。时源乾曜为侍中，乾曜侄孙光乘，姜皎妹婿，乾曜与之亲。乾曜之男洁白其父曰："李林甫求为司门郎中。"乾曜曰："郎官须有素行才望高者，哥奴岂是郎官耶？"⑤

> 盐铁判官姚勖知河阴院，尝雪冤狱，盐铁使崔珙奏加酬奖，乃令权知职方员外郎。制出，令勖上省，（韦）温执奏曰：

---

①《旧唐书》卷四二，页1804—1805。
②《文苑英华》卷三九二，页1999。
③《白居易集》卷四九，页1029。
④《元稹集》卷四六，页498。
⑤《旧唐书》卷一〇六，页3235。

"国朝已来,郎官最为清选,不可以赏能吏。"上令中使宣谕,言勖能官,且放入省。温坚执不奉诏,乃改勖检校礼部郎中。①

李林甫在开元初所"迁太子中允",已经是个正五品的官位,但却不属严格定义的"清官",所以他反而要求从五品的司门郎中。乾曜以"郎官须有素行才望高者"拒绝了他的请托。

同样的,文宗时的韦温,也以"郎官最为清选,不可以赏能吏"为由,反对盐铁判官姚勖授职方员外郎。姚勖虽有才能,仍不得任郎官。文宗最后不得已"改勖检校礼部郎中"。此官乍看似乎比先前的"职方员外郎"还要高,但却是个授给外地判官的"检校"官,非入朝实职,详见本章底下"检校郎官"一节。

# 四、员外郎和郎中的别称

在唐代史料中,员外郎和郎中有好几种别名,须仔细分辨,可免误读。因为这些别称涉及许多原始材料的正确解读,关系切要,所以特于本章前头详加说明。

最常见的别称是员外郎和郎中一起并称为"郎官",如玄宗的《诫励尚书省官敕》所说:

尚书礼阁,国之政本。郎官之选,实借良才。如闻诸司郎中、员外郎,怠于理烦,业唯养望。凡厥案牍,每多停拥。

---

① 《旧唐书》卷一六八,页 4379。

容纵典吏,仍有受财。欲使四方,何以取则,事资先令,义贵能改。宜令当司官长殷勤示语,并委左右丞勾当。其有与夺不当,及稽滞稍多者,各以状闻。①

开头说"郎官之选",接着便提到"诸司郎中、员外郎",可知郎官指这两种官员。

"郎官"本身又有几个别称。最常见的是"尚书郎",仿汉代用例。在唐人当中,柳宗元似乎最爱用此称谓,在他的文集中可以找到多达三十多个用例,其中十多个见于他的《先君石表阴先友记》,如:

> 薛丹,同郡人。至尚书郎。
> 吕牧,东平人。由尚书郎刺泽州,卒。
> 于申,河南人。至尚书郎。②

考柳宗元在《上江陵严司空献所著文启》中说"伏念往岁司空由尚书郎出贰太原"③指严绶贞元中自刑部员外郎出为太原少尹事,以"尚书郎"代指员外郎。他在《送娄图南秀才游淮将入道序》说"仆自尚书郎谪来零陵"④,则指他以礼部员外郎被贬永州司马事,亦以"尚书郎"代指员外郎。

值得注意的是,柳宗元似乎特爱以"尚书郎"代员外郎。他在

① 宋敏求编《唐大诏令集》(北京:商务印书馆排印本,1959;中华书局影印,2008)卷一〇〇,页507。
② 《柳宗元集》卷一二,页306—307。
③ 《柳宗元集》卷三六,页924。
④ 《柳宗元集》卷二五,页655。

《先君石表阴先友记》曾经提到几个郎中,如赵需("至兵部郎中,卒")和柳冕("自吏部郎中出为刺史"),反而没有用"尚书郎"的别称。

但尚书郎亦可指郎中。例如,白居易《前长安县令许季同除刑部郎中,前万年县令杜羔除户部郎中制》中说:

> 尚书郎缺,方选才良;宪部人曹,俾膺并命。季同,可刑部郎中;羔,可户部郎中。①

即以"尚书郎"代指郎中。"宪部"指刑部,"人曹"指户部。

元稹在《郑涵授尚书考功郎中,冯宿刑部郎中制》中说:

> 敕:二帝三王之所以仁声无穷,绩用明而刑罚当也。尚书郎专是两者,畴将若予。②

亦以"尚书郎"指郎中。要之,唐人文集中屡见"尚书郎"此词,可指员外郎,亦可指郎中。

和郎官、尚书郎相似的称谓还有"南宫郎"。《旧唐书·李峘传》说:

> 李峘,太宗第三子吴王恪之孙。……峘志行修立,天宝中为南宫郎,历典诸曹十余年。居父丧,哀毁得礼,服阕,以郡王子例封赵国公。杨国忠秉政,郎官不附己者悉出于外,

---

①《白居易集》卷五五,页1149。
②《元稹集》卷四六,页449。

峘自考功郎中出为睢阳太守。

从此段引文看,"南宫郎"即后文所提到的"郎官"。李峘以"考功郎中"出为睢阳太守,可知"南宫郎"可以是郎中的代称。《旧唐书·韦执谊传》说:"俄丁母忧,服阕,起为南宫郎。"[1]《新唐书》此处作"以母丧解。终丧,为吏部郎中"[2],可证"南宫郎"指郎中[3]。

但"南宫郎"也可以指员外郎,如白居易《奉天县令崔郜可仓部员外郎判度支案制》:

> 敕:奉天县令崔郜:大凡南宫郎,无非慎选者也。况官之属,有堆案盈几之文,有月计岁会之课,故员外郎不可逾时缺,不待满岁迁。[4]

这里"南宫郎"指员外郎。贾至《授韦少游祠部员外郎等制》说"南宫郎位,是登题柱之才"[5],亦指员外郎。

"南宫郎"也常见于唐诗。白居易"一年巴郡守,半年南宫郎"[6],刘禹锡"昔忝南宫郎,往来东观频"[7],权德舆"忽惊西江侣,共作南宫郎"[8]等,都是显例。

---

[1]《旧唐书》卷一三五,页3732。
[2]《新唐书》卷一六八,页5123。
[3]孙国栋《唐代中央重要文官迁转途径研究》,页58,不慎把"南宫郎"当成唐代正式官名来处理,似不知"南宫郎"乃郎官的别称。
[4]《白居易集》卷五一,页1077。
[5]《文苑英华》卷三九一,页1992。
[6]《白居易集》卷八,页162。
[7]《全唐诗》卷三五四,页3967。
[8]《全唐诗》卷三二二,页3624。

尚书省在中书门下之南,向有"南省"之称。"南宫"即"南省"的别称。《旧唐书·武宗纪》会昌元年二年条下:

> 中书奏:"南宫六曹皆有职分,各责官业,即事不因循。近者户部度支,多是诸军奏请,本司郎吏,束手闲居。今后请祗令本行分判,委中书门下简择公干才器相当者转授。"从之。①

可证"南宫"即"南省"尚书省。唐代史料中亦有"南省郎"的用例,但不多见,在两《唐书》中仅有一例,见于《新唐书·刘禹锡传》,叙刘禹锡从朗州司马被召还之事:

> 久之,召还。宰相欲任南省郎,而禹锡作《玄都观看花君子》诗,语讥忿,当路者不喜,出为播州刺史。②

此"南省郎"即"南宫郎"或郎官的别称。至于郎官的其他通称如"郎吏"(仿秦汉的"郎吏"称呼)③、"台郎"、"省郎"、"曹郎"等等,学者多已习见熟知,此不赘述。

比较少为人所知的是,员外郎又可称为"外郎",相对于郎中

---

① 《旧唐书》卷一八上,页586。

② 《新唐书》卷一六八,页5129。刘禹锡后改贬连州刺史。《玄都观看花君子》即《刘禹锡集》卷二四,页308的《元和十年自朗州承召至京戏赠看花诸君子》一诗:"紫陌红尘拂面来,无人不道看花回。玄都观里桃千树,尽是刘郎去后栽。"

③ 关于秦汉的郎吏,详见严耕望《秦汉郎吏制度考》,收在《严耕望史学论文集》,页21—84。唐代的"郎吏"一般指郎官,但有时也用以指下层的"吏役",见冻国栋《唐代之郎吏》,收在陈国灿和刘健明编《〈全唐文〉职官丛考》,页446—447。

的另一别称"正郎"。杜牧在著名的《上宰相求杭州启》中说:

> 今天下以江淮为国命,杭州户十万,税钱五十万,刺史之
> 重,可以杀生,而有厚禄,朝廷多用名曹正郎有名望而老于为
> 政者而为之。某今官为外郎,是官位未至也。[1]

这里是说杭州是个剧要州,朝廷多用"名曹正郎"(即地位较高的
二十六司郎中)出任其刺史,杜牧自知自己为"外郎"(当时他任
司勋员外郎),"是官位未至也",暂时还不够资格任杭州刺史,但
他为了养家,贪求刺史俸钱多,还是硬着头皮写这封信给宰相求
杭州。这里他以"正郎"对"外郎",清楚显示"正郎"指郎中,"外
郎"指员外郎。

"外郎"的别称,在唐史料中颇常见。例如,权德舆的《唐故尚
书工部员外郎赠礼部尚书王公改葬墓志铭并序》,提到这位王端
的几个儿子:

> 长曰绰,被服缁褐,修无生法。次曰纾,以文章继公,用
> 隽造履清近,谏垣载笔,在帝左右,纲纪都曹,典司库、兵,历
> 外郎、正郎,直诚厚行,为士君子仪矩。[2]

这里说王纾曾经"历外郎、正郎",但未书明是哪些郎官。不过,权

---

[1]《樊川文集》卷一六,页249。杜牧喜用"名曹"两字,指"有名望的省司",
　　如他在《上周相公启》中说:"不意相公拔自污泥,升于霄汉,郤收斥锢,令
　　厕班行,仍授名曹,帖以重职。"(《樊川文集》卷一六,页236)。他在《上宰
　　相求杭州启》中又说:"自去年八月,特蒙奖擢,授以名曹郎官,史氏重职。"
[2]《权德舆诗文集》卷二四,页359。

德舆除了为王端写了墓志,还为他写了神道碑,曰《故尚书工部员外郎赠礼部尚书王公神道碑铭并序》,里面就清楚交代了王端这位儿子所做的"外郎、正郎"为何物:"次曰纾,以文行笃实,历右补阙、起居郎、右司员外郎、库部郎中"①,可证"外郎"指员外郎,"正郎"指郎中。

刘禹锡的《武陵北亭记》:

> 郡北有短亭,縣旧也。亭孤其名,地藏其胜。前此二千石全然见之,建言而莫践,去之日率遗恨焉。七年冬,诏书以竹使符授尚书水曹外郎窦公常曰:"命尔为武陵守。"②

亦以"外郎"指员外郎。"水曹"即水部司。

唐诗中常见"外郎"这别称。刘禹锡的诗《武陵书怀五十韵并引》说"永贞元年,余始以尚书外郎出补连山守,道贬为是郡司马"③,指他在王叔文党倒台后,以屯田员外郎被贬官事。李商隐的名诗《韩碑》中有一句云"仪曹外郎载笔随"④,指礼部员外郎李宗闵以掌书记身份随裴度征讨淮西事。"仪曹"为礼部别名⑤。

---

①《权德舆诗文集》卷一七,页277。
②《刘禹锡集》卷九,页114。
③《刘禹锡集》卷二二,页277。
④《李商隐诗歌集解》,页828。
⑤马同勋《外郎小考》,收在陈国灿和刘健明编著《〈全唐文〉职官丛考》(武汉:武汉大学出版社,1997),页381说,外郎乃"诸郡佐吏诸从事之通称",恐误,未深考。按唐代方镇使府较高层的从事如判官等,常带有检校员外郎之京衔。这种检校员外郎不同于京城真正的员外郎,但也可称为"外郎"。详见本章"检校郎官"一节。马同勋可能因而误以为外郎乃从事之通称。

至于"正郎"的意义,最明确的一条材料,见于杜确为诗人岑参所写的《岑嘉州集序》:

> 圣上潜龙藩邸,总戎陕服,参佐僚史皆一时之选,由是委公以书奏之任。入为祠部、考功二员外郎。转虞部、库部二正郎。又出为嘉州刺史。[①]

这里以"二员外郎"和"二正郎"对举,可证"正郎"指郎中。考岑参的官历,他在出任嘉州刺史之前,的确曾任虞部和库部郎中[②]。

元稹在《上门下裴相公书》写道:

> 向使元和中一年为拾遗,二年为补阙,不三四年为员外,又三四年为正郎。[③]

亦以"员外"和"正郎"对举。白居易《衢州刺史郑群可库部郎中,齐州刺史张士阶可祠部郎中,同制》说:"今之正郎,班望颇重,中外要职,多由是选。"[④]"正郎"指郑群和张士阶新授之郎中。

员外郎除了"南宫郎"和"外郎"等别称外,还有一别名为"散郎",典出汉代"外郎"即"散郎",但不常见。《旧唐书·元稹传》有一段记载:

> 荆南监军崔潭峻甚礼接稹,不以椽吏遇之,常征其诗什讽诵之。长庆初,潭峻归朝,出稹《连昌宫辞》等百余篇奏御,

---

①《岑参诗集编年校注》,页893。
②详见刘开扬《岑参年谱》,《岑参诗集编年校注》,页26—27。
③《元稹集》卷三一,页363—364。
④《白居易集》卷五一,页1073。

穆宗大悦,问稹安在,对曰:"今为南宫散郎。"即日转祠部郎中、知制诰。①

元稹当时任膳部员外郎。此"散郎"指员外郎。《资治通鉴》记此事,胡三省注"郎中谓之正郎,员外郎谓之散郎"②,可为佐证。韩愈《顺宗实录》写韦执谊:

> 执谊尝为翰林学士,父死罢官,此时虽为散郎,以恩时时召入问外事。③

此处的"散郎",当指韦执谊任职方员外郎事。④

宋代洪迈《容斋四笔》有一文论唐代的"官称别名",考出不少别名,但洪迈没有提及"外郎"、"散郎"和"正郎"等别称,也未及"尚书郎"、"南宫郎"和"南省郎"等别号⑤,故细考如上,备读史者参照。

---

①《旧唐书》卷一六六,页 4333。《新唐书》卷一七四,页 5228 略同。
②《资治通鉴》卷二四一,页 7780。
③《韩昌黎文集校注》附《顺宗实录》卷五,页 721。
④两《唐书》对韦执谊的早年官历,叙述颇简略,似有遗漏,亦未提到他"父死罢官"事。他曾经任职方员外郎,《太平广记》卷一五三,页 1100 所引《感定录》说得最清楚:"执谊前为职方员外,所司呈诸州图,每至岭南州图,必速令将去,未尝省之。"《新唐书》卷一六八《韦执谊传》,页 5124 的写法则没有那么明确:"始未显时,不喜人言岭南州县。既为郎,尝诣职方观图,至岭南辄瞑目,命左右彻去。"但此处所谓"郎",看来即职方员外郎。《韩昌黎文集校注》附《顺宗实录》卷五,页 723 亦记此事:"为郎官时,尝与同舍郎诣职方观图,每至岭南图,执谊皆命去之,闭目不视。"
⑤《容斋随笔》附《容斋四笔》卷一五,页 795—796。

# 五、郎官的职掌

　　郎官的职掌,在《唐六典》、《通典》和新旧《唐书》的职官志中都有描述。《唐六典》成书于开元年间,只叙及开元年间事。《通典》编成于贞元十七年(801),对郎官的职掌不但有历史回顾,也引用不少唐初到唐半后期的事例佐证,叙述最为丰富、具体、生动。新旧《唐书》则采取比较简略的写法,几乎没有引用任何事例,仅有制度条文,行文相当枯涩,远不如《通典》之详备。这里且根据《通典》,把郎官的职掌列于表四:

## 表四　二十六司郎官职掌

| 左右司 | 职掌 |
| --- | --- |
| 左右司郎中各一人<br>左右司员外郎各一人 | 左司掌吏、户、礼部十二司之事,右司掌兵、刑、工部十二司之事,举正稽违,省署符目。 |

| 吏部 | 职掌 |
| --- | --- |
| 吏部郎中二人 | 掌选补流外官,谓之小铨,并掌文官名簿、朝集、禄赐、假使并文官告身,分判曹事。 |
| 吏部员外郎二人 | 一员判废置,一员判南曹。 |
| 司封郎中一人<br>司封员外郎一人 | 掌封爵、皇之枝族及诸亲、内外命妇告身及道士、女冠等。 |
| 司勋郎中一人<br>司勋员外郎一人 | 掌校定勋绩、论官掌勋、官告身等事。 |
| 考功郎中一人<br>考功员外郎一人 | 掌考察内外百官及功臣家传、碑、颂、诔、谥等事(考功员外郎原掌贡举,开元二十四年移贡举于礼部侍郎)。 |

| 户部 | 职掌 |
|---|---|
| 户部郎中二人<br>户部员外郎二人 | 掌户口、籍帐、赋役、孝义、优复、蠲免、婚姻、继嗣、百官、众庶、园宅、口分、永业等。 |
| 度支郎中一人<br>度支员外郎一人 | 掌支使国用。 |
| 金部郎中一人<br>金部员外郎一人 | 掌库藏金宝货物,权衡度量等事。 |
| 仓部郎中一人<br>仓部员外郎一人 | 掌诸仓廪之事。 |
| 礼部 | 职掌 |
| 礼部郎中一人<br>礼部员外郎一人 | 掌礼乐、学校、仪式、制度、衣冠、符印、表疏、册命、祥瑞、铺设、丧葬、赠赗及宫人等。 |
| 祠部郎中一人<br>祠部员外郎一人 | 掌祠祀、天文、漏刻、国忌、庙讳、卜祝、医药等及僧尼簿籍。 |
| 膳部郎中一人<br>膳部员外郎一人 | 掌饮膳、藏冰及食料。 |
| 主客郎中一人<br>主客员外郎一人 | 掌二王后及诸藩朝聘。 |
| 兵部 | 职掌 |
| 兵部郎中二人<br>兵部员外郎二人 | 掌与兵部侍郎同(即掌署武职、武勋官、三卫及兵士以上簿书,朝集、禄赐、假告、使差、发配,亲士帐内考核,及给武职告身)。 |
| 职方郎中一人<br>职方员外郎一人 | 掌地图、城隍、镇戍、烽候,防人路程远近,归化首渠。 |
| 驾部郎中一人<br>驾部员外郎一人 | 掌舆辇、车乘、邮驿、厩牧,司牛马驴骡,阑遗杂畜。 |
| 库部郎中一人<br>库部员外郎一人 | 掌军器、仪仗、卤簿法式及乘舆等。 |

| 刑部 | 职掌 |
|---|---|
| 刑部郎中二人<br>刑部员外郎二人 | 掌刑法、狱讼之事。 |
| 都官郎中一人<br>都官员外郎一人 | 掌簿敛、配役、官奴婢簿籍、良贱及部曲、客女、俘囚之事。 |
| 比部郎中一人<br>比部员外郎一人 | 掌内外诸司公廨及公私债负、徒役公程、赃物帐及勾用度物。 |
| 司门郎中一人<br>司门员外郎一人 | 掌门籍、关桥及道路、过所阑遗物事。 |

| 工部 | 职掌 |
|---|---|
| 工部郎中一人<br>工部员外郎一人 | 所掌与工部侍郎同(即掌兴造、工匠、诸公廨屋宇、五行并纸笔墨等事)。 |
| 屯田郎中一人<br>屯田员外郎一人 | 掌屯田、官田、诸司公廨、官人职分、赐田及官园宅等事。 |
| 虞部郎中一人<br>虞部员外郎一人 | 掌京城街巷种植、山泽、苑圃、草木、薪炭供须、田猎等事。 |
| 水部郎中一人<br>水部员外郎一人 | 掌川渎、津济、船舻、浮桥、渠堰、渔捕、运漕、水碾硙等事。 |

材料来源:《通典》卷二二。

从上表可知,二十六司的职掌有轻重、闲剧之别。其中以左右司、吏部司、兵部司的职务最为剧要。这几个司的地位,在二十六司当中也最高(见本章第二节的讨论),在唐人心目中排在前头。比较次要的是礼部、工部、司封、司勋、考功(但开元二十四年之前因掌贡举又极剧要)等司,而较不重要的当数膳部、主客、屯田、虞部和水部等司。至于户部司和度支司,在唐中叶以后已被度支、盐铁转运等使所取代,沦为闲司。

这二十六司在唐人心目中的排位,恐怕跟它们所负责的职务大有关系。上引唐代"势门子第"不喜驾部司和仓部司,最大的原因恐怕是这两司所管的乃"舆辇、车乘、邮驿、厩牧,司牛马驴骡,阑遗杂畜"以及"仓廪"等琐事,远远不及吏部司掌文官铨选那样"高雅"而剧要。其他如金部、比部、都官和司门等司的地位,也都可以放在这个"职掌"角度下来看待和衡量。

唐人升官大抵也依据这些司的闲剧轻重,一般得从闲司干起。例如,韩愈便从都官员外郎做起,后转比部郎中、史馆修撰。都官、比部都属闲司,跟着他才升为考功郎中知制诰。刘禹锡的第一任郎官,也仅是屯田员外郎。白居易最初任郎官,当的就是比较殿后的司门员外郎,后转主客郎中知制诰。元稹初除郎官,任的是膳部员外郎,后转祠部郎中知制诰。杜牧最先获授郎官,也正是膳部、比部员外郎等较不剧要司的郎官兼史职。他后来才升为司勋员外、吏部员外和考功郎中,完全符合从闲司逐步升为要司、从员外郎迁转为郎中的升官原则。

从这个角度看,柳宗元三十三岁就当上郎官,而且是地位比较清高的礼部员外郎,可说非常幸运,因为礼部员外郎又比上引几个诗人初任的屯田、都官、司门、比部、祠部、膳部员外郎来得好。才高如李德裕,他三十四岁任翰林学士时,所带的本官也只不过是屯田员外郎,后来才升为考功郎中①。

严耕望有一篇著名的论文《论唐代尚书省之职权与地位》,探讨唐代尚书省和九寺诸监的关系。他得出的最重要结论之一是:"尚书六部为上级机构,主政务;寺监为下级机构,掌事务。"②除此之外,他的研究也发现:

①以上各人的郎官仕历,据各家年谱或评传。
②《严耕望史学论文集》,页263。

> 凡事属中央性质者,小部分盖亦最重要的部分,由六部
> 自己执行,如吏部、兵部之铨选,礼部之贡举是也;大部分则
> 符下寺监等事务机构执行之,尚书六部亦只处于颁令节制之
> 地位,如财计、兵政、刑狱、缮作是最显者。①

不过严耕望论尚书省职权,主要是在左右丞、六部尚书和侍郎的
层次来论述。如果我们更深入到二十六司郎官的层次来看这个
问题,那我们还可以补充若干细节,或可进一步佐证或修订严耕
望的结论:

第一,屯田和水部等为"闲曹"的说法,并不始于安史乱后,而
是从唐初即有。例如,上引韦述《两京新记》就说:

> 司门、都门(当为"都官"之误)、屯田、虞、水(当指"虞
> 部"和"水部")、膳部、主客皆在后行,闲简无事。时人语曰:
> "司门水部,入省不数。"②

司门、水部等司之所以"入省不数",当和这些司的职掌"闲简"大
有关系,而且,正如严耕望所考,他们只"主政务",实际的"事务"
已由大理寺、少府监和将作监等寺监去执行,所以闲简有因。

《唐会要》卷五七至五九记载了《尚书省诸司》活动的事例,
颇可看出二十六司的闲剧程度。其中以左右司、吏部司、考功司、
兵部司等曹的材料最多,而以金部、仓部、驾部、库部、司门、祠部、
膳部、主客、虞部、屯田等司的最少,往往仅得一两条。这可说侧

---

①《严耕望史学论文集》,页264。
②《两京新记辑校》卷一,页9。

面反映了这些曹司闲散的实况。

不过,在安史之乱期间或稍后,由于战乱,大部分尚书省司倒是都处于闲散状态。这见于于邵所写《为赵侍郎陈情表》:

> 臣……始自给事,骤迁侍郎,赞贰冬官,典司邦教。属师旅之后,庶政从权,会府旧章,多所旷废,惟礼部、兵部、度支,职务尚存,颇同往昔,余曹空闲,案牍全稀。一饭而归,竟日无事。①

严耕望指出此表上于大历二年安史之乱后不久,连吏部也散置,只有"礼部、兵部、度支,职务尚存",但这可视为战乱后的暂时现象。可注意的是"一饭而归,竟日无事"一句。唐代的京城官署,一般只在上午办公半天,中午大家在官署食堂一起聚餐会食过后便可以回家②。"一饭而归,竟日无事",指的便是这件事。

此外,《唐会要》还有一条材料,提到尚书省郎官闲简到"间日视事"的事:

> 贞元二年(786)正月,宰相崔造奏请尚书省六职,令宰臣分判。乃以宰臣齐映判兵部承旨及杂事,李勉判刑部,刘滋判吏部、礼部,崔造判户部、工部。至三月三日,敕:"尚书郎除休暇,宜每日视事。"自至德(756—757)以来,诸司或以事

①《文苑英华》卷六〇一,页3123。《全唐文》卷四五〇,页4332,误"赵侍郎"为"赵侍御",严耕望已指出其非。
②见拙书《唐代基层文官》第六章《文官俸钱及其他》第五节"办公时间和休假"。笔者后来在发表的论文《论唐代官员的办公时间》,《中国史研究》,2005年第4期,页73—77,又有所补充。

简,或以餐钱不充,有间日视事者。尚书省皆以间日。先是,
宰相张延赏欲事归省司,恐致稽拥,准故事,令每日视事。无
何,延赏薨,复间日矣。①

学者常引此条,但多从"自至德以来"一句开始引用,略去开头一
大段,颇失其真,以致读者会以为这仅指"至德以来"战乱期间的
事,其实不然。在贞元二年三月三日,皇帝便下令"尚书郎除休
暇,宜每日视事"。可见尚书省二十六司的那些"尚书郎"(指郎
中和员外郎,详见上"员外郎和郎中的别称"一节),从至德以来便
"间日视事",隔天才上班一次,一直到贞元二年都如此,前后时间
竟长达约三十年,并非只限于安史战乱期间。到了贞元二年,宰
相张延赏为了挽回尚书省逐渐失去的职权,才奏请皇帝下令这些
尚书郎"每日视事"。然而,一年多之后张延赏死了(他死于贞元
三年七月)②,尚书郎又恢复"间日视事"。由此看来,唐后期的郎
官恐怕长时间都在"间日视事",并非只限于战乱期,不可谓不清
闲。白居易在《祭崔相公文》中说:

> 公长夏司,愚贰秋曹。玉德弥温。松心不凋。南宫多
> 暇,屡接游遨。③

白在祭文中提到他和崔相公在大和初在尚书省任职的实况,说是
"南宫多暇",当是最好的佐证。

---

① 《唐会要》卷五七,页1157。
② 见《旧唐书》卷一二《德宗纪》,页357;《旧唐书》卷一二九《张延赏传》,页
  3610。
③ 《白居易集》卷七〇,页1477。

其次,从各方面的材料看,吏部司无疑是二十六司当中最活跃的一个,而且此司确实在执行文官的铨选"事务",并非像许多其他司只管"政务"。近年来,唐代铨选的研究颇有成绩,特别是王勋成教授的大作《唐代铨选与文学》,厘清了过去唐代铨选程序中许多含糊不清的谜团,很有助于我们理解吏部司的运作。这里且试补充一二。

譬如,杜牧在《上宰相求湖州第二启》中,有一句话说:"今自司勋擢为为废置。"[1]他另有一诗,诗题曰:《新转南曹,未叙朝散,初秋暑退,出守吴兴,书此篇以自见志》[2]。两者都不易理解,须放在吏部员外郎判"废置"和"南曹"的制度下来读,才能读通。

原来,杜牧的《上宰相求湖州第二启》写于大中四年(850)他四十八岁时,这一年他从司勋员外郎擢升为吏部员外郎,这是最清望的郎官之一。"今自司勋擢为废置"一句,不单告诉我们他升为吏部员外郎,而且更进一步透露他在吏部管的是"废置"事。按吏部员外郎有二人,一判废置,一判南曹。

可惜的是,缪钺的《杜牧年谱》似乎没有留意到杜牧"今自司勋擢为废置"这句话的含义,没有加以引用,只引了他的《新转南曹》诗,便说"杜牧盖以吏部员外郎判南曹",遗漏了他先前判废置的事迹,可谓失考。

事实上,综合这两条材料看,杜牧当年初任吏部员外郎,应当是先判废置,再"转"南曹的。所以他才会说"今自司勋擢为废置",表明他从司勋转到吏部司时,是先判废置的。至于《新转南

---

①《樊川文集》卷一六,页248。
②《樊川文集》卷三,页52。

曹》诗中的"新转"两字,也很有意义,正好揭示他是从废置"新转"到南曹去的,否则"新转"两字就无从解释了。

以上这个解读,完全符合吏部员外郎二人所谓"两厅"轮转的制度。《唐会要》卷五八"吏部员外郎"条下说:

> 判废置一员,判南曹一员。……故事,两转厅。至建中元年,侍郎邵说奏,各挟阙替。南曹郎王锏已后,遂不转厅。贞元十一年闰八月一日,侍郎杜黄裳奏:"当司郎官,判南曹、废置,请准旧例转厅。"敕旨依奏。①

所谓"厅",约略等于今人所说的"办公室"(日文仍有"防卫厅"、"厅长"等说法)。《唐国史补》有一段话,颇可解说吏部司分厅的制度:

> 郎官故事:吏部郎中二厅,先小铨,次格式;员外郎二厅,先南曹,次废置。②

据王勋成的研究,转厅的原则是:"以久任员外郎判南曹,新补员外郎判废置,若南曹有缺,则曾任废置的员外郎补。"③有了这些背景知识去读上引杜牧两条材料,问题应当都可迎刃而解了。杜牧正是先判废置,后"转"南曹的。他的《上宰相求湖州第二启》正写在《新转南曹》诗之前。

---

①《唐会要》卷五八,页1180—1181;又见《通典》卷二二,页632。
②《唐国史补》卷下,页51。
③《唐代铨选与文学》,页144。

但什么是"废置"和"南曹"？这是唐代铨选的两个专门部门，都由尚书省的吏部员外郎主判，也是选人在铨选过程中最先碰到的两道关卡。《唐会要》说：

> 其铨综也，南曹综核之，废置与夺之，铨曹注拟之，尚书仆射兼书之，门下详覆之，覆成而后过官。[1]

这是铨选的整个过程。换言之，铨选并非只是"吏部侍郎掌选事"那么简单。选人得通过重重关卡才能授官。王勋成书中对整个程序有极详细的考释[2]，这里不必赘述。简单地说，南曹负责审核选人参选所呈上的所有文书，而"废置是专门复查被南曹驳放的选人是否合理正确以判定其留放的机构"[3]。换言之，南曹初审文书，废置复查南曹的决定是否正确。

至于兵部司掌武选，其运作程序应当类似吏部司，应当也是个实掌"事务"的部门，可惜这方面的材料太少，这里无法深考。礼部掌贡举，当然也属"事务"，但贡举例由礼部侍郎主持，不是由礼部郎中或员外郎负责，已超越本章所论的郎官范围，属于较高层次，且留待笔者下一本书《唐代高层文官》论侍郎和尚书时再来论述。

要之，尚书省最重要的职权，正如严耕望所考，最后仅剩"小部分盖亦最重要的部分，由六部自己执行，如吏部兵部之铨选与礼部之贡举是也；大部分则下寺监等事务机构执行之"。然而，

---

①《唐会要》卷七四，页1579。
②见《唐代铨选与文学》，第五章。
③《唐代铨选与文学》，页143—145。

在尚书省二十六司的层次,则只剩吏部郎中掌铨选格式和流外铨,吏部员外郎判南曹和废置,以及兵部司掌武选的某些工作而已。

## 六、郎官和刺史

郎官的地位和官品问题,在他们出入为刺史时最能看出其微妙之处。外地上州刺史为从三品,中州正四品上,下州正四品下,都比员外郎的从六品上和郎中的从五品上来得高。但唐人任官不能单看官品,这里又是一个好例子,因为外州刺史不乏入朝为员外郎或郎中的实例。若单从官品看,他们入朝等于是降级。但唐代刺史入为郎官却不是贬或左迁,反而是升迁或正常的迁转。

实际上,唐代的"贬"几乎永远是"单向"的。"贬"几乎都指从朝中出为外地州县官,特别是偏远小州的刺史、司马或县尉等。从州县官或幕府职位入为朝中官,即使朝中官位品阶低于原先职位,都不会称为"贬"或被视为"贬"。相反的,唐人一般都以入任京官为一种荣耀,即使京官的品阶和月俸低于先前的外官。

据孙国栋的研究,唐代有十一位刺史入为员外郎,三十四位刺史入为郎中,而从员外郎出为刺史者则多达五十位,从郎中出为刺史的也高达四十五位[1]。这是孙氏单就两《唐书》资料所得的研究结果。刘诗平后来扩大研究范围,除了两《唐书》之外,还利用石刻和其他材料,得出的统计是:唐前期有二十八位郎中出

---

[1]详见孙国栋《唐代中央重要文官迁转途径研究》,页54—60的图表。

为刺史,五位刺史入为郎中;唐后期则有九十四位郎中出为刺史,五十五位刺史入为郎中。员外郎方面,唐前期有十五位出为刺史,无刺史入为员外郎;唐后期则有六十七位员外郎出为刺史,十二位刺史入为员外郎①。

从这些数字看来,郎官出为刺史的案例,远多于刺史入为郎官。

从这些数字可以进一步做三点申论:第一,两京周围或富饶上州的刺史,地位一般上高于郎官,常用以酬奖郎官。第二,偏远小州刺史地位则颇低下,常作郎官外贬之用。第三,刺史地位虽高,仍可与郎官互有迁转,不因它们品阶不同而有所限制,且刺史入为郎官,品阶虽降,仍被视为荣耀之事。

关于第一点,永泰二年有一道诏书,颇能透露个中门道:

> 夏四月辛亥,诏尚书省郎中授中州刺史,员外郎授下州刺史,为定制。②

这说明郎中才能出任中州刺史,员外郎只能出为下州刺史。至于上州刺史需怎样的资格,诏书未说。上引杜牧《上宰相求杭州启》

①刘诗平《唐代前后期内外官地位的变化》,《唐研究》,第2卷(1996),页335。

②《旧唐书》卷一一,页283。唐代的州有两种分级法:一是分为八级:府、辅、雄、望、紧、上、中、下。这是《元和郡县图志》以及《新唐书·地理志》所采用的划分法,主要以政治和军事考量划分。这方面最详细的论述见翁俊雄,《唐代的州县等级制度》,《北京师范学院学报》,1991年第1期。另一种是以户口多寡分为上、中、下三级:凡户满四万以上为上州;户二万以上为中州;户不满二万者为下州。见《唐六典》卷三〇,页745—746。永泰二年此诏所说的,是指户口划分法下的中、下州,和《元和郡县图志》等书所定的中、下州不同。

说杭州多由"名曹正郎"出任,他当时任司勋员外郎,"官位未至也",可证此诏书所说,唐后期郎官出为刺史,有一套"定制"。一般而言,郎中所得的州,应当比员外郎所得者较好。杭州是个"上州"①。

至于第二点,郎官被贬为次要的远州刺史,例证很多,且举以下数例:

> (一)元和十一年,"辛未,贬吏部侍郎韦颛为陕州刺史,刑部郎中李正辞为金州刺史,度支郎中薛公干为房州刺史,屯田郎中李宣为忠州刺史,考功郎中韦处厚为开州刺史,礼部员外郎崔韶为果州刺史,并为补阙张宿所构,言与(韦)贯之朋党故也"②。
>
> (二)长庆元年六月,"以考功员外郎、史馆修撰李翱为朗州刺史,坐与李景俭相善故也"③。
>
> (三)宝历元年二月,"癸未,贬户部侍郎李绅为端州司马。丙戌,贬翰林学士、驾部郎中、知制诰庞严为信州刺史,翰林学士、司封员外郎、知制诰蒋防为汀州刺史,皆绅之引用者"④。

以上各州,多为中下小州,当中又有等级之分。罪名愈重者,被贬的州就愈荒远。诸郎官出为刺史,品阶好像都升了,但却清楚是"贬"官。

---

①《新唐书》卷四一,页1059。
②《旧唐书》卷一五,页457。
③《旧唐书》卷一六,页478。
④《旧唐书》卷一七上,页507。

关于第三点，郎官和刺史互相迁转，若以唐代几个知名诗人如刘禹锡、白居易和杜牧的官历来考察，最为生动有趣。他们曾经从刺史任上回到京师任员外郎或郎中，或从郎官出为刺史。他们的经历为我们探讨郎官和刺史之间的迁转提供了绝佳的材料，让我们可以更清楚看到当时的动态实况和细节。

刘禹锡因王叔文案，从屯田员外郎外贬为连州刺史（途中再贬为朗州司马）。连州虽属下州，刺史的品阶仍为从四品上，比刘禹锡任屯田员外郎的品阶从六品上高出许多，但这种品阶之高是没有意义的，特别是对一个外贬的官员。刘禹锡的心情郁闷不乐。他途中在江陵（今湖北江陵）遇到韩愈。韩愈给他写了一首诗《永贞行》，里面便提到他和柳宗元等人从郎官外贬的事：

郎官清要为世称，荒郡迫野嗟可矜。[1]

这里韩愈形容这几个"为世称"的郎官外放到别州，恍若到了"荒郡迫野"，可怜兮兮，意象很生动。

刘禹锡在朗州近十年，后又任夔州及和州刺史。大和二年（828）他重回长安任主客郎中，写了一封信《谢裴相公启》，感谢宰相裴度荐拔他回到朝中。信中说他"通籍郎位，分曹乐都"，又说"姻族相贺，壶觞盈门"[2]，非常兴奋。此外，他也写了一首诗《再游玄都观绝句并引》，展现他从刺史重入为郎官的喜乐：

---

① 《韩昌黎诗系年集释》，页 332。
② 《刘禹锡集》卷一八，页 222。

余贞元二十一年为屯田员外郎时,时此观未有花木。是岁,出牧连州,寻贬朗州司马。居十年,召至京师,人人皆言有道士手植仙桃,满观如红霞,遂有前篇以志一时之事(指《元和十年自朗州承召至京戏赠看花诸君子》一诗)。旋又出牧,于今十有四年,复为主客郎中。重游玄都,荡然无复一树,唯兔葵燕麦动摇于春风耳。因再题二十八字,以俟后游。时大和二年三月。

百亩庭中半是苔,桃花净尽菜花开。

种桃道士归何处,前度刘郎今又来。①

"前度刘郎今又来"一句,写活了他重返京师任郎官的得意心情,虽然此时他的官阶为从六品上,还低于他前任官(和州刺史)的品阶。

同样的,白居易也曾经从刺史入为郎官。他的经历更为生动有趣。起先,他是从江州司马量移为忠州(今四川忠县)刺史。唐代的刺史由于多由高官出任,章服照例是绯色。即使品卑,原不合衣绯者,也有所谓"借绯"之事。《通典》说:

(开元)八年二月敕,都督刺史品卑者,借绯及鱼袋,永为常式。②

《唐会要》说:"旧制,凡授都督、刺史,皆未及五品者,并听着绯、佩

---

①《刘禹锡集》卷二四,页308。
②《通典》卷六三,页1770。此条又见于《唐会要》卷三一,页667。

鱼,离任则停之。"①《新唐书·循吏传》也说:"初,刺史准京官得佩鱼,品卑者假绯、鱼。"②唐代的章服视散官品阶而定。这里的"五品"指散官从五品下的"朝散大夫"阶。

牛僧孺的儿子牛丛,当年和宣宗皇帝有过一段精彩对话,初读颇不易理解,需放在这种"品卑刺史借绯"的习俗下看,始能通解:

> 丛字表龄,第进士,繇藩帅幕府任补阙,数言事。会宰相请广谏员,宣宗曰:"谏臣惟能举职为可,奚用众耶?今张符、赵璘、牛丛使朕闻所未闻,三人足矣。"以司勋员外郎为睦州刺史,帝劳曰:"卿非得怨宰相乎?"对曰:"陛下比诏不由刺史县令不任近臣,宰相以是擢臣,非嫌也。"即赐金紫,谢曰:"臣今衣刺史所假绯,即赐紫,为越等。"乃赐银绯。③

牛丛以司勋员外郎出为睦州刺史,他的散官阶未达五品,不可衣绯。但他出任刺史,又可按当时"品卑刺史借绯"的规定借穿绯衣。宣宗见到他着绯,又见他对答很得体,为了赏赐,于是"即赐金紫",也就是比绯衣高一级的紫衣和金鱼袋,原为散官三品的章服。牛丛因此得提醒宣宗,"臣今衣刺史所假绯,即赐紫,为越等"。换句话说,牛丛的散官阶原只可衣绿,如今衣绯,是因为他当了刺史,以官卑借穿绯衣而已。如果宣宗此时赐他金紫,便是

---

① 《唐会要》卷三一,页 666。
② 《新唐书》卷一九七,页 5616。
③ 《新唐书》卷一七四,页 5234。此事原出《东观奏记》中卷,页 109,又见于《唐语林校证》卷一,页 84,文字略有不同。

"越等",所以宣宗最后"乃赐银绯"①。"银"指银鱼袋,和绯衣配搭使用。

这种"借绯"习俗在白居易诗中颇有反映。他称之为"刺史绯",如他在《初着刺史绯答友人见赠》一诗的诗题所说②。他在前往忠州任刺史途中,写了一首诗《行次夏口,先寄李大夫》,里面就有以下两句:

> 假着绯袍君莫笑,恩深始得向忠州。③

写的正是当时的"借绯"习俗。他和牛丛一样,散官阶未达五品,原不可着绯。他任江州司马时仍着五品以下的"青衫"。其名诗《琵琶行》中的名句"江州司马青衫湿"可作佐证④。但他前去任忠州刺史,却以当时刺史品卑可以借绯的习俗,"假著绯袍"。为此,他请他的好朋友李大夫(鄂州刺史、鄂岳观察使李程)"君莫笑",十分生动有趣。

白居易任忠州刺史,可"假着绯袍",品阶表面上看起来颇高,但他其实并不快乐。忠州是个穷苦小地方,位于长江岸边。他在《初到忠州,赠李六》(李六即李程)说:

---

① 宋人洪迈对牛丛此事有一评语,说"然则唐制借服色得于君前服之,国朝之制,到阙则不许"。见其《容斋随笔》所附《容斋三笔》卷五,页 471。宋代不但有"借绯",而且还有"借紫"之习,详见庄绰撰、萧鲁阳点校《鸡肋编》(北京:中华书局,1983)卷上,页 19—20。
② 《白居易集》卷一七,页 372。
③ 《白居易集》卷一七,页 373。
④ 参陈寅恪《元白诗笺证稿》,页 58—60 对"江州司马青衫湿"的考证。

好在天涯李使君，江头相见日黄昏。

吏人生梗都如鹿，市井疏芜只抵村。

一只兰船当驿路，百层石磴上州门。

更无平地堪行处，虚受朱轮五马恩。①

他当刺史，"悉以畲田粟给禄食，以黄绢支给充俸"，生活颇困苦。他在《南宾郡斋即事，寄杨万州》中说：

山上巴子城，山下巴江水。

中有穷独人，强名为刺史。

时时窃自哂，刺史岂如是？

仓粟喂家人，黄缣裹妻子。②

此外，他这时仍属外贬量移期间，正像他在《重赠李大夫》中所说，"流落多年应是命，量移远郡未成官"③，心情自然不畅快。

但不到两年后，白居易有机会从忠州刺史入为司门员外郎，他的心情便大为不同，十分兴奋。他写了一首诗《初除尚书郎脱刺史绯》记此事，非常具有时代意义和精神：

亲宾相贺问何如？服色恩光尽反初。

头白喜抛黄草峡，眼明惊拆紫泥书。

便留朱绂还铃阁，却着青袍侍玉除。

①《白居易集》卷一八，页378。
②《白居易集》卷一一，页211。
③《白居易集》卷一七，页374。

无奈娇痴三岁女,绕腰啼哭觅银鱼。①

这首诗可说把一个刺史入为郎官的喜悦心情,写得入木三分,而且还把这种"迁官"的曲折细节,写得十分活泼,值得细考细读。

总的来说,白居易得以回到朝中任员外郎,心情是愉快的。"亲宾相贺问何如"和"头白喜抛黄草峡"两句,当为最佳写照。"黄草峡"指忠州附近的一个峡湾。然而,从刺史入为郎官,也意味着官品的降低。他原本可以借穿"刺史绯",现在入为郎官,被打回原形,得"脱"下"刺史绯",穿回青衫,"却着青袍侍玉除",似乎又有一点点的"失落"。整首诗有一大部分便在写这种官品和服色的转变,以及随之而来的心情变化。

最可圈可点的是最后两句,"无奈娇痴三岁女,绕腰啼哭觅银鱼"。这是说,他现在不任刺史了,腰边不再挂着"银鱼"袋。他的三岁女儿"绕腰"找不到银鱼可玩,竟然"啼哭"起来。结尾这两句借用一个三岁女儿的"娇痴"动作,写出没有"刺史绯"可穿,又没有银鱼袋可佩戴的"无奈"心情,十分别致②。"无奈"两字也很耐人寻味。

白居易从忠州刺史入为司门员外郎,有些许的"失落",主要表现在他官品降低了,再也没有"刺史绯"可穿这点上,但整个来说,他还是以能入为尚书省郎官而高兴的。这首诗忠实反映了唐

①《白居易集》卷一八,页394。
②不过,白居易这种"无奈"心情是暂时的,因为他不久便升为文散官从五品下的朝散大夫,可以名正言顺着绯了。他在升散官阶后写了几首诗记其事,其中一首《酬元郎中同制加朝散大夫书怀见赠》说:"五品足为婚嫁主,绯袍着了好归田。"见《白居易集》卷一九,页409。

半后期一个刺史入为郎官既喜悦而又有点失落的复杂情绪,可说是十分难得又十分"写实"的史料。

唐后期诗人杜牧的经历,又和刘禹锡、白居易有些不同。

杜牧在三十八岁时,曾经任膳部、比部员外郎,皆兼史职。会昌二年(842)他四十岁时,出任黄州刺史,后来又接任池州和睦州刺史,前后共约七年。此即他在《上吏部高尚书状》中所说:"三守僻左,七换星霜。"①不过黄州、池州和睦州都不是剧要大州。他这段时期的刺史官阶虽比员外郎高,月俸也比员外郎多,但他并不得意,心情郁闷。此时李德裕秉政,杜牧没有机会回朝②。

李德裕去世后,大中二年杜牧的故旧周墀升任宰相,荐拔他为司勋员外郎。他在答谢周墀的信《上周相公启》中有几句话,颇能透露他从刺史重入朝为员外郎的得意心情:

> 伏以睦州治所,在万山之中,终日昏氛,侵染衰病。自量忝官已过,不敢率然请告,唯念满岁,得保生还。不意相公拔自污泥,升于霄汉,却收斥锢,令厕班行,仍授名曹,帖以重职,当受震骇,神魂飞扬,抚已自惊,喜过成泣。③

这里杜牧以他在睦州的"终日昏氛,侵染衰病",和他入为员外郎的"升于霄汉"、"仍授名曹,帖以重职"对举,充分展现他任刺史和郎官的不同心境。

杜牧这时还写了一首诗《除官归京,睦州雨霁》,抒写他即将

①《樊川文集》卷一六,页238。
②详见缪钺《杜牧传》,页62—107。
③《樊川文集》卷一六,页236。

从刺史回京入为郎官的愉快心情。诗中有两句尤其能凸显他这种情绪：

岂意笼飞鸟，还为锦帐郎。①

"锦帐郎"指郎官，典出蔡质《汉官仪》："尚书郎入直台中，官供新青缣白绫被，或锦被，昼夜更宿，帷帐画，通中枕，卧旃蓐，冬夏随时改易。"②

　　然而，杜牧入朝任郎官不到一年，他又自愿求外放为刺史。大中三年他就写信给宰相，要求任杭州刺史。但杭州是个"户十万，税钱五十万"的大州，当时宰相也已不是周墀。新任宰相没有答应杜牧的请求。像杭州如此要州的刺史须为"名曹正郎"。杜牧的员外郎也不够资格。

　　于是，杜牧在第二年又上书宰相，而且连上三启，改求湖州刺史，情词殷切，最后总算如愿以偿。

　　在这四封求外放为刺史的信中，杜牧反复提及的理由是，他在京师无产业，而且要照顾"病弟孀妹"，生活困顿。刺史的俸钱比员外郎多，可以解决他的问题。他在《上宰相求杭州启》中有几句很有名的话，可见一斑："是作刺史，则一家骨肉，四处皆泰；为京官，则一家骨肉，四处皆困。"③

　　杜牧求得湖州，又写了一首诗《新转南曹，未叙朝散，初秋暑退，出守吴兴，书此篇以自见志》，叙他的得意心情。此诗和前引白居易

---

①《樊川文集》卷三，页51。
②见《后汉书》卷四一《钟离意传》，页1411。
③《樊川文集》卷一六，页249。

的《初着刺史绯答友人见赠》等诗作有异曲同工之妙，值得细读：

> 捧诏汀洲去，全家羽翼飞。
> 喜抛新锦帐，荣借旧朱衣。①

"新锦帐"指他这时刚迁转的吏部员外郎判"南曹"新职，但他现在要把这"新锦帐"抛去了，改穿借来的"旧朱衣"，有一种"新"不如"旧"的意趣。"朱衣"即上文讨论过的"刺史绯"，一种红色的官服。"旧"字用得极生动，和"新锦帐"的"新"字也对得极佳，而且非常写实，说明这是别人穿过的，借来的。正如诗题所点明，杜牧这时还"未叙朝散"，也就是还没有达到可以正式穿绯衣的五品朝散大夫散官阶，但他即将出任刺史，照规定又可以借穿"刺史绯"。这样的"旧朱衣"是他去"荣借"回来的，由此可以想见他此时的心情该是如何欢快，如何感到光荣！

杜牧在湖州（吴兴）任刺史一年，又回到朝中任考功郎中知制诰。这是他第二次从刺史入为郎官。但他这时却跟从前大不相同了，生活变得富裕起来，能够"尽吴兴俸钱"，在长安城南有名的风景区樊川，"创治其墅"②。湖州是个大州，户达七万多③，远比杜牧之前任刺史的黄州、池州和睦州来得剧要。

但杜牧并不是唐代唯一要求外放任刺史的郎官。《旧唐书·郑繁传》中至少还有一例：

---

① 《樊川文集》卷三，页 52。
② 这是杜牧的外甥裴延翰为我们透露的讯息，详见他为《樊川文集》所写的序，页 1。
③ 《新唐书》卷四一《地理志》，页 1058。

> 郑綮者,以进士登第,历监察、殿中、仓、户二员外,金、
> 刑、右司三郎中。家贫求郡,出为庐州刺史。①

这位郑綮也和杜牧一样,"家贫求郡",可知唐代刺史所能享受到的经济利益远多于郎官。庐州户有四万多,属上州②。

综上所论,特别就刘禹锡、白居易和杜牧这三位诗人的官历来考察,我们可以得出几点结论:第一,刺史和郎官之间的迁转不能单以官品来衡量,须考虑到其他因素。第二,郎官外贬,常到一些偏荒小州(如连州和朗州)任刺史,品阶虽比郎官为高,甚至可能像白居易那样"假着绯袍"(他当时正属外贬量移期间),但这样的刺史不如郎官。第三,唐人一般还是以能入朝任郎官为荣,虽然官阶和月俸可能不如先前的刺史。这也是唐人普遍重京官、轻外官的表现,即使到唐后期依然如此。第四,唐代也有人宁舍郎官求外放为刺史,如杜牧、郑綮等人,但他们所求的州都是户口众多的大州,所得之官阶和俸钱都较高,可说属于特别案例。

# 七、郎官知制诰

唐代绝大部分郎官分掌尚书省二十六司的职务,但有些郎官却只是"挂名"为郎官,而以郎官为"本官"去充任其他职位,例如出任翰林学士、史馆修撰、集贤学士,或到御史台去"知杂事",甚至还有郎官外出充使等等。在这些充职当中,又以郎官"知制诰"最常见、

---

① 《旧唐书》卷一七九,页 4662。
② 《新唐书》卷四一,页 1053—1054。

最突出,形成一种制度,特别是在安史乱后的唐后期。所以本节专论郎官知制诰事①。郎官充翰林学士和史馆修撰等职,将在下面一节讨论。至于郎官充集贤学士,案例比较少见,且无特别意义,本章从略。

知制诰即负责为皇帝撰写各种制诰如诏令、任官敕书、赐书等等。唐代有好几位知名诗人,便曾经以郎官身份知制诰。最有名的是白居易、元稹和杜牧三人。在他们传世的文集中,至今仍保存了不少他们当年替皇帝所写的制诰,其中又以任命敕书居多,为极珍贵的第一手原始史料,常为本书引用。古文家韩愈曾经以考功郎中知制诰,又曾任专司制诰的中书舍人,但可惜他传世的文集中却没收任何当年他所写的制诰②。

撰写制诰原本是中书省中书舍人的职务。《新唐书·百官志》"中书舍人"条下说:

> 开元初,以它官掌诏敕策命,谓之"兼知制诰"。……先是,知制诰率用前行正郎,宣宗时,选尚书郎为之。③

这是宋人撰《新唐书·百官志》的粗略说法,有几点颇可商榷:

---

① 关于唐宋的知制诰制度,见张东光《唐宋的知制诰》,《文史知识》,1993 年第 1 期。
② 现传世的韩愈文集为他的女婿李汉所编。李汉在《昌黎先生集传序》中说:"长庆四年冬,先生殁。门人陇西李汉辱知最厚且亲,遂收拾遗文,无所失坠。"这个"无所失坠"的说法显然大可商榷。后代学者似乎未提过韩集中何以未收他当年所写制诰的问题。不过,唐代的确有人认为制诰乃"王言",要"焚之",不应留存私室。例如,《唐国史补》卷中,页 32 载:"高贞公郢,为中书舍人九年,家无制草。或问曰:'前辈皆有制集,公独焚之,何也?'答曰:'王言不可存于私室。'"
③《新唐书》卷四七,页 1211。

第一，"以它官掌诏敕策命"，并不始于开元初。例如，崔融在长安初年即"召为春官郎中，知制诰事"。他在长安四年，又"除司礼少卿，仍知制诰"①。又如卢藏用，"神龙中，累转起居舍人，兼知制诰，俄迁中书舍人"②。不过这些开元之前的案例不多，而且长安、神龙甚接近开元初，《新唐书·百官志》说始于"开元初"，当是大略的说法。

第二，唐代史料（包括新旧《唐书》、《通典》、《唐会要》和笔记等）固然有"兼知制诰"这种说法，但很少见，总共不到二十例，如《旧唐书·权德舆传》："十年，迁起居舍人，岁中，兼知制诰。"③又如《新唐书·武儒衡传》："十二年，权知谏议大夫事，寻兼知制诰。"④最常见的反而是"知制诰"（无"兼"字），在唐后期史料中尤其如此，多达三百多例。《新唐书·百官志》"兼知制诰"这种说法容易令现代读者误解，以为这是"兼任"的职务。事实上，唐代以他官（特别是郎官）知制诰是一种"专任"的工作。郎中或员外郎知制诰即专门负责撰写制诰，不再担任省司事（详见下）。

第三，关于"先是，知制诰率用前行正郎，宣宗时，选尚书郎为之"一句，我们在前面"郎官的别称"一节中见过，"正郎"指郎中，"尚书郎"则为通称，可指郎中或员外郎。这整句话的意思是，宣宗之前"率用"（"率"当作"大体"解）"前行正郎"（"前行"当指吏部和兵部）知制诰，少有员外郎者。到了宣宗朝才开始"选尚书郎为之"。这里"尚书郎"当指所有郎官，不再分前中后行，也不分郎中或员外郎。

① 《旧唐书》卷九四《崔融传》，页 2996、3000。
② 《旧唐书》卷九四，页 3001。
③ 《旧唐书》卷一四八，页 4003。
④ 《旧唐书》卷一五八，页 4162。

然而,我们在唐半后期史料中可以发现,在宣宗朝之前,就有员外郎知制诰,案例甚多,且举五例如下:

(一)宪宗元和五年八月,"起居舍人裴度为司封员外郎、知制诰"①。

(二)宪宗元和七年六月,"乙丑,以兵部员外郎王涯知制诰"②。

(三)宪宗元和九年十一月,"以职方员外郎、知制诰令狐楚为翰林学士"③。

(四)穆宗长庆元年三月,"左补阙李绅为司勋员外郎,并依前知制诰、翰林学士"④。

(五)柳璟,"开成初,换库部员外郎、知制诰,寻以本官充翰林学士"⑤。

这五例都是宣宗朝之前以员外郎知制诰的例子,可知员外郎知制诰不始于宣宗。因此,《新唐书》说"先是,知制诰率用前行正郎",即使"率用"仅表示一种粗略说法,恐怕也难以成立。应当一提的是,上举五例全是比较尊贵的"前行"员外郎,而且大都为当时有文采的名士。

不过,《新唐书》的这个说法,可能源自宣宗朝的一道敕文,并加以简化:

---

① 《旧唐书》卷一四,页432。
② 《旧唐书》卷一五,页443。
③ 《旧唐书》卷一五,页451。
④ 《旧唐书》卷一六,页487—488。
⑤ 《旧唐书》卷一四九,页4033。

大中六年六月敕:"大和中敕旨,条流制诰改转事,颇为得中,实重官业。自后因循不守,有紊典章,遂便迁转频繁,近日却成壅滞。自今以后,宜举大和四年旧敕,便永遵行。仍每选知制诰,于尚书六行郎中官,精择有文学行实、公论显著者,以备擢用,不得偏取前行正郎。余准大和四年七月十三日敕处分。"①

这道敕文所提到的大和四年敕,今仍收在《唐会要》中:

　　大和四年七月,中书门下奏:"伏以制诰之选,参用高卑,迁转之时,合系劳逸。顷者,缘无定制,其间多有不均。准长庆二年七月二十七日敕,始令自员外以上及卑官知者,同以授职满一年后,各从本秩递与转官。如至前项正郎,即以周岁为限,皆计在职日月以为等差,不论本官年考……其有本官已是前行郎中,年月已深,方被奖用,即授官数月合正除,比类旧制,却成侥幸,将垂永久,须有商量。自今以后,从前行郎中知者,并不许计本官日月,但约知制诰满一周年即与正授(即授中书舍人)。其从谏议大夫知者,亦宜准此。即迟速有殊,比类可遵,并请依长庆二年七月二十七日敕处分。"敕旨依奏。②

此敕文中所引用的长庆二年敕,也同样保存在《唐会要》中:

---

① 《唐会要》卷五五,页1112—1113。
② 《唐会要》卷五五,页1111—1112。

长庆二年七月敕："自今已后,员外郎知制诰,敕复授本官,通计二周年,然后各依本行转,郎中亦依二周年与正除。如是中行后行郎中,仍更转前行一周年,即与正除。如更是卑官知诰,合转员外者,亦以二周年为限。谏议大夫知者,同前行郎中,给事中并翰林学士别宣,并不在此限。"①

这三道敕文,内容十分丰富,可据以推知以下几个细节:

第一,知制诰的人选,"参用高卑"官,有"员外以上及卑官知者"(见大和四年敕),亦有前行中行后行郎中、谏议大夫和给事中并翰林学士知者(见长庆二年敕)。

第二,正因为知制诰者有如此"高卑"不等的官员,以上长庆二年和大和四年敕文的最主要内容,便是规定这些高卑官员知制诰的迁转年限,以便定出一个公平、合理的办法,解决"无定制"、"不均"的现象。其中,前行郎中、谏议大夫、给事中及翰林学士知制诰者,因为他们的地位较高,知制诰只需一年便可"正除"或"正授",即正式被委任为中书舍人。"中行后行郎中,仍更转前行一周年,即与正除"。员外郎知制诰一般"通计二周年"始能正除为中书舍人。比员外郎更卑者,"合转员外者,亦以二周年为限"。

第三,到了宣宗朝大中六年,可能当时的风气是"偏取前行正郎",所以敕文特别规定"仍每选知制诰,于尚书六行郎中官,精择有文学行实、公论显著者,以备擢用,不得偏取前行正郎",其余的(迁转等事)仍依大和四年敕。

《新唐书·百官志》的宋代编修者,可能没有参照长庆二年及大和四年敕,仅仅见到大中六年敕,于是便把此敕中"不得偏取前

---

① 《唐会要》卷五五,页1111。

行正郎"等语,理解为"先是,知制诰率用前行正郎,宣宗时,选尚书郎为之",不免有些曲解敕文的原意。事实上,"不得偏取前行正郎"仅表示当时的风气可能比较偏向取前行正郎,但还是会选用一些中行后行正郎以及员外郎等官知制诰。宋代修史者将之理解为"率用前行正郎",措词过于强烈,显然和原意有些不同,易生误解。

我们在正史列传、《文苑英华》、《唐大诏令集》和唐人各家文集中所收各任命敕、墓志、祭文、行状等材料中考掘,可以发现,唐代的知制诰人选,的确如上引大和四年敕所说,"参用高卑",可以高至尚书省六部的侍郎或中书省侍郎,也可以是较低层的起居舍人。

首先,以侍郎高官知制诰者,可举以下各案例:

> (一)玄宗《命张说等两省侍臣讲读制》:"银青光禄大夫行中书侍郎兼知制诰上柱国成安县开国男苏颋。"①
>
> (二)宪宗《王涯平章事制》:"通议大夫尚书工部侍郎知制诰翰林学士上柱国清源县开国男食邑三百户赐紫金鱼袋王涯。"②
>
> (三)穆宗《杜元颖平章事制》:"朝散大夫尚书户部侍郎知制诰翰林学士上柱国建安县开国男食邑三百户赐紫金鱼袋杜元颖。"③
>
> (四)文宗《韦处厚平章事制》:"正议大夫行尚书兵部侍

---

① 《唐大诏令集》卷一〇五,页538。
② 《唐大诏令集》卷四七,页234。
③ 《唐大诏令集》卷四七,页237。

郎知制诰充翰林学士上柱国赐紫金鱼袋韦
处厚。"①

（五）懿宗《杜审权平章事制》："翰林学士承旨通议大夫
守尚书兵部侍郎知制诰上柱国赐紫金鱼袋杜
审权。"②

（六）昭宗《崔胤崔远平章事制》："翰林学士承旨银青光
禄大夫行尚书兵部侍郎知制诰上柱国博陵县开国
男食邑三百户崔远。"③

以上从玄宗朝到唐末昭宗朝,都有侍郎知制诰的例子,不过人数
不多,且都兼任翰林学士承旨或翰林学士,亦可归属为翰林学士
知制诰的例子。

其次,以谏议大夫知制诰也偶尔可见,例如:

（一）常衮《授郗昂知制诰制》："可守谏议大夫知制诰,
散官如故。"④

（二）李翱《兵部侍郎赠工部尚书武公（儒衡）墓志铭》:
"历侍御史司封员外郎户部郎中,迁谏议大夫,三月
以本官知制诰,岁满转中书舍人。"⑤

（三）李翱《祭福建独孤中丞文》："维大和元年岁次丁未
九月庚申朔二十日己卯,朝散大夫守右谏议大夫知

①《唐大诏令集》卷四八,页242。
②《唐大诏令集》卷五〇,页256。
③《唐大诏令集》卷五〇,页260。
④《文苑英华》卷三八二,页1951。
⑤《李文公集》卷一五,页66。

制诰李翱,谨以清酌庶羞之奠,敬祭于亡友……"①

此外,以起居舍人知制诰者,亦可见一二:

(一)李纾《故中书舍人吴郡朱府君(巨川)神道碑》:"由
　　是擢起居舍人知制诰。换司勋员外郎,掌诰如初。
　　拜中书舍人。"②
(二)权德舆《司徒兼侍中上柱国北平郡王赠太傅马公行
　　状》:"贞元十一年十月十六日,宣德郎守起居舍人
　　知制诰云骑尉权德舆谨上尚书考功。"③

不过,唐代知制诰人选,还是绝大多数以郎官居多。而且,在
宣宗之前,确有"偏取前行正郎"的迹象,如下引各例:

(一)文宗《舒元舆李训守平章事制》:"守兵部郎中知制
　　诰充翰林学士赐绯鱼袋李训,轩缨鼎族,河岳
　　闲贤。"④
(二)孙逖《授达奚珣中书舍人制》:"敕:朝议大夫守职
　　方郎中兼试知制诰达奚珣,文学素优,忠勤
　　克著。"⑤
(三)孙逖《授李玄成中书舍人制》:"敕:朝议郎守尚书

---

①《李文公集》卷一六,页71。
②《文苑英华》卷八九四,4708。
③《权德舆诗文集》卷一九,页305。
④《唐大诏令集》卷四九,页248。
⑤《文苑英华》卷三八二,页1948。

考功郎中仍试知制诰兼知史官事李玄成,中和有裕,直道自然。"①

(四)常衮《授庾准、杨炎知制诰制》:"准可行尚书职方郎中知制诰,散官勋如故。炎可守尚书礼部郎中知制诰,赐如故。"②

(五)权德舆《祭吕给事文》:"维贞元九年岁次癸酉,正月庚辰朔、二十一日庚子……中书舍人奚陟,尚书驾部郎中知制诰张式,左补阙权某等,谨以清酌庶羞之奠,敬祭……"③

(六)裴度《刘府君(太真)神道碑铭并序》:"迁驾部郎中知制诰。……建中四年夏正授中书舍人。"④

(七)韩愈《唐故江南西道观察使……太原王公(仲舒)神道碑铭》:"元和初,收拾俊贤,征拜吏部员外郎;未几为职方郎中、知制诰。"⑤

以上七例,知制诰的各郎中全都是"前行"的,属吏部或兵部。这大抵是宣宗朝之前的风气,史料中还有不少案例可证。不过,即使如此,宣宗朝之前还是有一些中行和后行郎中知制诰,但案例不多。以两《唐书》考之,有如下数例:

①《文苑英华》卷三八二,页1948。李玄成于"天宝元年考功郎中知制诰,修国史。二年中书舍人,五年秘书少监"。见独孤及为他所写的墓志《唐故朝散大夫中书舍人秘书少监顿丘李公墓志》,《毗陵集校注》卷一一,页250。
②《文苑英华》卷三八二,页1951。
③《权德舆诗文集》卷四〇,页780。
④《全唐文》卷五三八,页5467。
⑤《韩昌黎文集校注》卷七,页499。

（一）《旧唐书·钱徽传》："元和初入朝，三迁祠部员外郎，召充翰林学士。六年，转祠部郎中、知制诰。"①

（二）《旧唐书·王起传》："元和十四年，以比部郎中知制诰。穆宗即位，拜中书舍人。"②

（三）《旧唐书·段文昌传》："……李逢吉乃用文昌为学士，转祠部郎中，赐绯，依前充职。十四年，加知制诰。十五年，穆宗即位，正拜中书舍人。"③

（四）《旧唐书·元稹传》："穆宗大悦，问稹安在，对曰：'今为南宫散郎。'即日转祠部郎中、知制诰。"④

（五）《旧唐书·穆宗纪》：元和十五年十二月，"丙申，以司门员外郎白居易为主客郎中、知制诰"⑤。

以上五例，以祠部郎中知制诰最多（钱徽、元稹和段文昌）。祠部司属礼部，为后行。白居易的主客郎中也属礼部后行。王起的比部郎中属刑部，为中行。

不过，此五例除了钱徽知制诰在元和六年外，其余四人以中行和后行郎中知制诰几乎是在同一时期，即元和十四、十五年间。他们亦多以文辞秀美见称，特别是元稹和白居易两人⑥。元稹"变

①《旧唐书》卷一六八，页4383。
②《旧唐书》卷一六四，页4278。
③《旧唐书》卷一六七，页4368。
④《旧唐书》卷一六六，页4333。
⑤《旧唐书》卷一六，页484。又见朱金城，《白居易年谱》，页110。
⑥关于白居易所写的制诰文体，详见周云乔《白居易の制誥の新體と舊體について》，《中国文学报》，第48册（1994），页35—62；下定雅弘《白居易の中書制誥：その舊體と新體の分類について》，《帝塚山学院大学研究论集：文学部28集》（1993），页33—59。

诏书体,务纯厚明切",更是"盛传一时"①。由此看来,唐代知制诰人选当以文学为重。大中六年敕中所说,"精择有文学行实、公论显著者,以备擢用",正是以"文学"为主要考量。

宣宗朝之前,以员外郎知制诰也不乏其例。前面已引了五个例子。这里不妨再引五例:

> (一)《旧唐书·李紃传》:"大历初,吏部侍郎李季卿荐为左补阙,累迁司封员外郎、知制诰,改中书舍人。"②
>
> (二)《旧唐书·柳璟传》:"开成初,换库部员外郎、知制诰,寻以本官充翰林学士。"③
>
> (三)《旧唐书·沈传师传》:"迁司门员外郎、知制诰,召充翰林学士。"④
>
> (四)《旧唐书·郑絪传》:"无几,擢为翰林,转司勋员外郎、知制诰。德宗朝,在内职十三年,小心兢谦,上遇之颇厚。"⑤
>
> (五)《旧唐书·韦温传》:"郑注诛,转考功员外郎。寻知制诰,召入翰林为学士。"⑥

宣宗朝之前以员外郎知制诰,也未必须为前行,可以是中行者,如例三沈传师以司门员外郎知制诰。司门司属刑部,为中行。不

---

① 《新唐书》卷一七四,页5228。
② 《旧唐书》卷一三七,页3763。
③ 《旧唐书》卷一四九,页4033。
④ 《旧唐书》卷一四九,页4037。
⑤ 《旧唐书》卷一五九,页4181。
⑥ 《旧唐书》卷一六八,页4378—4379。

过,宣宗朝之前的史料,不见有后行员外郎知制诰的案例。

然而,宣宗以后直到唐末,以郎官知制诰似有逐渐"官卑"的迹象,不但有后行郎中,甚至还有后行员外郎知制诰的事,例如:

> (一)《唐语林校证》:"相国刘公赡……自是以水部员外知制诰,相次入翰林,以至拜相。"①
>
> (二)《旧唐书·昭宗纪》乾宁元年十月条下:"宣制之日,水部郎中、知制诰刘崇鲁出班而泣。"②
>
> (三)《旧唐书·昭宗纪》光化三年八月条下:"丁卯,以朝请大夫、虞部郎中、知制诰、上柱国、赐紫金鱼袋颜荛为中书舍人。"③
>
> (四)《旧唐书·哀帝纪》天祐二年十二月条下:"……膳部员外知制诰杜晓……"④

唐尚书省的虞部和水部司一向殿后,名望较低,但唐末却有此两司郎中或员外郎知制诰的案例,其他时期未见。五代以后行郎官知制诰的例子更为常见,如徐铉以"尚书主客员外郎知制诰"⑤,

---

① 《唐语林校证》卷三,页 287。刘赡任员外郎在晚唐咸通年间,见其《旧唐书》本传,卷一七七,页 4605。

② 《旧唐书》卷二〇上,页 752。《新唐书》卷九〇《刘崇鲁传》,页 3769,也说他"景福中,以水部郎中知制诰"。但《旧唐书》卷一七九《刘崇鲁传》,页 4666,则说他在"景福初,以水部员外郎知制诰"。《新唐书》卷七一上《宰相世系表》,页 2274,也说刘崇鲁为"水部员外郎、知制诰"。《资治通鉴》卷二五九,页 8456 作"水部郎中知制诰刘崇鲁",可依。

③ 《旧唐书》卷二〇上,页 768。

④ 《旧唐书》卷二〇下,页 802。

⑤ 徐铉《宣州泾县文宣王新庙记》后题署,《全唐文》卷八八二,页 9219。

徐锴在保大丙辰以"屯田郎中知制诰"①等皆是。

综上所论，唐代知制诰的人选，可以是侍郎、谏议大夫、起居郎等，但从唐后半期开始，最常见者还是郎中或员外郎。以郎官知制诰成了唐后期的一种定制，也是郎官除了担任史馆修撰、翰林学士等职以外最常任的职位。宣宗朝之前知制诰者多为名望较高的前行郎中，但也有少数的中行及后行郎中以及前行和中行员外郎知制诰的案例。宣宗以后，甚至还有名望较低的后行（如虞部和水部）郎中和员外郎知制诰的例子，直到五代和宋初。

最后，我们要问一个从前无人触及的问题：郎官知制诰，是否意味着他们不再担任尚书省司的职务，而专掌制诰？他们又是在什么官署执行草诏任务？

由于史料残缺，这个问题难以有明确的答案。不过，从某些迹象看来，郎官知制诰的确很可能便不再担任他原本省司的职务，而专掌制诰。例证有二：第一，唐代以他官充任某职，一般不是今人所理解的"兼任"性质，除了极少数的例外（比如以宰相监修国史，属挂名性质）。以他官充某职，通常意味着一种"借调"。例如，以某官充翰林学士，则此官即专司翰林院职务，在翰林院轮值，罢职出院后才回到其"本官"。以郎官知制诰，应当也作如是观。

第二，白居易有一首诗《初除主客郎中知制诰，与王十一、李七、元九三舍人中书同宿，话旧感怀》，为我们提供了若干具体生动的细节：

闲宵静话喜还悲，聚散穷通不自知。

---

① 徐锴《曲台奏议集序》后题署，《全唐文》卷八八八，页9279。

已分云泥行异路，忽惊鸡鹤宿同枝。

紫垣曹署荣华地，白发郎官老丑时。

莫怪不如君气味，此中来校十年迟。①

王十一即王起，李七为李宗闵，元九即元稹。诗题中的"中书同宿"一语，清楚透露他们是"一同"在中书省"宿直"的。换言之，白居易以主客郎中知制诰，他便在中书省轮班宿直。这里应当就是他知制诰的工作地点。他不再在尚书南省服务。

中书省又称西省或西掖。白居易这个时期还写过另三首诗：《西省对花，忆忠州东坡新花树，因寄题东楼》《中书连直，寒食不归，因怀元九》及《中书夜直，梦忠州》②。这三首诗都写于白居易任中书舍人之前，即长庆元年十月之前③。诗题中都提到他在中书省赏花或宿直之事，可证他以主客郎中知制诰便得在中书省寓直，亦可证唐代郎官知制诰即不在尚书南省工作，而转到中书省去"夜直"，甚至"连直"。

唐代京城官员一般只办公半天，每天早上太阳升起时上班，中午会食后回家，远比今人悠闲，但各官署每天要有一人值下午和晚班，有事便由这个宿直官负责。此即《唐六典》所说：

凡尚书省官，每日一人宿直，都司执直簿一转以为次。……凡内外百僚日出而视事，既午而退，有事则直官省之；其务

①《白居易集》卷一九，页403。

②《白居易集》卷一九，页404、405。

③此三诗写于白居易任中书舍人之前，见朱金城《白居易年谱》，页118。诗题中的"忠州"，指白居易回长安之前任刺史的"忠州"。

繁,不在此例。①

白居易在中书省"夜直"或"连直",便属于这种尚书省官的"宿直",也称"寓直"或"当直",唐诗中极常见,如李嘉佑《和张舍人中书宿直》②、苏颋《秋夜寓直中书呈黄门舅》③以及李逢吉《和严揆省中宿斋遇令狐员外当直之作》④等等皆是。

更可留意的是,元稹此时是以祠部郎中知制诰,跟白居易一样,还未任中书舍人,但他也"同宿中书",看来唐代郎官知制诰都不在尚书省工作,而转到中书省轮直,和中书舍人相同。白居易在诗题中直呼王起、李宗闵为"舍人"当然没有错,因为他们此时已任中书舍人⑤,但元稹仍为郎中知制诰,亦得称"舍人",可证知制诰不但和中书舍人在同一地点宿直,而且他的地位也和真正的中书舍人几乎相同,可称为"舍人"⑥。

白居易这几首诗,帮助我们厘清了唐代知制诰的工作场所等若干细节。这些诗又写于他本人以郎中知制诰当年,可说是一种极可贵的"诗史",不逊子美。

────────────

①《唐六典》卷一,页 12—13。州县官员的办公时间又和京城官员有些不同,一般分朝晚两衙,无宿直事。关于唐代官员办公时间的详细讨论,见笔者专书《唐代基层文官》第六章《文官俸钱及其他》中"办公时间和假期"一节。
②《全唐诗》卷二〇六,页 2151。
③《全唐诗》卷七四,页 811。
④《全唐诗》卷四七三,页 5365。
⑤朱金城《白居易年谱》,页 117。
⑥同上:"唐人知制诰亦得称为舍人。"岑仲勉《依唐代官制说明张曲江集附录诰命的错误》,《金石论丛》,页 475:"简单地说,知制诰就是中书舍人的变名。"又见雷绍锋《"知制诰"者可称舍人》,收在陈国灿和刘健明编,《〈全唐文〉职官丛考》,页 249—251。

## 八、郎官和翰林学士

郎官除了以本官知制诰之外,可能还有其他的充职,其中最常见的有两种:一是充翰林学士,一是充史馆修撰。唐代郎官出任翰林学士者,也远远多于充史馆修撰者。本节细考郎官和翰林学士的关系,下一节论郎官和史馆修撰。

唐代的翰林学士,从玄宗到懿宗朝,共有一百六十九人。毛蕾总结前人研究,曾经统计过这一百多人初入翰林院时的官位,发现员外郎的人数最多,高达四十一人,其次是中书舍人(二十二人)、左右补阙(十六人)、左右拾遗(十四人)、郎中(十四人)和起居郎(十人)。其他官员如监察御史等都在十人以下,更有低至一人者,如正字、太常博士和县令等①。

据此,可知在翰林学士当中,带有郎官身份(即所谓"本官")的人占最多数。如果把员外郎和郎中合并成郎官这一个群体来计算,则其人数高达五十五人(四十一人加十四人)。可以说,唐代的翰林学士最常以员外郎来充任,以郎中充翰林学士者也不少。

毛蕾这个统计并没有错,不过郎官和翰林学士的关系,则远比这个统计复杂得多了。这是因为以郎官充翰林学士,所涉及的制度层面变化多端,可以产生几种情况,有几层意义,须仔细分辨,才不致误读了唐后期许许多多唐人的官历。

第一种情况最直截了当,即入院时便以郎中或员外郎的"本

---

① 毛蕾《唐代翰林学士》(北京:社会科学文献出版社,2000),页46。

官"去充任翰林学士,出院时改任别官。例如,文宗时的高少逸,开成四年闰正月以左司郎中充翰林侍讲学士,其年八月一日,迁谏议大夫,"开成五年正月二十七日,赐紫,守本官出院"。换句话说,高少逸是以左司郎中入翰林院,又以谏议大夫的本官出院①。

第二种情况比较复杂。某官入院时可能是左补阙,还不是郎官。入院后他可能有两次或以上的升迁,第一次升为员外郎,第二次升为郎中。出院时他依例回到"本官",任郎中。这种情况就是毛蕾的统计没有包含的,因为这一类的统计只观察翰林学士入院前的所谓"入院官",没有理会他在入院后的升迁。实际上,某官若入院后才升为员外郎,那么他应当也算是以郎官充任翰林学士。

我们在本书第二章中见过,唐代有所谓"官"与"职"的分别。翰林学士是一种"职",没有品秩,所以照例要带一个"本官"。在翰林学士的任期内,他的迁转是以这个"本官"的迁转来表示的,比如《旧唐书·庾敬休传》所说:

> 转起居舍人,俄迁礼部员外郎。入为翰林学士,迁礼部郎中,罢职归官。②

---

① 丁居晦《重修承旨学士壁记》,原收在宋代洪迈编,《翰苑群书》。此书校订本收在今人傅璇琮和施纯德编《翰学三书》(沈阳:辽宁教育出版社,2003)卷六,页39。此书海外不易得,承傅璇琮先生寄赠一册,谨此致谢。《全唐文》卷七五七,页7858—7859所收的丁居晦《重修承旨学士壁记》,仅存壁记前的小序,删去其后所附的翰林学士名单、任期及升迁,颇失其真。关于丁居晦此记,见岑仲勉《翰林学士壁记注补》,《中央研究院历史语言研究所集刊》,第15本(1948);又收入氏著《郎官石柱题名新考订(外三种)》,页196—392。

② 《旧唐书》卷一八七下,页4913。

这是说庾敬休以礼部员外郎的"本官","入为翰林学士"。他在任翰林学士期间,他的"本官"迁为"礼部郎中"。过后,他"罢职归官",即罢去翰林学士的"职",回去任"礼部郎中"的"官"。

由此可知,翰林学士入院期间,其本官是会有所升迁的。如果他在翰林院的任期比较长,则他的本官升迁甚至可能不止一次,可以多达三四次。

但研究翰林学士的学者,一般都没有理会翰林学士这种在院内任期中的本官升迁。他们往往单纯地以所谓"入院官"和"出院官"来做统计,遗漏了翰林学士在院中任期内的迁转。这一类研究,若纯以"入院官"和"出院官"来做统计,容易误导读者。我们若不了解翰林学士这种"本官"的升迁,极易把唐后期许许多多翰林学士和郎官的官历混淆了。下面试举两个例子,以说明其中奥妙。

《旧唐书·钱徽传》说:

> 徽,贞元初进士擢第,从事戎幕。元和初入朝,三迁祠部员外郎,召充翰林学士。六年,转祠部郎中、知制诰。八年,改司封郎中、赐绯鱼袋,内职如故。九年,拜中书舍人。十一年,王师讨淮西,诏朝臣议兵,徽上疏言用兵累岁,供馈力殚,宜罢淮西之征,宪宗不悦,罢徽学士之职,守本官。[1]

读史者若不明白翰林学士在任期内有所谓本官迁转,很可能会以为钱徽在元和六年转到尚书省任祠部郎中、知制诰,八年转司封郎中,

---

[1]《旧唐书》卷一六八,页4383。这段记载的年月和官历,有一些错乱,可据下引的丁居晦《重修承旨学士壁记》校改。

九年又回到中书省任中书舍人。这样便会把他的官历解读错了。

实际上，钱徽是在元和三年（808）入翰林院，直到元和十一年（816）才出院，任期长达八年，在翰林学士当中算是少见的。正因为他的任期比较长，他在院中有过几次升迁。唐代丁居晦的《重修承旨学士壁记》，详细记录了翰林学士的任期及迁转等资料，写成厅壁记，刻在翰林院的墙上，当是最可靠的第一手材料。关于钱徽，丁居晦的《壁记》说：

> 元和三年八月二十六日，自祠部员外郎充。六年四月二十五日，加本司郎中。八年五月九日，转司封郎中、知制诰，十一月，赐绯。十年（旧传云"九年"）七月二十三日，迁中书舍人。十一年，出守本官。①

丁居晦此壁记详细保存了钱徽的任期和诸官的迁转年月日，和《旧唐书·钱徽传》合起来读，最有疏通之助。据此，钱徽在翰林学士任期内，其本官从入院初的祠部员外郎升为祠部郎中，又转司封郎中、知制诰，再升中书舍人，但他那些年依然"内职如故"，即依然留在翰林院充"内职"（"内职"常是翰林学士的代称），并没有到尚书祠部司或司封司去任官，也没有到中书省去行使中书舍人的职掌。他一直留在翰林院充职，直到元和十一年因为反对"淮西之征"，才被宪宗皇帝解除他的学士职，出"守本官"。这时，他的"本官"已转为中书舍人了。

像钱徽这种官历，在唐后期颇常见，特别是在翰林学士当中。例如，晚唐宰相李德裕年轻时任翰林学士时，也曾经带有员外郎

---

① 《翰学三书》卷六，页33—34。

和郎中的本官。贾𬤇的《赞皇公李德裕德政碑》这样记载李德裕的这段官历：

> 元和十五年以本官召充翰林学士。时穆宗皇帝初嗣位，
> 对见之日，即赐金紫。迁屯田员外郎、考功郎中、知制诰，其
> 侍从如故。又迁中书舍人，专承密命，论思参赞，沃心近膝，
> 言隐而道行者盖多矣。会邦宪任缺，帝难其人，乃拜御史中
> 丞。直己端诚，道无吐茹，百职以治，朝纲以肃。明年以御史
> 大夫兼统浙西六郡。①

单看这段记载，我们不易断定李德裕的屯田员外郎、考功郎中及中书舍人等官，是在他翰林学士任内得到的，还是他出院后才授予的。不过，丁居晦的《重修承旨学士壁记》清楚告诉我们：

> 李德裕　元和十五年（820）闰正月十三日，自监察御史
> 充。二月一日，赐紫。二十日，加屯田员外郎。长庆元年
> （821）三月二十三日，改考功郎中、知制诰。二年（822）正月
> 二十九日，加承旨。二月四日，迁中书舍人。十九日，改御史
> 中丞，出院。②

据此，李德裕从来没有真正担任过屯田员外郎、考功郎中和中书舍人。他这三个官都是"加官"衔，都是他在翰林学士任期内所得到的，用以表示他"本官"的升迁，并以这些官来计算他的月俸等

---

① 《全唐文》卷七三一，页 7542—7543。
② 《翰学三书》卷六，页 35。

福利。白居易任翰林学士期间，从拾遗升为京兆府户曹参军时，写过一首诗《初除户曹喜而言志》，诗中有两句说他现在升官后"俸钱四五万，月可奉晨昏"，可证这种加官的最主要功用，在于寄俸禄①。这也正是宋代"寄禄官"的渊源。

值得注意的是，这种加官可以相当快速。李德裕几乎是一年迁一官。他入院时还是御史台最低层的监察御史，但仅仅两年后，他出院时，已升为御史中丞，御史台的第二号高官了。这一年，他才不过三十六岁。他那么年轻即获"赐金紫"，也是少见的。

从上引钱徽和李德裕的例子，可知唐代以郎官充翰林学士有两层意思：一是以郎中或员外郎身份入为学士，一是在学士任期内升为员外郎或郎中。换言之，郎官有两种：翰林学士在任期内所获得的郎官加衔，应当和那些在尚书省二十六司真正执行省司职务的郎官有所分别。在我们做统计或研究郎官的迁转途径时，这两种不同性质的郎官也应当加以区分开来，否则势必影响到研究结果②。

# 九、郎官和史馆修撰

唐代文学史上，有两位名人曾经以郎官身份充任史馆修撰。一是古文家韩愈，另一是诗人杜牧。他们的这段官历，为我们考

①关于白居易任翰林学士时升为京兆户曹此事在唐代官制上的意义，见拙著《唐代基层文官》第四章《参军和判司》中的讨论。

②例如，孙国栋在《唐代中央重要文官迁转途径研究》中所做的迁官统计，便没有严格区分这两种郎官。他把翰林学士任期内所授的郎官加衔也计算在内。

察郎官和史馆修撰的关系,提供了极佳实例,可以厘清一些过去含糊不清的细节。

韩愈修史的官历,在他《旧唐书》的本传中是这样记载的:

> 愈自以才高,累被摈黜,作《进学解》以自喻曰……执政览其文而怜之,以其有史才,改比部郎中、史馆修撰。逾岁,转考功郎中、知制诰,拜中书舍人。①

我们把这段记载拿来和李翱所写的《韩公行状》比对:

> 公由是复为国子博士,改比部郎中、史馆修撰。转考功郎中,修撰如故。数月以考功知制诰。②

可以发现《旧唐书》的写法有些地方交代不清。实际上,韩愈在元和八年(813)春,曾经从国子博士改官为比部郎中、史馆修撰。隔了一年多,在元和九年(814)十月,他升为考功郎中,但依然充史馆修撰。过了几个月,他才以"考功知制诰"。《旧唐书》说他"逾岁,转考功郎中、知制诰",略去他以考功郎中充史馆修撰的那段经历,颇失其真。

我们在第二章见过,唐代的史官都是一种"职",没有品位,所以照例都带有一个"本官"。较低层的史官如"直史馆",一般带县尉等官。"史馆修撰"是比较高一层的史官,一般带拾遗和补阙(详见本书第二章),但不少也带有员外郎或郎中的本官。韩愈正

---

① 《旧唐书》卷一六〇,页4196—4198。《新唐书》一七六,页5256—5257略同。
② 《李文公集》卷一一,页48。

是先以比部郎中出任史馆修撰。他在任史官期间又升为考功郎中，数月后才离开史馆，出为知制诰。

换言之，唐代的史官和翰林学士一样，经常带有郎官的本官。韩愈事实上并没有真正去出任比部郎中和考功郎中。这两官只是他的本官。他一直在史馆任职约一年多。其《旧唐书》本传清楚说明他是因为"有史才"，才被授以比部郎中、史馆修撰的。白居易的文集中有一篇《韩愈比部郎中史馆修撰制》，颇为有趣：

> 太学博士韩愈：学术精博，文力雄健；立词措意，有班、马之风；求之一时，甚不易得。加以性方道直，介然有守，不交势利，自致名望，可使执简，列为史官。记事书法，必无所苟，仍迁郎位，用示褒升。可依前件。①

按韩愈被授以史馆修撰在元和八年三月，其时白居易已因母丧离开翰林院，退居老家渭村，似不可能作此任命书。岑仲勉疑其"伪文"②。笔者认为，此文即使不是白居易所写，应当也是唐代文献，不宜径称之"伪"。它或为白居易的"拟制"，或他人所作，混入白集。重要的是，它反映当时人对韩愈以比部郎中充史馆修撰这件事的理解。文中提到"班、马"（班固和司马迁）这两位大史家，又有"文力雄健"、"列位史官"等语，可证韩愈"仍迁郎位"，乃"用示褒升"而已。他真正的工作是在史馆修史，不是去尚书省任郎官。

韩愈修史最具体的实证，便是他修撰《顺宗实录》这件事。唐代所有皇帝的实录如今都早已失传，只有《顺宗实录》，现收在韩

---

①《白居易集》卷五五，页1162。
②岑仲勉《〈白氏长庆集〉伪文》，《岑仲勉史学论文集》，页227—228。

愈的文集中。他修完此实录后进呈皇帝,写了一篇《进〈顺宗皇帝实录〉表状》,十分详细交代了编修的前后始末:

> ……去八年十一月,臣在史职,监修李吉甫授臣以前史官韦处厚所撰《先帝实录》三卷,云未周悉,令臣重修。臣与修撰左拾遗沈传师、直馆京兆府咸阳县尉宇文籍等共加采访,并寻检诏敕,修成《顺宗皇帝实录》五卷:削去常事,著其系于政者,比之旧录,十益六七,忠良奸佞,莫不备书,苟关于时,无所不录。吉甫慎重其事,欲更研讨,比及身没,尚未加功。臣于吉甫宅取得旧本,自冬及夏,刊正方毕。文字鄙陋,实惧尘玷,谨随表献上。臣愈诚惶诚恐顿首顿首。①

此"八年"即韩愈以比部郎中充史馆修撰的元和八年。"臣在史职"一语,清楚说明他此时的史官工作,可惜今人毫不注意,犹有学者以为韩愈当时在尚书省任比部郎中,说他"掌勾会内外赋敛、经费、俸禄、公廨"等事。

李吉甫当时是以宰相身份"监修",反而不真正参与修史,只是提供意见"研讨"。真正修史的是韩愈、沈传师和宇文籍三人。沈传师当时是以左拾遗任"修撰",宇文籍则以京兆府咸阳县尉任"直馆",地位较低。这完全符合上文所考的史官等级制度。他们三人"自冬及夏"(当指元和八年冬到九年夏)修撰《顺宗实录》始成②。李翱的《韩公行状》说韩愈(在元和九年十月)升考功郎中,

---

① 《韩昌黎文集校注》卷八,页599。

② 韩愈等人修《顺宗实录》和进呈的时间,学界意见有分歧。《韩昌黎文集校注》的校注者马其昶认为李吉甫"以九年十月卒,则进《实录》在十年夏也"。阎琦《韩昌黎文学传论》,页139,持相同意见。这涉及(转下页注)

仍充史职。这次擢升,很可能便是为了酬奖他完成了《顺宗实录》的修订。过了几个月,他才以考功郎中知制诰。

韩愈此时应当是在史馆任职,并不执行郎官职务,还有另两个很好的例证:一是他和柳宗元的书信往来,讨论到史官的责任问题。另一是元稹写信给他,请他以"史馆韩郎中"的身份,把盛唐时代坚不事安禄山的甄济事迹,记入国史。这些书信,今天仍然保存在韩、柳、元三人的文集中,可说为我们考察韩愈的史官身

---

(接上页注)韩愈《进〈顺宗皇帝实录〉表状》中"自冬及夏"一词的解释。在表状中,此词出现在他写李吉甫"比及身没,尚未加功"一句之后,所以马其昶等人便以为"自冬及夏"指李吉甫于元和九年十月去世后的"冬及夏",即元和十年夏始完成并进呈《顺宗实录》。然而,这个解释却和韩愈的官历不符,因为他从元和九年十二月即以考功郎中知制诰,已离开了史馆,看来不可能再修史并进呈此书。笔者认为,韩愈把"自冬及夏"放在李吉甫"身没"之后来叙述,的确容易令人误读,但应当看成是一个倒叙句,其意指他初任史馆修撰的元和八年冬到九年夏,如此才符合他的官历。陈克明《韩愈年谱及诗文系年》(成都:巴蜀书社,1999),页418,也认为韩愈在元和九年夏完成《顺宗实录》的修撰。
《顺宗实录》有非常复杂的史学史问题,这里无法细论,详见刘健明《论今本〈顺宗实录・陆贽传〉及〈旧唐书・陆贽传〉的史源》,《第二届国际唐代学术会议论文集》(台北:文津出版社,1993),页1325—1350,特别是页1325—1329中对整个问题所做的详细学术史回顾;又见胡戟等编《二十世纪唐研究》(北京:中国社会科学出版社,2002),页710—711。其他主要论著有陈寅恪《顺宗实录与续玄怪录》,《陈寅恪集・金明馆丛稿二编》(北京:三联书店,2001年新版),页81—88;E. G. Pulleyblank, "The *Shun-tsung Shih-lu*," *Bulletin of the School of Oriental and African Studies* 19 (1957): 336—344; Denis Twitchett, *The Writing of Official History under the T'ang* (Cambridge: Cambridge University Press, 1992), pp. 145—151.《顺宗实录》有一英译本,见 *The Veritable Record of the T'ang Emperor Shun-tsung*, trans. Bernard S. Solomon (Cambridge, Mass.: Harvard University Press, 1955)。

份,提供了绝佳的第一手材料。

元和八年,韩愈刚任史馆修撰不久,有一位"刘秀才",或名轲,字希仁,写了一封信给韩愈,可惜这封信现已不存,但从韩愈的回信看,此信的主要内容是恭贺韩愈得以出任史职,可以有一番大作为。同年六月九日,韩愈给这位刘秀才回了一封信,也就是现收在他文集中的《与刘秀才论史书》。在此信中,韩愈检讨了孔子、左丘明、司马迁、班固、陈寿、王隐、崔浩和范晔等一系列大史家的悲惨下场,并提出一个很"奇特"的论点,认为史官不好当:

> 夫为史者,不有人祸,则有天刑,岂可不畏惧及轻为之哉![1]

同时,韩愈谦虚认为自己其实没有才能,不足以任史官,只是宰相可怜他"老穷",向皇帝推荐他任史官罢了:

> 仆年志已就衰退,不可自敦率。宰相知其无他才能,不足用,哀其老穷,龃龉无所合,不欲令四海内有戚戚者,猥言之上,苟加一职荣之耳。

最后,在信的结尾,他竟这样勉励这位刘秀才:

> 今馆中非无人,将必有作者勤而纂之。后生可畏,安知不在足下?亦宜勉之!愈再拜。

---

[1]《韩昌黎文集校注》外集上卷,页667。

此"馆"当即指韩愈当时供职的"史馆"。他写这封信,用的完全是史官的语气。不过,他说史官"不有人祸,则有天刑",又说他自己"不足用",应当全都看作是他对这位刘秀才所说的一番客套话,不宜当真,否则极容易引起误会。

不巧,柳宗元见到韩愈这封《与刘秀才论史书》,显然误会了韩愈的意思,把他那些客气话当真,便写了一封信给韩愈,即收在他文集中的《与韩愈论史官书》。柳宗元认为韩愈不该说史官"不有人祸,则有天刑"那样的话,并举了许多例证反驳他。韩愈回了一封信给柳宗元,可惜不传,但柳宗元又写了一封回信《与史官韩愈致〈段秀实太尉逸事〉书》①,并附上他写的《段太尉行状》,说"太史迁死,韩愈复以史道在职,宜不苟过日时",又说段秀实事,"宜使勿坠",也就是希望韩愈以史馆修撰的身份,把段太尉事采进国史。

几乎是在同个时期,元稹也给韩愈写了一封信《与史官韩郎中书》②,细说玄宗朝甄济有节行,宁死不事安禄山事。因为甄济事一直不见于记载于国史,甄济的儿子甄逢"每冤其父之名不在于史,将欲抱所冤诣京师,告诉于司史氏"。甄逢和元稹为好友,所以元稹便把甄济事告诉韩愈:

> 谨备所闻,盖欲执事者编此义烈,以永永于来世耳。③

①《柳宗元集》卷三一,页811—812。
②原信应无标题。此信在《元稹集》中作《与史馆韩侍郎书》,当为后人编元稹集时所题,恐有传写刻印之误,因为韩愈此时的本官为比部郎中,还未升为侍郎。《唐文粹》卷八二以及《文苑英华》卷六九○,都作"与史官韩郎中书",正确可依,这里据以改正。
③《元稹集》卷二九,页349。

也就是希望韩愈以史馆修撰身份,将甄济事写入史。韩愈收到信后,给元稹回信《答元侍御书》,完全同意元稹所说:

> 谨详足下所论载,校之史法,若济者固当得附书。今逢
> 又能行身幸于方州大臣,以标白其先人事,载之天下耳目,彻
> 之天子,追爵其父第四品,赫然惊人,逢与其父俱当得书矣。①

韩愈这封回信完全是一派史官的口气:甄济的事,"校之史法","固当得附书"于史,他儿子甄逢因为四处为其父的名声奔走努力,"赫然惊人",也和他父亲一样,"俱当得书矣"②。

从以上这些如此具体的事例看来,韩愈任比部郎中、史馆修撰时,无疑是在执行史官的职务,而不是执掌比部郎中的职责。他当时写信说话的口气,十足是个史官,可证他此时所带的"比部郎中"并无实职,只是他的"本官"罢了。

唐代主要文士当中,还有一人和韩愈的经历相似,也是以郎官的身份充任史馆修撰。他就是唐后期的知名诗人杜牧。今人常常忽略杜牧的史馆修撰官历。例如,《樊川文集》的校点者陈允吉,在此书的《前言》中便写道:

---

① 《韩昌黎文集校注》卷三,页220。原信应无标题,《答元侍御书》当为后人所题。元稹当时是以监察御史身份外贬江陵士曹,所以题中称他为"元侍御"。唐代监察御史和殿中侍御史都可通称为"侍御",见赵璘《因话录》卷五,页102。

② 《新唐书》卷一九四《卓行传》,页5567—5568所述的甄济和甄逢事迹,即根据元稹和韩愈这两封信,补写了《旧唐书》卷一八七下《甄济传》所无的若干细节。

文宗大和二年,杜牧进士擢第,授弘文馆校书郎,曾经多年在外地府署中担任幕僚,即所谓"十年为幕府吏,每促束于簿书宴游间",以后历任监察御史、膳部、比部及司勋员外郎,先后出任黄州、池州、睦州、湖州刺史,官终中书舍人。①

这段简介未提杜牧曾经出任过史馆修撰。他的"膳部、比部及司勋员外郎"等官衔,其实反而只是他的本官,是他在担任史馆修撰时所带的阶官,无实职,并没有比实任其职的史官重要。现代学者一般对郎官出任史馆修撰等职的制度缺欠理解,常以为郎官衔比较重要,而略去史官衔不书。实际上,这些史馆充职才是唐人官历中比较重要的部分,才是他真正在执行的职务。

唐人对这种"以官充职"的制度当然习以为常,深有了解,跟今人很不一样。例如,杜牧的外甥裴延翰在他为《樊川文集》所写的《序》中,提到杜牧的官历时便这样说:

……始入仕入朝,三直太史笔,比四出守……②

裴延翰特别提及他舅舅曾经"三直太史笔,比四出守",可证这是杜牧生平事迹中最重要的两件事。他"比四出守"很容易理解,即上引陈允吉所说"出任黄州、池州、睦州、湖州刺史"。但我们不禁要问:杜牧什么时候"三直太史笔"? 为什么今人介绍杜牧时,都没说他"三直太史笔",反而他的外甥却特地标榜他官历中的这件事? 为什么"职"(史职)比"官"(郎官)还重? 显然,今人的理解

①《前言》,《樊川文集》,页1。
②《樊川文集序》,页1。

不深，和唐人有别。

杜牧为自己所写的《自撰墓志铭》，自书官历，当最可信。且看他怎样描写他"三直太史笔，比四出守"：

> 以弟病去官，授宣州团练判官、殿中侍御史内供奉。迁左补阙、史馆修撰。转膳部、比部员外郎，皆兼史职。出守黄、池、睦三州，迁司勋员外郎、史馆修撰。转吏部员外，以弟病乞守湖州。①

这是最清楚不过的陈述了。他三次任史官，第一次是在他从宣州回到朝中，以左补阙的身份任史馆修撰。第二次是"转膳部、比部员外郎，皆兼史职"。第三次是他从睦州回到朝中，"迁司勋员外郎、史馆修撰"。

杜牧任史官，前后有四年之久。他在《除官归京睦州雨霁》这首诗中，有"网今开傅燮，书旧识黄香"两句，下有注："曾在史馆四年。"②可证他那些年虽然带着郎官衔，却一直都在史馆任职。

杜牧在《上宰相求杭州启》中，也提到他的史馆职：

> 自去年八月，特蒙奖擢，授以名曹郎官，史氏重职。③

---

① 《樊川文集》卷一〇，页160—161。
② 《樊川文集》卷三，页51。此注可能是文集编者裴延翰所作。杜牧在开成三年到五年任史馆修撰约三年。八年之后，在大中三年又回去任史馆修撰约一年，共约四年。
③ 《樊川文集》卷一六，页248。

这是指他在大中二年(848)从睦州入朝,授以司勋员外郎、史馆修撰的事①。就在这次入朝的第二年正月,他奉皇帝诏书,撰写《唐故江西观察使武阳公韦公(丹)遗爱碑》。碑文一开头即述及撰碑缘起:

> 皇帝召丞相延英便殿讲议政事,及于循吏,且称元和中兴之盛,言理人者谁居第一？丞相(周)墀言:"臣尝守土江西,目睹观察使韦丹有大功德被于八州,殁四十年,稚老歌思,如丹尚存。"丞相(白)敏中、丞相(马)植皆曰:"臣知丹之为理,所至人爱,所去人思。江西之政,熟于听闻。"乃命首臣纪于众上丹之功状,联大中三年正月二十日诏书,授史臣尚书司勋员外郎杜牧,曰:"汝为丹序而铭之,以美大其事。"②

杜牧在碑文中自称"史臣"(很可能在当时即被他人称为"史臣"),可知他此时的真正工作,乃在史馆供职,所以皇帝才会命令他"为丹序而铭之"③。这也侧面反映了当时史官的工作,不只是修史,也可以为名臣立碑。当然,为名臣撰碑也可以视为是修史的一部分准备工作。

唐史上像韩愈和杜牧这类以郎中或员外郎本官去充任史馆修撰的例子太多了,可说不胜枚举,且举两例,以彰其妙。这两例是韩愈的两个女婿李汉和蒋系。他们跟他们的岳父一样,都曾以郎官充史馆修撰。李汉最完整的官衔,见于他编韩愈文集后所写

---

① 缪钺《杜牧年谱》,页69—70。

② 《樊川文集》卷七,页111。

③ 《资治通鉴》卷二四八,页8037叙此事时,便云"乙亥,诏史馆修撰杜牧撰丹遗爱碑以纪之",反而没有提到他的司勋员外郎官衔。

的《昌黎先生集序》，自署"朝议郎行尚书屯田员外郎史馆修撰上柱国赐绯鱼袋李汉编"①，显示他当时正以屯田员外郎充史馆修撰。至于蒋系的官历，《旧唐书》是这样叙写的：

> 系，大和初授昭应尉，直史馆。二年，拜右拾遗、史馆修撰，典实有父风，与同职沈传师、郑澣、陈夷行、李汉等受诏撰《宪宗实录》。四年，书成奏御，转尚书工部员外，迁本司郎中，仍兼史职。②

这可说是唐后期史官一段很典型的官历：刚起家出道时，先以县尉任史馆的低层史官"直史馆"，然后升为"右拾遗、史馆修撰"。在充任史馆修撰期间，又有所升迁，获得员外郎和郎中的本官衔，但"仍兼史职"。韩愈所修的《顺宗实录》，在大和五年曾经有过"重加刊正"之议，但当时的中书侍郎、监修国史路随上奏说："缘此书成于韩愈，今史官李汉、蒋系，皆愈之子婿，若遣参校，或致私嫌。"③可知李汉、蒋系这两位韩愈"子婿"当时都在任史官，并非执掌郎官职责。今本《旧唐书·宪宗纪》末尾，仍保存了蒋系以"史臣蒋系曰"所写的一段评语④，不但可证他的职务是修史，亦可证今本《旧唐书》沿袭唐代史馆史臣所修的本朝国史旧文⑤。

---

①《韩昌黎文集校注·昌黎先生集序》，页 1。
②《旧唐书》卷一四九，页 4028—4029。
③《唐会要》卷六四，页 1313。
④《旧唐书》卷一五，页 472。
⑤《旧唐书》卷一四，页 410，《顺宗纪》的末尾，也有一段"史臣韩愈曰"的评语。关于《旧唐书》的史料来源，最详细的论述见 Denis Twitchett, *The Writing of Official History under the T'ang*, pp. 198—249.

唐代史料中所有这些以郎官充史馆修撰的案例,都应当如此解读,才不致误。

不过,话说回来,这种以郎官充史官的制度,也揭示这类官员都具有"双重"身份:即是郎官,又是史官。他的郎官衔当然也是他全套官衔的一部分。在社交场合,在官场上,他可能自称或被人称为郎官,也可能自称或被人称为史官,或两者兼用。例如,李商隐写过两首诗送给杜牧:一是《赠司勋杜十三员外》,诗中说"杜牧司勋字牧之,清秋一首杜秋诗";另一是《杜司勋》,诗中说"刻意伤春复伤别,人间唯有杜司勋"①。两诗都仅称杜牧为"司勋"员外郎,没有提到他的史职。

但唐诗中也常有"官"与"职"并提的。例如,刘禹锡有诗《送分司陈郎中祗召直史馆重修三圣实录》:

> 蝉鸣官树引行车,言自成周赴玉除。
> 远取南朝贵公子,重修东观帝王书。
> 常时载笔窥金匮,暇日登楼到石渠。
> 若问旧人刘子政,如今头白在商于。②

这位陈郎中,名商,开成中以司门郎中分司东都,会昌元年召为史馆修撰。三圣指宪、敬、穆三宗。诗中借用了好几个汉代修书、藏书的典故:东观、金匮和石渠。"远取南朝贵公子,重修东观帝王书"两句,最能反映唐代以郎官修史的风气。这位"南朝贵公子"指

---

① 《李商隐诗歌集解》,页875、878。
② 陶敏、陶红雨校注《刘禹锡全集编年校注》(长沙:岳麓书社,2003)卷一一,页751。两位校注者也首次考出这位陈郎中名商,为南朝皇室后裔。

郎中陈商。他是南朝陈宣帝的玄孙,左散骑常侍陈彝之子。但如今,他却在"重修东观帝王书",也就是在唐代的史馆修皇帝实录。

唐末五代的徐铉,亦有诗《送史馆高员外使岭南》:

> 东观时闲暇,还修喻蜀书。
> 双旌驰县道,百越从轺车。
> 桂蠹晨餐罢,贪泉访古初。
> 春江多好景。莫使醉吟疏。①

诗题中的这位"史馆高员外",便是以员外郎身份充史馆修撰。和上引李商隐赠杜牧两诗不同的是,徐铉这里把高员外的"官"与"职"并提。我们须了解唐代这种以官充职的制度,否则不易明白为什么史馆会有员外郎在供职,为什么会有"史馆高员外"这种看似"奇怪"的称谓。诗中同样提到"东观"等修书典故,可证这位高员外一直是在修史,不是任郎官。现在他要"出使岭外"了,所以诗中又有"百越"等南方意象。

综上所论,像"杜司勋"、"陈郎中"和"高员外"这样在史馆任职的双重身份郎官,不同于真正供职于尚书省二十六司的郎官。我们应当分清楚他们的"官"与"职",才不致混淆了他们真正的职务。


# 十、检校郎官

唐史上最有名的一位检校郎官,可能要算大诗人杜甫。《旧

---

①《全唐诗》卷七五一,页8551—8552。

唐书·杜甫传》这样记载他的这段官历：

> 上元二年(761)冬,黄门侍郎、郑国公严武镇成都,奏为节度参谋、检校尚书工部员外郎,赐绯鱼袋。武与甫世旧,待遇甚隆。①

《新唐书》则说：

> 会严武节度剑南东、西川,往依焉。武再帅剑南,表为参谋,检校工部员外郎。武以世旧,待甫甚善,亲入其家。②

两书记事的不同,主要在严武辟杜甫为参谋的年月。《旧唐书》说是在"上元二年冬",但现代学者一般认为这是错误的,不取此说③。《新唐书》说是"武再帅剑南"时,即广德二年(764)春严武再镇剑南之时④。但不论何年,这便是后人尊称杜甫为"杜工部"的由来。元稹在《唐故工部员外郎杜君墓系铭》说"剑南节度使严武拔为工部员外,参谋军事"⑤,是典型的唐人写法,即省略"检

---

①《旧唐书》卷一九〇下,页 5054。
②《新唐书》卷二〇一,页 5737—5738。
③冯至《杜甫传》等今人论著都不取此说。又见陈尚君《杜甫为郎离蜀考》,《唐代文学丛考》(北京:中国社会科学出版社,1997),页 269。
④笔者认为《旧唐书》所记亦可取。杜甫在上元二年来到成都时,跟严武便来往密切,严武大有可能在这时辟他为参谋,否则很难解释何以严武当时待杜甫犹如幕宾。广德二年春,严武再次回到成都,可能是第二次辟杜甫为参谋。但这仅为枝节,在此不拟详考。重要的是,杜甫确实曾经以检校郎官的身份充严武的参谋。
⑤《元稹集》卷五六,页 602 此处有缺文,此从《全唐文》卷六五四,页 6650。

校"两字。但这样的"检校郎官"和上文所论那些在尚书省二十六司任职的真正郎官又有什么不同？意义何在？

杜甫的这段官历，要放在唐代幕府官制下来探讨，才能见出其真正意义。可惜现有的几本杜甫传记，都没有这样做。例如，冯至的经典之作《杜甫传》甚至完全没有讨论杜甫这个"节度参谋"幕职的意义①。他把杜甫和严武的关系描写成单纯的"好友"，似乎忘了他们还是幕主和幕佐，有一种幕佐依附于幕主的从属关系。严武其实是以典型的方镇使府幕主之礼，善待杜甫这个任他"节度参谋"的幕佐。他之所以会辟杜甫入幕，完全是因为他跟杜甫有"世旧"之交②。

今人所撰的其他杜甫传，对杜甫以"检校工部员外郎"去充任严武的节度参谋，也都没有深考，或略而不提，顶多只说这个"工部员外郎"是个"虚衔"。等而下之者则说这工部员外"级别卑下"，杜甫官运不济、命运多舛等等，显然都没有掌握此"检校郎官"的精义。

唐代幕职有高低之别。最低层的是巡官，往上有推官和掌书记(详见拙书《唐代基层文官》第五章)。杜甫被严武所辟的"节度参谋"，此职在幕府中不常设，在史料中其排位有时在掌书记之上，有时又在其下，因此可以说是个中层的幕职③。节度参谋的月俸也不详，但掌书记每月可领五万文，和京城一个郎中的月俸一

①《杜甫传》，页 95 以下。
②关于唐幕府幕主和幕佐的强烈人身依附关系，见拙书《唐代基层文官》第五章《巡官、推官和掌书记》第三节"幕佐依附幕主的关系及其仕宦前景"。又见石云涛，《唐代幕府制度研究》第七章《幕府宾主关系与唐代政治》。
③严耕望《唐代方镇使府僚佐考》，《严耕望史学论文集》，页 424—425 对节度参谋有一小段考证。

样,甚至高过员外郎的四万文①。杜甫充当节度参谋,月俸应当大约和掌书记不相上下,可知他这个时候的物质生活应当很不错。实际上,唐代的幕职,即使是最基层的巡官和观察推官,收入都很不错(月俸皆三万文),远比同等级的京官和外官来得好②。

笔者甚至认为,杜甫之所以能够经营他那著名的"草堂",应当和他当年月俸高达约五万文大有关系。否则,他多年流离,何以突然就有经济能力觅地建草堂? 这草堂是他离开长安以来的第一个家。他在这里度过几年愉快的时光,写下数百首优美的诗篇,是他一生最宽裕、最宁静的一段生活。凡此种种,应当拜他此时的丰厚月入所赐。当然,严武应当也曾以幕主,甚至"世旧"的身份,给他许多其他方面的帮助。

唐代的幕职没有品秩,所以任幕职者照例带有一个京官衔,有的甚至还带有另一个"宪衔",即御史衔,以秩品阶。基层幕职如巡官和推官一般带的京官衔是"试校书郎"、"试大理评事"、"试太常寺奉礼郎"等等,都冠以"试"字,以示和京城真正的校书郎和大理评事等京官有别。他们可能也带有宪衔如"兼监察御史"和"兼殿中侍御史内供奉"等。例如韩愈,他在汴州佐董晋幕府任推官时,全衔便是"汴宋亳颍等州观察推官将仕郎试秘书省校书郎韩愈"③。"将仕郎"是他的散官阶,文散官的最低一阶。

中层幕府官如判官所带的京官衔,一般为"检校"衔(偶尔有带"试"官衔,但数量远远不及带"检校"衔者之多)。最常见的便

---

① 关于唐代的月俸,详见拙书《唐代基层文官》第六章《文官俸钱及其他》。又见本书附录"唐代中层文官每月俸料钱一览表"。
② 详见拙书《唐代基层文官》第五章,引韩愈任董晋幕府推官为例。
③ 此衔为韩愈《赠太傅董公行状》结尾的自署,见《韩昌黎文集校注》卷八,页584。

是"检校某某员外郎"或"检校某某郎中"。例如裴胄,"淮南节度
陈少游奏检校主客员外、兼侍御史、观察判官"①。再如柳浑,"大
历初,魏少游镇江西,奏署判官,累授检校司封郎中"②。这种"检
校郎官"可说是中层幕职所带的最典型京官衔,但因为他们没有
真正执行郎官的职务,而是在外头的方镇使府充当幕职,所以官
名前冠以"检校",以示区别。

　　至于高层幕职如节度使和节度副使等,他们所带的京官衔也
同样称为"检校",但他们检校的不再是郎官,而通常是"某部尚
书"等更高层的京官。例如诗人元稹,他任武昌军节度使去世时,
《旧唐书·文宗纪》大和五年条下,便这样记录他的死讯和检校
衔:"八月……庚午,武昌军节度使、检校户部尚书元稹卒。"③又
如晚唐"以宣慰沙陀六州部落、检校兵部尚书李钧为灵武节度
(使)"④。这些都是没有实职的检校衔。

　　简而言之,幕僚带"试"衔,通常表示他还处于低层;带"检校
某某员外郎"或"检校某某郎中",表示他已进入中层;带"检校某
某尚书"等衔,则表示他已爬升到幕职高层如节度使、观察使矣⑤。

　　从幕府官制的角度看,杜甫任节度参谋,竟带有一个"检校工
部员外郎"的京官衔,表示他已进入中层,官运其实相当不坏。更
可注意的是,他的幕主严武还特别为他向皇帝上奏,"赐绯鱼袋"。
这也是许多杜甫传记没有讨论的一个官制细节。在唐代,穿绯衣

---

①《旧唐书》卷一二二,页 3508。
②《旧唐书》卷一二五,页 3553。
③《旧唐书》卷一七下,页 542。
④《旧唐书》卷一九下,页 692。
⑤详见拙作《论唐代的检校官制》,《汉学研究》,第 24 卷第 1 期(2006 年 6
　月),页 175—208。

佩银鱼袋,是五品散官朝散大夫或以上官阶才能有的荣耀(参看上文白居易"刺史绯"和杜牧的例子)。唐代官员若官阶未到,还不够资格衣绯,则由皇帝特赐绯鱼袋,也是一种无上的荣誉。杜甫此时获"赐绯鱼袋",从此可以穿绯红官服,算是进入中层官员之列,可证他的官运比上不足,比下有余,至少比起高适到了五十岁还在充当一个小小的县尉强多了。

可惜的是,幕职的月俸等待遇虽然不错,但它有个最大的缺点,就是职位的不稳定,没有长期任职的保障。由于幕佐是幕主所辟,他等于是幕主的"宾客"和"雇员",一旦幕主被召回朝、改调、丁忧、革职、致仕或去世,幕佐也常常会随之失去工作,须寻找和更换另一"雇主"①。不巧,这正是杜甫的命运:

> 永泰元年夏,武卒,甫无所依。②

据此,在永泰元年(765)夏严武去世之前,杜甫有一段时间以检校工部员外郎的身份充严武的节度参谋。他这一时期有固定收入,难怪他生活优游,心情愉快,创作达到高峰。永泰元年夏,严武死了,他才"无所依"③。这便注定他后来在荆、楚之间的长期漂泊,

---

① 关于幕职的这种不稳定性,拙书《唐代基层文官》第五章,引用了更多例证讨论。
②《旧唐书》卷一九〇下,页5055。
③ 陈尚君《杜甫为郎离蜀考》,《唐代文学丛考》,页273,认为杜甫在严武死前即离蜀:"其出行时间,当在四月末严武卒前。"不过,"当在"两字表示这仅是一种揣测。以唐代幕府制度考之,幕主死了,等于树倒猢狲散,他属下的所有幕佐,生活会突然失去依靠,须另觅新幕主。这是很常见的现象,不足为奇。杜甫离开成都草堂,应当是因为严武死了,他顿时失去所依,不得不另觅出路。陈尚君又论杜甫未著绯,亦可参考,但笔者不取其说。

直到去世。

像杜甫这样的检校郎官,唐史上的例子太多了,这里无法一一讨论。可以补充的是,唐代另一个很有名的检校郎官,也是位大诗人,即晚唐的李商隐。《旧唐书·李商隐传》中有他两次以检校郎官充幕府判官的记录:

> 会给事中郑亚廉察桂州,请为观察判官、检校水部员外郎。……会河南尹柳仲郢镇东蜀,辟为节度判官、检校工部郎中。①

李商隐先是以检校水部员外郎出任郑亚桂州幕的观察判官,后来又以检校工部郎中充柳仲郢东蜀幕的节度判官。从观察判官到节度判官,是他幕职的升迁;从水部员外郎到工部郎中,则是他检校官的升迁。两者都很符合幕府官制的运作②。

李商隐此例也透露了一个现象:即唐后期的幕府判官,经常带有检校郎官衔。这类案例很多,且举以下八例,以见一斑:

(一)李承:"淮南节度使崔圆请留充判官,累迁检校刑部员外郎、兼侍御史。圆卒,历抚州、江州二刺史,课

---

① 《旧唐书》卷一九〇下,页 5077—5078。现代学者对李商隐的官历有诸多争论。此处引用《旧唐书》的记载,也仅为了说明幕府僚佐,特别是判官,经常带有检校郎官衔。至于争论部分,这里无法细论,详见张采田《玉溪生年谱会笺》以及杨柳《李商隐评传》等书。

② 关于幕府官制的迁转等特色,详见拙书《唐代基层文官》第五章第四节"幕佐的官衔",又见本书第六章《判官》中的申论。

绩连最。迁检校考功郎中兼江州刺史,征拜吏部郎中。"①

(二)乔琳:"……为剑南东川节度鲜于叔明判官,改检校驾部郎中、果绵遂三州刺史、兼御史中丞。"②

(三)关播:"陈少游领浙东、淮南,又辟为判官,历检校金部员外,摄滁州刺史。"③

(四)李芃:"丁母忧,免丧,永平军节度李勉署奏检校工部郎中、兼侍御史,为判官,寻摄陈州刺史。"④

(五)赵涓:"天宝初,举进士,补鄢城尉,累授监察御史、右司员外郎。河南副元帅王缙奏充判官,授检校兵部郎中、兼侍御史,迁给事中、太常少卿,出为衢州刺史。"⑤

(六)卢简能:"登第后再辟藩府,入为监察御史。大和九年,由驾部员外检校司封郎中,充凤翔节度判官。"⑥

(七)萧杰:"字豪士。元和十二年登进士第。累官侍御史,迁主客员外郎。大和九年十月,郑注为凤翔节度使,慎选参佐,李训以杰检校工部郎中,充凤翔陇观察判官。"⑦

(八)李烨:"德裕三子。烨,检校祠部员外郎、汴宋亳观

---

①《旧唐书》卷一一五,页3379。
②《旧唐书》卷一二七,页3576。
③《旧唐书》卷一三〇,页3627。
④《旧唐书》卷一三二,页3655。
⑤《旧唐书》卷一三七,页3760。
⑥《旧唐书》卷一六三,页4720。
⑦《旧唐书》卷一七二,页4480。

察判官。"①

判官为中层幕职,郎官也属中层文官,所以判官带检校郎官衔,可说是个很相配的结合。以上八例,可考者尚有数事:第一,判官除了带检校郎官衔,往往还带有"兼侍御史"、"兼御史中丞"等宪衔,如第一例的李承、第二例的乔琳、第四例的李芃和第五例的赵涓。带有宪衔者通常是比较资深的幕佐。这也很符合幕府官制。第二,有些判官,可能兼摄州刺史,如第一到第四例。这是唐后半期州县"摄"官盛行的现象(详见本书第四章《县令》中第八节"摄县令和其他长官自辟的州县官")。第三,判官在检校郎官之前,可能已经担任过朝中真正的郎官,如第六例的卢简能。他先在朝中任驾部员外郎,然后才以"检校司封郎中,充凤翔节度判官"。有些判官则在检校郎官之后,被召入朝中任真正的郎官,如第一例的李承,在"检校考功郎中兼江州刺史"之后,可能因为课绩出色,"征拜吏部郎中"。检校郎官和真正郎官的分别,须从上下文仔细分辨,否则容易出错。

检校郎官衔虽然大多数授予判官,但它也可能授给比判官高一级的行军司马,或比判官低一级的掌书记,但不多见,如以下数例:

(一)樊泽:"以山南东道节度行军司马、检校兵部郎中、兼御史中丞樊泽为谏议大夫、兼御史中丞、行军右司马。"②

---

①《旧唐书》卷一七四,页4530。
②《旧唐书》卷一五〇,页4043。

（二）张抗："朔方行军司马、检校户部郎中。"①

（三）裴寅："中和初，王铎复见用，以旧恩徙为郑滑掌书
记、检校司封郎中，赐金紫，入朝历兵、吏二员
外郎。"②

（四）郑云逵："大历初，举进士。性果诞敢言。客游两
河，以画干于朱泚，泚悦，乃表为节度掌书记、检校
祠部员外郎，仍以弟滔女妻之。"③

（五）胡证："贞元中继登科……襄阳节度使……请为掌
书记，检校祠部员外郎。"④

从这个观点看，杜甫任参谋而能获授一个检校郎官，可说是很高
的荣誉，属于特殊的例子，因为这表示，他的品位等同于判官那样
的中层阶位。据笔者在唐代史料中爬梳，唐史上只有另一人的幕
府官历和杜甫相似，那就是《述书赋》的作者窦臮。他"官至检校
户部员外郎、宋汴节度参谋"⑤。

检校郎官是唐后期的制度，安史乱前未见。《旧唐书·陈少
游传》说：

> 宝应元年（762），入为金部员外郎。寻授侍御史、回纥粮

---

① 《新唐书》卷七二下《宰相世系表》，页2694。
② 《旧唐书》卷一一三，页3357。
③ 《旧唐书》卷一三七，页3770。
④ 《旧唐书》卷一六三，页4259。
⑤ 见唐代徐浩所写的《古迹记》，收在（唐）张彦远辑，范祥雍、启功、黄苗子校
《法书要录》（北京：人民美术出版社，1964）卷三，页123。徐浩此文未收在
《文苑英华》或《全唐文》中。

料使,改检校职方员外郎。充使检校郎官,自少游始也。①

这段话的意思是,陈少游在宝应元年,入朝任真正的金部员外郎,但不久他出任回纥粮料使。由于使职没有品位,朝廷便颁给他一个侍御史的宪衔,以及一个检校官(检校职方员外郎),好让他以这两官去"充使"。这是检校官第一次和京城的郎官结合起来使用,所以他的列传说"充使检校郎官,自少游始也"。

其实,就在陈少游获授检校郎官的差不多同个时候,唐朝廷也正开始大量颁授检校官给那些刚投顺唐室的前安史叛将,如张忠志(归顺后赐姓名李宝臣)等人。最早的一条记录见于《旧唐书·代宗纪》宝庆元年条下:

> 十月……丁酉,伪恒州节度使张忠志以赵、定、深、恒、易五州归顺,以忠志检校礼部尚书、恒州刺史,充成德军节度使,赐姓名曰李宝臣。于是河北州郡悉平。贼范阳尹李怀仙斩史朝义首来献,请降。②

应当注意的是,李宝臣所获颁的是"检校礼部尚书"。这是一个非常高层的检校官,远比陈少游所获颁的"检校职方员外郎"更为高阶,因为礼部尚书是尚书六部的长官,正三品,而职方员外郎只是尚书省二十六司中一个中层文官,从六品上。这意味着,唐朝廷最初为了安抚那些归顺的前安史叛将,竟把很高层的六部尚书长

---

① 《旧唐书》卷一二六,页 3563。
② 《旧唐书》卷一一,页 270—271。李宝臣只是最早获授这种高层检校尚书的叛将之一。其他例子见拙文《论唐代的检校官制》,页 190—193。

官衔,拿来作检校官颁给这些将领。差不多同时,也把比较中层的郎官用作检校官,颁给陈少游、杜甫、李商隐这些出任使职或在幕府任中层幕佐的人。

起初,检校郎官只授给像回纥粮料使、参谋、判官和行军司马这些约属中层的方镇使府幕佐,但到了唐末期和五代,检校郎官衔似有越来越"卑下"的趋势,连推官这种基层幕职也能获得,如以下数例:

> (一)孙樵《唐故仓部郎中康公(镣)墓志铭并序》:"明年改授检校户部员外郎,兼侍御史转运推官。"①
>
> (二)黄滔《祭宋员外》:"故军倅观察推官、检校主客员外郎广平宋君希邈之灵曰……"②
>
> (三)钱珝《授保大军节度判官郑晦朝散大夫、检校工部尚书;观察支使刘源长检校刑部郎中;节度推官张道枢检校祠部郎中;观察推官韩伎检校工部员外郎;招讨推官高顺检校水部员外郎,并充职等制》。③
>
> (四)徐铉《唐故奉化军节度判官通判吉州军州事朝议大夫检校尚书主客郎中骁骑尉赐紫金鱼袋赵君(宣辅)墓志铭》:"明年迁检校水部员外郎,充建州观

---

① 《孙可之文集》,收在《宋蜀刻本唐人集丛刊》(上海:上海古籍出版社,1994年影印宋本)卷八,叶二至四。据墓志,康镣"以咸通十三年月日,薨于郑州官舍"。

② 《全唐文》卷八二六,页8711。

③ 《全唐文》卷八三二,页8773。

察推官，通判军府事。"①

　　这意味着，检校郎官也跟中国历史上许多官衔（如勋官和散官）一样，行之久后，便变得越来越卑下，最后会被另一种官衔取代，或被废除。唐五代的检校郎官，最后也跟其他检校官一样，在北宋元丰改制时被废②。

　　阅读唐后期史料，其中一个最常见的"陷阱"，便是检校郎官的"检校"两字，常有省略的现象，正如唐后期"试校书郎"、"试大理评事"等"试衔"中的"试"字也常被省略一样③，以致现代读者一时不察，很可能便把检校郎官误以为台省真正的郎官。比如，上面刚引过《旧唐书·陈少游传》便有一个这样的例子：

　　　　明年（宝应二年，763），仆固怀恩奏为河北副元帅判官、兵部郎中、兼侍御史。④

　　仆固怀恩奏陈少游为"河北副元帅判官、兵部郎中、兼侍御史"，此"兵部郎中"之前显然省略了"检校"两字。否则，陈少游既然在河北任仆固怀恩的判官，他怎么可能又同时在京师的尚书省任兵部郎中？同样的，他的"兼侍御史"也是幕佐常带的宪衔，并无实职。

　　这种省略写法在两《唐书》和其他史料中很常见。例如，杜确

---

①《全唐文》卷八八六，页9258。
②笔者在《论唐代的检校官制》中曾约略提到此点，但限于该文的篇幅，无法深论。笔者准备将来撰写另一论文详论。
③详见拙书《唐代基层文官》第五章中所举的例子。
④《旧唐书》卷一二六，页3563。

为岑参诗集所写的《岑嘉州集序》便说：

> ……又出为嘉州刺史。副元帅相国杜公鸿渐表公职方郎中兼侍御史，列于幕府。无几使罢，寓居于蜀。①

这是大历元年（766）的事。杜鸿渐任剑南西川节度使，上表请皇帝授予岑参"职方郎中兼侍御史"的官衔，但仍"列于幕府"。不久，也就是在第二年大历二年，杜鸿渐罢去节度使职，岑参跟着失去工作，"寓居于蜀"。他从此再也没有回去长安，大历五年死于成都旅舍②。

从以上如此明确的时间和地点来看，岑参在杜鸿渐幕府所带的"职方郎中"，显然是无实职的检校衔，只不过杜确在叙事时省略了"检校"两字，但下文"列于幕府"仍清楚说明岑参是在成都幕府供职，不可能又回到长安京城尚书省任郎中。杜确这种省略写法，唐人应当可以正确解读，倒是今人不察，容易误以为岑参此时在任郎中实职③。

实际上，杜鸿渐幕府中当时就有至少另两位僚佐，和岑参一样，是以检校郎官的身份任幕职。一是杨炎，以检校兵部郎中充判官；二是杜亚，以检校吏部郎中充判官。钱起有诗《赋得青城山歌送杨、杜二郎中赴蜀军》指的正是两人以郎中充幕职事④。独孤

---

① 《岑参诗集编年笺注》，页 893—894。
② 刘开扬《岑参年谱》，《岑参诗集编年笺注》，页 31—32。
③ 例如，陈尚君《杜甫为郎离蜀考》，页 286，便引岑参此例，说"所除并非检校虚衔"，恐未深考，似未察觉唐人在这些地方，经常省略"检校"两字，以致误以为岑参出任的是实职。
④ 《全唐诗》卷二三六，页 2602。

及有文《送吏部杜郎中兵部杨郎中入蜀序》亦记其事①。岑参也有诗赠两人,曰《入剑门作,寄杜、杨二郎中,时二公并为杜元帅判官》,诗中云:

> 二友华省郎,俱为幕中客。②

清楚说明杨炎和杜亚此时的真正身份:以"华省郎"(郎官的另一美称)充"幕中客",同时具有郎官和判官的双重身份,但其郎官部分却是没有实职的检校郎官。岑参还有一首诗送杨炎《上嘉州青衣山中峰题惠净上人幽居,寄兵部杨郎中》③。这里称杨炎为"兵部杨郎中"显然省略了"检校"两字。

杨炎后来从杜鸿渐幕府被召回朝中任"尚书礼部郎中知制诰",当时他的任命书由常衮所写,和另一人庾准同制。此即《授庾准杨炎知制诰制》。敕文说:

> 敕:中大夫行尚书吏部郎中上柱国庾准,检校尚书兵部郎中充山南副元帅判官赐绯鱼袋杨炎等。诏令之重,润色攸难,其文流则失正,其词质则不丽,固宜酌风雅之变,参汉魏之作,发挥纶旨,其在兹乎?尔各以茂才硕学,敏识纯行,俾其对掌,可谓得人,仍转郎位,式光朝选。准可行尚书职方郎中知制诰,散官勋如故。炎可守尚书礼部郎中知制诰,赐如故。④

---

① 《毗陵集校注》卷一五,页337。
② 《岑参诗集编年笺注》,页641。
③ 《岑参诗集编年笺注》,页708。页707另有《寻杨七郎中宅即事》,亦赠杨炎之作。
④ 《全唐文》卷四一〇,页4209。

这是一条足以证明"检校"两字可以省略的绝佳材料。岑参、钱起和其他史料,提到杨炎在杜鸿渐幕府时的本官位,仅称他为"杨郎中"或"兵部杨郎中"。这是一种省略的称呼,正如现代大学生在非正式场合,比如在写信或电话中,常常会把"某某李副教授"、"某某李助理教授",省略直呼为"李教授"一样,以示尊师。这种省略其实更符合中国人的称谓习惯,也就是在一般社交场合,尽量避免使用"检校"、"试"、"副"、"署理"、"助理"等多少含有"次要"意味的字眼,以示尊敬,力求把对方的身价抬高,提升到好像跟"正"的一样。

但到了正式场合,比如上引常衮所写的敕文,这种省略的"尊称"当然便派不上用场,我们才能见到杨炎的全套完整官衔"检校尚书兵部郎中充山南副元帅(即杜鸿渐)判官赐绯鱼袋杨炎",可证杨炎的确是个"检校郎官"。他这时的散官阶不详,但应当还未到五品,所以他官衔中有"赐绯鱼袋"。他可以衣绯,是一种皇帝所赐的荣耀。敕文说"赐如故",表示他回到朝中,改以"尚书礼部郎中知制诰"时,仍可衣绯"如故"。

唐史料和诗文中常有这种省略用法,今人若不察,极易掉入其"陷阱"犹不觉。这里再举一例,以见一斑。此例涉及韩愈在汴州董晋幕府的一位旧同僚杨凝。他在《旧唐书》中无传,在《新唐书》中也只有一小段极简略的小传,附于他哥哥杨凭传之后①。杨凭即柳宗元的岳父。柳宗元自然熟悉杨凝,在他的集子中有好几处提到杨凝。甚至在杨凝死后,柳宗元还为他写过《唐故兵部郎中杨君墓碣》,让我们可以追查他的官历和他曾经以检校郎官充判官的事迹。

___

① 《新唐书》卷一六〇,页4971。

贞元十四年(798)冬,杨凝从汴州董晋幕回长安朝正,韩愈写了一首诗送给他,即《天星送杨凝郎中贺正》①。这时,杨凝正在董晋幕充判官,为什么韩愈会在诗题中称呼他为"郎中"呢?更巧的是,过了几个月,在贞元十五年春,杨凝从京师回汴州,柳宗元也给他写了一篇送别的赠序《送杨凝郎中使还汴宋诗后序》,同样称杨凝为"郎中"②。细考之下,我们可以发现韩、柳这样的称呼并没错,不过却是一种"省略的尊称"。杨凝事实上是以检校吏部郎中的身份充董晋幕的判官。韩、柳当然可以简称他为"郎中"③。

杨凝正式的检校郎官衔,很巧又同样只见于韩、柳两人的文集中。韩愈在著名的《董晋行状》中提到杨凝和当年董晋幕中几个同僚及他们的正式官衔:

> (贞元十二年)八月,上命汝州刺史陆长源为御史大夫、行军司马;杨凝自左司郎中为检校吏部郎中、观察判官;杜伦自前殿中侍御史为检校工部员外郎、节度判官;孟叔度自殿中侍御史为检校金部员外郎、支度营田判官。职事修,人俗化,嘉禾生,白鹊集,苍乌来巢,嘉瓜同蒂联实。④

可证杨凝、杜伦和孟叔度三人都是检校郎官,亦可知幕府判官常

---

① 《韩昌黎诗系年集释》卷一,页71。
② 关于杨凝朝正和柳宗元此诗序的考订,见严寅春《杨凝朝正考——兼谈柳宗元〈送杨凝郎中使还汴宋诗后序〉的系年》,《山西师大学报》,2005年第1期,页79—80。
③ 独孤及《送梁郎中奏事毕归幕府序》,《毗陵集校注》卷一五,页334,其赠序对象是在幕府任幕职"从事"的"兵部郎中"梁镇,但他显然也只是检校郎中罢了。
④ 《韩昌黎文集校注》卷八,页583。

带检校郎官官衔。更可留意的是,杨凝在以检校郎官充判官之前,原本就是尚书省中一位正式的郎官:左司郎中。

同样的,柳宗元在《唐故兵部郎中杨君墓碣》中,清楚告诉我们杨凝当年在董晋幕的正式官衔是什么:

以检校吏部郎中为宣武军节度判官。①

宣武军即汴州节度的军号。这个记载和韩文所说基本吻合,唯一的差别在韩愈说杨凝是个"观察判官",而柳宗元则说他是"宣武军节度判官"。不过,柳宗元的写法可以解读为"宣武军节度使管内的判官",如此则和韩愈的说法不致相背,因为董晋身为节度使,也跟许多方镇节度使一样,兼任观察使等使职②。杨凝既然是他使府下的判官,说他是"节度判官"或"观察判官",都说得过去。

无论如何,杨凝在汴州幕时为检校郎官的身份是很明确的。韩诗《天星送杨凝郎中贺正》和柳文《送杨凝郎中使还汴宋诗后序》都尊称他为"郎中",是一种省略的称呼。

然而,柳宗元在《唐故兵部郎中杨君墓碣》所说的"兵部郎中",却又不是省略的尊称,而是杨凝在贞元十九年去世之前所任的最后一个官职,是一个实职,因为这时他早已不在汴州幕府,回到长安,"复登于朝",在贞元十八年起任兵部郎中(按董晋死于贞元十五年,汴州跟着发生军乱。陆长源、孟叔度等幕佐被杀。韩愈和杨凝刚好有事在外,逃过一劫)。

①《柳宗元集》卷九,页212。
②据韩愈的《董晋行状》,董晋节度汴州时,他还带有"管内支度营田汴宋亳颍等州观察处置等使"。见《韩昌黎文集校注》卷八,页581。

同理,柳宗元在《为李京兆祭杨凝郎中文》①所说的"郎中",也不是检校郎中的省称,而是指杨凝的最后所任的兵部郎中实职。

杨凝这个案例很有启发意义,显示唐后期郎官的复杂身份,所以这里不厌其烦予以细考。据柳宗元的《唐故兵部郎中杨君墓碣》,杨凝曾经先后四次出任郎官。第一次在贞元初任司封员外郎,第二次任右司郎中,第三次为检校吏部郎中充汴州幕判官,第四次回朝任兵部郎中:三次是实任,一次为检校。然而这却是我们单单从他《新唐书》本传中无法看出的,因为此传虽然大体根据柳宗元的《唐故兵部郎中杨君墓碣》写成,却删节太过,以致杨凝的官历隐晦不显。《新唐书》对他的检校吏部郎中衔,提都不提。

看过了检校郎官和台省真正郎官的分别,我们再回过头去读新旧《唐书》和《资治通鉴》中的一段记载,当会有新的领悟。此事颇有名,今人常引用以证"郎官最为清选,不可以赏能吏",但案中所涉姚勖几种不同郎官的官历,其意义更堪细细玩味,反而没有人留意。且先看《旧唐书》的说法:

> 盐铁判官姚勖知河阴院,尝雪冤狱,盐铁使崔珙奏加酬奖,乃令权知职方员外郎。制出,令勖上省,(韦)温执奏曰:"国朝已来,郎官最为清选,不可以赏能吏。"上令中使宣谕,言勖能官,且放入省。温坚执不奉诏,乃改勖检校礼部郎中。翌日,帝谓杨嗣复曰:"韦温不放姚勖入省,有故事否?"嗣复对曰:"韦温志在铨择清流。然姚勖士行无玷,梁公元崇之孙,自殿中判盐铁案,陛下奖之,宜也。若人有吏能,不入清

---

① 《柳宗元集》卷四〇,页1063。

流,孰为陛下当烦剧者？此衰晋之风也。"上素重温,亦不夺其操,出为陕虢观察使。①

《新唐书》的记载大同小异,但说他是"盐铁推官"②。《资治通鉴》文宗开成四年(839)夏四月条下则有一些补充细节：

> 上以盐铁推官、检校礼部员外郎姚勖能鞠疑狱,命权知职方员外郎,右丞韦温不听,上奏称："郎官朝廷清选,不宜以赏能吏。"上乃以勖检校礼部郎中,依前盐铁推官(胡注:姚勖权知职方员外郎,而韦温争之,检校礼部郎中,而温不复言者,盖唐制藩镇及诸使僚属率带检校官,而权知则为职事官故也)。六月,丁丑,上以其事问宰相杨嗣复,对曰："温志在澄清流品。若有吏能者皆不得清流,则天下之事孰为陛下理之!"然上素重温,终不夺其所守。③

这几个记载最大的不同点,在于《旧唐书》只说"盐铁判官姚勖知河阴院",没有告诉我们他任判官时所带的朝衔是什么,而《资治通鉴》则清楚说是"盐铁推官、检校礼部员外郎姚勖"。从幕府官制考之,幕佐照例带有朝衔或宪衔,所以《通鉴》的记载,就姚勖的官历来说,比较完整。但《通鉴》说姚勖是"盐铁推官、检校礼部员外郎"却又有些问题,因为推官是比较低层的幕职,一般不会带"检校礼部员外郎"这样中层的朝衔,除了唐末五代乱世情况有些

---

①《旧唐书》卷一六八,页4379。
②《新唐书》卷一六九,页5159。
③《资治通鉴》卷二四六,页7939。

特殊之外。而且,从上下文看,姚勖这时"知河阴院",权力颇大,看来比较像个中层的判官,而不像个低层的推官。笔者认为,《通鉴》此处的"推官"恐怕是"判官"之误,可据《旧唐书》校改①。至于《通鉴》说姚勖此时为"检校礼部员外郎",则可补两《唐书》之遗漏。

还可留意的是,两《唐书》记此事完全不提事情发生的年月,但《通鉴》却有很明确的日期。这固然是《通鉴》记事的特色,但也揭示《通鉴》此处极可能是根据当时仍传世的《文宗实录》旧文,尤其是"六月,丁丑,上以其事问宰相杨嗣复"一段,日期如此明确,当有所根据。它说姚勖当初为"检校礼部郎中",后因韦温反对,无法回到朝中任真正的职方员外郎,"上乃以勖检校礼部郎中,依前盐铁推官",应当都有所本。

胡三省的小注可说充分掌握了姚勖改官的要义。姚勖原本可以从"检校礼部员外郎"升为朝中真正的"职方员外郎",因韦温反对而作罢,然而皇帝还是给他升官,从"检校礼部员外郎"升为"检校礼部郎中",但仍依前在使府充职。由于这只是检校郎官的升迁(此即所谓幕职朝衔亦可有升迁这回事)②,韦温便不再反对。由此可知唐代的检校郎官,名义上虽然也可以说是郎官,但他的身份地位,到底还是不如京城尚书省二十六司中真正的郎官。杜甫在严武成都幕府以检校工部员外郎充节度参谋,情况正和杨炎、杨凝和姚勖三人的处境相似。

①周勋初《册府元龟(校订本)》卷一〇四,页1140,亦记姚勖"自行殿中授职盐铁判官",可添一新证。然而《册府》此处把姚勖的名字误为"姚最",恐是形近致误。周勋初的校订本亦未校出。《册府》此条蒙陈明光教授提示,特此致谢。
②详见拙书《唐代基层文官》第五章第四节"幕佐的官衔"。

# 十一、结论

唐代尚书省二十六司中有一系列的员外郎和郎中,合称"郎官",是中央政府中很清要的一批中层文官,也是员额最多的一类官员,多达约六十五个(包括左右司)。这意味着唐代有不少人曾经担任过各种名目的郎官。也意味着,唐代的高层官员,除了极少数例外,几乎都曾经在他们壮年时(约四十到五十岁之间)出任过郎官,由此才爬升到高层。唐代士人如果没有充当过郎官,那通常也表示他们的仕途不够坦顺,或一生只浮沉于下层文官当中。

唐二十六司各司的员外郎和郎中,官品和俸料钱都相同:员外郎都是从六品上,月俸四万文;郎中则为从五品上,月俸五万文。但他们却有等级之分,有所谓"前行"、"中行"、"后行"的说法。大体而言,吏部和兵部各司为前行,最为剧要,但屯田、虞部、水部、膳部、主客等司皆在后行,闲简无事,不如前行各司那样受人重视。然而,唐代士人任郎官,一般也得从水部、屯田等后行各司的郎官做起,再逐步攀升到前行各司的郎官,可谓按部就班,颇守秩序。这种等级的差别和各司职务的闲剧很有关联。

虽然如此,郎官还是一个备受尊敬的群体。他们的地位普遍高于本书所论的其他中层京官如监察御史、殿中侍御史、侍御史、拾遗和补阙,也高于外官如录事参军和判官等,可说是中层文官当中最普遍受到尊崇的群体,再往上迁便进入高层如侍郎、左右丞和尚书了。

唐代郎官有种种别称。最常见的有"尚书郎"、"南宫郎"、"南省郎"(因为尚书省在中书门下之南)。员外郎又有别称"外郎",和郎中的别称"正郎"相对。

唐代刺史的官品高于郎官,但唐代士人有不少宁愿当郎官,也不愿任刺史。这说明几点:第一,刺史和郎官之间的迁转不能单以官品来衡量,须考虑到其他因素。第二,郎官若外贬,常到一些偏荒小州(如连州和朗州)任刺史,品阶虽比郎官为高,但这样的刺史不如郎官。第三,唐人一般还是以能入朝任郎官为荣,虽然官阶和月俸可能不如先前的刺史。这也是唐人普遍重京官、轻外官的表现,即使到唐后期依然如此。第四,唐代也有人宁舍郎官求外放为刺史,如杜牧、郑綮等人,但他们所求的州都是户口众多的大州,所得之官阶和俸钱都比较高,可说属于特别案例。

和拾遗、补阙等京职事官一样,唐代的员外郎和郎中也可以当成"阶官"来使用。所以,有人挂着郎官的名目,却不执行郎官的职务,而去出任其他差遣职,如知制诰、翰林学士和史馆修撰等等。唐后期方镇使府盛行,也常有士人挂着"检校郎官"的名义,在幕府、盐铁使府等处充当判官一类的幕府官。

# 第四章　县　令

先生受屈未曾语，忽来此告良有以。

嗟我身为赤县令，操权不用欲何俟？

立召贼曹呼伍伯，尽取鼠辈尸诸市。

——韩愈《寄卢仝》①

柴门没胫昼不扫，黄昏绕树栖寒鸦。

唯有河南韩县令，时时醉饱过贫家。

——卢仝《苦雪寄退之》②

　　韩愈这首《寄卢仝》，是他在元和六年（811）于洛阳任河南县令时写的。当时，诗人卢仝也住在洛阳，过着穷日子，"破屋数间而已矣"，"辛勤奉养十余人，上有慈亲下妻子"，又遭受他邻居恶徒的欺负，忍了许久，受不了，才告到他的朋友韩愈那儿。这便是韩愈诗中所说"先生受屈未曾语，忽来此告良有以"。于是，韩愈

---

① 《韩昌黎诗系年集释》卷七，页 782。
② 《全唐诗》卷三四〇，页 3809。

便动用他"赤县令"的权威,"立召贼曹呼伍伯,尽取鼠辈尸诸市",解决了卢仝的困境。唐诗很少写到如此俚俗的生活琐事。韩愈某些诗作,却常常如此贴近生活,让人耳目一新。卢仝这时也有诗《苦雪寄退之》,称韩愈为"韩县令",在他寂寞的日子里还时时来探望他这个"贫家"。

但什么是"赤县令",竟有如此权望?原来,在唐代长安、洛阳等京县做县令的,就称为"赤县令",是等级最高的一种县令,远非那些偏远中小县的县令可比。本章下面将有一节细说唐代县令的等级差别及其意义。

唐代县一级的官员共有四种,从低到高的排位是:县尉、主簿、县丞和县令。这些是朝廷派驻各县的官员,属九品三十阶的流内官。县尉之下还有司佐、典狱、问事一类的小吏,但他们不属流内官,没有品位,通常由当地人出任,属胥吏一类,协助县级流内官处理衙内的日常事务。然而,这些地方胥吏可能会以"地头蛇"的姿态,"欺负"那些中央派来的县官。韩愈的古文名篇《蓝田县丞厅壁记》,写的便是他的朋友蓝田县丞崔斯立被当地县小吏"欺生"的故事①。

笔者在《唐代基层文官》的第三章中有整整一章的篇幅专论最基层的县尉,此不赘。县主簿至今为止仅有一篇简短的论文研究②。这是一种负责文书收发、勾稽的县官,地位不高,通常在八、九品左右(视所属的县等级而定,见下面表六)。一般来说,主簿

①《韩昌黎文集校注》卷二,页89—91。关于唐代的胥吏,见张广达《论唐代的吏》,《北京大学学报》,1989年第2期。
②张玉兴《唐代县主簿初探》,《史学月刊》,2005年第3期,页40—46。笔者的《唐代中层文官》繁体本于2008年12月出版后,始见到张玉兴的近作《唐代县官与地方社会研究》(天津:天津古籍出版社,2009)。

和县尉一样,属基层文官,不在本书的范围内,所以这里也不拟讨论。

至于县丞,在中下县任县丞者只有九品,此官甚至可以用作释褐官,有人一开始做官就出任县丞,可说属于低层,但长安等京县的县丞则有高至七品的,也须迁转数次才能出任,这些又属中层文官。但限于篇幅,而且考虑到县丞和县令有不少共同点,所以本书也不拟另立一章专论县丞,只准备专论县令,以县令作为县一级中层文官的一个代表。

简单地说,县丞就是县令的副官,是一县的第二号人物,就像韩愈在他那篇著名的古文《蓝田县丞厅壁记》中所说的:"丞之职所以贰令,于一邑无所不当问。"①

县令倒是颇典型的中层文官:他们一般得先任过县尉、主簿、县丞或其他低层文官后始能升任。在京县如长安县任县令者,官品达到正五品上,有不少人甚至还曾经任过清贵的郎官才来任京县令,几乎可以说接近高层文官了。

但正如本书经常强调的,唐人任官绝对不能单看官品。比如本书第一章所论的监察御史仅有八品,但绝对不能算是基层文官,而应当是中级官员。这里把县令划分为中层文官,也只是"权宜之计",为了方便论述而已,主要是从地位、升迁等方面看,并非单纯以官品为准。但这里要强调的是,县令其实是一个非常多元化的群体,大致可分三大类:有高尚的赤畿县令,也有中间层次的望、紧、上县之县令,更有低下的中下县之县令。三者须仔细分辨,不能"一视同仁"。

---

① 《韩昌黎文集校注》卷二,页89。

至今为止,学界对县令的研究不多,主要论文只有五篇①。还有不少课题是过去的研究者所未涉及的,诸如唐县的等级和县官地位的关系、县令的三大类型、唐后期地方长官自署的"摄"县令等等。这些都是本章拟深入讨论的。

## 一、唐县的等级和县官的地位

唐代县级官员的地位是和他所管的县属什么等级息息相关的。笔者认为,这是考察唐代县官最切要的一点,应予相当的重视,否则许多县官的面貌和制度层面的细节都无法看清。过去研究的一大弊病,就是没有厘清唐县等级和县官的地位之间的关系,以致得出种种不切的、以偏概全的结论。

实际上,每当我们在两《唐书》、墓志或其他史料中遇见一个县尉、主簿、县丞和县令时,我们首先要做的,便是查考他所属的县是什么等级,否则无从了解这个县官在整个唐代县官系统中的位置,无从深究他的官历和仕历如何。

比如说,以官品而言,一个京县的县令(正五品上,见后面表

①王寿南《论唐代的县令》,《政治大学学报》,第 25 期(1972),页 177—194;张荣芳《唐代京兆府领京畿县令之分析》,载黄约瑟、刘健明编《隋唐史论集》(香港:香港大学亚洲研究中心,1993),页 118—160;黄修明《论唐代县政官员》,《大陆杂志》,卷 101 第 3 期(2000),页 97—108;黄修明《唐代县令考论》,《四川师范学院学报》,1997 年第 4 期,页 13—20;刘后滨《论唐代县令的选授》,《中国历史博物馆馆刊》,1997 年第 2 期,页 51—58。英文论著有 P. A. Herbert, "Perceptions of Provincial Officialdom in Early T'ang China," *Asia Major*, 3rd Series, 2.1(1989): 25—57。

六),地位当然高过一个下县的县令(从七品下)。但更值得注意的是,一个京县最低层的县尉(从八品下),都还胜过一个下县的县丞(正九品下),虽然县丞的排位原本应当在县尉之上。同理,一个京县的主簿(从八品上),其官品也高过一个下县的县丞(正九品下),虽然县丞排位一般也在主簿之上。决定的因素都在他们所管之县的等级:京县都属重要的县,其县官地位都比较高;下县往往是偏荒小县,县官地位比较低。

除了官品的考量,我们还须注意,京畿县位于两京或其周边的战略要地,受到朝廷的重视,其县令的选授往往另有一套办法,地位也比较高。同理,唐代望、紧和上县,一般都还算地位比较高,人口比较多,或位于战略要道之县,其县令的地位一般也相当不错,仅次于京畿县令。至于唐代的中、下县,数目其实最多,占了全国县数约一千五百个的一半以上。它们通常位于边区或尚未开发的地域,人口稀少,交通不便,其县令的地位和素质也都比较差。仕宦条件良好的士人都不愿到这些中下县去就任。

所以,要了解唐代一个县官的真正地位,我们须先理解唐代的县是如何分成大约十个等级的,以及唐县分级的意义。这方面最出色的研究,当数翁俊雄的论文《唐代的州县等级制度》①。笔者在《唐代基层文官》论县尉一章也有一节讨论了这个课题。这里再补充几点。

唐代的县废置无常,其总数难以准确统计,但一般来说,唐县大约有一千五百个,分布于全国各地。这一千多个县分成几个等级?学界过去对这个问题没有深究,且众说纷纭。不少学者和许

---

①翁俊雄《唐代的州县等级制度》,《北京师范学院学报》,1991 年第 1 期,页9—18。一项深入的州县等级个案研究,见李方《试论唐西州高昌县的等级》,《西域研究》,2006 年第 3 期,页30—40。

多唐史教科书或中国通史之类的著作,都说唐县只分为三等,即上、中、下①,没有再深考,以致引起不少误解。

实际上,在唐人所撰的地理名著《元和郡县图志》以及正史《新唐书·地理志》中,我们可以见到两者都精确地把唐县分为十个等级(并非只有上、中、下三等):赤(或"京")、次赤(或"次京")、畿、次畿、望、紧、上、中、中下、下。例如,长安"万年县"下,有小字注"赤"县;在关内道"美原县"下,有小字注"畿"县;在河南道"长社县"下,有小字注"望"县等等②。下面表五列出大约一千五百多个唐县的等级、分级标准和地理分布。

表五　唐县的等级、分级标准和地理分布

| | 唐前期数目 | 唐后期数目 | 分级标准 | 地理分布 |
|---|---|---|---|---|
| 赤县 | 6 | 6 | 京都所治为赤县 | 长安、洛阳、太原 |
| 次赤县 | 1 | 14 | 见注一 | 见注一 |
| 畿县 | 82 | 69 | 京之旁邑为畿县 | 长安、洛阳、太原周围地区 |
| 次畿县 | 0 | 34 | 见注二 | 见注二 |
| 望县 | 85 | 148 | 以户口多少、资地美恶为差 | 主要集中在关内、河南、河北、河东、山南、淮南、江南、剑南等道。但黔中、岭南等边远地区则没有望、紧县 |
| 紧县 | 111 | 111 | 以户口多少、资地美恶为差 | |

①例如,一位美国汉学家在一份提供给唐代文史学者使用的"基本数据"材料中,也如此说。详见 Paul W. Kroll, "Basic Data on Reign-Dates and Local Government," *T'ang Studies* 5 (1987):102—103.
②《元和郡县图志》卷一,页3;卷二,页33;卷八,页208。

续表

| | 唐前期数目 | 唐后期数目 | 分级标准 | 地理分布 |
|---|---|---|---|---|
| 上县 | 446 | 410 | 以户口多少、资地美恶为差 | |
| 中县 | 296 | 276 | 以户口多少、资地美恶为差 | |
| 中下及下县 | 554 | 539 | 以户口多少、资地美恶为差 | |
| 总计 | 1581 | 1607 | | |

材料出处:唐代前后期各级县的数目以及地理分布根据翁俊雄《唐代州县等级制度》一文。分级标准依《通典》卷一五,页919—920。

注一:后期因新增五府(凤翔府、成都府、河中府、江陵府和兴元府)而多了一些次赤县;另有六个皇陵所在县(醴泉、云阳、奉天、富平、三原、缑氏)也升为次赤。

注二:唐前期无次畿,后期因新增五府而出现一些新的次畿县。

从表五可见,唐代最重要的赤、次赤、畿和次畿县的数目并不多,只有大约一百个。望县和紧县也不多,只有大约二百个。上县有大约四百个。最多的反而是最不重要的三种县(中县、中下县以及下县),共有大约八百个,占了唐代全国总县数大约一千五百个的一半以上。

唐代这一千五百多个县,数目相当庞大。如果要好好治理,恐怕要花费唐室不少的人力和财力。光是委派一千五百多个县令就是个大问题。但唐朝廷并非对全国所有县都"一视同仁",而是有选择性地处理地方行政:它最重视的是京畿县,其次是望紧上县,最后才是中下。中下县数目最多,占总数一半以上,但它们往往是偏荒地区人口不多的小县,常无法吸引士人前去服务。我们在史料中所见,唐朝廷对这些中下县常是鞭长莫及,无可奈何,所以它真正关心的,并非全部一千五百多个县,而只是那七百多个京畿县和望紧上县罢了。

然而,这个十等分级法可能太过精细了,以致唐人常把它简化为七等。例如《通典》:"大唐县有赤、畿、望、紧、上、中、下七等之差。"①陆贽在《论朝官阙员及刺史等改转伦序状》中说:"今县邑有七等之异。"②欧阳詹在《同州韩城县西尉厅壁记》中则说:唐县"分为七等。第一曰赤,次赤曰畿,次畿曰望,次望曰紧,次紧曰上,次上曰中,次中曰下"③。仔细观察,我们可以发现《通典》和欧阳詹的七等说,跟唐县十等说其实并无矛盾之处,因为这只是把"赤"和"次赤"合并简称为"赤",把"畿"和"次畿"合并简称为"畿",又把"中下"和"下"合并简称为"下"罢了。

　　在今天,从实际运用史料的层面上来说,唐县十等还是最精确的分类法,因为《元和郡县图志》和《新唐书·地理志》都清楚列出那一千五百多个唐县属于十等中的哪一个等级。我们因此可以很方便查找出某一唐县的最精确等级④。

　　不过,《通典》和欧阳詹的唐县七等说,其实也有它的实用价值,不可偏废。它主要让我们知道,唐代某些等级的县,比如赤县和次赤县,中下县和下县,是可以合并起来计算或看待的。在我们不需要太过精细的区分时,这七等分法就更简便、合用。本章在许多地方也用了这七等分法,因为十等分法有时会显得非常累赘、琐碎、不便。

---

① 《通典》卷三三,页919—920。
② 王素点校《陆贽集》(北京:中华书局,2006)卷二一,页707。
③ 《欧阳行周文集》,四部丛刊本,卷五,页28。
④ 今人吴松弟的近作《两唐书地理志汇释》(合肥:安徽教育出版社,2002),把两《唐书》的地理志做了一次重大的整理,有补释,有集释,且详考各唐县的今地名。此书后半部分为《新唐书·地理志》的汇释,更对唐县的等级有清楚的说明,也包含了近人的一些研究成果,对学界很有贡献。

然而,《唐六典》及《旧唐书》和《新唐书》的职官志,在列举县令、县丞、主簿和县尉的官品以及人数时,却又把唐县只分为六个等级:京县、畿县、上县、中县、中下县、下县。这里且把这些县官的官品和人数资料列在表六中:

**表六　唐代六个等级县的县官人数和官品**

|  | 县令 | 县丞 | 主簿 | 县尉 | 县官总数 |
|---|---|---|---|---|---|
| 赤县 | 一人<br>正五品上 | 二人<br>从七品上 | 二人<br>从八品上 | 六人<br>从八品下 | 11人 |
| 畿县 | 一人<br>正六品上 | 一人<br>正八品下 | 一人<br>正九品上 | 二人<br>正九品下 | 5人 |
| 上县 | 一人<br>从六品上 | 一人<br>从八品下 | 一人<br>正九品下 | 二人<br>从九品上 | 5人 |
| 中县 | 一人<br>正七品上 | 一人<br>从八品下 | 一人<br>从九品上 | 一人<br>从九品下 | 4人 |
| 中下县 | 一人<br>从七品上 | 一人<br>正九品上 | 一人<br>从九品上 | 一人<br>从九品下 | 4人 |
| 下县 | 一人<br>从七品下 | 一人<br>正九品下 | 一人<br>从九品上 | 一人<br>从九品下 | 4人 |

材料出处:《唐六典》卷三〇、《旧唐书》卷四四《职官志》和《新唐书》卷四九下《百官志四下》。除《旧唐书》把赤县县丞列为"从七品"(脱"上"字?),又把畿县县令列为"正六品下"外,三书所列的县官人数和官品都相同。又据《通典》卷三三,页922,县尉"上县二员,万户以上增一员;中县一员,四千户以上增一员"。

这六等分法可说是唐县十等分法的更进一步简化,并无矛盾,也非遗漏。笔者认为,唐县最精确的分级依然是十等,但各种史料可能因为分类或配额需要不同而采取了简化的分法。如《通典》、陆贽和欧阳詹似乎都嫌十等分法累赘而将之简化为七等。《唐六典》和两《唐书》职官部分则再简化为六等,很可能因为县官原本就不必生硬地(也没有办法刻意地)为了配合十个等级的唐县,而分成十种等级的官品和人数来处理。分成六种已绰绰有余了。例如,从表六看,中县和中下县的县官,不论是县令、县丞、主簿和县尉,置官人数完全相同,官品则只有县丞一栏有一阶的差别。所以,如果《唐六典》等书要进一步把中县和中下县简化合并为一种,单只分为五种,其实也未尝不可。

《唐六典》等职官书把县官分成六等,没有提望县和紧县,对现代学者来说,所产生的最大的问题是:望县和紧县县官的设置人数及其官品该如何处理? 这个问题其实不如想象中的大。按唐县十等说,望县和紧县排在京县和畿县之后、上县之前。黄修明教授认为:"我们可以把望县、紧县设员置官的状况和上县等同看待。"[1]笔者非常赞同这个办法。实际上,即使等同畿县看待也差别不大,因为按照表六,畿县和上县的县官,不论县令、县丞、主簿和县尉,其设官人数都完全相同,只有主簿和县尉两栏的官员,官品差了微小的一阶而已。

因此,笔者推测,《唐六典》当初并非有意遗漏望县和紧县官员。它或许都曾经有意把望县、紧县的官员另分两类,但发现这些官员在官品和员额方面,其实几乎和畿县及上县官员没有什么分别,实在没有必要再添两类,所以求其简便,仅列畿县和上县两种,把望、紧县隐含在内。又或许当初有注文说明此点,只是后世《唐六典》传抄有所脱落,以致此处阴晦不显。两《唐书》职官志此处皆依据《唐六典》。

至于目前一般教科书上所说唐县只分上、中、下三等,这其实又是另一种分类法,是按照户数来划分的。据《通典》:"至开元十

---

[1]黄修明《论唐代县政官员》,页98。

八年敕,太平时久,户口日殷,宜以四万户以上为上州,二万五千户为中州,不满二万户为下州。六千户以上为上县,三千户以上为中县,不满二千户为下县。"①这恐怕是许多教科书上误以为唐代州县仅分为上、中、下三等的由来,但这些教科书往往未再深考,忽略了唐县还有另一种十等分级法(唐代的州则还可再细分为八等:府、辅、雄、望、紧、上、中、下)②。

唐县以户数仅分为上、中、下三等,其实也可以看作是十等分级法的一种简化。换句话说,就统计户数的目的来说,唐县分上、中、下三等就可以了,不必再细分为京县、畿县、望县、紧县等等那么累赘。《唐会要》中有一句话,最能表现这种简化分法的实际运作和精神:

> 其赤、畿、望、紧等县,不限户数,并为上县。③

依此看来,像太原、晋阳等赤县,像蓝田、美原等畿县,像华阴、下邽等望县,或者像上洛、彭原等紧县④,不管它们的户数是否在六千户以上,在统计户数的三等县分类法下,它们都算是"上县"。

但我们应当留意的是,这种户数分类上的"上县",其含义是和十等唐县中的"上县"完全不同的。以太原、晋阳县来说,它们本质上(在州县等级上)还是属于赤县,只不过在统计户数时,它们被划成"上县"而已。

所以,十等分法中的"上、中、下"县,极易和户口分法的"上、

---

①《通典》卷三三,页909。
②详见翁俊雄《唐代州县的等级制度》,页9。
③《唐会要》卷七〇,页1457。
④这些县的等级据《新唐书·地理志》。

中、下"县混淆。但两者并不等同,须细心分辨。不过,唐代的文献提到上、中、下县时,除非明确提到户数,否则一般上指的是十等(或简化的七等)分法,而非户口的三等分法,例如玄宗的《安养百姓及诸改革制》:

> 比来中、下县令,或非精选,吏曹因循,徒务填阙。天下大率小县稍多……若无优奖,岂致循良。既在得人,宁拘格限。宜令选人内取中外清资,是明经、进士、应制、明法并资荫出身、有干局书判者,各于当色内量减一两选注拟。赴任之日,仍令引见,朕当察审去就。其老弱者,更不得辄注。考满之后,准畿官等例三选听集。①

制文开头提到"中、下县令",结尾说他们"考满之后,准畿官等例三选听集",明显地把中、下县的县令拿来和畿县的官员对比,可证这里用的是唐县十等(或简化七等)的分法。若以唐县三等说去解读以上这段引文,"准畿官等例"等语将不知所云,无法读通。

在户数三等分法下,"上县"的地位当然最高,"中县"次之,表面上看起来似乎也还不错,"下县"最低下。但在十等分法下,唐人往往认为所谓的"上、中、下"县,其实都算不上什么好县(特别是"中、下"县更差),因为这三种县等于是殿后的三种等级,排在赤县、畿县、望县和紧县之后。

十等县中的"上县"和三等县中的"上县",名称相同,地位却十分悬殊,相去甚远,不可混淆,但也最容易混淆。最简便的记忆法是:十等县中的上县,地位排在赤县、畿县、望县和紧县之后;但

---

① 《文苑英华》卷四三三,页2191。

三等县中的上县,是一种户数统计的分类,排名第一,也包含了赤县、畿县、望县和紧县等县,不管这些县的户数多少(即上引《唐会要》所说的"不限户数"),一律统称"上县"。

至于十等县中的中、下县,则更是等而下之的殿后的两种县,好比偏荒小镇和外岛,最没有办法吸引士人前去任官。例如,上引玄宗《安养百姓及诸改革制》,重点就是"中、下县令"不得其人,没有好的人才愿意到这些中、下县去当县令,所以玄宗想要给他们"优奖",希望在好的人选如"明经、进士、应制、明法并资荫出身、有干局书判者"当中挑选县令,给他们一些优惠,如"量减一两选注拟"。

"一两选"涉及唐代的守选制度。以进士来说,照常规,进士及第后一般须守选三年才能任官①。现在他们可以"量减一两选注拟",也就是减少守选的年岁一两年,提早一两年任官。而且,任满中、下县令后,他们还可以获得优待,可以"准畿官等例三选听集",也就是按照畿县官员守选三年的规定到吏部去参加"冬集"(吏部的铨选例在孟冬十月开始,故称"冬集"或简称"集"),选下一任官。

由此看来,中、下县令任满后原本需要守选的年岁不止三年,现在他们可以用"畿官等例三选听集",等于是一种奖励,用以酬谢他们到中、下县去任县令,正如现代政府须以种种诱人的优惠办法,始能吸引到资历良好的医生和老师到外岛和偏荒小镇去服务一样。

在武宗的《加尊号后郊天赦文》中有一段话,也很能说明唐代

---

① 王勋成《唐代的铨选与文学》,页51—55。王勋成此书是第一本深入探讨唐代守选的现代著作,很有启发意义。

的中、下县多是"远处县邑",是如何不吸引人,甚至连县丞、主簿和县尉等低层县官都需要"奖励"和"优惠":

> 其远处县邑,多是中、下县。其县丞、簿、尉等,例是入流令史。苟求自利,岂知官业?其中、下县丞、中县簿(当脱一"尉"字)等,自今已后,有衣冠士流,经业出身,经五选如愿授者,每年便许吏部投牒,依当选人例,下文书磨勘注拟①。如到任清白干能,刺史申本道观察使。每年至终,使司都为一状申中书门下。得替已后,许使上县簿、尉选数赴选,与第二任好官。②

这段话和上引玄宗《安养百姓及诸改革制》清楚透露,唐代仕宦条件好的一些士人,如"明经、进士、应制、明法并资荫出身、有干局书判者"等,或如"衣冠士流,经业出身"者,可能有比较多的选择,多不愿前往这些偏远的中、下县任县令、县丞、主簿和县尉等县官。朝廷不得不提供各种优惠办法来吸引他们前去。

这种"减选"的奖励办法,常用于所谓的"比远州县官"(当中不少为中、下县),如《唐会要》卷七四所载:

> 元和八年十二月,吏部奏:"比远州县官,请量减选:四选、五选、六选,请减一选;七选、八选,请减两选;十选、十一选、十二选,各请减三选。伏以比远处都七十五州,选人试

---

① "磨勘"是唐代铨选的一个专用名词,指审查选人的证件,看看是否符合铨选条件。详见王勋成《唐代铨选与文学》,页152—161。
② 《文苑英华》卷四二九,页2174。

后,惧不及限者,即状请注拟。虽有此例,每年不过一百余人。其比远州县,皆是开元、天宝中仁风乐土。今者或以俸钱减少,或以地在远方,凡是平流,从前不注。至若劝课耕种,归怀逃亡,其所择才,急于近地。有司若不注授,所在唯闻假摄,编甿益困,田土益荒。请减前件选。"敕旨:"宜依。"①

但减选所收的成效如何,却很可疑。"比远州县官"恐怕还是少有人愿意出任。例如,到了开成五年(840)十一月,岭南节度使卢钧有一篇奏文,还提到岭南州县官,因"道途遥远,瘴疠交侵"和"俸入单微"等原因,如何不吸引人:

岭南节度使卢均(当作"钧")奏:"当道伏以海峤,择吏与江淮不同,若非谙熟土风,即难搜求民瘼。且岭中往日之弊是南选,今日之弊是北选。臣当管二十五州,唯韶、广两州官寮,每年吏部选授,道途遥远,瘴疠交侵,选人若家事任持,身名真实,孰不自负,无由肯来。更以俸入单微,每岁号为比远。若非下司贫弱令史,即是远处无能之流,比及到官,皆有积债,十中无一肯识廉耻②。臣到任四年,备知情状。其潮州官吏,伏望特循往例,不令吏部注拟,且委本道求才。若摄官廉慎有闻,依前许观察使奏正。事堪经久,法可施行。"敕旨

①《唐会要》卷七四,页1589。
②此句在上海古籍出版社校点本作"十中无一,肯识廉耻"。笔者认为如此标点易生误会。读者可能会误以为"十中无一"是指前文所说"积债"者"十中无一",故删去逗号,改为"十中无一肯识廉耻",文意当更清楚。

依奏。①

据此可知岭南许多州县官(当包括县令),"若非下司贫弱令史,即是远处无能之流",而且"比及到官,皆有积债,十中无一肯识廉耻"。这些流外入流的"令史"②和"无能之流",为了到岭南做官,筹借旅费和安家费,以致"皆有积债",到任后当然要大括民脂以偿还欠债,不知廉耻。所以节度使卢钧干脆奏请朝廷"且委本道求才",由他来挑选和委任当地的州县官。

在元和十二年,比卢钧更早出任岭南节度使的孔戣,写过一篇奏文《奏加岭南州县官课料钱状》,也提到岭南的特殊情况:

> 右,伏以前件州县,或星布海壖,或云绝荒外。首领强黠,人户伤残。抚御缉绥,尤借材干。刺史县令,皆非正员,使司相承,一例差摄。贞廉者恳不愿去,贪求者苟务徇私。

---

① 《唐会要》卷七五,页 1624。
② 令史并非流内官,而是流外官,但他们可以通过一些资历转变为流内官,称为"入流"。关于这方面的研究,见郭锋《唐代流外官试探》,《敦煌学辑刊》,1986 年第 2 期;张广达《论唐代的吏》,《北京大学学报》,1989 年第 2 期;王永兴《通典载唐开元二十五年官品令流外官制校释——唐流外官制研究之一》以及《关于唐代流外官的两点意见——唐流外官制研究之二》,载《陈门问学丛稿》(南昌:江西人民出版社,1993);任士英《唐代流外官研究》上、下篇,分别刊于史念海主编《唐史论丛》第 5 辑(西安:三秦出版社,1990)和第 6 辑(西安:陕西人民出版社,1995);任士英《唐代流外官的管理制度》,《中国史研究》,1995 年第 1 期;叶炜《试论隋与唐前期中央文官机构文书胥吏的组织系统》,《唐研究》,第 5 卷(1999)。林煌达《唐代录事》,《中正历史学刊》,第 2 期(1999),亦论及流外官。

臣自到州,深知其弊。必若责之以理,莫若加给料钱。①

其中说到岭南等州"云绝荒外","贞廉者恳不愿去,贪求者苟务徇私",更可佐证卢钧的说法。

《唐会要》还有一道敕,涉及另一个偏荒地区黔州的情况,时代则为唐前期开元四年(716)七月:

> 其年七月敕:"如闻黔州管内州县官员多阙,吏部补人,多不肯去。成官已后,或假解,或从征,考满得资,更别铨选。自余管蛮獠州,大率亦皆如此。宜令所司,于诸色选人内,即召补,并驰驿发遣。至州,令都府勘到日申所司。如有迟违,牒管内都督决六十,追毁告身,更不须与官。"②

由此看来,不论是唐前期或唐后期,偏远州县官都不受人欢迎。我们或可这样总结:唐朝把县分为赤县、畿县、望县、紧县、上县、中县和下县等不同等级,这意味着唐代的县令(以及其他县官),其实也可以大致分成这几个等级,享有不同的地位。最高一级的是赤县令,其次是畿县令。中间一层则是望、紧和上县令。地位最下的是中、下县的县令。

唐代把州县分为十等的确切时间,看来是在高宗总章二年(669),由裴行俭创始。《旧唐书·裴行俭传》有一段话,最可留意:

①《文苑英华》卷六四三,页3302。关于孔戣治理岭南和广州的事迹,见曾一民《唐鲁国孔公戣治广州之政绩》,黄约瑟、刘健明编《隋唐史论集》(香港:香港大学亚洲研究中心,1993),页93—105。
②《唐会要》卷七五,页1611。

总章（668—669）中，迁司列少常伯。咸亨（670—673）初，官名复旧，改为吏部侍郎，与李敬玄为贰，同时典选十余年，甚有能名，时人称为裴、李。行俭始设长名姓历榜，引铨注等法，又定州县升降、官资高下，以为故事。①

据此，唐代"定州县升降"，把州县分等，是裴行俭任吏部侍郎主持铨选时所定的，以后便引为"故事"。裴行俭典选的年代，据祝尚书的考证，应当是总章二年（669）而非学界过去所认知的咸亨元年（670）②。《通典》卷一五《选举三》也有一段话证实此事：

> 自高宗麟德以后，承平既久，人康俗阜，求进者众，选人渐多。总章二年，裴行俭为司列少常伯，始设"长名姓历榜"，引铨注之法；又定州县官资高下升降（此句疑有颠倒，或应据《旧唐书·裴行俭传》，改为"又定州县升降、官资高下"），以为故事。其后莫能革焉。③

裴行俭甚至撰有《选谱》十卷④，内容应当就是他"典选"十多年的

①《旧唐书》卷八四，页 2802。《新唐书》卷一〇八，页 4086，略同："行俭始设长名榜、铨注等法，又定州县升降、资拟高下为故事。"
②祝尚书《裴行俭掌典选之年考》，《中华文史论丛》，1984 年第 1 辑，页 132。
③《通典》卷一五，页 361。此事亦见于《资治通鉴》卷二〇一，页 6362。
④张说写的《赠太尉裴公神道碑》，《张燕公集》，聚珍版丛书本，卷一五，叶五，最早提到裴行俭"又撰《选谱》十卷"。两《唐书》裴行俭本传也都说他有《选谱》十卷。《唐会要》卷七四，页 1596，说他"又定州县升降，官资高下，以为故事，仍撰《谱》（此处显然脱一"选"字）十卷"。《新唐书》卷五八《艺文志》，页 1477，仍然著录"裴行俭《选谱》十卷"，可知此书曾收藏在唐皇室藏书楼。《宋史·艺文志》已不列裴行俭此书。它可能大约亡于宋代。

种种措施和改革,以及他的典选"心得"等等,当中应当也有他定州县等级、官资高下之事,可惜此书早已不传,否则当是我们研究唐代科举和铨选的重要材料。

《新唐书·选举志》对此铨注法有更进一步的发挥:

> 初,铨法简而任重。高宗总章二年,司列少常伯裴行俭始设长名榜,引铨注法,复定州县升降为八等①,其三京、五府、都护、都督府,悉有差次,量官资授之。②

最值得注意的是,这样"定州县升降",是为了分出"官资高下",是"铨注"的办法之一。官资的高下和州县的等级,关系太密切了。这一点,在《通典》的一段记载中最为清楚:

> 初州县混同,无等级之差,凡所拜授,或自大而迁小,或始近而后远,无有定制。其后选人既多,叙用不给,遂累增郡县等级之差,郡自辅至下凡八等,县自赤至下凡八等。③

《通典》此处说"县自赤至下凡八等",看起来似乎又跟它在卷三五所说"大唐县有赤、畿、望、紧、上、中、下七等之差"④,互相矛盾。然而正如前面所论,唐县正式分级应当是十等,但必要时也可以简化成七等、八等,甚至六等。这些简化说法容有出入,可以

---

① 唐代的州分八等,县分十等。《新唐书·选举志》在此应当是把县简化为八等。
② 《新唐书》卷四五,页 1175。《资治通鉴》卷二〇一,页 6362 也有类似记载。
③ 《通典》卷一五,页 362。
④ 《通典》卷三五,页 919—920。

不必过于拘泥。最值得留意的是,州县的等级和州县官的"官资高下"有着非常密切的关系①。由此看来,在考察唐代的州县官地位(即"官资")时,我们必须留意其所属州县的等级,否则将如雾里看花,永远看不真切,结果把大唐天下的所有州县官"一视同仁",看成同个等级(州的分级和州官的等级也跟县官同一道理,详见下一章论州府录事参军的部分)。

自从裴行俭定出"州县升降、官资高下"的办法后,我们可以开始见到唐代一些"州县升降"的实际例子。最常见者为皇陵所在县如云阳、三原等县的升格②。再如《唐会要》的这段记载:

> 开元十七年(729)十一月十日,上(指玄宗)朝于桥陵。陵在奉先县。至墙垣西阙,下马悲泣。步至神午门,号擗再拜,悲感左右。礼毕还。下诏曰:"黄长轩台,汉尊陵邑,名教之地,因心为则。宜进奉先县职望,班员一同赤县,所管万三百户,以供陵寝,即为永例。"③

玄宗这一年前去谒拜他父亲睿宗的桥陵,是他一生中第一次也是最后一次谒陵,意义重大,所以特地把桥陵所在地的奉先县,等同于赤县④,而且诏示"宜进奉先县职望,班员一同赤县",即此县的

---

①据笔者所见,过去论州县官的唐史论著,都没有把州县官的官资地位和州县的等级联系起来深论,只有王勋成那本专论铨选的力作《唐代铨选与文学》,页106—111,对此有简短但精辟的讨论。

②《唐会要》卷七〇,页1450—1460。

③《唐会要》卷二〇,页464—465。

④此事也见于《旧唐书》卷八《玄宗纪》,页194:"制奉先县同赤县。"《旧唐书》卷二五《礼仪志》,页973:"进奉先县同赤县。"《元和郡县图志》卷一,页9,则列奉先为"次赤"县。

官员地位、设置人数等,和长安等赤县相同。依此可知一个县的等级上升,会影响到该县官员的"职望"和"班员"。这也正是《旧唐书·地理志》"奉先"条下所说"(开元)十七年,制官员同赤县"的意义①。

具体来说,奉先、昭应、醴泉等皇陵所在县的县令,他们的月俸都比一般畿县县令来得高。例如,他们在大历十二年的俸制下,每月的俸料钱是四十五贯,便比畿县令的四十贯高一些②。

## 二、县令的三大类型

综合以上所考,唐代的县令是个非常复杂的多元群体。不同等级县的县令,其"职望"、地位相去甚远。过去的研究都很含糊地把所有县令"一视同仁",没有考虑到县的分级,也没有给不同等级的县令分类型,以致研究结论常有以偏概全的弊病。例如,有论者说唐代不重视县令的选授。实际上,正如下面准备详考的,唐朝廷对京畿地区的县令选授是重视的。这些地区的县令,也是士人眼中的美职,是他们竞求的对象。如果说唐代不重视县令的选授,那也只能说是偏远地区的中下县,因为无法吸引到仕宦条件良好的士人前去就任县官(不仅仅是县令),以致中央也莫可奈何,比较忽视这些中下县。

因此,笔者在此拟将唐代的县令分成三大类型:(一)赤畿县令(有些也称"京畿县令")、(二)望紧上县县令以及(三)中下县

---

① 《旧唐书》卷三八,页 1398。
② 《唐会要》卷九一,页 1967。

县令。这主要是依据《通典》和欧阳詹等人的唐县七等说所得出的一个分类,再简化为三大类型。底下将探讨这三大类型县令的一些共同特色,诸如他们的地位、升迁和仕宦前景等等。我们暂且先来看看这三大类型县令的一些基本轮廓。

赤畿县令一般都是出身良好,拥有进士、明经或同等条件的士人。而且,他们任过赤、畿县令之后,往往因本身具有优越的"仕宦优势",得以迁转到中央朝廷任郎中、谏议大夫等高官,继续在仕途上攀升。他们的县令任期一般都很短,通常在四年左右,不会长期任此官。换句话说,赤畿县令常常是唐代高官在中年或近中年时担任的一个中层职位。他们的传记常见于两《唐书》,有时也见于后世或近世出土的墓志或神道碑。这些县令可统称为"上等县令"。

至于望紧和上县令,他们属于唐代县令的中间阶层。他们有的以进士、明经等科名,有的则通过其他管道任官。一般而言,他们有的可以在任过州县官后,回到朝廷继续任高官,然而也有不少却属于"平庸"的一群。许多人一生就在仅仅几任州县官(每任约四年)当中浮沉、终老,也无法迁转到中央任官。正因为如此,他们的名字往往不显,在两《唐书》中常没有传,生平事迹仅见于后世出土的墓志(这些"平庸"的县令通常还不够资格立神道碑)。这些县令可统称为"中等县令"。

最后是中下县的县令,我们对他们所知最少,因为他们的生平事迹,不单不见于两《唐书》,甚至往往在墓志中也找不到,非常少见。上引卢钧奏文形容岭南州县官"若非下司贫弱令史,即是远处无能之流"。这当然是带有偏见的一段描写,但综合各种材料推论,这批中下县令恐怕的确有许多本身的仕宦条件并不佳,有不少为当地令史从流外入流充任,地位相当低下。这些县令可统称为"下等县令"。

　　总结来说,唐代县令和县尉等县官一样,是一个非常复杂的多元群体。有高尚的赤畿县县令,也有低下的中下县县令。在唐代,一个人在什么等级的县任县令,会影响到他的地位(甚至他将来的仕途)。但一个人的仕宦条件(他的科名、官历和资历等),也将决定他可以在怎样等级的县任县令:条件最好的任赤畿县令(仕宦前景最光明),条件次之的任望紧上县令(仕宦前景还不算太坏,将来要视个人努力而定),条件最差的任中下县令(仕宦前景最暗淡)。下面各节将继续探讨这些相关课题。


# 三、赤畿县令的选任

　　有学者认为,"唐代县令的选任并不慎重"①。这个说法固然有若干根据,如陈子昂和张九龄等人都曾经上书力陈刺史、县令选授的重要,请朝廷慎重其事。言下之意,似乎朝廷并不看重刺史、县令的选任。太宗朝的马周更说:"今朝廷独重内官,县令刺史颇轻其选。"②

　　但这些说法不能只看表面字义,应当放在适当的脉络下来看。马周关注的是内官重、外官轻的问题,所以不免把县令刺史的选任夸张说成"颇轻其选"。此外,我们也应当考虑到唐县实际上分为赤、畿、紧、望等好几个等级。唐朝廷对不同等级县令的选授,其态度和方式都有所差别,涉及的因素也很多,似不宜一律称

①王寿南《唐代的县令》,页190。
②《新唐书》卷九八,页3900。

之为选任"不慎重"。一般而言,朝廷最重视的是京畿县令,其次是望紧和上县县令,而比较忽略中下县的县令。

然而,从另一个角度看,正如我们在前面所论,偏远中下县的县令经常无法吸引人赴任,朝廷不得不拟定一些奖励办法,但最后可能依然成效不彰。这恐怕便不是朝廷选任慎重与否的问题,而应当说是偏远中下县本身条件不佳,无法吸引到好县令前去服务。

相反的,唐代的赤畿县令,因为享有比较高尚的地位,却成了士人竞求的对象,和中下县令之卑微,形成非常强烈的对比。

严格说来,赤畿县令还可以依地区所在再细分成不同等级。例如,长安、万年、洛阳、河南、太原和晋阳等六县,都是所谓的"赤县",但这六个赤县令,却明显有些细微的分别。大体而言,长安、万年、洛阳和河南县,位于东西两京,处于权力中心。此四县的县令常由仕宦条件最优越的士人出任,史料中也经常可以见到他们的事迹。至于北都太原和晋阳两个赤县,其县令品官虽然和长安、万年等县令一样,为正五品上,但"职望"、地位显然略逊。而且,太原和晋阳晚至玄宗开元年间才升格为赤县①。这两个赤县的县令,在史料中也难得见到他们活动的事迹。

同理,长安周围的畿县,如蓝田、好畤、高陵等,其县令的官品是和洛阳周围的畿县如偃师、伊阙和登封等,或太原周围的畿县如寿阳、乐平、阳曲等一样,都是正六品上,但这三个地区畿县的县令,身份、地位却有些不相同,以长安区的畿县令最为尊贵。据张荣芳说,他们是"天下县令之首撰","是唐代仕宦者亟须争取的

---

①玄宗《置北都制》,《文苑英华》卷四六四,页 2368。

资历之一"①。

张荣芳的论文《唐代京兆府领京畿县令之分析》,详细研究了长安京兆府属下所有赤畿县令,得出的结论是:这些县令处身于"天子脚下……备受重视,升迁较易,任者常以之为跳板,既拥地方官之资历,亦不致脱离中央之关系,诚可谓兼具地方官与中央官之双重性格"。相比之下,洛阳和太原区的赤畿县令,恐怕就只能说是地方官,并不兼具中央官的性格。

不过,笔者在此不拟过于强调京畿县令因临近京师与否而产生的一些地域性微妙分别,而比较关注的是京畿县令作为一个群体,共同的一些特色,特别是:(一)他们都拥有良好的仕宦条件;(二)京畿县令比其他等级县令地位高尚,为士人竞求的对象;(三)京畿县令一般的未来仕途前景都比较光明,常可转入朝中继续任高官,甚至官至宰相,或最后转任刺史、节度使等外官,成为一方要员。

让我们先看看唐朝廷对不同地区、不同等级县令的不同态度。

张九龄的《上封事书》,透露了唐开元时代朝廷重视"京辅近处雄望之州"刺史县令的选授,而忽略了其他一些州县:

> 是以亲人之任,宜得其贤;用才之道,宜重其选。而今刺史、县令,除京辅近处、雄望之州,刺史犹择其人,县令或备员而已。其余江、淮、陇、蜀、三河诸处,除大府之外,稍稍非才。②

--------

① 张荣芳《唐代京兆府领京畿县令之分析》,《隋唐史论集》,页128。
② 《张九龄集校注》卷一六,页846—847。

依此可证唐朝对"京辅近处、雄望之州"和"江、淮、陇、蜀、三河诸处"的"大府"还算重视。除此之外,其他州县的官员则"稍稍非才"。

引文中"而今刺史、县令,除京辅近处、雄望之州,刺史犹择其人,县令或备员而已"一句,最为关键。但这句话的意思有些模糊,可做两种解读。第一种解读是:唐代"京辅近处、雄望之州",刺史和县令还算"重其选"。除此之外,其余州县(当指边区偏远州县)则"刺史犹择其人,县令或备员而已"。第二种解读是:在"京辅近处、雄望之州","刺史犹择其人",而"县令或备员而已"。不过,笔者认为第一种解读比较符合上下文意,也比较符合当时的情况。

我们从其他史料可以知道,唐代"京辅近处、雄望之州",不但刺史的选任慎重其事,而且县令的选授一般上也还是相当重视的,尤其是"京辅近处"(详见下)。至于"其余江、淮、陇、蜀、三河诸处",则"除大府(当指扬州、凉州、成都等大府)之外",其他州县刺史县令的选任则"稍稍非才"。

然而,"而今刺史、县令,除京辅近处、雄望之州,刺史犹择其人,县令或备员而已"这一句,在《通典》被引作"而今刺史、县令,除京辅近处之州刺史犹择其人,县令或备员而已"[1]。文句有些差异,意义有些不同。这好像说唐代"京辅近处之州","刺史犹择其人",但这些"京辅近处之州"的县令,则只是"或备员而已"。这很容易引起误解,须再详考。

实际上,《通典》的版本有脱文,脱漏了最重要的"雄望"两字。此句应当根据张九龄自己的文集校改为:"除京辅近处(、雄

---

[1]《通典》卷一七,页412。

望)之州,刺史犹择其人,县令或备员而已。"

这句话当中最关键的一个字眼便是"除"字,容易为人忽略。张九龄的意思是,"除"了"京辅近处、雄望之州"之外,其他州县的"刺史犹择其人,县令或备员而已"。唐代对"京辅近处、雄望之州"的刺史、县令的选任,还是重视的。考之唐代在这些京畿雄望之州,一般上的确重视刺史等州官(详见本书第五章论录事参军部分)和县令等县官的委任(详见下文)。除此之外,其他州县(当指偏远边区州县)则"刺史犹择其人,县令或备员而已"。

易言之,唐代即使在偏远边区的州县,也还算重视刺史的选任("刺史犹择其人"),但忽视了县令("县令或备员而已")。以张九龄的老家岭南来说,我们知道,朝廷还经常谨选刺史或都督到岭南五个大州——广州、桂州、容州、邕州和交州,但岭南许多县的县官,却是经常缺员,或充作贬官之用,或以当地"土豪"充任,甚至可以"世袭"①。

此外,我们也必须考虑到,张九龄在上封事这种场合说这句话,大抵也是一种比较"笼统"的说法,不必处处以"精确"求之。以岭南道为例,唐朝廷在这个地区若说"刺史犹择其人",恐怕也只限于几个大州,如上面提到的广州、交州、桂州等战略要地。岭南有不少小州如柳州、端州、雷州、驩州等,实际上也是贬官之所、蛮荒之地,经常没有派驻刺史②,恐怕也不能全都说是"刺史犹择其人"。但县令则连广州、交州等重要大州属下的县,亦"备员而已"。正如刘统所说,岭南好些州县,实际上"有名无实",和设在

①刘统《唐代羁縻府州研究》,页70—78。又见廖幼华《历史地理学的应用:岭南地区早期发展之探讨》(台北:文津出版社,2004)。
②详见郁贤皓《唐刺史考全编》岭南道部分所列的各州刺史年表。

少数民族地区的羁縻州县，"没有什么区别"①。

唐朝廷这种重视京畿远甚于其余州县的态度及其背后的指导思想，在唐半后期宰相陆贽一篇有名的奏疏中有极生动的反映、解说和发扬：

> 立国之权，在审轻重，本大而末小，所以能固。故治天下者，若身使臂，臂使指，小大适称而不悖。王畿者，四方之本也；京邑者，王畿之本也。其势当京邑如身，王畿如臂，而四方如指，此天子大权也。是以前世转天下租税，徙郡县豪桀，以实京师。太宗列置府兵八百所②，而关中五百，举天下不敌关中，则居重驭轻之意也。③

陆贽在此把京邑比成"身"，把王畿比成"臂"，而把其余地方（"四方"）比成不过是手臂之末的"指"，可谓妙喻，也说出了整个"中原本位"的心态。唐朝廷之重视京畿县令的选授甚于他县，正是这种"本大而末小"、"强干弱枝"思想的一大体现。

陆贽还写过一篇《优恤畿内百姓并除十县令诏》，是他以"朕"的名义，代皇帝所写的一篇任命诏书。这篇文书可说是唐代"强干弱枝"思想的最好表现，充分反映中央极重视京畿县令的选拔，一下子就委任了十位士人出任京畿县令，当中不乏声名响亮者，如窦申、郑珣瑜（后来官至宰相）、贾全和韦武等人：

---

① 刘统《唐代羁縻府州研究》，页78。
② 此数字涉及唐代府兵置府的数目，但学界对此数字有质疑，详见谷霁光《府兵制度考释》（上海：上海人民出版社，1962），页142；张沛《唐折冲府汇考》（西安：三秦出版社，2003），页12。
③《新唐书》卷一五七，页4912—4913。

昨者详延群彦，亲访嘉猷。尚书司勋员外郎窦申等十人，咸以器能，理道精心，究烝黎之疾苦，知教化之宗源，辍于周行，往莅通邑。申可长安县令，郑珣瑜可检校吏部员外郎兼奉先县令，韦武可检校礼部员外郎兼昭应县令，贾全可咸阳县令兼监察御史，霍琮（又作崔琮）可华原县令兼监察御史，王仓可检校礼部员外郎兼昭应县令，李曾可鳌屋县令兼监察御史，荀曾可三原县令兼侍御史，李绲可富平县令兼殿中侍御史，其有散官封赐者，并如故。应畿内县令俸料，宜准常参官例，均融加给。①

据《册府元龟》卷七〇一的一段类似记载，这是德宗贞元二年（786）的事。上引《陆贽集》所载的名单中只有九人，遗漏了一人。据《册府元龟》，此人当是"韦贞伯蓝田县令兼监察御史"②。但《册府元龟》名单上也只有九人，遗漏了另一人。据《陆贽集》，此人当是"荀曾可三原县令兼侍御史"。因此，这两张名单可互为校补。

　　此事还有下文。这十位县令实际上只出宰一年左右，就迁转其他高官。《太平御览》引《唐书》曰：

　　贞元初，德宗以奉先县令郑珣瑜为饶州刺史，昭应县令韦武为遂州刺史，华原县令崔琮为汝州刺史，蓝田县令韦贞伯为舒州刺史，鳌屋令李曾为郓州刺史，录善政也，各赐马一匹，并彩物衣服以遣之。③

――――――――――

①《陆贽集》卷四，页 112—113。
②《册府元龟（校订本）》卷七〇一，页 8097。
③《太平御览》卷二五五，页 1327。此事不见于今本两《唐书》，可能引自某一失传的《国史》或实录。又见于《册府元龟（校订本）》卷七〇一。

据《新唐书·郑珣瑜传》，这是贞元三年的事："贞元初,诏择十省郎治畿、赤,珣瑜检校本官兼奉先令。明年,进饶州刺史。"①这五人任京畿县令,颇有"善政",因而获得皇帝赏赐马匹和"彩物衣服",转任刺史,可说十分光彩。

至于其他五人,窦申后来转任京兆少尹,贾全、王仓、荀曾和李绲的后来仕历则不详。

陆贽代写的这篇任命诏书还有几点深具意义,值得再细考。

第一,以诏书形式来任命县令,颇为特别,可算是殊荣。唐代授官的形式有四种:三品以上官员为册授,五品以上为制授,六品以下的朝参官、供奉官(如尚书省各司员外郎、侍御史、殿中侍御史、监察御史、补阙、拾遗、太常博士等清要官)为敕授,六品以下的一般京官和地方官则为旨授。册授、制授和敕授都是由皇帝下诏书,由中书门下承诏而授。旨授则是由吏部铨选而授,不经由皇帝②。唐代的县令一般都在六品或以下(包括畿县令),原本都要经过吏部的铨选,由吏部旨授。

以上十位赤畿县令,有的是京县令(如长安令窦申),位居五品,还属皇帝下诏除授的范围;但大部分为畿令,六品官,按照规定,原应由吏部委任,不需经由皇帝。但德宗这次委任十个县令,是个特殊案例。这十人是他"亲自选择"的,所以都破例由德宗下诏授官,可谓殊荣。

---

①《新唐书》卷一六五,页5064。

②关于唐代的册授、制授、敕授和旨授,学界的理解有些混乱,说法也颇不一致。以笔者所见,最清楚的论述是王勋成《唐代铨选与文学》,页191—197,且引以为据。关于制敕和各种授官文书,见中村裕一的三大论著:《唐代官文书研究》(京都:中文出版社,1991)、《唐代公文书研究》(东京:汲古书院,1996)《隋唐王言の研究》(东京:汲古书院,2003)。

第二,德宗这次"亲自选择"十县令,是个殊例,因而还抵触了先前的一道敕令而不自觉,以致还有京兆尹鲍防上奏请示的事:

> 贞元二年二月,京兆尹鲍防奏状:"准广德二年敕,中书门下及两省官五品已上,尚书省四品以上、诸司正员三品已上官、诸王、驸马等周亲已上亲及女婿、外甥等,自今已后,不得任京兆府判司及畿县令、两京县丞、簿、尉等者。今咸阳县令贾全,是臣亲外甥,恐须停罢。"诏曰:"功劳近臣,至亲子弟,既处繁剧,或招过犯,宽容则挠法,耻责则亏恩,不令守官,诚为至当。贾全等十人,昨缘畿内雕残,亲自选择,事非常制,不合避嫌。"①

德宗以此"事非常制,不合避嫌"作答复,同时告诉我们,这十位京畿县令,是因"畿内雕残",他"亲自选择"的,可证"畿内"地区的县令,在皇帝眼中是何等重要。

第三,这十人都有加官,加了检校官或御史台官。唐代的检校官盛行于安史乱后,是一种中层或高层的加官(低层则为墓志中常见的"试"衔)。中层者最常见的是"检校某司郎中或某司员外郎"之类,授给那些在方镇使府的中层僚佐如判官等幕职。高层最常见的则是"检校某部尚书"之类,授给方镇使府的高层人员如节度使等。这些检校官都无实职,仅作为一种加官或阶官使用②。所以,上述十位县令当中,郑珣瑜获得"检校吏部员外郎",

---

① 《唐会要》卷六九,页 1441—1442。
② 关于检校官制,学界过去没有任何一篇专题论文。笔者有一长文专论此
　制:《论唐代的检校官制》,《汉学研究》,第 24 卷第 1 期(2006),页 175—
　208。

韦武和王仓获得"检校礼部员外郎",都是一种额外的荣誉。

没有获得检校官的其他县令,则都授给御史台官,前面冠以"兼"字。御史台官作为加官使用,前面照例都加"兼"字。这种"兼"衔的作用,和检校官相似,是一种荣誉加衔,无实职,获官者并不须到京城御史台执行御史职务。因此,贾全和李曾等人获得"兼监察御史"、"兼殿中侍御史"或"兼侍御史",都是德宗特别加给他们的荣衔,一般县令不会获授此衔,显示德宗这次委任十县令,是如何慎重其事。

第四,十县令的俸料和一般县令不同,"宜准常参官例均融加给"。唐代的常参官是一种特殊等级的官员,按《旧唐书·职官志》,"谓五品以上职事官、八品已上供奉官、员外郎、监察御史、太常博士"①。他们须定时参与朝会。县令不属常参官,也无须上朝。但现在,德宗特别在俸料方面,给予他们常参官那样的待遇。

最后,还可一提的是,德宗在委任这十位京畿县令的差不多同个时候,也特别表扬了另一位畿县令:

> 泾阳县令韦涤,洁己贞明,处事通敏,有御灾之术,有字物之方,人不流亡,事皆办集,惟是一邑之内,独无愁怨之声,古之循良,何以过此!……可检校工部员外郎兼本官,仍赐绯鱼袋,并赐衣一袭,绢一百匹,马一匹。②

①《旧唐书》卷四三,页1819。
②《陆贽集》卷四,页114。这段引文出现在《优恤畿内百姓并除十县令诏》的最后部分,但事实上,这位泾阳县令韦涤,并不属于德宗委任的那十位县令。嘉奖韦涤的这篇诏书,原本应当是独立的,但在《陆贽集》中可能因时间和事件有紧密关系,而不慎连接在《优恤畿内百姓并除十县令诏》的后面。

韦涤是个好县令,因而获得一个检校郎官("检校工部员外郎"),以及"赐衣一袭,绢一百匹,马一匹"。这些都是一般县令得不到的赏赐和荣耀。泾阳是个畿县。韦涤这时应当还没有到可以衣绯的官阶,所以德宗又特别给他"赐绯"。他后来做过饶州刺史①和户部员外郎②。

以上委十位京畿县令和褒泾阳令事,当然都属特例,并非常例,但也反映了唐皇室还是比较重视京畿县令的选授,在"畿内雕残"的时刻,可以采取不寻常的应变措施。


# 四、郎官出宰京畿

唐代京畿县令地位之高,其中一个最重要的指标,就是这批县令当中,有许多在出宰京畿之前,曾经在朝中充当过郎官。本书第三章《员外郎和郎中》所讨论的,便是郎官中的两种,双双名列封演所说唐人升官图最优的"八俊"当中,其清贵可想而知。以郎官出为京畿县令,更可证京畿县令地位之高,实不在郎官之下。

以长安、万年两京令为例,就有高达四十七人曾以郎官身份出任,其中二十六人为郎中,二十一人为员外郎。郎官是京令迁入官当中占最大比例者。在畿令方面,也有二人之前曾任郎中,九人曾任员外郎③。

这里拟以八位"郎官县令"为例,细考他们的出身、仕宦条件

---

① 《元和姓纂》卷二,页 141。
② 《新唐书》卷七四上《宰相世系表》,页 3084。又见《唐尚书省郎官石柱题名考》卷一二,页 657。
③ 张荣芳《唐代京兆府领京畿县令之分析》,《隋唐史论集》,页 121—123。

和资历,以及他们任过县令之后的仕途,来观察京畿县令这个群体的一些共同特色。这八人当中,有曾任京县令,或皇陵所在县的次赤县令,以及畿县令者。时代方面则分唐前期与唐后期,酌举数例。

(一)裴行俭(619—682)

裴行俭是唐初高宗朝一位文武兼备的精彩人物。他曾经当过定襄等道的行军大总管,率兵大破突厥,又曾经当过吏部侍郎,主持过唐初的铨选,更以他精湛的草隶,以"百匹绢素"为高宗亲手写《文选》一部,得到无数的赏赐。但令人惊讶的是,像他这么一位精彩且重要的唐初人物,现代学者却对他一无研究,没有任何评传或年谱,甚至连一篇简略但可靠的小传或单篇专题论文都付之阙如。因此,这里论裴行俭的早年官历和他任长安令的前后事迹,或可为将来他的传记研究铺路。

裴行俭的传记资料见于两《唐书》本传,但好些地方(特别是叙及他的官历部分)都太简单、含糊,且有省略。这是两《唐书》的通病,不足为怪,但也不足采信。幸运的是,唐初大手笔之一的张说,曾经为他写过《赠太尉裴公神道碑》,提供了不少可以补两《唐书》的细节。我们不妨比较和分析三者的记载。

《旧唐书·裴行俭传》说:

> 行俭幼以门荫补弘文生。贞观中,举明经,拜左屯卫仓曹参军。时苏定方为大将军,甚奇之,尽以用兵奇术授行俭。显庆二年(657),六迁长安令。[1]

---

[1]《旧唐书》卷八四,页2801。

《新唐书·裴行俭传》则说：

> 行俭幼引荫补弘文生。贞观中，举明经，调左屯卫仓曹参军。时苏定方为大将军，谓曰："吾用兵，世无可教者，今子也贤。"乃尽畀以术。迁长安令。①

《新唐书》的记载可说最为草率，好像裴行俭以明经释褐为"左屯卫仓曹参军"后，就立刻"迁长安令"。这是《新唐书》的叙事特色，常因为省略而生误，也是北宋修《新唐书》时宋祁等人强调所谓"事简文省"的一大后果。好在《旧唐书》说"六迁长安令"，我们才明确知道裴行俭是迁转六次才当上这个京县的县令。这是他的第六任官。但他的第二到第五任官是什么呢？两《唐书》都没说。幸好，我们若查张说的《赠太尉裴公神道碑》，就可以轻易解开这个"谜"：

> 明经补左屯卫仓曹，诏举转雍州司士，迁金部、户部二员外，历都官郎中、长安令。②

这样的叙述可说把裴行俭早年的科名和官历都交代得再清楚不过了。据此，我们知道裴行俭不但考中明经，竟还曾经参加过"诏举"，也就是皇帝的制科考试，考中后才"转雍州司士"。唐代考中明经已相当不错，再中诏举，可说锦上添花，前途无量。果然，裴行俭从此平步青云，仕途无比顺畅。他先任雍州司士。雍州即后

---

① 《新唐书》卷一〇八，页4085—4086。
② 《张燕公集》卷一五，叶二。

来的京兆府，为京城长安的州级衙门。司士是雍州属下的一个参军职，一种负责"津梁舟车舍宅"等事务的州级基层行政官①。接着，他连续做了三任郎官——金部、户部二员外郎和都官郎中，才出掌长安县令，可知长安京县令的地位，颇为崇高剧要，不在清贵的郎官之下，也远非其他地方的中下等级县令可比。

值得注意的是，裴行俭的这六任官，都在京城长安。他最早的"左屯卫仓曹"，任职地点即京师十六卫之一的左屯卫。雍州司士的办公地点在京兆府廨，位于长安城内的光德坊②。郎官的办公地点在长安城北部皇城的尚书省二十四司。甚至他的长安令公署长安县廨，也在长安城，位于长寿坊③。所以，裴行俭早年任六种官，都不曾离开长安城。雍州司士和长安令，严格说来应当算是外官地方官系统，但对裴行俭来说，却也等同京官。长安令地位之所以崇高，原因之一，正如张荣芳所说，它位在"天子脚下"。

裴行俭在哪一年任长安令？张说的《赠太尉裴公神道碑》没说，但《旧唐书·裴行俭传》倒提供了一个精确的年份："显庆二年"，即公元657年。以裴行俭生于619年计算，这一年他正好三十九岁④，步入中年。三十九岁，任过五种其他官才能出为长安令，这其实是京畿县令非常突出的一个特点。我们从其他人的官历可以知道，这正是任京畿县令的"标准年龄"：他们任此官时一

①这种各司各曹的参军又称为"判司"。拙著《唐代基层文官》有一章专论参军和判司（第四章）。
②杨鸿年《隋唐两京坊里谱》，页111。
③杨鸿年《隋唐两京坊里谱》，页146。
④本书和拙著《唐代基层文官》一样，书中所提的唐人岁数，都是按照唐人算法的所谓"虚岁"，比公历算法多一年。

般在四十岁到五十岁之间。下面还将论及。

　　长安令是裴行俭的第六任官，这点也深具意义。唐代基层的县尉（甚至高贵的京畿县尉），都可以授给年轻人，甚至可以作为他们的第一任或第二任官①，但县令一般却不会如此轻授。这是一种亲民之官，须有相当的人生阅历和官场经验始能胜任。在长安这种京县任县令，资历和经验的要求恐怕又更高，更不会轻授给资历浅的年轻人，而是授给像裴行俭这样任过五种官（其中三种更是郎官），官场经验非常丰富的中年人士。以裴行俭的年龄和仕宦经历来说，他正好可以满足一个京畿县令的任官条件。

　　裴行俭任长安令以后，便因先前涉及议论高宗废皇后王氏，改立武则天事，而被"左迁西州都督府长史"。据张说的《赠太尉裴公神道碑》，这是"明庆中"的事。明庆即显庆（656—660），因避中宗讳改。裴行俭于显庆二年始任长安令，到显庆中（按显庆只有五年）即"左迁西州都督府长史"，看来他只担任长安令一两年。这只是他仕途上的一个中间点，颇可印证县令实非高官或基层官，而应当是中层文官。

　　除了这次"左迁"，裴行俭后来的官历是显赫的。他先后任过安西都护和吏部侍郎，"典选十余年，甚有能名"②，更有几次出任行军大总管，在西域东征西讨，大破突厥，立下不少汗马功劳。仪凤四年（679）他六十一岁，也就是他任长安县令的大约二十年后，他在西域大败突厥十姓可汗阿史那匐延都支，并将之生擒而还。高宗赐宴慰劳，对他说："卿文武兼资，今故授卿二职。"当天就授他礼部尚书，兼检校右卫大将军"二职"。这个礼部尚书又比他先

---

① 详见拙书《唐代基层文官》第三章《县尉》。
② 《旧唐书》卷八四，页 2802。

前的吏部侍郎高一等,是唐代官员一般所能达到的最高官位了①,也是裴行俭的最后一个官位。如果要说有什么"缺憾"的话,或许只能说裴行俭只差没有当过宰相。

裴行俭从最低层的八品左屯卫仓曹参军起家,一路攀升到最高的三品礼部尚书,这样的官历是辉煌的,也是成功的。一个唐代士人,如果有本事像裴行俭那样在事业中途出任长安县令,那他应当也可以像裴行俭一样,有潜能继续官至侍郎或尚书等高位。

### (二)裴耀卿(681—743)

裴耀卿是唐代知名的漕运专家,年方八岁即"擢第",和唐代另一漕运专家刘晏一样,有"神童"之称号②。不过,正如裴行俭的例子那样,两《唐书》对裴耀卿的早年官历也颇有省略,交代不清,特别是遗漏了他在任赤县长安令之前,就曾经做过三任郎官的记录,尤失其真。好在孙逖写的《唐齐州刺史裴公德政颂》和王维写的《裴仆射齐州遗爱碑》,对他的官历记载颇详,让我们可以详考他任长安令之前和之后的仕历。裴耀卿的神道碑由许孟容撰写,叫《唐故侍中尚书右仆射赠司空文献公裴公神道碑铭并序》,今仍传世,可惜此文颇多阙字,叙及他郎官和县令的部分都残缺,无法使用③。

孙逖的《唐齐州刺史裴公德政颂》,如此记载裴耀卿的科名和

---

① 尚书之上当然还有仆射、侍中等高官,但这些不是一般唐代官员所能达致的。唐人任官能做到六部的某部尚书就算非常不错了。
② 何汝泉《唐代转运使的设置与裴耀卿》,《西南师范大学学报》,1986 年第 1 期,页 72—79。
③ 《全唐文》卷四七九,页 4898—4900。

早年官历：

> 八岁神童擢第，则已殊于公路矣。弁髦之后，尤邃于文。
> 长安（701—704）中，则天首命有司考试调集之士，而第其词
> 之高下。公以甲科授秘书省正字，异其对也。睿宗之在藩
> 邸，精选寮属，公为典签，兼掌文翰，爱其才也。其文艺有如
> 此者。顷之，迁国子主簿，试詹事府丞，历河南府士曹参军，
> 拜考功员外郎，除右司、兵部二郎中。自长安令临此郡（齐
> 州）。①

据此，裴耀卿是以秘书省正字起家。这是唐人释褐的美职之一，
比裴行俭释褐的"左屯卫仓曹参军"更为清贵②。接着，他任睿宗
在藩邸时的王府典签，"转国子主簿，检校詹事府丞"③及河南府
士曹参军。然后，他开始任郎官，先是颇为清要的考功员外郎（见
本书第三章），再升为左司郎中和兵部郎中，接着才出为长安令。
这就是一个从科举出身，仕宦条件非常良好的一个士人，按部就
班成为一个京县县令的过程，可知像长安令这种京县令，实不轻
授：任官者本身得有优秀的仕宦条件和真材实学才行。

　　依此看来，长安令是裴耀卿的第八任官，比裴行俭"六迁长安

---

① 《文苑英华》卷七七五，页 4083。
② 详见拙书《唐代基层文官》第二章《正字》中的讨论。张说在《兵部尚书代
　　国公赠少保郭公行状》中说："时辈皆以校书、正字为荣。"见《张燕公集》卷
　　二四，叶八。
③ "转国子主簿，检校詹事府丞"是王维在《裴仆射齐州遗爱碑》中的说法，见
　　《王维集校注》卷九，页 761。这里的"检校"为唐前期的用法，有实职，即
　　代理之意，和唐后期无实职的检校官不同。

令"多了二官。不过,裴耀卿和裴行俭一样,都是任过三个郎官之后才来出掌长安令:一次是员外郎,两次为郎中。汉代有所谓"郎官出宰百里,郡守入作三公"的传统。唐代这种郎官出宰京畿县的例子,在唐史上亦相当常见,下面还将见到。

前面说过,京畿县令的"标准年龄"一般在四十岁到五十岁之间。不过,裴耀卿任长安令的年龄,却比这种"标准年龄"还小。据《旧唐书·裴耀卿传》,他是在"开元初,累迁长安令"。若以开元元年(713)计算,他这时才不过三十三岁。然而,裴耀卿的确可说是个特殊的案例,正因为他是个"神童",八岁就中举,所以他早年做好几任官的年龄,都比别人的标准年龄小。例如,他最先释褐正字时,才大约不过二十二岁,也是个非常年轻的正字。他任三次郎官的年龄都不详,但都在任长安令的大约三十三岁之前。这在郎官当中也是特殊年轻的。

裴耀卿任长安县令两年,有非常良好的表现。其《旧唐书》本传说:

> 长安旧有配户和市之法,百姓苦之。耀卿到官,一切令出储蓄之家,预给其直,遂无奸僦之弊,公私甚以为便。在职二年,宽猛得中,及去官,县人甚思咏之。①

看来他是个好县令。接着,在开元十三年他四十四岁时,开始出任刺史:先是在齐州,然后在宣州和冀州。这是唐朝在河北和江南道的三个重要大州。裴耀卿在三州"皆有善政,入为户部侍郎"。侍郎又比员外郎和郎中等郎官高一等,可以算是高层文官了。

---

① 《旧唐书》卷九八,页3080。

他在开元二十年升为礼部尚书,二十一年迁京兆尹,同一年又为"黄门侍郎,前中书侍郎张九龄起复旧官,并同中书门下平章事",也就是和张九龄同为宰相。这一年他五十三岁,也可说是一个年轻的宰相。不过,裴耀卿这时只是名义上挂宰相衔,他实际的工作是负责漕运,"充江淮、河南转运都使;以郑州刺史崔希逸、河南少尹萧炅为副。凡三年,运七百万石,省陆运之佣四十万贯"①。隔一年,他再升为侍中(门下省的首长),继续任宰相,一直到开元二十四年(736)才离宰相任,改为尚书左丞相。到天宝元年(742)去世的前一年,他"改为尚书右仆射,寻转左仆射"。

裴耀卿做过唐代三省中的几乎每一种高层文官:先是侍郎,后任尚书、黄门侍郎、侍中、丞相(仆射),也就是严耕望的名著《唐仆尚丞郎表》中所涵盖的那几种官。这样的官历是唐人梦寐以求的,也比裴行俭的更为精彩、出色,但裴耀卿也和裴行俭一样,在事业的中途,临近中年时,按部就班,做过一个中层文官,一个京县——长安县——的县令。每个唐人的官运当然不尽相同,但正如裴耀卿此例所证,京县令是有可能"登宰相"的。

(三)李巽(747—809)②

和裴耀卿、刘晏等人一样,李巽是唐代有名的漕运专家,不过

①《旧唐书》卷四九《食货志》,页2116。
②《旧唐书》卷一二三,页3522,说李巽"元和四年(809)四月卒,时年七十一"。若据此,则李巽的生卒年应当是739—809。然而,权德舆所写的李巽墓志铭,一开头就说:"维元和四年夏五月丁卯,冢宰赵郡公巽,寝疾薨于永崇里,享年六十三。"见《权德舆诗文集》卷二二,页340。据此,则李巽的生卒年应当是747—809。《新唐书》卷一四九,页4806,也说他死于"元和四年……年六十三"。此从墓志和《新唐书》。李巽虽是唐代有名的漕运专家,但现代学者却对他一无研究。

是在安史乱后的顺宗朝。

李巽的出身非常良好。他先考中明经，以华州参军起家。然后，他又考中高难度的书判拔萃，授鄠县尉。鄠县是长安附近的一个畿县。京畿县尉也和京畿县令一样，地位都比较高超，不轻授①。李巽得此畿县尉，很可能因为他考中书判拔萃。接着，《旧唐书·李巽传》说他"周历台省，由左司郎中出为常州刺史"②。《新唐书》则说他"以明经补华州参军事，举拔萃，授鄠尉。进累左司郎中、常州刺史，召拜给事中，出为湖南观察使"③。这是两《唐书》典型的、惯常的省略笔法，但这样大笔一挥，就删去了李巽的六个早年官职（监察御史、殿中侍御史、美原县令、刑部员外郎、万年县令、户部郎中），颇失其真，也极易引人误会。

唐后半期的知名文士权德舆，曾经为李巽写过墓志铭，曰《唐故银青光禄大夫守吏部尚书兼御史大夫充诸道盐铁转运等使上柱国赵郡开国公赠尚书右仆射李公墓志铭并序》，清楚告诉我们李巽最完整的官历：

> 始以明经筮仕为华州参军，试言超绝，补鄠县尉。登朝为监察御史、殿中侍御史。由美原县令课最为刑部员外郎，由万年县令课最为户部、左司二郎中。由常州刺史理刑第一征为给事中。以御史中丞领潭州刺史、湖南观察使，就加右散骑常侍。以右散骑常侍领洪州刺史、江西观察使，就加御史大夫。由二府报政入为兵部侍郎，在涂加度支、盐铁副使，

---

① 拙书《唐代基层文官》第三章《县尉》有一节专论京畿县尉的崇高地位。
②《旧唐书》卷一二三，页3521。
③《新唐书》卷一四九，页4805。

至止逾月,代今司徒岐公(杜佑)为使。明年迁兵部尚书,闲一岁转吏部尚书。①

依此,李巽做过两任县令,第一次在长安以北约八十公里的美原县(今陕西富平),这是个畿县。第二次就在京师长安的万年县,这是长安的两个京县之一(另一个即长安县)。他先以殿中侍御史出为美原令,这是他的第五任官。他治绩良好,"课最"为一个郎官(刑部员外郎),再以郎官出为万年县令,这是他的第七任官,又"课最"再回朝任郎官,这次是比员外郎高一等的郎中(户部郎中),是个升迁。

李巽这样在郎官和县令之间迁转,和上引裴行俭和裴耀卿的早年官历非常相似,可证唐代京畿县令的地位,实际上和郎官不相上下,可相互迁转,都是"美职"。但他们都是在任过好几种基层或中层文官之后才能当上京畿县令,不可能一释褐即任此种官。京畿县令需要更高的仕宦条件。它甚至不可能是士人第二、三任时的官,一般会是他们的第五任官左右。

李巽任万年县令的年代不详,但万年县令的地位,更在另一京县长安县令之上。欧阳詹的《同州韩城县西尉厅壁记》便说:"赤县仅二十,万年为之最。"②只提万年县,不及长安县,初看之下似乎偏万年。不过,欧阳此说很能反映一个历史事实,即万年县的确比长安县高尚且重要。长安以朱雀门大街为界。街以东属万年县,街以西属长安县。然而,街东万年县一向是大官要人

---

① 《权德舆诗文集》卷二二,页340。
② 《欧阳行周文集》卷五,页28。唐代的赤县只有六个。欧阳詹这里说"赤县仅二十",应当是把唐后期的十四个次赤县也算在内。

的住宅区,街西长安县则多平民和西域商贾,以至于万年县的声望和地位高于长安县,虽然两者同是京县①。《元和郡县图志》和《新唐书·地理志》等书,在列举京兆府属县时,便先列万年,后列长安②。李巽得以在六个京县当中"为之最"的万年县任县令,的确是一种殊荣。

唐史上不少人以员外郎或郎中出为万年县令,当中不乏名人。例如,唐前期的李晋客、徐昕、韦拯,以及唐后期的薛播、韦罩、崔汉衡、韦武、房启、郑畋等人,都曾以郎官出为万年令③。

然而,李巽的这两任县令,也只是他一生颇为辉煌的官历当中的两个。权德舆为他所写的墓志,形容他"自解巾褐,至捐馆舍,凡历官十六"。在唐代,有许多平凡的官员,特别是州县官,一生中往往只能历官三四任(详见下)。能够历官十任以上者,都算是非常杰出有成的官员了。李巽任过万年令后,除了迁左司郎中外,还做过常州刺史、给事中、湖南观察使、江西观察使、兵部侍郎、度支盐铁使、兵部尚书和最后的吏部尚书。虽然他没有官至宰相,但他却是唐后期德、顺、宪三朝统治阶层当中最重要的成员

---

①关于街东万年县和街西长安县的对比,详见妹尾达彦《唐代長安の街西》,《史流》,25(1984),页1—31;及其《唐長安城の官人居住地》,《東洋史研究》,第 55 卷第 2 期(1996),页35—74;王仲殊《试论唐长安城与日本平城京及平安京何故皆以东半城(左京)为更繁荣》,《考古》,2002 年第 11 期,页69—84;Heng Chye Kiang(王才强), *Cities of Aristocrats and Bureaucrats: The Development of Medieval Chinese Cityscapes*, pp. 26—27; Victor Cunrui Xiong(熊存瑞), *Sui-T' ang Chang' an: A Study in the Urban History of Medieval China*, pp. 122—123.
②《元和郡县图志》卷一,页 3—4;《新唐书》卷三七,页 962。
③张荣芳《唐代京兆府领京畿县令之分析》,页 133—143。

之一①,尤其是他晚年任度支盐铁使时所主管的国家盐税和漕运,更是唐后期皇朝的命脉所在。美原县令和万年县令,是他步步通往高阶当中的两个关键中间点。由此可知,县令虽是中层文官,却也不宜轻视,尤其是出任京畿县令,常是高官们在中年或临中年时很好的磨炼。

（四）韩愈（768—825）

古文大家韩愈,曾任过一个京县河南县的县令。他在贞元八年（792）二十五岁时就考中进士,可说非常年轻。他的出身和资历都非常好,历任汴州董晋幕府推官、国子监四门博士、监察御史等官后才来任河南县令,而且他跟上引裴行俭、裴耀卿和李巽等人一样,在出宰畿县之前就曾经担任过郎官——都官员外郎。在韩愈的官历上,这是一次例常的升迁。正如张荣芳所考,唐代京畿县令有不少是从郎官迁转而来的。

事实上,这是韩愈第二次任县令。第一次是他在贞元末年任阳山县令。但这两次任县令的意义,对韩愈来说是完全不同的,可谓天壤之别。我们也可趁此机会,比较一下两种等级县令的不同,它们代表着两种极端:一个是东都地位崇高的京县县令,一个是不毛之地卑微的中下县县令。河南县令是韩愈仕途上的一次升官,阳山县令则是他得罪朝廷后的贬官。两者同是县令,地位和意义却大不相同,大可佐证前面所论,县令是个复杂的多元群

①李巽在唐高层领导中的地位,可从李吉甫所写的《睿圣文武皇帝册文》中看出。在此文中,李吉甫以李巽为五千多个文武官的代表:"维元和三年,岁次壬子,正月癸未朔十一日癸巳,摄太尉银青光禄大夫守兵部尚书兼御史大夫上柱国赵郡开国公臣李巽,及文武官五千七百九十四人等言……"可证李巽地位之高。见《唐大诏令集》卷七,页45。

体:有崇高的京畿县令,也有卑微的中下县令,不能也不应一概而论,端看一个人是在什么等级的县任县令。

唐代的阳山是岭南道连州属下的一个中下县①(今广东阳山),传统上是个罪贬官员的地方,今天依然还是一个交通非常不便的少数民族地区。韩愈在《送区册序》中描写他刚到阳山时的情景,形容阳山是"天下之穷处也":

> 阳山,天下之穷处也。陆有丘陵之险,虎豹之虞。……县郭无居民,官无丞、尉。夹江荒茅篁竹之间,小吏十余家,皆鸟言夷面。始至,言语不通,画地为字,然后可告以出租赋,奉期约。②

韩愈就在这样一个"言语不通",必须"画地为字"始能和当地人沟通的破落中下县任县令。他把自己的狼狈处境描写得真是入木三分。"县郭无居民",这是说县中人口残破稀少,连县城内都"无居民"。他们恐怕都住到城外的郊区或山区。"官无丞、尉",这是说县里并没有县丞、县尉等整套应当有的县官班子(应当也没有县主簿),只有韩愈一个中央派来的官员(虽然只是个被贬的官),可知像阳山这样的偏荒小县,是如何难以吸引士人前去赴任。韩愈在此须独当一面,幸好他还有"小吏十余家"帮忙,但这些小吏却是"鸟言夷面"。这是韩愈以"中原心态"看待南方所得到的"结果",是一种北人南宦的典型心态,也充分凸显了他在阳山这一穷县是如何格格不入,如何不得意,好比到了夷蛮之地,虽

①《新唐书》卷四三上,页1107。
②《韩昌黎文集校注》卷四,页266。

然阳山还是个所谓的"正县",是唐代所设的正式州县之一,并非设在夷蛮之地的"羁縻州县"①。

这种情况正好和韩愈任河南县令的处境形成鲜明的对比。他在河南时,过的显然是一种非常"文明"的士大夫生活,和阳山的"夷蛮"不可同日而语。可惜韩愈没有留下任何像《送区册序》那样见证式的文字,透露他在河南任县令时的心情或得意事,只有在本章开首所引的《寄卢仝》这首诗,告诉我们他任河南县令时,曾经以他县令的权威,帮助过卢仝免受其邻居恶徒的欺负②。

不过,我们知道河南是东都洛阳的两个京县之一,位于洛水之南。这里"有洛漕新潭,大足元年(701)开,以置租船"③,是唐代漕运和水运的要津。韩愈在这样一个重要京县任一县的长官,其崇高地位可想而知。韩愈在这里和士人朋友(如李贺、石洪、李础等人)有不少宴饮与唱和,写过《送湖南李正字序》、《送石处士序》、《送郑十校理序》等知名文章,记录他广泛多彩的交游,生活想是"文明"而愉快的。他甚至在这里主持过河南府的府试,"亲

---

①关于唐代正式州县及羁縻州县的分别,最有洞见的一篇论文是知名历史地理学家谭其骧所写的《唐代羁縻州述论》,收在他的《长水集续编》(北京:人民出版社,1995)中。谭其骧的学生刘统,在他的《唐代羁縻州研究》(西安:西北大学出版社,1995)中,继续发挥他老师的观点,对唐代羁縻州县提出不少独到见解,特别是他指出,唐代有许多所谓的正州正县,尤其是那些设在岭南等偏远边区者,其实都没有设置过行政机构或官员,和羁縻州县没有什么分别,"有名无实"(页70—78)。依此看来,阳山虽为正县,恐怕也非常类似羁縻州县。关于羁縻州,又见朱振宏《唐代羁縻府州研究》,《中正历史学刊》,第3辑(2000),页201—244;郭声波《唐宋集群羁縻州之典型——雅属羁縻州》,《中国史研究》,2001年第3期,页85—96。

②《韩昌黎诗系年集释》卷七,页782—790。

③《新唐书》卷三八《地理志》,页982。

自依府试题目《精卫衔石填海》作了一首诗,并设宴招待了全体将赴京考试的秀才们"①。

河南县令是韩愈的第九任官。这一年他约为四十三岁②。正如上面所考,这可说是任京畿县令的标准仕历和标准年龄。从此以后,韩愈的仕途便相当坦顺,除了五十二岁那年因写了那篇著名的《论佛骨表》激怒宪宗而被贬官潮州刺史之外。

因为,韩愈任过河南县令后,便回到朝中任职方员外郎。就官品而言,职方员外郎跟所有员外郎一样,为从六品上,似乎比起他之前任河南县令的正五品上,以及任县令之前的都官郎中的从五品上还来得低,乍看之下似乎是降阶。但唐人任官不能单看官品,这正好又是个好例子,因为对韩愈来说,回到长安朝中任职方员外郎实在又比任河南县令,或在东都任都官郎中来得好。这绝对可以说是一次升迁。

韩愈回朝任职方员外郎的第二年,便转任国子博士。这是唐代学官中极清贵的一个官位。从此韩愈便逐渐成了高层文官。在第二年,他四十六岁时,当上比部郎中、史馆修撰、考功郎中知制诰、中书舍人,最后进入比郎官更高一层的侍郎行列:先是刑部侍郎,转兵部侍郎,有一段时间任京兆尹兼御史大夫,最后在吏部侍郎的任上去世,达到他官业的最高峰。

韩愈虽然最后并没有攀升到比侍郎更高一层的尚书或宰相,但以他这样的官历,在众多唐代士人当中亦可说是相当辉煌,相当成功,相当值得引以为傲的了。他第一次任县令(阳山县令),是个低谷,因为阳山只是个中下县。第二次任县令(河南县令),

---

①阎琦、周敏《韩昌黎文学传论》,页132。
②罗联添《韩愈年表》,《韩愈研究》,页444—449。

则正好是他仕途中的一个上扬点,因为河南是个赤县,赤县令的仕宦前景绝对是光明的。韩愈此例再次提醒我们,考察唐代县令的地位高下和官之好坏,必须留意他到底是在什么等级的县任县令。并非所有县令都一样。

(五)张文瓘(605—677)

张文瓘的传记资料,现仅有他在两《唐书》中的本传。他的墓志铭或神道碑都没有传世或尚未被发现。所以我们对他所知比较少,特别是他早年的经历。两《唐书》在叙述他考中明经以后的一段官历,照例采取了省略的笔法,如《旧唐书》这一段所记:

> 贞观初,举明经,补并州参军。时英国公李勣为长史,深礼之。累迁水部员外郎。时兄文琮为户部侍郎,旧制兄弟不许并居台阁,遂出为云阳令。龙朔年(661—663),累授东西台舍人、参知政事。寻迁东台侍郎、同东西台三品,兼知左史事。[1]

张文瓘以明经起家后所补的"并州参军",是相当典型的一种士人释褐官职[2]。接着他应当还任过好几种官,才能"累迁水部员外郎",绝不可能从并州参军直升水部员外郎。此"累迁"两字,往往便是两《唐书》在省略一个人的官历时所用的标准套语。一般而言,唐人须迁转五次左右才能当上员外郎。因此,张文瓘的"云阳令",应当是他的大约第六任官,和前述几个案例非常类似,很符

---

[1]《旧唐书》卷八五,页2814—2815。
[2]详见拙著《唐代基层文官》第四章《参军和判司》。

合一般京畿县令的仕历模式。

史书上未记张文瓘任云阳令的年月,但从他在"龙朔年"约五十六岁才开始"累授东西台舍人、参知政事"这点来推算,他任云阳县令时应当在四十岁到五十岁之间。这也正是唐代京畿县令的一般平均年龄。

"东台侍郎、同东西台三品"是武则天时代所用的称号,即后来的"同中书门下三品",也就是指宰相职位。张文瓘任宰相是在乾封二年(667)他六十三岁的时候。他后来还官至黄门侍郎、大理卿和侍中等高官,仕途可说非常畅达。

张文瓘从水部员外郎出为云阳县令,再继续登上宰相位,这样的官历可说再次展现了唐人任官"按部就班"的特色。一个人的出身、能力或仕宦条件再好,在他出掌宰相等高官之前,都得经历过县令、郎官等中层职位。

云阳位于长安西北大约四十公里,是个战略要地,治所在今陕西泾阳县①。在张文瓘任县令的高宗时代,它仍然是个畿县,但它在元和二年(807)升为赤县,因为德宗的崇陵就建在此县,"以崇陵故也"②。它正位于陆贽所说需要"强干"的"京畿"地区。张文瓘中年能够在此县任县令,他本身的能力和他优越的仕宦条件,必然是个重要因素。

像云阳这样一个重要的畿县,自然也是培养高层文官的一个温床。相反的,一个破落的中下小县,恐怕就没有办法吸引到像张文瓘这样的宰相之材前去服务。所以,唐县的等级不但可以决

①《两唐书地理志汇释·新唐书地理志》,页36。
②《唐会要》卷七〇,页1459。《两唐书地理志汇释·新唐书地理志》,页8仅列云阳为赤县,未说明它升为赤县的年代或原因。《元和郡县图志》卷一,页10则列云阳为次赤县。

定一个县令的地位,也可以反映一个县令未来的仕宦前景。我们在前面见过,京县可以培育出宰相,如裴耀卿;但畿县也同样可以孕育出宰相,如张文瓘。京畿自成一个等级,都属第一等好县。士人若要出为县令,京畿肯定是他们的首选。

(六)崔器(? —760)

和张文瓘一样,崔器的传记仅见于他的两《唐书》本传。他的墓志铭或神道碑至今还没有被发现。不过,《旧唐书》叙述他的早年官历还算详细,虽然可能还是有所省略:

> 器有吏才,性介而少通,举明经,历官清谨。天宝六载(747),为万年尉,逾月拜监察御史。中丞宋浑为东畿采访使,引器为判官;浑坐赃流贬岭南,器亦随贬。十三年(754),量移京兆府司录,转都官员外郎,出为奉先令。①

这里用了"历官清谨"一词,看来崔器以明经出身后,充任过其他"清谨"之官,才于天宝六年"为万年尉"。万年是长安的两个京县之一,其县尉也和县令一样,地位颇崇高,一般都不轻授②。崔器以明经出身,不太可能一释褐即任万年尉。不过,即使从他任万年尉算起,他也历经了好几任官(监察御史、判官、京兆府司录),才当上郎官(都官员外郎),然后才能出为奉先令。这至少是他的第六任官,也很符合一般京畿县令的仕历模式。

由于史料不全,我们不知道崔器的出生年,不知道他享年若

---

① 《旧唐书》卷一一五,页3373。
② 详见拙书《唐代基层文官》,第三章第四节"释褐为上、紧、望、畿及赤尉"。

干,也无法推算出他任奉先令的确实年龄,但唐人任过五个官职后,一般应当在四十岁左右。就年龄而言,他应当可算是个典型的京畿县令。

和其他京畿县令一样,崔器的奉先令也只是他一连串官职中的一个。他后来任过御史中丞、户部侍郎,在安史乱后的肃宗朝,以酷刑对付那些投降于安禄山的"陷贼官",所以他在《新唐书》中被列入卷二〇九《酷吏传》。他最后官至吏部侍郎、御史大夫,总共历官在十任以上,算是有成的高官。

奉先即今陕西蒲城县,位于长安东北大约一百二十公里,原本是畿县蒲城,因为县内有睿宗的桥陵,在开元四年改为奉先,升为次赤县,又在开元十七年玄宗亲身谒陵后升格为赤县①。然而,这些后来因皇陵所在地而升格的赤县,到底还是和长安、洛阳等真正的京县有些不同,所以这里仍把它当作畿县看待②。

(七)韦夏卿(743—806)

韦夏卿生平中有三件事值得注意:第一,他是顺宗朝二王八司马事件中的要角韦执谊(曾任宰相)的从祖兄。第二,贞元末,徐州节度使张建封去世时,韦夏卿曾经被任命为继代的节度使,但因为徐州军人拥立张建封之子张愔而造成他无法就任。第三,他后来做过吏部侍郎、京兆尹、太子宾客、东都留守和太子少保,都是清要高官。

---

① 《唐会要》卷七〇,页 1459—1460。又见《两唐书地理志汇释·新唐书地理志》,页 16。《元和郡县图志》卷一,页 9,列奉先为"次赤"。
② 张荣芳《唐代京兆府领京畿县令之分析》,页 144—160 的畿县令表,也把奉先、奉天、云阳、三原等县视为畿县,虽然它们后来都因县内有皇陵或其他因素而升为赤县或次赤县。

他去世时,《旧唐书·宪宗纪》有一段记载:"元和元年(806)春正月……丁丑,太子少保韦夏卿卒。"①这是他卒年的唯一史料。《新唐书·宪宗纪》太简略,完全不提韦夏卿去世事。他的两《唐书》本传也仅说他死时"年六十四",未记卒年。至于他的墓志或神道碑,则都没有传世。

韦夏卿出身良好,生在当时一个著名的"郎官家",因为他的"父子兄弟"都曾经做过郎官。他的《旧唐书》本传说:

> 大历中与弟正卿俱应制举,同时策入高等,授高陵主簿。累迁刑部员外郎。时久旱蝗,诏于郎官中选赤畿令,改奉天县令。以课最第一,转长安令,改吏部员外郎,转本司郎中,拜给事中。出为常州刺史。②

可知京畿所有县官(不仅仅是县令,还包括县尉、主簿和县丞)的仕宦条件一般都非常好。韦夏卿就是考中"制举",而且还"策入高等",才能当上高陵(这也是个畿县)的主簿。他累迁至刑部员外郎之后,才来任奉天县令。

奉天原为畿县,后因德宗避难奉天,才在兴元元年(784)升格为赤县③。韦夏卿任奉天县令的年代不详,但大约在兴元年间前后。最可留意的是,他出为奉天县令前已经是个郎官:"累迁刑部员外郎。"从"累迁"两字,可知他之前已经充任过好几种其他官。奉天县令应当是他的大约第五、六任官。这时他大约在四十到四

①《旧唐书》卷一四,页414。
②《旧唐书》卷一六五,页4297。
③《唐会要》卷七○,页1460。

十五岁之间,又是个典型的京畿县令。韦夏卿在奉天的治绩出色,"课最第一",便转到"天子脚下"的长安县来当县令,然后一路官至最高的太子少保。

《旧唐书·韦夏卿传》说"时久旱蝗,诏于郎官中选赤畿令"这一句,须再细考,免生误解。就表面上看来,好像唐皇朝之所以在"郎官中选赤畿令",是因为"时久旱蝗"。换句话说,在"郎官中选赤畿令"似乎不是常例,而是特殊状况(如蝗害时)才偶一为之。但事实上不然。唐朝在"郎官中选赤畿令",肯定是一种惯常的办法。本节引唐前期裴行俭、裴耀卿、张文瓘、崔器,以及唐后期李巽、韩愈、冯伉等人案例,他们都是以郎官出宰京畿,都在沿袭古代"郎官出宰赤畿"的久远传统,并非因为蝗害。韦夏卿只是正巧遇上蝗害。这时朝廷当然更需要挑选像他这样杰出的郎官人才来治理畿县。

(八)冯伉(744—809)

冯伉的经历和其他京畿县令又有些不同,可以让我们见到京畿县令的另一种面貌。他的墓志铭或神道碑没有传世。本传则见于两《唐书》,但《新唐书》所记有所删减,下面引自《旧唐书》:

冯伉,本魏州元城人。父玠,后家于京兆。少有经学。大历(766—779)初,登五经秀才科,授秘书郎。建中四年(783),又登博学三史科。三迁尚书膳部员外郎,充睦王已下侍读。泽潞节度使李抱真卒(794),为吊赠使,抱真男遗伉帛数百匹,不纳。又专送至京,伉因表奏,固请不受。属醴泉缺县令,宰臣进人名,帝意不可,谓宰臣曰:"前使泽潞不受财帛者,此人必有清政,可以授之。"遂改醴泉令。县中百姓多猾,为著《谕蒙》十四篇,大略指明忠孝仁义,劝学务农,每乡给一卷,俾其传习。在县七年,韦渠牟荐为给事中,充皇太子及诸王侍读。召见于别殿,赐金紫。著《三传异同》三卷。顺宗即位,拜尚书兵部侍郎。改国子祭酒,为同州刺史。入拜左散骑常侍,复领太学。元和四年(809)卒,年六十六,赠礼部尚书。子药,进士擢第,又登制科,仕至尚书郎。①

依此,冯伉主要是个学者、经学家、学官。《旧唐书》便把他列入《儒学传》。他大约二十多岁就第一次登科,非常年轻、杰出,考中五经秀才科,"授秘书郎"。这是秘书省一个中层职位,一般不轻授给初释褐者。所以这个"秘书郎"也有可能是常见的释褐官"校书郎"传抄之误②。

四十岁时,冯伉又再次登科("博学三史科"),然后三迁至"尚书膳部员外郎,充睦王已下侍读"。贞元十年(794)泽潞节度使李抱真去世,他充任朝廷的吊赠使,但没有接受李氏家属所送的财帛,很有清廉之风,大受德宗赏识,因而钦定他为醴泉县令。他由一个郎官(膳部员外郎)出为醴泉县令,而且这还是皇帝的亲自委任,足证醴泉县令地位之高,不在郎官之下。这一年他大约五十一岁,已做过好几任官,官场经验丰富,充分具备京畿县令所需的仕宦条件。

醴泉县即今陕西醴泉县,为唐太宗昭陵的所在地,所以后来升为次赤县。从德宗这次亲自挑选冯伉为醴泉令看来,唐皇朝对

① 《旧唐书》卷一八九下,页 4978。
② 唐代史料中的"校书郎"常错为"秘书郎",详见孙国栋《从梦游录看唐代文人迁官的最优途径》,《唐宋史论丛》(香港:商务印书馆,2000 年增订版)。

这些皇陵所在县相当重视。冯伉在醴泉七年,"劝学务农",表现非常杰出。他也因为在醴泉的治绩良好,被德宗宠信的韦渠牟"荐为给事中,充皇太子及诸王侍读"①。他后来升为兵部侍郎、国子祭酒等高官。醴泉县令是他通往这些高层文官的门径之一。

# 五、唐前期的望紧上县令

总的来说,唐代望、紧、上这三种县是仅次于京县和畿县者。它们的县令的"职望"也仅次于京畿令,所以这里把他们放在一起来考察。本章把他们归类为唐代三大类型县令当中的第二大类,也就是"中等县令"。

这些中等县令,和第一大类"上等县令"最明显的不同在于他们的仕宦模式。

正如我们在上一节所见,任上等县令者后来几乎都成了高官。他们只是在中年或事业中途时出任一个短时期的县令,过后便迁转回朝或出任其他高层职位。他们一般不会以县令终老;县令也不会是他们最终的官位,除了中年病逝者之外。

但中等县令大抵属于"中等"之材。他们当中,有时虽然可以在任过县令后,迁转回朝任高官,或出任刺史等高官,但这些人毕竟占少数。整体来说,中等县令的表现不如上等县令。唐代史料中最常见的中等县令,经常只是在几种州县官当中浮沉,任过仅仅几任(通常不足五任)的州县官(如县尉、参军或主簿),最后又以望县、紧县或上县的县令终老,从来不曾回朝任官。我们不妨

①此事又见《旧唐书》卷一三五《韦渠牟传》,页 3728—3729。

来观察几个实际案例。

（一）敬守德（673—740，享年六十八，以望县令终老）

敬守德在两《唐书》中都没有传。他的墓志在近世出土，曰《唐故朝请大夫行晋州洪洞县令敬公墓志铭》①。据此墓志，他出生在一个官宦之家。他的曾祖父在隋朝任河间郡丞，祖父任冀州枣强县令，父亲任茂州石泉县令。这些全都是地方官。这也是唐代官员很典型的一种家庭背景：他们一般都生长在父亲和祖上几代都做官（文官或武官）的家庭，即使是一个"平凡"的县令也往往如此。高官更不必说了。伎术官常继承家业，父子相传，祖上几代往往也任伎术官。

敬守德的出身非常良好。他的墓志说他"弱冠以进士"，然后他又参加制举（"应抚字举及第"），才得到他的第一个官位"宁州罗川县尉"。按唐人中进士须守选约三年才能做官，但考中制举者却马上可以授官②。或许这是敬守德考中进士又参加制举的一大原因。

罗川于天宝元年改为真宁（即今甘肃省正宁县西南罗川镇）③，是个紧县④。敬守德以进士身份仅能任一个紧县的县尉，

---

① 《唐代墓志汇编》，开元507，页1503—1504。《唐代墓志汇编》，开元098，页1221—1222收了同一篇墓志，但把敬守德的卒年误为"开元八年"（应作"开元二十八年"），以致重复收录。此墓志拓本收在《北京图书馆藏中国历代石刻拓本汇编》，第24册，页105以及《隋唐五代墓志汇编》，洛阳卷第10册，页179；录文又见《全唐文新编》，第22册，页15162以及《全唐文补遗》，第4辑，页436。
② 王勋成《唐代铨选与文学》，页46—72。
③ 《两唐书地理志汇释·旧唐书地理志》，页50—51。
④ 《两唐书地理志汇释·新唐书地理志》，页25。

一个小小的九品官,看起来似乎有些"委屈"。但其实这很符合唐代官制。唐人即使贵为进士,也必须从这种地方小官做起,一般没有捷径。实际上,唐代进士出身者,以释褐紧县尉最为常见。《唐会要》有一条材料可证实此点:

> 会昌二年(842)四月敕文:"准大和元年(827)十二月十八日敕,进士初合格,并令授诸州府参军及紧县尉。"①

接着,敬守德的墓志记载了他后来的科名、官历和暮年:

> 开元初,献书直谏,敕授豳州新平县(望县)主簿②。应强干有闻科第二等,同清白第三等,授河南府阳翟(畿县)县尉,授绛州万泉(上县)县令,加朝散大夫转晋州洪洞(望县)县令,加朝请大夫。秩满后,归闲养疾,至开元二十八年岁次庚辰正月子朔十二日己亥,终于河南之从善里,时年六十有八。③

敬守德生于673年,到开元(713—741)初他大约四十岁时,才做到豳州"新平县主簿"。新平是个望县。他从一个紧县的县尉升

---

① 《唐会要》卷七五,页1620。
② 《唐代墓志汇编》,开元098,页1221所收的另一重复墓志,此处作"敕授幽州新平县主簿"。按幽州并没有新平县。但长安附近的"豳州"却有个新平县。此处的这个"幽"字当是"豳"字之误。此豳州在开元十三年改为邠州。据《新唐书》卷三七《地理志》,页967,正是因为"以字类'幽'改"也。按"豳"和"邠"两字读音相同,在现代汉语中都念作"宾"。
③ 《唐代墓志汇编》,开元507,页1503—1504。

为一个望县的主簿,算是个不错的升迁。然而,在他以后的二十多年,他却只做过三个官:阳翟县尉、万泉县令和最后的洪洞县令,全是县官,仕途并不是太得意。

敬守德的一生中还有另三件事很值得细探和讨论:

第一,他是进士,又考中几次制科(即他墓志所说的"四登甲科"),但他却只是在几任县官当中浮沉,从来没有回到中央朝廷任高官。过去,唐史学界总以为进士出身者,其仕途必定美好。但敬守德的案例却显示,进士(甚至还加上制科)并非官运亨通的保证。个人的才华、努力和际遇,恐怕才是比较重要的决定因素。敬守德可说是个"不成功的进士官员",他自然在两《唐书》中无传,生平仅见于他自己的墓志。像他这一类的案例,在墓志中还有一些。

第二,他一生只做过五任官。这是唐代"平凡"的州县官最典型的一个特色:他们通常任官不超过五任,最多为三到五任。我们在两《唐书》中经常见到那些有传的官员,做官常是一个接着一个,非常"紧凑",中间似乎没有什么"空档"。比如上引万年县令李巽"凡历官十六"。白居易在自撰的《醉吟先生墓志铭》中,也很得意地这样回忆起他生平的官历:"始自校书郎,终于少傅致仕。前后历官二十任,食禄四十年。"[1]白居易为他的朋友张仲方所写的墓志,更以十分抒情的笔调,形容他这位朋友"入仕四十载,历官二十五,享年七十二"[2]。但这些全都属于"成功官僚"。至于平凡的官僚,则像敬守德那样,一生做官往往不超过五个。

这意味着,敬守德这一生许多时候,其实并没有在做官,而是

---

①《白居易集》卷七一,页1504。
②《白居易集》卷七○,页1483。

在"等待做官",即所谓"守选"。按唐人任官,每任一般为四年。任满一官,特别是六品以下的州县官,即须"守选"等待若干年,才能到京城吏部"听集"、"赴选",选下一任官。敬守德一生只做了五任官,这表示他只有大约二十年时间在做官,其他时间都在守选,等候当官。以"弱冠"举进士,享年六十八岁来说,他做了约二十年的官,但恐怕也有大约二十年是没有官做的。他的墓志上说他"秩满后归闲养疾",可能是写实,但更可能只是唐人墓志中常见的"套语"之一,正像"高洁不仕"等套语一样,表示墓主因守选或其他原因没有选上官做,不得不在家"养疾",被"强迫归隐"罢了。

像敬守德这样"平凡"的唐代县令,在唐人墓志中屡见不鲜。实际上,墓志中所见的唐代中层或下层州县官(包括参军、判司、录事参军、县尉、主簿、县丞和县令),几乎都像敬守德那样,一生中只做了寥寥几任官(通常不超过五任)。我们过去对这一类"平凡"的唐代官员所知很少,更对他们如此"断断续续做官"的仕宦模式,几乎一无所知。幸赖近年来大量唐代墓志的出土和出版,我们才得以重新认识这一批不见于两《唐书》的州县官。他们"历官三政"、"出宰四邑"的经历,和两《唐书》中"历官二十五"的张仲方等人相比,形成鲜明、有趣的对照,也让我们可以更清楚、更深入地去窥探唐代州县官的真貌。

今后,我们以墓志去研究唐代的州县官,除了要留意那些州与县的等级之外,更须细究那些州县官的年寿和他们一生中做了几任官,如此才能看清他们的生平事迹。可惜的是,墓志常常不提州县官任某某官的年代,以致我们无法查考他们每一任官的任期长短和他们每次守选的确实年岁。少数记有任官年代的墓志,则会是这方面的绝佳史料。

第三,敬守德为了做官四处宦游。他的墓志上说,"其先平阳人也","其后因官南徙,今为河东人矣"。他死在"河南之从善里",死后葬在著名的洛阳邙山,看来他是以洛阳人自居。可是,他的父亲是茂州石泉县令(今四川北川县西)。这是个十分偏荒的小县。他从小恐怕就跟着他父亲四处漂泊,经常远离"河东"或洛阳故居。这是唐代官宦家庭典型的生活方式:官人通常携家带眷上任,甚至可能还带了兄弟等亲友。敬守德的第一个官位是在宁州罗川县当县尉,后来他出任幽州新平县主簿、阳翟县尉、绛州万泉县令和晋州洪洞县令,都得离家做官,很可能也携家带眷。幸运的是,这几个地方大抵不出关内、河东及河南道,离洛阳不算太远,行程不到一个月。但唐人宦游,有些单单为了赴任,就有在路上走了三到六个月者,如李翱在元和初年,从洛阳赴广州就任杨于陵节度使的掌书记①。宦游是唐代士人官员最普遍的命运:高官如此,中低层州县官也是如此,下面还将见到数例。他们只有在守选期间才能回到家乡。

(二)崔羨(661—729,享年六十九,以望县令终老)

崔羨的仕宦模式和上例敬守德有许多相同之处。他一生也几乎都在几任州县官当中浮沉,没有做过任何高官,最终只是以一个望县的县令终老。

他的出身倒和敬守德很不一样。据他的墓志,他是"宿卫天朝,解褐宋州参军事"②。这表示他是以荫入仕,少年时先在宫中

①详见李翱自己写的旅行记《来南录》,收在《李文公集》卷一八,页78—79。更详细的讨论见拙书《唐代基层文官》,繁体版页413—422,简体版页294—296。
②《唐代墓志汇编》,开元302,页1364。

任卫官一类无品位的职位,经过数年的磨练,在大约二十多岁时参加吏部的铨选,才得到他的第一个官位"宋州参军"。这是一种十分常见的释褐官①。在著名的唐人小说《李娃传》中,那位没有名字的小生考中进士和制科后,他的起家官也正是州府参军②。

唐人做官不一定要考进士或明经等科举。像崔羡这样以荫入仕也不失为好办法。在唐前期这还是相当普遍的做法。此法到唐后期仍然行用。晚唐一大才子李德裕就是以荫入仕,而且后来还官至宰相等高官,主宰了文宗和武宗两朝的政局,影响至为深远。所以,从这个角度看,我们不能妄下结论说以荫入仕就一定不如进士或明经。何色出身对唐人的仕途固然有一些影响,但更重要的恐怕还是个人的才华、努力和际遇。

以崔羡来说,他的才华等个人表现便显然不如李德裕等人,所以最终只得以一个望县令结束他平凡的一生,死后在两《唐书》中也没有传。他的墓志这样叙述他宋州参军以后的官历:

> 以秦府故吏之子(他的曾祖曾任"秦王府长史"),改汾州司法参军,清白著称,授岐王府功曹参军事,寻转记室参军事。王出藩,遂宰冀州武邑(上县)县令,俄而领益州新都(次畿县)县令,复临郑州荥阳(上县)县令,又统魏州冠氏(望县)县令。③

这便是崔羡全部的官历。他的墓志也这样概括他一生的功业:

---

① 详见拙书《唐代基层文官》第四章《参军和判司》。
② 汪辟疆编《唐人小说》,页105。
③ 《唐代墓志汇编》,开元302,页1364。

"二职参卿",指他二次任参军;"再游蕃邸",指他回朝任王府官;"四临剧县",指他四次任县令。他一生总共做了八种官。这比起一般平凡县令一生任官往往不到五任稍好一些,但也好不了多少,比起上引白居易的"历官二十任"和张仲方的"历官二十五"则大为逊色。

崔羡享年六十九,"终于魏州冠氏县之官舍",可知他是死在他最后的冠氏县令任上。唐代州县官死于任所"官舍",十分普遍,墓志中的例子尤其多,可证他们大抵在任时都居住在官家提供的"官舍",没有再去租赁其他住所。

崔羡六十九岁还在任冠氏县令,也说明了唐人的退休年龄可以很晚,相当有弹性。这也表示,他从大约二十多岁开始做官至今,已入仕大约四十五年了。可惜,他的墓志没有告诉我们他任这些官的详细年代。我们不知道他每一任官的期限。然而,以唐人每任一官平均四年来计算,他任过八种官,则总共有大约三十二年在做官,其他时间(大约十三年)则在守选,等待做官。这点和上面第一例敬守德的仕宦模式非常相似。

跟敬守德一样,崔羡一开始做官就得离开家乡远游。墓志上说他是"清河东武城人"。不过这恐怕只是他崔姓的郡望。他的父亲任唐"周王府属左领军卫长史"。他自己少年时代又在宫中任宿卫。但那时是高宗和武则天长期停驻洛阳的时代。他父亲任左领军卫长史和他"宿卫天朝"的地点,恐怕都是在洛阳而非长安。他一家很可能是以洛阳人自居,所以他死后也就葬在洛阳的"河南县界河阴之原"。

他第一个官职是宋州参军。宋州治所在今河南商丘县南。他后来任判司及县令的四个地点,其中汾州即今山西汾阳,冀州武邑即今河北武邑,郑州荥阳即今河南荥阳,位处河东、河北及河南道,也全都需要离家远游。他任县令离家最远的地方,是益州新都(今四川新都)。

崔羡为了做官,几乎一生长年累月在外漂泊,走过不少地方,足迹遍及今河北、山西、河南与四川,最后也死在异乡。他可能只有在守选时才能回到他的家乡,但这是唐代州县官很普遍的命运。他们做官宦游旅程之远,次数之频繁,是中古时代的一大特色,远非今天的公务员所能想象。

(三)郑温球(669—726,享年五十八,以紧县令终老)

郑温球的墓志没有提他是以何色出身,通常这意味着他不是以进士、明经等入仕,而很可能是杂色入流,所以不值一提。但他的父亲和祖上几代都做过官。他可说是出生在一个典型的官宦之家。他一开始做官就是个县官:"解褐虢州玉城县丞。"①玉城是个上县,即今河南灵宝县东南。县丞虽是一县之次官,但除了赤畿望紧等主要大县之外,像玉城这样的上县或中下县县丞,也经常可以用作起家官,墓志中很常见到,可证赤畿望紧县以外的县丞地位,一般都不高,甚至可以用作解褐官,可算是基层文官。

接着,郑温球的墓志这样记载他的官历:

> 时蛮方作梗,王师出诛,监军御史元公钦君器能,相邀入幕。……转蒲州汾阴(当时属望县②)尉。……秩满调补宁

①《唐代墓志汇编》,开元258,页1334。
②按蒲州汾阴即后来的宝鼎县,因"开元十年获宝鼎,更名"。郑温球在此任县尉时应当在开元十年之前,所以他的墓志仍用旧名"汾阴"是正确的。这原本是个望县,后因蒲州升格为河中府,它也随之升为次畿县。详见《两唐书地理志汇释·新唐书地理志》,页85的解说。

州丰义(紧县)县令。

换句话说,郑温球的第二个官职,是在某监军元公的幕下做一个幕佐,幕职和细节不详。然后,他转任蒲州汾阴(今山西万荣县)县尉,最后以宁州丰义(今甘肃镇原县东南)县令终老。

值得注意的是,郑温球是先任县丞,再转为县尉。在县官的排位上,县尉在县丞之下。但唐人任县官,并非按照这个排位顺秩升迁,有可能像郑温球那样,先任县丞,后任县尉,或甚至可能先任县令,后任县丞。一切端看他的属县为何等级而定。以郑温球来说,他任县丞的虢州玉城只是个上县,但他任县尉的蒲州汾阴当时却是个望县,县级地位比较高,所以他从一个上县的县丞,转为一个望县的县尉,是一次升迁,并非降级。

郑温球享年五十八岁。这样漫长的一生他却只做了四任官:三任县官,一任幕职,可说乏善可陈,所以他在两《唐书》中都没有传。他所任的官比前面两案例都来得少,看来他守选等待做官的时间,比他有官做的年岁,来得更长久,恐怕长期处于"归隐"状态,但并不稀奇。像他这种官历,在墓志中十分常见,可说是很"标准"的一个唐代平凡县官。

然而,即使像他这样一个平凡的县官,还是不时为了做官而远游。墓志上称他为"荥阳郑君",这当然只是他的郡望。他死后埋葬在京兆府鄠县(今陕西户县),很可能这才是他生前最常居住的一个地方,有家人亲友在此。他为了做官,到过今山西和甘肃。

(四)孟晟(648?—720?,享年七十三,以紧县令终老)

和上面几例一样,孟晟成长在唐代一个很典型的官宦家庭。

他的曾祖父任庆州刺史,祖父曾任"城皋、广武、北平、渔阳四郡太守",都还算是高官。但到了他父亲这一代,以郑州密县令终老,只是个畿县令,似乎家道中落。

孟晟的墓志比较简略,也没有告诉我们他以何色出身,很可能是乏善可陈。他的官历也非常简略:

> 历拜齐州(上州)录事参军,转黄州麻城(中县)县令,青州千乘(紧县)令。[1]

他"春秋七十三",却只做过这三任官,而且全部都是州县官。看来他跟唐代许多平凡县官一样,一生中只有短暂的时间在做官,其他时间都在守选,等待做官。

他死后葬在洛阳邙山,生前似以洛阳为居地。他的三个州县官把他带到齐州(今山东济南市)、黄州麻城(今湖北麻城市东北)和青州千乘(今山东广饶县)。他走了不少远路。

(五)樊晋客(650—720,享年七十四,以上县令终老)

樊晋客出生在一个官宦之家。他的曾祖任洛州司户参军,是个基层文官;祖父任泸州都督,算是高官;父亲为都水使者。他的墓志没有说他以何色出身,只这样记载他的官历:

> 爰自褐衣拜岐州麟游(次畿)县尉,调补金州(上州)录事参军、申王府户曹参军。……拜宋州虞城(上县)县令。[2]

---

[1]《唐代墓志汇编》,开元111,页1231。
[2]《唐代墓志汇编》,开元167,页1272。

这就是他全部的仕历:活了七十四岁,却只做了四任官,可以想见他一生中有许多时候并没有在做官,而是在守选待官。他这四任官,有三任是州县官,一任为王府官,在唐代平凡县令当中最为普遍不过。

他死后葬在洛阳邙山,看来他是以洛阳人自居。他为了做官,到过岐州麟游(今陕西麟游,唐九成宫所在地)、金州(今陕西安康市)和宋州虞城(今河南虞城县北),也算走了不少远路。

### (六)孔珪(656—723,享年六十八,以上县令终老)

孔珪出身在一个官宦之家,不过他曾祖父任的是武将,在隋朝任骠骑将军;他祖父也是武将,任贲中郎将;他父亲任同州白水县令,是个望县令。

他的墓志上没有记载他以何色出身,看来是不值一提。他的官历也非常简略:

> 解褐任汉州德阳县(紧县)主簿、润州丹徒(望县)县尉、婺州义乌(紧县)县丞。……又授潞州黎城(上县)县令。①

他活了六十八年,总共只当了四任官,而且全部都是县官,从未任过京官。他大部分时间应当是在等待做官的"归隐"状态。

他死在洛阳"延福坊之私第",也葬在洛阳邙山,看来洛阳是他生前最常居住的地方。虽然他一生只做了四任官,但他宦游的经验却也非常丰富。他四任县官所在地相距颇远,需长途旅行。他先后远赴汉州德阳县(今四川德阳市)、润州丹徒县(今江苏镇

---

① 《唐代墓志汇编》,开元169,页1273。

江市)、婺州义乌县(今浙江义乌市)以及潞州黎城(今山西黎城县西北),可说走过了大半个中国。

# 六、唐后期的望紧上县令

## (一)卢侣(726? —782?,享年五十七,以望县令终老)

卢侣的五代祖是赫赫有名的卢思道,曾经在北齐任黄门侍郎,在北周任大司徒,在隋任武阳郡守。卢侣的高祖赤松,在唐朝任兵部尚书;曾祖承泰,曾任齐州长史;祖父齐卿,为"银青光禄大夫、太子詹事、赠太子少保",似乎是个挂名的闲职。从这些官历看来,卢侣的祖上几代是一代不如一代。他的父亲成轨,则只做到大理评事这个八品基层文官,比祖上几代更不如了。

卢侣就生长在这样一个官宦之家。他的墓志上说他"弱冠,乡举秀才,属燕蓟僭逆,沦陷房尘,竟负其才,不列科第"。这是指他身逢安史之乱,没有考上科第。所以,他的第一个官职,不是经吏部铨选的正规文官,而是个幕府幕职。这是唐后期士人入仕的一条新门路。他的墓志记载他的官历和去世细节如下:

> 时昭义连率薛公有总角之旧,素相亲重,奏授试光禄寺丞,摄卫州别驾。一郡之政,任公决焉。……寻除朝散大夫、磁州别驾。连率薨,公亦辞满,遂东游梁宋,啸咏林泉。后拜魏州贵乡令。时属节将盗兵,干我国纪。公志怀忠铠,屡抗危言,縣是忌之,且畏动众,遂移摄莘县令,旋构五县归顺国家。统帅马公褒异殊绩,方欲上闻。未出贼封,苍遑遇害,春

秋五十七。①

总括来说，这里记载了三件事，可再细考：

第一，"昭义连率薛公"即昭义节度使薛嵩。他是薛仁贵之孙、史朝义的降将，于宝应二年（763）因投降而被委任为昭义节度使，直到他在大历八年（773）去世为止，长达十年②。卢侣和薛嵩从小就认识，有"总角之旧"，所以薛嵩很自然辟他为幕僚，且按照当时幕府请人的惯例，为他奏授一个朝衔"试光禄寺丞"。但卢侣真正的工作是"摄卫州别驾"，负责管理昭义节度属下卫州"一郡之政"。这种"摄官"通常由节度使委派，非朝廷的正式任命。

第二，卢侣不久又改任"磁州别驾"。磁州当时也属昭义节度使管辖。卢侣这个"磁州别驾"，应当也是薛嵩委派的一个非正式的"摄"官，非中央任命。所以，薛嵩去世时（"连率薨"），卢侣也就跟着失去工作，只得"东游梁宋，啸咏林泉"，过着一种退隐的生活。唐代幕主有自辟幕佐的权力，但幕主一旦去世或调职他处，幕佐就会失去工作，只得归隐，等待新职③。

第三，卢侣后来"拜魏州贵乡令"。"时属节将盗兵，干我国纪"，指的是建中初年，魏博节度使田悦叛乱事。卢侣因而"移摄莘县令"。"统帅马公"即指朝廷委派的魏博招讨使马燧④。卢侣当时有"构五县归顺国家"的"殊绩"。马公正欲"上闻"，但卢侣"未出贼

①《唐代墓志汇编续集》，元和 053，页 837—838。
②《旧唐书》卷一一《代宗纪》，页 271、301。又见《唐方镇年表》卷四，页
    472—474；戴伟华《唐方镇文职僚佐考》，页 222。
③关于幕府辟人的这种特征，拙著《唐代基层文官》第五章第四节"幕佐依附
    幕主的关系及其仕宦前景"举了一些例证申论。
④详见《旧唐书》卷八四《马燧传》，页 3693—3694。

封",便"苍遑遇害"。所以他应当是死于建中三年(782)左右。

卢侣生于乱世,没有科第功名,一生也就只做过几任州县官,仕历没有什么精彩处,所以在两《唐书》中都没有传。

值得注意的是,卢侣这个唐后期的县令,有一点和唐前期县令最不同之处,就是他曾经"入幕",在幕府下担任过两次"摄官"。入幕是唐后期士人相当普通的经验。幕府官还有一点和正规官不同:他们无须守选。所以卢侣摄过"卫州别驾",不久又任"磁州别驾",中间应当无须守选等待。

薛嵩担任昭义节度使长达十年。卢侣若在宝应二年随他入幕,则他任幕职很可能也长达十年,而且一直在同一个幕府任职。很可能也正因为这点,他宦游远行的经验似乎比正规州县官来得少。他任职过的卫州(今河南卫辉市)、磁州(今河北磁县南)、魏州贵乡县(今河北大名县东北)和魏州莘县(今山东莘县),距离都很近,在今太行山以东一带。

(二)王虔畅(801—866,享年六十六,以望县令终老)

和许多唐代官员一样,王虔畅生在一个官宦之家。他的父亲官至寿州刺史,祖父任县丞,祖上几代都做过官。他的墓志没有记载他是否有科第功名,只记录了他的官历如下:

> 释褐任泗州临淮(上县)尉……秩满,选授滁州(上州)司法参军……太守谓之能官人,擢摄(滁州)永阳(上县)令。……及归,随牒不得调,以本官选集,为县于楚州盐城(上县)令。……复选授滑州匡城(望县)县令。①

---

① 《唐代墓志汇编》,咸通 056,页 2421。

他于咸通七年（866）"殁于官"，享年六十六，一生只做过五任官，像许多唐代平凡县丞一样，就只宦游于几个州县之间，从未回朝。他也有许多时候处于归隐守选的状态，没有官做。

他释褐任县尉，然后任司法参军，再升为县令，官历平平无奇。但值得一提的是，他曾经因"太守谓之能官人，擢摄（滁州）永阳令"。这位太守可能是节度使或观察使，也可能是刺史，才能委派王虔畅"摄永阳令"。这种州县摄官，不由中央朝廷委任而由方镇或刺史自辟，在唐后期相当盛行（详见下一节论"摄"县令）。我们在上一例也见到卢侣曾经两次在昭义节度使薛嵩的幕下任摄官（摄卫州和磁州别驾）。

王虔畅死后归葬洛阳。他生前因做官而远游泗州临淮（今江苏盱眙县西北淮水西岸）、滁州（今安徽滁州市）、滁州永阳（今安徽来安县）、楚州盐城（今江苏盐城市）和滑州匡城（今河南长垣县西南），宦游经验相当丰富。

（三）崔涣（731—808，享年七十三，以紧县令终老）

崔涣的父亲崔隐甫是个高官，官至刑部尚书、东都留守①。他的祖父是"绛州大平（应作太平）县令"；曾祖太子洗马。崔涣本人的官历倒跟他祖父一样平平无奇，只是以一个紧县令终老。他的墓志没有记载他的功名科第，只列举了他的官历：

> 释褐授绛州龙门（次畿县）县尉，调补河南府河清（畿县）县尉，又补（河南府）长水（畿县）县丞，复授河中府河东

---

① 崔隐甫也是个"良吏"。他的传见《旧唐书》卷一八五下，页4821；《新唐书》卷一三〇，页4497。

（次赤县）县尉,进补邢州南和(紧县)县令。①

这便是他全部的仕历:在他生前的七十多年,只做了五任官,而且全部都是县官。他从最基层的县尉起家,历县丞,最后升为县令,都符合唐人任官按部就班的规律。但他一生做官只有五任,因此他守选没有官做的年月,应当多过他有官做的年月。

值得注意的是,崔涣前面四个官都是在赤畿县任县尉或县丞。我们知道,赤畿县官是比较高尚的。这原本是美好的开始,可惜他后来却从未能入朝,只能官至一个紧县的县令。或许这正应了他墓志上所说的一句话:"才与不才在于我,遇与不遇系于时。"看来他是有才而"不遇"。

墓志上说他是"清河东武城人"。这当然只是他崔姓的郡望。清河崔氏是唐代的大族,但崔涣却显然是个"没落的贵族"。他死于宋州宁陵县,很可能是跟随某位亲人赴任而住在该县。死后也"权窆"在那里,直到三十年后,才在开成三年(838)归葬洛阳。

他虽然只做了五任官,但这五任官都需要离开家乡远行,逃不掉唐代州县官必须宦游的命运。他因而到过绛州龙门县(今山西河津市东南)、河南府河清县(今河南孟县西南)、河南府长水县(今河南洛宁县西长水镇)、河中府河东县(今山西永济市西南蒲州镇)以及邢州南和县(今河北南和县)。若以每任官平均四年计算,他因此在外宦游漂泊了大约二十年。不过,这五个地方大抵不出今天山西、河南及河北的范围,离洛阳也都不算太远。

---

① 《唐代墓志汇编》,开成018,页2180。唐后期也有个宰相叫崔涣,但同名不同人。

（四）京兆王公（836—892，名不详，待考。享年五十七，
　　　　以紧县令终老）

这位京兆王公，他的墓志上没有提及他的名讳。他也和许许
多多唐代官员一样，出生在一个官宦之家。他的父亲任河南府密
县令；祖父讳仲周，进士及第，曾任刺史、国子祭酒；曾祖讳定，也
是个进士，曾任考功郎中。由此看来，他祖父和曾祖父都有科名，
且仕至高官。但他父亲看来没有功名，而且也只做到一个畿县的
县令。他的墓志叙及他的出身时，正好有缺字，以致我们无法确
定他是否有科第功名，但他的官历却附有比较详细的年代记载，
值得细考：

> 初任宿州临涣（紧县）县主簿，三年佐理，阖境安
> 宁。……相次任泽州陵川（中县）县令。……咸通（860—
> 872）中，任郑州中牟（紧县）县令。……至中和三年（883），
> 任郑州原武（紧县）县令。①

他一生就只做过这四任官，而且全部都是紧县或中县等级的县
官，从未入朝，也从未任过赤畿县的县官，仕历乏善可陈，正是"平
凡县令"的最佳范例之一。

他生于836年。墓志上说他在"咸通中，任郑州中牟县令"。
按咸通有十四年，假设"咸通中"指的是咸通七年（866）的话，那么
这时他正好是三十岁左右，但出任的却是他的第三个官。换句话
说，他在三十岁之前已经做了两任官：宿州临涣县主簿和泽州陵

---

① 《唐代墓志汇编续集》，景福001，页1157。

川县令。他早年的仕途可说相当顺畅,可惜后来却没有入朝或高升。他的墓志上说他任宿州临涣县主簿,"三年佐理,阖境安宁",可以印证唐人每任一官,一般只有四年左右(或更少)。

如果他在咸通七年任郑州中牟县令,他应当在咸通十一年(870)左右秩满。但他却一直要等到中和三年(883)才获得他的下一任官郑州原武县令。这中间他守选等待了大约十三年之久。唐人传记和墓志往往不注明唐人任官的年月,使我们经常无法查考他们有官做或没有官做(守选)的年代,只能从各方面推测。这篇京兆王公墓志,珍贵之处就是它在这方面提供了比较丰富的资讯,使我们可以比较确定王公在做第四任官之前,应当是守选等待了超过十年之久。十年固然算是很长的一段时间,但据我们从其他史料获知,这却是唐代一般州县官员相当普遍的守选等待期。

这位王公,号称"京兆",但这恐怕只是他的郡望。他于景福元年死在"滑州私第"。随后他的遗体,连同比他早逝的夫人遗体,从"滑州扶护至(郑州)原武县旧宅权厝",直到景福四年才"合葬于(郑州)荥泽县广武乡崇德里广武原,祔先祖之茔,礼也"。

他从来没有在滑州(今河南滑县东)任官,但却死在那里,极可能是因为(正如他的墓志所说)他的夫人李氏是晚唐一位高官李福的"犹女"。李福曾经在大中八年(854)到咸通二年(861)任滑州节度使[1]。岳家很可能有产业在那里,所以他在最后的第四任官之后,就连同妻子和家人退隐在滑州。他在郑州原武县也有"旧宅",很可能是当年他在该县当县令时所购。不过,他的祖籍地看来是郑州荥泽县(今河南郑州市西北古荥镇),有"先祖之

---

①戴伟华《唐方镇文职僚佐考》,页 105。

茔"在那里。

这位京兆王公,生前所做的四任官,也把他带到祖籍地以外的四个地方:宿州临涣县(今安徽宿州市西北临涣集)、泽州陵川县(今山西陵川县)、郑州中牟县(今河南中牟县东)和郑州原武县(今河南原阳县西南)。除了宿州比较远之外,陵川、中牟和原武都离他的祖籍地荥泽很近,大约不出一百公里范围外。唐后期的某些州县官,似乎没有像唐前期州县官那样,走得那么远。

（五）房从会(740—796,享年五十七,以上县令终老)

房从会的家世相当显赫。他的曾祖房融,是武则天朝的宰相,也是诗人陈子昂的朋友,但在武后病逝、中宗上台后就被"配流钦州"[1]。他的祖父房璘,任兵部郎中。不过他父亲的官业已没落,只官至淄州邹平(上县)县尉。由于他出身在这样一个官宦家庭,所以他年少时可以用他祖父高官的门荫,进入高尚的弘文馆读书,"补弘文生及第"[2]。我们前面见过,高宗时代文武双全的裴行俭,正是"幼以门荫补弘文生"。弘文生多为皇亲国戚子孙,较容易进入仕途。

然而,他后来的仕途却不达,只做过四任官:

> 解褐,授右清道率府兵曹。次授郑州荥泽县(望县)主簿。秩满,选授陆浑(畿县)县尉。自陆浑授于(洪州)武宁

---

[1]《旧唐书》卷七,页136。

[2] 关于弘文馆和弘文生的特殊地位,见李锦绣《唐代的弘文、崇文馆生》,《唐代制度史略论稿》,页240—254;刘海峰《唐代教育与选举综论》,页71—72。

（上县）（县令）①，凡四任，三居州县，皆以清干称。以贞元十二年二月十一日遇疾殁于武宁官舍，享年五十七。②

他"补弘文生及第"，应当比较年轻，约二十多岁就能起家做官。他五十七岁死于"武宁官舍"，可证他当时还在洪州武宁县令的任上。然而，从二十多岁到五十七岁，这漫长的三十多年，他却只做了寥寥四任官，可知他许多时候其实并没有官做，长期在归隐守选。他的墓志上说他"凡四任，三居州县，以清干称"。这个"清干"评语当然只是墓志上常见的赞语套词，不宜太认真看待。不过他在陆浑任县主簿，倒是个畿县官，职望高尚，可惜他后来的官运不济，没能入朝，也没能继续高升，晚年还只是个上县的县令。

房从会死后葬于河南府伊阳（今河南嵩县西南旧县镇），这看来是他的祖籍地或生前的长居地。然而，即使像他这样一位平凡的县令，他还是得为了做官远行。其中郑州荥泽（今河南郑州市西北古荥镇北）和河南陆浑（今河南嵩县东北）还在他家乡附近，但洪州武宁（今江西武宁县）则远在一千公里以外了。

（六）李公度（784—852，享年六十九，以上县令终老）

李公度出身在官宦家庭：曾祖父为汾州长史，祖父官至石州刺史，父亲密县令。他的墓志《唐颍州颍上县令李府君墓志铭并序》这样叙述他的出身和官历：

①按唐代有两个武宁县：一属山南东道万州，是个中下县，见《新唐书》卷四〇，页1030；另一属江南西道洪州，是个上县，见《新唐书》卷四一，页1068。房从会的墓志前题"唐故洪州武宁县令房府君墓志记"，可证他是在洪州武宁任县令。
②《唐代墓志汇编续集》，贞元039，页761。

贞元初,皇亲陪位,制赐出身,历尉宋之楚丘(畿县),汝之郏城(紧县)、襄城(望县),洛之阳翟(畿县),皆以调授焉,未尝干进。罢即还于郏城别业,与诸弟侄家居食蔬相煦,不交外物。①

"皇亲陪位,制赐出身"指他以宿卫宫廷获得出身,然后他接连在宋州楚丘、汝州郏城和襄城以及洛州阳翟(后来属许州)做了四任县尉,最后他是在颍州颍上县令的任上,"终于官舍,寿六十九"。他一生只做了五任官,而且全部都是县官,从未回朝,也没有高升,到晚年六十九岁还是个平凡的上县县令。

值得注意的是,他墓志上说他任这些县官,"皆以调授焉,未尝干进",颇有一种自傲和得意。"调授"是指他去吏部参加铨选经常调授官,不是靠干谒权贵得官("干进")。不过,也正因为他每任一官后都要赴选,他有不少时候恐怕是在守选归隐,等待做官。

李公度墓志最珍贵的一点,也是唐人墓志中比较难得一见的,便是它有一段话,提到了他在守选期间的生活:"罢即还于郏城别业,与诸弟侄家居食蔬相煦,不交外物。"这段动人的叙事不但可以证明唐人罢官之后需要守选等待,而且还透露了唐人罢官后的若干生活细节:第一,罢官守选期间他未必回到他的旧里,而可以选择在他从前某个做过官的地方(如汝州郏城)过一种退隐生活。他也可能在某个做过官的地方置有"别业"。第二,唐人做

---

① 《唐代墓志汇编》,大中 073,页 2305。唐史上还有一人也叫李公度,曾以京兆府奉先县丞兼监察御史的身份出为与吐蕃会盟的判官,当是同名不同人,见《旧唐书》卷一九六下《吐蕃传下》,页 5264。又见本书第六章《判官》。

官经常有家属亲戚来相依,甚至在不做官守选期间都可能还有不少家口之累,例如李公度罢官后还是跟他"诸弟侄"住在一起。他这时没有官俸收入,生活可能比较清苦,所以他们要"食蔬相煦",颇有一种相依为命的味道,过一种简朴的隐居生活,"不交外物"。

李公度死于颍上"官舍"后,便由他的孤子等人,"护丧归于旧里",安葬在"河南县金谷乡焦古里先茔之右"。看来他的"旧里"在洛阳。他做官所到过的五个地方——宋州楚丘(今山东曹县东南)、汝州郏城(今河南郏县)和襄城(今河南襄城县)、洛州阳翟(今河南禹州市西北)以及颍州颍上(今安徽颍上县),在唐代都属河南道,离他的旧里还不算太远。

# 七、唐前后期的中下县令

前面我们见过,岭南节度使卢钧,在开成五年(840)十一月的一篇奏文中,曾经这样形容岭南地区的州县官员:

> 臣当管二十五州,唯韶、广两州官寮,每年吏部选授,道途遥远,瘴疠交侵,选人若家事任持,身名真实,孰不自负,无由肯来。更以俸入单微,每岁号为比远。若非下司贫弱令史,即是远处无能之流,比及到官,皆有积债,十中无一肯识廉耻。①

岭南的县,大多为偏荒的中下县。据卢钧说,"道途遥远,瘴疠交

①《唐会要》卷七五,页1624。

侵",鲜人肯去,以致肯去的"若非下司贫弱令史,即是远处无能之流"。他们为了到岭南做官,借钱举债才能成行,所以"比及到官,皆有积债",到任后便可能会有贪污等行为,"十中无一肯识廉耻"。这是一段非常负面的描写,但卢钧所言,是他的亲身见闻,应当也有几分真实。我们不妨当作一种参照。

至于墓志中所见的唐代中下县的县令,是否都像卢钧所说的那样呢?有几点值得讨论:

第一,现传世的唐人墓志中所能见到的县令,绝大多数是赤、畿、望、紧和上县的县令,很少是中下县的县令。那些中上等级的县令,可能因为职望高,经济条件好,死后又有归葬两京(特别是洛阳)的习俗,所以在后世出土的墓志中留下比较多的材料。因此,限于墓志材料短缺,我们对中下县令所知其实相当有限。他们的墓志,一般也都写得比中等或上等县令简略,部分原因也正是他们的生平事迹和官历,往往不及中等或上等县令那样丰富多彩,所以没有多少事迹可以陈述。

第二,墓志是一种"颂德"的文体,一般都会为死者讳,所以卢钧所说"十中无一肯识廉耻"这种事,便绝对无法在墓志中得到证实。这是墓志的"先天限制"。

然而,现传世的唐代中下县令墓志,虽然只有寥寥数篇,却也弥足珍贵,至少可以让我们从另一个角度,窥见这些下层县令的若干细节,或可补充或修正卢钧奏文中所呈现的负面形象。下面拟选择唐代前后期几个中下县令的墓志,略考一二,以见其一斑。

(一)管均(590—666,享年六十九,以中县令终老)

这位县令的墓志前题"大唐故绵州万安县令管府君之墓志",有墓志盖题"管府君铭"。通篇志文极为简短,仅六十字,值得全引:

公讳均,城阳人也。乾封元年(666)正月十二日遘疾,薨于私第,春秋六十有九。以调露元年(679)十月十四日,息弘福寺僧嗣泰收骨起塔于终南山鸥鸣埠禅师林左。[1]

这篇墓志有几个特色,是唐代中下县令墓志中所常见的:

第一,它完全没有提到管均的家世。我们不知道他是否像上引许多中等或上等县令那样,出生在一个官宦之家。但看来他父亲、祖父和祖上几代都不是做官的,否则他的墓志不可能遗漏这些官历。

第二,志文完全不提志主一生做了几任官,似乎乏善可陈。我们只从志文前题的"绵州万安县令"知道这是他的最后一任官。绵州万安县治所在今四川德阳市东北罗江镇,在天宝元年改为罗江县。志文仍用旧称"绵州万安",符合时代。据《新唐书·地理志》,这是个"中"县[2],在县十等分法制中排名第七,是个偏荒小县。

我们下面将见到,唐代中下县令往往和这位管均在某些方面有点相似。第一是他们可能并非出生于一个官宦家庭。但即使生在一个官宦之家,他们的父亲、祖父,甚至曾祖父,生前所任的官也只是县尉、县丞、县令、参军这些属于中下层的州县官,从未入朝或任高官。第二是他们一生中往往可能只做了一到二任官而已,比望紧上县令的三到五任官还要少。当然,这只是大略情况,并非每个中下县令都如此。例外的细节将在下面逐一举证。

---

①《唐代墓志汇编》,调露011,页659。
②《新唐书》卷四二,页1089。

（二）张仁（616—677，享年六十二，以中县令终老）

张仁一生所做过的官非常少，只有两任，符合以上所说中下县令的仕历特征。他的墓志上说：

> 爰自弱龄，光兹筮仕，解褐任太仓丞，秩满，迁辰州辰溪（中县）县令。……以仪凤二年（677）八月十日春秋六十有二，卒于辰州辰溪县官第。以调露元年（679）十月廿三日葬于高阳原。①

太仓是唐长安附近渭河边上的一座巨大粮仓。《新唐书·食货志》说："江船不入汴，汴船不入河，河船不入渭；江南之运积扬州，汴河之运积河阴，河船之运积渭口，渭船之运入太仓。岁转粟百一十万石，无升斗溺者。"②张仁释褐就是在这个太仓任一个管理存粮的丞（八品官）。

我们不知他何时接任辰州辰溪县令。他墓志上说他"秩满，迁辰州辰溪县令"，看起来似乎他年轻时任太仓丞秩满后即马上迁辰州辰溪县令。但事实上恐怕不是如此。他应当是到晚年才就任辰溪县令，因为他是"卒于辰州辰溪官第"的，可证他晚年才到辰溪县。换句话说，他年轻时任太仓丞，年老时才补上辰溪县令，中间有一大段时间其实并没有官做。辰州辰溪县即今湖南辰溪县。

墓志上没有说明张仁以何色出身，但倒是记录了他的曾祖官

---

① 《唐代墓志汇编》，调露 017，页 663。
② 《新唐书》卷五三，页 1368。

至"隋贝州清河县令",祖父"沙州录事参军",全都属于中下层的州县官。他父亲则"不希荣禄","耻从州县之职"。但这恐怕是墓志撰者所使用的比较好听的"遁词"。事实上很可能是他父亲一直没有办法选上官做。看来,张仁生长在一个家道中落的州县官家庭。他自己一生也就只任官二政,仕历平淡无奇,是个平凡的县令。

（三）王师协（生卒年不详,享年六十七,679 年和妻子合葬,以下县令终老）

王师协的家世非常良好。他是南齐"太尉文宪公之六代孙"（文宪公即著名的王俭）,曾祖父任陈朝的侍中,祖父为陈朝的太子洗马,父亲唐朝房州司仓。他的出身也很不错。据他的墓志说,他"弱冠明经,射策高第,授常州江阴县尉,时年廿三"①。如此好的家世,又是明经出身,而且在廿三岁这么年轻就有官做,可说是非常良好的开端,原本应当是仕途无量的。可惜,他后来官运不济。

王师协的个案比较特别,算是例外,但也正好可以让我们考察,何以一个像他那样仕宦条件原本很不错的人,最后却只能以一个上县令收场。他的墓志这样叙写他任满常州江阴县尉之后的经历：

> 秩满,丁外忧。……服阕,转邛州依政（上县）主簿。合县僚寀,悉缘公坐,乃贬授广州南海（上县）县尉,调补韶州乐昌（下县）县令。

---

① 《唐代墓志汇编续集》,神功 002,页 357。

原来,他是因为被贬官而沉沦宦海,最后只能以一个上县令终老。韶州乐昌县即今广东乐昌市。

不过值得安慰的是,王师协还有一个最高一转的勋官衔"上柱国"。这是他在岭南董"循、韶二州兵",平定寇乱而得到的。

王师协这个案例,说明了唐代中下县的县令,虽然大多没有功名科第,但也有例外的情况。比如这位王师协,家世好,又是明经出身,却因为贬官而沦为下县的县令。这跟诗人柳宗元,虽然家世好,又是进士出身,却因参与王叔文党,最后只能以最下层的下州(柳州)刺史终老一样。

(四)韦行懿(680 年迁葬,年寿不详,下县令)

韦行懿的墓志非常简略,完全没有提到他的父亲、祖父和祖上几代以及他们的官历。看来他不是出生在一个官宦之家。他自己的官历在志文中也没有交代。我们只能从他墓志的标题"唐故藤州感义县令韦府君墓志文并序"[1],知道他曾经任过县令。

藤州感义即今广西藤县西北,属偏远的岭南道,是个下县。韦行懿死后曾经迁葬于洛阳,或许那才是他的故里。他跑到那么遥远的南方去做一个下县的县令,极可能是因为他的仕宦条件不佳,没有选择的余地。

(五)李丕(725—787,享年六十三,以中县令终老)

李丕的曾祖父任宣州司功参军,祖父任汴州陈留县丞,父亲为许州鄢陵县令。这些也全都是中下层的州县官。

李丕的墓志没有提到他以何色出身,但如此记载他如何得到

---

① 《唐代墓志汇编》,开元 316,页 1375。

他的第一任官以及他后来的仕历：

> 公洒然深心，抱义育德，士林咸器重之，乃昌言荐于元戎，遂征辟为潞县丞。后墨绶长丰……俄改任莫州司法参军。①

潞县属幽州，即今北京市通县东，是个中县。从"昌言荐于元戎，遂征辟为潞县丞"这句话看来，李丕是受荐于某节度使（"元戎"），应当即幽州节度使，因而被"辟"为潞县丞。"辟"是幕府自行聘人的典型用语。

幕府辟人，一般辟为自己幕府的僚佐，如巡官、推官、掌书记和判官等幕职。这也是我们最熟悉的幕府制度②。但学界比较不熟悉，而且至今还没有人去详细研究的，就是幕府不但可以辟自己幕府的僚佐，甚至还可以辟人出任它属下州县的官员。唐代的州县官，一般都由中央委派。但唐后期某些方镇幕府，特别是河北三镇，亦经常自辟州县官员，颇夺中央之权力。李丕被"征辟为潞县丞"就是一个好例子，也是唐后期士人进入仕途的办法之一。

李丕墓志中所说的"墨绶长丰"，指的是李丕被委任为莫州长丰县令。他的墓志前题"故莫州长丰县令李君墓志铭并序"可证。莫州长丰即今河北任丘市东北长丰镇，是个中县。这地方离李丕任县丞的所在地幽州潞县不算太远，大约只有二百公里。

"墨绶"通常指非正式、不经朝廷任命的授官。所以李丕"墨绶长丰"，即意味着他这个县令官，很可能也是由幽州节度使所

①《唐代墓志汇编》，贞元015，页1847。
②详见石云涛《唐代幕府制度研究》。

"辟",并非由中央委派。

李丕最后任莫州司法参军。莫州的治所在今河北唐兴,离长丰只有大约五十公里。由此看来,李丕一生做了三任官,都属州县官,而且都在幽州节度使的管区内。比较奇怪的是,他的墓志前面所题的官衔只是"莫州长丰县令",没有提及他的最后一任官莫州司法参军。

李丕的墓志说他"卒于幽州潞县",也就是在他做第一任官的所属县。看来,他很可能因为从前在潞县当过县尉,而在那里购置了产业。于是他晚年也就回到那里终老。

(六)李荸(?—809,年寿不详,官至中县令)

李荸生在一个州县官的家庭:他的曾祖父、祖父和父亲都当过县令,相当典型。我们不知道他是否有功名科第,但他的墓志上说他"诣阙进献,以功授澧州慈利县令"①。这也是他一生所任的唯一一任官。澧州慈利县是个中县,即今湖南慈利县。

他的墓志上只说他"以元和四年六月廿二日终",没有说他享寿若干。他有可能是未及老年即去世。不过,正如前面所说,县令为亲民之官,需要比较丰富的人生历练,一般不会授给年轻人。所以李荸任慈利县令,应当也在中年左右。由此看来,他到中年只做了一任官,仕途可说并不畅达。

他死后葬于河南府密县(今河南新密市)。

限于材料短缺,我们对中下县令所知实在远不如其他等级的县令那么多。以上只能就六位中下县令的墓志略做讨论,其中四

①《唐代墓志汇编》,大和017,页2108。

个在唐前期,两个在唐后期。综合墓志中所见,唐代中下县令最大的特征,就是他们任官次数非常之少,常常只有一两任,一生大部分时间恐怕都处在等待做官的状态,比起望紧和上县县令的平均五任官还要少。一般而言,他们的仕途可以说并不畅达,官业并不得意。

其次,他们当中有些并非出自官宦家庭。即使出生在官宦之家,他们的父亲、祖父或曾祖父,所任的官也往往只是中下层的州县官而已,并非朝中高官。这点有两个含义:第一,这意味着这些州县官家庭的地位一般上都不高。第二,这表示唐代州县官的家庭,他们的下一代很可能也会继承"祖业",继续做州县官。

# 八、"摄"县令和地方长官自辟的州县官

现藏台北故宫博物院的一件唐代告身《朱巨川告身》,其开头部分记录了朱巨川(725—783)被任命的官职:

> 睦州录事参军朱巨川
> 右可试大理评事兼豪州钟离县令①

这个官衔本身便颇不寻常。为什么一个县令又会挂一个"试大理

---

① 详见台北故宫博物院网站上的《朱巨川告身》彩色照片,网址:http://www.npm.gov.tw/exh92/treasure/chinese/selection-main-1.htm.此告身影印件,也收在《故宫法书全集》(台北:台北故宫博物院,1974),第二卷,页23—33,以及《故宫书画菁华特辑》(台北:台北故宫博物院,1996),页24—25。

评事”的官衔？这是其他一般县令所没有的。我们知道，幕府的基层幕佐如巡官、推官和掌书记等，常常会有"试大理评事"、"试校书郎"、"试大理司直"这样的"试"衔[1]。但朱巨川并非幕佐，而是县令。为何他也有这样的"试"衔？大理评事是唐京城大理寺中的一个八品官，"掌出使推核"[2]。那么朱巨川到底是在京城当大理评事，还是在豪（元和三年改为"濠"）州钟离（今安徽凤阳县）当县令？为什么一个县令要带这样的京衔？"试"的含义又是什么[3]？

说穿了，朱巨川当时并不是唐代一般普通的正规县令，不是中央朝廷任命的，而是一个被当地长官所"辟署"的县令。这种县令和相关的州县官在唐后期相当普遍，在墓志中尤其常见。这里略加讨论，以厘清唐后期地方行政的若干现象[4]。同时，朱巨川当年的任命文书今仍传世，也为我们的论述提供了一个生动、具体的案例。

朱巨川在两《唐书》中无传，但他的官历显赫，最后官至相当不错的中书舍人高官，所以在他死后，他的朋友李纾给他写过神

---

[1] 详见拙书《唐代基层文官》第五章第四节"幕佐的官衔"。

[2]《旧唐书》卷四四，页1884。

[3] 大庭修，《唐告身と日本古代の位階制》（伊势：皇学馆出版部，2003），对唐代告身的"古文书学"有极详细的研究。书中页103—110及页293—297等处亦论及这件大历三年的朱巨川告身，但对朱巨川的官衔及其"试"衔的含义，却没有讨论。

[4] 学界过去对摄官的研究不多，比较重要的论述见陈志坚，《唐代州郡制度研究》，页85—97论"州县官中的差遣职"一节，以及石云涛，《唐代幕府制度研究》，页339—343论"兼摄州郡县官"一节。李方《唐西州行政体制考论》，页123—170则论及边陲西州地区的特殊摄官情况。又见郑炳俊《唐代藩镇·州县官任用》，《东洋史学研究》（韩国），第54辑（1996），页1—33。

道碑曰《故中书舍人吴郡朱府君神道碑》。碑文这样记载他的出身和他的官历：

> 年二十明经擢第。……御史大夫李季卿实举贤能，授左卫率府兵曹参军。户部尚书刘晏精求文吏，改睦州录事参军。濠州独孤及悬托文契，举授钟离（上县）县令兼大理评事。①

这是一段特殊的官历，有些地方涉及唐代刺史或使府辟人和使府复杂的幕府官衔制度，稍嫌"晦涩"，需要解读。

据李纾写的这篇神道碑，朱巨川死于"建中三年（783）"，"遘疾终于上都胜业里私第，春秋五十有九"，则他当生于开元十三年（725）。他二十岁考中明经，当是天宝四载（745）。"御史大夫李季卿实举贤能，授左卫率府兵曹参军"这件事，发生在安史乱末的代宗广德（763—764）中，当时李季卿正以御史大夫的身份为江淮宣抚使②。这时朱巨川已经三十九岁左右，才得到他的第一个官衔"左卫率府兵曹参军"。他二十岁考中明经，到三十九岁才有官做，足足等待了十九年之久。

笔者怀疑，朱巨川这个"左卫率府兵曹参军"恐怕跟他后来的"试大理评事"一样，也只是个"试"衔而已。他其实并未到长安

---

① 《文苑英华》卷八九四，页 4708。
② 见《旧唐书》卷一〇四《孔巢父传》，页 4095："广德中，李季卿为江淮宣抚使，荐巢父，授左卫兵曹参军。"孔巢父这个"左卫兵曹参军"应当也是个"试"衔，但史书省略了"试"字。他应当是以"试左卫兵曹参军"的官衔在李季卿的江淮宣抚使府中任职。朱巨川应当也是如此，而且当时很可能跟孔巢父为同僚。

京城任此京官,很可能只是出任江淮宣抚使李季卿的一个幕佐,幕职不详,但或许是巡官或推官等职。李季卿于是替他奏授了一个"试左卫率府兵曹参军"的官衔。唐中叶以后,使府僚佐有许多都带有"左卫率府兵曹参军"这样的试衔,但墓志和史书经常省略这个"试"字。果真如此,则朱巨川后来被刘晏赏识,接下来的两任官亦都在江淮,也就更合情合理。他是更后来才回到朝中任左补阙内供奉,最后官至中书舍人。

"户部尚书刘晏精求文吏,改睦州录事参军"这一句,指的是唐代理财专家刘晏在大历元年(766)"充东都京畿、河南、淮南、江南东西道、湖南、荆南、山南东道转运、常平、铸钱、盐铁等使"①,权势很大,辟朱巨川为"睦州录事参军"。睦州属江南东道,就在刘晏的管区内。这件事可以证明,唐代的盐铁转运使,也跟节度使或观察使一样,有"辟署"自己班底的权力。刘晏就是因为"精求文吏",所以才辟朱巨川为"睦州录事参军"。

濠州刺史独孤及"举授"朱巨川为钟离县令,是在大历三年(768)。这时朱巨川已经担任睦州录事参军约二年,其时年约四十四岁。值得注意的是,独孤及当时只是一个刺史,不是节度使(他从来也没有任过节度使),可是他却和节度使一样,可以"举授"朱巨川为他的钟离县令。

这种"举授",也就是唐后期诏敕中常提到的"奏州县官"事。例如,肃宗乾元二年《申戒刺史考察县令诏》所说"比来刺史之任,皆先奏州县官属"②,又如大和元年的一道谕令所说"诸道应奏州

---

① 《旧唐书》卷一一《代宗纪》,页282。
② 《唐会要》卷六八,页1421。

县官衔、散、试官,及无出身人幕府迁授致仕官"①,指的便是刺史或节度使等使府自行辟署州县官事。

任命州县官,原本是朝廷的权力,但在唐后期,却有不少方镇,甚至像盐铁使如刘晏和刺史如独孤及等人,都可以自行委任州县官,再奏请朝廷批准,并请朝廷授予这些州县官一个朝衔(或称京衔)。

于是,朱巨川便获得"试大理评事兼豪州钟离县令"这样一个特殊的官衔。他的实际任务是在钟离县任县令,不是在京城任大理评事。这个京衔只是个秩阶的所谓"虚衔",所以前面有一个"试"字,以示分别。不过,唐代史料经常省略这个"试"字。比如朱巨川的神道碑文,便只说是"举授钟离县令兼大理评事",略去"试"字。现代读者若不明其中奥妙,很可能会误以为朱巨川任钟离县令,又同时在京城兼任大理评事。

这种由方镇使府所辟的县令,和朝廷任命的正规县令不同,所以又常称为"摄某某县令",以示其"假摄"、"权充"等意,前文已经引用过一些例子。但朱巨川的告身上并未说他是"摄县令",这又应当怎么解释呢?

事实上,《通典》在论及采访使和节度使自辟僚佐时,有一段话,颇富启发性:

> 皆使自辟召,然后上闻。其未奉报者称摄。其节度、防御等使寮佐辟奏之例,亦如之。②

换言之,在地方长官自辟僚佐的场合(不管是幕府官还是州县

---

① 《册府元龟(校订本)》卷六三一,页7292。
② 《通典》卷三二,页890。

官），"其未奉报者称摄"。这可以解释唐后期这些由地方长官自辟的州县官，为什么有些称"摄"某某县的县令，或"摄"某某县的县尉，但有些又不带"摄"字眼，如朱巨川此例。原因在于朱巨川属于已经"奉报"者。朝廷因此不但颁给他告身，还加给他"试大理评事"的"试"衔，他便不再称为"摄"县令。①

关于唐代这种由地方长官辟署的州县官，笔者已有一长文讨论②，这里不拟赘论。简言之，唐后半期许多州县的州县官（包括县令），经常由地方长官自辟的僚佐取代，不再由中央朝廷委任，而且这种"不正规"的做法非常通行，盛行的地区极广。不单河北跋扈的三镇和岭南、黔中等南方边区有这一类州县官，甚至连河东潞泽、关内鄘坊、泾原等地都有这些非正规的官员。这种地方长官自辟州县官的制度，可以让我们更深入了解唐后期地方行政的真貌，也反映了中央朝廷在唐后期真正能控制的州县主要集中在东西两京赤畿地区以及汴河及大运河流域的江南地区。

# 九、唐后期县令主要职务的侧面观察

贞元十九年（803）的冬天，韩愈被贬为阳山县令。他到任后

---

①不过，《通典》这种说法恐怕也只是一般通则，并非严格遵行。在唐代某些
　石刻题名上，比如在著名的《赵州刺史何公德政碑》上，就有一些这类州县
　官，明显已经"奉报"（因为他们已拥有朝廷所颁的各种试衔），但他们的正
　式官衔上依然还是带有一个"摄"字。见《八琼室金石补正》（北京：文物出
　版社，1984 年缩印本）卷六三，页 29—31。
②见拙文《论唐代的州县"摄"官》，杜文玉主编，《唐史论丛》，第 9 辑，页
　66—86。

不久,有一位南海书生区册"拿舟而来"探望他。区生走时,韩愈给他写了一篇很有名的古文叫《送区册序》,一开头就很生动地写到他当初抵达阳山县时的情景。本章前面引过一次。这里且引一段和唐后期县令职掌最有关联的部分:

> 阳山,天下之穷处也。……始至言语不通,画地为字,然后可告以出租赋,奉期约。①

这实在是一个很典型的缩影:写出了唐代一个县令,初抵一个异乡当官的困苦、不适和他的首要急务。对他来说,与当地人"言语不通",所以他只好"画地为字",然后才得以履行唐代县令最重要的一件职务:"告以出租赋,奉期约。"

阳山是"天下之穷处"。但即使在这样一个"穷处",即使像韩愈这样一个具有理想主义色彩的儒者官僚,他一到达那里,第一件事竟然还是要以"画地为字"的方式,告诉当地老百姓他们得"出租赋",而且还得按照"期约"来交税。然而,这一切看来又是那么理所当然,那么务实而有效率。由此可见,唐代县令"当务之急",他县官生涯中最重要的一件事,应当就是像韩愈那样如期收"租赋"上缴州府,而不是"掌导风化"、"抚字爱民"等等不着边际的理想。

《唐六典》和两《唐书》职官志都对唐代县令的职掌有所描写,详略不一,但从韩愈此文的观点来看,这些官式的职掌描写不免让人觉得太过于理想化,甚至有些僵化。且看《新唐书·百官志》的说法:

---

① 《韩昌黎文集校注》卷四,页266。

县令掌导风化,察冤滞,听狱讼。凡民田收授,县令给
之。每岁季冬,行乡饮酒礼。籍帐、传驿、仓库、盗贼、堤道,
虽有专官,皆通知。①

这里反而没有提到县令须如期收税的要事,不能不说是一大缺
失。要之,职官书中所列的这种职掌,大抵都是所谓"理想式"的,
规范式的,意即规定唐代县令"应当"做的事,比如应当"导风化,
察冤滞,听狱讼"等等,但在现实世界中,县令的真正职掌可能不
是如此,而是更复杂,也更有弹性。这种"理想式"的职掌描写,未
必能反映历史真貌,不宜太认真看待,只能聊供参考②。故本节从

①《新唐书》卷三九下,页1319。
②《唐六典》卷三〇,页753,如此描写县令的职掌:"京畿及天下诸县令之职,
　皆掌导扬风化,抚字黎氓,敦四人之业,崇五土之祠,养鳏寡,恤孤穷,审察
　冤屈,躬亲狱讼,务知百姓之疾苦。所管之户,量其资产,类其强弱,定为九
　等。其户皆三年一定,以入籍帐。若五九、三疾及中丁多少,贫富强弱,虫
　霜旱涝,年收耗实,过貌形状及差科簿,皆亲自注定,务均齐焉。若应收授
　之田,皆起十月,里正勘造簿历;十一月,县令亲自给授,十二月内毕。至于
　课役之先后,诉讼之曲直,必尽其情理。每岁季冬之月,行乡饮酒之礼,六
　十已上坐堂上,五十已下立侍于堂下,使人知尊卑长幼之节。若籍帐、传
　驿、仓库、盗贼、河堤、道路,虽有专当官,皆县令兼综焉。"有学者认为,这
　是对县令职责"相当具体的规定",不是"理想式"的。然而,笔者认为,《唐
　六典》的这段规定,"具体"没错,但其实还是"理想式"的。换句话说,唐朝
　廷在这里是希望一个"理想"的县令,能达到这些具体的规定。可是,在现
　实生活中,县令恐怕不是处处都遵从这种规定来办事。许多时候他可能
　也达不到这种"理想"。所以,探讨县令(或其他官员)的职掌,我们固然要
　先看看典志上这些"理想式"的规定,但更重要的是,我们还要细察"实
　例",从实际的个案去细观县令到底在做些什么事。这样的观察远比纯粹
　讨论"僵化"的、"理想式"的法定条规,来得更生动有趣。"实例"往往也
　会和典志上的理想规定不符。这是笔者研究唐代职官,在方法上的一大
　原则。

另一"侧面"来观察唐代县令的职务。

我们与其从这些"理想式"的职掌描写去认识唐代县令,不如从考课的角度看,应当更能看得透彻。例如,代宗的《改元永泰赦》,涉及刺史和县令的"课效":

> 刺史县令,与朕分忧。……有能招辑逃亡,平均赋税,增多户口,广辟田畴,清节有闻,课效尤著者,宜委所在节度观察具名闻奏,即令按覆超资擢授。①

这里所写的刺史和县令职务,便务实多了。所谓"招辑逃亡,平均赋税,增多户口",其实全都跟收税有关。这一点在李渤的一篇奏文中最能清楚见到:

> 时皇甫镈作相,剥下希旨。会泽潞节度使郗士美卒,(李)渤充吊祭使,路次陕西,渤上疏曰:"臣出使经行,历求利病。窃知渭南县长源乡本有四百户,今才一百余户,阒乡县本有三千户,今才有一千户,其他州县大约相似。访寻积弊,始自均摊逃户。凡十家之内,大半逃亡,亦须五家摊税。似投石井中,非到底不止。摊逃之弊,苛虐如斯,此皆聚敛之臣剥下媚上,唯思竭泽,不虑无鱼。乞降诏书,绝摊逃之弊。其逃亡户以其家产钱数为定,征有所欠,乞降特恩免之。计不数年,人必归于农矣。夫农者,国之本,本立然后可以议太平。若不由兹,而云太平者,谬矣。"②

---

① 《唐大诏令集》卷四,页24。
② 《旧唐书》卷一七一,页4438。

户口增多,收税自然增加;户口逃亡,收税减少,而且还有"摊逃"、"摊税"、"摊配"之弊。元稹任同州刺史时,他在一篇奏文《论当州朝邑等三县代纳夏阳韩城两县率钱状》中,便提到他管内几个县的这种"摊配"做法:

> 右,准元和十三年敕。缘夏阳、韩城两县残破,量减逃户率税,每年摊配朝邑、澄城、合阳三县代纳钱六百七十九贯九百二十一文,斛斗三千一百五十二硕一斗三升三合,草九千九束,零并不计。①

《唐会要》亦载:

> 大和三年,兴元府奏:"通州元管九县,宝历二年停废。伏缘本府租税最重,开州独称殷羡。请割巴、渠州见管三县内摊配。"从之。②

此之所以在州刺史和县令的考课中,户口多寡是一项重要的评量标准。例如,贞元四年的敕文:

> 户口增加,刺史加阶,县令减选,优与处分。③

再如会昌六年更详细的考课和赏罚规定:

---

①《元稹集》卷三九,页438。
②《唐会要》卷七一,页1501。
③《唐会要》卷六九,页1442。

自今已后,县令非因灾旱,交割之时,失走二百户以上者,殿一选。三百户已上者,书下考,殿两选。如增加二百户以上者,减一选。五百户以上者,书上考,减两选。可减者优与进改。①

"殿一选"是增加县令的守选年岁一年,是一种惩罚。"减选"则是奖励。

唐代"课最居首"的县令,甚至还可以得到皇帝所赐的慰劳制书,例如景龙元年(707)中宗的《褒卢正道》:

　　皇帝问洛州荥阳县令卢正道。卿才行早著,清白有闻。夙夜在公,课最居首。使车升奖,朕甚嘉之。今赠卿禄秩,以褒善政。勉勖终始,无替嘉声。②

这位卢正道,约于开元十四年(726)官至鄂州刺史③。李邕为他写过《中大夫上柱国鄂州刺史卢府君神道碑》,可惜碑文阙字太多,不可卒读④。

　　综上所考,唐后期县令最重要的工作,莫过于收税和相关的

———————

① 《唐会要》卷六九,页1445。
② 此制书有刻石,见《金石萃编》卷六八,页13;拓本见《北京图书馆藏中国历代石刻拓本汇编》,第20册,页57。中村裕一《唐代王言研究》(东京:汲古书院,2003),页73,也论及此制书,认为《金石萃编》和《北京图书馆藏中国历代石刻拓本汇编》把它题为《卢正道敕》不妥,应当题为《赐卢正道慰劳制书》为是。
③ 《唐刺史考全编》卷一六四,第4册,页2376。
④ 见《全唐文》卷二六五,页2686。

户口管理①。因此,一个好的县令,甚至大可运用柔性的抚民措施来达到收税的终极目的,而不是采取高压手段来对待老百姓。这正是润州延陵县令李封所用的好办法:

> 李封为延陵令,吏人有罪,不加杖罚,但令裹碧头巾以辱之。随所犯轻重,以日数为等级,日满乃释。吴人著此服出入,州乡以为大耻,皆相劝励,无敢僭违。赋税常先诸县。既去官,竟不捶一人。②

延陵县的赋税之所以"常先诸县",正因为"吏人有罪",县令"不加杖罚,但令裹碧头巾以辱之"而已。这样县民反而更能守法,如期交税,甚至比其他县提早完税。

唐代县令不但得负责收税,而且还得如期完成。上引韩愈《送区册序》中所说的"奉期约"三字,其实大有深意,不可忽视。《旧唐书·卢坦传》就有一个生动的案例:

> (卢坦)后为寿安令。时河南尹征赋限穷,而县人诉以机织未就,坦请延十日,府不许。坦令户人但织而输,勿顾限也,违之不过罚令俸耳。既成而输,坦亦坐罚,由是知名。③

---

① 关于唐代的赋税,论著繁多,不俱引。近年主要论著有李锦绣《唐代财政史稿》;船越泰次《两税法研究》(东京:汲古书院,1996);陈明光《唐代财政史新编》(北京:中国财政经济出版社,1991年初版,1999年增订版);李志贤《杨炎及其两税法研究》(北京:中国社会科学出版社,2002)。
② 《封氏闻见记校注》卷九,页88。又收在《唐语林校证》卷一,页60。
③ 《旧唐书》卷一五三,页4092。

县民延迟交税,县令甚至还会遭到"罚俸"处分。从卢坦、韩愈和李封的这些事迹看来,赋税始终是唐代县令(特别是唐后期)最关心的一件事。这跟唐后期财政管理体制的变化有很大的关系。

大中六年(852)七月考功的一篇奏文,让我们可以更具体、更真切地看到唐代县令(和刺史)的一些主要职掌:

> 刺史县令,至于赋税毕集①,判断不滞,户口无逃散,田亩守常额,差科均平,廨宇修饰,馆驿如法,道路开通,如此之类,皆是寻常职分,不合计课。自今后,但云所勾当常行公事,并无败阙,即得准职分无失。②

这里提到唐代刺史县令的"寻常职分",不外乎"赋税毕集,判断不滞,户口无逃散,田亩守常额,差科均平,廨宇修饰,馆驿如法,道路开通"。只要这些"常行公事,并无败阙,即得准职分无失"。这让我们得以见到唐代刺史和县令平日所做究竟为何事。其中排在首位的,依然是"赋税",第二是"判断",即审理法案。至于差科、廨宇、馆驿和道路等事则又次之③。

---

① 这一句在马端临的《文献通考》卷三九,页374,引作"如赋税毕集",文意似更清楚。

② 《唐会要》卷八二,页1787—1788;《册府元龟(校订本)》卷六三六,页7353。

③ 唐代的考课已有学者详细的研究,所以本章不拟再赘论县令的考课。近年最周全的研究是黄清连,《唐代的文官考课制度》,《"中研院"历史语言研究所集刊》,第55本第1分(1984)。又见邓小南《课级·资格·考察:唐宋文官考核制度侧谈》(郑州:大象出版社,1997);李方《唐代考课制度拾遗——敦煌吐鲁番考课文书考释》,韩金科编《98法门寺唐文化国际学术讨论会论文集》(西安:陕西人民出版社,2000),页557—568;(转下页注)

如上所说,《唐六典》和两《唐书》职官志都对县令的职掌有所描述,但却是一种"理想化"、"规范式"的写法。其中"掌导风化"云云更有些不着边际。但这种"掌导风化"的善举,在唐史上并非没有,只是案例太少,不足为训。例如,我们前面见过的那位杰出儒臣冯伉,在出任醴泉县令时,便曾有如下举动:

> 县中百姓多猾,为著《谕蒙》十四篇,大略指明忠孝仁义,劝学务农,每乡给一卷,俾其传习。①

他写的这本《谕蒙》十四篇,在《新唐书·艺文志》中仍有著录,注明为"一卷"本,篇幅不多②。这显示它曾经被收藏在唐代的宫廷图书馆如集贤院等处,或许是冯伉自己进呈给皇廷的。可惜宋以来的各家书目已不录《谕蒙》,可能亡于宋代,今无传本。我们无缘一见一读。但这十四篇应当都是短文,所以十四篇才构成"一卷"本。唐代的书册为卷轴式,像中国画的手卷一样,非宋代以来所盛行的线装书。唐的一卷一般是用大约二十来张纸并接而成。若排印成现代的二十五开本书,大约是十来页。

冯伉著此《谕蒙》,然后"每乡给一卷",颇能反映他任醴泉县令时(约 794 年),唐代的雕版印刷术虽然已经发明了,但仍

---

(接上页注)曾一民《唐代考课制度研究》(台北:台湾商务印书馆,1978)。王勋成《唐代铨选与文学》,第三章也专论考课。又见刘馨珺《从生祠立碑谈唐代地方官的考课》,高明士编《东亚传统教育与法制研究:二、唐律诸问题》(台北:台湾大学出版中心,2005),页 242—284。
①《旧唐书》卷一八九下,页 4978。
②《新唐书》卷五九《艺文志》,页 1537。

不普及①。每乡只能获得"一卷"。这一卷应当是冯伉自己的手写本，或请人抄写者，并非刻印本。乡民得此一卷，可以"传习"，即传阅、流通、学习。"传"字隐约透露抄本不多，须轮流"传阅"，不可占为己有。个别乡民若想要自己拥有自己的抄本，那就得自行抄写一份。如果"县中百姓"真的这么做，真的如此"传习"，那或许真能改变他们原先的"多猾"习气，变得温文有礼起来。这的确是一个"掌导风化"的善举。

再如唐代著名史官韦述的父亲韦景骏的事迹：

> 韦景骏，司农少卿弘机孙。中明经，神龙中，历肥乡令。县北濒漳，连年泛溢，人苦之。旧防迫漕渠，虽峭岸，随即坏决。景骏相地势，益南千步，因高筑鄣，水至堤趾辄去，其北燥为腴田。又维艦以梁其上，而废长桥，功少费约，后遂为法。方河北饥，身巡闾里，劝人通有无，教导抚循，县民独免流散。及去，人立石著其功。后为贵乡令，有母子相讼者，景骏曰："令少不天，常自痛。尔幸有亲，而忘孝邪？教之不孚，令之罪也。"因呜咽流涕，付授《孝经》，使习大义。于是母子感悟，请自新，遂为孝子。当时治有名者：景骏与清漳令冯元淑、临洺令杨茂谦三人。②

韦景骏"付授《孝经》"来感化那对母子，和冯伉著《谕蒙》付县中

---

①宿白《唐宋时期的雕版印刷》（北京：文物出版社，1999）；张秀民撰、韩琦增订《中国印刷史（插图珍藏增订版）》（杭州：浙江古籍出版社，2006），页1—28。
②《新唐书》卷一九七，页5626。

百姓"传习",颇有异曲同工之妙,也颇能彰显中古时代文字书写的力量。但此类"循吏"事迹毕竟属于少数,仅限于德行高的个别县令,是一种高标准和高理想,恐怕不是每个县令都能做到的。朝廷应当不致以此来判断一个县令是否治县"成功"。

# 十、结论

唐代的县,在发展成熟的唐后半期,有一千五百多个,可依距离京师远近、战略地位或其他原因分为十个等级:即赤(或"京")、次赤(或"次京")、畿、次畿、望、紧、上、中、中下。许多时候这种十分法也可以简化为七等:赤、畿、望、紧、上、中、下。唐代另有一种三等分法,仅将县分为上、中、下三种。那是单以户口多少为标准,和十等或七等分法不同。

县令是唐县的长官。唐朝把县分为这么多个等级,意味着唐代的县令(以及其他县官),其实也可以大致分成这几个等级,享有不同的地位。因此,唐代的县令可说是个非常复杂的多元群体。不同等级县的县令,其"职望"、地位相去甚远。过去的研究都很含糊地把所有县令"一视同仁",没有考虑到县和县令的等级,以致研究结论常有以偏概全的弊病。本章把唐代的县令分成三大类型:(一)赤畿县令(有些也称"京畿县令")、(二)望紧上县令以及(三)中下县令,借以做更深入的观察。大略而言,唐朝廷对赤畿等重要大县的县令的委任,还是比较重视的,甚至有"郎官出宰京畿"的做法,但对偏远中下县,可能就鞭长莫及、照顾不周了。

在唐代,一个人在什么等级的县任县令,会影响到他的地位

（甚至他将来的仕途）。但一个人的仕宦条件（他的科名、官历和资历等），也将决定他可以在怎样等级的县任县令。条件最好的人可以任赤畿县令（仕宦前景最光明），条件次之的任望紧上县令（仕宦前景还不算太坏，视个人将来努力而定），条件最差的任中下县令（仕宦前景最暗淡）。

唐后半期的地方行政呈现出一种错综复杂的现象。其州县制度并非像《唐六典》、两《唐书》职官书或《通典》等政书所描写的那样"井然有序"。学界过去似乎没有注意到，唐后期州县有一大批所谓的"摄县令"和其他州县摄官的存在。他们不由朝廷委派，而由各地方长官自行辟署，好比幕府官一样。这种摄官分布极广。不单河北跋扈的三镇和岭南、黔中等南方边区有，甚至连河东潞泽、关内鄜坊、泾原等地也都有这些非正规的官员。这种由地方长官自辟州县官的制度，可以让我们更深入了解唐后期地方行政的真貌，也反映了中央朝廷在唐后期真正能控制的州县，主要集中在东西两京赤畿地区，以及汴河及大运河流域的江南地区。

《唐六典》等职官书中所描写的县令职掌，大抵都是"理想式"的、规范式的，意即规定唐代县令"应当"做些什么事，比如应当"导风化，察冤滞，听狱讼"等等，但在现实生活中，县令的真正职掌可能不止如此，而更为复杂，更有弹性。本章从另一侧面，从考课的角度看，认为唐代县令最主要的职务（特别是唐后期史料中所见），莫过于收税和相关的户口管理，其次为审理法案、差科、管理廨宇、馆驿和道路等事。至于"导风化"等善举，恐怕只能说是一种治县理想，只有极少数县令能够做到。

# 第五章　司录、录事参军

江上宣城郡,孤舟远到时。

云林谢家宅,山水敬亭祠。

纲纪多闲日,观游得赋诗。

都门且尽醉,此别数年期。

　　　　——韦应物《送宣城路录事》①

　　这首诗是盛唐诗人韦应物(733? —793?)在永泰年间(765)写的。当时他三十来岁,被讼去官,闲居洛阳。他一位姓路的朋友,正好要到宣城(今安徽宣城市)去就任那里的录事参军(唐诗中常省称为"录事")②。于是,韦应物就在洛阳和他告别。两个

①陶敏、王友胜校注《韦应物集校注》(上海:上海古籍出版社,1998),卷四,页208。
②"录事参军"和"录事"实际上是两种不同的官。简单地说,录事参军是个地位颇高的中层文官,录事则只不过是录事参军属下的一个低层小官,在某些官署甚至是个流外官。唐诗中这样的省称,可能会使不了解唐代官制的现代读者造成混淆,但唐人大概都知道,诗人寄酬的对象应当都是身份地位比较高的录事参军,而不会是低层的录事,所以诗人的这种省称其实倒也自然,对唐人应当不致引起问题。在唐代京城和州官署,录事参军和录事是所谓"录事司"(此词在吐鲁番出土文书中常见)中(转下页注)

人都想喝醉,"都门且尽醉",因为"此别数年期",不知何年何月才能再相见。韦应物这首诗,正像他的许多其他诗作一样,写得十分淡泊宁静。他一开头描写宣城,位于江边,有远到的孤舟。宣城还有南齐诗人谢朓的故宅,有他曾经登高赋诗的敬亭山。山上更有祠堂。接着,韦应物写出了唐代录事参军最典型的官务"纲纪",也就是负责监督属下,举正纠违。但是,他又劝他的朋友,工作之余不要忘了游山玩水,在"纲纪多闲日","观游得赋诗"。

唐代真是个崇拜文学的时代。做官的人当初考进士,都得学会写诗才行。进了官场,他的朋友到别处去做官,他更得写一首诗来为他送行,才算尽了情谊。但韦应物这位姓路的朋友,即将出任的"录事参军",又是一种怎样的官呢?现代学者陶敏和王友胜,为韦应物的诗作注,只引了《新唐书·百官志》中的一句话来解说,稍嫌不足,所以本章要细考韦应物这位朋友所做的这个官为何物。

唐代州一级的官员有好几种。第一种是参军,是最低一层的职位,常用作释褐官。第二种是"判司",即司功参军、司仓参军等六曹参军。他们是一州事务的实际执行官员,类似县的县尉。此两种基层官员在拙书《唐代基层文官》中已有专章讨论,此不赘论。第三种是录事参军,地位高于诸曹参军,经常"纲纪六曹"、"纲领诸曹",等于是功、仓等六曹参军之上的一个总管,是一种中层的官员,也正是本章要专论的对象。第四种是所谓的"上佐",即别驾、长史和司马。但唐后期的州经常没有上佐,或上佐成了闲

---

(接上页注)两个主要成员:前者(录事参军)为上司,后者(录事)为下属;前者为"勾官",后者为"检官"。下文还会有更详细的讨论。

员,以至于录事参军实际上成了一个州最重要的行政官,在唐史料中常和县的县令并提,甚至省略合称为"令录"。州的长官是刺史。

唐代的州大约有三百多个。其中有几个重要的州级行政单位,不叫州,而叫"府"。例如,长安地区的州原本叫"雍州",但到了开元元年(713)就因其京师地位而改称为"京兆府"。这种州级的"府",在唐前期有三个:京兆府、河南府(原洛州,即东都洛阳)、太原府(原并州,即北都太原)。在唐后期,因为人口增加、战略地位提升等因素,又先后把五个州升格为府:凤翔府(原岐州)、成都府(原益州)、河中府(原蒲州)、江陵府(原荆州)、兴元府(原梁州)。这种府的总数最后达到八个①。

除了京兆等府,唐代还有另一种比州略高一级的"府",叫"都督府"②和"都护府"。都督府主要设在内地,如汴州都督府、越州都督府等等,负责统领邻近数州的军事③。都护府则设在边区,如

---

① 关于这些州升格为府的原因,最详细的讨论见翁俊雄《唐代的州县等级制度》,《北京师范学院学报》,1991年第1期,页9—18。
② 关于唐代都督府的等级问题,历来颇有争论。最新的论争见李青淼《唐代前期都督府探讨》,《中国历史地理论丛》,2006年第4期,页66—77,以及郭声波《唐代前期都督府为州一级行政机构吗? ——对〈唐代前期都督府探讨〉的商榷》,《中国历史地理论丛》,2006年第4期,页78—84。
③ 关于唐代都督府的专书研究,有艾冲,《唐代都督府研究》(西安:西安地图出版社,2005)。其他单篇论文甚多,不俱引,主要有苏基朗《唐代前期的都督制度及其渊源》,《唐宋法制史研究》(香港:中文大学出版社,1996),页39—96;王寿南《唐代都督府之研究》,《庆祝欧阳泽民先生七秩华诞》(台北:联经出版事业股份有限公司,1988),页57—82;桂齐逊《唐代都督、都护及军镇制度与节度体制创建之关系》,《大陆杂志》,第89卷第4期(1994),页159—186;李方《唐西州行政体制考论》,特别是第一章《西州都督府(州)、县司机构》,页1—65。又见山口正晃《都督制の成立》,《東洋史研究》,第60卷第2号(2001),页1—28。

北庭都护府、安南都护府等等,负责管辖边疆事务和外族或少数民族①。这些都督府和都护府,其官员编制和州类似,也都设有录事参军的职位。

府和州的某些官员,性质相同,称谓却不同。例如,诸曹参军在"州"的场合,称为"司功参军"、"司仓参军"等;在京兆府、都督府和都护府等"府"的场合,则又称为"功曹参军"、"仓曹参军"等。同样的,州的录事参军,到了京兆府等大府,则变成了"司录参军"。然而,在都督府和都护府,又不称"司录参军",而跟州一样,称为"录事参军"。为免累赘,本章一般使用"录事参军"一词,除非须特别指明是京兆等府的司录参军。

关于录事、司录参军的研究,最早的一篇论文是严耕望的《唐代府州上佐和录事参军》②,后来又整合为他的专书《唐史研究丛稿》中《唐代府州僚佐考》的一部分。从篇名可知,严先生是把录事参军放在整个府州僚佐的大架构下来讨论的。这当然厘清了录事参军在整个府州官员系统中的地位和上下从属关系,但也因体例所限,未触及和录事参军相关的一些其他课题,比如唐后期大量出现的"摄录事参军"这种"摄官"现象等等。近年大量出土或出版的墓志等石刻史料,也让我们得以更深入了解唐代一些录事参军的生平事迹和活动,可以对他们做一些比较具体的个案研究。

除了严耕望的开创之作外,现代学者对录事参军虽有研究,

---

① 唐代都护府研究的单篇论文甚多,不俱引。近年的专书研究有李大龙,《都护制度研究》(哈尔滨:黑龙江教育出版社,2003);王世丽《安北与单于都护府:唐代北部边疆民族问题研究》(昆明:云南出版集团公司,2006)。
② 严耕望《唐代府州僚佐考》,《严耕望史学论文集》,页339—395。

但论著不算太多。张荣芳有一篇论文有一部分涉及司录参军①。王永兴的《唐勾检制研究》，有一部分涉及录事参军的"勾检"职能②。李方的《唐西州勾官编年考证》，涉及西州地区的录事参军和录事，史料虽限于唐前期，但在厘清录事参军的"勾官"职能方面，提供了许多具体的例证，很有启发性③。陈志坚的大作《唐代州郡制度研究》④，是近年来这个领域的一本力作，有不少前人所未言及的新观点。书中第二编第二章《州郡的僚佐制度》，单看标题，原本我们以为它会涉及州的录事参军，但这一章的重点却是州县的差遣制和摄官，没有论及录事参军。

曾贤熙在《唐代御史职权行使的限制与地方监察业务初探》中，把司录和录事参军视为一种地方监察官员。他认为，"在中央监察官员无法兼顾全国大小官吏的同时，地方政府组织架构中之司录参军事、录事参军事启动部内自清机制，使地方政务能顺利运作，内外相维，稳定了大唐近三百年的江山"⑤。

胡宝华在《唐代监察制度研究》中有一章专论地方监察制度，也把司录、录事参军视为地方监察系统的一环，认为他们"在地方

①张荣芳《唐代京兆府僚佐之分析——司录、判司与参军》，《东海学报》，第30卷(1989)，页85—94，有一些地方涉及司录参军，虽仅限于京兆府，但亦可参看。
②王永兴《唐勾检制研究》(上海：上海古籍出版社，1991)。
③李方《唐西州勾官编年考证——唐西州官吏编年考证(三)》，《敦煌吐鲁番研究》，第3卷(1998)，页129—161。
④陈志坚《唐代州郡制度研究》(上海：上海古籍出版社，2005)。
⑤曾贤熙《唐代御史职权行使的限制与地方监察业务初探》，《研究与动态》(台湾彰化县大叶大学通识教育中心出版)，第13期(2006年1月)，页39—60。此文虽在2006年始正式发表，但早在2003年11月即在"第六届唐代文化学术研讨会"上宣读。

社会不仅有权监察违反制度选补吏职的事件,还有权直接监察地方长官刺史的行为,同时还负责监察中央公文在地方的实施过程"①。应当指出的是,胡宝华似乎未见过曾贤熙的论文,而独立得出这个论点。

本章拟在前人的这些研究基础上,更进一步细论唐代司录和录事参军的几个重要课题,特别是准备采用更多近世出土的墓志和石刻史料,做更深入、更详细的探讨。

# 一、从勾官到通判官和专知官

唐前期有所谓"四等"官之说,即长官、通判官、判官和主典。唐代每个州、府、县和京城官署中的官员,都可分为这"四等"。这种划分法见于《唐律疏议》卷五"同职犯公坐"条下:

> 诸同职犯公坐者,长官为一等,通判官为一等,判官为一等,主典为一等,各以所由为首……检、勾之官,同下从之罪。②

接着,其疏议部分有进一步的解说:

> 同职者,谓连署之官。"公坐",谓无私曲。假如大理寺断事有违,即大卿是长官,少卿及正是通判官,丞是判官,府史是

①胡宝华《唐代监察制度研究》(北京:商务印书馆,2006),页125。
②刘俊文点校《唐律疏议》(北京:中华书局,1983)卷五,页110—113。

主典,是为四等。各以所由为首者,若主典检请有失,即主典为
首,丞为第二从,少卿、二正为第三从,大卿为第四从,即主簿、
录事亦为第四从;若由丞判断有失,以丞为首,少卿、二正为第
二从,大卿为第三从,典为第四从,主簿、录事当同第四从。①

按照《唐律疏议》的这个定义,唐代官员分为四等,若再加上检、勾
官,实际上可说分为五等。以州的场合而言,刺史便是"长官",上佐
(即别驾、长史和司马)为"通判官",六曹参军为"判官",州的令史
等吏员为"主典",录事参军为"勾官",其僚佐录事则为"检官"。

　　顺此一提,现代学者经常使用"检勾官"或"勾检官"一词,好
像这是同一种官。这种用法极易把两种不同的官混淆了,有待澄
清。实际上,唐律对"检官"和"勾官"曾有清楚的划分。且看《唐
律疏议》中的一段律文及其疏议:

　　　　检、勾之官,同下从之罪。
　　　　【疏】议曰:检者,谓发辰检稽失,诸司录事之类。勾者,
　　　　署名勾讫,录事参军之类。②

刘俊文对此有一段笺解:

　　　　按检勾官者,唐制,内外诸司皆置专官覆查文案,此专官
　　　　一般分为两级,下级负责勘检文案有否稽迟违失,所谓"发辰

①《唐律疏议》卷五,页110。又参见刘俊文《唐律疏议笺解》(北京:中华书
局,1996)卷五,页400—401 的解读。
②《唐律疏议》卷五,页113。

检稽失”是也,故称为检官,诸司录事即是此类官。上级负责覆检文案,并签字通过,所谓“署名勾讫”是也,故称为勾官,诸司主簿或录事参军即是此类官。亦有不置检勾专官者,则由判官兼管发辰勾稽。①

换句话说,现代学者所谓的“勾检官”或“检勾官”,实际上包含了两种官:“勾官”(即录事参军或主簿)和“检官”(录事)。勾官是检官的上司。两者的地位和官品也大不相同。录事参军从七品上(以上州为例),可说是中层文官,地位相当高。

但录事的地位却很低,上州的录事也只不过是从九品上②。更微妙的是,有些比较重要的官署(如门下省、御史台)的录事属流内官,但有些比较不重要的官署(如诸陵署、诸牧监等),它们的录事却又是流外官③。唐后期录事参军地位之高,经常是州刺史之下最关键的人物,也远非低层的录事可比(注意:录事参军和录事仅有两字之差,很容易把两者混淆了)④。在敦煌吐鲁番文书中,录事参军和录事也有非常清楚的分别,是两种不同的官员(录

①刘俊文《唐律疏议笺解》卷五,页401。
②《唐六典》卷三〇,页745。
③林煌达《唐代录事》,《中正历史学刊》(嘉义:台湾中正大学历史研究所),第2期(1996年6月),页91—116,特别是页92—93及页113的附表,清楚显示录事具有流内和流外的“双重性格”。
④但唐诗中的“录事”,却经常是“录事参军”的省称。例如杜甫的诗《送韦讽上阆州录事参军》(《杜诗详注》卷一三,页1156),诗题清楚说韦讽要到阆州去任“录事参军”,但他在另两首诗《东津送韦讽摄阆州录事》(《杜诗详注》卷一一,页924—925)和《韦讽录事宅观曹将军画马图歌》(《杜诗详注》卷一三,页1154),却又在诗题中把韦讽的官名省略为“录事”。下文还将讨论杜甫写这三首诗的时间背景,以及韦讽的录事参军职务。

事是录事参军的下属），常由两人分任，职务也不相同（详见下）。本章所论主要为录事参军，为免混淆，一律按唐律的规定，仅称之为"勾官"，而非"检勾官"或"勾检官"。至于录事，林煌达既然已有一专题论文，本章便不再赘论。

由于唐代律令对日本律令有过深远的影响，日本学者砺波护对这个"四等"说有所申论。他指出：

> 日本律令接受继承了隋唐律令制。在日本律令官制下的各官厅，全部都由"长官、次官（即通判官）、判官、主典"四等官构成。但在唐的律令官制中，除按"长官、通判官即次官、判官、主典"四级组织设定各自的责任外，还设有"检勾官"点检文书。……这即是说，州中以刺史为长官，以别驾、长史、司马三者为通判官①，以司功、司仓、司户、司兵、司法、司士六参军事为判官。录事参军事是检勾官②，位于判官之上。他们均为流内官。其下是主典即佐和史，他们不是官而是吏。州之下是县。县以令为长官，丞为通判官，主簿为检勾官③，尉为判官。主典与州相同，由称为"佐"、"史"的吏担当。④

---

①《唐六典》卷三〇，页747，说别驾、长史、司马等"通判列曹"，其"通判"当即和"通判官"中的"通判"同个意思。

②砺波护在此便似乎把"检官"和"勾官"混合为一，没有把两者分清楚。按《唐律疏议》，录事参军只是"勾官"。检官指的是"录事"。

③按《唐律疏议》，主簿只是"勾官"，不是"检官"，所以不宜把主簿称为"勾检官"。另见上一条注。

④砺波护《唐代の縣尉》，原刊《史林》，第57卷（1974），后收入氏著《唐代政治社会史研究》（京都：同朋舍，1986）。这里引自黄正建中译本，收在刘俊文主编《日本学者研究中国史论著选译》，第4册（北京：中华书局，1992），页559。

这是对唐代"四等官"和检勾官的最佳解读。据此可知,唐代的录事参军原本是一种"勾官",一种负责勾检文书、籍帐的官员,和县的主簿相类。

砺波护说唐代的律令官制有"检勾官"一种,而日本律令官制中则无,因而提醒我们唐代有一大批"勾官"的存在。我们过去对唐"勾官"几乎一无所知,但王永兴的大作《唐勾检制研究》,却为我们解开了许多勾官的谜团,居功至伟。他的研究征引了大量敦煌吐鲁番文书和传统史料,证明勾官在唐代是"普遍存在"的。"上自中央,下到地方,勾检制普遍实行,而自成体系"。王永兴又指出:"论述唐官制而不及勾检制,则所论述者是不完备的。"①

但这是唐前期的情况。到了唐后期,由于律令制的崩溃,四等官的体制开始崩解,唐代的行政体系也出现了一种全新的局面。李锦绣对此有详细的研究。她的结论很有启发意义:

> 唐后期行政运作的构成体系基本上为长官、判官、专知官、各色典吏,其中判官和专知官不一定并置。与前期四等官相较,最突出的特点是通判官的消亡与躬亲事务的各种专知官的出现。②

---

① 王永兴《唐勾检制研究》,《自序》,页 2。此书虽已出版十多年,但可能印数少,流通不广,知音者似乎不多,但它所探讨的是唐史研究中一个极重要的问题,笔者觉得应当多加推介。又见吴丽娱《唐后期五代财务勾检制探微》,《唐研究》,第 6 卷(2000),页 269—302。
② 李锦绣《从"三官通押"谈起——兼论唐代行政运作模式的变化》,《中国社会科学院历史研究所学刊》,第 2 集(2004),页 437。又见童光政《唐宋"四等官"审判制度初探》,《法学研究》,2001 年第 1 期,页 96—103;童光政,《唐代的勾检官制与行政效率法律化》,《国家行政学院学报》,2000 年第 4 期。

严耕望的研究已指出,唐代的"通判官"上佐(即别驾、长史和司马),在开元期间已慢慢变为闲员,不常置①。这便是四等官制分解的一个过程。"通判官"消亡,他们的位置便由"勾官"录事参军取代。于是,唐前期的"勾官"录事参军,到了唐后期,便逐渐变成了一种通判官,经常以一种"专知官"的姿态出现,成了州刺史以下最关键的州官员,地位远在判官(即六曹参军)之上。

因此,本章的主旨之一,是要探讨司录、录事参军,如何从唐前期职务比较狭窄的"勾官",逐步转变为唐后期的通判官、专知官,职权越来越大。


## 二、京城和京外的录事参军

王永兴的力作《唐勾检制研究》,为我们揭开了唐代勾检制度和勾检官的一些真貌,是近二十年来唐史研究的一本开创性著作。不过,王永兴的重点在整个勾检制度,所引用的材料主要为敦煌吐鲁番出土文书,对录事参军这种勾官,倒是没有深入的讨论。这里想以京内和京外的录事参军为例,补充一些细节。

录事参军不单是一种外官,隶属州府,也是一种京官,因为京师的一些机构,例如十六卫、羽林军、太子率府等,也有录事参军的设置。京城和京外录事参军的详细分布,见下面表七:

---

①李志生《关于唐代晚期府、州上佐(长史、司马、别驾)的几点意见》,《河北学刊》,1991年第4期,页90—94,对严耕望的论点有一些不同的看法。

表七　唐代录事参军的分布

| | 官署 |
|---|---|
| 京城 | 左右卫等十六卫 |
| | 左右羽林军 |
| | 太子左右卫等率府 |
| | 亲王府 |
| 京外 | 京兆、河南等大府 |
| | 都督府 |
| | 都护府 |
| | 各州 |

不论是在京城或京外,唐前期的录事参军,就官品来说,都大体相同,大约是七品官。就职务而言,他们都是一种勾官。《唐六典》、《通典》和两《唐书》职官志等典志,对京城和京外的录事参军,都有简要的记载。《唐六典》便这样描写左右卫的录事参军:

录事参军掌印,及受诸曹、五府及外府百司所由之事以发付,勾检稽失。①

谈到左右监门卫,《唐六典》说:

录事参军掌印发,勾检稽失。诸司籍傍押于监门者,印署而遣之。②

①《唐六典》卷二四,页617—618。
②《唐六典》卷二五,页640。

谈到左右千牛卫,《唐六典》又说:

> 录事参军掌印发,勾检稽失。余如左、右卫。①

至于州府的司录、录事参军,《唐六典》说:

> 司录、录事参军掌付事勾稽,省署抄目。纠正非违,监守
> 符印。若列曹事有异同,得以闻奏。②

这些描述都大同小异,重点是,不论是在京城或京外,唐前期录事
参军的主要职掌即"掌印"、"勾检稽失"等等,是一种典型的"勾
官"。

我们对京城的录事参军,所知十分有限,而且几乎也只限于
唐前期。例如,著名史学家刘知几的儿子刘秩,曾经担任过长安
城内左监门卫的录事参军③。唐代注《文选》的知名学者李善,曾
经出任过太子内率府录事参军、崇贤馆直学士④。盛唐诗人岑参,
也曾经在右威卫充当过录事参军⑤。但这些全都是唐前期的
例子。

---

①《唐六典》卷二五,页642。
②《唐六典》卷三〇,页748。
③《新唐书》卷一三二,页4524。
④《旧唐书》卷一八九上,页4946;《唐会要》卷三六,页766说:"(显庆)六年
正月二十七日,右内率府录事参军、崇贤馆直学士李善上《注文选》六十
卷,藏于秘府。"不过,李善可能并没有真正担任"右内率府录事参军",而
是以此官去出任"崇贤馆直学士",因为崇贤馆、集贤院等唐代文馆的各种
职位都无品秩,照例以其他官充任。
⑤杜确《岑嘉州诗序》,收在《岑嘉州诗笺注》,页1。

至于唐后期京城的录事参军，由于史料阙如，我们几乎一无所知。目前学界的认知是，在唐后期，像十六卫等官署，早已废置。杜牧对此便曾经发出这样的感叹："自今观之，设官言无谓者，其十六卫乎。"①若以此看来，唐后期的十六卫、羽林军等京城官署，似乎已经没有录事参军的职位了。

但实际情况恐怕并没有如此简单。近世出土的石刻史料，为我们提供了比较确实的证据：唐后期的十六卫等机构，其实依然有人在担任录事参军的职位。

例如，有一位赵君旨，年轻时好"礼学"，"遂取礼书陈于前，日夜讽诵不倦。业既就，来上国，应三礼科，果得高等，因授右监门卫录事参军"。他后来担任过"国子监助教及丞"，陆浑、江陵二县令，连州刺史，"国子监礼记博士，寻兼领立石经事"，于大和八年（834）去世，享年五十九②。

再如大中十二年（858）去世的河南府仓曹参军路复源，"字孟坚。早以荫第入仕，授左春坊内直局丞。秩满，迁右领卫录事参军"。他后来"迁京兆府富平县主簿。秩满，迁卫尉寺主簿，掌戎曹甲库，以劳绩迁河南府仓曹参军"③。

在乾符二年（875）去世的唐蔚州司马崔璘，他的墓志便告诉我们，他的次子崔钵，"通经上第，调授左监门卫录事参军"。为崔璘撰书墓志的，也是当时的一个录事参军，结衔为"宣义郎行右司御率府录事参军分司东都清河崔阅撰并书"④。

由此看来，京城诸卫、率府，在唐代后半期依然有录事参军存

---

① 杜牧《樊川文集》卷五，页89。
② 《唐代墓志汇编》，大和087，页2158。
③ 《唐代墓志汇编》，大中145，页2364—2365。
④ 《唐代墓志汇编》，乾符006，页2474—2475。

在,有唐后半期的这些墓志为证。除了上面引用过的三种外,类似墓志还有一些,不俱引①。但这些墓志对这些京城录事参军的记载还是太简略,我们所知依然不多,因此无法做更详细的论述。

相反的,京外州府的司录、录事参军,遗留下来的材料就比较丰富,故本章将着重于探讨这些州府的司录、录事参军的各个面貌。我们不但要探索他们在唐前期原本的"勾官"角色,同时也将细察他们在唐中叶以后的种种演变,特别是他们"纲纪六曹"的职权和他们地位的大幅提升。

# 三、不同等级州府的司录、录事参军

严耕望研究过司录、录事参军后的一大发现是:这种官"既纲纪六曹,内察府佐,外督属县,兼秉财权,关系府州行政者至大"。这个结论大抵是不错的,但能够拥有如此大权的,应当属于重要府州的司录、录事参军,例如严耕望所引用的京兆府、河南府的司录参军,以及其他重要大州如汴州和亳州的录事参军。中叶以后,朝廷对这些重要府州录事参军的任用,也是重视的。

但唐代那些次要州的录事参军,是否也拥有如此大的权力,是否也受到朝廷如此重用呢?我们却不能不存疑问。因为,我们在石刻史料中发现,唐代某些次要州的录事参军,其实可以用作释褐官,作为一个官员的初任官。释褐官一般而言并非重要官员,地位不高,权力不大,朝廷也不重用。

①详见《唐代墓志汇编》,广德 001、大历 058、大历 072、贞元 125、大和 015、大和 064、大和 087、大中 154、咸通 084 等等。

这显示司录、录事参军也跟县尉、县令等县官一样,其地位和重要性跟他们任官所属的州县等级有密切关系。唐代的州县有等级之分。州分八等:府、辅、雄、望、紧、上、中、下;县分十等:赤、次赤、畿、次畿、望、紧、上、中、中下、下①。重要州府和属县的州县官,地位都比下级州府和属县的州县官来得高,并非一律同等。重要府州的录事参军,成了士人仕途上的要津,而次要小州的录事参军,可能不受重视,沦为下僚,所以可以用作释褐官。

这种现象不但见于唐前期,也见于唐后期。

例如太宗朝的王岐(590—644),祖父任"齐直荡正都督",父亲任"隋竟陵郡书佐"。他本人则"以明经擢第,释褐施州录事参军,又授师州录事参军"②。施州(今湖北恩施)位于江南道黔中地区,是个下州③,今天依然是个偏远地区。师州更是位于河北道的一个偏远蕃州,"贞观三年以契丹、室韦部落置,侨治营州之废阳师镇"④,属于营州都督府管辖,约在今辽宁省彰武县境。王岐本人在贞观十八年"因使终于渔阳郡官舍,春秋五十五"。换句话说,他是死在师州录事参军的任上。但在去世之前,他因为出使临近的渔阳郡,住在那里的"官舍",所以也就死在那儿。王岐在这两个小州任录事参军,一生也就只做过这两任官,仕道不显,可说是个不"成功"的潦倒小官。由此看来,在这样的小州任录事参军,同在京兆、河南等大府任司录参军,真是有天壤之别。

再如,高宗朝有一位独孤澄(608—663),祖父在隋朝任同州刺史和右卫将领,父亲任"齐王府库真"。他的墓志没有提到他是

①翁俊雄《唐代的州县等级制度》,页9。
②《唐代墓志汇编》,文明008,页718—719。
③《新唐书》卷四一,页1073。
④《新唐书》卷四三下,页1127。

否有科第功名,但看来是没有,出身显然不佳。墓志上说他"释褐为渝州录事参军","俄迁沧州景城县令"。他一生也就只做过这两任官,于龙朔三年(663)病逝,享年五十六①。

渝州(今四川重庆)位于剑南道,在唐代是个下州②。一个下州的录事参军,可以用作释褐官授给这位出身不佳的独孤澄,反映了下州的录事参军地位并不高。他后来的仕途也不佳,只官至"景城县令"就病逝。景城也只是个上县③,为唐县十等分级(赤、次赤、畿、次畿、望、紧、上、中、中下、下)中的第七等级,地位并不高④。

以上是唐前期的两个例子。唐后期依然有人释褐为录事参军,且举两例。

第一个例子是任慥(763—830)。他出生在一个官宦之家,祖父和曾祖父都只官至县令,父亲则曾任绵州刺史。所以他选择以门荫而非科举入仕:"弱冠以门荫上仗,三卫出身,释褐授归州录事参军。"⑤归州(今湖北秭归)位于山南道,是个下州⑥。这位任慥一释褐就可以在归州当上录事参军,或可证唐代中下州的录事参军,并非重要官职,所以可以授给一个初次任官的人。

任慥后来的官历也很有意思。据他的墓志说,他任过归州录事参军后:

---

①《唐代墓志汇编》,龙朔068,页380。
②《新唐书》卷四二,页1091。
③《新唐书》卷三九,页1020。
④翁俊雄《唐代的州县等级制度》,页9。
⑤《唐代墓志汇编》,大和036,页2121。
⑥《新唐书》卷四〇,页1028。

安黄节度使伊公慎辟为从事，奏授太常寺协律郎，调授
邓州新野县令，河南府伊阳县丞，累授亳州录事参军。

依此看来，任儆后来做过好几种其他官：安黄节度使伊慎的幕僚、
邓州新野县令、河南府伊阳县丞，最后又回到他刚释褐时做过的
录事参军，但这回却是在另一个等级的州——亳州。据《新唐
书·地理志》，亳州（今安徽亳县）位于河南道，是个望州，地位
重要①。

　　任儆这样的官历，清楚显示一个望州的录事参军，大大不同
于一个下州的录事参军。下州的录事参军低微到甚至可以用作
释褐官，但望州的录事参军却是任儆在官场上迁转了至少三次以
后才得到的，显然并不轻授。

　　第二个例子是韦埙（793—841），宰相韦处厚的"从父之弟"
（见其墓志所记）。他十九岁便以明经出身，然后"释褐金州录事
参军"②。据《新唐书·地理志》，金州（今陕西安康）属山南道，是
个上州③。然而，这个"上"却是唐州八等分级（府、辅、雄、望、紧、
上、中、下）中的"上"④，属第六等级，并非重要大州，所以它的录
事参军可以授给一个初任官的年轻人。

　　韦埙后来的官历，也很有意思。据他的墓志，他任满金州录
事参军后的仕历如下：

---

①《新唐书》卷三八，页990。
②《唐代墓志汇编》，会昌008，页2216。
③《新唐书》卷四〇，页1033。
④翁俊雄《唐代的州县等级制度》，页9。

秩满从知于楚为评事,于洛为监察,于潭为侍御史①,皆以才敏亮直闻。中闲为秘书郎,芸阁得人,亦契素尚。今昭州相国李公珏尹正东洛,奏君司录河南事。②

这位韦埙也跟上面那位任倓一样,刚释褐就出任录事参军,做过几任幕职和"秘书郎"之后,却又回到录事参军的任上,但却是在另一个等级的州府。依上引墓志,韦埙之所以能够出任河南府司录参军这样的美职,是因为"昭州相国李公珏尹正东洛",而"奏君司录河南事"。李珏曾任文宗朝的宰相,是个大官。他出任河南尹在开成元年(836)四月③。这一年韦埙大约四十四岁,正好是唐代士人任录事参军这种中层文官的"标准"年龄。他后来还做过仓部员外郎和明州刺史等官,仕途看好,可惜英年早逝,死时才四十九岁。

应当留意的是,河南府即洛阳,是唐代后期的八大重要州府之一。韦埙刚释褐就可以出任金州录事参军,但他后来却需要连任几个官职之后,而且得到李珏这样的高官引荐,才得以出任河南府的司录参军。表面上看,金州录事参军和河南司录参军,都属同一种官,似乎没有什么不同,但两者的地位,从韦埙的仕历和其他史料看,却是天差地别,绝不可相提并论。这可证唐代的录事参军,和县尉、县令等县官一样,其地位可高可低,端看州府的所在地和等级而定。而我们研究唐代录事参军、刺史、县尉和县

---

① 这里是说他在"楚"、"洛"、"潭"等地的方镇幕府做过幕职,并得到"大理评事"、"监察御史"和"殿中侍御史"等朝衔(试衔和检校官)。
②《唐代墓志汇编》,会昌008,页2216。
③《旧唐书》卷一七三,页4504。

令这一类的州县官,也必须留意州县的等级问题,才能把问题看得更真切。

唐代重要州府的录事参军,不轻授给刚释褐的士人,我们还可以找到另一个佐证。在贞元十年去世的李汲(736—794),他的墓志便告诉我们:

> 广德(763—764)初,国家广延贤隽,待以不次之位,公乃买符西上,献策金门。郤诜得桂于东堂,汉主擢弘为上第,乃自释褐超迁楚州录事参军。①

广德初,李汲才年约二十八岁,便得以释褐为楚州录事参军,但墓志上清楚说明这是一次"超迁",即超越常规的升迁。楚州(今江苏淮安)位于淮南道,是个重要的紧州②。李汲一释褐即"超迁"这个紧州的录事参军,可能有特殊原因,可说是个例外,也可证这种重要大州的录事参军,地位都比较高,一般不轻授刚入仕的年轻人。

综上所考,严耕望推论司录、录事参军位处"府州行政之关键",甚至演变成宋人所说"掌州院"的局面,固然都有史料根据,但这个说法恐怕仅适用于唐代重要大府如京兆、河南等府,或重要大州如汴、亳等州,而不能概括所有大大小小的唐代府州。唐代那些偏远州或户口比较少的小州,其录事参军的地位可能并没有像严耕望所说的那么崇高。这些偏远州或小州的录事参军,甚至可以用作释褐官,如上文所考,授给初次任官的人。

---

① 《唐代墓志汇编》,贞元 072,页 1888—1889。
② 《新唐书》卷四一,页 1052。

这种情况,正如县尉和县令的地位是否高尚,要看他们任官之县的等级而定一样。京、畿、望和紧县的县令和县尉,地位远远高于上、中和下县的县令和县尉。这当中又以京、畿县者为士人竞求的对象①。同理,录事参军的地位,也要看他们所属州的等级而定。唐代那些府、辅、雄、望、紧等级的府州,其司录、录事参军的地位,远远高于上、中、下等级州的录事参军。

## 四、唐前期录事参军:政典和出土唐代文书所见

唐代前期的录事参军,沿袭了两晋南北朝的旧制。《通典》追溯此官的源流时说:

> 晋置。本为公府官,非州郡职也。掌总录众曹文簿,举弹善恶。②

换句话说,南北朝的录事参军,原本是军府之官,不像隋唐那样演变为"州郡职",成了州县官。但值得留意的是,隋唐仍然保留"参军"或"参军事"这种带有浓厚军府意味的官名。"参军"就是"参与军事"的意思。

此官的职务主要有二:一是"掌总录众曹文簿",也就是勾检文案;二是"举弹善恶",也就是纠举属下州县官。换一个说法,录事参军是一种"勾官",也是一种地方上的"监察"之官。这两大

①详见本书第四章《县令》以及拙书《唐代基层文官》第三章《县尉》。
②《通典》卷三三,页912。

职能可说是录事参军最突出、最基本的两大辨识"标志"。

王永兴在《唐勾检制研究》中，曾提及唐代录事参军的这种"勾检职能"和"监察职能"。但王永兴也特别说明他的书限于题目，只能论及录事参军的"勾官"职能。至于"监察系统"，则"不在本书论述的范围内"①。但本章论司录、录事参军，则准备详论他们的这两大职能。

唐前期的政典《唐六典》这样描写司录、录事参军：

> 司录、录事参军掌付事勾稽，省署抄目。纠正非违，监守符印。若列曹事有异同，得以闻奏。②

《唐六典》的这段记载，其实可以跟《通典》的类似一段记述合起来看，更有意义。《通典》虽成书于德宗贞元十七年（801），但早有学者指出，它的史料经常停留在唐前期，顶多只到肃宗、代宗朝③。所以，《通典》下面这段记载，实际上所写的还是唐前期的司录、录事参军：

> 大唐武德元年，复为录事参军。开元初，改京尹属官曰司录参军，掌付事句稽，省署钞目，纠弹部内非违，监印、给纸

---

① 王永兴《唐勾检制研究》，页28—29。
② 《唐六典》卷三〇，页748。
③ 例如，负责校点中华书局版《通典》的王文锦便说："《通典》记述典章制度历史沿革的时限是：上自唐虞三代，下迄天宝之末，必要时也上溯轩辕，下探肃代。"清代以来，有颇多学者研究《通典》编纂成书的过程。比较新且深入的一篇研究见北川俊昭，《〈通典〉编纂始末考：とくにその上献の時期をめぐって》，《東洋史研究》，第57卷第1号（1998），页125—148。

笔之事。①

　　细心比较,《唐六典》和《通典》的记载可说大同小异。大同的部分在于两者都触及录事参军的两大"标志",即其"勾官"职能和"监察"职能。勾官职能即《唐六典》所说的"掌付事勾稽,省署钞目",或《通典》所说的"掌付事句稽,省署钞目"。"监察"职能即《唐六典》所说的"纠正非违"和《通典》所说的"纠弹部内非违"。

　　小异的是,《通典》特别提及录事参军负责"给纸笔之事"。这点《唐六典》未提,应当并非是遗漏了,而是《唐六典》后世的传本有脱文,因为《唐六典》在记述县主簿时,曾经明确提到县主簿负责"给纸笔、杂用之事":

　　　　主簿掌付事勾稽,省署抄目,纠正非违,监守,给纸笔、杂用之事。②

　　我们知道,州的录事参军到了县一级,便称为主簿,两者的职掌是相同的。事实上,州录事参军在隋和唐初原本就称为"州主簿",和"县主簿"对应。到"武德初",才"改州主簿曰录事参军事"③。《唐六典》记县主簿有"给纸笔、杂用之事",但记录事参军时却无,应当不是它当初遗漏未书,而是后世传抄脱漏所致,可据县主簿此条和《通典》所记校补。

　　《唐六典》说录事参军"付事勾稽,省署钞目",但没有提供具

---

①《通典》卷三三,页912。
②《唐六典》卷三〇,页753。
③《新唐书》卷四九下,页1312。

体实例,颇不易理解。幸好,录事参军的这一种文案工作,在吐鲁番出土文书中却可以很清楚见到,因为这一类出土文书都是当时官府实际行用的文书,上面经常保存当年录事参军的名字,以及他们"付事"和"勾讫"的笔迹。

在敦煌吐鲁番文书当中,又以吐鲁番文书特别能够反映录事参军的工作。敦煌文书中反而很少见到录事参军的活动。据卢向前的研究,吐鲁番文书中所见的唐代牒式案卷,其处理程序有六个环节,即长官署名、受付、四等官判案、执行、检勾、抄目①。其中跟录事参军最有关联的是"受付"、"检勾"和"抄目"这三节。

就吐鲁番文书所见,《唐六典》所说的"付事勾稽,省署抄目"应当分解为三个环节来理解。其中"付事勾稽"实际上可以再细分为"付事"和"勾稽"两个不同的环节。录事司收到公文后,首先由录事签"受",再由录事参军签"付",交给属下的列曹参军去行判办理,此谓"付事"。等到公事办好后,再首先由录事签"检无稽失",然后再由录事参军签"勾讫",此谓"勾稽"。"省署抄目"则是最后一道总结文案的环节。我们不妨用吐鲁番出土文书来解说和印证这几个环节的作业。

例如,在开元二十一年的《西州都督府勘给过所案卷》②中,就有下面几行(为方便辨识,人名部分都加上底线):

  19      开元廿一年正月廿一日

---

① 卢向前《牒式及其处理程式的探讨——唐公式文研究》,北京大学中国中古史研究中心编《敦煌吐鲁番文献研究论集》(北京:北京大学出版社,1983— )第 3 辑(1986),页 335—393。
② 收在《吐鲁番出土文书》(图版录文本)(北京:文物出版社,1996),第 4 册,页 281—287。

20　　功曹判仓曹<u>九思</u>　　　　府

21　　　　　　正月廿二日　录事　<u>元肯</u>　受

　　　　　　　　　　　史泛友

22　　　　功曹摄录事参军　<u>思</u>　付

这是西州都督府办理一个"安西镇满放兵士孟怀福"请过所的文书。首先由一个名叫九思的"功曹判仓曹"处理。他把牒文送交都督府的录事司。录事司的一名录事元肯在开元二十一年正月廿二日"受"理了这份文书。他的上司，一位叫"思"的"功曹摄录事参军"，便在同一天把文书交"付"给他属下的户曹参军审理。我们从案卷的 36 到 45 行知道，户曹参军梁元璟和西州都督王斛斯都在文书上写了判词，批准了这项过所的申请。整个案件可说圆满执行完毕，所以在案卷的 46 到 49 行，我们见到录事司的一个"勾稽"过程：

46　　　正月廿二受,廿九日行判

47　　　　　录事　<u>元肯</u>　检无稽失

48　　　　　功曹摄录事参军　<u>思</u>　勾讫

49　　　给<u>孟怀福</u>坊州已来过所事

第 46 行显示,这件公事在正月廿二日受理,在廿九日"行判",也就是处理完毕,前后总共用了大约八天。从原文书的笔迹看来,第 46 行应当是录事所写。唐代公文的处理都有所谓的"程限",必须在规定的期限内办完,否则过了期限,即所谓的"稽程",办事的官员要受罚①。这一行便结算了这一件公文办理的时间,应当

————————

① 王永兴《唐勾检制研究》,页 3—4。

是作为稽核的一个参考。

第 47 行是录事司下层僚佐录事的一个签署。他签上自己的名字"元肯",并且注明"检无稽失"这几个字,表示这件公事他已经检查过所有公文和程序,没有"稽失"。我们在前面见过,录事实际上是一种"检官"(不是"勾官"),是录事参军的下属,层次比较低,所以先由他来检查文书,然后才呈给他的上司录事参军复核。

第 48 行的"功曹摄录事参军"才是录事司的首长。他才是真正的"勾官",所以他签上自己的单名"思",再署上"勾讫"两字,表示整个审核检勾的程序完成了。值得注意的是,这位名叫"思"的官员,他实际上原本是个"功曹",但他在这里却是代行录事参军的职务,所以他的名衔是"功曹摄录事参军"。据李方的研究,以吐鲁番出土文书所见,西州这时期只有三个"正式"的录事参军,其余的都是"代摄"者①。西州摄录事参军的现象十分常见,此为一例。

第 49 行是整件公事的一个总结性说明,等于是一个工作项目的"提要",一个"目"。从其他吐鲁番出土文书,我们知道这一行"目",可能会按日或按月份跟其他种种公事的"目"汇整在一起,作为一个官署当日或当月完成了多少件公事的一个记录,一个"抄目"(或"抄目历")。例如《吐鲁番出土文书》所收的《唐西州某县事目》②,便是这样的一种"目"的汇整单子。且看其中一部分:

___

①李方《唐西州勾官编年考证》,页 156。
②《吐鲁番出土文书》(图版录文本),第 4 册,页 461。

82 □□□为州县录事仓督城主准式铨拟讫申事廿五日付
　　□□□□□□□

83 □□牒为长行马减料等别仓贮纳讫申事廿五日付郑满

84 □□□□□□为水罚钱速催送州事廿五日付张驾

85 □□□□□□□并年终帐同到事廿五日付张 驾

这件文书太长，故只引上面几行。它也相当残缺，但它所存的部分，每一行最后都可见到一个"事"字，如上引83至85行。笔者认为，这个"事"字，正是这种"目"的一个最重要的辨识标志，正如上引孟怀福申请过所案中第49行总结全案的"给孟怀福坊州已来过所事"一句，最后一个字也正是个"事"字。唐代官署把这些办案完毕所写的那一行"目"，分别抄录汇整成一张单子，便是"抄目"或"抄目历"。

《魏书》载："肃宗世，朝政稍衰，人多窃冒军功。(卢)同阅吏部勋书，因加检覆，核得窃阶者三百余人。"于是这位高官上了一篇表，或可帮助我们理解古代这种"抄目"的形成及其使用目的：

> 窃见吏部勋簿，多皆改换。……顷来非但偷阶冒名，改换勋簿而已，或一阶再取，或易名受级，凡如此者，其人不少。良由吏部无簿，防塞失方。何者？吏部加阶之后，簿不注记，缘此之故，易生侥幸。自今叙阶之后，名簿具注加补日月，尚书印记，然后付曹。郎中别作抄目，印记一如尚书，郎中自掌，递代相付。此制一行，差止奸罔。①

--------

① 《魏书》卷七六，页1286—1683。又见《北史》卷三〇，页1096。

换言之,抄目可以说是一种备份的提要式记载,上面载有办完某某事的记录(比如卢同所说的"叙阶"事),做成一个"名簿",有注记,有日期,有印记,其目的是为了防止他人涂改记录。

唐代的这种"抄目",应当类似《魏书》卢同表文中所描写的这个"抄目"。其具体例证就是上引吐鲁番文书的那个样子。这种"抄目",或许是由录事司的主典官(府史)所抄录成册,再由录事参军来"省署"。所谓"省署",就像上引《魏书》中所说,要在抄目上写上注记、日期,做成另一个记录册,好比是一种备份。这不但可以作为录事司自己每日每月办事的一个总帐册,也可以用来防止奸人窜改记录犯法。

《新唐书·百官志》有一段记载,述及唐宫廷尚宫局中"司记"的工作,也可帮助我们了解"抄目"是由哪些人抄录的:

> 司记二人,正六品;二十四司皆如之。掌宫内文簿入出,录为抄目,审付行焉。牒状无违,然后加印。①

这里的"司记"是宫官。这种宫官的官品皆记为"正五品"、"正六品"、"正七品"等等,无上下阶之分②。他们显然和流内官不同。从上下文看,应是一种低层的宫中服务人员。看来"录为抄目"这种文书工作,一般由这类小官负责。笔者推测,录事参军所省署的"抄目",应当由录事司中的府史抄写。

"抄目"的样式,我们在上引的吐鲁番文书中见到,其最主要的辨识标志,便是它每一行末,照例有一个"事"字。这一点,可以

---

① 《新唐书》卷四七,页1226。
② 《唐六典》卷一二,页348—349。

在《日本令集解释义》卷二中找到佐证：

> （职员令神祇官条集解）释云：唐令私记云：都省令史，受
> 来牒而付本头令史，付讫作钞目，谓之"上钞"，其样如左也：
>> 太常寺牒为请差巡陵使事
>> 右壹通十九日付吏部令史王庭①

这是日本令中所保存的一条唐"抄目"形式，正可印证我们在吐鲁
番文书中所见者。

　　但《吐鲁番出土文书》的编者，或许受到这张"抄目"最后一
个"事"字的影响，而把这份文件称为"事目"。然而，王永兴研究
过这份文书后认为，"'事目'这一名称不误，但不够准确"②。他
后来认为应当定名为"印历"才是③。

　　《唐六典》说录事参军的工作之一是"省署抄目"，《通典》说
是"省署钞目"，意思相同，但若无实例，颇不易理解。吐鲁番出土
文书中的"抄目"和"抄目历"，正好提供了非常具体的例证，可以
帮助我们了解何谓"省署抄目"。正如王永兴所解释的，"省"是
"对抄目的检查"，"署"为"勾官的署名"。例如，《吐鲁番出土文
书》载有一《唐残事目》④：

---

① 见仁井田陞《唐令拾遗》（东京：东方文化学院，1933），页 557 所引。
② 王永兴《吐鲁番出土唐西州某县事目文书研究》，《唐代前期西北军事研
　　究》，页 363、376—391。
③ 王永兴《王永兴学述》（杭州：浙江人民出版社，1999），页 216—220。这点
　　承李锦绣女士教示，谨此致谢。
④ 《吐鲁番出土文书》（图版录文本），第 4 册，页 373。

1 安忽那□□□□□

2 即日判达曹孤易奴，付□□□□□□□｜

3 曹狐易奴等辞为请和籴物事｜

4 即□□□　　　　　付□□□

5 □□□□□□□□□□□□事□□□

第 3 和第 5 行都有一个"抄目"的重要辨识标志"事"字，应当就是
总结文案的"抄目"。第 1 行看来也是个"目"，很可能也有个
"事"字，但后端残缺不明。据《吐鲁番出土文书》的编者注，第 2
行"即日判达曹狐易奴"和第 4 行"即"字部分都是朱书。勾官用
朱笔，可证这些都是勾官"省署"的笔迹，也就是上引《魏书》所说
的"注记"。王永兴说："从朱书内容看，2 行朱书是对 3 行文案处
理后的记录，它书于应办文案之右侧，是对这一文案处理情况检
查结果的说明。我认为，这就是勾官'省署抄目'的结果。"[1]

　　因此，这件吐鲁番文书应当可说对唐代录事参军如何"省署
抄目"，做了最好的"图解说明"了。

　　除了"付事"、"勾稽"、"省署抄目"外，《唐六典》和《通典》说
录事参军还有一项工作，那就是"监印"。这个项目也可以在敦煌
吐鲁番出土文书中找到佐证。以笔者所见，最好的证据在《开元
八年三月北庭都护府案为西州长行坊马死事》案卷。且看其中一
个文案的处理结果：

1　　　　　　　开元八年三月十九日

---

①王永兴《吐鲁番出土唐西州某县事目文书研究》，《唐代前期西北军事研
究》，页 367。

2       府

3 □曹判兵曹  鎏

4       史谢举

5      三月十九日受即日行判

6      录事   检无稽失

7 五道出印讫史李艺鸾  功曹摄录事参军自判

8 牒西州为西州长行马壹匹致死事①

以上文书的第 7 行上半部"五道出印讫史李艺鸾"几个字,据图版为朱书。李锦绣认为"是勾官行印的记录"。"五道"即五道文书的意思("五道"有时也可能指"五张纸")。"五道出印讫"即前面五道文书已经用印完毕。我们从其他文书知道,"史李艺"是北庭都护府录事司中的一个"史"。"鸾"即录事参军"飞鸾"。两人的名字数见于北庭文书中②。这一行注记便是录事司和录事参军监印和用印的一个记录。

  以上引用几件吐鲁番出土文书,对唐代前期录事参军如何

---

①此文书现藏日本京都藤井有邻馆。图版和录文见藤枝晃,《长行马》,《墨美》,第 60 号《特集:长行马文书》(1956),页 25—26。兰州大学的冯培红兄电邮传来此期《墨美》的全部照片,特此致谢。除了图版和藤枝晃的录文外,我也参考了李锦绣的录文,收在她的《唐开元中北庭长行坊文书考释(上)》,《吐鲁番学研究》,2004 年第 2 期,页 17—18。按《吐鲁番学研究》为半年刊,由新疆吐鲁番学学会和新疆吐鲁番地区文物局主办,但却属"新疆内部资料",未对外发行,国外图书馆皆无从订阅。我的同事,台湾清华大学历史研究所的黄一农兄,在 2006 年夏天赴吐鲁番开会时,为我携回一整套完整的《吐鲁番学研究》期刊,让我得以见到中国大陆最新的吐鲁番研究资料,特此致谢。

②详见李锦绣上引文,页 17 注 4。

"付事"、"勾稽"、"省署抄目"和"监印",做了最基本的解说。底下让我们再引大谷文书5839号①,对录事参军工作环节的一些细节与变化,做更进一步的说明:

| | |
|---|---|
| 1 | 付司。楚珪　示 |
| 2 | 　　　廿七日 |
| 3 | 五月廿七日　录事　使　　西州都 |
| 4 | 录事参军　沙安②　付　　督府之印 |
| 5 | 牒,检案,连如前。谨牒。 |
| 6 | 五月　　日　史　李艺　牒 |
| 7 | 兵法两司请纸,各准数 |
| 8 | 分付取领。谘,沙安　白 |
| 9 | 　　　廿七日 |
| 10 | 依判。谘,希望　示 |
| 11 | 　　　廿七日 |
| 12 | 依判。谘,球之示 |
| 13 | 　　　廿七日 |
| 14 | 依判。楚珪　示 |
| 15 | 　　　廿七日 |

①图版见西域文化研究会编《西域文化研究》第3册《敦煌吐鲁番社會經濟資料(下)》(京都:法藏馆,1960),卷首图2。最早的录文和考释见内藤乾吉《西域發見唐代官文書の研究》,《西域文化研究》第3册《敦煌吐鲁番社会經濟資料(下)》,页9—111;此文又收在内藤乾吉《中國法制史考證》(东京:有斐阁,1963),页223—345;又见李方《唐西州长官编年考证——西州官吏考证(一)》,《敦煌吐鲁番研究》,第1卷(1995),页284—285。

②此人常见于吐鲁番文书。内藤乾吉和李方,把他的名字释读为"沙妻"。但《吐鲁番出土文书》的编者、王仲荦和李锦绣等人释读为"沙安"。

| 16 | | 开元十六年五月廿七日 | |
| --- | --- | --- | --- |
| 17 | | 史　李艺 | |
| 18 | 录事参军沙安 | | |
| 19 | | 史 | |
| 20 | | 五月廿七日受,即日行判 | |
| 21 | | 录事　使 | |
| 22 | | 录事参军　　　　　　自判 | |
| 23 | 案为兵曹法曹等司请黄纸准数分付事 | | |

以上第3和第4行是录事司的"受付"。但录事出使在外,所以"录事"项目下没有名字,只有个"使"字。录事参军为沙安,这个名字常见于这一时期的吐鲁番文书。他的署名下有一"付"字,此为他办案的"付事"环节。在此值得留意的是,录事司的这项"受付"部分下面,盖有"西州都督府之印"。我们前面见过,《唐六典》说录事参军"监守符印";《通典》也说他"监印"。据此看来,这枚"西州都督府之印"显然掌握在录事参军(而非都督)之手。文书上这个印,很可能也是录事参军盖上去的。果真如此,则这件文书可以为《唐六典》和《通典》所说的"监印"事,提供一个非常好的"图解说明"。

第7和第8行是录事参军沙安的一个判词,告诉我们此文案涉及"兵法两司"(即兵曹和法曹)"请纸"事,而他判案的决定是"各准数"和"分付取领"。"谘"是判案的一个专用语,表示和上级商量、"谘"询之意①。"白"是下属判案的结束套语,和上一级

---

① 王仲荦《吐鲁番出土的几件唐代过所》,《峭华山馆丛稿》(北京:中华书局,1987),页296及页312等处,把此"谘"字解作"谘议参军",恐误。

判案所用的"示"相对。"白"带有"谦卑"意味①。

不过,这两行判词在唐代所谓四等官判案的过程中,却是个有趣的"变调"。我们前面见过,录事参军是个所谓的"勾官",并非"判官"(即执行官)。若按照《唐律疏议》等律令的规定,这位录事参军沙安原本不应当在此判案。他的工作原本是"付事",即把文案"付"给他下面的列曹参军去行判。这些列曹参军才是四等官中的所谓"判官"。

但为何沙安在此判案?这真是一个有趣的案例。

最简便的解释是,正如《通典》所说,录事参军也管"给纸笔之事"。此案既然涉及兵、法两曹"请纸"事,那么由录事参军沙安来判案,似乎便属非常合情合理的事了。除了这个案例之外,在吐鲁番出土文书中,还有几件"请纸"文案,也都是由录事参军来行判。例如,黄文弼《吐鲁番考古记》所收的《西州虞候司及法曹司请料纸牒》②,以及上海博物馆所藏的上博 36643 号《健儿杜奉及录事司请纸牒》③,都是如此。

不过,我们在其他敦煌吐鲁番出土文书中可以发现,录事参军不单在判"请纸"事,也在判其他事情,比如处理长行坊死马事。前引日本有邻馆藏《开元八年三月北庭都护府案为西州长行坊马死事》,就有下面这么一个检勾:

---

①关于这些判案用语的详细解说,详见向群《敦煌吐鲁番文书中所见唐官文书"行判"的几个问题》,《敦煌研究》,1995 年第 3 期,页 137—146。

②此文书最早收在黄文弼《吐鲁番考古记》(北京:中国科学院,1954),图 32。页 52—53 有黄文弼的录文和考释。

③《上海博物馆藏敦煌吐鲁番文献》(上海:上海古籍出版社,1993),彩色图版 23,黑白图版在页 257—259。

| | |
|---|---|
| 5 | 三月十九日受即日行判 |
| 6 | 录事　　检无稽失 |
| 7 五道出印讫史李艺鸾 | 功曹摄录事参军自判 |

第7行清楚显示,这位"功曹摄录事参军"的注记不是一般常见的"勾讫"两字,而是"自判"。很可能,此文案由他以"功曹摄录事参军"身份来行判。他"不便"勾稽自己所判之案,所以只写上"自判"两字,而无"勾讫"的字眼①。

这个案例显示,西州都督府的录事参军,不但可以处理"请纸"事,在必要时也可以处理如长行马致死之事。这些原本都属判官的工作,但现在却由录事参军这种勾官来做。同时,不但正式编制内的录事参军如沙安可以这样做,而且甚至连"功曹摄录事参军"这样非正式代摄的录事参军,也都可以判案。

回到大谷文书5839号,第10到13行是两位西州都督府上佐的判词、署名和日期。他们是四等官中的"通判官",位在判官之上,长官之下。"依判"意即同意先前判官的判决(即录事参军沙安的判决)。"谘"是向上级请示的套语。

第14行是一位长官"楚珪"的判词。我们从其他文书知道,他正是西州都督府的都督,全名叫张楚珪。他的判词只有"依判"两字,表示他同意下属通判官和判官先前的判决。由于他是长官,所以他的判词不再带"谘"字这种向上级请示的套语。

第16到23行是整件文书总结的部分。第18行的位置,通常写上判官的曹司和名字。如果此案由户曹参军行判,则这里会写上"户曹参军某某",底下则是两个"史"和他们的名字。但本案

①参考卢向前,前引文,页379。

既然由录事参军行判,所以这里又再次写上"录事参军沙安"。第
17行的"史"和第19行的"史"是录事司属下原本应当有的两个
史的编制。但沙安这个录事司,看来只有一个名叫李艺的史(第
17行)在执行任务。第19行的另一个史,因无人在任,所以下面
是空白的。

第20行是统计这个文案所花的时间:五月廿七日受理,当天
就处理完毕。

第21和22行是"检勾"的部分。值得注意的是,这两行和我
们在其他吐鲁番文书上所见的样式有些不同。这里原本应当如
《开元二十一年唐益谦、薛光泚、康大之请给过所案卷》中所见
那样:


79          录事　元肯　检无稽失
80          仓曹摄录事参军　勤　勾讫①


但在上引大谷文书中,由于当时西州都督府的录事出使在外,所
以他没有执行检稽的工作。第21行就只注明"录事使",没有"检
无稽失"的注记。第22行特别注明是"录事参军自判",而不是常
见的"录事参军勾讫",因为本案不是由列曹参军行判,而是由录
事参军"自判"。勾官应当"不便"勾稽他自己所判的文案,所以
他在这里所用的字眼是"自判",而非习见的"勾讫"。

这种"录事参军自判"的注记,也见于开元十六年《西州虞候
司及法曹司请料纸牒》②:

―――――――――
① 《吐鲁番出土文书》(图版录文本),第4册,页274。
② 黄文弼《吐鲁番考古记》,页52释文,页112图32。

1　　　　　　　　　史

2　　　　　　六月八日受，即日行判

3　　　　　　录事　　使

4　　　　　　录事参军　　自判

5案为虞候司请六月料纸事

按，这两个文案同为开元十六年，一在五月廿七日，一在六月八日，时间上非常接近，录事参军同为沙安，又同为请纸案，所以这两件文书有不少雷同的地方，特别是录事出使在外未归，以及"录事参军自判"这两点。

综上所考，吐鲁番出土文书让我们见到唐代的录事参军，如何执行《唐六典》和《通典》所记载的几个最主要的职务：付事、勾稽、省署抄目、监印以及给纸笔事。我们也得以见到他跟属下的录事和录事司中的史，以及他跟上级通判官和长官，如何配搭合作，执行公务，在文书上批示勾署。如果没有这些出土文书，我们便没有如此具体、生动的"图解说明"。

然而，吐鲁番出土文书的意义还不止如此。它不仅提供"图解说明"，还和政典上的记载形成一种有趣的、复杂的、动态的对照。我们常说，《唐六典》和《通典》记载的是一种"理想化"的状况。比如，两典都说都督府有一个录事参军、两个录事，意思是，在最"理想"的状态，都督府应当有这样的"理想"编制。但我们在吐鲁番文书上所见的"实际"情况是，西州都督府经常没有正式编制的录事参军，常由其他列曹参军代摄职务。录事也可能常出使在外未归，并未执行公务。所以，《唐六典》和《通典》的记载可说是"理想"的、"静态"的。实际的"动态"情况要比这些记载来得更为复杂，更多变化。

再如,《唐律疏议》等律令,把唐代官员分为四等官、勾官、检官等等,并规定他们执行公务的程序,看起来非常有条不紊,但其实这也是一种"理想化"的状况,实际施行起来未必如此。以吐鲁番出土文书所见,录事参军不但是勾官,他在必要时也可以是判官,可以"自判"。总结而言,在探讨唐代的典章制度时,我们固然要留意政典和职官书上所记载的"理想化"状态,但我们更要细察出土文书、墓志或其他史料所见的实际施行状况,以及它跟政典记载不相同之处。这"不相同之处"才是制度真正施行时动态的、复杂的一面。

前面我们见过,《唐六典》和《通典》所载录事参军最主要的职务,特别是他勾官职能的部分,如付事、勾稽、省署抄目、监印和给纸笔等项,完全可以在吐鲁番近世出土的文书中找到非常贴切的印证和"图解说明"。这是吐鲁番文书独特的地方,也是其他史料所不及者。

但两典还记载了录事参军另一种重要的监察职能,也就是"纠正非违"或"纠弹部内非违",却似乎未能在吐鲁番文书中充分、清楚显现。当然这是因为这些吐鲁番文书都属日常行政上办理文案的案卷。表面上,我们似乎只能见到录事参军如何处理日常公务,如何做一些文案工作,似乎好像不易从中看出录事参军"纠正非违"的监察功能。

然而,深一层看,这些吐鲁番文书其实还是反映了录事参军"纠弹"的监察职能。让我们从另一个角度重新审视这批出土文书。

从公务执行的程序看,录事参军的确在扮演着一种举足轻重的地位。首先,他和下属录事分别负起"受"和"付"的要务。他把一件公事交"付"给属下的列曹参军去办理,这个举动便意味着他位居列曹参军之上,负责管辖这些列曹参军的日常行政事务。

这也就是其他唐代文献所说"纲纪六曹"的意思。

"付事"之后,文案由列曹参军以四等官中的"判官"身份判案,再由州上佐(司马、长史、别驾)以"通判"的身份再判,然后由长官批"示"成案,最后又回到录事司。这时,录事必须先检查整个文案,看看程限是否有稽违,文件是否完整等等,再署上"检无稽失"四个字。然后,录事参军才以勾官身份署上"勾讫"两字,作最后的定案。

笔者认为,就在"付事"和"勾讫"的过程中,录事参军不但扮演着"勾官"的角色,同时也在行使他的"监察"职能。他把文案交付给下属的六曹参军去办理,并且在最后对交办的文案进行"勾讫"的动作,这不正好就是"监察"的一个环节吗?

只不过,吐鲁番出土文书中从来不曾使用"监察"这样的字眼。然而,从录事参军"付事"到"勾讫",他的确是在监视着他的下属和他们办案的整个过程。如果下属有违法或不当行为,录事参军便是负责"纠举"的官员。

如果说吐鲁番文书未能明显反映录事参军的"监察"职能,则唐代还有一种史料,倒是更明确记载了录事参军的"监察"功能。这便是唐代墓志。吐鲁番文书展现录事参军的"勾官"职能,而唐代墓志则清楚记载录事参军的"监察"身份——这两种史料正好可以互补有无。底下就让我们来看看唐代墓志如何呈现录事参军的"监察"角色。

## 五、唐前期录事参军:墓志所见

和吐鲁番文书大不相同的是,唐代墓志几乎没有呈现录事参军作为"勾官"的一面,反而比较凸显他们的"监察"身份。当然,这是因为这两种史料性质不同的关系,也形成了有趣的对比。

例如,唐初的一篇墓志《大唐故儒林郎王君(令)墓志铭》便说:

> 祖秀,皇朝任邓州录事参军。壤带豫荆,地殷周楚,总六曹而不紊,画一法以司存。①

按,墓志志主王令卒于总章二年(669)。他的祖父王秀当在唐初即已就任邓州录事参军,而且当时即"总六曹而不紊"。"总六曹"这种说法,不但显示唐初的录事参军,仍然继续在行使南北朝以来录事参军的一大职掌,而且也突出了他位居六曹参军之上"纲纪六曹"的监督角色。

顺此一提,"纲纪六曹"是南北朝录事参军既有的职权,也是唐初录事参军继承下来的职务,下面还将论及。但有些现代学者似乎误以为这是唐后期录事参军才有的职权。

另一篇墓志《唐故宋州录事尔朱府君墓志铭并序》②,则记载了唐初一位录事参军尔朱旻(621—673)的生平事迹,让我们得以见识唐初任此官者会是一个怎样的人。据墓志,尔朱旻的祖上非常显赫。他的曾祖尔朱敞,是"博陵王嫡子,隋金、徐二州总管诸军事,金、徐二州刺史,边城郡开国公"③。他的祖父"休最,隋寿县开国公,又除亲卫大都督,转任豫章王府司马,袭封边城郡公"。

---

①《唐代墓志汇编》,总章028,页500。
②《唐代墓志汇编》,垂拱012,页737。
③尔朱敞在《隋书》卷五五,页1374有传,但他的名字在《隋书》写作"尒朱敞"。

他的父亲"义琛,唐同州长史、太仆少卿、工部侍郎、大理正卿、定州刺史"。这些都是隋唐两代的高官。

尔朱旻本人"考秩既终,式陪英选",便"释褐授……江王府兵曹参军事"。他接着任"定州司户参军事"。这时他父亲也在任定州刺史①。"公以父子连任,持蒙改职","于是授公宋州录事参军事"。他的墓志说他任此职时:

> 公探详物理,纠举愆连,高居一郡之雄,直处六曹之首。②

不久他即"以咸亨四年七月廿三日终于宋州宁陵县,春秋五十有三",可知他是在宋州录事参军任上去世的。尔朱旻一生就只做过这三任官,成就远不如他父亲或祖上几代。但正如本书经常指出,唐代许多州县官一生中常常做官不到五任。尔朱此例也可说是个典型。

尔朱墓志上说他"纠举愆连,高居一郡之雄,直处六曹之首"这一句话,有两点很可注意:一是说他的职务在于"纠举愆连"。这正是《唐六典》所说"纠正非违",或《通典》所说"纠弹部内非违"之意,也就是录事参军最基本的职掌之一。另一则是说他位在六曹之上,负责监督一州内六曹(即功曹、仓曹、户曹、兵曹、法曹和士曹)参军。

严耕望早已指出,《唐六典》和《通典》述录事参军职掌时,皆

---

① 尔朱义琛本人亦有墓志传世,曰《大唐故银青光禄大夫定州刺史上柱国尔朱府君墓志》,收在《唐代墓志汇编》,上元 036,页 618—619。郁贤皓《唐刺史考全编》,页 1546,引此墓志,考定尔朱义琛任定州刺史大约在"乾封时"。

② 《唐代墓志汇编》,垂拱 012,页 737。

忽略了"纲纪六曹"这一项①。实际上,唐代的录事参军,早在初唐即有这项职务,并非到了安史乱后的唐后期才来"纲纪六曹"。这类例证在两《唐书》列传中似乎找不到,但在唐代墓志中却很常见。除了上面引用过的几个例子外,这里且再引数例,以证录事参军在唐初即有"纲纪六曹"的重要地位。

譬如,武则天时代有一位"陕县尉河东柳绍先"所撰的《杨氏合葬残碑》,便提到"贞观年"有一位"制授杭州录事参军,纲纪六曹"②。这可能是记载唐代录事参军"纲纪六曹"年代最早的一条史料。

长寿二年的《大唐故中散大夫行茂州都督府司马上柱国张府君墓志铭并序》,记载了张怀寂(632—693)一生的事迹。他出身将军世家。他的墓志特别提到他壮年第二个官职为"伊州录事参军,纠劾六曹"③。

景云二年的《大唐故文林郎田君墓志铭并序》,志主田待(640—698)本身官历不详,但他的墓志倒是特别提到他的父亲田万顷,"皇朝桂州都督府录事参军;游馥兰室,从班桂林,纲纪六曹,辅佐千里"④。

开元二年的《大唐故右卫中郎将兼右金吾将军同安郡开国公郑府君墓志铭并序》,记载了郑玄果(623—685)颇为精彩的一生。他年轻时,"起家文德皇后挽郎,解褐曹王府兵曹、赵王府法曹。……转豳州录事参军,旧周则新平漆县,纲纪则提目六曹"⑤。

①《严耕望史学论文集》,页355。
②《唐代墓志汇编》,景龙020,页1093—1094。
③《唐代墓志汇编》,长寿030,页854。
④《唐代墓志汇编》,景云023,页1133。
⑤《唐代墓志汇编》,开元011,页1158。

最后,让我们来看看安史之乱前夕一位录事参军李谂(711—754)的事迹。他的墓志《大唐故临淮郡录事参军李君墓志铭并序》告诉我们:

> 年廿二,忠宣太子挽郎出身,天宝十三载调授临淮郡录事参军事,文部尚书杨国忠以君仪貌魁伟,风神清肃,擢授此职,谓得人矣。靡监从事,载陈其力,提纲举目,深尽其要,六曹钦其善政,一郡仰其能理。①

临淮郡即泗州,在唐代属于上州。李谂并非科举出身,而是以"忠宣太子挽郎出身"。这是一种以荫入仕的办法:先任斋郎、挽郎后始步入仕途②。他于天宝十三载(754)获授临淮郡录事参军时,年约四十四岁,颇符合录事参军这种中层文官的任职年龄。志文形容他"六曹钦其善政,一郡仰其能理",虽然都是墓志典型的溢美之词,但也清楚显示,他任临淮郡录事参军时,的确是在监督六曹,负起一郡的要事。

从以上这几个案例来看,唐人一提到录事参军,便马上联想到他"纲纪六曹"的职务,可知录事参军位居六曹之上,负有统辖之责。

唐前期录事参军的这种地位,在李白所写的《崇明寺佛顶尊胜陀罗尼幢颂并序》中,也有所反映。崇明寺位于鲁郡(即兖州,

---

① 《唐代墓志汇编》,天宝259,页1712。
② 关于唐代的斋郎和挽郎,较早的一篇论述是黄正建,《唐代的斋郎与挽郎》,《史学月刊》,1989年第1期。最近,刘琴丽结合墓志中常见的斋郎和挽郎,对此有更详细的考论,见她的《再论唐代的斋郎与挽郎》,《江汉论坛》,2005年第9期,页91—93。

治所在今山东兖州）。道宗律师于天宝八载（749）去世，寺里于是立了一座佛顶尊胜陀罗尼幢以示纪念，请李白写一篇颂并序。李白在序文中告诉我们，鲁郡的州县官在这个碑的碑阴上都题了名字：

> 其录事参军，六曹英寮，及十一县官属①，有宏才硕德，含香绣衣者，皆列名碑阴，此不具载。②

虽然这段碑阴题名没有传世，但从李白的描写看来，这位兖州录事参军的名字，显然排在首位，列在"六曹英寮，及十一县官属"之前，很符合录事参军"纲纪六曹"的惯例。

除了"纲纪六曹"外，唐前期录事参军的主要职掌之一"纠举非违"，在两《唐书》列传等材料和石刻碑志中都可以找到许多例证。曾贤熙、胡宝华等现代学者也将录事参军的这种职务，视为唐代"地方监察"的一个环节。

所谓"纠举非违"，并非纠举一般百姓的违法事，而是纠举州县官员所犯的违法事。换句话说，唐代州府的司录、录事参军，和京城御史台的御史一样，是一种"管官的官"，主要负责监察州县官的行为。此之所以司录、录事参军可以被视为是唐代监察制度的一部分。正如胡宝华、曾贤熙等人所指出的，唐代京城的御史台，只有寥寥数十位御史，不可能监管全国州县几万个地方官员。这方面的监察职务，便由司录、录事参军来承担。

---

① 据《旧唐书》卷三八《地理志》，页 1446，兖州在"天宝领县十一"，于此正合。
② 《李白全集编年注释》，页 1731。关于此佛教幢颂的详细考释和英译，见 Paul W. Kroll, *Dharma Bell and Dhāranī Pillar: Li Po's Buddhist Inscriptions* (Kyoto: Italian School of East Asian Studies, 2001).

从这个角度看,《唐六典》所说的"纠举非违",或《通典》所说"纠弹部内非违",实际上和前文所论的"纲纪六曹"有莫大的关系。所谓"纲纪六曹",其实也就是监督属下六曹参军行为的意思。这不就跟纠正属下州县官的行为大同小异吗?严耕望说《唐六典》和《通典》"皆未触及"录事参军"纲纪六曹"的工作①,但两典所说的"纠举非违",其实也就包括了"纲纪六曹"的意思。或许正因为含义相似,两典都没有特别再分别标举"纲纪六曹"一项?

因此,"纲纪六曹"和"纠举非违",实可看作是同一件事情的两种不同说词。其实质内容是:司录、录事参军在行使他"管官的官"之职权,在监督他属下州县官的行为,避免他们犯法,或纠举他们的违法事。"纲纪"和"纠正"都隐含"监察"之意。

唐代文献提到司录、录事参军的职务,有时说是"纲纪六曹",有时说是"纠举非违",实际上都在说同一件事,或许只是强调的重点有所不同罢了。前文所引唐代墓志中好些"纲纪六曹"的案例,也可以看作是录事参军在行使"纠举非违"的职务。两种说法最重要的共同点是:这些录事参军都在"监察"下属的所作所为。

这种"监察"职务,在两《唐书》或墓志中,其实还可能有不同形式的描写。例如,显庆二年的《大唐故岗州录事参军元府君墓志铭并序》就这样形容这位录事参军元则(601—657)的工作:

又除岗州录事参军事。刺举千里,肃理百寮。②

①《严耕望史学论文集》,页355。
②《唐代墓志汇编》,显庆034,页250。

"刺举千里,肃理百寮"便隐含"监督"、"纲纪"和"纠举"属官之意。

乾封年间的《唐故箕州榆社县令王君墓志铭并序》,便说这位志主王和(589—667):

> 又除利州录事参军。揆务提纲,弹违举直,具寮钦其称首,属县仰其标致。①

利州位于山南道,治所在今四川广元。这几句话的大意,重点仍在"监察":"揆务提纲,弹违举直。"他属下的六曹"具寮钦其称首"。他所管的利州"属县"县官们也"仰其标致"。这可说是对唐前期一个录事参军非常具体的描写。

垂拱年间的《大唐故文林郎李君墓志铭并序》,志主李道瓘,生前官历乏善可陈,但墓志提到他的父亲时,则这么说:

> 父石,皇朝任莱州录事参军。凤表杨庭,允居寮首,丹笔所振。②

"允居寮首"意即位居众官僚之首(古籍中"寮"和"僚"常通用),可说是"纲纪六曹"的另一种说法。"丹笔所振"则隐示他的"监察"职能。从敦煌文书可见,录事参军勾检稽失时,一般所用也都是红色的"丹笔"。

天宝年间的《大唐故定远将军守左司御率府副率姚府君墓志并序》,写志主姚知:

---

① 《唐代墓志汇编》,乾封 040,页 469。
② 《唐代墓志汇编》,垂拱 064,页 774。

调选授河南府录事。纠举六曹,纲纪一县。①

整个叙事重点也是"监察"。"纠举六曹"一词,更仿佛是"纲纪六曹"和"纠举非违"的一个"结合体",可证这两者在唐人心目中实为一事。

书法家颜真卿为他堂兄颜杲卿(692—756)所写的墓志《摄常山郡太守卫尉卿兼御史中丞赠太子太保谥忠节京兆颜公神道碑铭》,也提到颜杲卿壮年时:

擢授魏郡录事参军,当官正色,举劾无所回避。②

魏郡即魏州,属河北道,是个重要的雄州。颜杲卿在这里任录事参军,是在安史乱前的天宝年间。颜真卿对他的职务描写只有短短的一句话"举劾无所回避",可知颜杲卿任此官时,最主要的任务便是"举劾"、监察州县的官僚。

另一篇天宝年间的墓志《唐故顺义郡录事参军事飞骑尉上谷侯府君墓志并序》,志主侯方,生年不详,但卒于天宝四载(745)。墓志说他"壮岁出身,知命登禄",又形容他任顺义郡(属岭南道)录事参军时:

主勾郡曹,然外境无九棘之台,掌同监察之任。③

这是最明确提到录事参军"掌同监察之任"的一篇唐代史料。

---

①《唐代墓志汇编》,天宝 131,页 1624。
②《全唐文》卷三四一,页 3463。
③《唐代墓志汇编》,天宝 089,页 1594。

综上所述,唐前期录事参军的职能,主要有两大项:一是充任"勾官",负责勾稽文书、监守符印、给纸笔等事。二是充当"监察"之官,位在六曹参军之上,同时也纠劾本州(包括属县)的官员。除此之外,唐前期的录事参军,还有一些《唐六典》不载的职务,例如入计和充纲。

唐初录事参军入计的案例,首见于《新唐书》高祖之子滕王元婴传:

> 久之,迁洪州都督。官属妻美者,绐为妃召,逼私之。尝为典签崔简妻郑嫚骂,以履抵元婴面血流,乃免。元婴惭,历旬不视事。后坐法削户及亲事帐内之半,谪置滁州。起授寿州刺史,徙隆州,复不循法。录事参军事裴聿谏正其失,元婴捽辱之。聿入计具奏,帝迁聿六品上阶。①

亦见于《新唐书·沈佺期传》:

> 沈佺期字云卿,相州内黄人。及进士第,由协律郎累除给事中,考功受赇,劾未究,会张易之败,遂长流欢州。稍迁台州录事参军事。入计,得召见,拜起居郎兼修文馆直学士。②

至于唐初录事参军充纲,在洛阳出土的含嘉仓砖铭上,有高宗武

---

① 《新唐书》卷七九,页3560。
② 《新唐书》卷二〇二,页5749。

则天时代一位"录事刘爽"出任"正纲"的记载①。陈明光认为这个"录事"当指"州的录事参军"②。笔者颇同意此说,因为正如上文所论,唐代"录事"是个很低下的职位,在州的场合甚至是个流外官,似不可能担当充纲的重任。砖铭此处的"录事"当是"录事参军"的省称。不过,应当留意的是,含嘉仓出土砖铭上所记充纲的官员,包括县尉、县丞等地方官,显示充纲这一任务,正如唐后期一条史料所说,"旧例差州县官充纲"③,不单单只限于录事参军一职。

但唐初录事参军入计和充纲此两项职务,看来都属临时差遣性质,史料中亦仅寥寥数例,似未构成他们的固定任务,这里不细论。然而,安史乱后,唐代录事参军所扮演的角色便明显变得越来越多,也越来越重要,下一节将再详论。


# 六、唐后期的录事参军

敦煌吐鲁番出土文书大抵皆属唐前期,大约止于天宝末年。所以,这批出土文书对我们观察和了解唐后期的录事参军,没有帮助。唐后期我们可以用的史料,便剩下三大类:一是两《唐书》职官志的记载;二是唐后期的墓志和碑刻题名等石刻史料;三是两《唐书》列传部分、《唐会要》和《册府元龟》中的材料,以及厅壁记和唐人所写的一些诗文。

---

①《洛阳隋唐含嘉仓的发掘》,《文物》,1972年第3期,页52。
②陈明光《唐代财政史新编》(北京:中国财政经济出版社,1999),页53。
③《唐会要》卷八四,页1827,引开成四年十月的一条中书、门下奏。

《旧唐书·职官志》对州府司录、录事参军的记述只有短短的一句：

司录、录事参军掌勾稽，省署钞目，监符印。[1]

按，《旧唐书》成书于后晋开运二年（945），其志书部分原本应当叙及唐中叶以后的事。但正如不少学者早已指出的，《旧唐书》的材料，特别是它的志书部分，经常停留在唐前期。这是因为它往往只是把旧有"国史"中的相关部分照抄过来而已。而唐"国史"都成书于安史乱前，乱后不再有编纂。《旧唐书》编纂时间很短，前后只有大约四年，所以它常只能照搬"国史"旧文，没有再"加工"增添唐后半期的材料[2]，以致上引记录事参军这一句，几乎和前面我们所见《唐六典》和《通典》的记述相同，甚至还有所省减，略去了"付事"和"给纸笔"等项。它完全没有理会唐后期录事参军所扮演的新角色。这对后世的研究者可说毫无帮助。我们要以其他材料来补强。

但《新唐书·百官志》的记载更简短。且看：

录事参军事，掌正违失，莅符印。[3]

《新唐书》成书于北宋，原本应当比《旧唐书》更能顾及唐后半期

---

① 《旧唐书》卷四四，页1911。
② 关于《旧唐书》的史源问题，最详细的研究是 Denis Twitchett, *The Writing of Official History under the T' ang Dynasty* (Cambridge：Cambridge University Press, 1992).
③ 《新唐书》卷四九下，页1312。

的史事。然而,《新唐书》常常喜欢删去《旧唐书》之旧文,又无材料的补充。其志书部分对唐后期典章制度的处理也不甚理想①。论者常谓《新唐书》"事增文省"。但以上引一句看来,它并没有"事增",文倒是比《唐六典》、《通典》和《旧唐书》都来得省略。它不但没有告诉我们录事参军在唐后半叶的新角色、新职权,而且还把他前期的几个重要职掌如"付事"、"勾稽"和"给纸笔"等项,统统给删去了。

因此,要了解唐后期的录事参军,两《唐书》的职官志可说用处不大。我们必须查检其他史料,才能厘清唐后期录事参军的真貌。

例如,于邵所写的《京兆府司录加秩记》一文,便非常具有时代特色,记述了当年京兆府司录参军"加秩"的事及其背景:

> 司录之职,雅有前志,著乎屋壁旧矣。自乾元元年四月,皇帝郊于上玄,用柴礼,以报功也。施惠行庆,大庇于生人。厥有条目。其一,在天下纠曹而加秩。以为此官郡府之枢辖,政之小大,自我褒贬,若网之在纲,犹衣之有领。……副相李公,兼领京兆,祗奉明诏,深难其选。自中及外,心必参之。赵郡李侯春,自监察御史出行虞乡令,到官九十日,表之而还。则向来之言,无所阙矣。上布此令,下乃宏是举。……愚以李侯同声之故,见副举善之方,谨而志之,敢以专达,如后之观者,将辨乎始事。览此中记,非公谁欤?②

①例如,它的兵志部分,早在宋代就遭到当时学者如吕夏卿等人的非议。见唐长孺《唐书兵志笺正》(北京:科学出版社,1957),序文页1—2。唐长孺这本笺正,也对《新唐书·兵志》做了极多的补正,可证当时撰作《兵志》之草率。
②《文苑英华》卷八三〇,页4379—4380。

于邵是天宝十四载（755）的进士①。他此文的写作年代不详，但所记的是乾元元年（758）肃宗刚改元，为"天下纠曹而加秩"的事。这时距离他考中进士那年不久。他为此事给他一位任京兆府司录的朋友"赵郡李侯春"写了一篇厅壁记一类的文字，就此官"加秩"事"谨而志之"。所以这应当是于邵当年亲身经历的事，很有时代意义。"纠曹"即司录、录事参军的别称。文中称此官为"郡府之枢辖，政之小大，自我褒贬，若网之在纲，犹衣之有领"。这是唐人对此官的典型观感，也把此官在州府行政上重要的"勾稽"和"监察"地位凸显出来了。

于邵所记的司录、录事参军"加秩"事，可以在肃宗的乾元元年南郊赦文中得到证实：

> 录事参军，职司纠举。自今已后，宜升判司一政，以彰委任。②

由此看来，录事参军是因为"职司纠举"的重任，所以肃宗皇帝才下令"宜升判司一政"。判司即六曹参军。"一政"当为于邵所说的"一秩"，或《通典》所说的"一品"（见下引）。我们前面见过，早在唐前期，录事参军即"纲纪六曹"，但他的官品只比六曹参军高一阶而已。《唐六典》记录事参军（以京兆府而言）为正七品上，六曹参军则正七品下，为一阶之差。现在肃宗下令"宜升判司一政"，则司录、录事参军的官品当升为正六品上。《唐会要》清楚告

---

① 《登科记考补正》卷九，页387。于邵后来官至礼部侍郎等高官。他的本传见《旧唐书》卷一三七，页3765；《新唐书》卷二〇三，页5783。
② 《册府元龟（校订本）》卷八七，页964。

诉我们,"加秩"事发生的明确年月日:

> 乾元二年(当为"元年"之误)四月十四日敕文:"录事参
> 军自今已后,宜升判司一秩。"①

《通典》"录事参军"条下亦载此事,且有所补充:

> 乾元元年,加进一品,仍升一资。元年(上元元年九月去
> 年号,但称元年,即公元 761 年)建寅月又制,凡县令判司与
> 录事异礼,尊其任也。②

换句话说,司录、录事参军"加秩"之后,隔了几年,皇帝又下令"县
令判司与录事异礼,尊其任也"。严耕望疏证此条,认为从此以
后,县令、判司要向录事参军行隔品致敬之礼③。安史乱后,录事
参军的地位比唐前期提高许多,且在官品、受敬礼方面享有制度
上的重大转变。

关于录事参军此次"加进一品"事,《通典》此卷的校点者王
永兴有一疑问:

> 《旧唐书·职官志一》一七八六页云"今录永泰二年官
> 品"。彼所录上、中、下州录事参军之职事品,与《唐六典》卷
> 三○所记开元时上中下州录事参军之品级相同。据此,乾元

---

①《唐会要》卷六九,页 1439。
②《通典》卷三三,页 912。
③《严耕望史学论文集》,页 351。

元年录事参军似无进品之事。疑此"品"当作"阶"。待考。①

这是非常合理的怀疑。《通典》、《唐会要》和两《唐书》职官志所记多为制度条文，常令人质疑这些条文到底是否真正付诸实行过。笔者怀疑，《旧唐书·职官志》记"永泰二年官品"和开元官品相同，恐怕是因为永泰二年官品条文仍然在照抄开元旧文，并未修订更新，也未留意到乾元元年曾有肃宗南郊赦文"加秩"事。但此"加秩"事应当确有其事，且真正实行过，因为于邵所写的《京兆府司录加秩记》为我们提供了最好的见证。如果"加秩"事只是制度空文，则于邵当不可能为他那位"同声"朋友，写那样的文章"谨而志之"。

唐后期有几篇厅壁记，也一再印证录事参军"纲纪六曹"等要务，并且常为我们提供进一步的细节，值得留意。

例如，皇甫湜在"元和八年（813）四月三日"写的《睦州录事参军厅壁记》，一开头就描写六曹参军和录事参军在州衙门不同的办公署：

> 入州门东，六曹之联事所署。都其任者，厅于门西。②

"州门"指州衙门、州官厅（非州城门）③。六曹参军有自己的"联事"公署，位于州衙门之东面，而录事参军是"都其任者"，即"纲

---

① 《通典》卷三三，页928，注37。
② 《皇甫持正文集》卷五，页21。
③ 中古史料中的"州门"，常指州衙门（非州城门）；"县门"则常指县衙门（非县城门）。关于这种用词，最精深的讨论见周一良的一篇读史札记《州、郡、县》，收在《周一良集》，第2卷，页331—332。

纪六曹"者,另有自己的办公地点,位于州官厅"门西"。这种官署的布置不但清楚显示录事参军独立于六曹之上,也非常具体地展现了一种统属关系。

刘宽夫的《汴州纠曹厅壁记》①写于"大和三年"(829),也是一篇见证式的文字。事缘他的朋友"琅琊郡葛公元方",任满扬州天长县令后,来到汴州任录事参军,于是刘宽夫便为他的录事参军办公厅写了一篇厅壁记,以志其事。"纠曹"为录事参军的别称之一,当以其"纠举非违"的职权得名。

汴州(今河南开封)是隋唐大运河上一个重要的交通枢纽,也是个重要的雄州。韩愈年轻时曾经在这里任董晋幕府的一个推官,写过一篇《送汴州监军俱文珍序》,形容汴州这个方镇"屯兵十万,连地四州"②,极具战略意义。刘宽夫的厅壁记也提到汴州的重要性:

> 大梁当天下之要,总舟车之繁,控河朔之咽喉,通淮湖之运漕。

如此雄州的录事参军,其职务显然关系到一州的行政至巨。于是,厅壁记一开头就叙及录事参军在州政的关键地位:

> 郡府之有录事参军,犹文昌之有左右辖,南台之有大夫中丞也。纠正邪慝,提条举目,俾六联承式,属邑知方……举纲维之未振。俾侧者不敢挟其侧,奸者不敢萌其奸,法令修

①《文苑英华》卷八○三,页4246—4247。
②《韩昌黎文集校注》文外集上卷,页674。

明,典章不紊,此其任也。

"文昌之有左右辖"指中央尚书省有左右丞,"南台之有大夫中丞也"指京城御史台有御史大夫和御史中丞等"监察"官员。我们知道,尚书省的左右丞实际上也是一种"勾官",是中央尚书六部二十四曹司的"勾官"①,位在诸曹司之上。御史大夫和中丞则是"监察"官。两者都负有"纠举"的职能。刘宽夫在这里把录事参军比拟成左右丞和御史大夫及中丞,可说非常贴切,也可以印证前文所论,即录事参军扮演着两大角色:他既是"勾官",又是"监察"之官。

然而,汴州自贞元以来,正如刘宽夫接着所说,任录事参军者多不得人,"以脱祸为心,何有意于勾稽":

> 贞元以来,戎帅自擅。威令已出,无复国章。堤防不完,徽缰荡失。调补斯任者,但迭迹敛手,以脱祸为心,何有意于勾稽,而敢思其职业者哉?

所以,刘宽夫的这篇"纠曹"厅壁记,一方面记述录事参军的几项重任,如"纠正邪慝"和"勾稽",另一方面也在勉励他的朋友葛元方,要尽力负起这种种职责。

前面见过,刘宽夫把司录、录事参军比拟为中央尚书省的左右丞以及京城御史台的御史大夫和御史中丞。这是非常贴切的一个比方。会昌二年,当时的尚书左丞孙简在一篇奏文中,也把录事参军比譬为尚书省的左右丞,可谓深得其意:

---

① 王永兴《唐勾检制研究》,页 5。

今京兆河南司录,及诸州府录事参军,皆操纪律,纠正诸曹,与尚书省左右丞纪纲六联略同。①

只是孙简未把录事参军比作御史大夫和中丞。这可能是因为孙简当时正好出任尚书左丞,他比较熟悉左右丞的职务也。

唐代传世的几篇录事参军厅壁记当中,最能详细呈现录事参军各种面貌,且写得面面俱到,当数符载(759—817?)的《江州录事参军厅壁记》:

录事参军之于郡县,纪纲也、车辖也。纲弛则目疏,辖抗则载输。政之成败,亦繇是也。自汉魏已还,历江左,郡有督邮、主簿。后魏北齐后周隋文,州有录事参军。炀帝时罢州置郡,有东西曹掾主簿。国朝省掾主簿,复为录事参军。其于勾稽失,纠愆谬,省抄目,守符印,一州之能否,六曹之荣悴,必系乎其人也。其人强,其务举;其人困,其务削。循名考实,岂容易哉?②

符载这篇厅壁记是一篇很精致的小考证。他不但追溯此官的起源及其在汉魏晋南北朝和隋唐的种种名目转变,而且还触及录事

①《唐会要》卷五八,页 1174。
②《文苑英华》卷八〇三,页 4247。按符载这篇厅壁记没有志期,但他曾经在贞元十五年(799)左右,应辟江西李巽幕府。江州就在江西观察使的管区内,所以他这篇厅壁记很可能写在这个时候。关于符载的生平,最精细的考订见潘吕棋昌《符载事迹考述》,《空大人文学报》(台湾),第 2 期(1993),页 93—119,颇见功力,有多处纠正前人之误。符载的姓,在石刻史料中又作"苻",故潘吕棋昌引用岑仲勉的意见,认为应当更正为"苻"才是。但这里依唐史学界惯例,仍称他为"符载"。

参军的几种职掌："勾稽失,纠愆谬,省抄目,守符印"。这完全符合我们在《唐六典》等政书上以及敦煌吐鲁番出土文书上所见。但这篇厅壁记最重要、最有价值的一点却不是这些,而是它透露了此官在唐代士人心目中的位置:"一州之能否,六曹之荣悴,必系乎其人也。"要不是符载给我们提供了这一种当时人的见证,我们很难从政书、职官书或敦煌吐鲁番文书去探悉,唐后期的录事参军居然在州政上扮演如此关键的角色。

唐后半期的赠诗和赠序,也常可见到录事参军的身影,颇可让我们窥见他们做官、交游和日常生活的一面,以及他们的心灵层面。这是其他史料所不能做到的,值得细细玩赏。

例如,杜甫在安史乱后和一位叫韦讽的中层官员有交往,写了相关的三首诗送给他。第一首《东津送韦讽摄阆州录事》,写于宝应二年(762):

> 闻说江山好,怜君吏隐兼。
> 宠行舟远泛,惜别酒频添。
> 推荐非承乏,操持必去嫌。
> 他时如按县,不得慢陶潜。①

杜甫这时身在绵州(治所在今四川绵阳县东北)。诗题中的"东津"指绵州城东涪江的一个渡口。他在这里送他的朋友韦讽到邻近的阆州(治所在今四川阆中)去代摄录事参军。"宠行"即赠诗送别。"惜别酒频添"透露他们当时正在江口某处频频喝酒。最后两句是全诗最有新意的地方,提到录事参军不止有纲纪州内六

---

① 《杜诗详注》卷一一,页924—925。

曹的职权,他甚至还有"按县"的职务,也就是外出巡视属县,监督县官。杜甫用了陶渊明辞官的典故:当年,渊明在彭泽县当县令,郡守派督邮(此官即后来的录事参军)到县巡察,渊明不愿"折腰",因而辞官归去。据此,唐人把当时的录事参军,视为像东晋的督邮一般。杜甫在此提醒他的朋友,将来任官"按县"时,不得怠"慢"像陶渊明那样清高的县官,很生动地把录事参军的"按县"职务写出来了。

韦讽是一个怎样的录事参军?杜甫在《韦讽录事宅观曹将军画马图》中,呈现了唐代一个录事参军日常生活的一面。正如诗题所示,这首诗写杜甫在韦讽家中观赏"曹将军画马图"。曹将军就是唐代鼎鼎有名的画马大家曹霸。诗中花了大半篇幅在写这位曹将军的画马事迹,形容他如何"得名三十载",如何让"人间又见真乘黄"(古代传说中的神马),又如何画过玄宗皇帝的名驹"照夜白"("曾貌先帝照夜白"),而得到皇帝的许多赏赐。

接着,杜甫告诉我们,他在韦讽录事宅中观赏的是曹霸的新作《九马图》。这件事本身便很有意义。曹霸是当时的名画家。韦讽只是个录事参军,一个中层文官,却能够得到这样一个名画家的画作,并且和杜甫一起欣赏,这一细节便反映了当时一个录事参军和文士、画家交游的情况,以及他的品位和经济能力。杜甫在诗中以一种非常戏剧性的方式来呈现韦讽:

借问苦心爱者谁,后有韦讽前支遁。①

杜甫在这里自问:从古至今苦心爱马的人有谁?又自答:从前有

①《杜诗详注》卷一三,页1155。

支遁(东晋一位非常喜欢养马的僧人),后来有韦讽这样的录事参军。于是,唐代一位录事参军的日常生活形象,便跃然纸上了。①

杜甫在第三首诗《送韦讽上阆州录事参军》中呈现的则是韦讽负起官务的一面:

> 韦生富春秋,洞彻有清识。
> 操持纪纲地,喜见朱丝直。
> 当今豪夺吏,自此无颜色。②

"操持纪纲地"写出了录事参军在州政上纲纪、监督属僚的一面。杜甫写这首诗送这位"富春秋"、"有清识"的录事参军"韦生"赴任,正是希望他能够像"朱丝"那样正直,好让那些强夺民脂的官吏,从此再也"无颜色",再也没有颜面。

唐代录事参军这种"操持纪纲"的角色,看来是唐人对此官最直接、最基本的一个联想。我们前面见过,录事参军的别称当中有"纠曹"一种,着重点正是他"操持纪纲"的一面。唐半后期的一位"文坛盟主"权德舆③,便干脆把录事参军称为"纪纲掾",而

---

①关于这首咏画诗中画家和画作的背景,见王伯敏《李白杜甫论画诗散记》(杭州:西泠印社,1983),页83—86。

②《杜诗详注》卷一三,页1157。

③学界过去对权德舆的研究不多,但近年颇有人留意他的思想和生平,例如严国荣《权德舆研究》(北京:中国社会科学出版社,2006)以及Anthony De-Blasi, "Striving for Completeness:Quan Deyu and the Evolution of the Tang Intellectual Mainstream," *Harvard Journal of Asiatic Studies*,61. 1 (1999):5—36。Anthony DeBlasi, *Reform in the Balance:The Defense of Literary Culture in Mid-Tang China* (New York:State New York University Press, 2002),亦有一章专论权德舆。

且他似乎特喜欢用这种非正式的官称,见于他的两篇赠序和一篇墓志。

他在《送台州崔录事二十一丈赴官序》中一开头就这样说:

> 夏四月,临海郡纪纲掾崔稚璋受命选部,出车东门。是岁,重表甥权德舆始至京师,寓居同里。①

临海即台州。据权德舆说,这位"纪纲掾崔稚璋"在台州任录事参军,"予独知临海之人,受赐不暇矣"。现在他要离去,"二三君子"便设宴为他饯行。权德舆写了这篇赠序,以序与会诸人的赠诗。

同样的,权德舆在《送右龙武郑录事东游序》中,形容他的一个少年朋友郑生,"三徙官至亲军纪纲掾"②。"亲军"即序题中的"右龙武"军。这是京城卫府中的录事参军职,和州府司录、录事参军一样,负有"勾稽"和"监督"的职能,亦可称为"纪纲掾"。

权德舆在他写的墓志《唐故金紫光禄大夫司农卿邵州长史李公墓志铭并序》中,则这样描写志主李韶壮年的一段经历:

> 后历扬州、太原二纪纲掾。府之损益,皆所关决。③

这里"纪纲掾"指扬州、太原两府的司录参军。"府之损益,皆所关

---

① 《权德舆诗文集》卷三七,页551—552。
② 《权德舆诗文集》卷三八,页570。
③ 《权德舆诗文集》卷二五,页373。

决",虽是墓志常见的溢美之词,但也符合我们在其他史料所见司录、录事参军于州政上举足轻重的角色。唐代史料中,权德舆虽是唯一使用"纪纲掾"这个别称的人①,但应当也反映了当时人对这种官职的一种"刻板印象":一提到录事参军,便马上联想到他"纪纲"的一面。

唐后期的司录、录事参军,和唐前期的有相同亦有不相同之处。相同的部分在于唐后期的录事参军,仍然和唐前期的一样,负起"纲纪六曹"等"监督"职能,以及"勾稽"等"勾官"角色。这几点在上引的厅壁记、奏文、赠诗和赠序中清楚可见。至于不相同之处,除了前面提到的"加秩"一事外,就是唐后期的录事参军承担了越来越多的职务,诸如监管私盐、义仓、州府钱物斛斗文案、阙官料钱、两税、馆驿给券、病坊、禁屠牛等杂事②。下面分论这几点。

## (一)录事参军和私盐

以录事参军监管私盐,约为宪宗元和年间讨平淮西之乱时。《新唐书·食货志》记此事曰:

> 宪宗之讨淮西也,度支使皇甫镈加剑南东西两川、山南西道盐估以供军。贞元中,盗鬻两池盐一石者死,至元和中,减死流天德五城,镈奏论死如初。一斗以上杖背,没其车驴,

①《白孔六帖》(台北:台湾商务印书馆影印《文渊阁四库全书》本,1983—1986)卷七七,页22,也用了一个类似的词,称录事参军为"纪纲掾"。
②夏炎《试论唐代的州县关系》,《中国史研究》,2005年第4期,页87—88,提到州的录事参军也"负责县级官员考课"。但这方面的史料太少,不是太清楚,故录此存疑。

能捕斗盐者赏千钱；节度观察使以判官、州以司录、录事参军察私盐，漏一石以上罚课料。①

当时为了征讨淮西，度支使皇甫镈甚至下令以剑南、山西等道的盐估来供军用，同时令观察使的判官以及州府的"司录、录事参军察私盐"。不过，皇甫镈在唐史上素有"剥下以媚上"、"勾剥严急"等苛敛恶名②。他后来以管财赋、"聚敛之臣"的身份当上宰相，"群情惊骇"，更是宪宗朝引起很大争议的一件事③。所以，他下令"司录、录事参军察私盐"，应当放在这个大背景下来看。这恐怕是他"剥下以媚上"的一部分内容，是他当权时的一种临时措施。穆宗上台后，皇甫镈即失势，被贬到遥远的崖州（今海南岛）当个司户参军。他倒台后，录事参军是否仍在"察私盐"直到唐亡，由于史料阙如，我们不无疑问。

　　不过，皇甫镈令录事参军察私盐，不管是否在他垮台后依然长期在执行，仍可反映唐后期州政上的一些特色。据严耕望所论，唐中叶以后，州上佐（别驾、长史和司马）已逐渐变成闲职，由录事参军取而代之，所以皇甫镈令录事参军察私盐，也还算是件合情合理之事。

　　换一个角度看，以录事参军察私盐，也可说是让他们去执行其原本的"监督"角色，"纠举"贩卖私盐这种"非违"事。

　　如上所考，以录事参军"察私盐"的史证并不多，似仅见于皇甫镈当权的元和时代，但唐后期史料中，却常可见到录事参军参

---

① 《新唐书》卷五四，页1379—1380。
② 见《旧唐书》卷一三五本传，页3738—3742；《旧唐书》卷一五八《武儒衡传》，页4162；《旧唐书》卷一七一《李渤传》，页4438等处。
③ 《旧唐书》卷一五，页464。

与管理义仓之事,其中一些细节颇耐人寻味,值得深入探讨。

## (二)录事参军和常平义仓

录事参军和常平义仓扯上关系,最早见于德宗朝陆贽的一篇奏文《请以税茶钱置义仓以备水旱》,拟以一种新办法来设立义仓。他称之为"愚计",且"不害经费,可垂永图"。其具体内容和做法如下:

> 近者有司奏请税茶,岁约得五十万贯,元敕令贮户部,用救百姓凶饥。今以蓄粮,适副前旨。望令转运使总计诸道户口多少,每年所得税茶钱,使均融分配,各令当道巡院主掌,每至谷麦熟时,即与观察使计会,散就管内州县和籴,便于当处置仓收纳。每州令录事参军专知,仍定观察判官一人与和籴巡院官同勾当。亦以义仓为名,除赈给百姓已外,一切不得贷便支用。①

陆贽此奏所提的这些建议,要放在唐代义仓发展演变的脉络下来看,才能见出其"原创"意义。其中至少有两点值得细论:

---

① 《陆贽集》卷二二,页 765。关于唐代义仓(唐后期又常称为"常平义仓"),最早的研究见周一良《隋唐时代的义仓》,原刊《食货》第 2 卷第 6 期,后收入《周一良集》,第 5 册,页 29—49。近年重要的论著有张弓《唐朝仓廪制度初探》(北京:中华书局,1986);陈明光《唐代财政史新编》,页 272—280论"赈济支出与常平义仓制度"一节;船越泰次《唐代後期の常平義倉》,原载《星博士退官記念中国史論集》(1978),后收入氏著《唐代両税法研究》(东京:汲古书院,1996),页 309—336;罗彤华《唐朝官仓的出贷与籴糶——以义仓、常平仓为主》,《台大历史学报》,第 39 期(2007 年 6 月),页139—183。

第一，唐代的义仓，从贞观到天宝末年，基本上是由官方规定农民在秋熟时交纳若干百分比的收成谷物来设立。这等于是纳税的一种。但陆贽在此却提出了一种前所未有的崭新办法：用每年官方所得的"税茶钱"来作仓本设义仓，免去了农民的交纳。陆贽这样建议，是因为在他那个时代，义仓经历了安史之乱后，已荡然无存，需重新设仓，而且要以一种新的方式来立仓。

第二，跟本章最有关系的是，陆贽建议每州的义仓，"令录事参军专知"。放在唐代义仓发展史上看，这也是"创新"之举，因为之前玄宗朝的义仓，据我们所知，是由州"上佐专知"的。例如玄宗的一道谕令便说：

> 诸郡义仓，本防水旱。如闻多有费损，妄作破除。自今已后，每郡差一上佐专知。除赈给百姓之外，更不得辄将杂用。[1]

玄宗此谕和陆贽的奏文，都透露了义仓设置的宗旨："本防水旱"，作"赈灾"之用。但在执行上，义仓经常会遭到长官或地方权贵挪作他用徇私，以致"多有费损"，所以玄宗此制和陆贽的奏文，都不约而同特别强调一点：义仓除了"赈给百姓"，充作赈灾用途外，"更不得辄将杂用"或"不得贷便支用"。

因此，好好管理义仓的重任，在玄宗朝便落在州"上佐"的肩上。到了德宗朝，陆贽则建议由"录事参军专知"。这种专知官的转换，颇可提供多一个实例，可以佐证严耕望所论：唐中叶以后，上佐成了闲职，由录事参军取代。

---

[1]《册府元龟（校订本）》卷八六，页950。

陆贽的创新构想最终有没有付诸实行？据研究唐代仓廪制度的张弓说:"由于国计日蹙",陆贽"这个计划未能实现"①。但张弓没有引用任何史料证明"这个计划未能实现",也没有进一步细论此事。

不管陆贽的构想有没有实行,我们知道的是,在后来的穆宗到宣宗等朝,大约从长庆到大中年间的大约半个世纪,唐朝的确又在实行义仓制度,而且这时期州府义仓的管理要员,正是司录、录事参军。

例如,长庆四年(824)三月的一道制书便很有时代意义:

> 其年三月,制曰:"义仓之制,其来日久。近岁所在盗用没入,致使小有水旱,生人坐委沟壑。永言其弊,职此之由。宜令诸州录事参军,专主勾当。苟为长吏迫制,即许驿表上闻。考满之日,户部差官交割。如无欠负,与减一选。如欠少者,量加一选。欠数过多,户部奏闻,节级科处。"②

这道制书透露至少三项细节:第一,唐代的义仓始终有被人滥用、"盗用"的弊病,以致"小有水旱,生人坐委沟壑",起不了赈灾功用。所以在穆宗长庆四年,便有此制书,"宜令诸州录事参军,专主勾当"义仓。这跟陆贽建议义仓由"录事参军专知"是吻合的。

第二,为了好好管理义仓,录事参军也因此被授以相当大的

---

① 张弓《唐朝仓廪制度初探》,页135。
② 《旧唐书》卷四九《食货志下》,页2127。此制又见于《唐会要》卷八八,页1917。但看来《旧唐书》是照抄《唐会要》的旧文。

权力:"苟为长吏迫制,即许驿表上闻。""长吏"指录事参军上头地位较高的长官。如果他们"迫制"录事参军挪用义仓,则录事参军可以"驿表上闻",可以绕过长吏,直接上报朝廷。

第三,为了激励录事参军管好义仓,朝廷还定了一套奖励办法:考满时,义仓存粮交接,如果没有短少,录事参军可以获得"减选"的回报。否则,他会被"加一选"。如果"欠数过多",他还会被"节级科处"。"选"指唐代官员守选的年数。"减选"即减少守选的年数,可以早点赴选,选下一任官。"加一选"即增加一年的守选,等于是一种惩罚①。

二十多年后,到了宣宗大中六年(852),户部又有一奏文:

> 大中六年四月,户部奏:"请道州府收管常平义仓斛斗,今后如有灾荒水旱外,请委所在长吏,差清强官勘审。如实,便任开仓。先从贫下不济户给贷讫,具数分析申奏,并报户部,不得妄有给与富豪人户。其斛斗仍仰本州录事参军至当年秋熟专勾当,据数追收。如州府妄有给使,其录事参军、本判官,请重加殿罚。长吏具名申奏。"敕旨:"宜依。"②

此奏文可以跟上引长庆四年制书合起来看。它不但证实录事参军管理义仓,而且还提供了录事参军参与其事的一些细节。首先,义仓必须严格管理,须勘审确有"灾荒水旱"之实时才能"开

---

① 关于唐代官员守选的种种规定,最详细的论述见王勋成《唐代铨选与文学》,第四章。
② 《唐会要》卷八八,页1918。

仓"。这"勘审"工作看来也是由录事参军负责。

开仓救济的对象是"贫下不济户",而且要申报户部,且"不得妄有给与富豪人户"。这跟设义仓的宗旨是相符的。录事参军须严防"富豪人户"和"长吏"勾接,盗用义仓米粮。

即使开仓赈灾,"贫下不济户"所获的"斛斗"(即义仓粮食)仍然是要归还的,因为下文清楚说明"其斛斗仍仰本州录事参军至当年秋熟专勾当,据数追收"。"据数追收"四字,显示这是一种"赈贷"形式的救济,并非免费赠粮,等到"当年秋熟"时便须归还仓粮,否则长久下去,义仓恐怕将无存粮,不能维持下去。

最后,如州府"妄有给使",即滥用义仓粮食,录事参军和他属下的"本判官"会被"重加殿罚"。"本判官"当指唐代四等官制中的"判官",即负责判案的列曹参军。

至于录事参军如何开仓,如何分派仓粮,在大中六年的一道敕文中有所透露:

> 四月丁酉,敕:"常平义仓斛斗,每年检勘,实水旱灾处,录事参军先勘人户多少,支给先贫下户,富户不在支给之限。"[1]

据此,我们知道,发生水灾旱灾时,录事参军须"先勘人户多少",然后只能把仓粮"支给先贫下户,富户不在支给之限"。

陆贽奏文和长庆、大中年间的这几篇史料,让我们清楚见识到唐代后期义仓运作的一些细节,以及录事参军的一些职掌。综

---

[1]《旧唐书》卷一八下《宣宗纪》,页630。

上所考,录事参军在管理义仓上,主要还是在扮演一种"监督"和"勾稽"的工作,主要在防范义仓被"长吏"或"权贵"盗用。这跟他原本以勾官身份去"纠举非违"是相符的。

（三）录事参军和州府钱物斛斗文案

录事参军管州府的钱物、斛斗和文案等事,施行时间似乎相当晚,首见于大中二年(848)魏扶的一篇奏文:

> 大中二年十一月,兵部侍郎判户部魏扶奏下州("下州"两字疑应作"天下州府")应管当司诸色钱物斛斗等:"前件钱物斛斗,散在天下州府,缘当司无巡院觉察,多被官吏专擅破除,岁久之后,即推在所腹内。徒烦勘诘,终无可征。今后诸州府钱物斛斗文案,委司录、(录)事参军专判,仍与长史通判。每至交替,各具申奏,并无悬欠。至考满日,递相交割,请准常平义仓斛斗例,与减选,仍每月量支纸笔钱。若盗使官钱,及将借贷与人,并请准元敕,以赃论。如征收欠折及违限省条,并请量加惩殿。如缺司录,即请令选诸强干官员专知,不得令假摄官权判。"从之。①

这篇奏文有几个细节颇可留意:第一,它提到钱物斛斗等,散在"天下州府",但在那些没有盐铁巡院管辖的地方,则"多被官吏专擅破除"。因此,魏扶奏请由州府的司录、录事参军"专判"。由此

---

①《唐会要》卷五八,页1189—1190,保存最完整的奏文。《旧唐书》卷一八下,页621,仅摘录一小段奏文。

看来,录事参军可以扮演盐铁巡院官那样的角色①。第二,它提到前引长庆四年"常平义仓斛斗例"的奖惩办法。这是二十多年前的一项规定,可证这些年来,录事参军的确在管理义仓,而且"减选"、"殿选"等办法应当一直都在实行。第三,它特别提到,在那些没有司录的州府,这件事得由"强干官员专知","不得令假摄官权判",可知唐后期的州府,颇有不少"假摄官"的存在(见下一节)。

《唐会要》所收的这篇魏扶奏文后有"从之"两字,此事也记录在《旧唐书》的《宣宗纪》②,看来魏扶奏请的建议的确曾经付诸实行。

晚唐司录、录事参军管州府钱物等职掌,也见于宣宗的《大中元年南郊赦文》:

> 河东、振武、易定、京西北等道官吏料钱,过闻寡薄,省司注拟,罔不固辞承乏之由。其新收阙官料钱,户部不收用管,便令本府少尹与司录参军勾当,并旧给课料数额,添给见钱。在官无少尹,即仰观察判官与录事参军同勾当,使司辄不敢妄有借贷支用。③

这是让司录参军管理某些府的"阙官料钱",其目的在防止钱物被

---

① 按,唐代盐铁使府的巡院官,常由所谓的"出使郎官和御史"担任,他们的职务之一就是负责监督盐铁使府巡院辖区内的州县官。见高桥继男《唐代后半期的巡院地方行政监察事务》,原载《星博士退官纪念中国史论集》(1978),中译本见刘俊文主编《日本中青年学者论中国史(六朝隋唐卷)》(上海:上海古籍出版社,1995),页276—295。
② 《旧唐书》卷一八下《宣宗纪》,页621。
③ 《文苑英华》卷四三〇,页2179。

人"借贷支用"。

除此之外,晚唐录事参军还得为属下州县官提前征收两税事受罚。例如,僖宗的《南郊赦文》说:

> 且征两税,自有常期,苟或先自催驱,必致齐人雕弊,盖缘机织未毕,庤钱未终,便须令卖缣缯,贱粜斛斗,致使豪胥迫蹙,富户吞侵,须更申明,俾其通济。诸州府如有不依旨限,先期征税者,长吏听奏进止,县令、录事参军并停见任,书下考,不在矜恕之限。①

唐中叶以后的皇帝赦文,经常提醒州县不得提早征收两税事,但都没有提及录事参军。上引僖宗的《南郊赦文》,是第一次提到州县如果提前征收两税,则其县令、录事参军会被惩罚:"停见任,书下考。"这说明僖宗时代的录事参军,责任又更重了。

(四)录事参军和馆驿给券、病坊、禁屠牛等杂事

唐后期录事参军地位之提高,主要表现在职务的增多。除了前面讨论过的几种职务外,唐后期史料中还可见到录事参军负责馆驿给券,负责州府的病坊,甚至还得负责禁止屠牛的琐事。

元和四年(809),徐州节度使王绍,违例传送已故徐州监军使孟升的丧枢途经东都洛阳的都亭驿还京。元稹当时正在东都任监察御史,写过一篇《论转牒状》,弹劾王绍此举不当。他在状中引用了元和二年的一道敕,让我们得以见到录事参军在馆驿给券上的责任:

---

① 《唐大诏令集》卷七二,页 403。

又准元和二年四月十五日敕节文:"诸道差使赴上都奏
事,及押领进奉官并部领诸军防秋军资钱物官,及边军合于
度支请受军资粮料等官,并在给券,余并不得给,如违,本道
专知判官、录事参军,并准兴元元年(784)十二月十七日敕
处分。"①

按,唐代的馆驿,仅供公务使用,且须有"给券"才能停留住宿。据
元稹所引的这道敕文,给券"如违",则"专知判官、录事参军"要
受到处分。看来,录事参军在馆驿给券方面负有某些"勾稽"的责
任,所以发生违法事时,他会被牵连受罚。

至于如何受处分,可惜元稹状文中所提到的"兴元元年十二
月十七日敕"今已不传,内容无从得知。不过,《唐会要》收有另一
敕文,志期元和四年,倒是对馆驿给券违法事的处分,有明确的
规定:

元和四年正月敕:"准元和三年诸道滥给券道敕文,总一
百二十七道已上者,州府长官宜夺一季俸禄,其本州官、曹官
及录事参军,付吏部用阙,去任殿一选。"②

录事参军可能受到处分"殿一选",即增加他的守选年限一年,使
他要多等待一年才能参加铨选。

由于录事参军的基本职责是"勾稽"和"纠违",他在唐后期

①《元稹集》卷三八,页431。关于此状写作的年代和背景,见卞孝萱《元稹年
谱》,页120。
②《唐会要》卷六一,页1250。

也就会随时被召去处理一些应运而生的事项,比如病坊的管理。

唐代的病坊,原本由佛寺主持①。但在武宗会昌年间的灭佛法难之后,僧尼还俗,病坊无人管理。宰相李德裕于是写了一篇奏文:

> 会昌五年十一月,李德裕奏云:"恤贫宽疾,著于《周典》,无告常馁,存于《王制》,国朝立悲田养病,置使专知。开元五年,宋璟奏悲田乃关释教,此是僧、尼职掌,不合定使专知,玄宗不许。至二十二年,断京城乞儿,悉令病坊收管,官以本钱收利给之。今缘诸道僧尼尽已还俗,悲田坊无人主领,恐贫病无告,必大致困穷。臣等商量,悲田出于释教,并望改为养病坊。其两京及诸州,各于录事、耆寿中,拣一人有名行谨信为乡里所称者,专令勾当。其两京望给寺田十顷,大州镇望给田七顷,其他诸州望委观察使量贫病多少给田五顷,以充粥食。如州镇有羡余官钱,量予置本收利,最为稳便。"敕:"悲田养病坊,缘僧尼还俗,无人主持,恐残疾无以取给,两京量给寺田拯济,诸州府七顷至十顷。各于本置(《旧唐书·武

---

① 关于唐代的病坊,见葛承雍《唐代乞丐与病坊探讨》,《人文杂志》,1992年第6期,页87—91;杜正乾《唐病坊表征》,《敦煌研究》,2001年第1期,页123—127;冯金忠《唐代病坊刍议》,《西域研究》,2004年第3期,页1—8;张志云《唐代悲田养病坊初探》,《青海社会科学》,2005年第2期,页106—108。日文论著有善峰宪雄《唐朝代の悲田養病坊》,《龍谷大学論集》,第389期(1969);道端良秀《中国佛教社会事業の一問題——養病坊について》,《印度学佛教学研究》,第18卷第2号(1970);最新的日文论著见古瀬奈津子《唐代悲田養病坊の変遷とその成立背景》,《佛教史学研究》,第45卷第1号(2002),页31—54。

宗纪》作"本管")选耆寿一人勾当,以充粥料。"①

李德裕奏文中最可注意的是,他建议两京及各州的病坊,"各于录事、耆寿中,拣一人有名行谨信为乡里所称者,专令勾当"。他同时提到了州的"录事"(此当是录事参军的省称)和地方上的"耆寿"。但在皇帝的批敕中,却只说此事由"耆寿一人勾当",似乎不包含录事参军。不过,笔者怀疑,《唐会要》此处的批敕可能有脱文,脱落了"录事"等字,因为病坊的管理是一件复杂的事,又涉及寺田和本利钱的经营,似非"耆寿"一人可以当之,应当也有录事参军的参与才是。录事参军的"勾稽"本色,正好也可以运用在寺田和本利钱的管理上。这应当也是李德裕当初建议由"录事"和"耆寿"共同负责的本意。

无论如何,到了唐末,懿宗《咸通八年痊复救恤百姓僧尼敕》,明确规定了录事参军在病坊管理上的"纠勘"角色:

> 应州县病坊贫儿,多处赐米十石,或数少处,即七石、五石、三石。其病坊据元敕各有本利钱,委所在刺史、录事参军、县令纠勘,兼差有道行僧人专勾当,三年一替。②

---

① 《唐会要》卷四九,页 1010—1011。此奏文也收在《册府元龟(校订本)》卷三一四,页 3553。但《册府元龟》的编成年代,不但晚于《唐会要》,而且《册府》此处的文字,比《唐会要》简略,且有错字,如上引文最重要的一句"各于录事、耆寿中",在《册府》作"各于子录事耆寿中",多一"子"字,文意不通,显为衍文。所以这里引用《唐会要》。在《李德裕文集校笺》卷一二,页 221—222,亦有这段奏文,但文字更为简略,且无皇帝批敕,不从。

② 《唐大诏令集》卷一〇,页 65。

据此,在懿宗时代或更早,已有一"元敕",病坊各有"本利钱",录事参军的职责在于"纠勘"。其时病坊也已恢复由"僧人专勾当",不再由"耆寿"打理。

和"纠勘"病坊类似的另一种录事参军职务,便是负责监督禁止屠牛的事。宣宗大中二年的制书,第一次明确提到"州府长官并录事参军等严加捉搦"天下诸州的屠牛事:

> 大中二年二月制:"爰念农耕,是资牛力,绝其屠宰,须峻科条。天下诸州屠牛,访闻近日,都不遵守。自今以后,切宜禁断,委所在州府长官并录事参军等严加捉搦①。如有牛主自杀牛并盗窃杀者,宜准乾元元年二月五日敕,先决六十,然后准法科罪。其本界官吏不钤辖,即委所在长吏,节级重加科责,庶令止绝。"②

不过,录事参军这种"捉搦"屠牛事的工作,看来是临时或因时务需要而编派的,因为录事参军原本就负责"纠举非违"。在"纠举"的大范围内,他便可能会被派去监管州内的各种杂务。这里所论的馆驿给券、管病坊和禁屠牛等事,应当都属于此类杂项。

## 七、墓志中所见的两个唐后期司录参军

贞元二十一年(805),韩愈的朋友张署(754—813?)出任京兆

---

① 在韩愈所写的《唐故河南令张君(署)墓志铭》中,曾叙及张署任虔州刺史时,州民滥杀耕牛的事:"民俗相朋党,不诉杀牛,牛以大耗。"但张署到任后,"一切禁督立绝"。见《韩昌黎文集校注》卷七,页461。
②《唐会要》卷四一,页858。

尹李墉的司录参军。大约在元和八年(813),张署去世,韩愈给他写了一篇墓志《唐故河南令张君(署)墓志铭》,里头有一段话很形象,写活了张署任京兆府司录时的威严:

> 拜京兆府司录,诸曹白事,不敢平面视。共食公堂,抑首促促就哺歠,揖起趋去,无敢阑语。县令丞尉畏如严京兆(指当时的京兆尹李墉),事以办治。①

这一段描写很可以用来说明司录"纲纪六曹"和"外督属县"的权势。张署任司录时,他属下的"诸曹"向他"白事"时,都"不敢平面视",正因为他负责管辖诸曹。这些诸曹和他"共食公堂"时②,也都低着头匆匆吃完就打揖离去,不敢说一句闲话。同时,京兆府属下的县令、县丞和县尉,也都敬畏张署如京兆尹一样,正因为张署的司录职务包含"外督属县"。

　韩愈这篇墓志,也让我们得以看到唐后期的司录参军会是一个怎样的官员,特别是他的出身和官历。张署"以进士举博学宏词,为校书郎"起家。唐代能够考中进士,再中博学宏词者,可说是精英中的精英。张署的校书郎是非常典型的初任美职。他后来做过京兆武功县尉,这是个赤县尉,也是校书郎任后的另一种美官③。他接着升任监察御史,正是进入中层文官的最清要官职之一(见本书第

---

① 《韩昌黎文集校注》卷七,页460。
② 唐代京外官署都有公厨,中午时分各署官员可以"共食公堂"。详见拜根兴《试论唐代的廊下食和公厨》,朱雷编《唐代的历史与社会》(武汉:武汉大学出版社,1997),页342—353。
③ 拙书《唐代基层文官》第一章和第三章曾经讨论校书郎和赤县尉何以为唐代士人心目中的美职。

一章)。所以尽管他有一段时候因"为幸臣所谗",被贬到一个南方小县去做县令,后来却能当上京师京兆府的司录。这一年他大约五十二岁。不过,张署后来的仕途却不很顺畅。他做过虔州(今江西赣州)和澧州(今湖南澧县)刺史,但这是两个次要的小州,澧州尤为偏荒。最后他改任河南县令,但他的上司河南尹却正好又是"君平生所不好者"。于是他就"以病辞免",不久去世。

张署任京兆府司录时固然有他"威风"的一面,但他这个司录官职应当放在他的整个官历脉络下来看,才能看得比较真切。毕竟,司录、录事参军只是一种中层文官。这点从他之后仅能出任虔州和澧州这两个次要小州的刺史,最可看出。他最后甚至又回去任县令这种官。若以张署早年优秀的出身和官历来做对比,他晚年的仕历可说并不显达。难怪韩愈在铭文中深为感叹,如此表达了他深切的哀伤:"谁之不如? 而不公卿!"(才能比谁差呢? 却做不到公卿!)

李翱的《故河南府司录参军卢君墓志铭》,写卢士琼的一生事迹。此墓志最常为人引用的部分,涉及卢士琼出任河南府司录时一些有趣的故事:

> 及为司录,始就官。承符吏请曰:"前例某人等一十五人合钱二千,僦人与司录养马,敢请命。"因出状。君诃曰:"汝试我耶?"使拽之,将加杖。承符吏众进仰曰:"前司录皆然,故敢请。"君告曰:"司录岂不自有手力钱耶?用此赃何为?"因叱出之。
>
> 召主馔吏约之曰:"司录、判官、文学、参军,皆同官环处以食,精粗宜当一,不合别二,无蹈旧犯。吾不恕。"及月终,厨吏率其余而分之。文学、参军得司录居三之一。君晓之曰:"俸钱、职田、手力数既别官品矣。此食钱之余,不当计位高下。"从此后自司录至参军平分之。

旧事,掾曹之下,各请家僮一人食钱,助本司府吏厨附食。司录家僮或三人或四人,就公堂余食,侵挠厨吏,弊日益长。君使家僮二人食钱于司录府吏厨附食,家僮终不入官厨。

召诸县府望吏告曰:"某居此岁久①,官吏清浊侵病人者,每闻之。司录职当举非法,往各白汝长,宜慎守廉靖,以渑池令为戒。"②

虽然这部分常为人引用,但却都未详考,笔者拟略为补充。这里其实总共记载了四件事,在在反映这位司录为官廉洁,为人宽厚,为职忠守,是一位好司录。第一,他不愿属下吏员出钱雇人替他养马。第二,他要主馔吏做到他和同僚"判官、文学、参军"等人所食,"精粗宜当一,不合别二"。同时,每个月的食本钱生利所得的餐钱如有余剩,他要和同僚均分,不愿比别人多得③。第三,他要

---

①据墓志卢士琼曾经在洛阳做过两任东都留守的推官,又曾任河南府户曹参军,所以他可以说"某居此岁久"。

②《李文公集》卷一五,页68—69。

③唐代官署公厨中午所提供的"会食",系以各署食本钱所生的利息支付。关于"食本"更详细的讨论,见陈明光《唐财政史新编》(北京:中国财政经济出版社,1991年初版,1999年增订版),页115—120。最新的论著见罗彤华《唐代食利本钱初探》,中国唐代学会、中正大学中文系、历史系主编《第五届唐代文化学术研讨会论文集》(高雄:丽文文化,2001)。卢士琼此举让我们想起柳宗元在《唐故秘书少监陈京行状》中所说:"始御府有食本钱,月权其嬴以为膳。有余,则学士与校理官颁分之。学士常受三倍,由公而杀其二。"见《柳宗元集》卷八,页194。这是指陈京以集贤学士判集贤院事任长官时,集贤院内的情况:从前吃不完的利钱,由学士与校理官去分。学士分到的,常为校理官的三倍。陈京来了之后,"杀其二",即减去两倍。换句话说,陈京和卢士琼一样,比较照顾职位比较低的官员,大家均分剩余的餐钱,所以他们都是仁慈的长官。

自己的家僮到"府吏厨"就食,而不是像旧例那样到公厨就食,"侵挠厨吏"。第四,他行使"外督属县"的职能,把各"县府望吏"招来,告戒他们司录的工作"当举非法",要他们守"廉靖",并要他们转告长官,"以渑池令为戒"。

以唐代墓志文体叙写如此细腻的行政细节,李翱此文可说别具一格。它把卢士琼在河南府任司录威严、正直的一面写活了,也透露了他在州政上的关键地位。但我们应当留意的是,司录、录事参军在唐代整个官僚系统中,毕竟还只是个中层文官。卢士琼死时"年六十九",依然只是个司录,未攀升到仕宦的高层。从这点来说,他的仕途和韩愈笔下的张署一样,其实并不算成功或显达。

# 八、令录:县令和录事参军

唐后期的录事参军,的确比唐前期负起越来越多的职任,在州政上的地位也越来越关键。这种地位的提升,不但反映在安史乱后不久的"加秩"事上(见上引肃宗《乾元元年南郊赦文》),而且也充分表现在唐后期才出现的一个新趋势,即录事参军经常和县令相提并论,甚至后来还出现一个新的名词——"令录"。

"令录"即县令和录事参军的结合简称。县令为一县的长官,和他相对应的州长官原本应当是刺史,但录事参军和县令并提,以及"令录"一词的出现,显示唐后期人心目中,录事参军仿佛变成了一州最重要的官员,类似县令之为一县中的长官。

例如,早在肃宗《乾元元年册太上皇尊号赦文》中,便把录事参军和县令并提:

其刺史、上佐、录事参军、县令，委中书门下速于诸色人中精加访择补拟。①

肃宗的乾元元年敕，又提到这件事：

乾元元年三月五日敕："县令、录事参军，自今已后，选司所拟，宜准故事，过中书门下，更审详择。仍永为常式。"②

代宗的一道诏书，则把租庸使、刺史、县令和录事参军并提：

官吏之政，在邦必闻，知无不为，公道斯在。其租庸使及刺史、县令、录事参军，有精于政理，及赋役均平，州县之间，称为良吏者，具名闻奏，别有甄异。③

这是朝廷心目中地方行政上最重要的几种官。

代宗朝杨炎执笔的《诫别驾县令录事参军诏》，重申了这几种官的重要性：

弛张刑政，兴化阜俗，使吏息贪污之迹，下无愁怨之声者，不惟良二千石，亦在郡主簿（即录事参军）、县大夫（即县令）。……又别驾秩位颇崇，若郡守废阙，掌同其任，旧例补署，或匪其才，一不称职，则多伤害。自今后，别驾、县令、录

---

① 《唐大诏令集》卷九，页 57。
② 《唐会要》卷六九，页 1441。
③ 《册府元龟（校订本）》卷一六二，页 1805。

事参军有犯赃私,并暗弱老耄疾患不称其职、户口流散者,并委观察节度等使与本州刺史,计会访察,闻奏与替。其犯赃私者,便禁身推问,具状闻奏。其疾患者,准式解所职。老耄暗弱及无赃私才不称职者,量资考改与员外官。余官准前后敕处分。其刺史不能觉察,仰观察节度使具刺史名品闻奏。如观察节度管内不能勾当,即官、御史出入访察闻奏。①

这是说州县的治理,不能只靠刺史("不惟良二千石"),也需要录事参军和县令的协助("亦在郡主簿、县大夫"。"郡主簿"即录事参军的别称,对应县的勾官县主簿),把刺史、录事参军及县令三者的关系说得很清楚。接着,敕文也提到州别驾的地位。这些官员如果"有犯赃私,并暗弱老耄疾患不称其职",则"观察节度等使与本州刺史"须"计会访察,闻奏与替"云云。

代宗的一道谕令甚至规定,御史宜于令录中"简择":

> 所选御史,亦宜于录事参军、县令中简择,仍须资历稍深者。②

由于刺史、录事参军和县令的地位重要,德宗上台后不久,有一道敕规定"流外出身人","今后勿授刺史、县令、录事参军。诸军诸使亦不得奏请":

> 大历十四年(779)七月十九日敕:"流外出身人,今后勿

①《唐大诏令集》卷一〇一,页513—514。
②《册府元龟(校订本)》卷六三〇,页7281。

授刺史、县令、录事参军。诸军诸使亦不得奏请,仍委所由检勘。"①

流外出身人出身低微②,皆无功名科第,所以有这样的禁令。德宗朝对令录的考课和任官资历也有所规定:

> 建中元年(780)六月,中书门下省奏:"录事参军、县令,三考无上考,两任共经五考以上无三上考,及不带清白陟状者,并请不重注令录。"敕旨依奏。③

录事参军和县令如果要再次出任这两种官,需要有良好的考绩才行,否则"不重注令录"。据笔者所知,这是唐代文献首次出现"令录"这一简称新名词。

兴元二年(785),陆贽为德宗所撰的《贞元改元大赦制》,已经不再提上引代宗《谕诸道州考察所属官敕》所言及的州"别驾",似可佐证严耕望所说,别驾、长史和司马等州上佐,逐渐变为闲员。陆贽在文中只提录事参军和县令的荐任:

> 为官择人,其在精核。宜令清资常参官,每年于吏部选

---

① 《唐会要》卷五八,页1178。
② 关于流外出身者和他们任官所受到的种种限制,见本书《导言》中的讨论。
③ 《唐会要》卷六九,页1441。关于唐代的考课,"三考"和"上考"等词的含义,见黄清连《唐代的文官考课制度》,《"中研院"历史语言研究所集刊》,第55本第1分(1984),页139—198,又收在黄清连主编,《制度与国家》(台湾学者中国史研究论丛2)(北京:中国大百科全书出版社,2005),页206—267。

人中,各举所知一人,堪任县令、录事参军者,所司依资叙注拟,便于甲历之内,具标举主名衔,仍牒报御史台。如到任后,政尤异者,有赃犯事迹著明者,所司录举官姓名闻奏,以为褒贬。①

"清资常参官"是唐代官员中比较清要的群体。制文规定由他们来荐举"堪任县令、录事参军者",可证朝廷对此两种地方官的重视。荐举者也会因为他们所荐官员的表现优劣而受到"褒"或"贬"。

这种荐举令录的规定和赏罚,亦见于文宗《太和三年十一月十八日敕文》:

> 自今后,宜令诸州刺史及本道观察使,各举管内堪任县令、录事参军者,仍须资考相近,并据阙申奏。所举官如才职不称,刺史书下考。如至赃犯阙,刺史停见任。观察使据事轻重,临时处分。如政事修举,课第殊尤,亦当明赏。②

文宗是一位关心令录选任的皇帝。《旧唐书·崔郸传》记载了他和臣子的一段问答:

> 文宗勤于政道,每苦选曹讹弊,延英谓宰臣曰:"吏部殊不选才,安得摭实无滥,可厘革否?"李石对曰:"令录可以商量,他官且宜循旧。"上曰:"循旧如配官耳,贤不肖安能甄

---

① 《陆贽集》卷二,页44—45。
② 《文苑英华》卷四二八,页2168。

别?"帝召三铨谓之曰:"卿等比选令录,如何注拟?"(崔)郸
对曰:"资叙相当,问其为治之术,视可否而拟之。"帝曰:"依
资合得,而才劣者何授?"对曰:"与边远慢官。"帝曰:"如以
不肖之才治边民,则疾苦可知也。凡朝廷求理,远近皆须得
人。苟非其才,人受其弊矣。"①

崔郸当时正"判吏部东铨事",所以和文宗有这一段对话。

宣宗的《大中元年正月十七日赦文》,在规定录事参军和县令
的注拟条件时,也是令录两官并提:

> 长吏举荐县令、录事参军,虽有近敕,如涉请托,是启幸
> 门。其诸州府县令、录事参军,吏部所注之官。虽与替,亦须
> 具所替人罪犯及不胜任事状闻奏。所举之人,须前任曾有殊
> 考。不然,课绩尤异,分明有据者,方得论请。此外中书门
> 下,不得与进拟。②

这里强调令录须有"殊考"或"课绩尤异","方得论请"。宣宗的
另一道赦文,则要求令录条奏地方行政上的种种措施的"利弊",
以便改进:

> 应天下州县,或土风各异,或物产不同,或制置乖宜,或
> 章条舛谬,或云施之岁久,或缘碍于敕文,有利于人而可举行
> 者,有害于物而可革去者,并委所在县令、录事参军,备论列

①《旧唐书》卷一五五,页 4119—4120。
②《文苑英华》卷四〇三,页 2179。

于刺史,具以上闻。委中书门下据事件下观察使,详言列奏,
当与改更。……如或在官因循不举,后来者无以申明利害,
较然违慢可见,当重加惩罚,仍更不得授县令、录事参军。刺
史委中书门下具名奏闻,别议殿责。①

如果不列举条奏,令录还会因而受到"重加惩罚"。

唐末几位皇帝的诏敕,不但依然把令录并提,而且继续对这
两类地方官的任期、注拟等事,进行种种规定。例如,懿宗咸通四
年(863)有一敕令:

中外官宜准建中元年敕,授官后三日举一人自代。州牧
令录上佐官,在任须终三考。②

昭宗在改元天复(901)时,颁《改元天复赦》说:

自兵兴已来,吏道全消……宜求抚字之仁。应两京畿赤
县,委中书门下切加选择,务在得人。诸州府县令录宜三选,
不得轻有注受,切须当以人材。③

唐末代皇帝哀帝,也曾颁一诏文,特别关注州县令录的注拟:

应天下州府令录,并委吏部三铨注拟。中书门下自天祐

---

①《册府元龟(校订本)》卷一五五,页1732。
②《旧唐书》卷一九上,页654。
③《唐大诏令集》卷五,页32。

二年(905)四月十九日后,并不除授。①

录事参军和县令并举,成为一州行政上最关键的官员。所以,德宗贞元初,当齐映、刘滋任宰相执政时,戴叔伦曾经有过这样的进言:

> 齐映、刘滋执政,叔伦劝以"屯难未靖,安之者莫先于兵,兵所借者食,故金谷之司不轻易人。天下州县有上、中、下、紧、望、雄、辅者,有司铨拟,皆便所私,此非为官择人、为人求治之术。其尤切者,县令、录事参军事,此二者,宜出中书门下,无计资序限,远近高卑,一以殿最升降,则人知劝"。映等重其言。②

戴叔伦在这里首先提到当时的祸乱还没有平定,军队很重要,军队靠的是粮食,管钱粮的职权不可以轻易交给别人。在这方面,最重要的正是县令和录事参军。所以他建议,这两种官员,"宜出中书门下",不可草率任命。

有些地方牧守,亦重视录事参军的选任。例如,刘晏任京兆尹时,"委府事于司录张群、杜亚"③。大历初年,他在江南任盐铁使时,"精求文吏",也就委任朱巨川为他管区内睦州的录事参军④。

综上所考,录事参军在州政上扮演着关键的角色。然而,他到

---

① 《册府元龟(校订本)》卷六三二,页 7302。
② 《新唐书》卷一四三,页 4691。
③ 《旧唐书》卷一二三,页 3511。
④ 李纾《故中书舍人吴郡朱府君神道碑》,《文苑英华》卷八九四,页 4708。

底还不是一州的首长,我们不宜过度强调他在州府高超的地位。

在唐代的官僚系统里,录事参军应当还只是一个中层的文官,因为从众多唐人的官历看来,此官往往仅是一个人仕途上的一个中间点,尚未达到高层。例如前面提到的朱巨川,他在出任过刘晏的睦州录事参军后,接着便只是到豪州钟离县担任豪州刺史独孤及的县令而已①。录事参军转任县令,是十分正常且常见的迁转。前一节我们曾以韩愈的《唐故河南令张君(署)墓志铭》,考察京兆府司录此官在张署整个仕途上的位置,也曾论及李翱笔下的卢士琼,死时犹是司录,仕途并不显。这里我们不妨再以李复的官历,略为说明录事参军在唐代官僚体制中的位置,以免高估了此官:

> (李)复,字初阳,以父荫累官至江陵府司录。精晓吏道,卫伯玉厚遇之,府中之事,多以咨委。性苛刻,为伯玉所信,奏为江陵县令,迁少尹,历饶州、苏州刺史,皆著政声。②

李复为李唐宗室,他以父荫官至江陵府司录。江陵府即荆州,为唐后期的八大州府之一。此时,约广德、大历年间,卫伯玉任荆南节度使,治所在江陵府,所以"府中之事",多委于李复这个司录参军。但李复任过司录参军后,接着任"江陵县令"(江陵为荆州属下的八个县之一)。我们在第四章见过,县令并不是什么高官,仅是中层文官而已。然后,李复迁江陵府的"少尹",再升为饶州和

---

①李纾《故中书舍人吴郡朱府君神道碑》,以及台北故宫博物院所藏的《朱巨川告身》。又见拙文《论唐代的州县"摄"官》,杜文玉主编,《唐史论丛》,第9辑,页66—86。

②《旧唐书》卷一一二,页3337。

苏州刺史。换句话说,李复任司录参军和江陵县令,在他整个官历上,都只能说是中层的文官。一直要到他官至江陵少尹、饶州和苏州刺史,他才算步入仕途的高层。


## 九、唐中叶以后的"摄"录事参军

本书第四章论唐代的县令,曾经论及唐后期的州县,有大批"摄"州县官的存在,如著名的《赵州刺史何公德政碑》碑阴上所列的那些"摄某某县县令"、"摄某某县主簿"等等。州县官原本应当由中央委派,但这些"摄"官却不是由朝廷委任,而是由当地的节度使(或盐铁使,甚至由刺史及当地豪强)自行"辟署",好比幕府的僚佐一样。他们不算正式的州县官,所以他们的官衔前面经常带有一个"摄"字,以示"假摄"之意。

那么,唐后期的州府,是否也有这种"摄"录事参军的存在?答案是肯定的。唐史学界过去对这种"摄"录事参军,可说一无研究。这里且让我们来看看他们的真面貌。

例如,元稹在《报三阳文》中,便清楚告诉我们,当年他在通州任司马时,他属下的录事参军,便是个"摄"官。他特别派遣这位"摄"录事参军前去祭拜三阳神:

> 维元和十三年(818)九月十五日,文林郎、守通州司马权知州务元稹,谨遣摄录事参军元淑则,以清酒庶羞之奠,以报于三阳神之灵。①

---

① 《元稹集》卷五九,页622。

谈到祭神拜佛,晚唐剑南道资州有一位摄录事参军,便写了一篇非常有趣的《造观音像记》:

> 弟子摄资州录事参军邓暗,自去年三月九日到官,遵守教条,匡持众务,自以耿直为事,翻遭猾吏加诬,至五月廿九日,□命停务。暗仰祈阴骘,下烛无群,因发愿,奉为相公及当州使君造二大圣。金采睟容,焕乎圆备,果蒙如讯,□监深冤。至其年十月十七日,蒙相公迥垂仁鉴,俾复本官。若非圣力所加,安得无移旧贯。今者因斋庆赞,□表丹心,爰□十圣,以彰灵应。时咸通十四年(873)岁癸巳六月八日记。①

这位摄录事参军邓暗,到资州赴任后,遭到当地"猾吏加诬",失去职位,于是他发愿,"奉为相公及当州使君造二大圣"。此举果然"灵应"。他获得复职,于是又造了一座观音造像碑还愿,并在碑上写下这段题记缘起,为我们留下一段难得生动的历史。

值得注意的是,这位资州摄录事参军邓暗,他的停职和复职,都由"相公"(当指当地的剑南西川节度使)一人决定,可证这种摄官既然是由当地牧守自辟,其命运、任期等,也就自然全操在"相公"手中,自己难以掌控,有事只好求助于观音菩萨了。

在《赵州刺史何公德政碑》的碑阴,也有一位"摄"录事参军:

摄录事参军赏绯鱼袋郭杰②

---

① 《全唐文》附《唐文续拾》卷六,页 11242。
② 《八琼室金石补正》卷六三,页 30。关于此德政碑,更详细的讨论见拙文《论唐代的州县"摄"官》,页 69—74。

郭杰在碑阴上的排序,位在司功、司户等六曹参军之上,很符合录事参军"纲纪六曹"的行政统属。值得注意的是,这位摄录事参军,曾经得到皇帝的"赏绯鱼袋"。"绯"指绯衣,为散官五品以上文官的服色。"鱼袋"指银鱼袋,和绯衣相配搭。这位郭杰原本还未到衣绯的阶段。但他因为被赵州刺史(兼成德节度使)自辟为赵州的摄录事参军,成德节度使便代他向皇帝奏请得到"赏绯鱼袋"这种荣誉。

方镇使府为属僚奏请章服的习俗,在唐后期颇常见。大中三年中书门下的一篇奏文,对此有详细的说明:

> 三年五月,中书门下奏:"增秩赐金紫,虽有故事,如观察使奏刺史善状,并须指事而言,不得虚为文饰。……准令,入仕,十六考职事官,散官皆至五品,始许著绯。三十考职事官四品,散官三品,然后许衣紫。除台省清要,牧守常典,自今已后,请约官品为例。判官上检校五品者,虽欠阶考,量许奏绯。副使行军俱官至侍御史已上者,纵阶考未至,亦许奏绯。如已检校四品官兼中丞,先赐绯,经三周年已上者,兼许奏紫。……"依奏。①

郭杰散官未达五品,却获"赏绯鱼袋",便属这种"纵阶考未至,亦许奏绯"的好例子。从这个个案可看出,唐后期的方镇使府,不但可以辟署自己幕府的僚佐,同时还可以自辟其属下州县的官员为"摄官"(不须由中央委派),更可以为他们奏请章服。

拙文《论唐代的州县"摄"官》,已详细探讨了唐后期这种州

---

① 《唐会要》卷三一,页 667—668。

县摄官的起源、实行状况及其盛行地区。这一类州县摄官当然包含了录事参军在内,所以这里不拟赘论,只想补充几个特别涉及"摄"录事参军的细节。

为什么唐后期的州县,频频出现由当地牧守自辟的地方摄官?原因有几种。

最常见的一个原因是地区偏远。例如,岭南、黔中等地,便因为偏荒,士人多不愿前去,其州县官便不得不由当地牧守自辟当地人出任。唐初敦煌吐鲁番地区有许多州县摄官,亦属此类。但李德裕在《潞磁等四州县令录事参军状》中,却出人意表地提到另一个原因"地贫俸薄":

> 右,缘地贫俸薄,无人情愿,多是假摄,破害疲氓。望委吏部于今年选人中,拣干济曾有绩效人,稍优一两任注拟。其俸料待勘数到,续请商量闻奏。①

这是会昌四年(844)李德裕所写的一篇状。"潞磁等四州"指昭义节度属下的潞、磁、邢、洺四州,位于太行山地区。会昌三年,昭义节度使刘从谏去世,他的侄子刘稹自称留后叛变。李德裕当时任宰相,亲自指挥平定了这场叛乱,刘稹被杀②。正因为这场叛乱,昭义有好几年没有节度使,一直到大中三年(849),薛元赏才接任

---

① 《李德裕文集校笺》卷一六,页310—311。
② 傅璇琮《李德裕年谱》(济南:齐鲁书社,1984),页468—557,对昭义之乱前后的史事有所疏证。更全面的研究见王国尧《李德裕与泽潞之役——兼论唐朝于9世纪中所处的政治困局》,《唐研究》,第12卷(2006),页487—522。

节度①。会昌四年李德裕写这篇状时,昭义属下的潞磁等四州,显然处在战乱后"破害"的状态,"无人情愿"前去这样"地贫俸薄"的州县,以致这些州县的县令和录事参军,"多是假摄",所以李德裕不得不奏请朝廷采取特别的补救措施。

州县摄官出现的第二个原因是方镇跋扈,不听命朝廷,自行委任州县摄官。《旧唐书·宪宗纪》元和十五年春正月下有一小段记录:

> 庚辰,镇冀观察使王承宗奏镇冀深赵等州,每州请置录事参军一员,判司三员,每县请置令一员,从之。②

初看之下,这似乎只是王承宗请求朝廷在他属下州县设置录事参军、判司(即六曹参军)以及县令。但深一层观察,这段记载其实要放在唐后期方镇跋扈、自行委派州县摄官的角度下,才能充分理解。王承宗原本在他的镇冀深赵等州,自行辟署摄录事参军等官,但现在,他为了表示听命于朝廷,所以才奏请由中央在他的管州内设置录事参军等官。《旧唐书·王承宗传》对此有比较详细的背景交代:

> 是岁,李师道平,承宗奉法逾谨,请当管四州,每州置录事参军一员、判司三员,每县令一员、主簿一员,吏补授皆听朝旨。③

---

①戴伟华《唐方镇文职僚佐考》,页230—232。
②《旧唐书》卷一五,页471。
③《旧唐书》卷一四二,页3882—3883。

可知他之前并不"听朝旨",自辟州县摄官,包括极重要的录事参军和县令。但在元和十四年,他的"盟友"平卢节度使李师道叛唐被平定消灭之后,他心生畏惧,于是隔一年便"奉法逾谨",自请中央委派这些州县官,接受朝命。

同样的,元和年间魏博有一奏文,也应当放在州县摄官的脉络下来理解:

> (元和)七年十二月,魏博奏:"管内州县官二百五十三员,内一百六十三员见差假摄,九十员请有司注拟。"从之。[1]

魏博的"假摄"州县官竟高达约三分之二,其余约三分之一才请中央"有司注拟"。魏博属下管魏、博、贝、卫、澶、相六州。这六州重要的州官职位录事参军,很可能便由魏博节度使自行委人差摄。

晚唐诗人李商隐,曾经在南方桂州(今广西桂林)出任桂管观察使郑亚的幕佐,并且曾经代郑亚(荥阳公)写过许多官文书。现收在李商隐文集中的《为荥阳公桂州署防御等官牒:曹谠》一篇,便是当年桂管观察向朝廷奏请让曹谠出任摄昭州录事参军的牒文,让我们得以见到唐后期委任摄州录事参军的过程:

> 牒奉处分,郡督邮县主簿,古之任重,今也材难。得其人,则四鄙无侵刻之虞;失其人,则一府坏纪纲之要。昭丘旧郡,平乐属城,虽州将在焉,而县尹耄矣!苟忘管辖,何寄准绳?前件官,实富公才,尝参侯服,削大刃而只思髋髀,茂长材而惟忆风霜。辩泻口河,志坚心石。委之稽勾,必慰疲赢。

---

[1]《唐会要》卷七五,页 1615。

夫专于雷同,则无以贵吾道;苟务从派别,则无以致人和。允执厥中,唯理所在。无忿洁操,以负求才。事须差摄昭州录事参军。①

摄录事参军等州县摄官,虽由地方牧守自辟,但仍须获得朝廷的批准。上文便是李商隐代笔的一篇请准牒文。文中特别提到州录事参军的几种重要职能,诸如"得其人,则四鄙无侵刻之虞;失其人,则一府坏纪纲之要","委之稽勾,必慰疲羸"等语,也都凸显了录事参军在一州行政上的重要性。昭州的治所在今广西平乐县,在唐代是个下州,人口稀少,当属那种"无人情愿"去的穷州,所以它的录事参军,无法由朝廷委任,于是便由桂管观察使自行派人去差摄。牒文最后一句的"事须"一词,是唐代公文书的规范用词,在敦煌吐鲁番出土文书中常可见到,即"必须"之意②。

李商隐文集中还有另一篇类似牒文,题为《为荥阳公桂州署防御等官牒:韦重》,则是替桂管观察属下的柳州奏请一位摄录事参军:

右件官,顷佐一门,实扬二职。袭韦贤之经术,有崔琰之须眉。久为旅人,不遇知己。今龙城属部,象县分封,虽求瘼颁条,允归于通守。而提纲举辖,必借于外台。子其正色当官,洁身照物,逢柔莫茹,有蠹必攻。罗含擅誉于琳琅,犹闻谦受;梁竦徒劳于州县,未曰通材。勿耻上官,以渝清节。事

---

① 《李商隐文编年校注》,页 1409。
② 王启涛《吐鲁番出土文书词语考释》(成都:巴蜀书社,2005),页 464。

须差摄柳州录事参军。①

柳州的治所在今广西柳州,在唐代和昭州一样,属于下州,人口稀少。牒文中所提到的"龙城"和"象县",为柳州属县。

州县摄官虽然不是正规的制度,但唐后期的朝廷却因为种种原因,诸如地方偏远、"地贫俸薄"或方镇跋扈等等,经常诉诸这种办法,来解决它的州县官问题。唐朝廷甚至对地方牧守自辟州县摄官,制定有详细的"奏请"办法,例如咸通十二年(871)中书门下的一道奏文:

> 准今年六月十二日敕,厘革诸道及在京诸司奏官并请章服事者。其诸道奏州县官司录、县令、录事参军,或见任公事,败阙不理,切要替换,及前任实有劳效,并见有阙员,即任各举所知。每道奏请,仍不得过两人。其河东、潞府、邠宁、泾原、灵武、盐夏、振武、天德、鄜坊、沧德、易定、三川等道观察防御等使及岭南五管,每道每年除令录外,许量奏簿、尉及中下州判司及县丞共三人。福州不在奏州县官限②。其黔中所奏州县官及大将管内官,即任准旧例处分。……其幽、镇、魏三道望且准承前旧例处分。③

唐后期州县摄官数量之多,分布之广,是相当惊人的。就州县官

---

① 《李商隐文编年校注》,页 1407。
② 关于福州的特别情况,以及这篇奏文的详细讨论,见拙文《论唐代的州县"摄"官》,页 66—86。
③ 《旧唐书》卷一九上《懿宗纪》,页 678。

当中的录事参军而言,唐朝廷便允许"河东、潞府、邠宁、泾原、灵武、盐夏、振武、天德、鄜坊、沧德、易定、三川等道观察防御等使及岭南五管"的州,每年都可以奏请"令录"(即县令和录事参军)。除此之外,还可量奏"簿、尉及中下州判司及县丞共三人"。福州另有处置办法。至于黔中和跋扈的河北三镇幽、镇、魏,它们则是"准承前旧例处分"的。

据此看来,唐后期朝廷真正能够派遣司录、录事参军的地区,和它能够委派县令的地区一样(见本书第四章),恐怕只剩下长安、洛阳两京赤畿地区,以及汴河、大运河流域的江南地区了。这些也正是唐朝廷最具战略或经济价值的地区。

# 十、结论

录事参军是唐代州一级的中层文官,任此官的年龄大约是四五十岁左右。在唐前期,此官的主要职务有两个:一是"勾稽"文书,所以有"勾官"的称号;二是"监督"属下的六曹参军和属县县官,所以有"纲纪六曹"的说法。此外,他们还处理省署抄目、掌印、给纸笔等事。州的录事参军,其作用相当于县的主簿,以及其他京城官署的主簿。两者的职务约略相同。

但在唐中叶以后,录事参军的职权越来越大,不但继续负起勾官和纲纪六曹的重任,而且还负责监管私盐、义仓、州府钱物斛斗文案、阙官料钱、两税、馆驿给券、病坊、禁屠牛等杂事。同时,由于唐后期州的上佐(别驾、长史和司马)变成闲员,录事参军往往成了一州行政最关键的要员,经常和县的长官县令相提并论,合称为"令录"。

唐代的州府大约有三百多个,但并非每一州府的录事参军都那么重要。正如县令、县尉等县官的地位,要依他们任职属县的等级而定,录事参军的地位也取决于他任职所在州府的等级。大州府如长安、河南、汴州的司录、录事参军最为剧要,是士人竞求的对象,任官者大都是出身条件或仕宦条件非常优秀的士人,而且他们必须先任其他基层官,迁转几次以后才能攀升至此。但唐代中小州和偏荒地区的州,其录事参军的地位便不是很高,甚至可以用作士人的初任释褐官。

吐鲁番出土文书,可以让我们清楚见到唐代的录事参军如何扮演他的“勾官”角色。这些出土文书还保存了他们当年勾稽文书所留下的一些批示和署名,十分珍贵。近世出土的唐代墓志,则让我们见到录事参军的“监督”角色。这些墓志记录了不少仕途不佳的士人当年任录事参军的一些事迹,可以补正史之不足;而唐后期盛行的“摄”录事参军现象,显示唐皇朝在后期能够真正控制的州府,仅限于长安、洛阳两京赤畿地区,以及汴河、大运河流域等江南地区。

虽然说司录、录事参军是唐代州府行政的关键人物,但此官的重要性亦不宜高估。这毕竟只是个中层文官。所以,即便是在重要州府(如河南府)任过司录参军者(如张署和卢士琼等人),当年威风显赫一时,但如果他们的官位仅停留于此,没有继续往高层攀升,那么他们的仕途还是不够显达,甚至可以说是“不成功”的。

# 第六章　判　官

轮台东门送君去,去时雪满天山路。

山回路转不见君,雪上空留马行处。

　　　　　——岑参《白雪歌送武判官归京》①

　　岑参(719—770)②这首诗是他在北庭都护府(今新疆吉木萨尔县北)任节度判官时写的,送给另一个判官武某人。唐诗中这种寄送某某判官的诗作非常之多,粗略统计,多达约二百五十首,从唐初张九龄的《送广州周判官》,一直到唐末贯休的《和李判官见新榜为兄下第》,当中写得最好、最有名的,恐怕还是岑参这首《白雪歌送武判官归京》。此诗亦收在《唐诗三百首》中。

　　但判官是一种怎样的官? 今人常对判官望文生义,以为这是审理案件的法官③。下文将细考其非。这里可以先点破的是,判

---

①刘开扬《岑参诗集编年笺注》,页335。

②岑参生年据王勋成的新考订,见其《岑参入仕年月及其生年考》,《文学遗产》,2003年第4期。过去学界普遍认为岑参生于开元三年(715)或四年(716)。王勋成推翻此旧说。

③例如,哈佛大学的Stephen Owen,便把判官理解为法官(Judge),把岑参的这首《白雪歌送武判官归京》英译为"Song of the White Snow: Sending Off Judge Wu on His Return to the Capital"。见他的 *The Great Age of Chinese Poetry: The High T' ang* ( New Haven: Yale University Press, 1981) , pp. 175—176。

官是一种中层文官,主要是一种"执行任务的官员",非司法人员,任此官者多为三十五到四十五岁的人。岑参在北庭任判官时即大约三十六七岁左右,诗则写于天宝十四载(755)他三十七岁那年。上引四句为诗的结尾,写岑参看着他的同僚武判官骑着马,踏着一片白雪离去,或许想到自己不知何时才能"归京",于是不免有些感伤和寂寞。但结尾两句写得非常含蓄,意境幽远,只说"山回路转"再也见不到你了,仅有雪地上"空留"着你的马走过的足印。这种寂寞心情想是一个微近中年,为生活远赴边塞任判官的盛唐诗人所常有的吧。

判官不但常见于唐诗,也习见于唐代史籍、墓志、文集和笔记小说等书,而且此官的分布极广。不但像岑参所任职的北庭等方镇会有判官,甚至京城中某些官署或非方镇使职,可能都有判官,例如内作坊判官、礼仪使判官和神策军判官等等。在方镇幕府体制下,判官属中层文官,排位在掌书记之上、行军司马之下。非方镇判官的地位,也约略如此,底下再详考。

但近人对此官的研究很少。严耕望的《唐代方镇使府僚佐考》①,最早论及判官,但只限于方镇判官,未及京城或非方镇者。戴伟华在《唐代使府与文学研究》中论方镇幕佐时,只有一小段话涉及判官②。石云涛的《唐代幕府制度研究》③,亦曾约略论及判官,但可考者仍多。赵雨乐的《内诸司机构的衔化现象:从判官和押衙说起》,仅论及宫廷内诸司使的判官④。故本章拟在前人基础

①严耕望《唐代方镇使府僚佐考》,《严耕望史学论文集》,页406—452。
②戴伟华《唐代使府与文学研究》(桂林:广西师范大学出版社,1998),页41。
③石云涛《唐代幕府制度研究》(北京:中国社会科学出版社,2003),页93—94。
④收入赵雨乐《从宫廷到战场——中国中古与近世诸考察》(香港:香港中华书局,2007),页145—160。

上,详考这个官职,主要论其五大类型、名目、地位和职掌等①,而且拟包含各类使职所带的判官,不管是在方镇或非方镇,并旁及"本判官"等相关课题②。

# 一、唐代"判"的含义

现代汉语里的"判"字,含有强烈的"审判"、"判决"等法律含义,以致现代读者初次见到唐代的"判官",望文生义,很可能以为这是一种法官,专门负责审理诉讼或刑案等。果如此,则恐怕会构成极大的误会和误读,所以本节拟先详考唐代"判"字的含义,以破解这种误会。

实际上,唐代的判官,粗略地说,只是一种"执行官"。唐代的"判"字,即"执行"、"负责处理"某公事的意思,但此意到了现代汉语中已丧失殆尽。当然,判官所执行之事,可能包括诉讼、刑案等法律案件,但正如下面拟详考的,他不是司法或执法人员,而是职务相当广泛的一种执行官。他的实际任务,要看他所属的使府而定。例如关内盐池判官,所管当即盐池事。又如长春宫判官,

①笔者在《唐代基层文官》第五章《巡官、推官和掌书记》中,详考唐代幕职的辟署和礼聘,以及幕佐的官衔等问题。这些也都适用于方镇判官,所以这里不拟重复赘论辟署和礼聘等事,底下只准备简单交代并补充若干前此未论及的细节。

②唐后期敦煌的僧官制度中亦有"判官",但这种判官属于佛教社会组织的范围,和唐代官制无关,此不论。详见竺沙雅章《敦煌佛教教团の研究》,《增订版中国佛教社会史研究》(京都:朋友书店,2002)。

所管当即长春宫事(长春宫位于长安附近的同州,为唐代的行宫之一)①。至于节度判官,职掌则比较多样化,可能执行节度使交付之任何事。在这方面,判官和推官及巡官有些相似。三者都是执行任务的官员②,只不过巡官地位最低,推官其次,判官在三者当中排位最高,一般也比较年长,官场经验比较丰富,多已任过巡官或其他基层官职。

我们可以从唐人种种“判”字的用例,去推知“判”的基本意思,绝非现代“法庭审判”之法律含义,而是“执行”、“掌判”之意。且举四类例子以证之。

第一,在唐代官制专用术语中,有所谓“判某曹”、“判某院”之事。比如,《旧唐书·韩滉传》说:“公洁强直,明于吏道,判南曹凡五年,详究簿书,无遗纤隐。”③南曹即吏部员外郎所掌的其中一个部门,负责检查选人的官历文书,所以韩滉“判南曹”五年所做的事,便是“详究”这些选人呈上的“簿书”,验其真伪,“无遗纤隐”。此“判”即“执行”某任务之意,亦即“掌判”之“判”。这种用例在两《唐书》中屡见不鲜,如皇甫镈,“判南曹,凡三年,颇钤制奸吏”④,也是这个意思。

《新唐书·百官志》尚书省兵部条下说:“郎中一人判帐及武官阶品、卫府众寡、校考、给告身之事;一人判簿及军戎调遣之名

---

① 《元和郡县图志》卷二,页 36。由于此宫位于同州,同州刺史经常兼任长春宫使。
② 关于巡官和推官的职务,详见拙书《唐代基层文官》第五章《巡官、推官和掌书记》。
③ 《旧唐书》卷一二九,页 3599。关于吏部员外郎判南曹事,又见本书第三章《员外郎和郎中》中的讨论。
④ 《旧唐书》卷一三五,页 3738。

数,朝集、禄赐、假告之常。"①《旧唐书·陈希烈传》:"累迁至秘书少监,代张九龄专判集贤院事。"②《旧唐书·韦绶传》:"长庆元年三月,转礼部尚书,判集贤院事。"③这些"判",都是"掌判"、"执行"之意,毫无现代汉语的"审判"之意。

其次,在近世出土的敦煌吐鲁番文书中,常见有"某某日受,某某日行判(或某某日判)"的批语。例如,在开元二十一年正月福州唐益谦请过所文书中,即有办事人员所写的一行批语:"正月十三日受,十四日行判。"据研究此类文书的王永兴说,这句话的意思是,这件申请过所的文书在十三日收到,十四日就处理完毕了,只用了一天的时间。又如,在唐下西州柳中县残文书为勘达匪驿驿丁差行事中,也有一行批语:"十一月二十七日受,十二月十一日行判。"其"行判"的意思也就是"处理完毕"④,可知唐代的"判"即"执行"、"处理"、"掌判"之意,并没有现代汉语里强烈的法律意涵。

第三,敦煌吐鲁番文书中传世的几种判集,所处理的公务都不是法律诉讼案,而是日常公务。例如《河西巡抚使判集》,所"判"的是"当时紧要的军政事务"和"遗留下来的历史事件"⑤。同样的,《岐州郿县县尉判集》(伯二九七九号)所涉及的,主要是

---

①《新唐书》卷四六,页 1196—1197。

②《旧唐书》卷九七,页 3059。

③《旧唐书》卷一六二,页 4245。

④详见王永兴《唐勾检制研究》(上海:上海古籍出版社,1991),页 55—59。又见向群《敦煌吐鲁番文书中所见唐官文书"行判"的几个问题》,《敦煌研究》,1995 年第 3 期;向群《唐判略论》,《华学》,第 2 辑(1996)。

⑤安家瑶《唐永泰元年—大历元年河西巡抚使判集(伯二九四二)研究》,北京大学中古史研究中心编《敦煌吐鲁番文献研究论集》(北京:中华书局,1982),页 254。

"勾征"、差科、防丁和税钱等经济问题①。

第四,唐代有一种特殊的公文体叫"判文",多以四六骈文写成,是办事人员处理某件公事后所写的一小段结语。唐代的铨选,有所谓"身、言、书、判"这回事,是挑选低层官员(如县尉、主簿等)的四大条件。"身"指身体样貌,"言"指言谈举止,"书"指书法,"判"即撰写判文的能力②。从所有参与铨选的官员都须考"判"这点来看,这类"判文"涉及的,必然是一般例行的公事,而非专门的诉讼或罪案。这类"判文"要考的,是一般官员处理例常公事的判断能力,"取其文理优长"③,而非专门审理法律案件的才干。例常公事中当然也有诉讼、罪案等,但更多时候是指户口登记、赋税、婚嫁、丧葬等民间杂事。在上引《岐州郿县县尉判集》中,就收了多达十道"判文",多涉及差科、赋税等问题,可让我们见识唐代这种"判文"的真貌。且引其中一道,以见一斑:

> 百姓凋残,强人侵食。今发丁防,其弊公私。昨以借便衣资,长官不许。中得众人引诉,再三方可。如宋智阖门,尽

---

① 薄小莹、马小红《唐开元廿四年岐州郿县县尉判集(敦煌文书伯二九七九号)研究——兼论唐代勾征制》,收在上引《敦煌吐鲁番文献研究论集》,页615—649。日文研究见市原亨吉《唐代的"判"について》,《東方学報》,第33册(1963),页119—198;大野仁《唐代の判文》,滋贺秀三编《中国法制史——基本资料の研究》(东京:东京大学出版会,1993),页263—280。
② 关于唐代的铨选过程和条件,最好的论著是王勋成《唐代铨选与文学》,特别是第五章论铨选和身、言、书、判等。
③ 《通典》卷一五,页360。从"取其文理优长"一项,亦可知吏部铨选试判的重点在考选人处理例常公事时,文章和思路是否清畅,不是要考他们推勾狱讼的能力。

为老吏,吞削田地,其数甚多,昨乃兼一户人,共一毡装,助其
贫防,不著百钱,乃投此状来,且欲沮议,既善言不率,亦法语
不恭,怒气高于县官,指麾似于长吏。忝为职守,谁复许然。
宋智帖狱留问,毡装别求人助。①

在白居易的文集中,也保存了一百篇当年白居易练习写判文
的习作,是唐代传世判文中最好的模范作品之一(另一著名作品
是唐代张鷟的《龙筋凤髓判》②)。白居易百篇判文所涉及的公
事,只有一小部分牵涉到罪案,例如某人"丁冒名事发,法司准法
科罪,节度使奏丁在官有美政,请免罪真授,以劝能者。法司以乱
法,不许"③。但绝大部分判文涉及的并非罪案或法律案件,而是
一般的民生事,如某人"过华岳庙,不祷而过,或非其违众"④,便
足以构成一件需要处理的公事。又如某人隐居,"征辟不起,子孙
请以所辟官用荫,所司不许"⑤,也成了一件需要书写判文的
公事⑥。

综上所论,唐代"判"的含义远比现代汉语的意思宽广,可指
"执行"、"处理"、"掌判"等意,非仅"法庭审判"而已。唐代的判
官,应当放在这个比较宽大的意义框架下来理解。他是一种执行
事务的中层官员,可能"掌判"各种各样的事情,包括民间诉讼、税

①《敦煌吐鲁番文献研究论集》,页 618。
②此书现有田涛、郭成伟的校注本(北京:中国政法大学出版社,1996)。
③《白居易集》卷六六,页 1379。
④《白居易集》卷六六,页 1382。
⑤《白居易集》卷六六,页 1382。
⑥吴承学《唐代判文文体及其源流》,《文学遗产》,1999 年第 6 期,主要研究
   唐人文集中的判文和拟判文(有别于敦煌吐鲁番文书中的判文),其页 24
   说判文"既用于司法,也用于处理公务甚至日常生活琐事"。

务纠纷和刑事罪案等等,但他却不是司法人员。

判官不是法务人员,还有一个很好的例证。那就是唐半后期卢言在《卢氏杂说》"两省"条中所说的一段话:

> 谏议无事不入,每遇入省,有厨食四孔炙。中书舍人时谓宰相判官。①

卢言生卒年不详,两《唐书》中无传,但他曾任大理卿、左司郎中和户部郎中等官,和白居易及李德裕约同个时代②。他这个"中书舍人时谓宰相判官"的说法,应当是当时官场上的"共识"。所谓"宰相判官",当指中书舍人常替宰相"行使"某些任务,特别是知制诰一项,足见"判官"为执行事务官员。除非特别受托处理重大罪案,否则唐代宰相一般也并没有推狱审案的职务③。

## 二、判官的起源和演变

先秦两汉到魏晋南北朝的史料,完全找不到"判官"此词。它最早出现于正史,是在《隋书·刘炫传》:

> 炀帝即位,牛弘引(刘)炫修律令。高祖之世,以刀笔吏类多小人,年久长奸,势使然也。又以风俗陵迟,妇人无节。

---

① 见《太平广记》卷一八七,页 1397 所引。《卢氏杂说》此书今佚,无传本。
② 见周勋初《唐语林校证》,页 782—783 对卢言和《卢氏杂说》的考证。
③ 关于唐代宰相的研究,见王吉林《唐代宰相与政治》(台北:文津出版社,1999)。

于是立格,州县佐史,三年而代之,九品妻无得再醮。炫著论以为不可,弘竟从之。诸郡置学官,及流外给廪,皆发自于炫。弘尝从容问炫曰:"案《周礼》,士多而府史少,今令史百倍于前,判官减则不济,其故何也?"炫对曰:"古人委任责成,岁终考其殿最,案不重校,文不繁悉,府史之任,掌要目而已。今之文簿,恒虑覆治,锻炼若其不密,万里追证百年旧案,故谚云'老吏抱案死'。古今不同,若此之相悬也,事繁政弊,职此之由。"①

又见于《隋书·食货志》:

> 开皇八年五月,高颎奏诸州无课调处,及课州管户数少者,官人禄力,乘前已来,恒出随近之州。但判官本为牧人,役力理出所部。请于所管户内,计户征税。帝从之。②

但从上下文看,以上两例中的"判官",都不是官职的专称(隋朝也没有这样的官名),而是通称,泛指"执行事务的官员"而已。

判官最初出现在史书,就是以这种泛称的形式。此词后来才慢慢在中宗、武则天时代演变成专称的官名,指那些在某方镇或某使府担任"判官"的人。这种专称官名前通常带有一个职名或所属的单位组织,含义更为清楚,如"盐铁判官"、"节度判官"、"观察判官"、"东都留守判官"等等。

严耕望曾经把泛称的判官称为"广义判官",并把专称的判官

---

① 《隋书》卷七五,页1721;《北史》卷八二,页2765略同。
② 《隋书》卷二四,页685。

称为"狭义判官"①。本章拟深入探讨的是"盐铁判官"等专称判官，亦即严耕望等学者所说的"狭义判官"。但为免混淆，让我们先来看看早期"广义判官"的几个例子。

其实，"广义判官"并不多见，在唐史料中只有不到十个用例。"狭义判官"则十分常见，特别是在则天朝以后，散见于各种文献。早期"广义判官"主要有以下三例。

在唐史料中，最早的一例见于高宗的《申理冤屈制》：

> 百姓虽事披论，官司不能正断，及于三司陈诉，不为究寻，向省告言，又却付州县。至有财物相侵，婚田交争，或为判官受嘱。有理者不申，或以按主取钱。合得者被夺，或积嫌累载。……凡如此事，固非一绪。经历台省，往来州县，动淹年岁，曾无与夺。……见在京诉讼人，宜令朝散大夫守御史中丞崔谧、朝散大夫守给事中刘景先、朝请郎守中书舍人裴敬彝等，于南牙门下外省，共理冤屈。②

这道制书的要旨是冤屈诉讼案经常拖得太久，得不到"申理"，于是高宗下令崔谧、刘景先和裴敬彝三个高官，"于南牙门下外省，共理冤屈"。但前头所说"至有财物相侵，婚田交争，或为判官受嘱"中的"判官"，含义虽不很清楚，却显然不是法官，而是州县某种执行公务的官员，是一种"广义判官"，很可能跟下引《唐会要》中所提到的"边远判官"类似。

---

① 见严耕望《唐代方镇使府僚佐考》，页414；又见戴伟华《唐代使府与文学研究》，页49，引李商隐所写的两篇公文，有所补充。
② 《唐大诏令集》卷八二，页472。

其次，《唐会要》载有一开元十七年(729)三月敕文：

> 边远判官，多有老弱。宜令吏部每年于选人内，简择强
> 干堪边任者，随阙补授。秩满，量减三两选与留，仍加优奖。①

这里所说的"判官"应当是广义，泛指"执行事务的官员"，而且
看来是指"州县官"。它的用法及含义和上引《隋书》的两个用
例非常相似，指地方官员，而非方镇的"狭义判官"，因为下面说
到"宜令吏部每年于选人内，简择强干堪边任者，随阙补授"。
我们知道，方镇使府的判官照例都是由府主自己辟署的，非经吏
部铨选。所以这里说"边远判官"宜请吏部在选人中"简择"，足
见这样的"判官"应当只是泛指州县官员，很可能即指唐代所谓
"四等"官(长官、通判官、判官和主典)中的"判官"一类，意即
某官署、某州县中真正执行任务的官员(详见底下论"本判官"
一节)。

第三个例子在《旧唐书·来俊臣传》，提到酷吏来俊臣手下的
一个"判官"王德寿及其所作所为：

> 如意元年(692)，地官尚书狄仁杰、益州长史任令晖、冬
> 官尚书李游道、秋官尚书袁智宏、司宾卿崔神基、文昌左丞卢
> 献等六人，并为其罗告。俊臣既以族人家为功，苟引之承反，
> 乃奏请降敕，一问即承，同首例得减死。及胁仁杰等反，仁杰
> 叹曰："大周革命，万物惟新，唐朝旧臣，甘从诛戮。反是实。"
> 俊臣乃少宽之。其判官王德寿谓仁杰曰："尚书事已尔，得减

---

① 《唐会要》卷七五，页1612。

死。德寿今业已受驱策,欲求少阶级,凭尚书牵杨执柔,可乎?"仁杰曰:"若之何?"德寿曰:"尚书昔在春官时,执柔任某司员外,引之可也。"仁杰曰:"皇天后土,遣狄仁杰行此事!"以头触柱,血流被面,德寿惧而止焉。①

这也是关于"广义判官"比较早的一条材料。此时来俊臣任的是御史中丞,并非使职,所以他属下这个"判官"并非后来方镇使府下那些带有专职的判官,而只是他手下一个"执行任务的官员"罢了。《资治通鉴》亦载此事。胡三省注云:"判官,俊臣之属官也。"②可谓深得其意。

我们从其他材料可以知道,王德寿这时的正式官职,其实是"司刑评事"③。司刑评事即大理评事,为则天光宅年刚上台时改称,从八品,掌出使推劾等事。王德寿只是在充当来俊臣的打手,是帮他执行杀人任务的"判官",可知他这个"判官"为一泛称,为"执行官"、"属官"的意思,和官僚体系中专称的"判官"不同④。他后来更以"摄监察御史"的名义,连同来俊臣手下的其他酷吏如刘光业等人,被派到剑南、岭南等地,杀了"七百人"⑤。

---

①《旧唐书》卷一八六上,页4838—4839。
②《资治通鉴》卷二〇五,页6479。
③《旧唐书》卷一八六上《万国俊传》,页4846。《旧唐书》卷七六《高宗则天武皇后传》,页3482也提到他,亦称他为"司刑评事"。
④参看陈登武《从唐临〈冥报记〉看唐代地狱审判》,《第六届唐代文化学术研讨会论文集》,页13,对此"判官王德寿"有不同解读。此文后收在陈登武,《从人间世到幽冥界:唐代的法制、社会与国家》(台北:五南,2006)。
⑤此事史书记载颇详,见《旧唐书》卷五〇《刑法志》,页2143。又见《旧唐书》卷七六,页3482;《通典》卷一七〇,页4427。不过《资治通鉴》卷二〇五,页6491,则说"德寿杀五百人"。

在《太平广记》中所引用的唐代笔记,也有几个早期"广义判官"的例子,如"征辽判官"徐庆的故事:

> 唐高宗时,徐庆为征辽判官。有一典,不得姓名。庆在军,忽梦己化为羊,为典所杀。觉后悸惧流汗。至晓,此典诣庆。庆问:"夜来有所梦否?"典云:"梦公为羊,手加屠割,意甚不愿,为官所使制不自由。"庆自此不食羊肉矣。①

此故事当为虚构,"征辽判官"当为负责征辽任务的执行官员。除此之外,《太平广记》引《朝野佥载》一条材料,也提到太宗时"生人判冥事"的一个"判官":

> 唐太宗极康豫,太史令李淳风见上,流泪无言。上问之,对曰:"陛下夕当晏驾。"太宗曰:"人生有命,亦何忧也。"留淳风宿。太宗至夜半,上奄然入定。见一人云:"陛下暂合来,还即去也。"帝问:"君是何人?"对曰:"臣是生人判冥事。"太宗入见,判官问六月四日事,即令还。向见者又迎送引导出。淳风即观玄象,不许哭泣,须臾乃寤。至曙,求昨所见者,令所司与一官,遂注蜀道一丞。上怪问之,选司奏,奉进止与此官。上亦不记。旁人悉闻,方知官皆由天也。②

不过《广记》此处所引的"判官",在今本《朝野佥载》中作"冥

---

①《太平广记》卷一四三,页1023,引《广古今五行记》。此书今已佚失,无传本。
②《太平广记》卷一四六,页1050—1051。

官"①。这种地狱判官当即一种执行官,为泛称,不是专称官名②。

但从中宗朝开始,判官开始从原先泛指州县官、地方官、属官、执行官等义,慢慢转变成专称官名,并且带有各种很明确的所司职称,如"海运判官"等等。近世出土的《大唐故吉州刺史陇西李府君(昊)墓志铭并序》提供了最好的例子:

> 万岁登封年(696),以门子宿卫……寻拜婺州武义县主簿,充海运判官……授太原府交城县尉、支度判官。……授怀州司士,会宁郡长史、充朔方推覆判官。……无何,拜灵武郡长史兼本道防御使兼采访判官。③

---

①《朝野佥载》卷六,页149。
②人间有判官,地狱也有判官,而且地狱判官恐怕远比人间判官更深入民心。阎罗王身边有个判官专管生死簿,或许是许多现代读者都很熟悉的事。这主要受传统小说、戏曲等民间文学的影响。宋元明清作品中地狱判官尤其常见。最早出现地狱判官的唐代作品则是唐临(601?—660?)的《冥报记》(成书于653年,今有方诗铭辑校本,北京:中华书局,1992),详见陈登武《从唐临〈冥报记〉看唐代的地狱审判》,《第六届唐代文化学术研讨会论文集》;又见户崎哲彦《唐临事迹考——两〈唐书·唐临传〉补正》,《唐研究》,第8卷(2002)。不过,应当指出的是,《冥报记》等唐代作品中所见的地狱判官,其职务也和人间判官一样多样化,不单只是"法庭审判"而已,还涉及其他杂务,如掌管人间生死,或掌判冥府各官曹行政事务。例如,《冥报记》中所收"柳智感"条,写一个县令柳智感,白天在人间的县府视事,晚上则到冥间"判冥事"。但这"冥事"并非全是法庭审判,而是地府六个曹司的例常"案务"。按,地府有六曹,显然模仿人间县府的功、仓、户、兵、法、士六曹(或州府的六曹司),柳智感负责地府六曹司某一曹的"冥事",可惜不详何曹,所以也不宜假定他判的是法务审狱事。
③《唐代墓志汇编》,乾元003,页1735—1736;又见于《全唐文新编》,第22册,页15293;《全唐文补遗》,第6册,页447。

这是"狭义判官"的最早例子,最先为严耕望所引用。据他的考证,李昊的生卒年为685—757,享年七十三,"其为海运判官不能早于中宗世"①。他所担任过的"海运判官"、"支度判官"、"推覆判官"和"防御使兼采访(使)判官",都是很明确的专称官名,和开元以后直到唐末史料中大量涌现的"狭义判官"没有两样。

## 三、"本判官"和"四等"官及勾官

除了上文所说的狭义和广义判官之外,唐后期史料中还经常出现"本判官"一词,最常见于诏令中,例如文宗的《太和三年南郊赦》:

> 刺史职在分忧,得以专达,事有违法,观察使然后举奏,顷年赦令,非不丁宁。如闻远地多未遵守,州司常务,巨细取裁,至使官吏移摄,将士解补,占留支用,刑狱结断,动须禀奉,不得自专。虽有政能,无所施设,选置长吏,将何责成?宜委御史台及出使郎官御史,严加察访,观察奏听进止。本判官不得匡正,及刺史不守朝章,并量加贬降。若所管州郡,控接蕃夷,军戎之闲,事资节制,须得使司共为条理,即不在此限。②

又如宣宗的《大中元年正月十七日赦文》:

①《唐代方镇使府僚佐考》,页415。
②《唐大诏令集》卷七一,页398。

应天下百姓所出土货,幸是官中每年收市之物,即所在州府具色目,先下文帖指挥令据官中收市价输纳,不得一一征纳见钱,切不得令所由妄纳耗剩。如违,本判官、录事参军重加贬责,盐铁度支院官不加检举,亦准此处分。①

再如《唐会要》卷六六"大理寺"条下:

贞元四年十月,大理卿于顾奏:"诸处推事不尽,须重勘覆,或有诬告等,每失程期。稽滞既多,冤滥难息。诸司及诸馆驿,多以大理为闲司,文牒递报,颇至稽滞失望。今后各令别置文例,切约所由,稍涉稽迟,许本寺差官累路勘覆。如所稽迟处分,州县本判官,请书下考。诸司使本推官,夺一季俸料。"敕旨依奏。②

这三条材料所说的"本判官",显然都有特别的含义,既不是狭义的判官,也不是广义的判官(虽然意思有些接近),其真正含义是什么,颇不易理解。笔者认为,这种"本判官"要放在唐代"四等"官的制度下才能理解清楚。

所谓"四等"官,即长官、通判官、判官和主典。唐代每个州、府、县和京城官署中的官员,都可分为这"四等"。本书第五章《司录、录事参军》已经讨论过"四等"官问题,但此问题也牵涉到判官,这里不妨再次略加申论。

---

① 《文苑英华》卷四三〇,页2180。此敕文中还有多处提到"本判官",不俱引。
② 《唐会要》卷六六,页1357。

《唐律疏议》卷五"同职犯公坐"条下载：

> 诸同职犯公坐者,长官为一等,通判官为一等,判官为一
> 等,主典为一等,各以所由为首……检、勾之官,同下从
> 之罪。①

接着,其疏议部分有进一步的解说：

> 同职者,谓连署之官。"公坐",谓无私曲。假如大理寺
> 断事有违,即大卿是长官,少卿及正是通判官,丞是判官,府
> 史是主典,是为四等。各以所由为首者,若主典检请有失,即
> 主典为首,丞为第二从,少卿、二正为第三从,大卿为第四从,
> 即主簿、录事亦为第四从;若由丞判断有失,以丞为首,少卿、
> 二正为第二从,大卿为第三从,典为第四从,主簿、录事当同
> 第四从。②

按照《唐律疏议》的这个定义,唐代官员分为四等,但实际上还有
检勾官,实为五等。日本学者砺波护对这个"四等"说有所申论。
他指出：

> 日本律令接受继承了隋唐律令制。在日本律令官制下
> 的各官厅,全部都由"长官、次官(即通判官)、判官、主典"四

---

① 《唐律疏议》卷五,页110—113。
② 《唐律疏议》卷五,页110。又参见刘俊文《唐律疏议笺解》,页400—401 的
　解读。

等官构成。但在唐的律令官制中,除按"长官、通判官即次官、判官、主典"四级组织设定各自的责任外,还设有"检勾官"点检文书。……这即是说,州中以刺史为长官,以别驾、长史、司马三者为通判官①,以司功、司仓、司户、司兵、司法、司士六参军事为判官。录事参军事是检勾官,位于判官之上。他们均为流内官。其下是主典即佐和史,他们不是官而是吏。州之下是县。县以令为长官,丞为通判官,主簿为检勾官,尉为判官。主典与州相同,由称为"佐"、"史"的吏担当。②

上引文宗赦文等三条材料中的"本判官",当即此"四等"官中的"判官"这一类。所以,"本判官"有很明确的含义:在州的场合,它是指司功、司仓等六曹参军(又称为"判司")③。在府(如京兆府、河中府等)的场合,它是指功曹、仓曹等六曹参军。在县的场合,"本判官"指县尉。到了京城大理寺等官署,"本判官"即指大理寺丞,依此类推④。

---

① 《唐六典》卷三〇,页 747,说别驾、长史、司马等"通判列曹",其"通判"当即和"通判官"中的"通判"同个意思。
② 砺波护《唐代の縣尉》,《史林》,第 57 卷(1974)。后收入氏著《唐代政治社会史研究》(京都:同朋舍,1986)。这里引自黄正建中译本,收在刘俊文主编《日本学者研究中国史论著选译》,第 4 册,页 559。
③ 关于州府参军、判司等,见拙书《唐代基层文官》第五章《参军和判司》。
④ 关于唐代"四等"官的其他研究,见李方《唐前期地方长官与判官在公文运作中的作用及相关问题》,《唐研究》,第 7 卷(2001),以敦煌吐鲁番文书为例,详细研究了西州长官和判官(即州列曹参军)如何处理公文和公务。此文又收在李方《唐西州行政体制考论》(哈尔滨:黑龙江教育出版社,2002)。此书也论及唐县的运作,但李方的解读不同于日本学者砺波护那篇著名论文《唐代的县尉》中的论点。

以此解说重读前引三条材料中的"本判官",问题当可迎刃而解。由于前两条材料涉及的是刺史等州级官员,其"本判官"当指州中真正负责事务的六个参军,甚至可以具体到专指专判某一曹的某一参军。第三条所说的"州县本判官",则应当分别指州的列曹参军和县的县尉。

换言之,"本判官"的含义,因场合不同而会有不同的指涉。但它最基本的意思,还是某州某县某官署"真正执行任务的官员"。我们知道,州的列曹参军和县的县尉正是负责行使州县各曹司实务的官员。

杜佑在《通典》中有一句话,颇发人深省。他说:"参诸府军事,若今节度判官也。"①这对我们理解"本判官"的含义很有帮助。所谓"参诸府军事",即州和府那些列曹参军,他们约等于当时的"节度判官"。杜佑是唐半后期理财高官,又是唐代典章制度的专家,编过《通典》。他这个说法应当是当时人的普遍看法。我们知道,州府参军常统称为"判司",但据杜佑说,他们"若今节度判官"。如果从这个意义上看,那么下文所引《新唐书·食货志》百官月俸材料中所提到的"都督府判官"一词②,或许也不能说是"错误",虽然州府这些列曹参军一般上还是以统称"判司"为准。"判司"和"判官"仅一字之差,意思有点接近。严格来说,两者的官制意义当然不同,但两处"判"的含义倒还是相同的。

上引宣宗《大中元年正月十七日赦文》,在"本判官"之后紧跟着又提到"录事参军":"如违,本判官、录事参军重加贬责,盐铁

---

①《通典》卷四〇,页1108。
②《新唐书》卷五五,页1403。

度支院官不加检举,亦准此处分。"①这更加可以证明,"本判官"
应当和唐律的"四等"官联系起来,才能理解,因为唐律"四等"官
经常是和"检官"及"勾官"并提的,而此敕文中的"录事参军"正
好是个"勾官"。

在唐史料中,"本判官"和"勾官"并提,最好的一个例子在
《唐会要》所收的一道奏疏中:

> (大和)四年(830)九月,御史奏:"诸司诸使及诸州府县
> 并监院等,公事申牒臣当台。各令遵守时限。并臣当司行牒
> 勘事,多缘准敕推勘刑狱,或是远方人事有冤抑,凡于关系,
> 尽须勘逐。事节不精,即虑滞屈。比来行牒,有累月不申,兼
> 频牒不报者,遂使刑狱淹恤,惧涉慢官。其间或有须且禁申,
> 动经时月者,若无条约,弊恐转深。臣等今勘责,各得远近程
> 限,及往复日数。限外经十日不报者,其本判官、勾官等,各
> 罚三十直;如两度不报者,其本判官、勾官,各罚五十直;如三
> 度不报者,其本判官、勾官,各罚一百直。如涉情故违敕限
> 者,本判官、勾官,牒考功书下考。如经过所由,辄有停滞,其
> 所由官等节级别举处分。其间如事须转行文牒,诸处追寻,
> 亦须具事由先报。"旨依奏。②

这道奏疏好几处把"本判官"和"勾官"并提,可证"本判官"应当

---

①"盐铁度支院官"指唐代的盐铁、度支使设在各要地的巡院官员,拥有广泛
　的监察地方州县官的权力和职责,详见高桥继男《唐代后半期的巡院地方
　行政监察职务》,张韶岩、马雷中译,收在《日本中青年学者论中国史(六朝
　隋唐卷)》(上海:上海古籍出版社,1995),页 276—295。
②《唐会要》卷六○,页 1230—1231。

即唐律"四等"官中所谓的"判官",如此才能把材料读通。如上所引,唐律中提到"四等"官之后,跟着便提到"勾官"在犯"公坐"时应当如何处分的问题,可知"勾官"不属"四等"官,但他在"公坐"时也会被牵连。同样的,在上引大和四年奏中,各司若有"不报"情事,其"勾官"也会和"判官"一样被罚。这是因为勾官所管的,正是文牒"申报"和文书处理是否在一定"程限"内完成等事①。"勾官"和"四等"官中的判官一样,因不同场合而有不同的指涉。例如,在州一级,"勾官"指录事参军;在京兆等府,指司录参军②;在县,指主簿;在京师尚书省,则指"左右丞、左右司郎中员外郎、都事"③。

## 四、"狭义判官"的五大类型和名目

笔者在《唐代基层文官》第五章《巡官、推官和掌书记》中曾论及,唐代中叶以后,举凡使职都可能带有巡官和推官。这个论点同样也适用于判官(但并非每个使职都带有掌书记)。严耕望亦认为,"几凡立使名皆有判官也"④。

唐代的使职可分固定和临时两种。第一种固定常设的,有属于方镇使府系统的节度使、观察使、经略使等等,以及属于非方镇系统的盐铁转运使、度支使、户部使、神策军使、观军容使、长春宫

①详见王永兴《唐勾检制研究》。
②司录参军和录事参军实际上是同一种官,只是其官名在"州"和"府"略有不同。
③王永兴《唐勾检制研究》,页31。又见本书第五章《司录、录事参军》。
④严耕望《唐代方镇使府僚佐考》,页417。

使等等。第二种临时设置的,因事而设,事毕即罢,或仅设于某特定时代,如早期的劝农使、监牧使、花鸟使(替玄宗采择天下美女,"内之后宫"的使者①)等等。

据今人的研究,整个唐朝的使职,大大小小加起来总共约有三百五十个之多②,但其中不少是临时编制的,好些也属于宫廷中的内诸司使,很多可能连史书上都不载,仅见于墓志,所以使职的总数难以有精确的统计。而这些使职,全都可能带有巡官、推官和判官,作为使职的主要执事干部。比如,京城的军器使便带有巡官、推官和判官。他们的正式职称便是军器使巡官、军器使推官和军器使判官,依此类推。

由此看来,判官实际上是个非常复杂的官僚群体,分布极广,不只限于方镇使府而已。不过,方镇使府下的判官是史料中最常见的,一般也多由士人担任。他们当中,不少是进士、明经出身,甚至可能考中博学宏词、书判拔萃等科名③。盐铁、转运、度支和户部使属于财经系统,在唐后半期权势很大。他们的判官多数是有进士等科名的士人,然而也有不少是无科名但精于吏干的官员。至于军器使、内诸司使下的判官,我们所知较少,材料多见于

---

① 《新唐书》卷二〇二,页 5758。"花鸟使"一词又见于《唐语林校证》卷五,页 487:"天宝中,天下无事。选六宫风流艳态者,名'花鸟使',主饮宴。"意义稍有不同。

② 宁志新《唐朝使职若干问题研究》,《历史研究》,1999 年第 2 期,页 57。又见宁志新《隋唐使职制度研究(农牧工商编)》(北京:中华书局,2005);何汝泉《唐代使职的产生》,《西南师范大学学报》,1987 年第 1 期。

③ 这一部分判官,搜集最齐全的是戴伟华《唐方镇文职僚佐考》。此书也收方镇的其他文职僚佐如巡官、推官、掌书记、参谋等,按各方镇和时代先后排列,多达三千多人次,附有材料出处和人物考略,为查检所有唐代方镇幕职人名最佳的专书。

墓志,一般不由士人出任。

由于唐代的使职多达三百多个,而举凡使职又都可能带有判官,这意味着唐代的判官名目,可能也多达三百多个。有心人将来或许可以在史书、墓志和其他材料中爬梳,把这三百多个判官的名目找齐,当有益于唐史学界。但本书不是在做史料的整理,所以这里不拟从事这方面的彻底爬梳,且将笔者在两《唐书》、唐人文集和墓志中常见到的判官名目,依其职能约略分五类列举如下,以见其名目之繁多,以及判官这个官僚群体之复杂和多样化。这些全属"狭义判官"。

第一类最常见到的判官,是遍布于全国各大小方镇幕府者,例如节度判官、观察判官、采访使判官、经略判官(如容州、管州等今广西地区者)、营田判官、防御判官、东都留守判官、北都留守判官(东都洛阳和北都太原的留守都属于一种幕府制度)①等等。

第二类是财经系统的判官,例如盐铁判官、河北海运判官、两淮水运判官、转运判官、青苗使判官、巡院判官和关内盐池判官等等。

第三类是皇朝特使判官。皇朝特使一般是为了某一目的临时设置的。例如,皇帝驾崩后,会有山陵使负责营建陵墓事,以及礼仪使负责相关礼节事。派军远征则可能有粮料使。其他常见的特使包括派往回纥、吐蕃等地的和蕃使、册立使、盟会使、宣慰使等等。这些特使全都带有判官,作为使者身边最重要的助手和干部。

---

① 石云涛《唐代幕府制度研究》,页 233—237。又见程存洁《唐代城市史研究初篇》(北京:中华书局,2002),第二章《唐代东都最高行政长官东都留守的演变》。

第四类是京城诸使判官,例如京城有左右街功德使、观军容使、理匦使等等。他们全都属于使职,性质和常见的节度使、观察使非常相似,且都带有判官。这一类京城使职及其判官常为人忽略。

第五类是宫廷诸内司使的判官。唐代的宫廷有各种各样专门的组织,例如教坊、宣徽院、琼林库等等,以维持整个宫殿的日常生活运作。所有这些单位,大抵属于诸内司使管辖的范围,而这些诸内司使,也跟其他使职一样,带有判官。此类判官身份明显比前四类低下,有些可能是伎术官,或由宦官出任。严格说来,他们和前四类判官在许多方面不相同,但既然他们也叫判官,本章也把他们一并讨论,以便厘清所有唐代判官的面貌。下文将分五节详细考察这五种不同类型判官的面貌。但在此之前,让我们先澄清《新唐书》中的一些材料。

《新唐书·食货志》在列举会昌年后的百官俸钱时,有下面三条涉及判官的材料,颇值得留意和讨论:

> (一)别敕判官,观察、团练判官、掌书记,上州长史、司马,五万。
>
> (二)……节度推官、支使,防御判官,上州录事参军事,畿县、上县令,四万。
>
> (三)……大都督府判官,赤县丞,三万五千。[1]

第一,这显示不同类的判官会有不同的俸钱,亦可证判官绝非单纯一类,而是个非常多元化的群体。第二,此材料没有列最常见

---

[1]《新唐书》卷五五,页1403。

的节度判官,看来是遗漏或史料脱漏。至于第三条中的"大都督府判官",应当是"大都督府判司"(即各曹参军)之误,因为都督府向无判官之职,此条可不理①。这样看来,会昌年间的各类判官,月俸不是四万,就是五万,其中以别敕判官和观察、团练判官最高,为五万文,而防御判官则较低,为四万文。这可说是相当不错的俸钱:四万文正是京城一个清贵员外郎的俸钱,五万文则等于更高一级郎中的月俸(详见本书《附录》)。

但什么是"别敕判官"?"别敕"此词在南北朝、隋唐一直到明清的史料中都很常见,有两种用法。一是作名词使用,指一种"特别的敕令",例如《旧唐书·阿史那社尔传》:

> 九年,率众内属,拜左骑卫大将军。岁余,令尚衡阳长公主,授驸马都尉,典屯兵于苑内。十四年,授行军总管,以平高昌。诸人咸即受赏,社尔以未奉诏旨,秋毫无所取。及降别敕,然后受之。及所取,唯老弱故弊而已。军还,太宗美其廉慎。②

这里以"未奉诏旨"和"及降别敕"对举,可知"别敕"是一种特别的诏敕,是一道皇帝的命令。再如《资治通鉴·唐纪》玄宗开元二

---

① "都督府判官"此词,在唐史料中仅见于《新唐书·食货志》此处,是唯一的用例。"判官"和"判司"不但形近,而且意思也很接近(都指一种执行任务的官员),所以容易生误。《资治通鉴》卷二二五,页7246,胡三省注节引《新唐书》此处材料,亦误为"都督府判官",可知此误或在宋元间即已形成。关于"判司",详见拙书《唐代基层文官》第四章《参军和判司》中的详细讨论。
② 《旧唐书》卷一〇九,页3289。

年条下：

> 五月,己丑,以岁饥,悉罢员外、试、检校官,自今非有战功及别敕,毋得注拟。(胡注:此三项官,今后非有战功及别敕特行录用,吏、兵部毋得注拟。)①

意思也正相同,指皇帝"特别的诏敕"。胡三省注"别敕"为"别敕特行录用",深合其意。唐代史料中的"斜封别敕官"也是这个意思,如《新唐书·选举志》所说:

> 未几,(宋)璟、(姚)元之等罢,殿中侍御史崔涖、太子中允薛昭希太平公主意,上言:"罢斜封官,人失其所,而怨积于下,必有非常之变。"乃下诏尽复斜封别敕官。②

"别敕"除了作名词用,还可以当动词来使用,例如《新唐书·刑法志》:

> (代宗)即位五年,府县寺狱无重囚。故时,别敕决人捶无数。宝应元年,诏曰:"凡制敕与一顿杖者,其数止四十;至到与一顿及重杖一顿、痛杖一顿者,皆止六十。"③

再如《旧唐书·职官志》"吏部尚书考功郎中"条下:

---

① 《资治通鉴》卷二一一,页 6699。
② 《新唐书》卷四五,页 1176。
③ 《新唐书》卷五六,页 1416—1417。

每年别敕定京官位望高者二人，其一人校京官考，一人
校外官考。①

以上两例中"别敕"的意思，都指皇帝的特别诏敕，但都作动词使
用。唐代的官名和官制用语，经常都是可以当作动词和名词两
用的②。

所以，"别敕判官"当指特别由皇帝除授的判官。这类判官应
当不包括那些已经固定常设者，如方镇使府之节度判官和观察判
官等等，而是指那些临时因事遣派者，或因某任务特别设置者。
例如，唐朝廷经常委派某某和蕃使、册立使、吊慰使到回纥等地。
这些使职都是临时性质的，很可能都是"别敕"，所以这类使职所
带的判官，也连带成了"别敕判官"。《唐六典》卷二"尚书吏部"
条下说：

凡别敕差使事务繁剧要重者，给判官二人，每判官并使
及副使各给典二人；非繁剧者，判官一人、典二人，使及副使
各给典一人。③

这里明确提到"别敕"的"使"、"副使"以及他们因事务繁剧与否

①《旧唐书》卷四三，页1822。此条又见于《唐六典》卷二，页42。洪迈《容斋
随笔》附《容斋四笔》卷七，页689有长文《考课之法废》，讨论此唐制及其
在宋代的演变。
②例如"从事"一词，泛指幕府僚佐如巡官、推官、判官等，但往往用作动词，
如《旧唐书》卷一八七下《庾敬休传》，页4913，说庾敬休年轻时"从事宣
州"，即指他曾经在宣州幕做过幕佐。
③《唐六典》卷二，页35。

配给判官和典的细节，可以为"别敕判官"的含义，提供一个参考例证。

## 五、重要诗人任判官

判官既然是唐代（特别是后半期）很常见的一种中层文官，我们不难发现，唐代文学史上的重要或知名诗人当中，有十二位曾经担任过判官，依时代先后计有：王维、岑参、元结、张继、刘长卿、孟郊①、刘禹锡、杜牧、李商隐、皮日休、罗隐和韦庄。其中王维和岑参是在安史乱前的唐前期任判官，其余任判官则都在安史乱后的唐后期。这里笔者想比较深入地查考王维、岑参、元结和刘禹锡四人任判官的经历，看看他们充当判官的始末，当有助于我们了解判官在唐人仕历中的地位及其仕宦前景（刘长卿任转运判官，案例比较特殊，且留待下面"财经系判官"一节才来细考）。

诗人王维（694—761）②在开元二十五年（737）曾任凉州崔希

① 按韩愈《贞曜先生墓志铭》，《韩昌黎文集校注》卷六，页446 说："……故相郑公（余庆）尹河南，奏为水陆运从事，试协律郎。"《新唐书》卷一七六，页5265 则明确说此"从事"为"判官"："郑余庆为东都留守，署水陆转运判官。"从事乃幕佐的通称。又见华忱之《孟郊年谱》，收在《孟郊诗集校注》（北京：人民文学出版社，1995），页571。不过，孟郊四十六岁才中进士，任水陆转运判官时已年约五十六岁，没有什么作为。

② 学术界普遍认为王维生于武后长安元年（701），死于上元二年（761）。但最近兰州大学中文系的王勋成教授推翻旧说，提出新解。他从唐代进士须"守选"三年才能授官的规定，重新考定王维应当生于武后延载元年（694），死于上元二年（761），享年六十八岁。这里依王教授所考，见其《王维进士及第之年及生年新考》，《华中师范大学学报》，2001 年第1 期。

逸幕节度判官。他的诗《双黄鹄歌送别》、《凉州郊外游望》和《凉州赛神》的题下都有自注："时为节度判官,在凉州作。"①这一年他四十四岁,已出任过太乐丞、济州司仓参军、左拾遗和监察御史等官,可知判官一般上不会是一个人的释褐初任官,而常是迁转第三任以后的官,是个典型的中层文官,任官年龄多介于三十五到四十五岁之间。王维任节度判官只有一年,第二年就因为他的府主崔希逸去世而罢职,回到长安,官职不详,"疑仍官监察御史"②。府主去世(或他迁),幕佐便失去工作,这也是唐代幕府制度的一大特色。王维后来迁转至库部员外郎、库部郎中,又擢升为中书舍人和尚书右丞等高官,仕途相当不错。

　　边塞诗人岑参则在天宝十三载(754)出任安西北庭节度使封常清的节度判官③。这也不是他的第一个官职。这一年他三十六岁,已出任过右内率府兵曹参军和高仙芝幕府的掌书记等职,可证判官是个中层文官,其排位一般在掌书记之上。岑参在北庭(今新疆吉木萨尔县以北)待了约两年。他的名诗《白雪歌送武判官归京》④便作于此时。历来注此诗者皆谓"武判官名不详",但从唐代官制上看,这位武判官显然和岑参一样,是个在节度幕府执行事务的中层官员,年纪约在四十岁上下。

　　宝应元年(762)岑参四十四岁时,又再度出任判官,这次任的是关西节度使李怀让幕府的节度判官,驻守在长安以东的华州、潼关一带。他这时所带的朝、宪衔为太子中允和殿中侍御史,也都很符合他的判官地位,亦符合幕府官制。一年后,他入朝任祠

---

①《王维集校注》卷二,页139—141。
②陈铁民《王维年谱》,收在《王维集校注》,页1343。
③刘开扬《岑参年谱》,《岑参诗集编年笺注》,页14—15。
④《岑参诗集编年笺注》,页335。

部、考功员外郎,转屯田郎中、库部郎中,最后官至嘉州(今四川乐山)刺史①,官历相当多彩、显要。岑参曾在幕府待过很多年,又曾两度任节度判官,难怪他的诗集中有不少寄赠其他幕府判官的诗作,多达二十二首,如《陕州月城楼送辛判官入奏》、《送裴判官自贼中再归河阳幕府》、《送梁判官归女几旧庐》等等。这些判官都和岑参一样,在幕府中执行各种幕务,不是法官。

更可留意的是,以上王维和岑参两人,都是考中进士的才子,任其他基层官多年后才来出任判官,可证判官的入仕条件要求相当高,须进士或同等资历。在唐代,考中进士是件相当不容易之事,中者都是士人当中的精英。每年上千人的进士考试,往往只考取约二十五到三十人,淘汰率非常高,连大诗人杜甫都没能考上进士。但如此艰难地考上进士,又还须经历两三个基层官,才能爬升到判官的位置,则此官在唐代官场上和一个士人官历上的地位可想而知。判官不算高官,只能说是中层,但它却是一个通往高层文官的重要枢纽之一。其他重要枢纽即本书前面几章所论及的三种御史(特别是监察御史)、拾遗、补阙和郎官(特别是员外郎)。唐代文学史上的主要诗人和其他士人,都是通过这些枢纽才能晋升为高官的。

判官这种特别的枢纽地位,在诗人元结(719—772)的身上最能看得清楚。他是鲜卑后裔,本姓拓跋②。他的先祖追随北魏孝文帝从平城(今山西大同)迁都洛阳,彻底推行汉化政策时,才改

---

① 岑参的官历据刘开扬《岑参年谱》,收在《岑参诗集编年笺注》。
② 我们过去很少留意到元结的鲜卑血统,但在族群意识高涨的今天,元结的身份也转变了,变成唐代"文学史上一位杰出的少数民族作家",见乔象钟、陈铁民主编《唐代文学史》(北京:人民文学出版社,1995),上册,页564。

了个汉族的姓"元"。元结是北魏王族常山王元遵的第十二代孙，在天宝十三载（754）考中进士。但不久安史之乱爆发，他没有官做（实际上，唐代新进士都得守选约三年才能授官）[1]，"只得率领全家全族"，"日行几十里"，"逃难到大江之南"[2]。

约五年之后，到了乾元二年（759），元结才得到他的第一个官职——山南东道节度参谋（朝衔是右金吾兵曹参军，宪衔是摄监察御史）。这是个很特别的初任官。我们知道，节度参谋并非释褐官。它在幕府官制的排位，一般在推官之上，和掌书记不相上下。大诗人杜甫当年到成都严武的幕府，担任的就是这个节度参谋，但杜甫当时已年约五十岁，而且已经出任过京师率府兵曹参军和拾遗等官之后，才当上参谋。可是元结一起家就当参谋，很不寻常。但历来为元结立传作谱的学者，如孙望的《元次山年谱》[3]，却从来没有解读元结这个释褐官职的意义。这里且试进一解。

笔者认为，元结初次任官，就能得到这个很特殊的节度参谋，是因为他在避难地区拥有地方势力，可能跟他的鲜卑"全家全族"有关，并且能够召募到一大批"义军"来保卫地方，对抗史思明叛军的南侵。他出任山南东道的节度参谋，主要职务便是率领义军，"全十五城"。一个考中进士的鲜卑诗人，率领一支义军替唐皇朝保卫疆土，元结的这段官历和经历的确很不寻常，很耐人寻味。

正因为元结手下有一支军队，他很快便得到他的第二个幕职

---

① 详见王勋成《唐代铨选与文学》，第二章。
② 孙望《元结评传》，《蜗叟杂稿》（上海：上海古籍出版社，1982），页112。
③《元次山年谱》（上海：古典文学出版社，1957）。

"节度判官",也属特殊案例。他这时的判官职务,依然是率领义军,正像他在《寄源休》这首诗中所说,乃"境外为偏帅"。这件事的始末,在元结老友颜真卿为他所写的墓志《唐故容州都督兼御史中丞本管经略使元君表墓碑铭并序》中有详细的记载:

> 属荆南有专杀者,吕谭为节度使。谭辞以无兵。上曰:"元结有兵在泌阳。"乃拜君水部员外郎兼殿中侍御史,充谭节度判官。君起家十月,超拜至此,时论荣之。①

泌阳即唐州(今河南泌阳),唐属山南东道②。这是上元元年(760)的事,离他初任节度参谋,还不到一年。据颜真卿所写的墓志,元结此时只不过"起家十月",便"超拜至此,时论荣之"。最值得我们注意的,便是这一句话。

因为判官属中层文官,一般人都要先任其他官,且有多年官场经验才能攀升到此(参考上引王维和岑参的例子)。但元结出来做官才短短的"十月",竟然就当上了节度判官,所以颜真卿形容他是"超拜至此,时论荣之"。这点亦可证判官是个相当"荣耀"的幕职。

此外,应当注意的是,元结在充任吕谭的节度判官之前,已经"有兵在泌阳"。他任判官之后,职务主要还是带兵(不是去推狱审案)。他在《寄源休》这首诗前的小序中曾详细交代了他此时的活动:

---

① 《颜鲁公文集》卷五,页 34。
② 《新唐书》卷四〇《地理志》,页 1031。按,今河南省有一沁阳(位于洛阳东北,黄河北岸),极易和泌阳混淆。

辛丑（761）中，元结与族弟源休皆为尚书郎，在荆南府
幕，休以曾任湖南，久理长沙，结以曾游江州，将兵镇九江，自
春及秋，不得相见，故抒所怀以寄之。①

可知他任判官的工作，是"将兵镇九江"（今江西九江），从"春及
秋"，已有一段时日。

　　当然，此诗最重要的部分，是写他带兵的种种经历和心情：

> 天下未偃兵，儒生预戎事。
> 功劳安可问，且有忝官累。
> 昔常以荒浪，不敢学为吏。
> 况当在兵家，言之岂容易。
> 忽然向三岁，境外为偏帅。
> 时多尚矫诈，进退多欺贰。
> 纵有一直方，则上似奸智。
> 谁为明信者，能辨此劳畏？

其中"儒生预戎事"一句，指他自己这个进士出身的"儒生"参预
"戎事"。"境外为偏帅"则指他把军队带到原本驻地（泌阳）的
"境外"九江去。"偏帅"乃和"正帅"（节度使）相对，因为他这时
只是节度使下的一个判官，是一个将佐②。

　　元结的判官任务是带领军队镇守九江，防备安史叛军的南

---

①聂文郁《元结诗解》（西安：陕西人民出版社，1984），页158。又收在《全唐
　诗》卷二四一，页2405，文字略有不同。
②此依聂文郁的解读，见其《元结诗解》，页159。

侵。这样的使命初看之下似乎很奇怪，但正如本章所要强调的，判官只是个"执行官"，他可以执行府主交代的任何事，所以元结当判官时跑去带兵，便一点也不稀奇了。

第二年宝应元年（762）元结依然还任判官，很可能还留在九江。从此以后，他便步步高升。不久，荆南节度使吕谔死后，元结曾代他知节度观察使事一段时候，"经八月，境内晏然"[①]。元结后来做过道州刺史。最后，在大历四年（769）他五十一岁时，也就是在他起家约九年后，他便官至"使持节都督容州诸军事，兼容州刺史，充本管经略守捉使，赐紫金鱼袋"，等于是一个大权在握的方镇长官。"紫金鱼袋"是唐代最高一级的章服，可以穿紫袍，佩金鱼袋。元结做官短短九年，便达到事业的高峰，可说"神速"。以一个进士出身的鲜卑诗人身份而言，他的官历很罕见，可谓文武双全[②]。他任节度判官时"超拜至此，时论荣之"和他带兵镇守九江，更为我们考察判官的实质名望和任务等事，提供极鲜明生动的实例。

以上王维、岑参和元结三人，任的都是比较常见的节度判官，属方镇系统。唐半后期诗人刘禹锡（772—842），也充当过判官，但他任的却是比较少见的崇陵使判官，不属方镇系统，而属京师皇朝特使的判官。与此同时，他也曾担任过度支、盐铁判官，属财经系统。现有的几种刘禹锡评传和年谱，对他出任这些判官，并

---

[①] 孙望《元次山年谱》，页68。
[②] 现有的元结评传和年谱，都没有对元结这罕有的官历做任何深入的解读和发挥，只把他当作一个"关心人民疾苦"的诗人看待，甚失其真。笔者希望将来能有机会另撰一文《元结的官历》，详论他这不寻常的官历和他允文允武的精彩经历。

没有任何解读和发挥①,所以这里很值得我们再深入研究。

考刘禹锡任这些判官,是在贞元二十一年(805)正月德宗去世后不久。他在自传文章《子刘子自传》中这样说:

> 贞元二十一年春,德宗新弃天下,东宫即位。时有寒隽王叔文,以善弈棋得通籍博望。因闲隙得言及时事,上(指顺宗)大奇之。如是者积久,众未知之。至是起苏州掾,超拜起居舍人,充翰林学士,遂阴荐丞相杜公(杜佑)为度支、盐铁等使。翌日,叔文以本官及内职兼充副使。未几,特迁户部侍郎,赐紫,贵振一时。愚前已为杜丞相奏署崇陵使判官,居月余日,至是改屯田员外郎判度支、盐铁等案。②

这一段材料透露的讯息非常丰富,值得细考的史事不少。比如,我们知道,王叔文其实是以翰林待诏的身份,服侍太子李诵下棋十八年,才赢得他的"大爱幸"和信任,在李诵上台为皇帝后便迅速夺得大权,推行所谓的"永贞革新"③。刘禹锡属王叔文党,他在这里称王叔文为"寒隽",是个很精确的用词,也很能证实王叔文的待诏出身,地位并不高,和进士、明经等出身的士人不相同。

---

①例如,卞孝萱的《刘禹锡评传》(南京:南京大学出版社,1996)以及他早年和吴汝煜合作的《刘禹锡》(上海:上海古籍出版社,1980),都没有讨论刘禹锡任这些判官的意义。
②《刘禹锡集》卷三九,页591。
③王叔文(以及王伾)的翰林待诏身份,过去学界毫无注意和讨论。笔者在《唐代待诏考释》,《中国文化研究所学报》(香港中文大学),新第12期(2003)中有深入的研究,把二王和李白等人放在唐代的翰林待诏制度下来考察,可看出这些待诏的真正面貌、身份和地位。

刘禹锡在这里并没有刻意替王叔文做什么"掩饰"。他的"寒儁"说法反而更令人信服。可惜历来研究王叔文和所谓"永贞革新"①的学者，似乎没有注意到其党人之一这段平实而应当不含什么"偏见"的描写。

其次，刘禹锡说王叔文"至是起苏州椽，超拜起居舍人，充翰林学士，遂阴荐丞相杜公为度支、盐铁等使"，也为我们证实了王叔文当年初揽大权时种种"越权"和"超拜"自己（以及其同党王伾）官职的做法，也就是韩愈在《永贞行》中所嘲讽的怪象：

> 夜作诏书朝拜官，超资越秩曾无难。②

这是指王叔文趁顺宗中风病重，无法行使皇权，故串通党人和宦官李忠言等人，"夜作诏书朝拜官"，胡乱授官给自己和同党的做

---

① "永贞革新"是个复杂的课题，这里无法细论。详见上引拙文《唐代待诏考释》。简言之，研究唐代文学的学者，一般颇"同情"二王，且有"永贞革新"的提法，可能因为二王和唐代两位大诗人柳宗元及刘禹锡的关系密切。这方面的论述极多，例如傅璇琮《唐永贞年间翰林学士考论》，《中国文化研究》（北京），2001 年秋之卷，页 93—100。近年专书研究则有胡可先，《中唐政治与文学——以永贞革新为研究中心》（合肥：安徽大学出版社，2000）。唐史学界方面，虽然也常有"永贞革新"的说法，但亦有一些反对声音，如黄永年《所谓"永贞革新"》，《唐代史事考释》（台北：联经出版事业股份有限公司，1998），页 373—400。据黄永年的研究，"永贞革新"为"近二三十年来某些教科书上出现的新辞语"（页 373）。胡戟等编《二十世纪唐研究》（北京：中国社会科学出版社，2001），页 63 则说，永贞事件"1949 年以前很少有人注意，70 年代又被作为'评法批儒'的材料，大肆歪曲，使研究走上了邪路"。又参见此书页 63—65 对此课题所做的详细学术史回顾。但不论是文学界或史学界，都未深究二王的待诏背景以及唐代的待诏制度。

② 《韩昌黎诗系年集释》卷三，页 333。

法。在顺宗上台不到两个月，他本人就从"苏州掾"（即苏州司功参军，此为王叔文任翰林待诏所带的阶官）快速升为"起居舍人，充翰林学士"。从低下的翰林待诏能够"超拜"为清贵的翰林学士，王叔文和王伾是唐史上唯有的两例，是一种不正常的乱象，所以笔者曾形容二王为"披着翰林学士外衣的待诏"①。可惜现代学者没有体认到翰林待诏和翰林学士的巨大分别，常以为二王是"翰林学士"，没有深考他们的待诏背景②。赞同王叔文的现代学者，也都说韩愈在《永贞行》和《顺宗实录》的描写有"偏见"，但又提不出偏见的证据。可是刘禹锡在这里不正好说他的同党王叔文"超拜"吗？不正和韩愈的说法一样吗？"超拜"即韩愈所说的"超资越秩"，是一种超越正规程序的授官。韩愈只是点破事实，并无"偏见"。

笔者在这里不厌其烦地论及王叔文事件，并非离题，而是为了要给刘禹锡这段话提供一个正确、详细的背景。这样我们才能充分了解下面他说"遂阴荐丞相杜公为度支、盐铁等使"，是怎么一回事，否则这句话的意义就难以体会。我们也难于明白刘禹锡在这复杂政局中所扮演的判官角色。

要之，顺宗刚上台即患风疾，不能言语，实际上完全无法掌政，授官等朝政大权都由二王独揽，是个很不正常的时代。幸好，

---

① 见拙文《唐代待诏考释》，页88。
② 翰林待诏一般是出身低微、没有科名的工艺匠人。比如王叔文棋艺精，便任翰林棋待诏；王伾书法好，便任翰林书待诏。翰林学士一般是考中进士或明经的士人，如白居易、元稹等人。学界过去不理解翰林待诏和翰林学士的分别，以致误以为二王是真正的翰林学士，所以看不清二王的真貌。毛蕾的《唐代翰林学士》有附论一章专论翰林待诏，也是第一本把翰林学士和翰林待诏区分开来的现代著作。更深入的讨论见拙文《唐代待诏考释》。

顺宗在位只有短短五个月，就因病重不得不让位给宪宗，王叔文党终于被逐被贬，始结束这些乱象。

例如，王叔文"阴荐丞相杜公为度支、盐铁等使"便是乱象之一。"阴荐"两字已隐约透露此事的"神秘"，不合当时的制度，因为唐代的盐政、两税和漕运等国家税收等大事，过去一向是由度支使和盐铁使两个使职负责。度支使管全国西半部的井盐（如两川地区）和池盐（如安邑、解县池盐，即今山西运城盐池）以及税收，盐铁使（也常和转运使结合，故常称为"盐铁转运使"）则负责全国东半部的海盐（两淮、江南）和两税等税务①。现在，王叔文"阴荐丞相杜公为度支、盐铁等使"，便等于把这两个极重要的使职，合二为一，使之权势更大，是个打破当时制度的做法②。《旧唐书·食货志》即特别指出这点："（贞元）二十一年，盐铁、度支合为一使，以杜佑兼领。"③

杜佑原位居宰相，德高望重，这一年已七十一岁，不属王叔文党。王叔文这样做，并非推崇杜佑，而是想利用他。据刘禹锡的说法："翌日，叔文以本官及内职兼充副使。未几，特迁户部侍郎，赐紫，贵振一时。"王叔文充副使，表面上似乎宁愿当杜佑的副手，但我们从其他史料知道，王叔文实际上是以退为进，怕"骤使重职，人心不服"，所以才"先令佑主其名"。他自己才是掌握全国财

①王怡辰《唐代后期盐务组织及其崩坏》，淡江大学中文系编《晚唐的社会和文化》（台北：台湾学生书局，1990），对此有详细清楚的讨论。
②在《顺宗实录》和《子刘子自传》中，曾出现"度支、盐铁使"这两个官名多次，但在各种版本中都印成"度支盐铁使"。点校者似乎不了解官制，以为这是一种使职。这其实是指两个使职，所以本书把标点改为"度支、盐铁使"，以示分别。
③《旧唐书》卷四八，页2109。

赋的大头目：

> 　　初，叔文既专内外之政，与其党谋曰："判度支则国赋在
> 手，可以厚结诸用事人，取兵士心，以固其权。"骤使重职，人
> 心不服。借杜佑雅有会计之名，位重而务自全，易可制；故先
> 令佑主其名，而除之为副以专之。①

这便是王叔文利用杜佑的内幕。刘禹锡说王叔文"翌日"便"以本
官及内职兼充副使"，可谓"用心良苦"。《旧唐书·顺宗纪》亦证
实此事："以翰林学士王叔文为度支、盐铁转运使副（疑为"副使"
之颠倒），杜佑虽领使名，其实叔文专总。"②但唐代的度支、盐铁
副使并不常见。据王怡辰的研究，这种副使"并不是盐铁官僚系
统的常设官员"③。王叔文任副使即唐史上极少数副使案例之一，
可算是他"别出心裁"的一种设计。不过，回到本章的论述范围，
我们感兴趣的是，刘禹锡此时究竟扮演怎样的"判官"角色？
　　刘禹锡早年即在杜佑的淮南节度使幕府任掌书记，追随杜佑
已有好几年的时间，自然和他形成幕佐和府主那种典型的人身依
附关系④。两人后来都回到朝中。德宗去世后，杜佑即被委任为
"摄冢宰兼山陵使"⑤，也就是"崇陵使"，负责营建德宗的陵墓崇

---

①《顺宗实录》卷二，页703。
②《旧唐书》卷一四，页406。
③王怡辰《唐代后期盐务组织及其崩坏》，页282。
④在今传世的刘禹锡文集中，还保存了十几篇刘禹锡代杜佑所写的表、状等
　公文书，如《为淮南杜相公论新罗请广利方状》。见《刘禹锡集》卷一七，页
　199。
⑤《顺宗实录》卷一，页696。

陵。过了"月余日",杜佑又被王叔文"阴荐"为度支、盐铁等使。由于刘禹锡一直跟随杜佑,所以他这时也就顺理成章地被杜佑辟为他这些使职的判官,等于间接拜王叔文所赐。因此他在自传中说:"愚前已为杜丞相奏署崇陵使判官,居月余日,至是改屯田员外郎,判度支、盐铁等案。"

顺此一提,刘禹锡对判官的兴趣很浓厚。早在他被杜佑辟为崇陵使判官之前,他竟毛遂自荐,想充当仪仗使武元衡的判官:

> 顺宗即位,以病不亲政事。王叔文等使其党以权利诱(武)元衡,元衡拒之。时奉德宗山陵,元衡为仪仗使。监察御史刘禹锡,叔文之党也,求充仪仗判官,元衡不与,其党滋不悦。①

这是贞元二十一年正月德宗刚去世不久的事。刘禹锡当时任监察御史,职位已很清要,但他竟对判官如此感兴趣,不惜去求非王叔文党的武元衡,想任他的判官,则判官在唐代士人心目中的地位如何,可想而知。

刘禹锡在出任度支和盐铁判官时,仍兼崇陵使判官②。按德宗死于正月,到那年十月才葬于崇陵,可知杜佑任崇陵使应当至少持续到十月。他并且还因出任此使职,获得"优劳"。《崇陵优劳德音》说:"山陵使杜佑,若子若孙,与一人五品正员官。"③不过刘禹锡任崇陵使判官则只到那年九月为止,因为他坐王叔文党于

---

① 《旧唐书》卷一五八,页 4159。

② 《旧唐书》卷一六〇,页 4210:"转屯田员外郎,判度支、盐铁案,兼崇陵使判官。"又见卞孝萱《刘禹锡年表》,《刘禹锡评传》,页 364。

③ 《唐大诏令集》卷七七,页 434。唐代五品正员官已属高官。杜佑所得此"优劳"可说相当不错。

九月被贬到连州(后改朗州司马)。这一年他三十四岁。以唐代判官年龄一般介于三十五到四十五岁来说,刘禹锡可算年轻有为,可惜他和柳宗元一样,受王叔文案牵连,有过一段十年外贬不得意的时光。然而,他晚年官至苏州刺史等高官,又获赐紫金鱼袋,仕历可说相当显赫,远胜柳宗元。

综上所考,刘禹锡在贞元二十一年实际上同时担任三种使职的判官,即崇陵使判官、度支判官和盐铁判官,和他的府主杜佑一样同时兼任三职。这当然是个比较特殊的案例,但从这个案例,我们可以看到,唐代判官任职范围之广:他可以同时任三种判官,且可以同时是皇朝特使的判官,又是财经系统的判官。如此同时任三判官,刘禹锡当年应当是风光一时的,难怪他在晚年写《子刘子自传》时要特别记上一笔。

至于刘禹锡说他"改屯田员外郎判度支、盐铁等案",当指他以屯田员外郎的朝衔身份去出任度支、盐铁判官。这个"屯田员外郎"应当不是实职,他并没有到尚书省的屯田司去值班(否则他这时的职务未免太多了),而是个检校衔,是判官最常带的一种朝衔。这种检校郎官衔在方镇判官当中十分常见,但京城判官一样也可带此衔(详见下面"判官的官衔"一节)。


# 六、方镇判官

上一节我们考察了四位唐代诗人任判官的经历,呈现了判官的某些面貌和特质。在下文,笔者想更进一步,做个案研究,以涵盖所有五大类型判官:方镇判官、财经系判官、皇朝特使判官、京城诸使判官和宫廷内诸司使判官。

这五大类型判官，各有不同的出身背景、地位和名望，但也有不少共同的地方。更有人跨越类型，既出任过财经系的判官，又充当过方镇使府判官，后来甚至担任皇朝特使判官。他们的经历是如此多样、丰富，以至于我们难以把他们的官历经验简化，也不宜简化。最好的办法，莫如深入研究这五大类型判官的几个有趣个案，就他们的出身、官历、官衔和后来的仕途等事项做一些考察和讨论，希望如此更能彰显唐代判官的面貌，也可让读者留下更深刻的印象。本节先论两个方镇判官的案例。

（一）董晋（724—799）

我们对董晋的生平和官历所知颇详，主要靠韩愈所写的那篇《董晋行状》①。董晋是韩愈的第一个上司，也是第一个赏识他的人，在韩愈潦倒于洛阳时，辟他为汴州幕推官，所以韩愈一生对董晋和他的儿子董溪，都有一种感恩图报之情，有一种典型的幕佐依附于府主的亲密私交关系。韩愈这篇《董晋行状》便是两《唐书·董晋传》最主要的史料来源。

董晋的官历在唐人当中非常突出。奇妙的是，这么一个杰出、精彩的人物，却不是进士出身，而是以比较普通的明经起家：韩愈说他"少以明经上第"②。唐人一般重进士，轻明经。但以董晋为例，明经出身者的仕宦前途也可以很辉煌，不可看低。董晋一生的仕历显赫，最后官至宰相和汴州节度使。

董晋考中明经后，一起家就显得不凡。安史之乱不久，肃宗

---

① 《韩昌黎文集校注》卷八，页 576—584。此行状原标题很长，这里简化为《董晋行状》。
② 《韩昌黎文集校注》卷八，页 577。不过，董晋考中明经的年月不详，仍待考，见孟二冬《登科记考补正》卷二七，页 1305。

在灵武、彭原、原州等地流亡，董晋就在这期间向肃宗上书言事，结果获得以秘书省校书郎的身份去充任翰林学士。这一年约为至德元年(756)，他三十三岁，可谓年轻。唐代的翰林学士，一般是以中层的员外郎、郎中出任，由校书郎这个九品基层官担任，唐史上只有二人(另一人是柳伉)[1]。从此，董晋在官场上步步高升。据韩愈《董晋行状》，他后来的仕途顺达，所获得的赐章服也十分荣耀。他甚至曾经两次任判官：

> 三年出入左右，天子以为谨愿，赐绯鱼袋，累升为卫尉寺丞。出翰林，以疾辞，拜汾州司马[2]，崔圆为扬州，诏以公为圆节度判官，摄殿中侍御史。以军事如京师朝，天子识之，拜殿中侍御史内供奉；由殿中为侍御史，入尚书省为主客员外郎。由主客为祠部郎中。先皇帝(指代宗)时，兵部侍郎李涵如回纥立可敦，诏公兼侍御史，赐紫金鱼袋，为涵判官。[3]

这一段话可考的细节很丰富，特别是关于翰林学士和判官所带的复杂官衔。翰林学士和判官一样，是一种没有品秩的"职"。所以董晋最初是以校书郎去"充任"，"三年出入左右"，获"赐绯鱼袋"，而且"累升为卫尉寺丞"。值得注意的是，这个"卫尉寺丞"

---

[1] 丁居晦《重修承旨学士壁记》，收在傅璇琮、施纯德编《翰学三书》(沈阳：辽宁教育出版社，2003)，页30。
[2] 此处"出翰林，以疾辞，拜汾州司马"，应当理解为他离开翰林院是"以疾辞"，然后"拜汾州司马"。《旧唐书》卷一四五《董晋传》，页3934 说："至德初，肃宗自灵武幸彭原，晋上书谒见，授校书郎、翰林待制，再转卫尉丞，出为汾州司马。"可做佐证。
[3] 《韩昌黎文集校注》卷八，页577。

和他之前的校书郎，都不是实职，而是翰林学士在任期内所迁转的所谓"本官"，正如白居易在任翰林学士期间，从左拾遗升为京兆府户曹参军一样，两者都只是秩品位的本官，非实职①。

董晋出翰林院后，任汾州司马。这是个州级官员，属中层，和长史、别驾等州官通称为"上佐"。接着，他就任扬州淮南节度使崔圆的节度判官。按，崔圆任淮南节度使在上元二年（761）至大历三年（768）②。董晋任其判官就在这段时期内。可以留意的是，扬府判官是他的第一个幕职。他从来没有任过巡官、推官和掌书记等基层幕佐，一入幕府就从判官做起，反映他此时的官场资历颇高。这时他年约三十八到四十四岁之间，也很符合判官的一般年龄（三十五到四十五岁之间）。

董晋任崔圆判官的确实时间虽不详，但应当是在上元二年以后那几年，很可能在大历之前，因为他任判官不久就回朝任殿中侍御史内供奉、侍御史、主客员外郎和祠部郎中等官，然后在大历四年（769）五月出任兵部侍郎李涵的判官，出使回纥，送仆固怀恩的女儿（先册为崇徽公主）出嫁给回纥可汗为"可敦"（妻子）③。

---

① 详见傅璇琮《从白居易研究中的一个误点谈起》，《文学评论》，2002 年第 2 期，页 130—137。

② 见吴廷燮《唐方镇年表》淮南节度条下。又见戴伟华《唐方镇文职僚佐考》，页 351。

③ 李涵出使回纥的确实年月，见《旧唐书》卷一一《代宗纪》，页 293。《旧唐书·李涵传》遗漏了他出使回纥事，可能因为此事已记在董晋本传中。可以一提的是，李涵为李唐宗室，年轻时本身也曾任判官，为"关内盐池判官"，足见唐代许多高官，年轻时都做过判官这种很常见的中层职位。李涵第一次出使回纥归来后数年，就出任浙西观察使等高官。德宗建中三年六月（见《旧唐书》卷一二，页 333），他第二次出使回纥，任吊祭使，跑了不少远路。他为官务远行的经历非常丰富，但这却也是唐代官员很典型的经验。

换言之，董晋年轻时曾经两次任判官。一次是崔圆的节度判官，属方镇使府判官，一次是李涵出使回纥的判官，属皇朝特使判官，可证唐代判官的职务很广，端视他所追随的使府而定，可以从方镇从事一直到出使回纥送公主出嫁，但他基本上仍然是一种“执行任务的官员”。

董晋两任判官时所带的朝、宪衔也很值得讨论。他任崔圆判官时，“摄殿中侍御史”，这是方镇判官很常带的一种宪衔。他任李涵判官时，则带“兼侍御史”，也显示皇朝特使判官，即使只是短期任判官，也都会像使府判官一样，多带一个宪衔。侍御史比殿中侍御史高一级，这很能反映董晋此时比较高的资历。韩愈把董晋的这些宪衔，都如实记录在他的行状中，也揭示这些宪衔对唐人是有实质意义的（实际上也是为了秩品位，亦可作自称或他称的官衔使用）。现代学者常说这些是“虚衔”，反而有低估之意，不很妥当。

最后，董晋任李涵判官时，竟获“赐紫金鱼袋”，也是非常特殊的荣耀，可圈可点。穿紫服、佩金鱼袋是唐代官员最高一级的章服和鱼袋，一般是散官三品或以上官员才能享有的荣誉。董晋任李涵判官，竟也能获“赐紫金鱼袋”，可证判官的分量不轻。他这一年才四十六岁，已经可以衣紫，显示他在仕途中的“奋斗”很有些成绩。

唐史上以判官获赐紫金鱼袋者并不多见。据笔者所见，另一知名例子为天宝六载，高仙芝为安西节度使时，奏封常清“为庆王府录事参军，充节度判官，赐紫金鱼袋”①。还有一例见于一方晚唐墓志《刘钤墓志铭》，撰碑者自署“卢龙节度判官兼掌书记朝散

①《旧唐书》卷一〇四，页3208。

大夫检校尚书兵部郎中兼御史大夫赐紫金鱼袋郑隼撰"①。

两《唐书》列传和墓志中常有赐章服的记载。学界过去对此类记载的重视相当不足,可能因为对章服、鱼袋制度了解不深所致。但在考察唐人官历时,这其实是唐人官场成就的一大指标,不应忽略。

以董晋为例,他就曾两次获赐章服。第一次是在他约三十三岁时,任翰林学士,"三年出入左右,天子以为谨愿,赐绯鱼袋"。韩愈在他的行状中大书特书此事,可知这不但是一种荣誉,也是唐人任官的一大成绩,因为穿绯色官服、佩银鱼袋原是唐代散官五品官员的事。董晋只当了三年的翰林学士,他的散官阶应当还不到五品,不能衣绯,所以皇帝特别给他"赐绯鱼袋",荣耀很高,成就不小。相比之下,白居易要到将近五十岁,经历过好几个官之后,任忠州刺史时才能衣所谓的"假刺史绯",到五十岁升为散阶五品的朝散大夫,才能正式衣绯②。在这两次喜庆场合,白居易都曾经特别写诗以志其事。唐代官员到了散官五品衣绯,到了三品衣紫,当然是件值得庆贺的事,但未及品位而提早获得皇帝"赐绯鱼袋"和"赐紫金鱼袋",如董晋任翰林学士和判官此例,看来更是无比的光荣,是我们考察官历时不应当忽略的。

(二)徐申(737—806)

徐申在《旧唐书》中无传。他《新唐书》的本传则很简略,而且省略掉他所有早年官历。《新唐书》的写法("擢进士第,累迁

---

①《唐代墓志汇编续集》,文德001,页1151。
②详见本书第三章《员外郎和郎中》第六节"郎官和刺史"。

洪州长史"①）极易误导读者。考徐申在永泰元年（765）二十九岁中进士②，他"累迁洪州长史"（当时，洪州刺史"嗣曹王皋讨李希烈，檄申以长史行刺史事"）则是建中四年（783）的事③，这当中相隔长达整整十八年。可是，《新唐书》用了"累迁"两字，便把徐申中进士以后那十八年的所有官历全部草草一笔勾销了事，可谓十分轻率。这是《新唐书》处理唐人官历时最典型的做法，读者得小心，否则很容易被它所误。

但徐申在正史上无端端消失的这十八年官历，却正是我们最感兴趣的，因为当中涉及他早年任秘书省正字、巡官、掌书记和判官等官职。幸好，李翱为他所写的《徐公行状》，详细记录了他的所有官历（也是目前最好的一篇徐申传）④，清楚告诉我们他考中进士后的仕历：

> 永泰元年，寄籍京兆府，举进士，秘书省正字。初辟巡官于江西，又掌书记于岭南行营。哥舒氏之乱平，奏授大理评事，转（大理）司直兼监察御史，赐绯鱼袋，又充节度判官于朔方，改太子司议郎兼殿中侍御史。选授洪州都督府长史，时刺史嗣曹王举江西兵讨李希烈，故以长史行刺史事。⑤

---

①《新唐书》卷一四三，页4694。
②参孟二冬《登科记考补正》卷一〇，页416。
③见《旧唐书》卷一二《德宗纪》，页336。
④行状是在传主死后，由其门生故吏所撰写，然后呈尚书省考功司，并转送史馆，作为史臣撰写国史列传的依据，所以行状是比正史列传更为原始的文献。详见 Denis Twitchett, *The Writing of Official History under the T'ang* (Cambridge: Cambridge University Press, 1992), pp. 65—77。
⑤《李文公集》卷一一，页51。此行状原标题甚长，这里省称为《徐公行状》。

权德舆所写的《徐公墓志铭》也证实这些官历,但以骈文书写,写法略简而晦,不及行状来得清楚:

> 永泰初,当著作贾常侍至操柄仪曹,搴士林之菁华,进士上第,调补秘书正字。四征翘车,相属于途,望公举趾以为重。九江而西,服岭而南,与朔塞被边之地,联为命介。历大理评事、(大理)司直、监察御史、太子司议郎、殿中侍御史,锡以章绶。冀国路公之诛哥舒晃也,公以从事,主谋居多。嗣曹王之守钟陵而诛李希烈也,公以长史行刺史事。①

但它也补充了几个细节,比如永泰元年知贡举者为贾至("著作贾常侍至操柄仪曹";"仪曹"即礼部,主持进士考试),又如说"冀国路公(指岭南节度使路嗣恭)之诛哥舒晃(岭南节度叛将,杀节度使吕崇贲)也,公以从事,主谋居多",可惜没有告诉我们徐申任的是掌书记。不过,结合李翱所写的行状和权德舆所写的墓志,我们可以重建徐申年轻时的履历表,如表八:

### 表八　徐申青中年履历

| 年代 | 事迹 | 任幕职时所带朝宪衔 |
| --- | --- | --- |
| 永泰元年(765)<br>二十九岁 | 中进士 | |
| 约大历三年至七年(768—772)<br>约三十二到三十五岁 | 秘书省正字 | |

①《权德舆诗文集》卷二四,页355—356。此墓志原标题甚长,这里简略为《徐公墓志铭》。

| 年代 | 事迹 | 任幕职时所带朝宪衔 |
|---|---|---|
| 大历七年(772)<br>三十六岁 | 任江西团练观察使路嗣恭幕府巡官 | (可能任期太短,还来不及奏授朝衔或宪衔) |
| 大历八年至十年(773—775)<br>三十七到三十八岁 | 路嗣恭转岭南节度使,随之任其掌书记 | 奏授大理寺评事,转大理司直兼监察御史,赐绯鱼袋 |
| 大历十一年到十三年(776—778) | 不详,极可能仍追随路嗣恭① | |
| 大历十四年至约建中四年(779—783)<br>四十三到四十七岁 | 朔方节度使崔宁幕府判官 | 改太子司议郎兼殿中侍御史 |
| 建中四年(783)<br>四十七岁 | 洪州长史 | |

这是唐后期士人一张很典型的履历表。徐申中进士后,便从最基层的正字干起。正如杜佑《通典》所说,正字和校书郎一样,

---

① 路嗣恭原为江西观察使。大历八年九月,岭南节度使、广州刺史吕崇贲为部将哥舒晃所杀。于是在那年十月,朝廷便"以江西观察使路嗣恭为广州刺史,充岭南节度使,封翼国公",以讨伐哥舒晃(《旧唐书》卷一一,页303)。大历十年冬十月,"路嗣恭攻破广州,擒哥舒晃,斩首以献"(《旧唐书》卷一一,页308)。由于路嗣恭是以江西观察使的身份暂充岭南节度,他在平定哥舒晃之乱后,便回到江西,一直到大历十三年十二月,朝廷才"以江西观察使路嗣恭为兵部尚书"(《旧唐书》卷一一,页314)。因此,从大历七年到十三年,徐申很可能都在追随路嗣恭,往返于江西、广州之间,直到路嗣恭入朝为兵部尚书,他失去幕职,才投靠朔方节度使崔宁。按,路嗣恭曾于永泰元年以"灵州大都督府长史,充关内副元帅,兼知朔方节度等使"(《旧唐书》卷一一,页281)。因此徐申到朔方节度任幕职,极可能得到路嗣恭的人脉协助。这也是府主和幕佐强烈人身依附关系的一个例证。

是"起家之良选"①,这是一个美好的开始。过后,他便被辟为江西巡官,这是幕府正职中最低的一个,但很尊贵,可知他的"仕宦条件"很不错,才会被江西幕的路嗣恭看上。约一年后,他又随路嗣恭到岭南去任掌书记,可证幕佐和幕主常有一种很强烈的人身依附关系。徐申在四十五岁任朔方节度使崔宁幕府的判官之前,已经做过巡官和掌书记,这也很符合幕府升迁的规律:一般人都是先任巡官,后任推官、掌书记才能升为判官。徐申跳过推官一级,升迁算快的了。

幕职没有品秩,所以徐申任幕职时带有朝、宪衔。这些朝、宪衔亦有所谓的"升迁",而且都很符合规律:徐申即从较低层的大理评事升为大理司直,然后在任判官时再升为太子司议郎。他的宪衔从监察御史升为殿中侍御史,也很符合幕府官制的规定。

最后,徐申的履历中有一点很值得注意和讨论。那就是他除了刚出道时在京城秘书省担任过正字京官数年之外,从此一生都在外头任外官,从巡官、掌书记、判官,仕至洪州长史、韶州刺史、景州刺史、邕管经略使,到最后广州节度使这个高官。唐人任官,一般都需要回朝任监察御史、拾遗、补阙或郎官,由此升至侍郎、尚书等高官,也就是封演所描绘的那幅著名的"八俊"升官图②。然而,封演所说的升迁全属京官系统。但唐后期方镇遍设全国各地约五十处,为士人制造许多新的升迁管道。徐申就没有依"八俊"升官图的路径行走。他在外官系统,也一样可以攀升到节度使这样的高官。

---

① 《通典》卷二六,页736。
② 见《唐语林校证》卷八,页717。

# 七、财经系判官

如前所说,唐代的判官主要分布在各大小方镇,多属节度使、观察使府下的判官。相对而言,财经系统的判官比较少见。所谓"财经系统",主要指唐后期的"三司",即盐铁使(后来常和转运使合二为一,称作"盐铁转运使")、度支使和户部使,主管全国盐专卖、两税转运、茶税等全国税收,权力很大,为唐后期皇朝的重要经济命脉①。这三司使属下都有巡官、推官和判官等幕佐(但未见有掌书记的记载)。由于三司只是三个使职,数量远远低于全国大约五十个方镇,所以唐史料中关于这三司的幕佐资料也比较稀少。

例如,我们在唐史料中检索,只能找到寥寥六个盐铁判官。一个是《旧唐书·韦温传》中的"盐铁判官姚勖"②,另三个见于《新唐书·宰相世系表》:(一)李仲塾,"盐铁判官、兼监察御史";

①这方面的论述极多,不俱引,主要有李锦绣《唐代财政史稿》,第 4 册,第一及第二章;又见吴丽娱《论唐代财政三司的形成发展及其与中央集权制的关系》,《中华文史论丛》,1986 年第 4 期;何汝泉《唐代度支盐铁二使关系试析》,《中国唐史学会论文集》(西安:三秦出版社,1993)。其他论述(特别是日文论文)见胡戟等编《二十世纪唐研究》,页 391—396 李锦绣所写的详细学术史回顾。

②《旧唐书》卷一六八,页 4379。不过,《新唐书》卷一六九,页 5159 和《资治通鉴》卷二四六,页 7939,又都说他只是"盐铁推官"。推官比判官低一级。然而,姚勖这时"知河阴院",也就是负责盐铁使设在河阴(在洛阳以北)的巡院事,看来他的官位应当比较高才对,故笔者认为《旧唐书》的"判官"较为正确。推官为基层职位,似不可能去"知河阴院"。关于姚勖的这段官历,更详细的讨论见本书第三章《员外郎和郎中》第十节"检校郎官"。

（二）李弱翁，"盐铁判官、兼监察御史"；（三）"张郇，湖南盐铁判官"①。李仲塾和李弱翁都兼带监察御史，显示财经系判官也和方镇判官一样，都可能带有宪衔。最后两个是《唐会要》卷五九提到的"盐铁判官守尚书刑部郎中李石"②，以及唐诗名篇《枫桥夜泊》的作者张继③。

在唐人文集和《文苑英华》等书中检索，则可发现杜牧所写的《顾湘除泾原营田判官、夏侯觉除盐铁巡官等制》④，可证盐铁

---

① 《新唐书》卷七二上，页2583；卷七二下，页2688。

② 《唐会要》卷五九，页1217。感谢陈明光教授提醒我这一条资料。

③ 元代辛文房的《唐才子传》，最明确说张继"为盐铁判官"。但辛文房此书编成于元代，去唐颇远，且错误颇多，不甚可靠。傅璇琮《张继考》，《唐代诗人丛考》（北京：中华书局，1981），页20，考张继在大历初年"可能是"和他的一个朋友邹绍先"同样担任租庸判官、转运判官之类的官职"。周义敢校笺《唐才子传》张继此条材料，则认为张继当时是否任盐铁判官，"尚待考核"。见傅璇琮主编《唐才子传校笺》（北京：中华书局，1987），第1册，页508。然而，《新唐书》卷六〇《艺文四》，页1610，著录《张继诗》一卷下注："检校祠部员外郎，分掌财赋于洪州。"这可证张继即使不是盐铁判官，也是个财经系判官，而且带有此类判官常有的"检校祠部员外郎"朝衔。他这时属刘晏幕府。高仲武《中兴闲气集》卷上记载，刘晏曾经给张继写过一封信，谈到他对另一幕宾诗人戴叔伦的"一见倾心"，见《唐人选唐诗十种》（上海：上海古籍出版社，1978年排印本），页306。考刘晏此时正"充东都京畿、河南、淮南、江南东西道、湖南、荆南、山南东道转运、常平、铸钱、盐铁等使"（《旧唐书》卷一一《代宗纪》，页282），但最重要的业务为江淮盐政。或许这是辛文房说张继为"盐铁判官"的依据。关于张继生平若干事迹的考订，又见王辉斌《张继生平订正》，《淮南师范学院学报》，2002年第4期，页37—38。值得一提的是，刘晏的盐铁转运使府这时候网罗了好几位知名的诗人为幕佐，除了张继之外，还包括刘长卿、戴叔伦、包佶等人。关于这群大历诗人的生平与诗作，见蒋寅《大历诗人研究》（北京：中华书局，1995）。

④ 《樊川文集》卷一九，页292。

使带有巡官,但盐铁判官则仅见于顾云所写的一封信《上盐铁路纲判官启》①。至于在《全唐诗》中,则可找到卢纶的一首诗《送盐铁裴判官入蜀》②,为唐诗中明确提到盐铁判官的唯一案例。《全唐诗》中有不少寄赠某某判官的诗,可惜这些诗都没有特别注明这些判官属于何类,但他们当中应当有些属于财经系判官。

关于以上这几位盐铁判官,史料中没有更多的传记材料(姚勖的事迹还有一二见于史书,其余的仅知道名字或姓)。我们也就无法做更深入的个案研究。幸好,墓志材料中还有一篇晚唐古文家孙樵所写的《唐故仓部郎中康公墓志铭并序》,内含一个盐铁和转运判官康镣颇详细的生平事迹,底下再细考。

顺此一提,《旧唐书·齐抗传》有一段记载说:"盐铁转运使元琇以抗有才用,奏授仓部郎中,条理江淮盐务。"③虽然这里的"条理江淮盐务"并未明确说他是判官,但这位齐抗所获奏授的"仓部郎中",却相当高级,一般只有判官才能带有这种检校郎官衔(详见下文"判官的官衔"一节)。由此看来,齐抗极可能是个盐铁判官。

值得注意的是,唐代的盐铁使和转运使常合称为"盐铁转运使",而且经常由同一个人担任。所以盐铁转运使下的判官,可能称为盐铁判官,也可能称为转运判官。这方面最好的例子是白居易和元稹的共同好友李建(他们三人当年一起在秘书省任校书郎)。白居易在为李建所写的墓志《有唐善人墓碑》中,便说李建

---

① 《文苑英华》卷六六四,页3414。
② 《全唐诗》卷二七六,页3125。
③ 《旧唐书》卷一三六,页3756。

担任过的"职"中有"转运判官"一项①,可是元稹有一首诗赠他,诗题却是《贬江陵途中,寄乐天、杓直。杓直以员外郎判盐铁,乐天以拾遗在翰林》②。"杓直"即李建的字。元稹说他"以员外郎判盐铁",是个很精确的描写,表示李建判盐铁时带有一个检校郎官衔。这是唐后期判官所带的最典型朝衔,然而白居易所写的墓志却又说他是"转运判官"。由此看来,在唐人的用语中,盐铁判官和转运判官可能并没有太大的分别,可交换通用,就像盐铁使兼领转运使,故亦可称转运使一样。

史料中的转运判官可找到约十个,其中几个是唐代知名人士,有科名,出身良好,有极佳的"仕宦优势",后来都仕至高官。例如卢坦:"王纬观察浙西,兼盐铁使,请坦为转运判官。"③再如韦武:"会户部元侍郎琇董司漕运,惧不克济,奏授公仓部员外郎,充水陆转运判官。"④从字面上来看,转运判官管的即运输事,如第二例韦武传中所说的"漕运",但他很可能也管盐政,如第一例,卢坦任"兼盐铁使"王纬的"转运判官",看来他也应当管盐铁事。

"度支使"属下的判官,很容易和"支度使"的判官混淆,这里不妨细考一二。度支使掌国家财赋收入,特别是唐后期全国西半边的盐税等;支度使则设于边军,即《旧唐书·职官志》所说:"凡

---

① 《有唐善人墓碑》,《白居易集》卷四一,页 904。
② 《元稹集编年笺注(诗歌卷)》,页 271。此诗作于元和五年(810)。有趣的是,李建的儿子李讷,在大中年间做到华州刺史和盐铁转运使,成了康镣(见下)的顶头上司。
③ 李翱《故东川节度使卢公传》,《李文公集》卷一二,页 552。
④ 吕温《唐故银青光禄大夫京兆尹⋯⋯京兆韦公神道碑铭并序》,《全唐文》附《唐文拾遗》卷二七,页 11672。此神道碑文未见于《四部丛刊》本《吕和叔文集》,可能为清代出土的石刻。

天下边军,有支度使,以计军资粮仗之用。"①支度使常由边地节度使兼任,且常和营田使并提,早在开元年间即出现,例如《旧唐书·韦凑传》:"(开元)十年,拜太原尹兼节度、支度、营田大使。其年卒官,年六十五。"②再如《旧唐书·封常清传》,叙其管支度、营田等事:"(高)仙芝……为安西节度使,便奏(封)常清为庆王府录事参军,充节度判官,赐紫金鱼袋。寻加朝散大夫,专知四镇仓库、屯田、甲仗、支度、营田事。"③

　　"度支"和"支度"如此相似,以致史料中不乏颠倒错用之例。两《唐书》列传中就有三个"度支判官",但恐怕都是"支度判官"之误。这三例是:(一)《旧唐书·刘崇望附兄崇龟传》:"广明元年春,郑从谠罢相,镇太原,奏崇龟为度支判官。"④(二)《旧唐书·吕諲传》:"陇右、河西节度使哥舒翰奏充度支判官。"⑤(三)《新唐书·贾耽传》:"河东节度使王思礼署为度支判官。"⑥但细读上下文并以其他史料对校,这三例中的"度支"显然都是"支度"的颠倒。

　　在第一例中,郑从谠镇太原,是为了防范"沙陀逼太原"。他

---

① 《旧唐书》卷四三,页 1827。关于这两种使职的不同,见卞孝萱《唐代的度支使与支度使》,《中国社会经济史研究》,1983 年第 1 期,页 59—65;以及齐勇锋《度支使和支度使》,《历史研究》,1983 年第 5 期。唐代幕府中还有"支使"一职,是一种基层僚佐,也极易和度支使或支度使混淆。诗人杜牧的弟弟杜顗就曾在淮南幕府任"支使"。他为杜顗所写的墓志便叫《唐故淮南支使试大理评事兼监察御史杜君墓志铭》,《樊川文集》卷九,页 139。
② 《旧唐书》卷一〇一,页 3147。
③ 《旧唐书》卷一〇四,页 3208。
④ 《旧唐书》卷一七九,页 4664。
⑤ 《旧唐书》卷一八五下,页 4823。
⑥ 《新唐书》卷一六六,页 5083。

当时"充河东节度、管内观察处置兼行营招讨供军等使"①,极可能兼有支度、营田等使,而不可能是度支使,且《旧唐书·刘崇望传》在叙述其兄事迹时又说:"时兄崇龟为节度判官,昆仲同居幕府,寻转掌书记。"②由此看来,刘崇龟不可能是个"度支判官"。

第二例的地点在陇右、河西,也是边军作战的情况,不可能是"度支判官",且《新唐书·吕谞传》此处明确说:"哥舒翰节度河西,表(吕谞)支度判官。"③最清楚不过,正可用以校正《旧唐书》之误。

至于第三例,王思礼是个高丽蕃将武人,曾任太原尹、河东节度使④,极可能像其他边区节度使那样,兼支度、营田等使。史料中未见他任过度支使,所以贾耽充当他的判官,也不可能是"度支判官",而应当是"支度判官",管边军的资粮等事。这正是贾耽年轻时的专长⑤。

墓志材料中应当有度支使判官,笔者仍在搜寻中。不过,前文论"诗人判官",刘禹锡即曾在杜佑手下任度支、盐铁判官,可证度支使下的确有判官一职。更好的另一例证,见于《旧唐书·宪宗纪》元和三年(808)条下:


　　十月……丁卯,度支使下判案官,以四员为定。⑥

---

①《旧唐书》卷一九下,页706。
②《旧唐书》卷一七九,页4666。
③《新唐书》卷一四〇,页4648。
④见《旧唐书》卷一一〇《王思礼传》。
⑤郑余庆《左仆射贾耽神道碑》,《文苑英华》卷八八七,页4673;权德舆《唐故金紫光禄大夫检校司空兼尚书左仆射同中书门下平章事上柱国魏国公赠太傅贾公墓志铭并序》,《权德舆诗文集》卷二二,页330—332。
⑥《旧唐书》卷一四,页426—427。

此"判案官"应当即判官，而且多达"四员"，比一般节度使的一二员判官，人数多约一倍。不过，度支使是三司之一，负责唐代整个西半部的国赋，其属下有四个判官，亦很合理。

度支使有判官，最明确的材料见于《旧唐书·陈少游传》：

> （建中）四年（783）十月，驾幸奉天，度支、汴东两税使包佶在扬州，尚未知也。佶判官崔沇遽报少游，佶时所总赋税钱帛约八百万贯钱在焉，少游意以为贼据京师，未即收复，遂胁取其财物。①

包佶当时任"度支、汴东两税使"驻在扬州，崔沇为他的判官，可知崔沇应当是个度支判官。

至于户部判官，目前在史料中只能找到一人，但还有点问题，须进一步解说。此人是《旧唐书》卷一六二《张正甫附孙祎传》中的张祎：

> 祎字冠章，释褐汴州从事、户部判官，入为蓝田尉、集贤校理。赵隐镇浙西，刘邺镇淮南，皆辟为宾佐。②

但依照本书所建构的唐代士人常任官模式来看，张祎年轻时的这段官历记载可能有点问题。户部判官和方镇判官、盐铁判官一样，原本应当是个中层职位。但在上引文，张祎"释褐汴州从事"，表示他一起家就在汴州幕府当幕佐（"从事"是幕佐的统称，确实

_____

① 《旧唐书》卷一二六，页 3565。
② 《旧唐书》卷一六二，页 4253。再次感谢陈明光教授给我指出这条材料。

幕职不详）。这是唐后期许多士人典型的入仕方式，没有问题。但他下一个官竟然是"户部判官"，却有些奇怪，因为这样一来，他似乎一下子从一个基层幕职跳到一个中层官，不合常规。更奇的是，他后来又突然降回到一个基层官："入为蓝田尉、集贤校理。"①如果他之前的确曾任"户部判官"，那他是不可能再去"入为蓝田尉、集贤校理"，因为这也不合常规。所以，笔者颇怀疑这里所记的"户部判官"，很可能是"户部推官"或"户部巡官"之笔误。否则，我们很难解释他这种跳跃式的不寻常官历。史书上这种错误很常见。前面我们见过，姚勗官历就分别被不同史书分别记为"盐铁推官"和"盐铁判官"。

唐代三司当中，户部使比较不重要。现代学者对盐铁和度支使的研究最多，户部使最少。这方面的材料也最短缺。不过，户部有判官，应当不成问题。诗人元稹有一篇任命书《赵真长户部郎中兼侍御史等》，很能透露一点端倪：

> （赵）真长可行某官，依前充职；应可某官，充户部巡官，勾当河南、淮南等道两税，余如故。②

这里提到一位名叫"应"的官员（其姓不详），以"某官"去"充户部巡官，勾当河南、淮南等道两税"，可知户部巡官所管为两税之事。以唐代幕府制推论，既然户部有巡官，则它应当还有推官和判官。

诗人杜牧也写过一篇类似的任命书《赵元方除户部和籴巡

———————

①这是说他以"蓝田县尉"的官位去充任唐藏书楼集贤院的"校书"。集贤校理这个职位类似校书郎，为唐代士人常任的基层官。这种官历的例子也很常见，详见拙书《唐代基层文官》第三章第七节"以县尉作阶官充馆职"。
②《元稹集》卷四八，页518。

官、陈洙除长安县尉、王岩除右金吾使判官等制》①,明确提到赵元方除的是"户部和籴巡官"。和籴正是户部使的职务之一,所以有巡官负责。其上应当还有判官。

除此之外,白居易有诗《戏赠户部李巡官》:

> 好语民曹李判官,少贪公事且谋欢。
> 男儿未死争能料,莫作忠州刺史看。②

诗题称"户部李巡官",但诗中又说是"李判官",不知何者为正确,可知史料中"巡官"、"推官"和"判官"三者经常被人混淆。如果依诗中"李判官",则白居易这首诗将成为唐代户部使有判官的少数史证之一。无论如何,户部使既然有巡官,则应当也有推官和判官。希望今后我们能在新出土的墓志中发现户部判官。

除了以上所论的盐铁判官、转运判官、度支判官和户部判官四大财经判官外,唐代史料中还可见到安邑、解县盐池判官、榷盐判官、租庸判官、海运判官、水陆运判官等等,但这方面的材料不多,仅有的寥寥数例,颇琐碎,这里就不赘论,可将他们全视为唐代财经系的判官③。

可以补充的是,这些名目林林总总的判官,有些可能只是盐铁、转运等各大类财经判官的"异名"而已。例如,租庸判官、海运判官和水陆运判官,很多时候可能只是转运判官的不同名目,因

---

① 《樊川文集》卷一九,页 292。
② 《白居易集》卷一七,页 373;《全唐诗》卷四四〇,页 4912 同。
③ 李锦绣《唐代财政史稿》,第 4 册,页 370—379 有一附录"唐代巡院官吏辑考",可参看。

强调职务的某一面,而把负责运送租庸的转运判官称为"租庸判官",因工作地点临海或掌管海上运输而有"海运判官"的称谓。关于这种种"巧立名目"的现象,《旧唐书·食货志》的序言有一段精彩、贴切的解说,称之为"随事立名":

> 其后掌财赋者,世有人焉。开元已前,事归尚书省,开元已后,权移他官,由是有转运使、租庸使、盐铁使、度支盐铁转运使、常平铸钱盐铁使、租庸青苗使、水陆运盐铁租庸使、两税使,随事立名,沿革不一。[1]

唐后半期这种"随事立名"的作风,不但用于各种使职名,也施于这些使职所带的各级僚佐,包括判官、推官和巡官等。他们最重要的共同点,就是都是"掌财赋者",是唐朝后半期命脉的一大支柱。现代读史者若明了并抓住此共同点,当可不必为这些使职和判官的种种不同名目而感到"眼花缭乱"。

综上所考,户部使判官应当是存在的,只是此种判官的案例在两《唐书》和唐文集等书中尚未见,但很有可能在近世出土墓志中找到。至于度支使、盐铁使和转运使判官,史料中已有数例,其存在不成疑问。为了更全面探讨财经系判官,下面拟详考两位曾任盐铁和转运判官的唐代官员,做更深入的个案研究。

(一)刘长卿(726?—790?)

刘长卿在两《唐书》中无传,仅《新唐书·艺文志》在著录他

---

[1]《旧唐书》卷四八,页 2085—2086。此段文字中各使职名的标点全依北京中华书局校点本,实际上不无可商榷之处,但这亦反映这些使职"随事立名",无一定称谓和写法,以致增加标点的困难。

的《刘长卿集》十卷时,附了一段小注,提到他的科名与仕历①。傅璇琮、蒋寅和卞孝萱等人则对他有过详细的考证②。唐代文学研究者也从刘长卿诗作中挖掘出不少他的事迹③。不过,各家的说法差异极大。蒋寅即说:"唐代诗人中,因生平事迹流传较少并致记载舛误,考证多歧的,首推刘长卿。"④因此本章不拟再涉及"考证多歧"的刘长卿生平,只想就他青壮年时期几个和本章最有关系的事迹,做一些深入的考察。

刘长卿一生中有几个重要事迹,争议的其实都在年代,如他考中进士和他官历的年代,事迹本身却无疑问,足以为我们查考唐代一个财经系判官提供许多丰富的细节。第一,他出身在一个诗书门第的官宦家庭,他祖父刘庆官至考功郎中。这是非常清贵的郎官(见本书第三章),可惜我们对他父亲一无所知。第二,他约三十二岁时考中进士,以县尉起家。这种入仕途径很常见,也可说是个典型的士人,但他后来出任转运判官却有些特殊,底下再论。第三,他的交游极广,而且所交的不少是观察使等高官,或

---

①《新唐书》卷六○,页1604。傅璇琮已指出《新唐书》中华书局版此处标点有严重错误(以致刘长卿变成了"鄂岳观察使"),见其《刘长卿事迹考辨》,《唐代诗人丛考》,页242。

②傅璇琮《刘长卿事迹考辨》;蒋寅《刘长卿生平再考证》,《大历诗人研究》,下编第一章;卞孝萱、乔长阜《刘长卿》,《中国历代著名文学家评传》(全6册;济南:山东教育出版社,1997),第2册。

③刘长卿的诗集现有两个校注本:一是杨世明的《刘长卿集编年校注》(北京:人民文学出版社,1999),但杨世明的《前言》写于1987年,似乎全书在那时已完成;另一是储仲君的《刘长卿诗编年笺注》(北京:中华书局,1996)。诸家关于刘长卿生平的考证当中,以傅璇琮最有始创之功,而储仲君的最晚出,也较精当、详细、可信。

④蒋寅《大历诗人研究》,下编,页431。

后来升任为财经系高官的,如刘晏、元载和包佶等人。这对他后来的仕历有很大的影响,底下再细考。第四,和本章最有关联的,便是他曾在大约四十岁时,出任刘晏的转运使判官,到四十五岁时,又擢升为更高一层的转运留后,前后任财经系官员长达约十年。

这里我们最关注的,是刘长卿任转运判官和转运留后那一段官历。唐代文学研究者对他这段经历毫无解读或讨论,仅一笔带过①,且有时把转运判官和转运留后这两种高低等级截然不同的官职混淆在一起。实际上,刘长卿的财经官历可以为我们提供非常丰富的讯息,由此我们可以得知唐半后期一个士人是如何得到判官这种职位,而出任财经系判官和官员又意味着什么。

要言之,刘长卿不是普通的判官(如一般的方镇判官),而是财经系判官,专管钱财税赋转运之事。他后来任转运留后期间所发生的所谓被鄂岳观察使吴仲孺"陷害"事,导致他被贬官,脱离财经系统,又跟钱财纠纷有关,且涉及的数额庞大,所以我们从唐代财经史的角度来考察刘长卿任转运判官和转运留后,当更有意义,也更能看清他的角色。

先看刘长卿怎样进入官场。据储仲君,刘长卿是在至德二载(757)中进士及第,由"崔涣铨选入仕,释褐苏州长洲县尉"。中进士后以县尉起家,是唐人相当典型的经历。但据王勋成的研究,唐人中进士须守选三年才能授官,那么刘长卿怎样可以在同一年既中进士又得官?原来,至德二载是安史乱后的第三年,是个乱

---

① 杨世明的《刘长卿年谱》(附于他的《刘长卿集编年校注》之后)更特别,甚至完全不提刘长卿任转运判官和转运留后的仕历,只说他"秋入淮南幕"、"在淮南幕"等等,用语含糊,不知何故。

世,官员的铨选极为混乱。肃宗在前一年十一月,"诏宰相崔涣巡抚江南,补授官吏"①。刘长卿极可能因而才得到他的第一个官位长洲县尉,不须守选。

不过,刘长卿任县尉不到一年,又去充当海盐县令,情况十分特殊。县令为一县之长,从县尉起家,至少还得经过县丞等官位,才有可能攀升到县令。但刘长卿自己有一首诗《至德三年春正月,时谬蒙差摄海盐令,闻王师收二京,因书事寄上浙西节度李侍郎中丞行营五十韵》②,十分完美地为我们解答了这个"谜"。诗题清楚地告诉我们,他在至德三年春就任海盐县令,是"谬蒙"浙西节度李侍郎中丞"差摄"的。"差摄"是个专门术语,主要用于各方镇观察使、节度使自行委任地方州县官的场合③。因此刘长卿任海盐令,并非他任县尉秩满后经吏部铨选,而是"谬蒙"浙西节度李侍郎中丞(即李希言)的"差摄",是一种特殊的任官方式,拜乱世所赐。

刘长卿诗集中的许多诗作,都透露了他的交游圈极广,认识的高官朋友颇多,人脉极佳,显然成了他在官场活动的一大"仕宦优势"。例如,他之所以能够出任刘晏的转运判官,完全是因为他早已结识刘晏。他的诗作《奉饯郎中四兄罢余杭太守,承恩加侍

①《旧唐书》卷一〇,页244。
②《刘长卿诗编年笺注》,页150。
③唐代的州县官原本应当由朝廷委派,但在安史乱后,因乱世或其他原因,有些地方长官如观察使、节度使,甚至刺史,纷纷自行委任自己的下属为州县官。这种县官一般称为"摄"州县官。详见拙文《论唐代的州县"摄"官》,杜文玉主编《唐史论丛》,第9辑,页66—86。李商隐和崔致远文集中所收的表、启中常见此词。更详细的讨论见笔者未来的专书《唐朝官制》。

御史,充行军司马赴汝南行营》①就是写给刘晏的(刘排行第四,
"郎中四兄"即指他)。写作时间也很明确,作于至德二载(757)
刘晏"罢余杭太守"时,可知刘长卿和刘晏是旧识。

所以,大历元年(766)刘晏出任江淮盐铁转运使,权倾半边天
的时候,辟署刘长卿为他的转运判官,也就完全有迹可寻,毫不出
奇了(正像杜佑辟刘禹锡为崇陵使判官一样)。财经系判官和方
镇判官有一点相同,不由吏部铨选,而由府主自行辟署。这种辟
署完全要靠人脉和朋友关系②。否则,刘长卿根本无法从正常的
吏部铨选去求得此官。他后来出任转运留后,也是因为他和刘晏
有私人关系。刘晏这些年一直是唐室最重要的理财专家,长期担
任盐铁转运等使要职,前后长达约十八年,直到建中元年(780)被
德宗赐死为止③。

研究唐代财经史的学者早注意到,像刘晏、第五琦和杜佑等
理财专家的出现,标志着唐后期一种新型专业官员的兴起④。他
们掌管国家财赋,权力变得很大,且经常长期专任财经职,和传统

_____

① 《刘长卿诗编年笺注》,页 133。
② 现代学者对辟署制度研究甚详,见石云涛《唐代幕府制度研究》,第六章。
又见笔者《唐代基层文官》第五章《巡官、推官和掌书记》第二节"幕佐的辟
署和礼聘"。
③ 详见齐涛、马新《刘晏、杨炎评传》(南京:南京大学出版社,1998)。刘晏和
杨炎的斗争,是导致他被赐死的原因之一。
④ 日本和西方学者特别注意此点。例如,笔者的业师 Denis Twitchett 教授早
在上世纪 50、60 年代就有三篇论文论及此事:"The Salt Commissioners after
the Rebellion of An Lu-shan," *Asia Major* 4 (1954);"Provincial Autonomy
and Central Finance in Late T'ang," *Asia Major* 11 (1965);"Merchant,
Trade and Government in Late T'ang," *Asia Major* 14 (1968). 又见他的专书
*Financial Administration under the T'ang Dynasty* (2nd revised ed.; Cam-
bridge: Cambridge University Press, 1970)。

士人的任官方式有些不同。他们学有专精，又都是科举或以荫出身的士人，非翰林待诏等工艺人或伎术官，显现士人任专业官员的新局面、新气象。

刘长卿在这时期出任转运判官，也正可放在这个角度来看。士人的出路又多了一个，除了方镇之外，还可在财经系统求职，且以辟署方式为之，变得更灵活。财经系官职因其专业性质，往往又更为长期、稳定（这点和史官有些相似），不受一般“通才型”官员任期只有短短约四年的限制。刘长卿就在转运判官和转运留后任上待了差不多整整十年，而且都只在江南、岳阳地区活动，有一种“盘踞一方”的意味，不像一般官员（如白居易等人），经常要为频繁的任官迁转而四处奔波。

这应当是刘长卿一生中最风光的一段时间，干得有声有色。高仲武的《中兴间气集》即说他“有吏干”[1]。判官的俸钱不错，高达每月五万文，和京师尚书省的郎中一样。转运留后为一方专员，待遇应当更高，且能亲自主管地方财赋。刘长卿在大历九年（774）左右被迫离开转运留后职，正是因为他和鄂岳观察使吴仲孺起“纷竞”，涉及所管财赋事[2]。不过，他停职后，仍能在义兴（今江苏宜兴）经营他的碧涧别墅，有多首诗为证，如《碧涧别墅喜皇甫侍御相访》和《初到碧涧召明契上人》[3]，过着一种“野桥经雨

---

① 《刘长卿诗编年笺注》，页599。

② 此事在当时应当很轰动，因为隔了超过二十年，到贞元十二年（796）时，刑部员外郎裴澣还特别引用此事，跟德宗理论，作为另一个案子的例证：“大历中，鄂岳观察使吴仲孺与转运使判官刘长卿纷竞，仲孺奏长卿犯赃二十万贯，时止差监察御史苗伾就推。”（见《旧唐书》卷一三七，页3761）刘长卿因此事被停职。有些史料说他是被“诬奏”、“陷害”，恐怕还有待商榷。

③ 《刘长卿诗编年笺注》，页397—399，又见同书页585储仲君所作《刘长卿年表》。

断,洄水向田分"的抒情田园生活,可知他在任财经官职时,一定累积了不少财富,可惜今人替他写评传和年谱,似乎都没有注意到这几点,未有发明。从他这个个案来看,出任财经系判官或其他同系职位,且能长期任职,甚至得以累积财富,风光一时,正是唐后期士人的一大新出路,有一种新的气象。下面且再以康镣的个案,做进一步的论证。

## (二)康镣(? —872)

康镣在两《唐书》中无传,不过他的墓志《唐故仓部郎中康公墓志铭并序》是由晚唐古文家、韩愈的三传弟子孙樵所写,保存在孙樵的文集中,因而得以传世①。从这篇墓志,我们可以知道晚唐一个出身极优秀的士人,如何在财经系担任各种基层和中层文职,长期为唐皇室管理国家财赋,展现唐代士人比较少为人所知的另一面。无疑的,康镣可说是唐后期新兴的"理财士人"的一个代表。

---

① 此墓志文最早见于孙樵的文集《孙可之文集》,收在《宋蜀刻本唐人集丛刊》(上海:上海古籍出版社,1994 年影印宋本;商务版《四部丛刊》亦影印此宋本)卷八,叶二至四。在此宋刻本孙集卷八,墓志标题上仅曰"康公",无名,志文中也没有提康公的名字,仅曰"公讳某,字某",但在此宋刻本孙集的目录,此墓志又题曰《康镣郎中墓铭》,清楚说康公名镣。《全唐文》卷七九五,页 8339—8340,亦收此文,但题曰《唐故仓部郎中康公墓志铭并序》,不用宋刻本的目录篇名《康镣郎中墓铭》,故康镣名字后世不显。岑仲勉《郎官石柱题名新著录》,《金石论丛》,页 119,以及《郎官石柱题名新考订》,页 379,都作"康僚",并指劳格《唐尚书省郎官石柱题名考》"误镣"。然而,劳格应当是见过宋刻本而有"康镣"一说。其书卷一七,页 794 清楚指出:"考(孙)集目录称康镣郎中",跟今所见宋刻本正合。康公的名字可能在不同时期有不同的写法,可作"僚"、"镣"等字。但本章既然引用孙樵所写的这篇康公墓志,应依最早的宋刻本孙集作"康镣"为宜。

我们对唐代高层的理财专家,如刘晏、第五琦和杜佑等一系列盐铁转运使和度支使,知道得颇多,因为他们都有传收在两《唐书》,且他们的事迹散见在他人的传记或唐后期的各种史料中。现代学者对这些高层的理财专家,研究也不少。但我们对唐代中层和基层的理财专才,例如各种度支、盐铁巡官、推官和判官等,所知就非常有限,因为他们在两《唐书》中都没有传,且今人对这些中、下层官员几乎一无研究。因此,本节所探讨的一个转运判官(刘长卿)和一个盐铁判官(康镣)的案例,或可填补一些研究的空白,让我们对这些判官增多一点了解。

康镣最后只官至仓部郎中,是一个清贵的郎官,但郎官一般只算是中层文官(见本书第三章),不算是高官。这可能是他的传没有收入两《唐书》的一大原因。然而,他的出身、科名和官历都很精彩,很值得细察,而且唐史料中再也找不到像他那样长期在财经系统中任中层和基层文职的士人了。他是个很难得的个案。

和刘长卿一样,康镣曾在会昌元年(841)考中进士,出身良好,是个典型的士人。更难得的是,他考中进士那年冬天,又考中博学宏词。这是一种高难度的吏部科目选考试,考中者都是唐代士人精英当中的精英①。难怪,他考中博学宏词,便“授秘书省正字”。这是在皇家宫廷图书馆校正典籍的优差。杜佑《通典》说正字的“官资轻重与校书郎同”,而校书郎又是唐代“文士起家之良选”②,足见康镣的释褐官非常难得。一般进士出身者都未必能获授正字。康镣得此美职,可能是因为他中进士后又考取了博学宏词。

①关于博学宏词等科目选考试,见王勋成《唐代铨选与文学》,第八章。
②《通典》卷二六,页736。关于正字和校书郎的详细考释,见拙书《唐代基层文官》第一章《校书郎》和第二章《正字》。

接着,康镣便像唐后期许多杰出的士人那样,被某某节度使或观察使看上,受辟礼聘到幕府做事。他是在会昌三年(843)被桂管观察使元晦辟为支使①,这是一种类似掌书记的文职。约三年后,在会昌五年(845),他又回到京城秘书省任校书郎。又过了约三四年后,在大中二年(848)他调授"京兆府参军"。这时他大约是四十岁上下(孙樵所写的墓志只记他去世之年,没有记他享年若干,因此我们不知道他生于何年。这里假设他和许多唐人一样,在大约三十岁考中进士)。

康镣所授的"京兆府参军",应当是个某曹的参军,类似白居易任翰林学士时所带的"京兆府户曹参军",不是职位较低的无曹司名目"参军",因为州府的参军一般是释褐官,而他此时已经任过正字、支使和校书郎等,升为京兆府某曹参军(即所谓"判司")正符合他的官历②。京兆府实际上属于州的行政体系,因位于京师要地,所以称"府"不称"州"(洛阳、太原等大州亦称为"府"),可知康镣所任的这个京兆府某曹参军,又比一般某州的某曹参军高一等。

就在康镣充当京兆府某曹参军的那年冬天,他便成了"进士试官",负责京兆府州府一级的进士选拔试。既然他曾经做过京兆府的"进士试官",看来他应当是京兆府的"功曹参军"(可证墓志所谓"京兆府参军"是一种省略的写法),因为考试、贡举等事都属功曹。古文家孙樵就是在那时为康镣所录取,所以孙樵在墓志中说自己"受恩康公门",和唐代所有士子一样,把考官视为老师

---

① 参见戴伟华《唐方镇文职僚佐考》,页582。
② 关于"参军"和"某曹参军"(即判司)的分别以及这两种官的种种,见拙书《唐代基层文官》第四章《参军和判司》。

看待。这极可能正是康镣死后墓志由孙樵来撰写的一大原因。

任京兆某曹参军一年后,在大中三年(849),康镣便开始进入唐代的财经系统任职。他最先是当户部巡官,"明年改盐铁推官",接着又任"度支巡官"、"转运推官",然后在咸通元年(860)升到"转运判官"。由此看来,康镣曾经在财经系统从最基层的巡官干起,经推官,一直做到中层的判官,前后大约十一年,时间不可说不长。他这段时间先后在盐铁转运使裴休和李讷手下做事①。

康镣在咸通二年(861)迁海州刺史,表面上看来似乎脱离了财经系统,但海州即今江苏省连云港市西南海州镇,是个十分靠海的地方。笔者怀疑,他任海州刺史恐怕和当地的海盐生产大有关系。无论如何,隔了约六年后,他的墓志说:

> 咸通八年(867)诏拜大理少卿,明年迁尚书仓部郎中,充西川宣谕制置盐铁法使兼西川供军使,赐紫金鱼袋。公驰驿至西川,不浃旬而盐无二价,蜀甿至今赖之。会西川节度使刘公以疾薨,戍兵日至,军储不给,糇无常价,而度支有定估,遂乘传诣阙,且请与度支计事。②

可见康镣的一大专长是盐政。在他约五十多岁时,他甚至远赴西川(今四川成都地区)"充西川宣谕制置盐铁法使兼西川供军

---

① 按,李讷即上引白居易和元稹共同好友李建的儿子。李讷曾任盐铁转运使,诸书皆不载,似仅见于孙樵所写的此《康公墓志铭》。严耕望《唐仆尚丞郎表》卷一四考盐铁转运使,引此墓志,列李讷为"大中十三年或咸通元年"的盐铁转运使(页807)。

② 《孙可之文集》卷八,叶三。

使",而且表现非常杰出,"不浃旬而盐无二价,蜀甿至今赖之"。他赴西川时带有"尚书仓部郎中"的检校郎官衔(志文中省略"检校"两字),是当时典型的官场规矩;他所获"赐紫金鱼袋"则是最高一级的章服荣誉。后来他才回朝出任真正的仓部郎中,不久因事外贬为"澧州刺史,明年移郑州长史"。他最后便"薨于郑州官舍"。

康镣这个案例最特出的一点是,他是进士,又考中博学宏词,可是他在青壮年最主要的事业,却是长期在管盐政,长年和税务钱财打交道,是一种新型的专业士人,有别于一般传统士人(如韩愈、李翱、权德舆等人)之偏向于任通才型官员。像康镣这种专业士人的出现,意味着唐代的国家财政,从唐后期开始越来越依赖盐、茶等专卖税收,在在需要更多像他那样受过高深教育、有才学、又有吏干的中、低层盐铁转运巡官、推官和判官。

这些财经系统官员,可能因为其专业性质,一般任官的期限都比普通官员来得长,迁转也多在同一系统内。刘长卿和康镣在财经系统便待了十年或以上。这类中、低层的财经官员,因为总人数不算多(和普通官员相比),且在两《唐书》中又无传,他们在唐史料中难得一见,通常也就仅见于墓志(如康镣此例),但却是很值得我们继续关注和研究的一批人。他们可以让我们见到唐后期士人在盐铁、转运等专业领域中的另一种面貌和表现。


# 八、皇朝特使判官

唐代最重要或最习见的使职,如节度使、观察使、盐铁使、转运使、经略使等等,到了唐后期都成了固定常设的。不过,唐后期仍然有不少使职是临时性质的,像《旧唐书·食货志》所说的那样"随事立名",事毕即罢,以致唐代使职的数目相当庞大,总数约达三百五十个①。

但细审何汝泉、宁志新两位所考出的使职名单,我们可以发现,其中超过百分之九十是临时性质、不常设或不常见如先锋使、市马使、造茶使等等。固定常设的使职,笔者上文已把他们分为方镇使职、财经使职、皇朝特使、京城使职和内诸司使五类。至于那些属于临时性质、不常见或看来不甚重要的使职,如瓜果使、采花使等等,笔者亦将之归入"皇朝特使"一类。何汝泉和宁志新名单上那些难以分类的使职,如春衣使、悲田使等,也都可归入"皇朝特使"类②。

"皇朝特使"此词所要强调的是"特使"两字,重点是这些使职都是皇朝"特别派出的使者"。他们大多数是临时的,事毕即罢。最常见者有征讨敌军或反叛方镇时所派出的粮料使(负责军食),出使回纥、吐蕃等地的册立使、吊慰使和盟会使,派往灾区的宣抚使,以及负责营建皇帝陵墓的山陵使、礼仪使等等。但有些"皇朝特使"也可以是常设的,如派往管理各马牧监的监牧使,以其不属于另四类而归入此类。

要言之,皇朝特使包含各式各样的人物:当中有士人高官,有军人武官,甚至还有阉竖宦官,其身份、地位和重要性不尽相同。

---

① 何汝泉《唐代使职的产生》,《西南师范大学学报》,1987年第1期;宁志新《唐朝使职若干问题研究》,《历史研究》,1999年第2期,页57。
② 使职分类是个复杂的问题,也难以有十全十美的分类法。宁志新文中把三百多种使职以职能分为五类:财经系统、军事系统、行政监察系统、宫廷服务系统和礼法杂类系统。但笔者觉得此分类法不适用于本书,故笔者另行分类。

我们知道,他们有些肯定带有判官(如山陵使、礼仪使等),有些是否带有判官则不得而知(特别是那些稀见的使职,如送诰身使、加恩使等)。这类特使的判官,其地位应当和他顶头上司特使的性质、身份和重要性有着密切关系,两者必须连带起来考察才能见其真。下文将以粮料使的判官和吐蕃盟会使的判官为例,做比较深入的个案研究。

(一)粮料使判官:崔元受、韦岵、薛巽和王湘

粮料使在唐后期史料中颇常见,负责战争期间军食的供应。例如,《旧唐书·崔纵传》:

> 六迁大理卿、兼御史中丞、汴西水陆运两税盐铁等使。田悦连败,走魏州,婴城自守,诸道兵围之,屡乏食,诏(崔)纵兼魏州四节度粮料使,军储稍给。①

再如《旧唐书·卢群传》:

> 卢群字载初,范阳人。少好读书。初学于太安山,淮南节度使陈少游闻其名,辟为从事。建中末,荐于朝廷,会李希烈反版,诏诸将讨之,以群为监察御史、江西行营粮料使。②

可证粮料使一般都由士人担任。唐代理财专家第五琦也曾充当

---

① 《旧唐书》卷一〇八,页3281。
② 《旧唐书》卷一四〇,页3833。

过粮料使，协助郭子仪平定安史之乱①。不过，粮料使的判官却相当稀见，可能因为这只是个中层职位，史书不载。其中少见的一例出现在《旧唐书·崔元略传》：

> 元略弟元受、元式、元儒。元受登进士第，高陵尉，直史馆。元和初，于皋谟为河北行营粮料使。元受与韦岵、薛巽、王湘等皆为皋谟判官，分督供馈。既罢兵，或以皋谟隐没赃罪，除名赐死。元受从坐，皆逐岭表，竟坎壈不达而卒。②

这是一条非常难得的史料，可详考的细节不少。最重要的一点，当然是它清楚地告诉我们，粮料使带有判官，而且还不止一个，竟多达四人，甚至有姓名等资料：崔元受、韦岵、薛巽和王湘。

崔元受"登进士第，高陵尉，直史馆"，属士人出身，又考中进士，资历相当高。至于他的同僚韦岵和王湘，两《唐书》中皆无传，所以我们对这两人别无所知，但他们既然能够和崔元受这个进士出身的士人一起担任粮料使的判官，则两人本身的出身等条件应当也和崔元受相类似，看来可能也是有科名等资历的士人。

另一判官薛巽（776—820），他在两《唐书》中亦无传，但我们却很幸运地发现了他的墓志《唐故鄂州员外司户薛君墓志铭》，在近世出土③。这方墓志十分有史料价值，不但可以让我们详考一个粮料使判官颇为曲折的生平事迹，而且还可以让我们对粮料使

---

①《旧唐书》卷一二三，页3518。
②《旧唐书》卷一六三，页4263。
③此墓志的拓片影印本，收在《隋唐五代墓志汇编（河南卷）》，第1册，录文则见于周绍良编《唐代墓志汇编续集》，元和077，页854—855。

于皋谟"隐没赃罪,除名赐死"之事的整个背景,增添许多了解。这些都是史书所不能提供的。

薛巽等四人出任粮料使判官是在元和四年(809),当时是因为成德节度使王士真去世,他的儿子王承宗自称留后,反抗朝廷的命令。于是皇廷在这年十月,令宦官神策军中尉吐突承璀率军征讨。随军的粮料使其实有两人——于皋谟和董溪,但有些史料只书当中一人的名字。例如,上引《旧唐书·崔元略传》说薛巽等人的上司是于皋谟,不提董溪,但薛巽的墓志却又单单只提董溪一人的名字,不提于皋谟。不过,唐后期名士权德舆曾经上疏论这两人"盗用官钱"之事,所以《旧唐书·权德舆传》有一大段记载:

> 运粮使董溪、于皋谟盗用官钱,诏流岭南,行至湖外,密令中使皆杀之。他日,德舆上疏曰:"窃以董溪等,当陛下忧山东用兵时,领粮料供军重务,圣心委付,不比寻常,敢负恩私,恣其赃犯,使之万死,不足塞责。弘宽大之典,流窜太轻,陛下合改正罪名,兼责臣等疏略。但诏令已下,四方闻知,不书明刑,有此处分,窃观众情,有所未喻。"[1]

这里倒是董、于并提,又称他们为"运粮使",当是"粮料使"的另一别称。《资治通鉴》也清楚说:"前行营粮料使于皋谟、董溪坐赃数千缗,敕贷其死。"[2]可证当年粮料使确有两人,似不分正副。

---

①《旧唐书》卷一四八,页4004;《新唐书》卷一六五,页5078略同,亦作"运粮使"。
②《资治通鉴》卷二三八,页7683。

考于皋谟在两《唐书》中无传，但他人的传中记载了他"盗用官钱"，以致在流放途中被皇帝所派的中使赐死。董溪则大有来头。他是德宗朝名相及汴州节度使董晋的儿子（上文也论及董晋年轻时任判官事）。韩愈年轻时曾受知于董晋。他第一个官职就是在董晋的汴州幕任推官，所以韩愈终身对董家有感激之情，不但为董晋写过一篇很长很有名的行状，而且在他儿子董溪因"盗用官钱"事致死后，还给董溪写过墓志《唐故朝散大夫商州刺史除名徙封州董府君墓志铭》①。隔不久，董溪的长女嫁给韩愈的朋友陆畅。韩愈在《送陆畅归江南》一诗中，更借题发挥，再次表达了他对董晋当年提携的感恩之情：

> 我实门下士，力薄蚋与蚊。
> 受恩不即报，永负湘中坟。②

所谓"湘中坟"，即指董溪涉嫌盗取军资，被流岭南，于湘行途中被皇帝所派中使所杀之事。不过，评注韩愈诗文的学者早已注意到，韩愈对董家有感恩之情，所以他在撰写董溪墓志时，不免有为死者"讳"之嫌，有意为他辩护："粮料吏有忿争相牵告者，事及于公，因征下御史狱。公不与吏辨，一皆引伏，受垢除名，徙封州。"③此事的真相如何，当以上引权德舆的说法比较可信。

以上细说于、董两位粮料使涉嫌盗用军资事，主要因为这件当时的大案，严重影响到他们手下判官的前途和命运。我们对崔

---

① 《韩昌黎文集校注》卷六，页 441—446。
② 《韩昌黎诗系年集释》卷七，页 828。
③ 《唐故朝散大夫商州刺史除名徙封州董府君墓志铭》，《韩昌黎文集校注》卷六，页 443。

元受、韦岵和王湘三位判官别无所知,可不论,但薛巽在这整个事件中的经历,以及他后来的下场,在他的墓志中倒有详细的记载,值得细读。

先看薛巽的出身和经历。他的父亲和祖上几代都做过官,他的一个祖先薛真藏甚至做到工部尚书的高官。他成长于一个官宦家庭。但他的墓志倒没有记载他是否有进士等科名,只说他"年少持谟画大府,大府亦多其材,被以剧务"。这就是说他走的是幕府这条路。"元和五年"他三十五岁时,被粮料使董溪看上,"留参幕府,倚以出纳"①。三十五岁正是任判官的一般年龄,亦可证薛巽年轻时在其他幕府待了好些年,应当有过不少幕佐经验。

我们在前面见过不少例子,在在可证唐代的判官是个相当不错的中层职位,任此官者常是出身良好的士人,甚至有进士、博学宏词等科名(如康镣)。但有趣的是,薛巽的墓志却说:"君在府庭,判官素卑也。"这显然是刻意"贬低"他的角色,或许为了"开脱"他在整个盗用军粮案中的责任。且看他的墓志怎样记载这件事的始末:

> 兵乱,触粮料府。府使与其佐惧逼,迸去。军食万计,委弃不顾。君在府庭,判官素卑也。盗入,见君独管事,不畏如常,动其凶衷,得伏勇义。兵静使归,府谷丝毫不见动摇,当时名声美振北道。兵罢,泽潞长史以为贤佐也,邀署从事。方上前功,功当大任,会粮料使以罪坐法,因得诖狱南州连山

① 征讨王承宗事始于元和四年十月,但真正的战事却发生在五年。薛巽墓志此处所说的"元和五年",当指他真正赴幕充判官的时间。

县尉,北移朗州洎鄂州,咸司户参军。更大赦,许释,且复故初,不克,以元和十五年(820)后正月三日,享年卅五,积疾而终。①

这可说是盗取军粮案的另一"版本"。文中不但没有提盗用军粮事,反而写薛巽在兵乱时,叛军"触粮料府。府使与其佐惧逼,迸去。军食万计,委弃不顾",而他却英勇保全"府谷"事:"兵静使归,府谷丝毫不见动摇。"不过,他稍后还是因"粮料使以罪坐法",被贬为连山县尉(韩愈和刘禹锡等人当年也被贬官此处,即今广东连县)②和朗州及鄂州司户参军,最后病逝。

　　于皋谟和董溪两粮料使盗取军粮案,其始末真相似还可以继续追踪。此事亦涉及权德舆和韩愈等人的不同说辞,研究唐代文学史和思想史的学者,或许也会对此案感兴趣。不过这已超越本章讨论的范围,就此打住。

　　我们更感兴趣的是,薛巽作为一个皇朝特使判官所扮演的角色和他曲折的命运。董溪出任粮料使时,是以"度支郎中、摄御史中丞"去充任的③。郎中当然是很清贵的郎官,且已达五品(见本书第三章)。据其墓志的志题,他的散官阶是"朝散大夫"。这正是个刚好可以衣绯的五品阶。他以这样的高官身份去充当粮料使,辟薛巽这个出身官宦家庭,又已有官场经验的三十五岁士人为判官,两人的这种身段、形象和配搭,在当时可说是很典型的。薛巽看来没有涉及盗军粮案,但他却因"连坐"被贬到遥远的南

① 《唐代墓志汇编续集》,元和 077,页 855。
② 笔者在 1991 年冬曾访此县,当时仍然是个偏远的少数民族聚居地区。
③ 《唐故朝散大夫商州刺史除名徙封州董府君墓志铭》,《韩昌黎文集校注》卷六,页 443。

方,又流离到朗州和鄂州,度过漫长的十年后病逝。他这个判官的命运,和他的上司董溪息息相关——因他而荣,也因他而辱。

(二)盟会使判官:李武和李公度

早在长庆三年(823),唐代两个盟会使判官的名字(李武和李公度)就被刻在著名的《唐蕃会盟碑》上,流传至今。

深入考察为什么他们的名字会被刻在此碑上,我们也就可以明白当年唐朝和吐蕃(即今西藏)的关系,知道唐室是如何跟吐蕃会盟,以及一个盟会使如何带着副使和两个判官,走了迢迢八千里路,到逻些城(今西藏拉萨)去和吐蕃立盟。

吐蕃是唐朝后半期西方边界最强大的劲邻,和唐的关系时好时坏。长庆元年(821)穆宗上台不久,吐蕃又"遣使请盟"。"盟"的实质内容是双方和平共处,互不侵犯。《旧唐书·吐蕃传》如此记载此事:

> 长庆元年……九月,吐蕃遣使请盟,上许之。……乃命大理卿、兼御史大夫刘元鼎充西蕃盟会使,以兵部郎中、兼御史中丞刘师老为副,尚舍奉御、兼监察御史李武、京兆府奉先县丞兼监察御史李公度为判官。十月十日,与吐蕃使盟,宰臣及右仆射、六曹尚书、中执法、太常、司农卿、京兆尹、金吾大将军皆预焉。①

会盟的第一个步骤是委任一位盟会使、副使和他们的判官。非常幸运的,白居易的文集中还保存了一篇他当年写的任命书:

---

① 《旧唐书》卷一九六下,页5263—5264。

太子詹事刘元鼎可大理卿兼御史大夫,充西蕃盟会使

右司郎中刘师老可守本官,充盟会副使

通事舍人太仆丞李武可守本官兼监察御史,充盟会判官

三人同制①

考长庆元年白居易正好在知制诰,负责撰写这类公文书。此篇是当时文献,极有史料价值,清楚说明刘元鼎当年是从太子詹事改为"大理卿兼御史大夫,充西番盟会使"。他的"兼御史大夫"及其判官李武的"兼监察御史",都是一种宪衔,非御史台实职。唐代使职和使府僚佐照例都带有这些御史官衔。副使刘师古和判官李武当时的"本官",都和上引《旧唐书》及《唐蕃会盟碑》上所见者不符合,可能是他们后来迁官所改。按《唐蕃会盟碑》立于长庆三年,离吐蕃"遣使会盟"和最初委任盟会使,已有大约两年。

比较奇怪的是,白居易这篇任命书只提到三人,没有提另一判官李公度,但李公度的名字见于《旧唐书·吐蕃传》,又见于《唐蕃会盟碑》,他曾任盟会使判官应无疑问。或许他是在长庆二年刘元鼎出使吐蕃时才加入的。

唐和吐蕃当时为了会盟,一共举行了两次"登坛主盟"的仪式。关于这两次会盟的确实地点,两《唐书》和《资治通鉴》都语焉不详。最明确、可信的记载见于《唐蕃会盟碑》背面的藏文碑刻:第一次于长庆元年,在长安西郊的一座佛寺兴唐寺,"双方登坛,唐廷主盟";第二次隔一年,在吐蕃逻些城的"东哲堆园","双

---

① 《白居易集》卷四九,页 1028。但《白居易集》的标点和排印方式未依制书的格式,此不从。这里参考台北故宫博物院所藏《朱巨川告身》最前面的两行委任状写法,将"三人同制"的部分改为制书的形式,仅加新式标点。

方登坛,吐蕃主盟"①。这样分两个地点举行两次会盟仪式,似乎要强调双方都在行使其主权。

所以,为了代表唐朝参加在逻些城举行的第二次会盟仪式,盟会使刘元鼎便在第一次会盟后,率领副使和他的判官前去。他出使回来后可能写了一篇行记,记叙他沿途所见的山川、风土和民情,在《新唐书·吐蕃传》约略可见:

> 兰州……户皆唐人,见使者摩盖,夹道观。②

不难想见,当年整个出使队伍拥着使者"摩盖"而来,场面应当十分壮观。他的判官也因他而荣,沿途受到"夹道观",沾光不少。

刘元鼎出使吐蕃后隔一年,即长庆三年,《唐蕃会盟碑》便分别竖立在逻些城和长安城。可惜,长安此碑今已不存。逻些城则仍保存此碑,位于今拉萨大昭寺前,为今人西藏旅游的必到"景点"之一③。当年那两位盟会使判官的名字,便刻在此碑唐方官员

---

① 王尧编著《吐蕃金石录》(北京:文物出版社,1982),页43。

② 《新唐书》卷二一六下《吐蕃传下》,页6102。《全唐文》卷七一六,页7360,所收的刘元鼎《使吐蕃经见记略》,其实全抄自《新唐书·吐蕃传》此处。

③ 关于此碑的研究,最重要的有 Li Fang-kuei, "The Inscription of the Sino-Tibetan Treaty of 821—822," *T'oung Pao* 44. 1—3 (1956): 1—99; H. E. Richardson, "The Sino-Tibetan Treaty Inscription of A. D. 821—823 at Lhasa," *Journal of the Royal Asiatic Society* 2 (1978): 150—168。王尧编著《吐蕃金石录》,页1—60,有此碑的图版、录文和考释,并吸收了以前的研究成果。又见 Li Fang-kuei and W. South Coblin, *A Study of the Old Tibetan Inscriptions* (Taipei: Academia Sinica, 1987)。Yi-hong Pan, "The Sino-Tibetan Treaties in the Tang Dynasty," *T'oung Pao* 78 (1992): 116—161,则论及唐和吐蕃之前所订的六次盟约,并在此脉络下来探讨此碑。

题名部分,有汉藏文对照,上为藏文,下为汉文。据王尧《吐蕃金石录》的录文,李武的名字仍可辨识,李公度的名字则汉藏文皆"漫漶过甚",以《旧唐书·吐蕃传》补出①。

李武和李公度在两《唐书》中都无传。我们对李武别无所知。他的名字和整套官衔就只见于《旧唐书·吐蕃传》和《唐蕃会盟碑》。但我们对李公度倒还略知一二。据两《唐书·高沐传》,李公度曾任平卢节度使李师道的幕府僚佐。义成节度使刘悟于元和十四年(819)消灭李师道后,又辟李公度为从事(可能任判官)。他在任刘元鼎的盟会使判官之前,是在京兆府奉先县任县丞。

奉先县即今陕西蒲城。睿宗的桥陵和玄宗的泰陵都在该县。开元十七年(729),玄宗第一次前来谒他父亲的桥陵,所以特别把奉先提升到和赤陵(即京县)同等的地位:"皇帝望陵涕泣,左右并哀感,进奉先县同赤县。"②李公度能够在这样紧要的京县任县丞,他的资历应当很不错。刘元鼎辟他为判官,表示两人先前就已认识,或经由友人推荐。我们不知道李公度是否有进士或明经等科名,但从他出任过奉先县丞以及他和刘元鼎的关系来看,他应当属于士人阶层(和刘元鼎一样),是个读书人。盟会使判官是他的第四任官,继李师道幕佐、刘悟从事和奉先县丞之后。第四任官的一般年龄当在四十岁上下。

奉命为皇朝特使判官出使吐蕃,从长安出发,需长途远行约八千里才能到达逻些城。刘元鼎一团此行,前后就花了约九个月才回到长安。在中古唐代,这是个难得的旅行经验。

---

①《吐蕃金石录》,页57。
②《旧唐书》卷二五《礼仪志》,页973。又见《旧唐书》卷三八《地理志》,页1398:开元"十七年,制官员同赤县"。《唐会要》卷七〇,页1459"新升赤县"条:"奉先县,开元十七年十一月十日升,以奉陵寝,以张愿为县令。"

李公度在大中二年至八年(848—854)官至义武节度使①。

但李公度不是唐代唯一出使吐蕃的特使判官。唐代还有多位士人充当过此种判官。而且,出任这类判官也不无风险,甚至有生命危险。例如,韩愈的从兄韩弇,进士出身,原先在朔方节度使幕中任掌书记,贞元三年(787)任盟会使浑瑊的判官,在平凉会盟时,便连同监军宋朝凤等人,被吐蕃的"乱兵所杀",死时才不过三十五岁②。当年盟会副使崔汉衡的"判官郑叔矩、路泌"等六十余人也都被俘虏"陷蕃"③。他们在吐蕃度过漫长的年岁,有的甚至死于异乡。二十余年后,在元和五年(810)五月,吐蕃"遣使论思耶热来朝",才归还"郑叔矩、路泌之枢及叔矩男文延等一十三人"④。


# 九、京城诸使判官

唐代方镇有节度使、观察使等常设使职,京师长安也有一些常设的使职,例如理匦使、左右街功德使、观军容使等等。这些使职应当都带有判官等一系列僚佐,可惜这方面的材料不多,有些细节尚不清楚,难以深考。然而就现有史料所见,京城诸使的判官可能有两个极端:他们有些跟方镇判官、财经系判官和皇朝特使判官一样,由出身良好的士人担任,如理匦使判官,但也有一些

①戴伟华《唐方镇文职僚佐考》,页 241。
②韩弇也是唐后期思想家李翱的岳父。李翱的《故朔方节度掌书记殿中侍御史昌黎韩君夫人京兆韦氏墓志铭》,提到韩弇的进士出身、官历和他的死。
③《旧唐书》卷一九六下,页 5252。
④《旧唐书》卷一九六下,页 5261。

判官只是低层的胥吏,如功德使判官。这里且以理匦使和功德使以及他们的判官来做考察。

（一）理匦使判官

唐代有一匦使院,设有一匦,专供人申冤投状之用。唐前期的匦使院设有知匦使一人,常以谏议大夫、拾遗和补阙兼任①。唐后期的匦使院则设理匦使一人,常由起居舍人、谏议大夫等官充任。例如,唐后期的理财专家班宏,就曾在"大历三年,迁起居舍人,寻兼理匦使,四迁至给事中"②。敬宗朝的高士李渤,在长庆三年拜谏议大夫之后,也曾充理匦使③。此外,李中敏在宣宗大和年间,亦曾"拜谏议大夫,充理匦使"④。从这三个例子可知,理匦使一般是由品级较高的士人担任。

我们之所以知道理匦使带有判官,很凑巧都得自杜牧所撰的两文。一是他写的任命书《萧孜除著作佐郎,裴佑之陕府巡官,崔滔栎阳县尉、集贤校书等制》:

> 敕。……匦使判官、将仕郎守国子监太学博士萧孜等,或以秀异得举,文学决科,或以行实立身,遭逢知己,皆后生可畏之士,为当时有才之人。东观著述,殿阁典校,参画幕府,开导献纳,清秩美职,二者兼之。不由阶级,安至堂奥,勉于修慎,以候超升。可依前件。⑤

---

① 关于唐代前期的匦使院材料,见《唐六典》卷九,页282。
②《旧唐书》卷一二三,页3518。
③《旧唐书》卷一七一,页4441。
④《旧唐书》卷一七一,页4451。
⑤《樊川文集》卷一九,页289。

此制委任三人三个不同的官职。敕文中有"皆后生可畏之士",可推知此三人应当都属青壮年,年龄大约不超过四十岁。其中原先担任"瓯使判官、将仕郎守国子监太学博士"的萧孜,获除"著作佐郎"。萧孜在两《唐书》中无传,在徐松《登科记考》中亦无名,我们对他别无所知。不过他有文散阶"将仕郎",又曾任"瓯使判官"和"国子监太学博士"(这应当是他任瓯使判官所带的朝衔),看来他是出身良好的士人,极可能有进士等科名。他新授的"著作佐郎"是秘书省著作局中一个颇清贵的中层职位,是个很不错的六品官。

杜牧的第二文即他为弟弟杜颛所写的墓志《唐故淮南支使试大理评事兼监察御史杜君墓志铭》,里面提到杜颛任"瓯使判官"的前后事迹:

> 年二十五,举进士,二十六一举登上第。时贾相国𫘧为礼部之二年,朝士以进士干贾公不获,有杰强毁嘲者,贾公曰:"我秖以杜某敌数百辈足矣。"始命试秘书正字、瓯使判官。李丞相德裕出为镇海军节度使,辟君试协律郎,为巡官。[1]

杜颛二十六岁就中进士,非常杰出,然后他被宰相贾𫘧"命试秘书正字、瓯使判官",即以"试秘书正字"的试衔去充任"瓯使判官",可知京城的使府幕佐,跟方镇盐铁使府的幕僚一样,可以带有试衔或检校衔。这是杜颛的第一个官职。我们知道,在方镇体系,判官位居巡官、推官和掌书记之上,是个中层职位。但杜颛一起

---

[1]《樊川文集》卷九,页138—139。

家做官就当上"瓯使判官",有些不寻常。然而,他后来被镇海军节度使李德裕辟为幕佐时,任的却是"试协律郎,为巡官",反而从先前的判官"降级"为巡官。他的第三任官"授咸阳尉,直史馆",也就是以咸阳县尉的官位去充任"直史馆",也属最低层的史官。所以,笔者颇怀疑杜颙所任瓯使"判官",恐怕为"巡官"或"推官"的传抄之误。唐史料中这三种官名不乏错乱之例。

上引萧孜的官历可以提供进一步的佐证。他出任瓯使判官之后,下一任是"著作佐郎"这个中层官。这说明瓯使判官应当像方镇或盐铁判官一样,是个中层的职位,恐怕不会轻易授给像杜颙那样刚释褐的士人。故笔者在此存疑,不拟以杜颙这个颇成问题的案例,把瓯使判官"贬低"为起家基层官,而以萧孜的官历,定瓯使判官为中层。

唐代的判官不但可分为五大类,且五大类判官的地位也未必相同。以笔者所见,方镇和财经系判官的地位最高,皇朝特使判官亦约略如此,一般都由有科名的士人或相当资历的官员担任,且需要迁转几次后始能任此类判官,是一种典型的中层职位。但京城诸使判官却比较复杂,须再细考。

实际上,京城诸使是个很多元的群体,包含林林总总不同地位的使职。理瓯使属身份比较高的一种,毕竟任此使职者多为谏议大夫等高官。他们所带的判官,阶层应当不致于太低,应当是由像萧孜那样分量的士人担任。

但京城诸使当中,的确也有地位比较低下的。我们不妨举两街功德使为例。此使职常由宦官兼任,且他的判官甚至不是士人,而是低层的"胥吏"。

（二）功德使判官

功德使不见于唐前期,仅见于唐后期史料,例如《旧唐书·宪宗纪》元和二年(807)条下:

> 二月辛酉,诏僧尼道士全隶左右街功德使,自是祠部司封不复关奏。①

近四十年后,在《旧唐书·武宗纪》会昌三年(843)条下亦载:

> 其回纥及摩尼寺庄宅、钱物等,并委功德使与御史台及京兆府各差官点检收抽,不得容诸色人影占。如犯者并处极法,钱物纳官。摩尼寺僧委中书门下条疏闻奏。②

由此可知功德使管的是"僧尼道士"和"回纥及摩尼寺"等宗教事务。但值得留意的是,出任功德使的,却不是士人,而常由神策军使、观军容使等宦官兼任③。例如,在代宗朝,宦官"鱼朝恩署牙将李琼为两街功德使,琼暴横,于银台门毁辱京兆尹崔昭"④。宪宗

---

① 《旧唐书》卷一四,页420。
② 《旧唐书》卷一八上,页594。
③ 关于长安功德使,最早的论著是塚本善隆《唐中期以来の長安の功德使》,《東方学報》,第4册(1933),页368—406。比较新的研究见室永芳三《唐長安の左右街功德使と左右街功德巡院》,《長崎大学教育学部社会科学論叢》,第30号(1981),页1—9。又见刘淑芬《中古的宦官与佛教》,郑钦仁教授荣退纪念论文集编辑委员会编《郑钦仁教授荣退纪念论文集》(台北:稻乡,1999),页45—69,特别是页62—69论功德使部分。
④ 《旧唐书》卷一五七,页4145;《新唐书》卷一四三,页4695略同。

朝的宦官吐突承璀，"授内常侍，知内省事，左监门将军。俄授左军中尉、功德使"①。文宗朝的宦官仇士良，做过"左神策军中尉兼左街功德使"②。唐末僖宗光启元年，左右神策十军使宦官田令孜，曾出任"左街功德使"③。到僖宗文德元年，宦官杨复恭一人同时兼任"左右神策十军观军容使、左金吾卫上将军、左右街功德使"④。

从以上这种种例子看来，功德使跟宦官和神策军的关系太密切了。不过正因为这种关系，功德使所带的判官不会由士人去出任，而是由低层的"胥吏"充当。最生动的例子莫过于《旧唐书·郑余庆传》所说：

> 时有玄法寺僧法凑为寺众所诉，万年县尉卢伯达断还俗，后又复为僧，伯达上表论之。诏中丞宇文邈、刑部侍郎张彧、大理卿郑云逵等三司与功德使判官诸葛述同按鞫。时议述胥吏，不合与宪臣等同入省按事，余庆上疏论列，当时翕然称重。⑤

当时的人把诸葛述视为"胥吏"，"不合与宪臣等同入省按事"，很鲜明地揭露了这位功德使判官的身份和地位。

综上所论，唐代京城有种种使职，职能和地位不尽相同，他们所带的判官也因而会有不同的身份和地位。上论理匦使和功德

---

① 《旧唐书》卷一八四，页4768。
② 《新唐书》卷二〇七，页5872。
③ 《旧唐书》卷一九下，页721。
④ 《旧唐书》卷一九下，页729。
⑤ 《旧唐书》卷一五八，页4163。

使及其判官,正好可以代表两个极端、两种截然不同的案例。总的来说,京城诸使判官的地位,特别是由宦官出任使职的判官,一般似不如方镇、财经和皇朝特使判官,当中甚至有低下至"胥吏"者。

# 十、内诸司使判官

从各种材料看,内诸司使判官明显不同于上文所论的方镇判官、财经系判官、皇朝特使判官和京城诸使判官。最主要的不同点是,前四类使职,大抵都是由士人或文武高官充任(除了某些由宦官担任的使职之外,如神策军使和功德使),所以他们的判官大多数也是士人,有进士或明经等科名,或官历比较高者。但内诸司使却是在内宫中为皇帝提供各种宫廷服务的使职,地位比较低下,且多由宦官出任(这点和神策军使、功德使相似)①。因此,他们的判官一般也是身份卑微的宦官、杂艺人之流的人物,非士人。底下且举两例以见一斑。

## (一)教坊使判官

关于这一类内诸司使的判官,最精彩的一个例子见于《唐语林》:

---

① 关于内诸司使,学界近年的研究颇多,不俱引,主要论著有唐长孺《唐代的内诸司使》,收在他的论文集《山居存稿》(北京:中华书局,1989);赵雨乐《唐宋变革期军政制度史研究——三班官制的演变》(台北:文史哲出版社,1993);杜文玉《唐代内诸司使考略》,《陕西师范大学学报》,1999年第3期。其他中日文论著见《二十世纪唐研究》,页97—98的学术史回顾。

玄宗宴蕃客。唐崇勾当音声，先述国家盛德，次序朝廷欢娱，又赞扬四方慕义，言甚明辨。上极欢。崇因长入人(指服侍玄宗左右的人)许小客求教坊判官，久之未敢奏。一日，过崇曰："今日崖公(指玄宗)甚蜆斗(欢乐之意)①，欲为弟奏请，沉吟未敢。"崇谓小客有所欲，乃赠绢两束。后数日，上凭小客肩，行永巷中。小客曰："臣请奏事。"上乃推去之，问曰："何事？"对曰："臣所奏，坊中事耳。"小客方言唐崇，上遽曰："欲得教坊判官也。"小客蹈舞曰："真圣明，未奏即知。"上曰："前宴蕃客日，崇辞气分明，我固赏之，判官何虑不得？汝出报，令明日玄武门来。"小客归以语崇，崇蹈舞欢跃。上密敕北军曰："唐崇来，可驰马践杀之。"明日，不果杀。乃敕教坊使范安及曰："唐崇何等，敢干请小客奏事？可决杖，递出五百里外。小客更不须令来。"②

这条材料非常生动地揭示教坊使判官的身份、地位及其任用方式。唐崇只不过是个"勾当音声"的人，一个身份低下的"音声"人。他想当教坊使的判官，求助于玄宗身边一个弄臣式的人物许小客(他的名字反映了他的出身)。妙的是，玄宗认为："唐崇何等，敢干请小客奏事？可决杖，递出五百里外。小客更不须令

---

① 《唐语林校证》卷一，页53 此条下有一解说："呼天子为'崖公'，以欢为'蜆斗'，以每日在至尊左右为'长人'。"
② 《唐语林校证》卷一，页53。据周勋初，此条疑是唐代《教坊记》的逸文。唐代的教坊专典俳优杂伎。《教坊记》则是唐代一个著作郎崔令钦所著，专述教坊故事。此书今只得一卷，有许多版本。笔者所用者，收在《中国古典戏曲论著集成》(全10册；北京：中国戏剧出版社，1959)，第1册，附有校注。

来。"看来,唐崇和许小客毫无地位可言。皇帝也不把他们放在眼里。高兴时,可以是"极欢",但不高兴时,又可以不动声色地令北军"驰马践杀之",可谓残酷。

文中提到的教坊使范安及,在两《唐书》中无传,但他的一些事迹可见于史籍。《旧唐书·食货志》便提到他:

> (开元)十五年正月,令将作大匠范安及检行郑州河口斗门。先是,洛阳人刘宗器上言,请塞氾水旧汴河口,于下流荣泽界开梁公堰,置斗门,以通淮、汴,擢拜左卫率府胄曹。至是,新漕塞,行舟不通,贬宗器焉。安及遂发河南府、怀、郑、汴、滑三万人疏决开旧河口,旬日而毕。①

《旧唐书·玄宗纪》开元十八年六月条下亦载:

> 己丑,令范安及、韩朝宗就瀍、洛水源疏决,置门以节水势。②

《旧唐书·玄宗纪》开元二十年六月条下也说:

> 其月,遣范安及于长安广花萼楼,筑夹城至芙蓉园。③

据此,范安及是玄宗朝有名的将作大匠,看来特别专长于水利和

---

① 《旧唐书》卷四九,页2114。
② 《旧唐书》卷八,页195。
③ 《旧唐书》卷八,页198。

土木建设。但他任教坊使却是在开元初教坊刚创立之时。唐代崔令钦的《教坊记·序》,在记述教坊的起源时提到他:

> 翌日,诏曰:"太常礼司,不宜典俳优杂伎。"乃置教坊,分为左右而隶焉。左骁卫将军范安及为之使。①

这是开元二年(714)的事,看来范安及是教坊刚创置时的第一个教坊使。他的身份是骁卫将军,属武将。此职有时由宦官出任,但照例不由士人担任。范安及是否为宦官则不得而知。唐代方镇和财经等使职都有自辟判官僚佐的权力,然而范安及虽贵为教坊使,却连辟署判官的权力也没有,一切由皇帝来决定。从这些方面看,内诸司使的地位似乎低于其他四类使职。而像唐崇这样的"音声"人也想任教坊判官,则此类内诸司使判官看来颇卑微,不同于另四类判官。

### (二)琼林库作坊判官:李日荣

这个案例可反映内诸司使判官的另一种面貌。李日荣在两《唐书》中无传,但他的墓志在近世出土,让我们得知他的某些生平事迹和官历,史料价值很高。

不过,这方墓志非常特殊,和一般常见的唐代墓志很不一样:第一,它没有撰碑者或书碑者的名字,似乎是李日荣家人自己撰写的。第二,碑的内容也不同于一般唐墓志。它实际上是把李日荣告身的敕文部分刻在碑上当作主要内容了事。此碑的墓志盖上曰《大唐故李府君墓志铭》,是一方墓志没错,但它其实也可说

---

① 《教坊记》,页21。

是一方"告身碑"，把死者的告身敕文刻在墓志上当作他的传略传世，对研究唐代告身制度的学者尤其具有意义。从这道告身敕文，我们可以重建李日荣的生平官历。全篇碑文如下：

> 敕凤翔陇右经原四镇北庭兼管内诸军兵马副元帅给
> 监使
> 李日荣
> 贞元二年（786）玖月玖日□副元帅司徒兼中书令上柱国
> 西平郡王（李）晟
> 赐绿李日荣
> 右可将仕郎、内侍省掖庭局官教博士员外置同正员
> 敕绿宗、守宁等，立身谨信，效职恭恪，每闻周慎，益念在
> 公。畴其凤夜之劳，俾荣官局之务。可依前。
> 贞元廿年（804）十一月十九日授琼林库作坊判官。元和
> 四年（809）闰三月十三日终于辅兴里之私第。□十一月十八
> 日长安县丞平乡小阳村，礼也。曾讳希，祖讳念，长子怀珍，
> 次子怀宝。夫人孟氏。①

此碑文开头是以李日荣当年的授官告身为底本，故笔者稍微改变原墓志书写方式和周绍良录文的排列和标点方式，大体改为告身的形式。不过，整个叙述有些紊乱，有的文意不清楚，可能有脱文，也可能这件敕书还同时委任其他人，即所谓"三人同制"、"六人同制"式的告身。例如，"敕绿宗、守宁等"一句，显然含有另两

---

① 《唐代墓志汇编续集》，页 813—814。拓片缩印本见《隋唐五代墓志汇编（陕西卷）》，第 2 册。

个同时获授官职的人的名字(告身此处常省略姓氏)。文中"敕"和"可依前"等语,都是唐代告身上常见的用语。此墓志前半部以死者的告身为底本,在唐墓志中显得非常别致,独树一帜。

笔者推测,这很可能是死者家人,在死者去世后,因某种原因,没有找人撰写一篇符合标准体例的碑文,于是便把死者的告身拿来抄录在墓志的前半,后半则补充了他任"琼林库作坊判官"的官历、他去世的年月、下葬地点以及遗孤妻子等资料。以这样的方式来"制作"墓志,固然可说别具一格,但亦可说有些"草率"。这或也反映李日荣的家庭出身和背景。

据碑文,李日荣原先是在"凤翔陇右经原(即"泾原")四镇北庭兼管内诸军兵马副元帅"李晟手下任"给监使"。李晟是德宗朝的名将,这时在担任凤翔节度使。李日荣墓志上他的这些官衔和他的"西平郡王"封爵,都符合史书上的记载。《旧唐书·李晟传》便说:"诏以晟兼凤翔尹、凤翔陇右节度使,仍充陇右泾原节度,兼管内诸军及四镇、北庭行营兵马副元帅,改封西平郡王。"①

李日荣任李晟的"给监使",应当只是李晟手下的一个僚佐。这个"给监使"不是本章所说的"使职",而是一种低层的差遣职名②。贞元二年,他得到副元帅李晟的推荐,改任"将仕郎、内侍省掖庭局宫教博士员外置同正员"。将仕郎是唐代最低一级的文散官。"内侍省掖庭局宫教博士"则为九品官,工作是"教习宫人书

①《旧唐书》卷一三三,页3671。
②唐代史料中所见的"某某使",好些未必是严格意义的使职,须小心鉴别。有些"某某使"可能只是皇室派遣宦官出外担任某差事时临时取的雅称,如"给告身使",恐怕只是某一宦官把新授的告身送去给某官,史料即称他为"给告身使"。幕府僚佐的某些工作,可能也可以带有一个"使"名,如李日荣的"给监使",但他既然只是李晟的僚佐,便不可能是皇室的使职。

算众艺"①,是一般士人不会去担任的官职,例由伎术官出任。"宫教博士"虽然和校书郎等士人释褐美职一样为九品官,但月俸却只得"三千文"(以会昌年为例),远不及校书郎的"一万六千文"②,其地位、待遇都很低下。"员外置"是一种员外官,但"同正员"又表示李日荣可以享有正员官的某些权益③。

我们感兴趣的是,隔了大约十八年后,在贞元二十年李日荣晋升为"琼林库作坊判官",五年后于元和四年去世。由此看来,他后半生在唐宫廷中服务了超过二十年,是个很资深的伎术官。长期在某一官署服务,也正是伎术官的一大特色。相比之下,一般士人所任的县尉、监察御史和郎中等官,都须经常迁转,每任通常只有四年,无法长期连任。

但什么是琼林库? 它可说是唐代皇帝的"私房"财库。《旧唐书·陆贽传》对此有一段生动的叙述:

> 初,德宗仓皇出幸,府藏委弃,凝冽之际,士众多寒,服御之外,无尺缣丈帛;及贼泚解围,诸藩贡奉继至,乃于奉天行在贮贡物于廊下,仍题曰"琼林"、"大盈"二库名。贽谏曰:"琼林"、"大盈",自古悉无其制,传诸耆旧之说,皆云创自开元。贵臣贪权,饰巧求媚,乃言:"郡邑贡赋所用,盍各区分:赋税当委于有司,以给经用;贡献宜归于天子,以奉私求。"玄宗悦之,新是二库,荡心侈欲,萌柢于兹,迨乎失邦,终以

---

①《旧唐书》卷四四,页 1871。
②《新唐书》卷四五,页 1405。
③见本书第一章论"内供奉和里行"一节。

饵寇。①

琼林库有琼林库使,如《唐会要》所记:

> (元和)七年七月,琼林库使奏:"巧儿旧挟名敕外,别定
> 一千三百四十六人,请宣下州府为定额,特免差役。"时给事
> 中薛存诚以为此皆奸人窜名,以避征徭,不可以许。②

李日荣任琼林库作坊判官时,所管当即皇帝的私房财库事。"作
坊"是琼林库属下的手工艺坊。唐代宫殿中此类作坊不少。《旧
唐书·肃宗纪》乾元二年安史之乱艰难期间,肃宗便下了一道命
令说:"自今以后,朕常膳及服御等物,并从节减,诸作坊、造坊
并停。"③

作坊的工匠大抵都是卑微的工艺人或官奴婢,有些甚至是战
俘。《旧唐书·李复传》说:

> 先时西原叛乱,前后经略使征讨反者,获其人皆没为官
> 奴婢,配作坊重役,复乃令访其亲属,悉归还之。④

所以,初唐史官和名臣姚思廉的孙子姚珽,便曾上疏建议废除
作坊:

①《旧唐书》卷一三九,页3793。
②《唐会要》卷五四,页1102。此事又见于两《唐书》中的薛存诚传。
③《旧唐书》卷一○,页255。
④《旧唐书》卷一一二,页3337。

> 伏见内置作坊,诸工伎得入宫闱之内、禁卫之所,或言语内出,或事状外通,小人无知,因为诈伪,有点盛德。臣望悉出宫内造作付所司。[①]

但作坊是唐代宫廷内重要的服务组织,不可能罢废,所以到唐后期依然存在。李日荣便在这样的宫廷作坊当一个判官。像他这类比较低下的内诸司使判官,两《唐书》中自然无传。我们侥幸能够读到他的墓志,才得以证实唐代此种判官的存在。


# 十一、判官的官衔

元结在《寄源休》这首诗前的小序中,有一句话说:

> 辛丑(761)中,元结与族弟源休皆为尚书郎,在荆南府幕。[②]

如果我们不了解唐代判官的官衔制度,这句话便相当费解。“尚书郎”即郎官的别称,可以指员外郎或郎中(见本书第三章)。元结这里说他和“族弟源休皆为尚书郎”,但我们不禁要问:郎官不是应当在京城的尚书省服务吗? 为什么他们身为“尚书郎”,却又跑到“荆南府幕”去做事?

---

[①]《新唐书》卷一〇二,页3981。台湾繁体本页512此处误姚珽为“唐初大手笔苏珽”。感谢冯培红兄指出这个错误。
[②] 聂文郁《元结诗解》,页158。又收在《全唐诗》卷二四一,页2405,文字略有不同。

严维写给刘长卿一首诗《赠别刘长卿，时赴河南严中丞幕府》中的开头一句，如果不了解判官的官衔，也会同样费解：

早见登郎署，同时迹下僚。
几年江路永，今去国门遥。①

"登郎署"即充当郎官的意思，但我们知道，刘长卿曾任转运判官和转运留后（见上文），却从来没有当过真正的郎官，为什么严维这里又说"早见登郎署"呢？严维还有一首诗《酬刘员外见寄》②，更直呼刘长卿为"刘员外"，那又是为什么呢？

韩愈的古文名篇《故幽州节度判官赠给事中清河张君墓志铭》③，写幽州节度判官张彻的英勇、忠义事迹，感人至深。但细读碑文，可以发现幽州节度使府的其他人，处处称这位张判官为"张御史"，如"张御史长者"、"张御史忠义"等等。御史不是应当在京城御史台供职吗？为什么张彻在幽州充当一个判官，却被人尊称为"御史"？

原来，郎官和御史是唐代判官最常带的所谓"朝衔"和"宪衔"。判官本身并无品秩，因此任判官者照例都会带有一个京官或御史台官的头衔，无实职，只是用以秩品阶，寄俸禄，并作为他们任官的一种资历凭证。这种朝、宪衔虽然无实职，但却可以用来自称或他称，所以元结在荆南幕府做事，却可以说自己是"尚书郎"，因为他带有一个"检校水部员外郎"的朝衔。严维可以直呼

---

① 《全唐诗》卷二六三，页2922；又收在《刘长卿诗编年笺注》，页434。
② 《刘长卿诗编年笺注》，页416。
③ 《韩昌黎文集校注》，页545—548。

刘长卿为"刘员外",因为刘长卿这时带有"检校祠部员外郎"的朝衔。张彻可以被尊称为"张御史",因为他有"监察御史"的宪衔。

韩愈在张彻的墓志一开头便写道:"张君名彻,字某,以进士累官至范阳府监察御史。"这句话恐怕也须放在判官的官制下才能充分理解。否则,范阳府(范阳即幽州)是个幕府,怎么会有监察御史这样的京官职呢?韩愈这里的意思是,张彻以进士在范阳府做事,累迁得到监察御史的宪衔。

现代学者一般说这些朝、宪衔是"虚衔",但元结却在《寄源休》的诗前小序中称自己为"尚书郎,在荆南府幕",反而不提他的实职判官,可证唐人亦甚看重这类检校"虚衔",在某些场合宁可称自己为"尚书郎",也不说自己是判官。毕竟,郎官和御史都是比较清望的官位(见本书第一和第三章)。

唐代判官的这种朝、宪衔十分常见,今人须仔细分辨,否则看不清许许多多唐后期判官的官历,误以为他们曾经在京城尚书省或御史台当过郎官或御史。拙书《唐代基层文官》第五章《巡官、推官和掌书记》的第四节"幕佐的官衔",已详细讨论过这种朝、宪衔是如何颁授、取得,以及它们的实质意义。前面我们也见过几个判官获授朝、宪衔的例子,如董晋、元结、徐申等人。这里不必赘述,可简单交代,并补充几个和判官特别相关的细节。

判官的整套官衔,最常见于石刻题名、墓志和制诰。例如著名的《诸葛武侯祠堂碑》,其碑阴就有两个判官的整套官衔,让我们以此两例做一些解读:

(一)观察判官朝散大夫检校尚书户部郎中兼侍御史骁骑尉张正壹

## （二）支度判官检校尚书礼部员外郎兼侍御史上护军赐绯鱼袋崔备①

判官一般所带的朝衔都是郎官，这和他们的中层文官地位相配（除了唐末五代乱世，基层幕职如巡官、推官和掌书记不会带这种中层的郎官衔）。第一例张正壹的朝衔正是"检校尚书户部郎中"，比第二例崔备的朝衔"检校尚书礼部员外郎"略高一级（郎中比员外郎高一阶），所以张正壹的排位，在《诸葛武侯祠堂碑》上，便在崔备之前。

至于张正壹的"朝散大夫"衔，则是五品散阶，表示他可以衣绯了。崔备似乎没有散阶，或未达五品，所以他获得皇帝"赐绯鱼袋"，表示他也可以衣绯佩银鱼袋。这种"赐绯鱼袋"的赏赐可以刻在石刻题名上，作为一个人整套官衔的一部分，可证它是一种颇高的荣誉。

张正壹的"骁骑尉"和崔备的"上护军"则都是勋官衔。勋官通常作奖励用，在唐代官制上简明易懂，一般不构成问题。

除此之外，张、崔两个判官还有宪衔，都是"侍御史"。这是御史台三种御史当中最高的一级，位在监察御史和殿中侍御史之上（见本书第一章）。这表示两人的资历颇深。他们可能是从监察御史、殿中侍御史逐步升上，也可能是有功绩，直接获授侍御史，未经监察御史或殿中侍御史的阶段。

应当指出的是，宪衔前面照例有一个"兼"（或"摄"字）②。此"兼"并非现代所说"兼任"的意思，而是宪衔的一个标志，或可说

---

①《八琼室金石补正》卷六八，页469。
②详见本书第一章第四节论"摄"御史和"兼"御史。

是宪衔的"前缀词"。

朝衔的"前缀词"则是"检校"或"试"。如果是郎官,则标以
"检校",如上引两个例子。如果是较低的官衔如校书郎、大理评
事等,则标以"试"。判官通常都带郎官衔,所以常是"检校"。
"试"衔通常授予基层的巡官、推官和掌书记。不过,也有资历较
浅的判官,获授"试司议郎"、"试大理司直"的例子(见下文)。

判官由使府自辟,不经吏部铨选,所以他们的朝、宪衔都是由他
们的上司使府向皇帝上奏、上表请求,再由皇帝批准授予。李商隐
的文集中保存了不少此类文书,那都是他在幕府任职时,代各节度
使撰写,呈给皇帝的。史书上常见的"奏授"、"奏为"、"表授"、"表
为"等词,便是这个意思,表示这种授官的程序。例如下面数例:

> (一)《旧唐书・韦雍妻萧氏传》:"张弘靖镇幽州日,奏
> 授观察判官,摄监察御史。"①

> (二)《旧唐书・马炫传》:"田神功镇汴州,奏授节度判
> 官、检校兵部郎中。"②

> (三)《旧唐书・张建封传》:"建封素与马燧友善,大历
> 十年,燧为河阳三城镇遏使,辟为判官,奏授监察御
> 史,赐绯鱼袋。"③

> (四)《旧唐书・王徽传》:"会徐商罢相镇江陵,以徽旧
> 僚,欲加奏辟而不敢言。徽探知其旨,即席言曰:
> '仆在进士中,荷公重顾,公佩印临戎,下官安得不

①《旧唐书》卷一九三,页 5150。
②《旧唐书》卷一三四,页 3702。
③《旧唐书》卷一四〇,页 3829。

从？'商喜甚,奏授殿中侍御史,赐绯,荆南节度
判官。"①

"奏授"所得,可以是宪衔,如第一、第三和第四例;可以是检校朝
衔,如第二例;也可以是赏赐和朝、宪衔的结合,如第三、第四例。

唐代判官的官制,和幕佐官制一样,有两大特色最值得留意:
第一是唐史料提到他们的朝、宪衔时,经常会省略"检校"、"试"、
"兼"等"前缀词",例如以上四例,几乎都包含省略的写法。不明
就理的读史者可能会误以为这些是实职,以为这些判官曾经回到
朝中任郎官或御史。

第二大特色是,判官的朝、宪衔虽无实职,但却可以有"升
迁"。比如说,一个士人最初在某幕府做事时,他的幕职是参谋,
朝衔是"试大理评事",宪衔是"兼监察御史"。过了几年,他升为
判官,朝衔可能跟着改为"试大理司直",宪衔也转为"兼殿中侍御
史"。这就是所谓幕职有迁转,朝、宪衔亦有迁升。《旧唐书·陈
少游传》所叙的陈少游官历正是如此:

> 至德中,河东节度王思礼奏为参谋,累授大理司直、监
> 察、殿中侍御史、节度判官。宝应元年,入为金部员外郎。寻
> 授侍御史、回纥粮料使,改检校职方员外郎。充使检校郎官,
> 自少游始也。明年,仆固怀恩奏为河北副元帅判官、兵部郎
> 中、兼侍御史。迁晋州刺史,改同州刺史,未视事,又历晋、郑
> 二州刺史。②

---

① 《旧唐书》卷一七八,页 4640。
② 《旧唐书》卷一二六,页 3563。

不理解唐后期幕府官制者,可能会觉得这段叙述非常紊乱。为了清楚起见,我们不妨把陈少游的这段仕历列表如下:

表九　陈少游至德到永泰年官历

| 官职 | 朝衔 | 宪衔 |
| --- | --- | --- |
| 河东节度参谋 | (不详) | (不详) |
| 河东节度判官 | 大理司直(省略"试"字) | 监察、殿中侍御史(省略"兼"字) |
| 入朝为金部员外郎 | (京官不带朝衔) | (京官不带宪衔) |
| 回纥粮料使 | 检校职方员外郎(未省略"检校") | 侍御史(省略"兼"字) |
| 仆固怀恩河北副元帅判官 | 兵部郎中(省略"检校"两字) | 兼侍御史(未省略"兼"字) |
| 迁晋州刺史,改同州刺史,未视事,又历晋、郑二州刺史 | (陈少游显然不是"摄"刺史,亦不兼领节度使等幕职,所以不带朝宪衔) | (见左) |

　　陈少游这个案例,可以证实唐代史料有时会省略"试"、"检校"和"兼"等官制用语,有时却又不省略(上表已一一标示)——省略与否,似乎要看行文语气需要而定。这种省略在两《唐书》和非正式公文体的唐代诗文中最常见。唐诗中有许多《寄某某校书郎》或《寄某某员外》的诗作,但这些所谓的"校书郎"恐怕都是"试校书郎"①,所谓"员外"多为"检校员外"之意。制诰和墓志为庄重文类,一般不会省略这些字眼,但也有不少例外。
　　此外,此例也揭示了唐代官制的实际运作:唐后期士人可以

---

① 关于"试校书郎"、"试正字"、"试大理评事"等"试"衔的运用和妙用,见拙书《唐代基层文官》第一章、第二章和第五章各有关章节。

在幕府、京官和州县外官三个系统中迁转。陈少游从参谋升为判官,便是幕府典型的升迁(判官的排位在参谋之上)。他后来入朝任京官金部员外郎,从员外郎(不是郎中)做起,也符合规律。跟着他便出为粮料使和刺史。

至于他的朝衔,从"试大理司直"改为"检校职方员外郎"是一种升迁(大理司直是京城大理寺中的一个六品官,判官亦常带此朝衔,如杜鸿渐、元载、裴胄、班宏、窦参等唐后期名人都是显例)。从"检校职方员外郎"再升为"检校兵部郎中"也是晋升(郎中比员外郎高一阶)。他的宪衔从监察御史、殿中侍御史再升到侍御史,都很符合御史台官的升官秩序。

让我们再看《旧唐书·赵晔传》的一例,并和上例做比较:

> 乾元初,三司议罪,贬晋江尉。数年,改录事参军。征拜左补阙,未至。福建观察使李承昭奏为判官,授试大理司直、兼监察御史。试司议郎、兼殿中侍御史。入为膳部、比部二员外,膳部、仓部二郎中,秘书少监。[①]

这段文字的一大特色是它完全保留了"试"、"兼"等字,未有省略。比如它说赵晔"授试大理司直、兼监察御史",即特别以"试"和"兼"两字表示这些是朝、宪衔,无实职。相比之下,上引《陈少游传》说他"累授大理司直、监察、殿中侍御史",则分别省略了"试"和"兼"字。

赵晔(《新唐书》卷一五一作"赵骅")为开元中进士,出身官宦之家,和颜真卿、萧颖士等人友善。按,李承昭在上元二年

---

① 《旧唐书》卷一八七下,页4907。

（761）到大历七年（772）间出任福建观察使①。赵晔充当他的判官，应当是在这段长达十一年的时期，所以他的朝、宪衔都有所升迁。朝衔从"试大理司直"改为"试司议郎"（司议郎是太子东宫中的一个六品官），宪衔则从"兼监察御史"转为"兼殿中侍御史"，都很合规律。不过在福建这段时期，他的幕职始终没有升迁，一直担任判官。他后来才入朝任京官：从"膳部、比部二员外"，再升为"膳部、仓部二郎中，秘书少监"。秘书少监是唐代皇室藏书楼秘书省的第二把交椅，仅在长官秘书监之下。

像《旧唐书·陈少游传》和《赵晔传》中这种复杂的官历叙述，在两《唐书》、唐墓志和其他唐史料中随处可见，对不了解唐代官制者可能构成极大的"阅读障碍"。但如果我们理解了"试"、"检校"和"兼"等字所代表的含义，以及这些字眼省略或不省略的"妙微运用"，则这些"阅读障碍"应当都可以一一清除。以上略举两例说明，或可让读史者举一反三。


# 十二、结论

唐代的判官是一种"执行任务的官员"，但今人常望文生义，以为这是审理法律案件的法官。本章先从唐代的"判"字用例着手，力证唐代的"判"为"掌判"、"执行"、"处理"等意，没有现代汉语强烈的"审判"、"判决"之意。

正因为"判官"的意思仅是"执行任务的官员"，唐代史料中

---

① 见戴伟华《唐方镇文职僚佐考》，初版页467，修订版页334，皆未列赵晔曾为李承昭判官，似遗漏。

所见的判官，特别是唐后期，几乎全部都要加上各种任职单位或上司的名称，才能显示这些判官的真正身份和职务，例如最常见的节度判官、观察判官、盐铁判官、转运判官、粮料使判官、盟会使判官、理匦使判官、功德使判官、教坊判官、琼林库作坊判官等等都是。有了这些专称，判官的职掌才变得明确，如盐铁判官当管盐铁转运事，粮料使判官当管军粮供应事，依此类推。这也可以证明他们不可能是审案的法官。

此外，本章也探讨了"本判官"和"四等"官及勾官的问题，厘清了好些唐后期史料中所见的"本判官"的真正含义。

判官可分为五大类：方镇判官、财经系判官、皇朝特使判官、京城诸使判官和内诸司使判官。学界过去只注意到方镇判官，对其他类判官几乎一无研究。本章就这五类判官做了深入的个案研究，以彰显他们的共同点和不同点。

简言之，方镇判官、财经系判官和皇朝特使判官的共同点最多，地位也最高，多由有科名的士人或官历较深的官员出任。他们都属中层文官，年龄约介于三十五到四十五岁之间。任过判官后，他们便晋升到更高的官位，好些可以官至刺史、节度使，甚至宰相。可以说，判官是唐代官员从中层迁转到高层的一个重要枢纽，一如员外郎和郎中等官。

这当中，财经系判官最值得留意，过去学界的研究也最缺乏。本章把他们放在唐后期的财经史大背景下来考察，看看这一批专业理财士人的兴起，又如何构成一种入仕的新气象、新格局。

京城诸使判官比较复杂。他们的地位一般似不如前三类。有的京城使职如理匦使，例由士人高官充任，所以他们的判官也就比较有身份和地位，多为士人，甚至由考中进士者担任。但有些京城使职如功德使，例由宦官充当，他们所带的判官便有卑微至"胥吏"者。

内诸司使判官和前四类最不相同,地位最低下。内诸司使负责宫廷的日常生活所需,多由宦官担任。他们的判官不会是士人,而多是长期在宫殿内服务的专门伎术官,有些可能也是宦官。例如,史料中有一个要乐的"音声"人,竟也想充当教坊判官。

由于判官本身没有品秩,照例带有朝衔(一般是"检校"郎官衔,但也有带较低"试"衔者),或宪衔(兼监察御史、殿中侍御史或侍御史),或两者兼有。这种朝、宪衔虽无实职,但却有所谓的"升迁",而且可以用来自称或他称,构成唐后期官制的一大特色,在唐后期史料中随处可见。不明此制度者几乎无法把材料读通。

朝、宪衔有时可以变得非常复杂。唐史料在提及这些官衔时,经常会省略掉"检校"、"兼"、"试"等标志朝、宪衔的字眼,以致现代读史者一不小心,可能会以为他们曾经回到京城尚书省当过郎官,或到御史台当过御史。本章举了好些例子,详细说明如何可以避免掉入这种读史"陷阱"。

# 第七章  总  结


本书在《导言》一章，探讨过唐代士人的常任核心官职模式和他们任官的一些大规律。接着，在第一到六章，分章详论了他们在中年经常出任的几种核心官职：监察御史、殿中侍御史、侍御史、拾遗、补阙、员外郎、郎中（以上属京官）、县令（县官）、司录或录事参军（州官）以及判官（幕府官）。

这个模式显示，唐代士人做官，除了极少数例外（如于休烈等人），不可能一生都在担任京官。他们在仕宦期间，必须经常在京官、州县官和唐后期的幕府官之间迁转。这是他们任官的一大规律。过去有一些职官研究，不是偏向京官或州县官，就是忽略了幕府官，都无法让人看清唐代士人任官的典型模式。本书把这三大职官系统结合起来考察，涵盖面最宽广，而且也留意唐前后期的差别。

过去的研究一般假定，唐代做官的都是士人——只有读书人才能做官。这恐怕也是唐史学界长久以来最大的误解。本书在《导言》一章，首先分析唐代四百多种文武职事官的种类，指出这四百多种官，有许多是唐代士人从来不会去出任（像武官、幕府武职等），没有能力担任或不屑于就任的（如许多"流外之职"和伎术官，像医官、天文官、监牧官等等）。去除这些以后，唐代士人能够或适合担任的，只有大约一百种，而最常担任的核心官职，则大约为五十种（像二十六司的员外郎，原本可以算作二十六种官职，但在本书仅算作"员外郎"一种，以此类推）。这些官在史传和碑刻中最常出现，也正是笔者研究的对象。

这意味着，士人并非唐代唯一可以做官的群体。唐代可以做官的阶层，至少还有另三大类：一是武人；二是各种从流外杂色出身者；三是各种伎术、伎艺人和宦官①。

武人不读书，只要有武功本事，一样可以在唐代各武职部门做官，比如在各卫府任大将军和中郎将等，或在幕府任押衙、兵马使等。各卫府的大将军为正三品的高官，中郎将约为四品官。唐代幕府武职和文职一样，没有品秩，但押衙和兵马使一般是中高层的武职。

同样的，从流外或其他杂色出身者，转入流内后，可以出任唐京外衙署中的好些文吏类的流内官职，特别是中书主书，门下录事，尚书都事，九寺、亲王府录事，某些等级县的主簿、县尉，州县录事等等②。这类官常被称为"流外之任"或"流外之职"，专门保留给流外等杂色出身者，为士人所不喜。

此外，有伎术、伎艺本领的非士人，如果有天文历算的专长、养马医人的本事，或酿酒卜算的本领，大可以出任天文官（如司天监，从三品；或灵台郎，正八品下）、监牧官（如上牧监，从五品上）、医官（如太医令，从七品下）、酿酒官（如良酝令，正八品上）和算命官（如太卜令，正八品上）等等。这些伎术官都不是一般士人所

---

① 详拙文《唐"望秩"类官员与唐文官类型》。

② 任士英《唐代"流外出身人"叙职考》，《烟台师范学院学报》，1993年第1期，页59—67。

能胜任或愿意去担任的,但这些官却跟士人所任的监察御史等清流"士职"一样,都是九品三十阶的流内官。

唐代的职官研究(其他朝代也如此),常把所有官职仅仅划分为文武职事两种了事。武官部分比较单纯,比较不构成问题。但唐代的文职事官却是个很庞杂的群体。笔者认为至少应当再细分为三种:第一种是士人常任的"士职"(即本书所论的监察御史、县令、判官等官);第二种是"流外之职";第三种则是流内伎术官和宦官等。

过去,唐史学界没有如此划分,似乎都在假设士人也在担任那些数量众多的流外之职和伎术官。这是很大的误解。从王绩、王维等人的特殊案例(见《导言》),我们知道唐代士人并不愿出任流外之职和伎术官,把这两大类视为末流,有损士人身份。我们在史传和碑刻中,更找不到士人普遍出任这些官职的例证。本书虽然限于题材和范围,只能专论士人所任的士职,无法论及另两类,但应当指出唐代的文职事官系统其实包含了三大不同类型的官员,不应混淆,否则我们无法厘清唐代官僚体系中的许多问题①。

换句话说,在我们讨论唐代士人做官问题时,我们应当同时意识到,还有另三大类型的群体也同时在做官:一是武人;二是流外等杂色出身者;三是伎艺人和宦官。这三大类群体传统上都是

---

① 拙文《唐"望秩"类官员与唐文官类型》,对这三大类型官员略有初步探讨。笔者希望将来能另撰一专文,详论唐代官员的类型(typology)及其含义。唐代的伎术官目前几乎无人研究,是唐代职官研究中的一大片空白,有待填补。毛水清《唐代乐人》(北京:东方出版社,2006),有一部分涉及唐代的乐官和宫廷乐工。笔者(或笔者的研究生)将来准备展开这方面的研究。

被忽视的,尤其受到士人阶层的轻视。最好的例证是,在两《唐书》列传部分有传的官员,百分之九十以上是士人。至于武官、流外杂色人和伎术官员,即使做到正三品的大将军,或从三品的司天监,如唐后期的李素,也都在两《唐书》中无传①。他们的传仅见于墓志。如果这类官员在两《唐书》中有传,那都是一些特殊杰出的人,比如初唐的大将军李勣和将作监阎立本等人②。他们在唐史上扮演着非常重大的角色,可视为特殊案例。

这意味着,两《唐书》列传中的资料,并不充分代表整个唐代官僚层,只凸显官僚层中的精英部分——士人。如果要研究整个唐代官僚层,我们绝不能以两《唐书》的列传为准,而必须找寻其他材料,比如墓志。可惜的是,墓志或其他史料中关于武官、流外和伎术官的资料虽然有一些,但远远不及士人的材料那么丰富。

更进一步观察,我们甚至可以发现,唐代士人绝非唐代官员阶层的大多数。唐史学界目前在这方面仍无研究,因此我们仍没有统计数字可以引用。但若以唐代政府架构中有大约四百多种文武职事官来估计,而士人只担任其中大约一百种文职事官,则我们或可初步推论,唐代政府机构中有至少三分之二以上的官员(指流内官)并非士人,而是流外杂色出身者、伎术官、宦官和武官。

我们常说,唐代传统社会分为士农工商四个阶级。但在它

---

① 关于李素和他儿子李景亮的生平事迹,见荣新江《一个入仕唐朝的波斯景教家族》,《中古中国与外来文明》(北京:三联书店,2001),页238—257以及笔者的《唐代的翰林待诏和司天台——关于〈李素墓志〉和〈卑失氏墓志〉的再考察》,《唐研究》,第9卷(2003),页315—342。
② 笔者准备在将来研究唐代官员的类型时,再来探讨两《唐书》中的传何以绝大多数涉及士人,只有一小部分涉及武官和伎术官。

的文官体系中,"士"和"工"看来有某种程度的共处和融合,共同为治国的大业做出贡献。在唐代,士人虽然依然看轻流外杂色和伎艺人,但值得一提的是,唐朝廷却没有把这些人视为胥吏,而是把他们都纳入了九品三十阶的文官体系,把他们当作正式的流内文官,给了他们相当的地位。这或许是最值得我们深思的一点。

士人虽然在唐代官员层中并非绝大多数,但他们却不可否认是官员阶层中最重要、最有权势、也最受到尊重的群体。这主要表现在下面两点:

第一,唐政府中最高决策性的官职(如六部尚书和侍郎),最清要的官(如郎官、御史、拾遗、补阙、校书郎、正字,甚至重要州县的官员等)都保留给士人,特别是出身良好,考中进士或明经的士人。流外杂色和技术官有固定的官职,有一定的升迁管道,一般都局限在流外之任和技术官系统中①。除了少数特殊案例,他们不能出任保留给士人的士职。

第二,两《唐书》的列传和传世的墓志,几乎完全给士人群体"霸占"着,可见他们权势之大。相比之下,那些任流外之职者、伎术官和武官才是真正"沉默的多数",缺乏发声的管道,在史料中寂寂无闻。但这也意味着,研究士人的官历及其任官模式,材料相当丰富,虽然很多时候散见于正史列传和墓志当中,须细心爬梳。

以两《唐书》列传和墓志中所见,唐代士人的常任核心官职模式是有规律的,是可以预测的(predictable)。唐代一个成功的、理想的士人常任核心官职模式,本书《导言》一章已有详细讨论。这

①《唐会要》卷六七,页1399。

里且制一表,简略表示(见表十)。

表十　唐代士人理想的常任核心官职模式

| | 京官 | 州县官 | 幕府官<br>(唐开元年间开始) |
|---|---|---|---|
| 基层 | 校书郎、正字 | 州参军、列曹参军、县尉(或主簿、县丞等县官) | 巡官、推官、掌书记 |
| 中层 | 监察御史、殿中侍御史、侍御史、拾遗、补阙、员外郎、郎中 | 县令、司录或录事参军(或相同等级州县官) | 判官(或节度参谋等同等级幕职) |
| 高层 | 御史中丞、御史大夫、中书舍人、谏议大夫、给事中、侍郎、尚书、仆射 | 州长史、州别驾、刺史、都督、都护 | 观察使、节度使、盐铁使、转运使等等 |

所谓"成功"官员,可以用张说、白居易、李德裕等人为代表。他们一生所任官都多达二十多种。唐代士人一生任官如果只得三五种,或在十种以下,可算是仕途潦倒或不畅者。唐代墓志中更常见到许多士人,一生从来不曾入朝任京官,只是在几任州县官之间浮沉。这些也可说是不"成功"的官员。

笔者希望,本书已把唐代士人的常任核心官职模式解说清楚,并且充分探讨了这个模式中最常见的几种中层文官,以及这几种官在唐代政府架构和士人官历中的意义和位置。希望细读过本书及其姊妹篇《唐代基层文官》的读者,今后在史传和碑刻中遇到唐代士人的长串官衔时,也能像笔者一样读得津津有味。

那么,唐代士人这种常任核心官职模式和大规律是如何形成的呢? 这是吏部有意安排的吗? 士人这种任官模式及其规律对唐朝社会的影响又是怎样的呢①?

这些当然都是很大的问题,有待将来的进一步研究,或可留待笔者的下一本专书《唐代高层文官》才来一并探讨。但在此总结部分,笔者拟提出几点初步构思和"猜想",抛砖引玉,供大家思考。

笔者认为,唐代士人这种任官模式,无疑是传统士人那种"清高"理想的产物,特别受到南北朝清官观念的影响(见《导言》一章)。在这种观念下,士人都看不起流外之任和医官、天文官、酿酒官等伎术官,也无法或不愿就任武官(特别是中低层武官)。这些是和"清官"相对的"浊官"。在唐代科举制度下,士人读书考取进士、明经等功名后,他们心目中未来最理想的官职,在京官方面,便自然而然是校书郎、正字、各级御史、各级谏官、郎官、侍郎、尚书等美职;在地方官方面,则是京畿等重要州县(而非偏荒州县)的州县官,或唐后期重要方镇使府(包括盐铁、转运使府)中的幕府官。

更有意义的是,中古士人的这种常任核心官职模式,其实并不单单只限于隋唐五代。宋元明清的士人,在仕宦途中最终追求的,实际上也就是唐人的这一类"士职"。他们也跟唐代士人一样,不喜任流外之职、伎术官或武官,许多时候恐怕也无能力胜任。

中国历代的伎术官,如天文官、医官、占卜官等等,都有本身的专业训练传统,大抵为代代相传的行业,不是父子相承,就是师徒相授。这些伎术官,自有其入仕资历要求、入仕途径和升迁管

---

① 这一连串大问题,实际上是本书其中一位匿名审稿人在审稿意见书中提出的,对笔者的未来研究很有启发意义,特此致谢,并略做回应。

道,和士人的仕宦状况很不相同。

唐史学界对流外官和流外之任还有一些研究(以任士英最为杰出),但可惜的是,几乎没有在研究伎术官,以致对伎术官几乎一无所知,存在不少误解。其中最大的误解有两个:

第一,以为伎术官既然属于文官系统,所以学界都在假设士人也在做这一类的伎术官。事实上,隋唐以来的伎术官,出任者绝大部分是"非士人"。这些"非士人"并不需要像士人一样去考取进士、明经等。他们即使去参加科举考试,所考者也无非是伎术性质的专门术科,如唐代的明算、明法、明道等类。今后学术界应当对历朝的伎术官进行更深入的研究,才能厘清他们和士人仕宦的种种差别。

第二,以为伎术官是流外官,是胥吏之流。笔者在好些场合,就亲耳听见好些同行的唐史学者这么说。但一查《唐六典》和新旧《唐书》的职官志,我们就可以知道,许多伎术官是有官品的,不但属于正统的流内文官,而且有些官品还相当高,如从三品的天文官司天监,和从三品的营造工程官将作监大匠①。

至于说唐代士人做官争求清高士职,是唐代吏部的刻意安排吗?笔者认为,这应当说是唐代吏部在顺应时代风尚、潮流,把那些清高士职都保存给士人。主持吏部的一系列中高层官员,如尚书、侍郎、员外郎和郎中,本身就是士人,所以他们自然而然在照顾和维护士人的既得利益。其中有两点很值得留意:

首先,唐朝廷常阻止那些"非士人"去出任士职。本书《导言》一章引用过神功元年(697)的一篇敕②,便规定"从流外及视

①见《旧唐书》卷四三,页1855;卷四四,页1895。
②见《唐会要》卷七五,页1610。

品官出身者",不得任一系列清流士职,如校书郎、正字、参军、判司、赤畿主簿和县尉等等,以免"污染"了这些"清流"。所谓"从流外及视品官出身者",其中绝大部分就是"非士人"。这是为了保障士人既得利益的最好例证。

其次,唐代吏部也阻止士人去出任"非士职"。本书《导言》便论及,诗人王绩太爱喝酒,竟不惜去下求一个"浊官"太乐丞。所司最初以此官"非士职",不肯授此官给他。但最后因王绩苦苦哀求才破例,网开一面。同样的,薛据自恃才名高,竟请吏部授他"万年县录事",而"吏曹不敢注",因为万年县录事是保留给"非士人"的流外之职,不是士人应当去做的士职。后来众流外官群起抗议,薛据最后还是没有获授此官。

士人任士职等清流官,流外出身者任流外之职,伎艺人任伎术官,宦官任内侍等官,武人任武官,这样以个人出身、家庭背景为主的分流任官办法,在阶级分明的传统中国社会,可说是相当自然的发展,反映了整个社会的时尚和潮流。在官制史上,这样的分流任官法行之有年,至少从隋唐到明清大抵上都是如此。它能够施行长达一千多年,可证这办法在执行上是可行的,但它也对传统社会造成很负面的、无声的冲击。

其中最严重的冲击,便是导致中国医学与科技的研发,长期停滞,从隋唐以后一直到明清,几乎没有什么重大的创新与突破。由于隋唐(以及宋元明清)社会上最优秀的人材,社会中的精英士人,都只愿意担任清流一类的士职,不屑于出任伎术官,这对中国科技在中古和近世的发展显然是非常不利的。结果伎术领域所能吸引到的,只是社会上的次等人材和工匠一类的平庸之才。他们从师徒相传的传统出身,固然可以胜任伎术层面的工作,但恐怕却没有多少创造能力(creativity),来达致科技上的创新和突破,以致中国科技与医学的发展,无法像西方文艺复兴时代以来那样突飞猛进。

研究中国科技史的英国史家李约瑟(Joseph Needham,1900—1995)曾经提出一个著名的大问,即所谓"李约瑟大哉问"(Needham's Grand Question):何以中国的科技,在古代取得非凡的初期成就后,却在后来长期停滞,没有突破,以致在明清时代被西方追上且超越①?

李约瑟主要是从儒家和道家思想中去寻求答案。这当然不失为探索问题的一个方法。不过,笔者认为,隋唐以来社会上最优秀的士人任官,全以清流士职为理想,视伎术官为"浊官",不愿介入其中,恐怕也是中国科技长期停滞不前的主因之一。

有趣的是,五四以后,"赛先生"终于抬头挺胸了。到了 21 世纪,不论是在台湾、中国大陆或其他海外华人地区,科技变成了主流。现代最杰出的士子,不再像隋唐精英士人那样"崇拜"文学或士职②,反倒"膜拜"科学、医学和其他最尖端的"伎术",弃文学和人文理想如废履。这跟隋唐士人视科技为末流,有异曲同工之妙,发人深省。

---

①关于此"大哉问"的论述极多,不俱引。比较简便的综论和回顾见 H. Floris Cohen,"Joseph Needham's Grand Question, and How to Make It Productive for Our Understanding of the Scientific Revolution," In A. Arrault and C. Jami, eds., *Science and Technology in East Asia*, *vol.* 9: *The Legacy of Joseph Needham*(2001),pp. 21—31。

②龚鹏程有一长文《论唐代的文学崇拜与文学社会》,淡江大学中文系编,《晚唐的社会与文化》(台北:台湾学生书局,1989),页 1—97,详论唐代何以是个崇拜文学的社会。又见他的《唐代思潮》(北京:商务印书馆,2007),第四章《文学化社会之形成》,页 213—351。

# 参考书目

## 一、传统文献

《入唐求法巡礼行记》,[日]圆仁(794—864)撰,顾承甫、何泉达点校(上海:上海古籍出版社,1986)。

《入唐求法巡禮行記の研究》,[日]圆仁撰,小野胜年(1905—1988)校注,全4册(东京:法藏馆重印本,1989)。

《入唐求法巡礼行记校注》,[日]圆仁撰,小野胜年校注;白化文、李鼎霞、许德楠修订校注(石家庄:花山文艺出版社,1992)。

《大唐新语》,(唐)刘肃(约活跃于807年)撰,许德楠、李鼎霞点校(北京:中华书局,1984)。

《上海博物馆藏敦煌吐鲁番文献》,上海古籍出版社、上海博物馆编(上海:上海古籍出版社,1993)。

《王子安集注》,(唐)王勃(650—676?)撰,(清)蒋清翊注(上海:上海古籍出版社,1995年点校本)。

《王梵志诗校注》,(唐)王梵志(约活跃于607—620年)撰,项楚校注(上海:上海古籍出版社,1991)。

《王绩诗文集校注》,(唐)王绩(590—644)撰,金荣华校注(台北:新文丰,1998)。

《王维集校注》,(唐)王维(694—761)撰,陈铁民校注(北京:中华书局,1997)。

《元和姓纂》,(唐)林宝撰(序文作于812年),郁贤皓等人校注(北京:中华书局,1994)。

《元和郡县图志》,(唐)李吉甫(758—814)撰,贺次君点校(北京:中华书局,1983)。

《元稹集》,(唐)元稹(779—831)撰,冀勤点校(北京:中华书局,1982)。

《元稹集编年笺注(诗歌卷)》,(唐)元稹撰,杨军笺注(西安:三秦出版社,2002)。

《韦应物集校注》,(唐)韦应物(733?—793?)撰,陶敏、王友胜校注(上海:上海古籍出版社,1998)。

《云麓漫钞》,(宋)赵彦卫(约1140—1240)撰,傅根清点校(北京:中华书局,1996)。

《太平广记》,(宋)李昉等编(成书于978年)(北京:中华书局,1960年点校本)。

《太平御览》,(宋)李昉(约活跃于978年)等编(《四部丛刊三编》本;台北:台湾商务印书馆据日本藏南宋蜀刻本影印)。

《历代名画记》,(唐)张彦远撰(815?—875?),周晓薇点校(沈阳:辽宁教育出版社,2001)。

《日本宁乐美术馆藏吐鲁番文书》,陈国灿、刘永增编著(北京:文物出版社,1997)。

《日知录集释(全校本)》,(清)顾炎武(1613—1682)著,栾保群、吕宗力点校(上海:上海古籍出版社,2006)。

《文苑英华》,(宋)李昉等编(北京:中华书局,1961 年影印本)。

《文献通考》,(元)马端临(1254—1323)撰(北京:中华书局,1986 年影印本)。

《玉溪生诗集笺注》,(唐)李商隐(812—858)撰,(清)冯浩笺注(北京:中华书局,1979)。

《东观奏记》,(唐)裴庭裕撰(活跃于 841—891 年),田廷柱点校(北京:中华书局,1994)。

《北梦琐言》,(五代)孙光宪(896?—968)撰,贾二强点校(北京:中华书局,2002)。

《卢照邻集校注》,(唐)卢照邻(630?—681?)撰,李云逸校注(北京:中华书局,1998)。

《旧唐书》,(五代)刘昫(887—946)等撰(北京:中华书局,1975 年点校本)。

《白孔六帖》(台北:台湾商务印书馆影印《文渊阁四库全书》本,1983—1986)。

《白居易诗集校注》,(唐)白居易撰,谢思炜校注(北京:中华书局,2006)。

《白居易集》,(唐)白居易(772—846)撰,顾学颉点校(北京:中华书局,1979)。

《白居易集笺校》,(唐)白居易撰,朱金城笺校(上海:上海古籍出版社,1988)。

《册府元龟(校订本)》,(宋)王钦若(962—1025)等编,周勋初等校订,全 12 册(南京:凤凰出版社,2006)。

《册府元龟》,(宋)王钦若等编(北京:中华书局,1960 年影印明崇祯十五年〈1642〉刻本)。

《权德舆诗文集》,(唐)权德舆(759—818)撰,郭广伟点校(上海:上海古籍出版社,2008)。

《吐鲁番出土文书》图版录文本,唐长孺(1911—1994)主编,全4册(北京:文物出版社,1992—1996)。

《吐鲁番出土文书》录文本,唐长孺主编,全10册(北京:文物出版社,1981—1990)。

《吕和叔文集》,(唐)吕温(771—811)撰,《四部丛刊》本。

《因话录》,(唐)赵璘(834年进士)撰(上海:上海古籍出版社,1979年新一版排印本)。

《全唐文》,(清)董诰(1740—1818)等编(北京:中华书局,1983年影印清嘉庆十九年〈1814〉内府原刻本)。

《全唐文补编》,陈尚君辑校,全3册(北京:中华书局,2005)。

《全唐文新编》,周绍良(1917—2005)主编,全22册(长春:吉林文史出版社,2000)。

《全唐诗》,(清)彭定求(1645—1719)等编(北京:中华书局,1979年繁体排印本)。

《全唐诗补编》,陈尚君辑校,全3册(北京:中华书局,1992)。

《刘长卿诗编年笺注》,(唐)刘长卿撰,储仲君笺注(北京:中华书局,1996)。

《刘长卿集编年校注》,(唐)刘长卿(726?—790)撰,杨世明校注(北京:人民文学出版社,1999)。

《刘禹锡全集编年校注》,(唐)刘禹锡(772—842)撰,陶敏、陶红雨校注(长沙:岳麓书社,2003)。

《刘禹锡诗集编年笺注》,蒋维崧等笺注(济南:山东大学出版社,1997)。

《刘禹锡集》,(唐)刘禹锡撰(北京:中华书局,1990年点校本)。

《孙可之文集》,(唐)孙樵(? —872;841 年进士)撰,《宋蜀刻本唐人集丛刊》(上海:上海古籍出版社,1994 年影印宋原刻本。民国初年的商务印书馆《四部丛刊》亦影印此宋本)。

《杜牧集系年校注》,(唐)杜牧(803—853)撰,吴在庆校注(北京:中华书局,2008)。

《杜诗详注》,(唐)杜甫(712—770)撰,(清)仇兆鳌(1638—1713 后)详注(北京:中华书局,1979 年点校本)。

《杨炯集》,(唐)杨炯(650—693 后)撰,徐明霞点校(北京:中华书局,1980)(和《卢照邻集》同印为一书)。

《李文公集》,(唐)李翱(774—836)撰,《四部丛刊》本。

《李白全集编年注释》,(唐)李白(705—766)撰,安旗主编(成都:巴蜀书社,2000 年新一版)。

《李商隐文编年校注》,(唐)李商隐(812—858)撰,刘学锴、余恕诚校注(北京:中华书局,2002)。

《李商隐诗歌集解》,(唐)李商隐撰,刘学锴、余恕诚校注(北京:中华书局,1988)。

《李群玉诗集》,(唐)李群玉(约 813—861)撰(台北:台湾商务印书馆影印《文渊阁四库全书》本,1983—1986)。

《李德裕文集校笺》,(唐)李德裕(787—850)撰,傅璇琮、周建国校笺(石家庄:河北教育出版社,2000)。

《两京新记辑校》,(唐)韦述(活跃于 717—757 年)撰(约 722 年成书),辛德勇辑校(西安:三秦出版社,2006)。

《两唐书地理志汇释》,吴松弟编著(合肥:安徽教育出版社,2002)。

《酉阳杂俎》,(唐)段成式(803? —863)撰,方南生点校(北京:中华书局,1981)。

《岑参诗集编年笺注》，（唐）岑参（719—770）撰，刘开扬笺注（成都：巴蜀书社，1995）。

《岑嘉州诗笺注》，（唐）岑参撰，廖立笺注（北京：中华书局，2004）。

《沈佺期宋之问集校注》，（唐）沈佺期（约 656—约 716）、宋之问（约 656—712）撰，陶敏、易淑琼校注（北京：中华书局，2001）。

《宋本册府元龟》，（宋）王钦若等编（北京：中华书局，1989 年影印宋残本）。

《宋史》，（元）脱脱（1314—1355）等撰（北京：中华书局，1977 年点校本）。

《张九龄集校注》，（唐）张九龄（678—740）撰，熊飞校注（北京：中华书局，2008）。

《张燕公集》，（唐）张说（667—731）撰，聚珍版丛书，收在艺文印书馆《百部丛书集成》。

《陆贽集》，（唐）陆贽（754—805）撰，王素点校（北京：中华书局，2006）。

《陈子昂集》，（唐）陈子昂（661—702）撰，徐鹏点校（北京：中华书局，1960）。

《英藏敦煌文献（汉文佛经以外部分）》，中国社会科学院历史研究所等编，共 10 册（成都：四川人民出版社，1990—1994）。

《直斋书录解题》，（宋）陈振孙（约 1190—1249 后）撰（清乾隆三十八年〈1773〉武英殿丛书本）。

《欧阳行周文集》，（唐）欧阳詹（755—800）撰，《四部丛刊》本。

《明皇杂录》，（唐）郑处海（834 年进士）撰，田廷柱点校（北京：中华书局，1994）。

《罗隐集》，（唐）罗隐（833—909）撰，雍文华校辑（北京：中华书局，1983）。

《法书要录》，（唐）张彦远（约815—875）辑，范祥雍、启功、黄苗子校（北京：人民美术出版社，1964）。

《法藏敦煌西域文献》，上海古籍出版社、法国国家图书馆编（上海：上海古籍出版社，1994—　　）（到2007年已出版34册）。

《孟浩然诗集》，（唐）孟浩然（689—740）撰（上海：上海古籍出版社，1982年影印北京图书馆藏宋蜀本）。

《孟浩然诗集笺注》，（唐）孟浩然撰，佟培基笺注（上海：上海古籍出版社，2000）。

《封氏闻见记校注》，（唐）封演（活跃于755—800年）撰，赵贞信校注（原1933年哈佛燕京学社引得特刊之七；北京：中华书局，2005年新排印本）。

《南部新书》，（宋）钱易（活跃于1008年）撰，黄寿成点校（北京：中华书局，2002）。

《柳宗元集》，（唐）柳宗元（773—819）撰（北京：中华书局，1979年点校本）。

《毗陵集校注》，（唐）独孤及（725—777）撰，刘鹏、李桃校注（沈阳：辽海出版社，2006）。

《俄藏敦煌文献》，俄罗斯科学院东方研究所圣彼得堡分所、俄罗斯科学出版社东方文学部、上海古籍出版社编（上海：上海古籍出版社，1992—　　）（到2007年已出版17册）。

《皇甫持正文集》，（唐）皇甫湜（777—835）撰，《四部丛刊》本。

《郡斋读书志》，（宋）晁公武（约1105—1180）撰（上海：商务印书馆《四部丛刊》影印宋淳祐袁州本,1933)。

《陶渊明集》,(晋)陶渊明(365—427)撰,逯钦立校注(北京:中华书局,1979)。

《夏侯阳算经》(原为〈唐〉《韩延算经》),收在《算经十书》,钱宝琮点校(北京:中华书局,1963)。

《高适诗集编年笺注》,(唐)高适(702?—765)撰,刘开扬笺注(北京:中华书局,1981)。

《唐人小说》,汪辟疆(1887—1966)校录(1930年初版;香港:香港中华书局,1985年重印)。

《唐大诏令集》,(宋)宋敏求(1019—1079)编(北京:商务印书馆,1959年排印本;北京:中华书局2008年影印)。

《唐才子传校笺》,(元)辛文房(活跃于1304—1324年)撰,傅璇琮等人校笺,全5册(北京:中华书局,1987—1995)。

《唐六典》,(唐)张说等奉敕撰(于739年完成),陈仲夫点校(北京:中华书局,1992)。

《唐方镇年表》,(清)吴廷燮(1865—1947)撰(北京:中华书局,1980年点校本)。

《唐令拾遗》,[日]仁井田陞(1904—1966)编(东京:东方文化学院东京研究所,1933)。

《唐令拾遗》,[日]仁井田陞编,栗劲等编译(长春:长春出版社,1989)。

《唐令拾遗补》,[日]仁井田陞编,池田温等编集(东京:东京大学出版会,1997)。

《唐会要》,(五代)王溥(922—982)编(上海:上海古籍出版社,1991年点校本)。

《唐两京城坊考》,(清)徐松(1781—1848)撰,方严点校(北京：中华书局，1985）。

《唐尚书省郎官石柱题名考》，（清）劳格（1820—1864）、赵钺（1778—1849）撰，徐敏霞、王桂珍点校（北京：中华书局，1992）。

《唐国史补》，（唐）李肇（约活跃于818—829年）撰（上海：上海古籍出版社，1979年排印本）。

《唐诗纪事校笺》，（宋）计有功（死于约1161年）撰，王仲镛校笺（成都：巴蜀书社，1989）。

《唐律疏议》，（唐）长孙无忌（约660—659）等人撰，刘俊文点校（北京：中华书局，1983）。

《唐语林校证》，（宋）王谠（约活跃于1086—1107年）撰，周勋初校证（北京：中华书局，1987）。

《唐御史台精舍题名考》，（清）劳格、赵钺撰，张忱石校订（北京：中华书局，1997）。

《唐摭言校注》，（五代）王定保（870—940）撰，姜汉椿校注（上海：上海社会科学院出版社，2003）。

《资治通鉴》，（宋）司马光（1019—1086）等撰（北京：中华书局，1956年点校本）。

《容斋随笔》，（宋）洪迈（1123—1202）撰（上海：上海古籍出版社，1978年点校本）。

《读杜心解》，（清）浦起龙（1679—1762）撰（北京：中华书局，1961年排印本）。《陶渊明集》，（晋）陶渊明（365—427）撰，逯钦立校注（北京：中华书局，1979）。

《通典》，（唐）杜佑（735—812）撰，王文锦等点校（北京：中华书局，1989）。

《教坊记》，（唐）崔令钦（活跃于713—742年）撰，收在《中国古典戏曲论著集成》，全10册（北京：中国戏剧出版社，1959），第1册。

《隋书》，（唐）魏征（580—643）、令狐德棻（583—666）等撰（北京：中华书局，1973年点校本）。

《隋唐以来官印集存》，（清）罗振玉（1866—1940）集（上虞：罗氏影印，1916）。

《斯坦因第三次中亚考古所获汉文文献（非佛经部分）》，沙知、吴芳思编（上海：上海辞书出版社，2005）。

《韩昌黎文集校注》，（唐）韩愈（768—824）撰，马其昶校注（上海：上海古籍出版社，1987）。

《韩昌黎诗系年集释》，（唐）韩愈撰，钱仲联集释（上海：上海古籍出版社，1984）。

《韩愈全集校注》，（唐）韩愈撰，屈守元、常思春校注（成都：巴蜀书社，1996）。

《朝野佥载》，（唐）张鷟（活跃于690—715）撰，赵守俨点校（北京：中华书局，1979）。

《敦煌唐集残卷辑考》，徐俊纂辑（北京：中华书局，2000）。

《登科记考补正》，（清）徐松（1781—1848）撰，孟二冬补正（北京：燕山出版社，2003）。

《新唐书》，（宋）欧阳修（1007—1072）、宋祁（998—1061）等撰（北京：中华书局，1975年点校本）。

《新唐书宰相世系表集校》，赵超集校（北京：中华书局，1998）。

《增订唐两京城坊考》，（清）徐松撰，李健超增订（西安：三秦出版社，1996；2006年修订版）。

《樊川文集》，（唐）杜牧（803—853）撰，陈允吉点校（上海：上海古籍出版社，1978）。

《樊川诗集注》，（唐）杜牧撰，（清）冯浩注（上海：上海古籍出版社,1978 年点校本)。

《颜鲁公文集》,(唐)颜真卿(709—785)撰,《四部丛刊》本。

《翰学三书》,傅璇琮、施纯德编(沈阳:辽宁教育出版社,2003)。

## 二、石刻史料

《八琼室金石补正》,(清)陆增祥(1816—1882)编撰(北京:文物出版社,1984 年缩印 1925 年希古楼原刻本)。

《千唐志斋藏志》,河南省文物研究所编(北京:文物出版社,1984)。

《中国历代石刻史料汇编全文检索版》,北京书同文数字化技术公司制作(北京:万方数据电子出版社,2004)。

《北京图书馆藏中国历代石刻拓本汇编》,北京图书馆金石组编,全 100 册(郑州:中州古籍出版社,1989)。

《四川历代石刻》,高文、高成刚编(成都:四川大学出版社,1999)。

《西安碑林博物馆新藏墓志汇编》,赵力光主编(北京:线装书店,2007)。

《吐蕃金石录》,王尧编著(北京:文物出版社,1982)。

《全唐文补遗》,吴刚主编(西安:三秦出版社,1994—　)〔2007 年已出至第 9 辑〕。

《全唐文补遗·千唐志斋新藏专辑》,王庆卫等人编(西安:三秦出版社,2006)。

《金石萃编》,(清)王昶(1725—1806)编撰,《石刻史料新编》

本(台北:新文丰,1977 年影印清原刻本)。

《房山石经题记汇编》,北京图书馆金石组编(北京:书目文献出版社,1987)。

《唐代墓志汇编》,周绍良主编(上海:上海古籍出版社,1992)。

《唐代墓志汇编续集》,周绍良、赵超主编(上海:上海古籍出版社,2002)。

《唐代墓志铭汇编附考》,毛汉光主编,第 1—18 集(台北:"中研院"历史语言研究所,1984—1994)。

《隋唐五代石刻文献全编》,北京国家图书馆善本金石组编(北京:北京图书馆出版社,2003)。

《隋唐五代墓志汇编》,吴树平等编(天津:天津古籍出版社,1991—1992)。

《敦煌莫高窟供养人题记》,敦煌研究院编(北京:文物出版社,1986)。

《新编补正房山石经题记汇编》,陈燕珠编(台湾永和:觉苑文教基金会,1995)。


# 三、中文论著

丁之方《唐代的贬官制度》,《史林》,1990 年第 2 期,页114—119。

万曼《唐集叙录》(北京:中华书局,1980)。

丸山裕美子《唐宋节假制度的变迁——兼论"令"和"格敕"》,《中国社会历史评论》,张国刚主编,第 3 卷(2001),页

366—373。

马同勋《外郎小考》,《〈全唐文〉职官丛考》,陈国灿、刘健明编(武汉:武汉大学出版社,1997),页381。

马俊民、王世平《唐代马政》(西安:西北大学出版社,1995)。

马强《唐宋士大夫与西南、岭南地区的移风易俗》,《西南师范大学学报》,2006年第2期,页39—44。

王力平《中古杜氏家族的变迁》(北京:商务印书馆,2006)。

王才强、颜思敏《唐长安的数码重建(A Digital Reconstruction of T'ang Chang'an)》(北京:中国建筑工业出版社,2006)〔中英双语书,附中英双语DVD〕。

王世丽《安北与单于都护府:唐代北部边疆民族问题研究》(昆明:云南出版集团公司,2006)。

王东洋《六朝隋唐时期考功郎隶属及其职掌之变化》,《史学集刊》,2007年第3期,页77—81。

王永兴《王永兴学述》(杭州:浙江人民出版社,1999)。

王永兴《吐鲁番出土唐西州某县事目文书研究》,《唐代前期西北军事研究》,页376—391。

王永兴《关于唐代后期方镇官制新史料考释》,《陈门问学丛稿》,页394—411。

王永兴《陈门问学丛稿》(南昌:江西人民出版社,1993)。

王永兴《唐勾检制研究》(上海:上海古籍出版社,1993)。

王永兴《唐代后期军事史略论稿》(北京:北京大学出版社,2006)。

王永兴《唐代前期西北军事研究》(北京:中国社会科学出版社,1994)。

王吉林《唐代宰相与政治》(台北:文津出版社,1999)。

王吉林《晚唐洛阳的分司生涯》,《晚唐的社会与文化》,淡江大学中文系编(台北:台湾学生书局,1989),页239—249。

王仲荦《吐鲁番出土的几件唐代过所》,《蜡华山馆丛稿》(北京:中华书局,1987),页274—314。

王仲殊《试论唐长安城与日本平城京及平安京何故皆以东半城(左京)为更繁荣》,《考古》,2002年第11期,页69—84。

王寿南《论唐代的县令》,《政治大学学报》,第25期(1972),页177—194。

王寿南《唐代人物与政治》(台北:文津出版社,1999)。

王寿南《唐代文官任用制度之研究》,《唐代政治史论集》(台北:台湾商务印书馆,1977;增订版,2004),页135—234。

王寿南《唐代都督府之研究》,《庆祝欧阳泽民先生七秩华诞》(台北:联经出版事业股份有限公司,1988),页57—82。

王寿南《唐代御史制度》,收在《劳贞一先生八帙荣庆论文集》(台北:台湾商务印书馆,1986),页163—206。

王寿南《唐代藩镇与中央关系之研究》(台北:嘉新水泥,1969)。

王寿南《隋唐史》(台北:三民书局,1986)。

王利华《中古华北饮食文化的变迁》(北京:中国社会科学出版社,2000)。

王伯敏《李白杜甫论画诗散记》(杭州:西泠印社,1983),页83—86。

王启涛《中古及近代法制文书语言研究——以敦煌文书为中心》(成都:巴蜀书社,2003)。

王启涛《吐鲁番出土文书词语考释》(成都:巴蜀书社,2005)。

王启涛《吐鲁番出土文书研究》(成都:巴蜀书社,2005)。

王叔岷《斠雠学》(台北:"中研院"历史语言研究所专刊之三十七,1959;修订本,1995)。

王国尧《李德裕与泽潞之役——兼论唐朝于 9 世纪中所处的政治困局》,《唐研究》,第 12 卷(2006),页 487—522。

王怡辰《唐代后期盐务组织及其崩坏》,《晚唐的社会和文化》,淡江大学中文系编(台北:台湾学生书局,1990),页 273—327。

王勋成《王维进士及第之年及生年新考》,《华中师范大学学报》,2001 年第 1 期,页 136—140。

王勋成《岑参入仕年月和生平考》,《文学遗产》,2003 年第 4 期,页 33—39。

王勋成《唐代铨选与文学》(北京:中华书局,2001)。

王重民《敦煌遗书论文集》(北京:中华书局,1984)。

王珠文《关于唐代官吏俸料钱的几点意见》,《晋阳学刊》,1985 年第 4 期,页 57—58。

王素《唐代的御史台狱》,《魏晋南北朝隋唐史资料》,第 11 辑(1991),页 138—145。

王继光、郑炳林《敦煌汉文吐蕃史料综述——兼论吐蕃控制河西时期的职官与统治政策》,《中国藏学》,1994 年第 3 期,页 44—54。

王梦鸥《唐人小说研究二集》(台北:艺文印书馆,1973)。

王梦鸥《读沈既济〈枕中记〉补考》,《中国文哲研究集刊》,创刊号(1991),页 1—10。

王雪玲《从滥赐铁券看唐朝政权的衰微》,《陕西师范大学学报》,2003 年第 3 期,页 87—91。

王辉斌《张继生平订正》,《淮南师范学院学报》,2002 年第 4 期,页 37—38。

王颖楼《隋唐官制》(成都:四川大学出版社,1995)。

王静《唐大明宫的构造形式与中央决策部门职能的变迁》,《文史》,2002 年第 4 辑,页 107—111。

王赛时《唐代饮食》(济南:齐鲁书社,2003)。

王德权《中晚唐使府僚佐升迁之研究》,《中正大学学报》,第 5 卷第 1 期(1994),页 267—302。

王德权《试论唐代散官制度的成立过程》,《唐代文化研讨会论文集》(台北:文史哲出版社,1991),页 843—906。

王德权《试论唐代散官的成立过程》,《中国历史学会史学集刊》,第 21 集(1989),页 843—906。

王德权《唐代律令中的"散官"与"散位"——从官人的待遇谈起》,《中国历史学会史学集刊》,第 21 集(1989),页 33—90。

毛水清《唐代乐人》(北京:东方出版社,2006)。

毛汉光《中国中古社会史论》(台北:联经出版事业股份有限公司,1988)。

毛汉光《中国中古政治史论》(台北:联经出版事业股份有限公司,1990)。

毛汉光《科举前后(公元 600 年±300)清要官形态之比较研究》,《"中研院"国际汉学会议论文集:历史考古组》(台北:中研院,1981),上册,页 379—403。

毛汉光《唐末五代政治社会之研究——魏博二百年史论》,《"中研院"历史语言研究所集刊》,第 50 本第 2 分(1979),页 301—360。

毛汉光《唐代荫任研究》,《"中研院"历史语言研究所集刊》,第 55 本第 3 分(1983),页 459—542。

毛汉光《唐代给事中之分析》,《第二届国际唐代学术会议论文集》(台北:文津出版社,1993),页1007—1071。

毛汉光《唐代统治阶层下降变动之研究》,《"国科委"研究汇刊:人文及社会科学》,第3卷第1期(1993),页1—12。

毛汉光《唐代统治阶层父子间官职类别之变动》,《中正大学学报》,第4卷第1期(1993),页1—20。

毛蕾《唐代翰林学士》(北京:社会科学文献出版社,2000)。

勾利军《白居易任东都分司官考述》,《中州学刊》,2002年第2期,页109—111。

勾利军《试论唐代东都分司制度的特点》,《新乡师范高等专科学校学报》,2006年第6期,页37—38。

勾利军《唐代东都分司官任职原因分析》,《河南师范大学学报》,2003年第5期,页110—113。

勾利军《唐代东都分司官居所试析》,《史学月刊》,2003年第9期,页37—40。

勾利军《唐代东都分司官研究》(上海:上海古籍出版社,2007)。

勾利军《唐代东都御史台研究》,《华南师范大学学报》,2006年第2期,页87—92。

勾利军《唐宋分司机构与社会变迁》,《河南师范大学学报》,2006年第2期,页13—14。

勾利军《唐前期东都职官的称谓变化与东都机构的发展脉络》,《河南师范大学学报》,2004年第6期,页85—87。

勾利军《略论唐代的东都尚书省》,《河南大学学报》,2007年第4期,页124—129。

卞孝萱《元稹年谱》(济南:齐鲁书社,1980)。

卞孝萱《刘禹锡评传》(南京:南京大学出版社,1996)。

卞孝萱《唐代的度支使与支度使》,《中国社会经济史研究》,1983 年第 1 期,页 59—65。

卞孝萱、乔长阜《刘长卿》,《中国历代著名文学家评传》,全 6 册(济南:山东教育出版社,1997),第 2 册,页 271—288。

卞孝萱、吴汝煜《刘禹锡》(上海:上海古籍出版社,1980)。

卞孝萱、张清华、阎琦合著《韩愈评传》(南京:南京大学出版社,1998)。

户崎哲彦《唐临事迹考——两〈唐书·唐临传〉补正》,《唐研究》,第 8 卷(2002),页 81—107。

邓小南《祖宗之法:北宋前期政治述略》(北京:生活·读书·新知三联书店,2006)。

邓小南《课级·资格·考察:唐宋文官考核制度侧谈》(郑州:大象出版社,1997)。

邓文宽《敦煌吐鲁番历日略论》,《敦煌吐鲁番学耕耘录》(台北:新文丰出版公司,1996),页 1—20。

邓仕梁《唐代传奇的骈文成分》,《古典文学》,第 8 集(台北:台湾学生书局,1986),页 189—218。

邓绍基《杜诗别解》(北京:中华书局,1987)。

甘怀真《中国中古士族与国家的关系》,《新史学》,第 2 卷第 3 期(1991),页 99—116。

甘怀真《政治制度史研究的省思——以六朝隋唐为例》,《中华民国史专题论文集·第四届讨论会》(台北:台湾"国史馆",1998),第 1 册,页 481—511。

甘怀真《唐代官人的宦游生活——以经济生活为中心》,《第二届唐代文化研讨会论文集》(台北:台湾学生书局,1995),页 39—60。

艾永明《清朝文官制度》（北京：商务印书馆，2003）。

艾冲《唐代都督府研究》（西安：西安地图出版社，2005）。

石云涛《中古文史探微》（北京：文化艺术出版社，2007）。

石云涛《唐代幕府制度研究》（北京：中国社会科学出版社，2003）。

卢向前《唐代西州土地关系述论》（上海：上海古籍出版社，2001）。

卢向前《敦煌吐鲁番文书论稿》（南昌：江西人民出版社，1992）。

卢向前《牒式及其处理程式的探讨——唐公式文研究》，《敦煌吐鲁番文献研究论集》，北京大学中古史研究中心编（北京：北京大学出版社，1983—　　　），第 3 辑（1986），页 335—393。

卢建荣《中晚唐藩镇文职幕僚职位的探讨——以徐州节度区为例》，《第二届国际唐代学术会议论文集》（台北：文津出版社，1993），页 1237—1271。

卢建荣《北魏唐宋死亡文化史》（台北：麦田出版，2006）。

卢建荣《唐代后期（公元 756 至 893 年）户部侍郎人物的任官分析》，《"中研院"历史语言研究所集刊》，第 54 本第 2 分（1983），页 157—181。

卢建荣《墓志史料与日常生活史》，《古今论衡》，第 3 期（1999），页 19—32。

叶国良《石刻资料与官制研究》，《王叔岷先生学术成就与薪传论文集》（台北：台湾大学中国文学系，2001），页 287—297。

叶国良《石学蠡探》（台北：大安出版社，1989）。

叶国良《石学续探》（台北：大安出版社，1999）。

叶国良《官员的假期》，《国文天地》，第 12 卷第 4 期（1996），页 22—27。

叶国良《唐宋哀祭文的发展》,《台大中文学报》,第 18 期（2003），页 163—187。

叶炜《论南北朝隋唐之际"流外"性质的变迁》,《中国史研究》,2004 年第 3 期,页 57—72。

叶炜《试论隋与唐前期中央文官机构文书胥吏的组织系统》,《唐研究》,第 5 卷（1999），页 123—146。

田廷柱《隋唐士族》（西安:三秦出版社,1990）。

史云贵、于海平《外朝化与平民化:中国古代郎官考述》,《史学月刊》,2004 年第 1 期,页 24—31。

史睿《唐代前期铨选制度的演进》,《历史研究》,2007 年第 2 期,页 32—42。

丘添生《唐宋变革期的政经与社会》（台北:文津出版社,1999）。

宁志新《唐朝使职若干问题研究》,《历史研究》,1999 年第 2 期,页 52—70。

宁志新《隋唐使职制度研究（农牧工商编）》（北京:中华书局,2005）。

宁欣《唐代选官研究》（台北:文津出版社,1995）。

冯至《杜甫传》（北京:人民文学出版社,1952 年初版,1980 年重印）。

冯金忠《唐代病坊刍议》,《西域研究》,2004 年第 3 期,页 1—8。

冯培红《20 世纪敦煌吐鲁番官制研究概况》,《中国史研究动态》,2001 年第 11 期,页 6—15。

冯培红《论唐五代藩镇幕职的带职现象——以检校、兼、试官为中心》,收在《唐代宗教文化与制度》,高田时雄编(京都:京都大学人文科学研究所,2007),页133—210。

冯培红《晚唐五代宋初沙州上佐考论》,《敦煌学国际研讨会论文集》,国家图书馆善本特藏部敦煌吐鲁番学资料研究中心编(北京:北京图书馆出版社,2005),页64—72。

冯培红《敦煌文献中的职官史料与唐五代藩镇官制研究》,《敦煌研究》,2001年第3期,页106—112。

冯培红《敦煌归义军职官研究——唐五代藩镇官制个案研究》,兰州大学博士论文,2004。

吕慎华《唐代任官籍贯回避制度初步研究》,《中兴史学》,第5卷(1999),页33—47。

朱金城《白居易年谱》(上海:上海古籍出版社,1982)。

朱振宏《唐代羁縻府州研究》,《中正历史学刊》,第3辑(2000),页201—244。

朱雷《敦煌吐鲁番文书论丛》(兰州:甘肃人民出版社,2002)。

朱溢《论晚唐五代的试官》,《国学研究》,第19卷(2007),页57—85。

乔象钟、陈铁民、吴庚舜、董乃斌主编《唐代文学史》,上、下册(北京:人民文学出版社,1995)。

任士英《唐代玄宗肃宗之际的中枢政局》(北京:社会科学文献出版社,2003)。

任士英《唐代"流外出身人"叙职考》,《烟台师范学院学报》,1993年第1期,页59—67。

任士英《唐代流外官制研究》(上篇载《唐史论丛》,第5辑,西安:三秦出版社,1990,页276—304;下篇载《唐史论丛》,第6辑,西安:陕西人民出版社,1995),页160—240。

任士英《唐代流外官的管理制度》,《中国史研究》,1995 年第 1 期,页 80—89。

任士英《唐玄宗时期东宫体制非实体化考述》,《中国史研究》,2004 年第 3 期,页 79—95。

任育才《世界最早的现代大学之建置》,《中国中古史研究》(台北:兰台出版社),第 1 期(2002),页 89—114。

任育才《科举甄才——唐代的秀才举人与进士》,《食货月刊》复刊第 7 卷第 4 期(1977),页 151—160。

任育才《唐代国子监学官与地方官间之迁转与影响》,《中华民国史专题·第五届讨论会》(台北:台湾"国史馆",2000),页 319—340。

任育才《唐代官学体系的形成》,《中兴大学文学院文史学报》,第 27 期(1997),页 103—163。

任育才《唐代官学教育的变革》,《兴大历史学报》,第 8 期(1998),页 39—54。

任育才《唐代科举制度述论》,《兴大文史学报》,第 7 期(1977),页 125—168。

任育才《唐代监察制度之研究》,《唐史研究论集》(台北:鼎文出版社,1975),页 69—82。

任育才《唐代铨选制度略论》,《兴大文史学报》,第 4 期(1974),页 157—204。

任育才《唐型官学体系之研究》(台北:五南,2007)。

任育才《唐高祖"兴学"辨疑》,《宋旭轩教授八十荣寿论文集》(台北:宋旭轩论文集编委会,2000),第 2 册,页 657—668。

向群《唐判略论》,《华学》,第 2 辑(1996),页 356—366。

向群《敦煌吐鲁番文书中所见唐官文书"行判"的几个问

题》,《敦煌研究》,1995年第3期,页137—146。

全汉昇《唐代物价的变动》,《"中研院"历史语言研究所集刊》,第11本(1943),页101—148。

全汉昇《唐宋帝国与运河》(上海:商务印书馆,1944年初版;台北:"中研院"历史语言研究所,1995年重排本)。

庄申《唐代的骂人语》,《第二届国际唐代学术会议论文集》(台北:文津出版社,1993),页403—453。

刘子健《比〈三字经〉更早的南宋启蒙书》,《两宋史研究汇编》(台北:联经出版事业股份有限公司,1987),页303—306。

刘开扬《岑参年谱》,《岑参诗集编年笺注》(成都:巴蜀书社,1995),页1—32。

刘文刚《孟浩然年谱》(北京:人民文学出版社,1995)。

刘后滨《论唐代县令的选授》,《中国历史博物馆馆刊》,1997年第2期,页51—58。

刘后滨《唐代中书门下体制研究》(济南:齐鲁书社,2004)。

刘安志《唐五代押牙(衙)考略》,《魏晋南北朝隋唐史资料》,1998年第16辑,页67—72。

刘国盈《韩愈评传》(北京:北京师范学院出版社,1991)。

刘诗平《唐代前后期内外官地位的变化》,《唐研究》,第2卷(1996),页325—345。

刘俊文《唐律疏议笺解》(北京:中华书局,1996)。

刘健明《论唐代的翰林院》,《食货》(台北),第15卷第7—8期合刊(1986),页332—355。

刘健明《韩愈对永贞改革的评价》,《唐代文化研讨会论文集》(台北:文史哲出版社,1991),页821—842。

刘海峰《再析唐代官员俸料钱的财政来源》,《中国社会经济史研究》,1987 年第 4 期,页 86—89、45。

　　刘海峰《论唐代官员俸料钱的变动》,《中国社会经济史研究》,1985 年第 2 期,页 18—29。

　　刘海峰《唐代官吏俸料钱的来源问题》,《晋阳学刊》,1984 年第 5 期,页 90—91。

　　刘海峰《唐代俸料钱与内外官轻重的变化》,《厦门大学学报》,1985 年第 2 期,页 106—114。

　　刘海峰《唐代教育与选举制度综论》(台北:文津出版社,1991)。

　　刘海峰《唐代福建进士考辨》,《集美大学教育学报》,2001 年第 1 期,页 20—24。

　　刘淑芬《中古的宦官与佛教》,《郑钦仁教授荣退纪念论文集》,郑钦仁教授荣退纪念论文集编辑委员会编(台北:稻乡,1999),页 45—69。

　　刘琴丽《再论唐代的斋郎与挽郎》,《江汉论坛》,2005 年第 9 期,页 91—93。

　　刘琴丽《唐代武官选任制度初探》(北京:社会科学文献出版社,2006)。

　　刘燕俪《水上交通管理》,《唐律与国家社会研究》,高明士编(台北:五南,1999),页 361—401。

　　刘馨珺《从生祠立碑谈唐代地方官的考课》,《东亚传统教育与法制研究:二、唐律诸问题》,高明士编(台北:台湾大学出版中心,2005),页 242—284。

　　齐勇锋《度支使和支度使》,《历史研究》,1983 年第 5 期,页 78。

　　齐涛、马新《刘晏、杨炎评传》(南京:南京大学出版社,1998)。

池田温《论韩琬〈御史台记〉》，《唐研究论文集》（北京：中国社会科学出版社，1999），页336—364。

安家瑶《唐永泰元年—大历元年河西巡抚使判集（伯二九四二）研究》，《敦煌吐鲁番文献研究论集》，北京大学中古史研究中心编（北京：中华书局，1982），页232—264。

祁德贵《论唐代给事中的主要职掌》，《中国史研究》，1995年第1期，页63—72。

纪作亮《张籍研究》（合肥：黄山书社，1986）。

孙机《两唐书舆（车）服志校释稿》，《中国古舆服论丛》（增订本；北京：文物出版社，2001），页337—487。

孙国栋《唐代中央重要文官迁转途径研究》（香港：龙门书店，1978；上海：上海古籍出版社，2009年影印本）。

孙国栋《唐宋史论丛》（香港：商务印书馆，2000年增订版。原1980年香港龙门书店初版）。

孙昌武《柳宗元传论》（北京：人民文学出版社，1979）。

孙昌武《柳宗元评传》（南京：南京大学出版社，1998）。

孙继民《唐代瀚海军文书研究》（兰州：甘肃文化出版社，2002）。

孙继民《敦煌吐鲁番所出唐代军事文书初探》（北京：中国社会科学出版社，2000）。

孙望《元次山年谱》（上海：古典文学出版社，1957）。

孙望《蜗叟杂稿》（上海：上海古籍出版社，1982）。

孙慰祖《隋唐官印体制的形成及其主要表现》，《中国古玺印学国际研讨会论文集》，王人聪、游学华编（香港：香港中文大学文物馆，2000），页139—151。

芮传明《"萨宝"的再认识》，《史林》，2000年第3期，页

23—39。

严国荣《权德舆研究》（北京：中国社会科学出版社，2006）。

严耕望《严耕望史学论文选集》（台北：联经出版事业股份有限公司，1991；北京：中华书局，2006）。

严耕望《严耕望史学论文集》，全 3 册（上海：上海古籍出版社，2009）〔此论文集为大陆繁体字新排印本，收录严先生的所有单篇论文，包括《唐史研究丛稿》中的所有作品〕。

严耕望《治史经验谈》（台北：台湾商务印书馆，1981）。

严耕望《治史答问》（台北：台湾商务印书馆，1985）。

严耕望《唐仆尚丞郎表》（台北："中研院"历史语言研究所专刊之三十六，1956；上海：上海古籍出版社，2007）。

严耕望《唐史研究丛稿》（香港：新亚研究所，1969）。

严耕望《唐代交通图考》，全 6 卷（册）（台北："中研院"历史语言研究所，1985—2003；上海：上海古籍出版社，2007）。

严寅春《杨凝朝正考——兼谈柳宗元〈送杨凝郎中使还汴宋诗后序〉的系年》，《山西师范大学学报》，2005 年第 1 期，页79—80。

严耀中《论唐前期的军府学官》，《中国史研究》，1994 年第 1 期，页74—79。

严耀中《唐代中后期内侍省官员身份质疑》，《史林》，2004 年第 5 期，页77—81。

苏基朗《唐代前期的都督制度及其渊源》，《唐宋法制史研究》（香港：中文大学出版社，1996），页39—96。

杜文玉《五代十国制度研究》（北京：人民出版社，2006）。

杜文玉《论唐代员外官与试官》，《陕西师范大学学报》，1993 年第 3 期，页90—97。

杜文玉《唐代内诸司使考略》,《陕西师范大学学报》,1999 年第 3 期,页 27—35。

杜文玉《晚唐五代都指挥使考》,《学术界》,1995 年第 1 期,页 32—38。

杜正乾《唐病坊表征》,《敦煌研究》,2001 年第 1 期,页 123—127。

杜晓勤《初唐诗歌的文化阐释》(北京:东方出版社,1997)。

杨伯峻《论语译注》(北京:中华书局,1980)。

杨承祖《元结研究》(台北:台湾编译馆,2002)。

杨承祖《李华江南服官考》,《王叔岷先生八十寿庆论文集》(台北:大安出版社,1993),页 559—570。

杨承祖《李华系年考证》,《东海学报》,第 33 期(1992),页 53—66。

杨承祖《张九龄年谱》(台北:台湾大学文学院,1964)。

杨柳《李商隐评传》(南京:江苏人民出版社,1981)。

杨柳、骆祥发《骆宾王评传》(北京:北京出版社,1987)。

杨鸿年《隋唐两京考》(武汉:武汉大学出版社,2005)。

杨鸿年《隋唐两京坊里谱》(上海:上海古籍出版社,1999)。

杨鸿年《隋唐宫廷建筑考》(西安:陕西人民出版社,1992)。

杨联陞《国史探微》(台北:联经出版事业股份有限公司,1983)。

李大龙《都护制度研究》(哈尔滨:黑龙江教育出版社,2003)。

李方《试论唐西州高昌县的等级》,《西域研究》,2006 年第 3 期,页 30—40。

李方《唐代考课制度拾遗——敦煌吐鲁番考课文书考释》,《98 法门寺唐文化国际学术讨论会论文集》,韩金科编(西安:陕西人民出版社,2000),页 557—568。

李方《唐西州长官编年考证——西州官吏考证(一)》,《敦煌吐鲁番研究》,第 1 卷(1995),页 284—285。

李方《唐西州仓曹参军编年考证(上)——唐西州官吏考证(五)》,《首都师范大学学报》,2000 年第 4 期,页 59—64。

李方《唐西州仓曹参军编年考证(下)——唐西州官吏考证(五)》,《首都师范大学学报》,2000 年第 5 期,页 19—24。

李方《唐西州勾官编年考证——唐西州官吏考证(三)》,《敦煌吐鲁番研究》,第 3 卷(1998),页 129—161。

李方《唐西州户曹参军编年考证——唐西州官吏考证(六)》,《敦煌学辑刊》,1997 年第 2 期,页 46—58。

李方《唐西州功曹参军编年考证》,《周绍良先生欣开九秩庆寿文集》(北京:中华书局,1997),页 155—163。

李方《唐西州行政体制考论》(哈尔滨:黑龙江教育出版社,2002)。

李玉生《唐令与中华法系研究》(南京:南京师范大学出版社,2005)。

李志贤《杨炎及其两税法研究》(北京:中国社会科学出版社,2002)。

李志茗《晚清四大幕府》(上海:上海人民出版社,2002)。

李青淼《唐代前期都督府探讨》,《中国历史地理论丛》,2006 年第 4 期,页 66—77。

李昌宪《宋代文官帖职制度》,《文史》,第 30 辑(1988),页 109—135。

李金坤《唐代科举考试与〈文选〉》,《文选与文选学——第五届文选学国际学术研讨会论文集》,中国文选研究会编(北京:学苑出版社,2003),页 155—168。

李星明《唐代墓室壁画研究》(西安:陕西人民美术出版社,
2005)。

李鸿宾《隋唐五代诸问题研究》(北京:中央民族大学出版社,
2006)。

李斌城等著《隋唐五代社会生活史》(北京:中国社会科学出
版社,1998)。

李献奇《唐张说墓志考释》,《文物》,2000 年第 10 期,页
91—96。

李锦绣《从"三官通押"谈起:兼论唐代行政运作模式的变
化》,《中国社会科学院历史研究所学刊》,第 2 集(2004),页
427—440。

李锦绣《唐开元中北庭长行坊文书考释(上)》,《吐鲁番学研
究》,2004 年第 2 期,页 17—18。

李锦绣《唐代财政史稿》上卷 3 册、下卷 2 册(北京:北京大学
出版社,1995—2001。修订版全 5 册;北京:中国社会科学出版
社,2007)。

李锦绣《唐代直官制初探》,《国学研究》,第 3 卷(1995),页
383—424;又收在氏著《唐代制度史略论稿》。

李锦绣《唐代制度史略论稿》(北京:中国政法大学出版社,
1998)。

李锦绣《唐代的弘文、崇文馆生》,《唐代制度史略论稿》,页
240—254。

李锦绣《唐代视品官制初探》,《中国史研究》,1998 年第 3
期,页 68—81;又收在氏著《唐代制度史略论稿》。

李锦绣《唐代"散试官"考》,《唐代制度史略论稿》,页

198—210。

李锦绣《敦煌吐鲁番文书与唐史研究》(福州:福建人民出版社,2006)。

李福长《唐代学士与文人政治》(济南:齐鲁书社,2005)。

李德辉《唐代文馆制度及其与政治和文学之关系》(上海:上海古籍出版社,2006)。

李德辉《唐代交通与文学》(长沙:湖南人民出版社,2003)。

李燕捷《唐代给禄的依据》,《历史教学》,1994 年第 8 期,页 53。

李燕捷《唐代禄制与内外官之轻重》,《河北学刊》,1994 年第 5 期,页 63—67。

《两京新记》读书班,《隋唐长安史地丛考》,《唐研究》,第 9 卷(2003),页 235—260。

吴玉贵《中国风俗通史(隋唐五代卷)》(上海:上海文艺出版社,2001)。

吴玉贵《〈旧唐书〉斠补——以〈太平御览〉引〈唐书〉为中心》,《中国社会科学院历史研究所学刊》,第 2 集(2004),页 361—425。

吴在庆《唐代文士的生活心态与文学》(合肥:黄山书社,2006)。

吴企明《唐音质疑录》(上海:上海古籍出版社,1986)。

吴丽娱《论唐代财政三司的形成发展及其与中央集权制的关系》,《中华文史论丛》,1986 年第 1 辑,页 169—204。

吴丽娱《试论唐后期中央长官的上事之仪——以尚书仆射的上事为中心》,《中国社会科学院历史研究所学刊》,第 3 集(2004),页 263—291。

吴丽娱《试析刘晏理财的宫廷背景》,《中国史研究》,2000 年第 1 期,页 68—81。

吴丽娱《唐礼摭遗:中古书仪研究》(北京:商务印书馆,2002)。

吴丽娱《唐后期五代财务勾检制探微》,《唐研究》,第 6 卷(2000),页 269—302。

吴丽娱《略论表状笺启书仪文集与晚唐五代政治》,《中国社会科学院历史研究所学刊》,第 2 集(2004),页 339—359。

吴宗国《唐代科举制度研究》(沈阳:辽宁大学出版社,1992)。

吴宗国编《盛唐政治制度研究》(上海:上海辞书出版社,2003)。

吴承学《唐代判文文体及其源流》,《文学遗产》,1999 年第 6 期,页 21—33。

吴浩《〈唐尚书省郎官石柱题名考〉增补》,《国学研究》,第 12 卷(2003),页 155—184。

吴调公《李商隐研究》(上海:上海古籍出版社,1982)。

吴晶、黄世中《古来才命两相妨:李商隐传》(北京:东方出版社,2000)。

岑仲勉《〈两京新记〉卷三残卷复原》,《岑仲勉史学论文集》,页 709—752。

岑仲勉《岑仲勉史学论文集》(北京:中华书局,1990)。

岑仲勉《金石论丛》(上海:上海古籍出版社,1981)。

岑仲勉《郎官石柱题名新考订(外三种)》(北京:中华书局,2004)。

岑仲勉《隋唐史》(1957 年初版;北京:中华书局,1982 年重印)。

岑仲勉《翰林学士壁记注补》,《“中研院”历史语言研究所集刊》,第 15 本(1948);又收入氏著,《郎官石柱题名新考订(外三种)》,页 196—392。

何永成《唐代神策军研究——兼论神策军与中晚唐政局》(台北:台湾商务印书馆,1990)。

何汝泉《唐代转运使初探》(重庆:西南师范大学出版社,1987)。

何汝泉《唐代转运使的设置与裴耀卿》,《西南师范大学学报》,1986 年第 1 期,页 72—79。

何汝泉《唐代使职的产生》,《西南师范大学学报》,1987 年第 1 期,页 56—73。

何汝泉《唐代度支、盐铁二使关系试析》,《中国唐史学会论文集(1993 年)》(西安:三秦出版社,1993),页 156—169。

何锡光《两〈唐书〉中与“内供奉”有关的官职名称的错误标点》,《中国史研究》,2003 年第 1 期,页 114。

佐竹靖彦《佐竹靖彦史学论集》(北京:中华书局,2006)。

谷霁光《府兵制度考释》(上海:上海人民出版社,1962)。

辛德勇《大明宫西夹城与翰林院学士院诸问题》,《陕西师范大学学报》,1987 年第 4 期,页 119—125(后收入氏著《隋唐两京丛考》)。

辛德勇《隋唐两京丛考》(西安:三秦出版社,1991)。

冻国栋《中国中古经济与社会史论稿》(武汉:湖北教育出版社,2005)。

冻国栋《中晚唐至五代时期的俸禄制度》,《中国俸禄制度史》,黄惠贤、陈锋编(武汉:武汉大学出版社,1996),页 210—240。

冻国栋《唐代之郎吏》,《〈全唐文〉职官丛考》,陈国灿、刘健明编(武汉:武汉大学出版社,1997),页446—447。

冻国栋《隋至唐前期的俸禄制度》,《中国俸禄制度史》,黄惠贤、陈锋编(武汉:武汉大学出版社,1996),页160—209。

宋德熹《唐代后半期门阀与官宦之关系》,《晚唐的社会与文化》,淡江大学中文系编(台北:台湾学生书局,1991),页113—161。

宋德熹《唐代前期吏部考功员外郎的身份背景》,《兴大历史学报》,第17辑(2006),页41—66。

张广达《论唐代的吏》,《北京大学学报》,1989年第2期,页1—10。

张弓《唐朝仓廪制度初探》(北京:中华书局,1986)。

张玉兴《唐代县主簿初探》,《史学月刊》,2005年第3期,页40—46。

张玉兴《唐代县官与地方社会研究》(天津:天津古籍出版社,2009)。

张东光《唐代的内供奉官》,《社会科学辑刊》,2005年第1期,页105—111。

张东光《唐代的检校官》,《晋阳学刊》,2006年第2期,页74—78。

张东光《唐代御史台的里行官》,《辽宁大学学报》,2005年第2期,页86—90。

张东光《唐宋时期的中枢秘书官》,《历史研究》,1995年第4期,页135—150。

张东光《唐宋的知制诰》,《文史知识》,1993年第1期,页27—30。

张兆凯《汉—唐门荫制度研究》(长沙:岳麓书社,1995)。

张志云《唐代悲田养病坊初探》，《青海社会科学》，2005 年第 2 期，页 106—108。

张秀民《中国印刷史（插图珍藏增订版）》，韩琦增订（杭州：浙江古籍出版社，2006）。

张沛《唐折冲府汇考》（西安：三秦出版社，2003）。

张国刚《唐代兵制的演变与中古社会变迁》，《中国社会科学》，2006 年第 4 期，页 178—189。

张国刚《唐代官制》（西安：三秦出版社，1987）。

张国刚《唐代政治制度研究论集》（台北：文津出版社，1994）。

张国刚《唐代藩镇研究》（长沙：湖南教育出版社，1987）。

张固也《有关唐初校书的一则墓志的分析》，《文献》，1998 年第 3 期，页 275—280。

张采田《玉溪生年谱会笺》（上海：上海古籍出版社，1983 年排印本）。

张泽咸《唐代阶级结构研究》（郑州：中州古籍出版社，1996）。

张泽咸《唐代的门荫》，《文史》，总第 27 辑（1986），页 47—59。

张荣芳《唐代的史馆与史官》（台北：中国学术著作奖助委员会，1984）。

张荣芳《唐代京兆尹研究》（台北：台湾学生书局，1987）。

张荣芳《唐代京兆府领京畿县令之分析》，载黄约瑟、刘健明编《隋唐史论集》（香港：香港大学亚洲研究中心，1993），页 118—160。

张荣芳《唐代京兆府僚佐之分析——司录、判司与参军》，《东海学报》，第 30 卷（1989），页 85—94。

张晓松《中国少数民族职官制度》（北京：中国社会科学出版

社,2006）。

张锡厚《王绩年谱》,《王绩研究》（台北:新文丰,1995）。

陆扬《从西川和浙西事件看元和政治格局的形成》,《唐研究》,第 8 卷（2002）,页 225—256。

陈飞《唐代试策考述》（北京:中华书局,2003）。

陈仲安、王素《汉唐职官制度研究》（北京:中华书局,1993）。

陈志坚《唐代州郡制度研究》（上海:上海古籍出版社,2005）。

陈志坚《唐代散试官问题再探》,《北大史学》,第 8 卷（2001）,页 1—14。

陈苏镇《北周隋唐的散官和勋官》,《北京大学学报》,1991 年第 2 期,页 29—36。

陈国灿《斯坦因所获吐鲁番文书研究》（武汉:武汉大学出版社,1994）。

陈国灿《敦煌学史事新证》（兰州:甘肃教育出版社,2002）。

陈国灿、刘健明编《〈全唐文〉职官丛考》（武汉:武汉大学出版社,1997）。

陈明《儒学的历史文化功能:以中古士族现象为个案》（北京:中国社会科学出版社,2005）。

陈明光《郑畋宦绩考论》,《唐研究》,第 3 卷（1997）,页 279—294。

陈明光《唐代财政史新编》（北京:中国财政经济出版社,1991年初版,1999 年增订版）。

陈垣《元典章校补释例》（又名《校勘学释例》;北平:国立中央研究院历史语言研究所,1934）。

陈贻焮《杜甫评传》,全 3 册（上海:上海古籍出版社,1982—1988）。

陈衍德、杨汉《唐代盐政》(西安:三秦出版社,1990)。

陈祖言《张说年谱》(香港:中文大学出版社,1984)。

陈铁民《王维年谱》,《王维集校注》,陈铁民校注(北京:中华书局,1997)。

陈铁民《萧颖士系年考证》,《文史》,总第 37 辑(1993),页187—212。

陈弱水《中晚唐五代福建士人阶层兴起的几点观察》,《中国社会历史评论》,张国刚主编,第 3 卷(2001),页 88—106。

陈弱水《从〈唐晅〉看唐代士族生活与心态的几个方面》,《新史学》,第 10 卷第 2 期(1999),页 1—27。

陈弱水《唐代的妇女文化与家庭生活》(台北:允晨文化,2007)。

陈寅恪《元白诗笺证稿》(1950 年初版;上海:上海古籍出版社,1997 年重排本)。

陈寅恪《陈寅恪集·金明馆丛稿二编》(北京:三联书店,2001)。

陈寅恪《唐代政治史述论稿》(1944 年初版;上海:上海古籍出版社,1997 年重排本)。

陈登武《从人间世到幽冥界:唐代的法制、社会与国家》(台北:五南,2006)。

林晓洁《唐代西州官吏日常生活的时与空》,《西域研究》,2008 年第 1 期,页 61—83。

林煌达《唐代录事》,《中正历史学刊》(嘉义:中正大学历史研究所),第 2 期(1996),页 91—116。

郁贤皓《唐风馆杂稿》(沈阳:辽宁大学出版社,1999)。

郁贤皓《唐刺史考全编》,全 6 册(合肥:安徽大学出版社,

2000）。

郁贤皓、胡可先《唐九卿考》（北京：中国社会科学出版社，2003）。

卓遵宏《唐代进士与政治》（台北：台湾编译馆，1987）。

尚小明《学人游幕与清代学术》（北京：社会科学文献出版社，1999）。

罗丰《萨宝：一个唐朝唯一外来官职的再考索》，《唐研究》，第 4 卷（1998），页 215—249。

罗永生《三省制新探》（北京：中华书局，2005）。

罗争鸣《杜光庭获赠师号、紫衣及封爵、俗职阶品考》，《宗教学研究》，2003 年第 3 期，页 109—111。

罗彤华《唐代民间借贷之研究》（台北：台湾商务印书馆，2005）。

罗彤华《唐代州县公廨本钱数之分析——兼论前期外官俸钱之分配》，《新史学》，第 10 卷第 1 期（1999），页 49—90。

罗彤华《唐代官方放贷之研究》（台北：稻乡出版社，2008）。

罗彤华《唐代官本放贷初探——州县公廨本钱之研究》，《第四届唐代文化学术研讨会论文集》，台湾成功大学中国文学系主编（台南：成功大学教务处出版组，1999），页 637—685。

罗彤华《唐代食利本钱初探》，《第五届唐代文化学术研讨会论文集》，中国唐代学会、中正大学中文系、历史系主编（高雄：丽文文化，2001），页 831—882。

罗彤华《唐朝官仓的出贷与籴粜——以义仓、常平仓为主》，《台大历史学报》，第 39 期（2007），页 139—183。

罗联添《唐代文学论集》（台北：台湾学生书局，1989）。

罗联添《韩愈传》（台北：“国家”出版社，1998）。

罗联添《韩愈研究》(台北:台湾学生书局,1977)。

金宗燮《五代中央对地方的政策研究——以对州县政策为主》,《中国社会历史评论》,第 4 辑(2002),页 545—553。

金维诺《〈步辇图〉与〈凌烟阁功臣图〉》,《文物》,1962 年第 10 期,页 13—16。

金滢坤《中晚唐五代的科举与清望官的关系》,《中国史研究》,2003 年第 1 期,页 81—87。

金滢坤《吐蕃沙州都督考》,《敦煌研究》,1999 年第 3 期,页 86—90。

金滢坤《吐蕃统治敦煌的军政建制》,兰州西北师范大学敦煌学研究所硕士论文,1998。

金滢坤《吐蕃统治敦煌的财政职官体系——兼论吐蕃对敦煌农业的经营》,《敦煌研究》,1999 年第 2 期,页 84—91。

金滢坤《唐五代童子科与儿童教育》,《中国中古史论集》,张国刚编(天津:天津古籍出版社,2003),页 278—303。

周一良《周一良集》,全 5 卷(册)(沈阳:辽宁教育出版社,1998)。

周一良《新唐书宰相世系表引得》(哈佛燕京学社引得 18;北平:哈佛燕京学社,1934)。

周其忠《唐代官印初探》,《故宫博物院院刊》,第 1 期(1990),页 92—96。

周绍良《唐传奇笺证》(北京:人民文学出版社,2000)。

周相录《元稹年谱新编》(上海:上海古籍出版社,2004)。

周勋初《高适年谱》(上海:上海古籍出版社,1980)。

郑伟章《唐集贤院考》,《文史》,总第 19 辑(1983),页 65—85。

郑显文《唐代律令制研究》(北京:北京大学出版社,2004)。

孟宪实《吐鲁番新发现的〈唐龙朔二年西州高昌县思恩寺僧籍〉》,《文物》,2007 年第 2 期,页 50—55。

孟宪实《宇文融括户与财政使职》,《唐研究》,第 7 卷(2001),页 357—388。

政治大学中文系编《第三届中国唐代文化学术研讨会论文集》(台北:政治大学中文系,1997)。

赵冬梅《试论勋赏与文武分途背景下的宋代武官制度》,《国学研究》,第 10 卷(2002),页 73—105。

赵冬梅《唐五代供奉官考》,《中国史研究》,2000 年第 1 期,页 59—67。

赵雨乐《从宫廷到战场——中国中古与近世诸考察》(香港:香港中华书局,2007)。

赵雨乐《唐代翰林学士院与南北司之争》,《唐都学刊》,2001年第 1 期,页 27—33。

赵雨乐《唐宋变革期军政制度史研究——三班官制的演变》(台北:文史哲出版社,1993)。

赵建建《唐代拾遗之选任》,甘肃《社科纵横》,2006 年 10 月贴在国学网。

赵建建《唐代拾遗的使职工作》,《首都师范大学学报》,2006年增刊,页 12—17。

赵望秦《略论唐代官制中的"守、行、兼"制度》,《唐史论丛》,第 8 辑,杜文玉主编(西安:三秦出版社,2006),页 59—77。

赵超《古代石刻》(北京:文物出版社,2001)。

荣新江《中古中国与外来文明》(北京:三联书店,2001)。

荣新江《归义军史研究:唐宋时代敦煌历史考索》(上海:上海古籍出版社,1996)。

荣新江《唐代前期北衙禁军制度研究·序》,收在蒙曼,《唐代前期北衙禁军制度研究》(北京:中央民族大学出版社,2005)。

荣新江《海外敦煌吐鲁番文献知见录》(南昌:江西人民出版社,1996)。

荣新江《敦煌学十八讲》(北京:北京大学出版社,2001)。

荣新江、李孝聪编《中外关系史:新史料与新问题》(北京:科学出版社,2004)。

荣新江、李肖、孟宪实《新获吐鲁番出土文献概说》,《文物》,2007 年第 2 期,页 41—49。

荣新江、张志清编《从撒马尔干到长安:粟特人在中国的文化遗迹》(北京:北京图书馆出版社,2004)。

荣新江编《唐代宗教信仰与社会》(上海:上海辞书出版社,2003)。

胡玉兰《唐代著作郎官述论》,《西安电子科技大学学报》,2006 年第 3 期,页 105—111。

胡可先《中唐政治与文学——以永贞革新为研究中心》(合肥:安徽大学出版社,2000)。

胡可先《杜牧研究丛稿》(北京:人民文学出版社,1993)。

胡可先《〈郎官石柱题名考〉补正(左司郎中、员外郎部分)》,《文教资料》,1997 年第 3 期,页 80—100。

胡可先《〈郎官石柱题名考〉补正(司封郎中、员外郎部分)》,《漳州师范学院学报》,1998 年第 1 期,页 70—76。

胡可先《〈郎官石柱题名考〉金部郎官补正》,《淮阴师范学院学报》,2000 年第 1 期,页 52—72。

胡沧泽《汉唐监察制度的变革》,《唐史论丛》,第 9 辑,杜文玉编(西安:三秦出版社,2007),页 57—65。

胡沧泽《唐代监察体制的变革》,《福建师范大学学报》,2001年第 3 期,页 38—44。

胡沧泽《唐代御史制度研究》(台北:文津出版社,1993)。

胡宝华《唐代监察制度研究》(北京:商务印书馆,2005)。

胡留元、冯卓慧《唐〈御史台精舍碑〉初探》,《人文杂志》,1983 年第 2 期,页 68—72。

胡戟等编《二十世纪唐研究》(北京:中国社会科学出版社,2001)。

柳洪亮《新出吐鲁番文书及其研究》(新疆:新疆人民出版社,1997)。

拜根兴《试论唐代的廊下食和公厨》,《唐代的历史与社会》,朱雷编(武汉:武汉大学出版社,1997),页 342—353。

姜伯勤《萨宝府制度论略——汉文粟特人墓志考释之一》,《华学》(广州中山大学),第 3 辑(1998),页 290—308。

祝尚书《裴行俭掌典选之年考》,《中华文史论丛》,1984 年第 1 辑,页 132。

姚平《唐代妇女的生命历程》(上海:上海古籍出版社,2004)。

袁刚《唐代的翰林学士》,《文史》,总第 33 辑(1990),页 76—78。

聂文郁《元结诗解》(西安:陕西人民出版社,1984)。

莫砺锋《杜甫评传》(南京:南京大学出版社,1998)。

桂齐逊《唐代都督、都护及军镇制度与节度体制创建之关系》,《大陆杂志》,第 89 卷第 4 期(1994),页 159—186。

贾志刚《唐代地方长吏的交接替代》,《郑州大学学报》,2007年第 3 期,页 92—97。

夏炎《从刺史的地位看唐代内外官的轻重》,《唐史论丛》,第

9 辑,杜文玉编(西安:三秦出版社,2007),页 87—104。

夏炎《论唐代版授高年中的州级官员》,《史学集刊》,2005 年第 2 期,页 103—111。

夏炎《试论唐代的州县关系》,《中国史研究》,2005 年第 4 期,页 79—92。

夏炎《唐代刺史的军事职掌与州级军事职能》,《南开学报》,2006 年第 4 期,页 58—65。

夏承焘《韦庄年谱》,《韦庄词校注》,刘金城校注(北京:中国社会科学出版社,1981),页 58—61。

顾建国《张九龄年谱》(北京:中国社会科学出版社,2005)。

顾建国《张九龄研究》(北京:中华书局,2007)。

顾建国《唐代"寓直"制漫议》,《淮阴师范学院学报》,2002 年第 3 期,页 366—367。

钱穆《汉刘向歆父子年谱》(1927 年初版;台北:台湾商务印书馆,1980 年重印)。

徐文茂《陈子昂年谱》,《陈子昂论考》(上海:上海古籍出版社,2002),页 95。

徐有富《唐代妇女生活与诗》(北京:中华书局,2005)。

翁同文《中国坐椅习俗以及椅子名称的起源与普及》,《中国科学技术史论丛》,宋德熹编(台北:稻乡出版社,2004),页 215—276。

翁俊雄《唐代人口与区域经济》(台北:新文丰,1995)。

翁俊雄《唐代的州县等级制度》,《北京师范学院学报》,1991 年第 1 期,页 9—18。

高明士《中国中古的教育与学礼》(台北:台湾大学出版中心,2005)。

高明士《东亚教育圈形成史论》(上海:上海古籍出版社,

2003)。

高明士《传统中国教育的发展与特质——兼论与通识教育的关系》,《台湾大学文史哲学报》,第 43 期(1995),页 1—36。

高明士《唐代的官学行政》,《大陆杂志》,第 37 卷第 11、12 期合刊(1968),页 39—53。

高明士《唐代学制之渊源及其演变》,《台湾大学历史学系学报》,第 4 期(1977),页 195—219。

高明士《唐代教育法制与礼律的关系》,《唐研究》,第 4 卷(1998),页 151—164。

高明士《唐朝的文和武》,《台大文史哲学报》,第 48 期(1998),页 3—22。

高明士《隋文帝"不悦学"、"不知乐"质疑——有关隋代立国政策的辨正》,《台湾大学历史学系学报》,第 14 期(1988),页 245—258。

高明士《隋唐贡举制度》(台北:文津出版社,1999)。

高明士《隋唐的学官——以国子监为例》,《台湾大学历史学系学报》,第 15 期(1990),页 82—134。

高明士《隋唐的科举》,《故宫文物》,第 8 卷第 4 期(1990),页 15—22。

高明士《隋唐教育和法制史研究的回顾》,《中华民国史专题论文集:第四届讨论会》(台北:台湾"国史馆",1997),页 547—592。

高明士《新旧唐书百官(职官)志所载官制异同的检讨:以学制为中心》,《台湾大学历史学系学报》,第 7 期(1980),页 143—162。

高原《唐代官禄制度考略》,《晋阳学刊》,1993 年第 4 期,页 60—64。

郭声波《唐代前期都督府为州一级行政机构吗?——对〈唐

代前期都督府探讨〉的商榷》,《中国历史地理论丛》,2006 年第 4
期,页 78—84。

郭声波《唐宋集群羁縻州之典型——雅属羁縻州》,《中国史
研究》,2001 年第 3 期,页 85—96。

郭润涛《官府幕友与书生——绍兴师爷研究》(北京:社会科
学文献出版社,1996)。

郭锋《补唐末沙州节度判官掌书记张球事一则》,《敦煌吐鲁
番研究》,第 2 卷(1996),页 349—353。

郭锋《唐代士族个案研究:以吴郡、清河、范阳、敦煌张氏为中
心》(厦门:厦门大学出版社,1999)。

郭锋《唐代流外官试探——兼析敦煌吐鲁番有关流外文书》,
《敦煌学辑刊》,1986 年第 2 期,页 45—55。

唐长孺《山居存稿》(北京:中华书局,1989)。

唐长孺《唐长孺社会文化史论丛》(武汉:武汉大学出版社,
2001)。

唐长孺《唐书兵志笺正》(北京:科学出版社,1957)。

唐长孺《读王梵志诗偶见》,《中国文化与中国哲学》,深圳大
学国学研究所主编(北京:东方出版社,1986),页 515—521。

唐长孺《魏晋南北朝隋唐史三论》(武汉:武汉大学出版社,
1992)。

黄云鹤《唐宋下层士人研究》(石家庄:河北人民出版社,
2006)。

黄文弼《吐鲁番考古记》(北京:中国科学院,1954)。

黄正建《唐六尚长官考》,《魏晋南北朝隋唐史资料》,第 21 辑
(2004),页 223—245。

黄正建《唐代"士大夫"的特色及其变化——以两〈唐书〉用

词为中心》,《中国史研究》,2005 年第 3 期,页 119—124。

黄正建《唐代衣食住行研究》(北京:首都师范大学出版社,
1998)。

黄正建《唐代的斋郎与挽郎》,《史学月刊》,1989 年第 1 期,
页 30—33。

黄正建《唐代散官初论》,《中华文史论丛》,1989 年第 2 期,
页 91—102。

黄正建《韩愈日常生活研究》,《唐研究》,第 4 卷(1998),页
251—273。

黄正建《敦煌占卜文书与唐五代占卜研究》(北京:学苑出版
社,2001)。

黄正建编《中晚唐社会与政治研究》(北京:中国社会科学出
版社,2006)。

黄永年《唐代史事考释》(台北:联经出版事业股份有限公司,
1998)。

黄坤尧《经典释文动词异读新探》(台北:台湾学生书局,
1992)。

黄修明《论唐代县政官员》,《大陆杂志》,第 101 卷第 3 期
(2000),页 97—108。

黄修明《唐代县令考论》,《四川师范学院学报》,1997 年第 4
期,页 13—20。

黄清连《杜牧论藩镇与军事》,《结网编》,黄清连编(台北:东
大图书公司,1998),页 351—405。

黄清连《忠武军:唐代藩镇个案研究》,《"中研院"历史语言
研究所集刊》,第 64 本第 1 分(1993),页 89—134。

黄清连《唐代的文官考课制度》,《"中研院"历史语言研究所

集刊》，第 55 本第 1 分（1984），页 139—200；又收在黄清连主编《制度与国家》（台湾学者中国史研究论丛 2，北京：中国大百科全书出版社，2005），页 206—267。

黄清连《唐代散官试论》，《"中研院"历史语言研究所集刊》，第 58 本第 1 分（1987），页 133—208。

黄清连主编《制度与国家》（台湾学者中国史研究论丛 2，北京：中国大百科全书出版社，2005）。

梅家玲《唐代赠序初探》，《台湾编译馆馆刊》，第 13 卷第 1 期（1984），页 194—214。

梅蕾《简论隋唐童蒙教育文献的特点与源流》，《历史文献与文化研究》，第 1 辑，董恩林编（武汉：崇文书局，2002），页 38—56。

曹汛《刘象考》，《文史》，总第 30 辑（1988），页 108。

曹锦炎《隋唐官印的认识和研究》，《中国古玺印学国际研讨会论文集》，王人聪、游学华编（香港：香港中文大学文物馆，2000），页 161—172。

曹慕樊《杜公〈韦讽录事宅观曹将军画马歌〉及东坡〈韩干十四马〉之比较观》，《草堂》，1982 年第 2 期，页 22—25。

龚延明编《中国历代职官别名大辞典》（上海：上海辞书出版社，2006）。

龚延明编《宋代官制辞典》（北京：中华书局，1997）。

龚鹏程《论唐代的文学崇拜与文学社会》，《晚唐的社会与文化》，淡江大学中文系编（台北：台湾学生书局，1989），页 1—97。

龚鹏程《唐代思潮》（北京：商务印书馆，2007）。

阎文儒著、阎万钧校补《唐代贡举制度》（西安：陕西人民出版社，1989）。

阎守诚《论唐玄宗对食封制度的改革》，《北京师范学院学报》,1983 年第 3 期,页 6—53。

阎守诚《唐代官吏的俸料钱》,《晋阳学刊》,1982 年第 2 期,页 23—30。

阎步克《士大夫政治演生史稿》(北京:北京大学出版社,1996)。

阎步克《乐师与史官:传统政治文化与政治制度论集》(北京:三联书店,2001)。

阎步克《品位与职位:秦汉魏晋南北朝官阶制度研究》(北京:中华书局,2002)。

阎步克《察举制度变迁史稿》(沈阳:辽宁大学出版社,1991)。

阎琦、周敏《韩昌黎文学传论》(西安:三秦出版社,2003)。

梁继《唐梁升卿书〈张说墓志〉考略》,《鞍山师范学院学报》,2007 年第 5 期,页 66—69。

梁骥《唐〈张说墓志〉考略》,《中国书画》,2005 年第 12 期,页 43—45。

宿白《唐宋时期的雕版印刷》(北京:文物出版社,1999)。

彭庆生《陈子昂年谱》,《陈子昂诗注》(成都:四川人民出版社,1981),页 277—310。

彭炳金《唐代赐官制度述论》,《人文杂志》,1999 年第 1 期,页 104—108。

葛承雍《唐代乞丐与病坊探讨》,《人文杂志》,1992 年第 6 期,页 87—91。

葛承雍《唐韵胡音与外来文明》(北京:中华书局,2006)。

蒋寅《刘长卿生平再考证》,《大历诗人研究》,下册(北京:中华书局,1995),页 431—451。

蒋寅《诗人包佶行年考略》,《唐代文学研究》,第 1 辑(太原:

山西人民出版社,1988),页263—273。

韩升《正仓院》(上海:上海人民出版社,2007)。

韩香《隋唐长安与中亚文明》(北京:中国社会科学出版社,2006)。

韩理洲《陈子昂评传》(西安:西北大学出版社,1987)。

韩理洲《陈子昂研究》(上海:上海古籍出版社,1988)。

程千帆、徐有富《校雠广义(校雠编)》(济南:齐鲁书社,1998)。

程存洁《唐代城市史研究初篇》(北京:中华书局,2002)。

程章灿《石学论丛》(台北:大安出版社,1999)。

程喜霖《唐代过所研究》(北京:中华书局,2000)。

程遂营《唐宋开封的气候和自然灾害》,《中国历史地理论丛》,2002年第1期,页47—55。

傅乐成《汉唐史论集》(台北:联经出版事业股份有限公司,1977)。

傅安良《唐代的县与县令》,中国文化大学硕士论文(王吉林教授指导),1993。

傅玫《唐代的勋官》,《庆祝杨志玖教授八十寿辰中国史论文集》,南开大学历史系编(天津:天津古籍出版社,1994),页93—107。

傅绍良《唐代诗人的拾遗、补阙经历与诗歌创作》,《陕西师范大学学报》,2005年第4期,页56—61。

傅绍良《唐代谏议制度与文人》(北京:中国社会科学出版社,2003),页83—87。

傅绍良《唐代谏官任职资格中的文学因素》,《人文杂志》,2003年第6期,页83—87。

傅璇琮《从白居易研究中的一个误点谈起》,《文学评论》,2002年第2期,页130—137。

傅璇琮《李德裕年表》,《李德裕文集校笺》(与周建国校笺,石家庄:河北教育出版社,2000),页758—759。

傅璇琮《李德裕年谱》(济南:齐鲁书社,1984年初版;石家庄:河北教育出版社,2001年修订版)。

傅璇琮《唐代科举与文学》(西安:陕西人民出版社,1986年初版,2003年修订版)。

傅璇琮《唐代翰林学士传论》(沈阳:辽海出版社,2005)。

傅璇琮《唐代翰林学士传论(晚唐卷)》(沈阳:辽海出版社,2007)。

傅璇琮《唐宋文史论丛及其他》(郑州:大象出版社,2004)。

傅璇琮、吴在庆《杜甫与严武关系考辨》,《文史哲》,2004年第1期,页105—110。

童光政《唐代的勾检官制与行政效率法律化》,《国家行政学院学报》,2000年第4期,页75—78。

童光政《唐宋“四等官”审判制度初探》,《法学研究》,2001年第1期,页96—103。

曾一民《唐代考课制度研究》(台北:台湾商务印书馆,1978)。

曾一民《唐鲁国孔公戣治广州之政绩》,《隋唐史论集》,黄约瑟、刘健明编(香港:香港大学亚洲研究中心,1993),页93—105。

曾贤熙《唐代御史大夫中丞试探》,《第五届唐代文化学术研讨会论文集》,中国唐代学会、中正大学中文系、历史系主编,高雄:丽文文化,2001),页671—689。

曾贤熙《唐代御史与相关使职探讨》,《宋旭轩教授八十荣寿论文集》(台北:宋旭轩论文集编委会,2000),页43—60。

曾贤熙《唐代御史职权行使的限制与地方监察业务初探》，《研究与动态》（彰化县大叶大学通识教育中心出版），第 13 期（2006），页 39—60。

曾謇（曾资生）《中国政治制度史》（重庆：南方印书馆，1943；1992 年上海市上海书店的影印本，收在《民国丛书》第四编）。

游学华《唐代长安城建筑规模与设计规划初探》，《香港中文大学中国文化研究所学报》，第 17 卷（1986），页 111—144。

谢元鲁《唐代中央政权决策研究》（台北：文津出版社，1992）。

谢保成《隋唐五代史学》（厦门：厦门大学出版社，1995）。

蓝勇《唐代气候变化与唐代历史兴衰》，《中国历史地理论丛》，2001 年第 1 期，页 4—15。

楼劲、李华《唐仕途结构述要》，《兰州大学学报》，1997 年第 2 期，页 117—127。

赖亮郡《唐代卫官试论》，《唐代身份法制研究》，高明士主编（台北：五南，2003）。

赖瑞和《论王维的〈相思〉及相关问题》，《学术论文集》，第 7 辑《马来亚大学中文系创系四十周年纪念专号》（吉隆坡马来亚大学中文系出版，2005），页 121—149。

赖瑞和《论唐代的州县"摄"官》，《唐史论丛》，第 9 辑，杜文玉编（西安：三秦出版社，2007），页 66—86。

赖瑞和《论唐代的侍御史知杂》，《中华文史论丛》，总第 82 辑（2006 年第 2 辑），页 83—95。

赖瑞和《论唐代的检校官制》，《汉学研究》，第 24 卷第 1 期（2006），页 175—208。

赖瑞和《论唐代的检校郎官》，《唐史论丛》，第 10 辑，杜文玉编（西安：三秦出版社，2008），页 106—119。

赖瑞和《追忆杜希德教授》,《汉学研究通讯》,第 26 卷第 4 期（2007）,页 24—34。

赖瑞和《唐代文学研究与唐代官制——以基层文官为例》,《第一届马来西亚传统汉学研究会论文集》（马来西亚新山市:南方学院出版社,2005）,页 123—139。

赖瑞和《唐代的翰林待诏和司天台:关于〈李素墓志〉和〈卑失氏墓志〉的再考察》,《唐研究》,第 9 卷（2003）,页 315—342。

赖瑞和《唐代待诏考释》,《中国文化研究所学报》（香港中文大学中国文化研究所）,新第 12 期（2003）,页 69—105。

赖瑞和《唐代校书郎考释》,《"中研院"历史语言研究所集刊》,第 74 本第 3 分（2003）,页 527—583。

赖瑞和《唐代基层文官》（台北:联经出版事业股份有限公司,2004;北京:中华书局,2008 年简体字版）。

赖瑞和《唐"望秩"类官员与唐文官类型》,《唐研究》,第 16 卷（2010）,页 425—455。

雷绍锋《"知制诰"者可称舍人》,《〈全唐文〉职官丛考》,陈国灿、刘健明编（武汉:武汉大学出版社,1997）,页 249—251。

雷闻《吐鲁番新出土唐开元〈礼部式〉残卷考释》,《文物》,2007 年第 2 期,页 56—61。

雷家骥《唐枢密使的创置与早期职掌》,《中正大学学报》,第 4 卷第 1 期（1993）,页 57—108。

雷家骥《隋唐中央权力结构及演进》（台北:东大图书公司,1995）。

照那斯图《唐徐浩书朱巨川告身卷所钤元国书印释译》,《故宫文物月刊》（台北）,第 22 卷第 2 期（2004）,页 104—105。

路远《〈唐尚书省郎官石柱〉之初刻与改刻》,《唐研究》,第 12

卷(2006),页397—415。

蔡鸿生《唐代九姓胡与突厥文化》(北京:中华书局,1998)。

廖幼华《历史地理学的应用:岭南地区早期发展之探讨》(台北:文津出版社,2004)。

廖伯源《汉官休假杂考》,《"中研院"历史语言研究所集刊》,第65本第2分(1994),页221—252。

谭其骧《唐代羁縻州述论》,《长水集续编》(北京:人民出版社,1995),页133—155。

缪全吉《清代幕府人事制度》(台北:"中国人事行政"月刊社,1971)。

缪钺《杜牧年谱》(北京:人民文学出版社,1980)。

缪钺《杜牧传》(北京:人民文学出版社,1977)。

黎虎《汉唐外交制度史》(兰州:兰州大学出版社,1998)。

潘吕棋昌《符载事迹考述》,《空大人文学报》,第2期(1993),页93—119。

潘吕棋昌《萧颖士研究》(台北:文史哲出版社,1983)。

潘美月《唐五代时期四川地区的刻书事业》,《王叔岷先生八十寿庆论文集》(台北:大安出版社,1993),页671—684。

潘镛《唐肃宗时的率贷及卖官爵考释》,《唐史研究会论文集》,中国唐史研究会编(西安:陕西人民出版社,1983),页41—44。

潘镛《隋唐时期的运河和漕运》(西安:三秦出版社,1987)。

薛作云《唐代地方行政制度研究》(台北:台湾商务印书馆,1974)。

薄小莹、马小红《唐开元廿四年岐州郿县县尉判集(敦煌文书伯二九七九号)研究——兼论唐代勾征制》,《敦煌吐鲁番文献研

究论集》,北京大学中古史研究中心编(北京:中华书局,1982),页
615—649。

戴伟华《唐方镇文职僚佐考》(天津:天津古籍出版社,1994;
修订版,桂林:广西师范大学出版社,2007)。

戴伟华《〈唐方镇文职僚佐考〉订补》,《唐代文学研究丛稿》
(台北:台湾学生书局,1999),页131—148。

戴伟华《唐代使府与文学研究》(桂林:广西师范大学出版社,
1998)。

戴伟华《唐代幕府与文学》(北京:现代出版社,1990)。

蹇长春《白居易评传》(南京:南京大学出版社,2002)。


# 四、日韩文论著

下定雅弘《白居易の中書制誥:その舊體と新體の分類につ
いて》,《帝塚山学院大学研究論集:文学部28集》(1993),页
33—59。

大泽正昭《唐末五代"土豪"論》,《上智史学》,第37卷
(1992),页136—161。

大泽正昭《唐末・五代の在地有力者について》,《柳田節子
先生古稀記念:中国の傳統社会と家族》(东京:汲古书院,1993),
页129—149。

大庭修《唐告身と日本古代の位階制》(伊势:皇学馆出版部,
2003)。

大津透《日唐律令制の財政構造》(东京:岩波书店,2006)。

大野仁《唐代の判文》,《中国法制史——基本資料の研究》,

滋贺秀三编(东京:东京大学出版会,1993),页263—280。

上田早苗《贵族官僚制度的形成——清官的由来及其特征》,《中国中世史研究》,1970,页103—132,宋金文、马雷中译本,收在《日本中青年学者论中国史(六朝隋唐史)》,刘俊文主编(上海:上海古籍出版社,1995),页1—26。

山口正晃《都督制の成立》,《東洋史研究》,第60卷第2号(2001),页1—28。

山根清志《唐朝前半期における食實封制について》,《歷史学研究》,第505号(1982),页35—52。

丸桥充拓《唐代北邊財政の研究》(东京:岩波书店,2006)。

日野开三郎《支那中世の軍閥》(东京:三省堂,1942)。

中村圭尔《清官と濁官》,《六朝貴族制研究》(东京:风间书房,1987),页331—358。

中村裕一《唐代公文書研究》(东京:汲古书院,1996)。

中村裕一《唐代制敕研究》(东京:汲古书院,1991)。

中村裕一《唐代官文書研究》(京都:中文出版社,1991)。

中村裕一《唐令逸文の研究》(东京:汲古书院,2005)。

中村裕一《隋唐王言の研究》(东京:汲古书院,2003)。

冈村繁《冈村繁全集》第二卷《文选之研究》,陆晓光译(上海:上海古籍出版社,2002)。

内藤乾吉《中国法制史考證》(东京:有斐阁,1963)。

内藤乾吉《西域發見唐代官文書の研究》,《西域文化研究》第三册《敦煌吐魯番社会經濟資料(下)》(京都:法藏馆,1960),页9—111。

气贺泽保规编《新版唐代墓志所在總合目録》(东京:汲古书院,1997年初版,2004年新版)。

长部悦弘《唐代州刺史研究：京官との關連》,《奈良史学》,第 9 号(1991),页 27—51。

户崎哲彦《桂林唐代石刻の研究》(东京：白帝社,2005)。

古瀬奈津子《唐代悲田養病坊の變遷とその成立背景》,《佛教史学研究》,第 45 卷第 1 号(2002),页 31—54。

辻正博《唐代貶官考》,《東方学報》(京都),第 63 卷(1991),页 265—390。

平田茂树《科举と官僚制》(东京：山川,1997)。

北川俊昭《〈通典〉編纂始末考：とくにその上獻の時期をめぐって》,《東洋史研究》,第 57 卷第 1 号(1998),页 125—148。

市原亨吉《唐代の"判"について》,《东方学報》,第 33 册(1963),页 119—198。

吉冈真《八世紀前半における唐朝官僚機構の人的構成》,《史学研究》,第 153 期(1981),页 19—43。

西村元祐《唐前期勳官相對價值の增長と絶對價值》,《愛知大学文学部紀要》,8(1979),页 15—30。

池田温《中国古代籍帳研究：概觀、録文》(东京：东京大学东洋文化研究所,1979)。

池田温《律令官制の形成》(东京：岩波书店,1970)。

池田温《唐研究论文选集》,孙晓林等译(北京：中国社会科学出版社,1999)。

佐竹靖彦《唐宋變革の地域的研究》(东京：同朋舍,1990)。

島谷弘昭《唐代の選限について》,《吉田寅先生古稀記念アジア史論集》(东京：吉田寅先生古稀记念论文集編輯委员会,1997),页 83—96。

島谷弘昭《裴光庭の"循資格"について》,《立正史学》,47

（1980），页 47—62。

松本保宣《唐王朝の宮城と御前會議：唐代聽政制度の展開》（京都：晃洋书房，2006）。

松浦典弘《唐代の文官人事——吏部による選授權限の變遷を中心に》，《史林》，第 80 卷第 2 号（1997），页 249—279。

松浦典弘《唐代後半期の人事における幕職官の位置》，《古代文化》，第 50 卷第 11 期（1998），页 32—43。

竺沙雅章《敦煌佛教教團の研究》，《增訂版中国佛教社会史研究》（京都：朋友书店，2002），页 329—557。

周云乔《白居易の制誥の新體と舊體について》，《中国文学報》，第 48 册（1994），页 35—62。

郑炳俊《唐代の觀察處置使について——藩鎮體制の一考察》，《史林》，第 77 卷第 5 号（1994），页 40—70。

郑炳俊《唐代藩鎮의州縣官任用》，《東洋史学研究》（韩国），第 54 辑（1996），页 1—33。

郑炳俊《唐後半期の地方行政體系について——特に州の直達・直下を中心として》，《東洋史研究》，第 51 卷第 3 期（1992），页 379—412。

妹尾达彦《韦述的〈两京新记〉与八世纪前叶的长安》，《唐研究》，第 9 卷（2003），页 9—52。

妹尾达彦《中唐の社会と大明宮》，《中唐文学の視角》，松本肇、川合康三编（东京：创文社，1998），页 339—356。

妹尾达彦《長安の都市計画》（东京：讲谈社，2001）。

妹尾达彦《唐長安城の官人居住地》，《東洋史研究》，第 55 卷第 2 期（1996），页 35—74。

妹尾达彦《唐代長安の街西》，《史流》，25（1984），页 1—31。

妹尾达彦《唐代后期的长安与传奇小说》,宋金文译,收在《日本中青年学者论中国史(六朝隋唐卷)》,刘俊文主编(上海:上海古籍出版社,1995),页509—553。

妹尾达彦《韩愈与长安——9世纪的转型》,《唐史论丛》,第9辑,杜文玉编(西安:三秦出版社,2007),页1—28。

荒川正晴《北朝隋·唐代における"薩寶"の性格をめぐつて》,《東洋史苑》,第50—51卷(1998),页164—186。

室永芳三《唐長安の左右街功徳使と左右街功徳巡院》,《長崎大学教育学部社会科学論叢》,第30号(1981),页1—9。

宮崎市定《九品官人法の研究》(京都:同朋社,1977)。

速水大《唐代の勲官納資に關する一考察》,《明大アジア史論集》,第10号(2005),页93—105。

速水大《唐代勲官制度研究の現状と課題》,《駿臺史学》,第121号(2004),页21—46。

砺波护《唐代政治社会史研究》(京都:同朋舍,1986)。

砺波护《唐代の縣尉》,原刊《史林》,第57卷(1974),页79—105,后收入氏著《唐代政治社会史研究》(京都:同朋舍,1986),黄正建中译本,收在《日本学者研究中国史论著选译》,刘俊文主编,第4册(北京:中华书局,1992),页558—584。

爱宕元《唐代の郷貢進士と郷貢明經》,《東方学報》,第45卷(1973),页169—194。

爱宕元《唐代地域社会史研究》(京都:同朋舍,1997)。

爱宕元《唐代における官蔭入仕について》,《東洋史研究》,第35卷第2期(1976),页71—102,中译本见《日本中青年学者论中国史(六朝隋唐卷)》,刘俊文主编(上海:上海古籍出版社,1995),页244—275。

高桥彻《李德裕試論——その進士觀を中心に》,《柳田節子先生古稀記念:中国の傳統社会と家族》(东京:汲古书院,1993),页 3—19。

高桥彻《南北朝の將軍號と唐代武散官》,《山形大学史学論集》,第 15 号(1995),页 49—72。

高桥继男《唐代後半期的巡院地方行政監察事務》,原载《星博士退官紀念中国史論集》(1978),中译本见《日本中青年学者论中国史(六朝隋唐卷)》,刘俊文主编(上海:上海古籍出版社,1995),页 276—295。

能野岳《唐代の分司官について:分司郎官の分析を中心に》,《史朋》,第 35 号(2003),页 29—51。

梅原郁《宋代官僚制度研究》(东京:同朋舍,1985)。

梅原郁《宋初的寄禄官及其周圍》,原载《東方学報》(京都),第 48 册(1975),页 135—182,中译本见《日本学者研究中国史论著选译》,第 5 册(北京:中华书局,1993),页 392—450。

船越泰次《唐代兩税法研究》(东京:汲古书院,1996)。

清木场东《帝賜の構造:唐代財政史研究(支出編)》(福冈:中国书店,1997)。

清木场东《唐代財政史研究(運輸編)》(福冈:九州大学出版会,1996)。

越智重明《南朝の清官と濁官》,《史淵》,98(1967),页 15—46。

森部丰《〈唐魏博節度使何弘敬墓志銘〉試釋》,《吉田寅先生古稀記念アジア史論集》(东京:吉田寅先生古稀記念论文辑编辑委员会,1997),页 125—148。

筑山治三郎《唐代政治制度の研究》(大阪:创元社,1967)。

善峰宪雄《唐朝代の悲田養病坊》,《龍谷大学論集》,第 389 期(1969),頁 329—342。

道端良秀《中国佛教社会事業の一問題——養病坊について》,《印度学佛教学研究》,第 18 巻第 2 号(1970),頁 520—525。

渡边孝《中唐期における"門閥"貴族官僚の動向:中央樞要官職の人的構成を中心に》,《柳田節子先生古稀記念:中国の伝統社会と家族》(东京:汲古书院,1993),頁 21—50。

渡边孝《中晚唐における官人の幕職官入仕とその背景》,《中唐文学の視角》,松本肇、川合康三編(东京:創文社,1998),頁 357—392。

渡边孝《滎陽鄭氏襄城公房一支と成德軍藩鎮——河朔三鎮の幕職官をめぐる一考察》,《吉田寅先生古稀記念アジア史論集》(东京:吉田寅先生古稀记念论文集编辑委员会,1997),頁 149—176。

渡边孝《唐・五代における衙前の稱號について》,《東洋史論》,第 6 巻(1988),頁 16—34。

渡边孝《唐・五代藩鎮における押衙について》上下,《社会文化史学》,第 28 巻(1991),頁 33—55;第 30 巻(1993),頁 103—118。

渡边孝《唐代藩鎮における下級幕職官について》,《中国史学》,第 11 巻(2001),頁 83—107。

渡边孝《唐後半期の財務三司下における"判案郎官"について》,《史境》,第 51 号(2005),頁 43—64。

渡边孝《唐後半期における財務領使下幕職官とその位相》,《人文研究》(神奈川大学人文学会),第 157 号(2005),頁 123—169。

渡边孝《唐後半期の藩鎮辟召制におけるの再檢討——淮南・浙西藩鎮における幕職官の人的構成などを手がかりに》,《東洋史研究》,第 60 卷第 1 期(2001),页 30—68,英译本见 Watanabe Takashi, "A Re-examination of the Recruiting System in 'Military Provinces' in the Late Tang—Focusing on the Composition of the Ancillary Personnal in Huainan and Zhexi," trans. Jessey J. C. Choo,《東洋史研究》,第 64 卷第 1 期(2005),页 180—252。

渡边孝《唐藩鎮十將考》,《東方学》,第 87 辑(1994),页 73—88。

渡边孝《魏博と成德》,《東洋史研究》,第 54 卷第 2 期(1995),页 96—139。

塚本善隆《唐中期以來の長安の功德使》,《東方学報》,第 4 册(1933),页 368—406。

福井信昭《唐代の進奏院》,《東方学》,第 105 卷(2003),页 47—62。

藤枝晃《長行馬》,《墨美》,第 60 号《特集:長行馬文書》(1956),页 2—34。

# 五、西文论著

Barrett, Timothy H. *Li Ao: Buddhist, Taoist, or Neo-Confucian?* Oxford: Oxford University Press, 1992.

Bielenstein, Hans. *The Bureaucracy of Han Times.* Cambridge: Cambridge University Press, 1980.

Bol, Peter K. *"This Culture of Ours": Intellectual Transitions in*

*T' ang and Sung China*. Stanford: Stanford University Press, 1992.

Chen, Jo-shui 陈弱水. *Liu Tsung-yuan and Intellectual Change in T' ang China*. Cambridge: Cambridge University Press, 1992.

Chen, Jo-shui. "Culture as Identity during the T' ang-Sung Transition: The Ch' ing-ho Ts' uis and Po-ling Ts' uis. " *Asia Major* 9 (1996): 103—138.

Chen, Huaiyu 陈怀宇. *The Revival of Buddhist Monasticism in Medieval China*. New York: Peter Lang, 2007.

Chiu-Duke, Josephine 丘慧芬. *To Rebuild the Empire: Lu Chih' s Confucian Pragmatist Approach to the Mid-T' ang Predicament*. Albany, N. Y. : State University of New York Press, 2000.

Clark, Hugh R. *Community, Trade, and Networks: Southern Fujian Province from the Third to the Thirteenth Century*. Cambridge: Cambridge University Press, 1991.

Cohen, H. Floris. "Joseph Needham' s Grand Question, and How to Make It Productive for Our Understanding of the Scientific Revolution. " In A. Arrault and C. Jami, eds. , *Science and Technology in East Asia, Vol. 9: The Legacy of Joseph Needham* (2001), pp. 21—31.

Creel, H. G. "The Beginning of Bureaucracy in China: The Origin of the Hsien. " *Journal of Asian Studies* 23 (1964): 155—84.

Creel, H. G. "The Role of the Horse in Chinese History. " *American Historical Review* 70. 3 (1965): 647—72.

DeBlasi, Anthony. "Striving for Completeness: Quan Deyu and the Evolution of the T' ang Intellectual Mainstream. " *Harvard Journal of Asiatic Studies* 61. 1 (1999): 5—36.

DeBlasi, Anthony. Reform in the Balance: *The Defense of Literary Culture in Mid-Tang China*. New York: State New York University Press, 2002.

Dien, Albert E. "The Stirrup and Its Effect on Chinese Military History," *Ars Orientalis* 16 (1986): 33—56.

Drège, Jean-Pierre. *Les bibliothèques en Chine au temps des manuscrits*. Paris: Ècole française d'Èxtreme-Orient, 1991.

Drompp, Michael R. *Tang China and the Collapse of the Uighur Empire: A Documentary History*. Leiden: Brill, 2005.

Dudbridge, Glen. *Books, Tales and Vernacular Culture: Selected Papers on China*. Leiden: Brill, 2005.

Dudbridge, Glen. *Lost Books of Medieval China*. The Panizzi Lectures 1999; London: The British Library, 2000.

Dudbridge, Glen. *Religious Experience and Lay Society in T'ang China*. Cambridge: Cambridge University Press, 1995.

Eckfeld, Tonia. *Imperial Tombs in T'ang China*, 618—907: *The Politics of Paradise*. London: Routledge Curzon, 2005.

Hartman, Charles. *Han Yü and the T'ang Search for Unity*. Princeton: Princeton University Press, 1986.

Heng, Chye Kiang 王才强. *Cities of Aristocrats and Bureaucrats: The Development of Cityscapes in Medieval China*. Honolulu: University of Hawaii Press, 1999.

Herbert, Penelope Ann. "Degree Examinations in T'ang China." *T'ang Studies* 10—11 (1992—1993): 1—40.

Herbert, Penelope Ann. "Perceptions of Provincial Officialdom in Early T'ang China." *Asia Major* 2.1 (1989): 25—57.

Herbert, Penelope Ann. "The T'ang System of Bureaucratic Titles and Grades," *T'ang Studies* 5 (1987): 25—31.

Herbert, Penelope Ann. *Examine the Honest, Appraise the Able: Contemporary Assessments of Civil Service Selection in Early T'ang China*. Canberra: Faculty of Asian Studies, Australian National University, 1988.

Herbert, Penelope Ann. *Under the Brilliant Emperor: Imperial Authority in T'ang China as Seen in the Writings of Chang Chiu-ling*. Canberra: Faculty of Asian Studies in Association with Australian National University Press, 1978.

Ho, Richard M. W. 何文汇. *Ch'en Tzu-ang: Innovator of T'ang Poetry*. Hong Kong: The Chinese University Press, 1993.

Johnson, David. "The Last Years of a Great Clan: The Li Family of Chao chün in Late T'ang and Early Sung." *Harvard Journal of Asiatic Studies* 37.1 (1977): 5—102.

Kieschnick, John. *The Impact of Buddhism on Chinese Material Culture*. Princeton: Princeton University Press, 2003.

Kroll, Paul W. "Basic Data on Reign-Dates and Local Government." *T'ang Studies* 5 (1987): 95—104.

Kroll, Paul W. "On the Date of Chang Yüeh's Death." *Chinese Literature: Essays, Articles, Reviews* 2 (1980): 264—265.

Kroll, Paul W. "The Dancing Horses of T'ang." *T'oung Pao* 67 (1981): 240—269.

Kroll, Paul W. *Dharma Bell and Dhāranī Pillar: Li Po's Buddhist Inscriptions*. Kyoto: Italian School of East Asian Studies, 2001.

Li, Fang-kuei and Coblin, W. South. *A Study of the Old Tibe-*

*tan Inscriptions*. Taipei: Academia Sinica, 1987.

Li, Fang-kuei. "The Inscription of the Sino-Tibetan Treaty of 821—822." *T'oung Pao* 44. 1—3 (1956): 1—99.

McMullen, David L. "Bureaucrats and Cosmology: The Ritual Code of T'ang China." *Rituals of Royalty*, eds. David Cannadine and Simon Price. Cambridge: Cambridge University Press, 1987, pp. 181—236.

McMullen, David L. "The Cult of Ch'i T'ai-kung and T'ang Attitudes to the Military." *T'ang Studies* 7 (1989): 59—103.

McMullen, David L. *State and Scholars in T'ang China*. Cambridge: Cambridge University Press, 1988.

McNair, Amy. *The Upright Brush: Yan Zhenqing's Calligraphy and Song Literati Politics*. Honolulu: University of Hawaii Press, 1998.

Moore, Oliver. *Rituals of Recruitment in T'ang China*. Leiden: Brill, 2004.

Owen, Stephen. *The Great Age of Chinese Poetry: The High T'ang*. New Haven: Yale University Press, 1981.

Pan, Yihong. "The Sino-Tibetan Treaties in the T'ang Dynasty." *T'oung Pao* 78 (1992): 116—161.

Peterson, Charles A. "Corruption Unmasked: Yuan Chen's Investigations in Szechwan." *Asia Major* 18 (1973): 34—78.

Pulleyblank, E. G. "The Shun-tsung Shih-lu." *Bulletin of the School of Oriental and African Studies* 19 (1957): 336—344.

Richardson, H. E. "The Sino-Tibetan Treaty Inscription of A. D. 821—823 at Lhasa." *Journal of the Royal Asiatic Society* 2

(1978): 150—168.

Rotours, Robert des. *Le traité des examens*. Paris: Ernest Leroux, 1932〔此为《新唐书·选举志》的法文译注本〕.

Rotours, Robert des. *Traité des fonctionnaires et traité de l'armée*. Leiden: E. J. Brill, 1947-1948〔此为《新唐书·百官志》和《新唐书·兵志》的法文译注本〕.

Schafer, Edward H. *The Golden Peaches of Samarkand*. Berkeley: University of California Press, 1963.

Schafer, Edward H. *The Vermilion Bird: T'ang Images of the South*. Berkeley: University of California Press, 1967.

Solomon, Bernard S. trans. *The Veritable Record of the T'ang Emperor Shun-tsung*. Cambridge, Mass.: Harvard University Press, 1955.

Twitchett, Denis C. "Merchant, Trade and Government in Late T'ang." *Asia Major* 14 (1968): 63—95.

Twitchett, Denis C. "Provincial Autonomy and Central Finance in Late T'ang." *Asia Major* 11 (1965): 211—232.

Twitchett, Denis C. "The Salt Commissioners after the Rebellion of An Lu-shan." *Asia Major* 4 (1954): 60—89.

Twitchett, Denis C. "Varied Patterns of Provincial Autonomy in the T'ang Dynasty." *Essays on T'ang Society*, ed. by John Perry and Baldwell Smith. Leiden: Brill, 1976, pp. 90—109.

Twitchett, Denis C. *The Birth of Chinese Meritocracy: Bureaucrats and Examinations in T'ang China*. London: China Society Occasional Papers 18, 1976.

Twitchett, Denis C. *The Writing of Official History under the*

*T' ang*. Cambridge: Cambridge University Press, 1992.

Twitchett, Denis C. *Financial Administration under the T' ang Dynasty*. Cambridge: Cambridge University Press, 1963. 2nd revised edition, 1970.

Twitchett, Denis C. *Printing and Publishing in Medieval China*. New York: Frederick C. Beil, 1983.

Wright, Arthur and Twitchett, Denis, ed. *Perspectives on the T' ang*. New Haven: Yale University Press, 1973.

Xiong, Victor Cunrui 熊存瑞. *Sui-T' ang Chang' an: A Study in Urban History of Medieval China*. Ann Arbor: Center for Chinese Studies, University of Michigan, 2000.

# 附　录

唐代中层文官每月俸料钱一览表　　　单位：文

| 官职 | | 职事官品 | 贞观初（627— ）依散官品发 | 乾封元年（666）依职事官品发 | 开元二十四年(736) | 大历十二年（773） | 贞元四年（788） | 会昌年间（841—846）依职事官闲剧发 |
|---|---|---|---|---|---|---|---|---|
| 京官 | 监察御史 | 正八上 | 比如，同为监察御史，却会因散官品不同而获得不同俸料 | 1,850 | 2,550 | 15,000 | 30,000 | 30,000 |
| | 殿中侍御史 | 从七上 | | 2,100 | 4,050 | 20,000 | 35,000 | 40,000 |
| | 侍御史 | 从六下 | | 2,400 | 5,300 | 25,000 | 40,000 | 40,000 |
| | 拾遗 | 从八上 | | 1,850 | 2,550 | 10,000 | 30,000 | 30,000 |
| | 补阙 | 从七上 | | 2,100 | 4,050 | 15,000 | 35,000 | 35,000 |
| | 各司员外郎 | 从六上 | | 2,400 | 5,300 | 18,000 | 40,000 | 40,000 |
| | 各司郎中 | 从五上 | | 3,600 | 9,200 | 25,000 | 50,000 | 50,000 |
| 州县官 | 畿县令 | 正六上 | 视各州府县大小和公廨本钱数额而定 | | | 25,000 | 25,000 | 40,000 |
| | 府司录 | 从七上 | | | | 45,000 | 45,000 | 45,000 |
| | 上州录参 | 从七上 | | | | 40,000 | 未列 | 40,000 |
| 幕府官 | 判官 | 无品秩 | 唐初为不固定官职 | | | 50,000 | 未列 | 50,000 |
| 和其他较高及较低层官职的比较 | | | | | | | | |
| 京官 | 侍郎 | 正四下 | 同上 | 4,200 | 11,567 | 45,000 | 80,000 | 80,000 |
| | 校书郎 | 正九上 | | 1,500 | 1,900 | 6,000 | 16,000 | 16,000 |

| 官职 | | 职事官品 | 贞观初（627—） | 乾封元年（666） | 开元二十四年(736) | 大历十二年(773) | 贞元四年(788) | 会昌年间（841—846） |
|---|---|---|---|---|---|---|---|---|
| | | | 依散官品发 | 依职事官品发 | | 依职事官闲剧发 | | |
| 州县官 | 上州刺史 | 从三 | 视各州府县大小和公廨本钱数额而定 | | | 80,000 | 未列 | 80,000 |
| | 上州别驾 | 从四下 | | | | 55,000 | 未列 | 55,000 |
| | 上州司马 | 从五下 | | | | 50,000 | 未列 | 50,000 |
| | 上州判司 | 从七下 | | | | 30,000 | 未列 | 30,000 |
| | 畿县尉 | 正九下 | | | | 20,000 | 20,000 | 25,000 |
| 幕府官 | 节度使 | 无品秩 | 唐初未固定设这些官职 | | | 100,000 | 未列 | 300,000 |
| | 节度推官 | 无品秩 | | | | 30,000 | 未列 | 40,000 |
| | 掌书记 | 无品秩 | | | | 未列 | 未列 | 50,000 |
| 材料出处 | | 《唐六典》 | 《通典》19.493 | 《新唐书》55.1396 | 《通典》35.966—967 | 《唐会要》91《册府元龟》506 | | 《新唐书》55.1402 |

# 后　记

今早,终于把这本"呕心沥血"的书稿《唐代中层文官》,寄给我的出版社了。接下来,就会是漫长的等待。这种学术书,还得经过至少两位同行唐史专家的审查,然后修改,再修改……若一年后书能出版上市,就算很快的了。

书稿厚达 700 多页,重达两公斤,印成书约达 600 页,是一般学术专书两倍的分量,篇幅比我上一本书《唐代基层文官》繁体版的 481 页还要多。如果能够分为两本书来出版,每本大约 300 页,其实对我的"研究绩效"更有利,更可以加分,因为那样我便可以跟我清大历史所的新任李所长说:"你看,我写了两本书,不是一本耶。"可惜,这本书讲唐代中层文官,所有章节都环环相扣,结构严密,无法如此分割,当然应当印成一本为是。

从邮局走路回家,我可以感觉到,我终于把背上那个负了好几年的 yoke 给卸下了。

yoke 就是架在牛脖子上的那个"轭"。这个英文字对我有特别意义,因为我最早是在英国文艺复兴时代大诗人弥尔顿(John Milton)那首名诗《他的失明》("On His Blindness")中惊识这个字的:

"Doth God exact day-labour, light denied?"
I fondly ask. But Patience, to prevent
That murmur, soon replies："God doth not need
Either man's work or his own gifts：who best
Bear his mild yoke, they serve him best."

弥尔顿中年失明,晚年却能完成他那史诗般的长篇伟构《失乐园》
(*Paradise Lost*)。他写的这首诗,单看诗题《他的失明》,好像在讲
别人的失明,其实是在写他自己。诗人目盲了不免要问:上帝要
我劳作(指他的创作),为什么又不给我光呢?不过,他又化身为
"忍耐"(Patience)自答:上帝不需要人类的劳作,那些能好好负起
自己"轻微之轭"的人,就是对上帝最好的服侍。诗人对自己的目
盲,没有怨恨,只有坦然的接受,还把这样严重的事,轻描淡写说
成是"轻微之轭"(mild yoke)。

弥尔顿的 yoke 用了一个圣经的典故。耶稣在《新约·马太
福音》(11:30)说:"For my yoke is easy, and my burden is light."
(因为我的轭是容易负的,我的担子是轻的。)

傍晚,坐在书桌前,望着窗外快下沉的深秋夕阳,我不须像以
往那样忙于修改书稿。我想起了弥尔顿,想到我们在人世间所负
起的种种的"轭"。我刚卸下一个"轭"。下一个,又会是什么呢?

赖瑞和

2007 年 10 月 23 日

**又记**:上面这些文字,是去秋刚寄出书稿时写的,曾经贴在我
的部落格(http://www.wretch.cc/blog/sflai53)。经过将近半年的

书稿审查和书稿修订，又经过好几个月的编辑作业，这本书终于快要出版了。在此我想特别感谢两位匿名审稿人所提的各种宝贵意见，使得本书能够避免一些错误，并且在某些论点上能修改得更为充实。

在这个时刻写这篇后记，面对窗外新竹十八尖山的翠绿山头，我有一种"山气日夕佳"的感觉。

我的下一个"轭"，当然就是《唐代高层文官》。那又将是个大型研究工程，恐怕得耗上好几年。我的十岁小女儿维维安，有一次悄悄告诉别人说："我爸爸可能不会写《唐代高层文官》了，因为他说他要多花点时间来陪妈妈和我。"

童言无忌，姑且记在这里，以待来日应验。

2008 年 7 月 29 日